Organiza

Series Editors

Petra Hiller, Nordhausen, Germany

Georg Krücken, INCHER-Kassel, Universität Kassel, Kassel, Germany

More information about this series at http://www.springer.com/series/12613

Inhaltsverzeichnis

V

Abbildungsverzeichnis

Organisationale Strukturveränderungen und berufliche Identitätsbehauptung – Gegenstand und Anlage der Untersuchung

Die deutschen Universitäten sind seit Ende der 1990er-Jahre mehreren großangelegten Reformen gleichzeitig unterzogen worden (Bogumil und Heinze 2009; Schimank 2012a; Hüther und Krücken 2016, S. 50–61). Bezüglich der Lehre lautet das Stichwort „Bologna": eine grundlegende Veränderung der Studienstrukturen mit entsprechend veränderten Anforderungen an die Lehre. Auch die zweite Hauptaufgabe der Universitäten, die Forschung, ist zur selben Zeit mit neuartigen ‚Herausforderungen' – wie man so sagt – konfrontiert worden, wofür die „Exzellenzinitiative" das tonangebende Vorhaben ist. Und schließlich hat es unter der Parole des „New Public Management" (NPM) weitreichende Umbauten der Entscheidungsstrukturen des deutschen Hochschulsystems gegeben – sowohl innerorganisatorisch in jeder Universität als auch interorganisatorisch im Verhältnis der Universitäten zu den staatlichen Trägern. Schon die weitgehend unabgestimmte Parallelität dieser drei gleichermaßen ambitionierten Reformvorhaben hat vielerlei teilweise unvorhergesehene Wechselwirkungen nach sich gezogen, die neben den inhärenten Widersprüchlichkeiten jeder der Reformen für eine Gemengelage ambivalenter Effekte gesorgt haben: wenig allseits Gewolltes, Einiges zumindest von einer Seite Gewolltes und nicht Weniges, was keiner so gewollt hat. Noch dazu hat das alles unter Bedingungen einer starken Unterfinanzierung des Hochschulsystems stattgefunden, was sich für die Lehre in vielen Fächern in einer verschlechterten Betreuungsrelation – Studierendenzahl pro Lehrenden (Wissenschaftsrat 2018, S. 19) – und für die Forschung in einer steigenden Drittmittelabhängigkeit manifestiert (Aljets 2015, S. 84–91). Beides zeigt, dass die finanzielle Grundausstattung der Universitäten durch die Bundesländer als deren Träger immer unzureichender geworden ist (Dohmen und Wrobel 2018). Es ist eigentlich eine Organisationsleitungen und politischen Entscheidungsträgern bekannte Binsenweisheit, dass großangelegte Reformen umso schwieriger und umso

M. Janßen et al., *Hochschulreformen, Leistungsbewertungen und berufliche Identität von Professor*innen*, Organization & Public Management, https://doi.org/10.1007/978-3-658-33289-1_1

weniger Erfolg versprechend sind, unter je größerer Finanzknappheit sie vollzogen werden; denn wenn man genügend Geld hat, kann man Härten abfedern und
Widerstände ‚abkaufen'. Doch die deutsche Hochschulpolitik hat sich in genau
dieses Abenteuer gestürzt: Alles sollte zum Nulltarif ganz anders werden.

Vielleicht war das ja angesichts der jahrzehntelangen Reformblockaden eines
„verrotteten" Hochschulsystems – so eine bekannte und von vielen geteilte
Einschätzung des Vorsitzenden des Wissenschaftsrats, Dieter Simon (1991),
Anfang der 1990er Jahre – überfällig.[1] Wie dem auch sein mag: Nun ist damit
umzugehen, was das Reformstakkato ohne ausreichende finanzielle Grundlage
hervorgebracht hat. Die Schlüsselgruppe unter den involvierten Akteuren, die
sogleich ins Auge fällt, sind die Professorinnen und Professoren. Klar ist: Wenn
sie nicht mitmachen, laufen alle Reformen ins Leere. Ähnlich wie Richterinnen
in Gerichten oder Chefärzte in Krankenhäusern sind ProfessorInnen ein Berufsstand, an dessen Engagement das Wohl und Wehe der Organisationen, in denen
sie tätig sind, hängt. Die Leistungsproduktion der Universitäten in Lehre und
Forschung – in Gestalt von auf dem Arbeitsmarkt nachgefragten AbsolventInnen
sowie von Forschungsergebnissen in von FachkollegInnen zitierten Publikationen
– wird auf der Arbeitsebene maßgeblich von den ProfessorInnen getragen.[2] Das
geschieht teils dadurch, dass sie selbst die betreffenden Leistungen erbringen, und
teils dadurch, dass sie die Leistungsproduktion der ihnen untergeordneten wissenschaftlichen MitarbeiterInnen anleiten. Vor diesem Hintergrund stellt sich die
Frage: Welche Auswirkungen haben die Reformen auf die Arbeitsbedingungen
und Arbeitsmotivation der ProfessorInnen gehabt?

Man erhält diametral entgegengesetzte Antworten auf diese Frage – je nachdem, wen man fragt. Um die Extreme, etwas karikaturistisch zugespitzt, vorzu-
stellen:

- Die Promotoren der Reformen, etwa in den zuständigen Ministerien oder beim
  Centrum für Hochschulentwicklung der Bertelsmann-Stiftung (CHE), dem

---

[1]Fünf Jahre später wurde dieser Einschätzung von Peter Glotz (1996 – Zitate: 135), seines
Zeichens Bildungspolitiker und Gründungsrektor der wiedererrichteten Universität Erfurt,
ein ganzes Buch gewidmet, das die These „im Kern verrottet" zur Frage wendet und zu
dem Fazit gelangt, die deutsche Universität sei zwar „längst nicht mehr gesund", aber noch
heilbar „krank".

[2]Womit natürlich nicht gesagt werden soll, dass die Beiträge der anderen Mitarbeiter-
gruppen nicht auch wichtig sind. Quantitativ wird die Hauptarbeit durch den – zahlenmäßig
weitaus größeren – Mittelbau geleistet. Doch die ProfessorInnen sind diejenigen Akteure
mit der größten „Einflussstärke auf die operationalen Abläufe der Universitätsorganisation"
(Kleimann 2016b, S. 197).

wichtigsten einschlägigen Think Tank, betonen, dass es höchste Zeit gewesen sei, ‚verwöhnten' ProfessorInnen, die überdies nicht mehr zeitgemäßen Vorstellungen verhaftet gewesen seien, Beine gemacht zu haben. Neue Leitlinien für ‚gute' Forschung und ‚gute' Lehre seien etabliert worden; und eine Bewertung von Forschung und Lehre gemäß diesen Leitlinien habe dazu geführt, dass diejenigen, die gut abschneiden, sowohl in der Ressourcenausstattung ihrer Professur als auch in ihrem persönlichen Einkommen profitieren, während die weniger Leistungsfähigen oder -willigen Einbußen erleiden. Dies werde ihnen hoffentlich nicht nur eine Lehre sein, sondern sei auch noch höchst effizient: werde das Geld dadurch doch bestmöglich, also dort, wo es den meisten Nutzen bringe, investiert.[3]

- Viele ProfessorInnen halten dagegen, dass alle drei Reformen überflüssig und sogar schädlich für die Leistungsproduktion in Forschung und Lehre seien. Die bisherigen Strukturen seien durchaus leistungsfähig gewesen und völlig zu Unrecht denunziert worden. Woran es in Wirklichkeit mangele, sei eine auskömmliche Grundfinanzierung der Universitäten – darüber täusche die Politik durch ihr Insistieren auf angeblich dringend erforderlichen Reformen nur hinweg.

Um zu verstehen, wieso es solch konträre Deutungen überhaupt geben kann, muss man sich bewusst machen, dass UniversitätsprofessorInnen einem in vielen Hinsichten privilegierten Berufsstand angehören. Die allermeisten sind bei ihrer Forschung hochgradig intrinsisch motiviert, viele auch bei der Lehre,[4] und ziehen

---

[3]Eine in dieser Hinsicht richtungsweisende Veröffentlichung stellte etwa die des damaligen Leiters des CHE, Detlef Müller-Böling (2000 – Zitate: 11; 69), dar, der Anfang des Jahrtausends seine Reformvision einer „entfesselten Hochschule" zeichnete. Müller-Böling geht es dabei um eine „Entfesselung aus den verschiedensten Umarmungen […], die die Hochschulen derzeit noch erstick[t]en", was eben auch bedeute, sie stärker als „Dienstherren" in die Verantwortung zu nehmen. Das Argument der ‚faulen' ProfessorInnen wird dabei umgekehrt in eines der Fairness und „Ehrlichkeit des Systems" – denn Leistung müsse sich auch an Hochschulen „lohnen". Für eine kritische Auseinandersetzung mit der „entfesselten Hochschule" 20 Jahre nach ihrem Erscheinen siehe Alfred Kieser (2020).
[4]Dass dem so ist, wird im Zuge der Umsetzung der NPM-Reformen aber vermehrt hinterfragt. So haben sich verschiedene AutorInnen der Frage des Einflusses der Reformen auf die Arbeitsmotivation sowie möglicher Verdrängungseffekte durch Ziel- und Leistungsvereinbarungen angenommen. Während Margit Osterloh und Bruno Frey (Osterloh 2010; Osterloh und Frey 2015) die Reduzierung der intrinsischen Motivation von Forschenden durch externe Anreize seit längerer Zeit kritisch verzeichnen, schätzen Uwe Wilkesmann und Christian Schmid (2014) die Auswirkungen der W-Besoldung und Leistungsvereinbarungen auf die intrinsische Lehrmotivation als derzeit noch insgesamt gering ein.

neben großer innerer Befriedigung soziale Anerkennung aus beiden Tätigkeiten. ProfessorInnen genießen überdies eine hohe Arbeitsautonomie, die in Deutschland durch den Grundgesetzartikel 5, Absatz 3 verfassungsrechtlich abgesichert ist. Hinzu kommen die Unkündbarkeit von BeamtInnen und ein Gehalt, das zwar nicht so hoch ist wie auf vergleichbaren Positionen in Unternehmen, aber doch sehr auskömmlich. Diese positiven Seiten ihres Berufs werden von ProfessorInnen durchaus gesehen, und nicht wenige stufen sich im Vergleich zu den Angehörigen anderer Berufe als ausgesprochen begünstigt ein.[5]

Und dennoch ist unüberhörbar, dass ProfessorInnen in den zurückliegenden zwanzig Jahren zunehmend darüber klagen, dass sie sich bei ihrer Berufsausübung unzulässig überwacht, gegängelt, gar drangsaliert vorkommen – und zwar von Leuten, die in ihren Augen nicht die geringste Ahnung davon haben, was ‚gute‘ Forschung und ‚gute‘ Lehre erfordern und was sie jeweils ausmacht. Nicht nur, aber geballt in der Zeitschrift Forschung und Lehre (F&L) des Deutschen Hochschulverbands (DHV), der die Standesorganisation der deutschen UniversitätsprofessorInnen ist, findet man Monat für Monat Erfahrungsberichte und Meinungsartikel, in denen ProfessorInnen mit ihrem Unmut über „Bologna", Exzellenzwettbewerbe und NPM nicht hinter dem Berg halten. Um nur die Überschriften zweier Beiträge zu zitieren: „Der gefesselte Professor" von Thomas Ehrmann (9/2015) oder: „Im Absurdistan der Leistungsberechnung" von Andreas Gold (11/2015).

Drücken sich in einer solchen Kritik nur Wehwehchen von Verwöhnten aus, die nicht verwinden können, dass sie sich gesellschaftlich und in der Universität schon lange nicht mehr als „Mandarine" – wie Fritz Ringer (1987) die deutsche Professorenschaft des Kaiserreichs charakterisiert hat – ‚aufspielen‘ können? So sehen es die Promotoren der Reformen. In deren Augen stilisieren sich die ProfessorInnen zu Opfern, womit sie in Wirklichkeit bloß überkommene

---

Zwar schmälerten Leistungsvereinbarungen, anders als Leistungszulagen, die intrinsische Motivation zu lehren, gleichwohl sei letztere als immer noch vergleichsweise hoch und als die dominierende Form der Motivation anzusehen.

[5]Dies wird auch immer wieder in den meist standardisierten Befragungsstudien zu Arbeitsbedingungen und -zufriedenheit der ProfessorInnen in Deutschland herausgestellt – so etwa in der deutschen Teilstudie des international vergleichenden „Changing Academic Profession"-Projektes (Jacob und Teichler 2011; Höhle und Teichler 2013) oder in der von der HRK in Auftrag gegebenen und auf die Lehre fokussierenden LESSI-Studie von Harald Schomburg et al. (2012). Dass solche Untersuchungen zu den Auswirkungen der Reformen jedoch nur begrenzt aussagefähig sind, greifen wir an späterer Stelle nochmal auf.

Privilegien sichern wollen. Schlimmer noch: Nicht wenige ProfessorInnen – so hört man es hinter vorgehaltener Hand etwa von für die Universitäten zuständigen MinisterialbeamtInnen – suhlten sich geradezu im rückwärtsgewandten Selbstmitleid, anstatt ihren Beitrag zur ‚Erneuerung' der Universitäten zu leisten und auch die damit verbundenen eigenen Chancen zu ergreifen.

In diesem hoch kontroversen Meinungsspektrum bewegt sich die vorliegende Untersuchung. Sie fragt danach, wie UniversitätsprofessorInnen verschiedener Fächer die genannten Reformen erfahren und wie sie diese in ihrem beruflichen Handeln praktisch verarbeiten. Man kann annehmen, dass ProfessorInnen, wie Angehörige anderer Berufe auch, als Teil ihrer beruflichen Identität Vorstellungen darüber haben, wie ‚gute' Arbeit auszusehen hat. Wie sehen diese Vorstellungen über ‚gute' Lehre und Forschung aus? In welchen Hinsichten haben die Effekte der Reformen diese Vorstellungen verletzt? Wie gehen die ProfessorInnen mit diesen Irritationen, vielleicht gar Bedrohungen, ihrer beruflichen Identität um? Haben sie ihre Identität an die neuen Verhältnisse angepasst, oder versuchen sie auf die eine oder andere Weise, ihre Identität gegen die Verhältnisse zu behaupten? Und wie stellen sich die Praktiken der Anpassung oder des Widerstands im Arbeitsalltag dar?

Die Fragestellung so zu entfalten unterstellt freilich, dass die Reformen als überwiegend problematisch erfahren werden. Auch wenn dies dem Tenor vieler öffentlich artikulierter Meinungen aus der Professorenschaft entspricht,[6] sollte man weiterhin fragen, ob es nicht daneben Fälle gibt, die Gegenteiliges zeigen. Könnten die Reformen nicht vielleicht auch Wasser auf den Mühlen bestimmter Ausprägungen der beruflichen Identität von ProfessorInnen sein? Sofern man auch dies vorfindet, wird es umso interessanter sein, danach zu fragen, von welchen Faktoren es denn abhängt, ob ProfessorInnen eher negativ oder eher positiv von den Universitätsreformen der zurückliegenden zwanzig Jahre betroffen sind. Liegt es am Fach? An der Karrierephase? Am Geschlecht? Oder an noch anderen Determinanten?

Systematischer lassen sich diese Fragen in einem analytischen Dreischritt entfalten:

---

[6]Es entspricht im Übrigen auch der referierten Einschätzung der Reformpromotoren – nur mit umgekehrter Bewertung: Die ProfessorInnen sollen gefälligst umlernen, also ihr berufliches Selbstverständnis den Reformen anpassen – oder zumindest, wie es Müller-Böling (2000 – Zitate: 38) formulierte, ihre „individuellen Autonomieansprüche" zugunsten der „korporative[n] Autonomie der Hochschule als Ganzes" zurückstellen.

1) Wie wirken sich die durch die Reformen hervorgerufenen Strukturveränderungen im deutschen Hochschulsystem auf die berufliche Identität von
ProfessorInnen aus?
2) Insoweit es nennenswerte – negative oder positive – Auswirkungen gibt: Wie
gehen die ProfessorInnen damit um?
3) Dabei interessiert besonders: In welchen Praktiken zeigen sich Bemühungen,
berufliche Identitätsansprüche gegenüber den Strukturveränderungen in Lehre
und Forschung zu behaupten?

Hauptergebnis der Untersuchung wird eine differenzierte Typologie von
ProfessorInnen entsprechend ihren unterschiedlichen Reformerfahrungen und
Praktiken des Umgangs mit den Reformen sein – anstelle sehr simplifizierender
Kontraste von Opfern und Profiteuren der Reformen. Aus mindestens drei
Gründen ist die Typologie, die wir aus der Empirie erarbeiten werden, wichtig
für die weitere Forschung über Hochschulen und deren Reformen, aber auch
für die weiteren praktischen Bemühungen um eine Gestaltung dieser Reformen.
Erstens liefert eine der vielschichtigen Empirie gerecht werdende typo-
logische Charakterisierung von ProfessorInnen eine adäquatere Beschreibung
und Erklärung dessen, wie sich Reformdynamiken und Professorenschaft
zueinander verhalten haben. Zweitens ist diese Typologie die notwendige
Voraussetzung dafür, in weiteren Untersuchungen die zahlenmäßige Verteilung
der ProfessorInnen auf diese Typen ermitteln zu können und womöglich die
Reformdynamiken auch als einen Wandel des Verteilungsmusters nachvollziehen zu können. Vielleicht haben ja bestimmte Typen anfangs überwogen, sind
dann jedoch weniger geworden, während andere Typen im Zuge der Reformen
zugenommen haben. Drittens schließlich kann, auf den beiden ersten Punkten
aufbauend, die weitere Gestaltung der Reformen zielgenauer angegangen werden
– wobei wohlgemerkt nicht nur an eine Gestaltung ‚von oben‘, also durch die
Hochschulpolitik und die Universitätsleitungen, sondern ebenso an eine ‚Gegen-
Gestaltung‘ durch Interessenpolitik der ProfessorInnen oder von Teilen der
Professorenschaft zu denken ist.
      Wenn damit die Thematik und Relevanz der empirischen Studie, deren Ergeb-
nisse wir hier berichten,[7] erst einmal angedeutet sind, werden wir in diesem

---

[7]Die Studie wurde vom Bundesministerium für Bildung und Forschung im Rahmen der
Förderlinie „Leistungsbewertung in der Wissenschaft" unter dem Projekttitel „Einfluss von
Leistungsbewertungen auf die Integration von Lehre und Forschung im Fächervergleich"
an der Universität Bremen vom Januar 2014 bis zum Dezember 2016 gefördert.

Kapitel nun zunächst die empirischen und theoretischen Ausgangspunkte der Analyse genauer vorstellen. Wir schildern dazu im ersten Abschnitt die mit den erwähnten Reformen einhergehenden organisationalen Strukturveränderungen und fragen danach, welche Auswirkungen auf die berufliche Identität damit verbunden sein könnten. Im zweiten Abschnitt skizzieren wir ein theoretisches Instrumentarium für die Analyse individueller beruflicher Identitätsbehauptung. Der dritte Abschnitt erläutert das empirische Vorgehen, mit dem wir die angesprochenen Fragen angegangen sind. Das Kapitel schließt mit einer Vorschau auf die Ergebnispräsentation in den weiteren Kapiteln.

1.1   Organisationale Strukturveränderungen der Universitäten

Was in den letzten zwanzig Jahren unter den genannten Stichworten NPM, „Bologna" und „Exzellenzinitiative" als Strukturveränderungen an den deutschen Hochschulen stattgefunden hat, war keine Reform aus einem Guss. Weder hinsichtlich der angegangenen sachlichen Issues noch hinsichtlich des zeitlichen Prozederes gab es einen übergreifenden abgestimmten Masterplan. Das hat weniger der sonst übliche Verdächtige, der deutsche Föderalismus, verhindert, durch den 16 Bundesländer als Träger ihrer Universitäten je für sich wesentliche Letztentscheidungsrechte über deren Gestaltung ausüben – einschließlich der Entscheidung darüber, welchen Gestaltungseinflüssen anderer Akteure sie ihre Universitäten aussetzen. Schon vorgelagert war vielmehr entscheidend, dass alle drei Reformen von ganz unterschiedlichen Akteuren konzipiert und propagiert wurden, zwischen denen es diesbezüglich wenig Austausch gab.

Am frühesten setzte Ende der 1990er Jahre NPM ein. Wie der Name schon sagt, war dies keine hochschulspezifische Reform, sondern eine den ganzen öffentlichen Sektor betreffende Neugestaltung von Governance-Strukturen. Nicht die Universitäten, sondern andere Bereiche wie die Kommunalverwaltung oder die öffentlichen Krankenhäuser kamen zuerst dran (OECD 1995; Pollitt und Bouckaert 2000, 2017); und Deutschland war keiner der Vorreiter, sondern ein Nachzügler (Schimank und Lange 2009). NPM war inspiriert von den neoliberalen Ideen, die seit Mitte der 1970er Jahren zuerst in den angelsächsischen Ländern Fuß gefasst hatten, und wurde dann auch durch internationale Organisationen wie die OECD weiter propagiert.

Es folgte um die Jahrtausendwende „Bologna" als weitreichende Umgestaltung der Studienstrukturen. Auch hier waren, wiederum von der OECD mit initiierte, generelle bildungspolitische Reorientierungen ein wichtiger Anstoß, der dann von den europäischen Staaten als neu zu schaffender „europäischer Hochschulraum" umgesetzt wurde (Witte 2006; HIS 2010; Hillmer und Al-Shamery 2015). In Deutschland war es insbesondere das Bundesministerium für Bildung und Forschung (BMBF), das die zunächst überwiegend wenig aktiven Bundesländer als Träger der Hochschulen dazu brachte, die alten Studienstrukturen abzuschaffen und die neuen zu etablieren (Friedrich 2006).

Schließlich kam kurz darauf auch die „Exzellenzinitiative". Die ursprüngliche Idee des BMBF, eine ganz kleine Zahl von sehr forschungsstarken Universitäten wesentlich besser mit Forschungsmitteln auszustatten, ließ sich zwar gegen den Widerstand der Länder so nicht umsetzen. Stattdessen ist seitdem in erheblichem Maße zusätzliches Geld für die Förderung größerer Forschungsverbünde bereitgestellt worden, das in einem kompetitiven Verfahren breiter gestreut als zunächst beabsichtigt, aber dennoch alles andere als mit der sprichwörtlichen Gießkanne verteilt wird (Lange und Schimank 2006, S. 336–340; Leibfried 2010; Leibfried und Schreiterer 2015).

Die Ideenwelt, in der diese Hochschulreformen geboren wurden, war eine neoliberale.[8] Das gilt nicht nur, wie schon erwähnt, für NPM, sondern ebenso für die anderen beiden Reformen. Entsprechend sahen das Menschenbild, das zugrunde gelegt wurde, und die Vorstellungen darüber aus, was man wie umgestalten müsste. Im Zentrum steht das institutionenökonomische Principal-Agent-Modell, das Leistungsproduktionen in Organisationen als soziale Beziehungen zwischen Leistungserbringern als Agenten und deren Leistungsabnehmern bzw. den diese repräsentierenden Organisationsleitungen als Prinzipalen betrachtet (Moe 1984; Ebers und Gotsch 1998, S. 209–225; mit Blick auf Hochschulen Wilkesmann und Schmid 2012; Wilkesmann 2013; Kivistö und Zaljevska 2015). Dabei wird die Blickrichtung vom Prinzipal auf die Agenten eingenommen. Es geht darum, deren Handeln zu beurteilen und auf die Linie dessen, was der Prinzipal will, zu bringen. Seine Ziele, Maßstäbe und Erwartungen stehen hingegen nicht zur Disposition.

ProfessorInnen werden demzufolge als eigeninteressierte Agenten angesehen, die – wie es angeblich Frederick Taylors (1913) Fließbandarbeiter oder George Akerlofs (1970) Gebrauchtwagenverkäufer tun – ihren Prinzipalen, also den Abnehmern ihrer Leistungen in Lehre und Forschung sowie ihren Organisationsleitungen, auf möglichst bequeme Weise weis machen wollen, dass die jeweilige

---

[8]Siehe dazu als allgemeine und unterschiedlich bewertende Überblicke Gerhard Willke (2003), Stephanie Lee Mudge (2006) und Ralf Ptak (2007).

Leistung erbracht worden ist. Plakativ überspitzt: Alle ProfessorInnen wollen sich demzufolge um die Lehre drücken und als DünnbrettbohrerInnen den KollegInnen aufgeputzte Trivialitäten als epochale Forschungsergebnisse unterjubeln.[9] Das Modell ist also von Zweifeln an der Leistungsfähigkeit, vor allem aber an der Leistungsbereitschaft des Agenten – in unserem Fall: „Professor Untat" (Kamenz und Wehrle 2007) – geprägt. Die zu ziehende Schlussfolgerung liegt auf der Hand: Es muss um eine „Disziplinierung des Agenten" (Ebers und Gotsch 1998, S. 214 – Hervorheb. weggel.) gehen. Damit die Prinzipale besser zu ihrem Recht kommen können, empfehlen sich Leistungskontrollen und Leistungsmessungen sowie eine an deren Resultaten orientierte Belohnung ‚guter' und Bestrafung ‚schlechter' Leistungen.

Längst nicht alle Elemente der Reformen lassen sich auf den Generalnenner der Leistungsbewertung bringen. Es gibt auch ganz anders ausgerichtete Maßnahmen in jedem der drei Vorhaben. Doch im NPM und auch in der „Exzellenzinitiative" bilden Maßnahmen der Leistungsbewertung von Individuen, Organisationseinheiten und Organisationen als Ganzen den expliziten Dreh- und Angelpunkt. In „Bologna" scheint Leistungsbewertung auf den ersten Blick weniger zentral zu sein; dieser falsche Eindruck ergibt sich aber nur daraus, dass die fundierende Leistungsbewertung hier in Gestalt einer pauschalen Abwertung professoraler Vorstellungen ‚guter' Lehre am Anfang des Reformprozesses als nicht mehr infrage gestellte Prämisse stand. Im Einzelnen handelt es sich um ein Bündel aus acht Arten von Strukturveränderungen, die nun vorgestellt werden – wobei dies kurz gehalten werden kann, weil sie allesamt den Eingeweihten und Betroffenen mittlerweile gut vertraut sind.[10]

„New Public Management"

Mit den durch NPM eingeführten Veränderungen beginnend,[11] lässt sich als erstes das Instrument der *Zielvereinbarungen* nennen, die zwischen den zuständigen Landesministerien und deren Hochschulen, dann aber auch hochschulintern zwischen Leitung und Fachbereichen sowie mit einzelnen ProfessorInnen

---

[9]Eine solche Deutung impliziert natürlich, dass die Lehre von den meisten als der Forschung nachgeordnet angesehen werde, was zu prüfen ist. Dass diese Einschätzung dem Tenor der ReformbefürworterInnen entspricht, zeigt die mediale Berichterstattung, die wir in Kap. 2 nachzeichnen.

[10]Siehe als ersten Überblick Jörg Bogumil und Rolf Heinze (2009).

[11]Siehe als Überblicke Uwe Schimank und Stefan Lange (2009), Schimank (2009), Bogumil et al. (2013), Otto Hüther und Georg Krücken (2016, S. 136–151).

geschlossen werden (Jaeger et al. 2005; Nickel 2007). In Zielvereinbarungen werden Leistungsziele zwischen Prinzipal und Agent formuliert, zu deren Erreichung sich Letzterer verpflichtet; im Gegenzug erhält dieser Ressourcen zur Zielverfolgung sowie gegebenenfalls auch eine erfolgsabhängige Prämie als Teil des eigenen Gehalts. Einzelne ProfessorInnen können direkt oder indirekt von Zielvereinbarungen betroffen sein. Ersteres ist dann der Fall, wenn mit ihnen individuelle Zielvereinbarungen, etwa bei Berufungs- oder Ausstattungs-verhandlungen, getroffen werden. Eine indirekte Betroffenheit ist dann gegeben, wenn ein Professor[12] nicht selbst Adressat einer Zielvereinbarung ist, aber bestimmte Effekte etwa einer zwischen Ministerium und Universitätsleitung getroffenen Zielvereinbarung bis zu ihm durchschlagen. So kann die Universitäts-leitung dem Ministerium beispielsweise zusagen, dass ein bestimmtes Fach sich in den kommenden Jahren um die Einwerbung eines Sonderforschungs-bereichs bemühen wird, wofür es im Gegenzug eine dafür benötigte zusätzliche Professur erhält. Selbst wenn die FachvertreterInnen vor dieser Vereinbarung gefragt wurden und mehrheitlich zugestimmt haben, stehen sie fortan unter dem Druck, die je eigenen Forschungspräferenzen auf den zu konzipierenden Sonder-forschungsbereich hin auszurichten – und das gilt oft auch für diejenigen, die diesem Vorhaben eher ablehnend gegenüberstehen.

Zielvereinbarungen sind ein Instrument der Steuerung eines Akteurs durch einen anderen. Ein zweites Instrument dafür sind im Hochschulsystem die neu eingeführten *Hochschulräte* (Mayntz 2002; Bogumil et al. 2007; Hüther 2009; Jochheim et al. 2016). An sie haben die Ministerien einen Teil der Befug-nisse delegiert, die sie zuvor selbst als Repräsentanten der Prinzipale hatten. Das können Aufsichts-, Genehmigungs- oder Entscheidungsbefugnisse sein. Normalerweise gibt es keinen direkten Durchgriff der Hochschulräte auf einzelne Professuren; doch indirekt können die Einwirkungen eines Hochschulrats auf die Hochschule dann auch Auswirkungen auf die Arbeitsmöglichkeiten einer Professorin haben, wenn der Hochschulrat beispielsweise bei Profilbildungsent-scheidungen oder bei Entscheidungen über die Vergaberichtlinien für Leistungs-zulagen mitwirkt. Der Hochschulrat kann ausschließlich aus externen Mitgliedern oder aus einer Mischung externer und interner Mitglieder bestehen. Bei den Externen kann man erhoffen, dass sie neutral und vermittelnd in hochschul-internen Konflikten z. B. zwischen Fachbereichen oder zwischen Fächern und der Universitätsleitung auftreten; als Kehrseite dessen muss man davon aus-

---

[12]Wir verwenden im Weiteren die männliche und die weibliche Form auch alternierend.

gehen, dass ihnen viel lokales Wissen fehlt und sie deshalb sehr abhängig von den Informationen der Universitätsleitungen sind, die selbst Konfliktparteien sein können.[13]

Flächendeckend wurde drittens eine *leistungsorientierte Mittelverteilung* (LOM) von mehr oder weniger großen Anteilen der Grundausstattung der Hochschulen eingeführt (Leszczensky und Orr 2004; Jaeger et al. 2005; Lange 2008). Dies hat die bis dahin gängige hauptsächlich auslastungsbezogene Zuteilung der Grundausstattung vom zuständigen Landesministerium an die einzelnen Hochschulen abgelöst. Anhand von auferlegten Performanzindikatoren, die mit unterschiedlichen Gewichtungen in eine Formel eingehen, erhalten die Universitäten je nachdem, wie sie in den letzten drei bis fünf Jahren relativ zu den anderen Universitäten des Landes abgeschnitten haben, ihren – unter Umständen von Bemessungsperiode zu Bemessungsperiode schwankenden – Anteil am vorgesehenen Gesamtbudget des Landes für das Hochschulsystem. Übliche Performanzindikatoren sind Absolventenzahlen und Drittmitteleinwerbungen, anfangs wurde oft auch die Anzahl der Promotionen gewertet. Die Universitätsleitungen haben dann die Möglichkeit, dieselbe Formel bei der internen Weiterverteilung der betreffenden Finanzmittel an die Fachbereiche zu verwenden, was prinzipiell bis auf einzelne Professuren heruntergebrochen werden könnte, oder intern bewusst andere Gesichtspunkte oder Gewichtungen anzuwenden. Es ist leicht auszumalen, dass hierin viel Konfliktpotenzial zwischen Fachbereichen oder sogar einzelnen Professoren liegt – umso mehr, je größer der Anteil dieser leistungsorientiert zugewiesenen Mittel ist. Da freilich relativ fixe Personalkosten sowie allgemeine Verwaltungskosten weiterhin das Gros der Grundausstattung ausmachen, halten sich die Konflikte in Grenzen (Minssen et al. 2003). Doch der allgemeine Druck, bei den eigenen Lehr- und Forschungsaktivitäten einen Beitrag dazu zu leisten, dass die eigene Universität bei der Formel ‚punkten' kann, ist dennoch da, weil in Zeiten immer knapperer Grundausstattung auch geringe Beträge zählen.

Viertens beinhaltet NPM verschiedenste Arten von *Evaluationen,* die sich als nationale oder internationale Rankings und Ratings von Forschungs- und Lehr-

---

[13]Dass es nicht nur eine erhebliche Varianz hinsichtlich der Entscheidungsbefugnisse der Hochschulräte zwischen den Bundesländern gibt, sondern die Wirkung dieses Instruments auch als eher ernüchternd einzuschätzen sei, stellen Bogumil et al. (2013, S. 87–98) fest. Der Einfluss externer Stakeholder in Gestalt der Hochschulräte müsse – so die AutorInnen – vor allem deshalb relativiert werden, weil diese sich vorwiegend aus WissenschaftsvertreterInnen zusammensetzten. Ähnliche Befunde finden sich auch bei Heinke Röbken/Marcel Schütz (2013).

leistungen verbreitet haben und denen Universitätsleitungen und Ministerien immer mehr Beachtung schenken (Whitley und Gläser 2007; Maasen und Weingart 2008). Im Unterschied zur leistungsorientierten Mittelverteilung gibt es – um nur diese drei Beispiele anzuführen – für das Shanghai-Ranking von Universitäten, das CHE-Ranking von Fächern oder den Hirsch-Index, der für individuelle ForscherInnen berechnet wird, keinen formell festgelegten Mechanismus, wie die Evaluationsergebnisse sich in Ressourcenzuweisungen niederschlagen; stattdessen aggregieren sich diese Ergebnisse zu einer neu-artigen diffusen öffentlichen Reputation, die nicht mit der traditionellen fach-lichen Reputation, wie sie auf der Grundlage von Rezeption durch die jeweilige Scientific Community vergeben wird, zu verwechseln ist, sondern letztere eher verdrängt (Schimank 2010). Unverkennbar spielt das relative Standing einer Uni-versität, eines Fachbereichs oder Fachs oder eines einzelnen Wissenschaftlers, wie es sich aus einzelnen dieser Evaluationen oder aus deren mehr oder weniger systematischer Zusammenschau ergibt, für Berufungslisten, in Ausstattungsver-handlungen, bei Projektanträgen, in der Ressourcenkonkurrenz zwischen Fächern und bei vielen anderen Gelegenheiten eine bedeutsame Rolle und erhält gerade dadurch noch zusätzliches Gewicht, dass man, anders als bei formalisierten Zuteilungsmechanismen, weder vorausberechnen noch nachrechnen kann, was man bekommen wird bzw. hat. Anders gesagt: Die auf solche Evaluationsergeb-nisse zurückgreifenden Entscheidenden haben Spielraum für Willkür; und man tut gut daran, in möglichst vielen Rankings und Ratings in möglichst allen Hin-sichten gut dazustehen, um nicht ‚auf dem falschen Fuß' erwischt werden zu können. Wie bei der LOM, aber viel ausgreifender, wird ein entsprechender Druck bis zur einzelnen Wissenschaftlerin weitergegeben, zum einen im eigenen Interesse, zum anderen als Beitrag für das möglichst gute Abschneiden der größeren Einheit, der man angehört – was meist ein Teil des Eigeninteresses ist.

Alle bisher aufgeführten Maßnahmen beinhalten als fünftes Element rapide gestiegene *Rechenschaftspflichten* bezüglich der je eigenen Lehr- und Forschungsleistungen einer Universität als Ganzer, aber auch ihrer Unter-einheiten sowie letzten Endes jeder einzelnen Professur und jedes einzelnen Wissenschaftlers. Dies ist auch die Erfahrung von anderen Berufsgruppen wie ÄrztInnen, die ähnlichen Mechanismen des NPM ausgesetzt sind (Kühn 2004; Böhlke et al. 2009);[14] und es ist eine hochgradig zwingende Konsequenz, weil

---

[14]Als allgemeinere Diagnose siehe Michael Power (1997 – Zitat: 122), demzufolge die heutige Gesellschaft als „Audit Society", „which is increasingly commited to observing itself through various kinds of auditing practices", charakterisiert werden kann. Kenn-zeichnend für das von Power skizzierte Gesellschaftsmodell ist nicht zuletzt die Ersetzung des Vertrauens durch Kontrolle der – gerade auch professionellen – Leistungsproduzenten.

sich nur in den seltensten Fällen Leistungsbewertungen allein auf der Grundlage solcher Daten vornehmen lassen, die – wie etwa Zitationen – ohnehin im Prozess der Leistungsproduktion anfallen. Selbst wo solche Rohdaten wie im Beispiel Abfallprodukte wissenschaftlichen Publizierens sind, sprechen sie nicht für sich selbst bzw. sollte man sie im wohlverstandenen Eigeninteresse nicht für sich selbst, etwa zu Universitätsleitungen, sprechen lassen. Allein schon fachliche Spezifika, etwa Publikationsformate (Alexander von Humboldt Stiftung 2009), aber auch lokale Besonderheiten wie etwa interdisziplinäre Kooperationen müssen in Rechnung gestellt werden. Leistungsbewertungen zugrunde gelegte Daten müssen daher zusammengestellt und interpretiert werden, sollen sie eine hinreichende Aussagefähigkeit erhalten; und das sollten die von Leistungsbewertungen Betroffenen nicht allein anderen überlassen, sondern zumindest gegebenenfalls kommentieren, was aber entsprechenden Aufwand bedeutet.

Als sechstes Element von NPM ist schließlich die Einführung der *W-Besoldung* anzuführen (Detmer und Preißler 2006; Kräkel 2006; Koch 2010). Hierbei geht es darum, dass sich Leistungsstärke in Lehre und Forschung nicht nur bei der Zuteilung von Ressourcen für die weitere Arbeit, sondern auch im persönlichen Einkommen auszahlen soll. Die neue Besoldung besteht aus einer Basiskomponente, die etwa bei drei Vierteln der vergleichbaren bisherigen C-Besoldungsgruppe liegt; bei durchschnittlicher Leistung soll eine Professorin einen Leistungszuschlag erhalten, der das restliche Viertel zur alten Besoldung ausmacht; ‚leistungsstärkere‘ ProfessorInnen können mehr verdienen, ‚leistungsschwächere‘ weniger. Die bisherigen Besoldungserhöhungen gemäß den Dienstaltersstufen entfallen. Die Leistungsbewertung erfolgt darüber, dass ein Professor in regelmäßigen Intervallen von meistens drei Jahren Leistungszulagen beantragen kann und hierfür seine Leistungen in Lehre, Forschung und weiteren Tätigkeitsfeldern dokumentiert; die Hochschulleitung entscheidet am Ende auf Empfehlung aus dem Fachbereich, ob der Antrag bewilligt wird. Wer in der W-Besoldung Einkommenssteigerungen realisieren will, tut gut daran, solche Forschungs- und Lehrleistungen zu erbringen, die im heute vorherrschenden Verständnis, wie es Rating, Rankings und andere Arten von Evaluationen vormachen, ‚zählen‘. Andere Leistungen bedürfen ausführlicherer Begründung, wobei man nicht weiß, ob sie überhaupt zur Kenntnis genommen wird und überzeugt – was ein Grund dafür sein kann, lieber gleich auf ‚Nummer sicher‘ zu gehen und die ‚oben‘ geschätzten Leistungsnachweise zu erbringen.[15]

---

[15]Wendy Espeland und Mitchell Stevens (1998) haben an verschiedenen Beispielen „Kommensurierungseffekte" – also jene Folgen, die sich durch die Transformation unterschiedlicher Qualitäten in eine gemeinsame Metrik zu Zwecken der Vergleichbarkeit ein-

„Exzellenzinitiative"

Wirft man nun siebtens einen Blick auf die „Exzellenzinitiative", stellt sich
diese aus der Perspektive auf Leistungsbewertungen als weiteres Format eines
besonders kompetitiven und auf großangelegte kooperative Vorhaben ausgerichteten *Drittmittelwettbewerbs* dar. Dies steht zum einen in einer Ent-
wicklungslinie der bereits angesprochenen, generell immer weiter gestiegenen
Drittmittelabhängigkeit von Forschung an den deutschen Hochschulen –
bei sinkenden Erfolgschancen der Anträge. Zum anderen setzt sich mit der
„Exzellenzinitiative" aber auch ein weiterer Trend fort: weg von sehr autonom konzipierten Einzelprojekten wie beim Normalverfahren der Deutschen
Forschungsgemeinschaft (DFG) hin zu Förderformaten wie Sonderforschungs-
bereichen oder den in den Rahmenprogrammen der EU geförderten Ver-
bünden, wo teils Vorgaben in Bezug auf die Themen, teils aber auch in Bezug
auf Kooperation gemacht werden, wobei international und interdisziplinär
arbeitende Forschungsverbünde zu den favorisierten Formaten gehören.[16] Solche
Formate sind nicht nur in der Beantragung, sondern auch in der Durchführung
einschließlich des Berichtswesens sehr aufwendig. Durch die Verknüpfung mit
NPM, das als weiteres Element neben den bereits angesprochenen eine Stärkung
der Universitätsleitungen zum Zwecke der gesamtorganisatorischen Profilbildung
implementiert hat (Meier und Schimank 2002, 2010, 2014), geht auf die einzelnen Professuren in als profilträchtig angesehenen Forschungsfeldern ein erhöhter
Druck ‚von oben' aus, sichtbare Großvorhaben wie eben nun auch Exzellenzcluster zu konzipieren. In der Konsequenz bearbeiten viele ForscherInnen nicht
mehr diejenigen Themen, die ihnen persönlich am wichtigsten und für die sie
persönlich am geeignetsten sind. Stattdessen sehen sie sich genötigt, sich in
Clusterthemen einzuordnen.

---

stellen – aufgezeigt, die sich durchaus auf die hier interessierenden Leistungsbewertungen
übertragen lassen. In ihrer Analyse stoßen sie gerade auch auf das Problem der Unmög-
lichkeit der Messbarkeit bestimmter Leistungen, was schnell zu deren Ausschluss aus
Kriterienkatalogen und Wertigkeitsordnungen führt.

[16]Siehe zu letzterem etwa die entsprechenden Beschlüsse zu den Rahmenprogrammen der
EU, die Kooperation als wesentliches Merkmal der Forschung voraussetzen, und hier insbesondere das spezifische Programm „Zusammenarbeit" (Europäische Kommission 2006)
als „Kernstück des Siebten Rahmenprogramms" (Europäische Kommission 2007). Für eine
empirische Untersuchung der Performanzeffekte in EU-geförderten Rahmenprogrammen
siehe u. a. Daniela Defazio et al. (2009); eine kritische Auseinandersetzung mit der EU-
Forschungspolitik findet sich auch bei Nilgun Massih-Tehrani et al. (2015).

„Bologna"

„Bologna" schließlich, das dritte Reformvorhaben, stellt sich mit Blick auf Leistungsbewertungen, wie bereits angedeutet, anders dar als NPM und die „Exzellenzinitiative". Auch der Einführung von NPM und der Etablierung der „Exzellenzinitiative" lagen wissenschaftspolitische Einschätzungen zugrunde, die Qualitätsmängel von Lehre und Forschung an den deutschen Hochschulen diagnostizierten. Diese Einschätzungen blieben jedoch teils diffuser, teils partieller, als es dann bezüglich der Lehre in der „Bologna"-Erklärung geschah, die sich in Deutschland zunächst vor allem der Bund, dann aber auch die zuständigen Länderministerien zu eigen machten. In der universitären Forschung wollte man durch NPM die ‚Guten' und ‚sehr Guten' – die es unbezweifelbar in größerer Anzahl gab – besser fördern und dafür den ‚mäßigen' Forschenden Ressourcen entziehen; und die „Exzellenzinitiative" zielte auf einen spezifischen Typus großer Verbundforschung sowie auf – NPM unterstützende – universitäre Profilbildung in der Forschung. Hinsichtlich der Lehre könnte NPM ebenfalls – wenn man die dafür adäquaten Leistungskriterien setzte, was allerdings weder einfach noch politisch vorrangig ist – das Lehrengagement sowie die Qualität stärken; faktisch hat man jedoch bis heute zumeist eher diejenigen Fächer und Universitäten belohnt, die große Studierendenzahlen aufwiesen.[17] „Bologna" setzte demgegenüber bei der Qualität der Lehre grundsätzlicher an. Die Studienreform stellte, in der Anwendung auf das deutsche Hochschulsystem, ein Generalverdikt gegen diejenigen Vorstellungen universitärer Bildung und darauf bezogener ‚guter' Lehre dar, die plakativ als Tradition „Humboldt" von größeren Teilen der Professorenschaft hochgehalten wurden. In einer „Wissensgesellschaft", in der eine größere Mehrheit künftiger Generationen eine akademische Ausbildung benötige, die ihre „Employability" erst sicherstelle, müsse das universitäre Studium – inhaltlich und strukturell – radikal umgestaltet werden (Serrano-Velarde 2009, S. 342–344).[18] Bisherige Qualitätskriterien – so die

---

[17]Dies zeigt sich etwa daran, dass in die lehrbezogene LOM der Länder weitestgehend Belastungsfaktoren einfließen. Als Beispiel siehe etwa die aktuelle Niedersächsische Modellbeschreibung der Leistungsbezogenen Mittelzuweisung (Niedersächsisches Ministerium für Wissenschaft und Kultur o. J.).

[18]In der Bologna-Deklaration (1999 – Zitate: o. S.) spiegelt sich dieser Anspruch in der Betonung eines „Europa[s] des Wissens […] als unerläßliche Voraussetzung für gesellschaftliche und menschliche Entwicklung" wider. Dem europäischen Hochschulraum wird dabei eine Schlüsselrolle nicht nur in der Förderung der Mobilität, sondern gerade auch der „arbeitsmarktbezogenen Qualifizierung seiner Bürger" zugeschrieben.

nun in einer weder bei NPM noch bei der „Exzellenzinitiative" gezeigten Überzeugung und Geschlossenheit der Hochschulpolitik – müssten zwar nicht zur
Gänze abgeschafft, wohl aber sehr stark relativiert und in einen gänzlich neuen
Bezugsrahmen gestellt werden. Bisherige Maßnahmen zur Qualitätssteigerung
der Lehre wie etwa freiwillige oder auch verpflichtende Veranstaltungs-
evaluationen durch Studierende stellten sich vor diesem Hintergrund als viel
zu schwach dar und bilden – vor allem in Relation zur externen Evaluation
im Rahmen der Akkreditierung – in „Bologna" nur noch ein untergeordnetes
Instrument.

Anders gesagt, drückt sich in „Bologna" das pauschalste Misstrauen der
drei Reformen aus. Dem entspricht, dass hier nicht auf eine Inszenierung von
Leistungskonkurrenz als Instrument der Qualitätsverbesserung gesetzt wird,
sondern auf Leistungskontrolle gemäß einem hierarchisch gesetzten engen Regle-
ment, wie fortan Studienziele und -gänge auszusehen haben. Die alten Studiengänge wurden per Dekret abgeschafft und durch neue ersetzt, ohne sich noch
auf irgendwelche Diskussionen darüber einzulassen (Witte 2006, S. 149–206);
und damit die neuen Studiengänge den jetzt geltenden hochschulpolitischen Vorstellungen ‚guter' Lehre entsprechen und nicht unter der Hand wieder die bisherigen professoralen Vorstellungen ‚eingeschmuggelt' werden, wurde – als
achte Maßnahme der Leistungsbewertung – die bereits erwähnte regelmäßige
Akkreditierung von Studiengängen vorgeschrieben. Es geht also, anders als bei
den bisher geschilderten Maßnahmen, nicht um eine je individuelle Leistung –
hier: in der Lehre – und deren positive oder negative Sanktionierung, sondern um
die grundsätzliche Leistungsfähigkeit von Studiengängen als kollektiv getragenen
Aktivitäten.

Früher konzipierten Lehrende einen Studiengang, über dessen Etablierung
in den Gremien der akademischen Selbstverwaltung – zumeist Fachbereichsrat
und Senat – entschieden wurde und der dann im Ministerium nicht unter fachlichen oder didaktischen Gesichtspunkten, sondern nur noch mit Blick auf die
Landeshochschulplanung sowie anhand von formellen, vor allem prüfungs-
rechtlichen Kriterien geprüft und genehmigt wurde. „Bologna" enthält als
wesentlichen Bestandteil die Etablierung eines Systems von Agenturen und
Verfahren der inhaltlichen und didaktischen Bewertung aller Studiengänge
gemäß festgelegten Kriterien, die überfachlich und überlokal gelten (Schade
2004; Serrano-Velarde 2008). Die Agenturen bedienen sich dabei – neben
VertreterInnen der Berufspraxis und Studierenden als GutachterInnen – zwar
der Expertise von FachkollegInnen, um in einem aufwendigen Verfahren
Studiengänge detailliert zu beurteilen und gegebenenfalls verbindliche Auf-
lagen oder fast immer Empfehlungen zur Überarbeitung eines Studiengangs

zu formulieren. Die MitarbeiterInnen der Agenturen, die jede Begutachtungs-
kommission betreuen, geben allerdings die Prüfkriterien detailliert vor und über-
wachen, dass jedes Kriterium beachtet wird. Zudem wurde erwartet, dass an den
Universitäten Stellen und Organisationseinheiten aufgebaut wurden, die für das
kontinuierliche Qualitätsmanagement, also die Überwachung und Optimierung
der „Bologna"-Vorgaben, zuständig sind (Kloke 2014). Die mit dieser Gestaltung
des Akkreditierungsverfahrens unausgesprochen, aber unmissverständlich
kommunizierte Generaleinschätzung lautet: ProfessorInnen sind zumeist nicht
fähig oder nicht willens, ohne Vorgaben und Ratschläge der Agenturen funktions-
tüchtige und den Ansprüchen der Berufswelt jenseits von Wissenschaftskarrieren
genügende Studiengänge zu entwerfen und mit einer dauerhaft hohen Qualität der
Lehre zu betreiben.

1.2   Berufliche Identitätsbehauptung von ProfessorInnen

Auch ohne in diesem kurzen Abriss der einschlägigen Strukturveränderungen
durch NPM, „Exzellenzinitiative" und „Bologna" weiter ins Detail gehen zu
müssen, deuten sich bereits Spannungsfelder zwischen diesen Veränderungs-
prozessen und dem beruflichen Selbstverständnis von ProfessorInnen an. Um eine
theoretisch verankerte empirische Herangehensweise an solche Spannungsfelder
vorzubereiten, entwerfen wir im Weiteren einen analytischen Bezugsrahmen zur
beruflichen Identitätsbehauptung von ProfessorInnen.
   Zunächst einmal ist unbestreitbar, dass die beschriebenen Strukturveränderungen wichtige Interessen von ProfessorInnen tangieren können.
ProfessorInnen können beispielsweise keine Lust haben, ihre Lehre umstellen
zu müssen, etwa auf einmal auch „Schlüsselqualifikationen" statt nur fachliche
Inhalte zu vermitteln, oder sich anstelle garantierter Grundausstattungsmittel in
die Drittmittelkonkurrenz hineinzugeben und dort immer wieder auch erfolglos zu sein. Diese und andere Veränderungen können Aufwand bedeuten, der
einem umso unliebsamer ist, je weniger man von der sachlichen Berechtigung der
betreffenden Maßnahmen überzeugt ist. Umgekehrt kann jemand auch bestimmte
Reformmaßnahmen als förderlich für die eigene Interessenverfolgung ansehen.
Wenn eine Professorin in ihren Forschungsaktivitäten ein High Performer ist,
freut sie sich darüber, dass die W-Besoldung das mit Zulagen honoriert: Endlich
begreift die Hochschulpolitik, dass die Professorin ‚alles richtig macht'!
   Uns interessiert hier allerdings, jenseits der allgegenwärtigen Interessenlagen, eine tieferliegende Quelle des Unbehagens, aber womöglich auch der

Freude, angesichts der Reformen. Wenn wir diejenigen Strukturveränderungen des deutschen Hochschulsystems, die sich auf Leistungsbewertungen beziehen, ins Zentrum unserer Aufmerksamkeit rücken, nehmen wir die Principal-Agent-Betrachtungsweise zunächst einmal beim Wort – aber nicht, weil wir mit ihr übereinstimmen, sondern um umgekehrt ihren blinden Fleck herauszustellen. Wenn man, so wie diese Perspektive es tut, Individuen ausschließlich als interessengeleitete Akteure begreift, kann man nämlich überhaupt nicht bemerken, dass bestimmte Arten des Kontrollierens und Sanktionierens von Leistungen von denjenigen, die solchen Prozeduren unterworfen sind, als Missachtung eigener tätigkeitsbezogener Ansprüche und geradezu als demütigend empfunden werden können. Im Rahmen der Principal-Agent-Perspektive argumentierende VerfechterInnen der angesprochenen Reformmaßnahmen könnten argumentieren, man gehe als Prinzipal bzw. dessen Repräsentant ‚realistisch' davon aus, dass die Agenten eben – wie man selbst auch – eigeninteressiert seien und deren Eigeninteressen oft genug denen des Prinzipals zuwiderliefen, weshalb dessen berechtigte eigene Interessenverfolgung impliziere, die Agenten so zu beeinflussen, dass deren Interessen sich seinen annähern. Dass man sich so aber schnell als ‚Elefant im Porzellanladen' aufführt, lässt sich – aus der Betroffensicht eines Agenten – an einem Professor aus den Naturwissenschaften illustrieren, der in einem Interview schildert, wie er die Akkreditierung neuer Studiengänge, an denen er beteiligt war, durch die Akkreditierungsagenturen und deren Kommissionen erlebt hat. Er berichtet u. a.:

> „Die Begutachtung […] fand ich zumindest grenzwertig. Es kamen fünf Profs von dieser Agentur und haben uns behandelt wie die Schulkinder. Im Grunde haben sie sich selbst disqualifiziert. Das wichtigste Anliegen eines dieser Gutachter war die Frage, ob sein eigenes Lehrbuch hier verwendet würde. Wenn man auf dem Niveau diskutiert, kann eigentlich nicht mehr viel Gutes dabei herauskommen. Das Auftreten dieser Kommission war überhaupt nicht angemessen." (zitiert in Kaufmann 2012, S. 205)

Der Interviewte ist immer noch zutiefst empört. Das zeigt sich nicht zuletzt daran, wie oft er sozusagen verbal nachtritt: von „grenzwertig" und „Profs" bis zu „überhaupt nicht angemessen". Was immer tatsächlich bei der geschilderten Begebenheit vorgefallen ist, und welche Interessenlagen aufseiten dieses Professors im Spiel gewesen sein mögen: Viel wichtiger ist für ihn, dass er sich in seiner beruflichen Identität zutiefst verletzt fühlt. Man wurde „behandelt wie die Schulkinder" – und das ausgerechnet auch noch von Fachkollegen! Nicht mal auf deren Unterstützung kann man sich mehr verlassen! Sie kamen „von dieser Agentur" und hatten – bereits dadurch – „sich selbst disqualifiziert". Derjenige, der sich erkundigte, ob sein Lehrbuch Verwendung finde, setzte dem Ganzen nur die Krone auf. Selbst wenn er sich hinsichtlich eines von jemand anderem verfassten Lehrbuchs erkundigt hätte, wäre der Befragte wohl ähnlich indigniert gewesen.

Individuen – hier in der Berufsrolle des Professors – sind also nicht nur interessengeleitete, sondern auch identitätsgesteuerte Akteure, die sich an evaluativen und normativen Selbstansprüchen ausrichten: Welchem Selbstbild strebe ich nach? Wer will ich werden, und wie soll ich sein? Ausgehend von dieser Prämisse wollen wir die Auseinandersetzungen über die Reformmaßnahmen im deutschen Hochschulsystem hier nicht als Interessenkonflikte, was sie wohlgemerkt stets auch sind, sondern als *Identitätskonflikte* verstehen.[19] Interessenkonflikte sind „teilbare Konflikte", in denen je nach Kräfteverhältnis Kompromisse gefunden werden können, während Identitätskonflikte „unteilbar" in dem Sinne sind, dass es um starke Überzeugungen geht, auf denen man – im Extremfall um den Preis des eigenen Lebens – beharrt.[20] Kompromisse zu machen wäre hier Verrat.

Forschungsstand
Nur ganz kurz gehen wir auf den Forschungsstand zu dieser Thematik ein. Einige Stichworte zu einschlägigen Forschungsrichtungen können hier genügen, weil wir die von uns aufgegriffenen Konzepte und Befunde dieser Forschungen später jeweils dort mit ansprechen, wo sie unsere eigenen empirischen Ergebnisse und theoretischen Interpretationen bestätigen, ergänzen, aber ihnen vielleicht auch hier und da widersprechen. Generell ist zu sagen, dass die Forschungslage kein abgerundetes Bild ergibt, sondern kleinere oder größere Teilausschnitte mal ausgiebiger, mal nur lückenhaft untersucht worden sind.

Die *Professionssoziologie* hat sich schon seit langem immer wieder mit dem komplizierten Verhältnis von Profession und Organisation beschäftigt (Scott

---

[19]Aus einer Anerkennungsperspektive verweist Stephan Voswinkel (2011) auf die enge Verbindung von tätigkeitsbezogenen Ansprüchen der Beschäftigten und dem Kampf um Anerkennung dieser so zum Ausdruck gebrachten Identitäten. Die Beziehung zwischen Beschäftigen und Arbeitgebern ist daher nicht nur als Interessen-, sondern auch als eine Anerkennungsbeziehung zu denken. Entsprechend plädiert Voswinkel dafür, Anerkennung und Interesse nicht als alternative Konzepte, sondern zwei einander ergänzende Perspektiven auf Arbeitsverhältnisse zu behandeln.

[20]Siehe Vilhelm Aubert (1963) zur Unterscheidung von „conflicts of interest" und „conflicts of values or beliefs" sowie Albert Hirschman (1994) zur Unterscheidung „teilbarer" und „unteilbarer Konflikte".

1966; Etzioni 1969a, 1969b; Mintzberg 1979, S. 348–379; Meier und Schimank 2012, S. 61–76; Noordegraaf 2007, 2015; Evetts 2013). Mit Blick auf NPM ist diese Sicht so zugespitzt worden, dass die Forcierung der geschilderten Strukturveränderungen zu einer De-Professionalisierung, etwa auch von ProfessorInnen, führe (Lohr et al. 2013a; Schimank 2015).

Die in den letzten Jahren aufgekommene *Soziologie der Bewertung* (Lamont 2012; Meier et al. 2016; Nicolae et al. 2019) begreift Bewertungsprozesse als allgegenwärtiges soziales Phänomen und untersucht hiervon ausgehend Prozesse und Praktiken des Kategorisierens, Vergleichens und Bewertens in verschiedenen Lebensbereichen. Auch Hochschulen gehören zu ihrem empirischen Gegenstand. Dabei wurde u. a. auf die disziplinierenden Wirkungen und Anpassungseffekte von Bewertungen hingewiesen. Hochschulen passen sich etwa an Bewertungskriterien öffentlichkeitswirksamer Rankings an (für die US-amerikanischen Law Schools: Espeland und Sauder 2007, 2016; Sauder und Espeland 2009), weshalb solche Vergleichsinstrumente nicht nur mehr oder weniger adäquate Abbildungen der Realität darstellen, sondern diese auch formen, wenn Universitäten sich „an der Beobachtung des Beobachtetwerdens orientieren" (Heintz 2008, S. 122).

Forschungen über Subjektformen in der Moderne und in der gegenwärtigen „neoliberalen" Ära wie die oft an Michel Foucault anschließenden Gouvernmentality Studies haben sich neben allgemeinen Charakterisierungen des zeitgenössischen „unternehmerischen Selbst" (Bröckling 2007)[21] u. a. auch fallstudienartig mit Universitäten und ProfessorInnen, vor allem im angelsächsischen Raum, beschäftigt (z. B. Shore 2008; Peter 2010). Oft bleibt es jedoch bei der Analyse von Diskursen (Draheim 2012; Wetzel 2013; Bröckling und Peter 2017), also „talk"; wie sich im Verhältnis dazu die Handlungspraktiken darstellen, ist unklar oder wird allenfalls mit anekdotischer Evidenz erwähnt.

Axel Honneth (1992, 2010) hat in einem groß angelegten sozialphilosophischen Entwurf Georg Wilhelm Friedrich Hegels und George Herbert Meads Vorstellungen über Subjektivität zu einer *Theorie gesellschaftlicher Anerkennungsordnungen* zusammengeführt. Die vorgeschlagene Konzeptualisierung von Gesellschaft als ein aus drei Teilordnungen – Anerkennung als Liebe, als Recht und als Solidarität – bestehendes Gebilde ist unterkomplex und für unsere Zwecke wenig hilfreich; die mikrosoziologischen Überlegungen zu Interaktionsdynamiken von Anerkennung und Missachtung gehen hingegen an

---

[21]Siehe ferner viele Beobachtungen im „Glossar der Gegenwart" (Bröckling et al. 2004).

vielen Stellen in die gleiche Richtung wie unsere identitätstheoretisch fundierte Perspektive.

Anknüpfend an Honneth hat sich die *Arbeits- und Industriesoziologie* mit Anerkennung in zeitgenössischen Arbeits- und Berufsverhältnissen beschäftigt und dabei eine breite Spanne von Tätigkeiten und Organisationen fallstudienartig in den Blick genommen (Holtgrewe et al. 2000; Voswinkel 2001; Honneth et al. 2012; Voswinkel und Wagner 2012; Flecker et al. 2014; Dammayr 2019). Da dem NPM vergleichbare Strukturveränderungen auch in anderen Teilen des öffentlichen Sektors – Krankenhäusern, öffentlicher Verwaltung, teilprivatisierten, ehemals staatlichen Unternehmen wie Bahn oder Post – sowie in Unternehmen implementiert worden sind, stoßen diese Studien vielfach auf ähnliche Phänomene wie die uns hier interessierenden.

Ein u. a. aus den Critical Labour Studies heraus entstandenes, mittlerweile relativ eigenständiges Forschungsfeld sind die *Resistance Studies* (Courpasson und Vallas 2016), die sich u. a. auch mit dem aus Forschungen über Organisationswandel bekannten „resistance to change" befassen (Ybema et al. 2016). Teilweise werden diese speziell auf NPM bezogen (z. B. Thomas und Davies 2005). Auch hier finden sich gute Beobachtungen, die den Blick für bestimmte Aspekte des Verhältnisses von Hochschulen und ProfessorInnen schärfen.

Innerhalb der Arbeits- und Berufssoziologie setzen sich einige Arbeiten explizit mit den *Arbeitsbedingungen von WissenschaftlerInnen und Wissenschaftskarrieren* auseinander und stellen diese nicht zuletzt in den Kontext der Reformen (Funken et al. 2015; Matthies 2016; für den wissenschaftlichen Nachwuchs: Rogge 2017; Gassmann 2018). Dabei interessiert auch, wie sich die an den Universitäten bestehenden Arbeitsbedingungen und Beschäftigungspolitiken auf die Lebens- und Karriereplanungen der Beschäftigten auswirken. Einige der Befunde lenken den Blick auf bestimmte Problemlagen oder Möglichkeiten, die für unsere Fragestellung von Belang sind.

In diesem Zusammenhang kann auch die *Geschlechterforschung* angeführt werden, die sich ähnlich gelagerten Fragen, vor allem unter dem Aspekt etwaiger Geschlechterdifferenzen, widmet (Zimmermann et al. 2008; Binner et al. 2013; Riegraf 2018; Binner und Weber 2019). Die Studien nehmen das Verhältnis von Geschlecht und „unternehmerischer" Universität kritisch in den Blick, stellen dann aber u. a. fest, dass NPM oder die „Exzellenzinitiative" unter bestimmten Bedingungen die Gleichstellung von Frauen auch befördern können.

Schließlich gibt es in den *Higher Education Studies,* vor allem in Großbritannien und anderen angelsächsischen Ländern, Fallstudien und Erfahrungsberichte zu Verletzungen der „academic identity" (Henkel 2000, 2005;

Henkel und Vabo 2006; Barry et al. 2001; Clegg 2008; für Finnland Ylijoki 2003, 2014) und zu „micro-resistance" von WissenschaftlerInnen an Universitäten (Anderson 2008; Teelken 2012). Für Deutschland ist hier weitgehend Fehlanzeige zu vermelden (einige Beobachtungen bei Kaufmann 2012; Lohr et al. 2013b; Flink und Simon 2014), sieht man von den im Kap. 2 zur Sprache kommenden, oft sehr meinungsstarken – sprich: empörten – Beiträgen von ProfessorInnen zum medialen Diskurs ab. Der Tenor dieser Meinungsäußerungen ist unverkennbar kein rein interessenpolitischer; man sorgt sich vielmehr um das Ethos der Wissenschaft, den ProfessorInnenberuf und die Qualität von Forschung und Lehre.

Ein weiterer, methodisch aber anders ausgerichteter, da vor allem auf standardisierten Befragungen basierender Zweig innerhalb der Higher Education Studies befasst sich wiederum in auch *international vergleichender Perspektive* mit den Arbeitsbedingungen und der Arbeitszufriedenheit der ProfessorInnen. Zu nennen sind hier vor allem die länderübergreifenden Hochschullehrerbefragungen wie die „Carnegie Study on the Academic Profession" zu Beginn der 1990er Jahre und die Folgestudie zur „Changing Academic Profession" (Shin et al. 2014) und deren deutsche Teilstudien (Enders und Teichler 1995; Jacob und Teichler 2011; Teichler 2014). Diese in unregelmäßigen Abständen, aber wiederholt durchgeführten Befragungen zu Arbeitsbelastungen, -inhalten und -zufriedenheit der ProfessorInnen zeigen Veränderungen auf, die gewollte und ungewollte Effekte der angesprochenen Reformen sein können.

Die aufgelisteten Forschungsperspektiven eint, dass das Verhältnis zwischen der beruflichen Identität von Organisationsmitgliedern auf der einen, Organisationsveränderungen auf der anderen Seite vor allem daraufhin betrachtet wird, wo es problematisch für die Identität wird oder zu werden droht. Die meisten Perspektiven gehen darüber hinaus davon aus, dass solche Identitätsprobleme generierende Organisationsveränderungen heute in vielen Arbeitsorganisationen stattgefunden haben, und oft wird dabei für den öffentlichen Sektor explizit auf NPM verwiesen. Auch wenn wir in unseren empirischen Befunden ebenfalls vielfach auf Identitätsbedrohungen gestoßen sind, halten wir unsere Analyseperspektive jedoch bewusst offen dafür, dass dieselben Organisationsveränderungen möglicherweise für einige ProfessorInnen auch Identitätschancen enthalten, die ergriffen worden sind.

Professorale Identität
Um bestimmen zu können, welche Strukturveränderungen wie als Identitätsbedrohungen oder Identitätschancen wirken können, muss zunächst genauer umschrieben werden, aus welchen evaluativen und normativen Selbstansprüchen sich die professorale Identität zusammensetzt. In einem idealtypisch stilisierten

Rollenmuster, das in Reinform längst nicht bei jeder konkreten Person vorliegt
und von dem es mehrere, hier vorerst nur angedeutete, empirisch häufiger vorkommende partielle Abweichungen gibt, kann man hypothetisch drei große
Komponenten professoraler Identität annehmen.[22] Die ersten beiden beziehen
sich auf die zwei zentralen beruflichen Tätigkeiten der Forschung und der Lehre,
die dritte Komponente formuliert eine für beide Tätigkeitsfelder sowie für die
Berufsrolle insgesamt konstitutive Voraussetzung.[23]

Gemäß dem in der ProfessorInnenrolle verankerten *Forschungsethos* wird
wissenschaftliches Erkenntnisstreben von einer „curiositas"-Orientierung geleitet,
sucht also Wahrheit um ihrer selbst willen jenseits aller außerwissenschaftlichen
Nutzenerwägungen. Dieses primäre Verständnis dessen, was wissenschaftliche Forschung an Universitäten ausmacht, kann sich mit einem gesellschaftlichen Auftrag als sekundärer Verpflichtung verbinden. Eine Teilgruppe der
ProfessorInnen sieht sich auch als Sachwalter des Gemeinwohls – z. B. als
ForscherInnen, die zur Heilung von Krankheiten, zur technischen Verbesserung
der Lebensbedingungen oder zur Reflexion gesellschaftlicher Probleme wie
Fremdenfeindlichkeit beitragen wollen. Ob nur „curiositas" oder zusätzlich auch
Gemeinwohl: Zur ProfessorInnenrolle gehört ökonomisches Desinteresse. Anders
als UnternehmerInnen will man durch die Berufsausübung nicht vor allem
reich werden; wenn man sein Einkommen oder Vermögen mehrt, geschieht dies
sozusagen nur als Kollateralnutzen wissenschaftlichen Erkenntnisstrebens.

Das *Lehrethos,* das die ProfessorInnenrolle vermittelt, fokussiert sich auf
Bildung durch forschungsbasierte Lehre – die berühmte „Einheit von Forschung

---

[22]Dieses Muster hat analytisch denselben Status wie Robert Mertons (1942) bekanntes,
aber oft missverstandenes Bündel von das „scientific ethos" definierenden Prinzipien, das
John Ziman (2000) einer aktualisierenden Überprüfung unterzog. Es geht dabei nicht um
Beschreibungen der realen Praxis, die mehr oder weniger anders sein kann – schon gar
nicht geht es um normative Vorstellungen, die wir als wissenschaftliche BeobachterInnen
an diese Praxis richten. Sondern es handelt sich um empirisch festmachbare Selbstansprüche derer, die Wissenschaft betreiben – wobei sie sich darüber im Klaren sind, dass
niemand diesen Selbstansprüchen immer und manche ihnen niemals gerecht werden, die
Selbstansprüche also einen erwünschten fordernden Charakter haben.

[23]Der Deutsche Hochschulverband hat diese professorale Identität sehr viel ausführlicher
und differenzierter, doch in der Stoßrichtung mit dem hier vorgestellten analytischen
Konstrukt übereinstimmend, in einer programmatischen Selbstverständnis-Erklärung
niedergelegt (DHV 1991). Dieses Dokument ist zwar schon etwas älter, dürfte aber in den
meisten Punkten in der Professorenschaft – nicht nur der deutschen – nach wie eine Mehrheit finden.

und Lehre". Die Betonung von zweckfreier Bildung ist als Zurückweisung von instrumentell ausgerichteter Ausbildung zu verstehen. Auch wenn das in Fächern wie den Rechts-, Wirtschafts- oder Ingenieurwissenschaften sowie der Medizin immer schon entweder anders gesehen wurde oder eine Lebenslüge war: UniversitätsprofessorInnen, in Abgrenzung zu ihren FachhochschulkollegInnen, verstehen ihre Lehre nicht als berufsbefähigend. Berufsbefähigung soll vielmehr wiederum nur ein – durchaus reklamierter – Kollateralnutzen forschungsbasierter Lehre sein. Zugleich sehen sich UniversitätsprofessorInnen nicht als LehrerInnen, weisen also ein Verständnis der Universität als Fortsetzung von Schule strikt zurück. Dem liegt eine Auffassung von Studium zugrunde, der gemäß dieses wesentlich kein didaktisch fremdunterstütztes Lernen sein soll. Universitäre Bildung ist vielmehr das Ergebnis von Selbstlernen auch anhand spröder, gar abweisender Lernstoffe in einer Gemeinschaft von Lehrenden und Lernenden.

Um dieses Forschungs- und Lehrethos ausleben zu können, bedarf es einer hochgradigen *individuellen Autonomie* als ermöglichender Identitätskomponente. Autonomie bedeutet nicht Autarkie im Sinne eines überhaupt nicht extern beein- flussten und sich selbst genügsamen Handelns – jedoch ein Handeln, das externe Einwirkungen nach eigenen Gesichtspunkten verarbeitet, also Selbstbestimmung als dominanten Handlungsmodus hat. Dies erstreckt sich als Anspruch auf alle Facetten von Forschung – von der Themenwahl über die Wahl theoretischer und empirischer Herangehensweisen bis hin zur Wahl von Publikations- formaten (Gläser und Schimank 2014). Bei der Lehre ist zwar entsprechend der Denomination der Professur ein thematischer Rahmen abgesteckt; inner- halb dessen gilt aber die möglichst autonome Festlegung aller weiteren inhalt- lichen, didaktischen und prüfungstechnischen Modalitäten. Eingebettet ist diese individuelle Autonomie in die beanspruchte kollektive Autonomie der Scientific Community als kognitiver Gemeinschaft derer, die zum gleichen Themen- spektrum Beiträge zum Erkenntnisfortschritt liefern (Gläser 2006; Gläser und Lange 2007). Organisatorisch abgesichert sind individuelle und kollektive Autonomie durch die Dominanz der Professorenschaft als Statusgruppe in der „Gruppenuniversität" – umso mehr, je stärker Belange von Forschung und Lehre berührt sind (Zechlin 2017). Ein hohes Berufsprestige der Professorenschaft, wie es in vielen westlichen Gesellschaften und auch Deutschland gegeben ist, bedeutet eine zusätzliche Anerkennung dieser Autonomieansprüche.

Identitätsbedrohungen
Vor dem Hintergrund dieser vermuteten Identitätskonstruktion kann man nun fragen, wie sich die geschilderten Strukturveränderungen ausgewirkt haben könnten. In bisherigen Studien ebenso wie in Selbsterfahrungsberichten von

ProfessorInnen dominieren Schilderungen von Identitätsbedrohungen durch neue Maßnahmen der Leistungsbewertung. Im Einzelnen können explorativ auf der Grundlage anderer Studien und eigener Vorüberlegungen fünf *Arten der Identitätsbedrohung* genauer ausgemacht werden – also Erschütterungen des Selbstanspruchs einer Professorin oder eines Professors, selbstbestimmt ‚gute‘ Lehre und Forschung zu betreiben.

Die erste Art dieser Identitätsbedrohung kam bereits in der zitierten Äußerung eines Professors zur Akkreditierung eines Studiengangs, den er mitträgt, zum Ausdruck: das wahrgenommene *Unwissen und Desinteresse von Bewertungsinstanzen*. Denn sie wissen nicht, was sie tun – und es ist ihnen auch egal: Auf eine solche Einschätzung lässt sich diese Identitätsbedrohung aufseiten der davon Betroffenen bringen: Man muss sich gefallen lassen, von ‚Ignoranten‘ und ‚Desinteressierten‘ bewertet zu werden. Was die Leistungsbewertungen bewirken können, ist den Bewertenden – so die Einschätzung – nicht klar; und es ist ihnen genauso wenig klar, dass ihnen das nicht klar ist: ein „unknown unknown" im Sinne Donald Rumsfelds.

Eine zweite Quelle von Identitätsbedrohungen stellen *inadäquate Bewertungskriterien* – in den Augen der ProfessorInnen – dar. Inadäquanz kann sich dabei auf Verschiedenes beziehen: Kriterienlisten können unvollständig sein, also von den ProfessorInnen für wichtig gehaltene Tätigkeitsdimensionen nicht enthalten; es können umgekehrt Kriterien angelegt werden, die als unpassend erachtet werden; Kriterien können zu stark oder zu gering gewichtet werden; und Kriterien können falsch oder zu partiell operationalisiert werden, wenn beispielsweise die Förderung des wissenschaftlichen Nachwuchses nur als Mitwirkung an Graduiertenkollegs verstanden wird und die Individualbetreuung von DoktorandInnen unter den Tisch fällt. Wohin dies aus Sicht eines Professors, der selbst in der C-Besoldung geblieben ist, führen könne, sieht er am Beispiel einiger jüngerer KollegInnen in der leistungsbezogenen W-Besoldung bestätigt, deren Verhalten er dahin gehend kritisiert: „Die […] gehen nicht mehr in die Uni und sagen sich, ‚was mache ich in Forschung und Lehre‘, sondern die sagen, ‚wie komme ich heute auf meine Punkte?‘" (zitiert bei Flink und Simon 2014, S. 137). Neben negativen Folgen für die Wissenschaft durch diese Leistungsbewertungen wird also auch ein beschämender persönlicher Opportunismus als Effekt attestiert. Das ‚Fremdschämen‘ für die ‚Identitätsverbiegung‘ der anderen – die das ja oft nicht einmal mehr merken – kann im Übrigen die größere Identitätsbedrohung sein.

Drittens kann man als Identitätsbedrohung erleben, wenn man sich durch Kriterien und Verfahren der Leistungsbeurteilung zur *Missachtung der sachlichen Erfordernisse von Forschung oder Lehre* gezwungen sieht. Man wird zur

‚schlechten' Arbeit genötigt, und ‚gute' Arbeit zahlt sich nicht aus, sondern wird sogar bestraft, weil eine große Kluft zwischen fachlichen – sachangemessenen – und organisational zählenden Gesichtspunkten besteht. In diese Richtung verweisen nicht zuletzt die empörten Äußerungen vieler ProfessorInnen in F&L zur Überbetonung der – von der Organisation besonders erwünschten und geförderten – kooperativen Forschungsvorhaben. Ein anderer Stein des Anstoßes: wenn Forschungsergebnisse zunehmend in kleinste Häppchen zerlegt werden müssen, weil nur mehr Zeitschriftenartikel zählen und Monografien in den organisationalen Punkte- und Bewertungssystemen keinen angemessenen Stellenwert besitzen.

Die vierte Art der Identitätsbedrohung, die aus Leistungsbewertungen hervorgehen kann, besteht in einer auferlegten *Zweck-Mittel-Verkehrung*. Eigentlich sollte es nach Einschätzung vieler ProfessorInnen so sein, dass Zweck ihres Tuns in der Forschung Erkenntnisfortschritt ist; und je nachdem kann die Einwerbung von Drittmitteln ein Mittel dazu sein, diesen Zweck verfolgen zu können. Nun aber gilt, durch Leistungsbewertungen unterstrichen: Man muss Drittmittel ‚reinholen' und die Forschungsziele daraufhin ausrichten. Das Einwerben von Drittmitteln wird, mit welchen Konsequenzen auch immer für die Forschung, auf die Spitze getrieben, weil es vor allem darum geht, Forschung zu betreiben, um Geld für den unterfinanzierten Haushalt der eigenen Universität verdienen zu müssen. Dieser organisationalen Zumutung erwehrte sich Niklas Luhmann (1997, S. 11) noch mit seiner bekannten, sowohl süffisant-trotzigen als auch melancholischen Bemerkung: „Mein Projekt lautete damals und seitdem: Theorie der Gesellschaft; Laufzeit: 30 Jahre; Kosten: keine." Allein, dass er als „Kosten" benennt, was Universitätsleitungen schon seit langem als vorzeigbare Einnahmen verbuchen, spricht Bände; und sogar ein Luhmann hätte es heute wohl schwerer, sich dem Geldverdienen für die eigene Organisation zu entziehen.

Die fünfte Art von Identitätsbedrohung, die von Leistungsbewertungen ausgehen kann, ist der sich einstellende generelle Eindruck, dass einem permanent auf die Finger geschaut und nicht über den Weg getraut wird – also die schon angesprochene, dem Principal-Agent-Modell gewissermaßen inhärente *Kultur des Misstrauens*. ProfessorInnen fühlen sich von ihrer Organisation pauschal verdächtigt, faul zu sein, sich hauptsächlich lukrativen Nebengeschäften zu widmen oder wissenschaftlichen Privathobbies zu frönen. Eine Professorin schildert anschaulich, wie das ihre Selbsteinschätzung erschüttert:

„Ich halte mich für eine sehr engagierte Professorin [...] [Auslassung im Original] ich hatte mir eingebildet, das steuert mich nicht, weil ich sage, ich lasse mir doch nicht von so einem System vorschreiben, wie ich meine Professur ausgestalte, aber wenn ich das nicht mache, merke ich, es kränkt mich, dass die Gefahr besteht, dass ich nicht mal [x] Punkte zusammenkriege, obwohl ich ein aufregendes, tolles und relevantes Jahr für meine Studenten und auch für mich und meine Entwicklung hatte und ich [x] Mitarbeiter gut vorangebracht habe." (zitiert bei Flink und Simon 2014, S. 139)

Diese fünf Arten der Identitätsbedrohung stellen eine induktiv gewonnene Auflistung ohne Vollständigkeitsanspruch dar, die sich allerdings auch in unserem empirischen Material als die zentralen Formen der Identitätsbedrohungen erweisen werden. Wichtig wird jedoch auch sein, das Ausmaß, in dem die berufliche Identität von ProfessorInnen bedroht ist, zu eruieren. Handelt es sich um massive und sich häufende Infragestellungen dessen, was jemand an Vorstellungen über ‚gute' Lehre und Forschung sowie an dafür benötigter Autonomie hat, oder geht es nur um vereinzelte Erlebnisse? Und stehen daneben durchaus noch Zufriedenheits- und Erfolgserlebnisse einschließlich der sozialen Anerkennung, die man vonseiten der Peers, der Studierenden, aber auch der eigenen Organisation erfährt?

Zugleich müssen wir die Augen offen halten für *Identitätschancen,* die sich aus den durch die Reformen hervorgebrachten Strukturveränderungen ergeben könnten. Zum einen erscheint es plausibel, dass sich diejenigen, die sich durch – gemessen an den angelegten Kriterien – sehr gute Forschungs- und Lehrleistungen auszeichnen, durchaus mit den neu etablierten Leistungsbewertungen anfreunden können. Denn sie sind ja die GewinnerInnen – und zwar nicht nur hinsichtlich der Befriedigung von Ressourcen- und Einkommensinteressen, sondern auch mit Blick auf soziale Anerkennung ihrer Leistungen. Zum anderen fanden Tim Flink und Dagmar Simon (2014, S. 136/137) in ihrer Untersuchung eine Teilgruppe von ProfessorInnen, die in Leistungsbewertungen keinerlei Identitätsbedrohung sehen, sondern ganz im Gegenteil „Leistungsbewertung als sportlichen Wettkampf" deuten, in dem man sich durch Erfolge Identitätsbestätigungen verschaffen kann. So äußert sich etwa jemand wie folgt:

„Ich finde schon, dass es Anreize geben soll und kann, weil diejenigen, die klasse Sachen machen, auch anerkannt sein sollen [...] [Auslassung im Original] Dieses Schneller, Weiter, Höher, diese Leistungsmentalität oder die negativen Seiten davon, im Grundsatz wäre das unserer intrinsischen Motivation nicht feindlich. Man will ja, man freut sich ja." (zitiert bei Flink und Simon 2014, S. 136)

Das muss nicht nur die Weltsicht derer sein, die schon als GewinnerInnen feststehen. Ein weiterer Befragter sieht sich durchaus auch längerfristig nicht auf dem Siegertreppchen und will den Wettkampf dennoch nicht missen – vor allem als Wettkampf mit sich selbst:

„Natürlich bin ich realistisch genug zu sehen, okay, ich werde vielleicht nie und
auch nicht in den nächsten drei Jahren, wenn ich hier anfange, bei den Besten sein,
ich will aber auch nicht bei den Schlechtesten sein, und da ist ein gewisser Sports-
geist, nicht in dem Sinne, dass ich den einen oder anderen Kollegen übertrumpfen
will [...], aber natürlich orientiert man sich da, wo man steht, und freut sich, wenn
man in den Leistungsparametern besser wird." (zitiert bei Flink und Simon 2014,
S. 136)

Zusammen mit der Vermutung, dass kaum jemand in diesem nach wie vor
privilegierten Berufsstand sich völlig resignativ als hilfloses Opfer von Leistungsbewertungen ansehen dürfte, verweisen solche Fälle darauf, dass es eine erhebliche Varianz der subjektiven Erfahrungen von Leistungsbewertungen gibt.
Das kann zum einen daran liegen, dass die Art und Weise, wie die Strukturveränderungen je lokal umgesetzt werden, sich erheblich unterscheidet (Bogumil
et al. 2013, S. 129–188). Zum anderen könnten aber auch disziplinäre Unterschiede sowie unterschiedliche Karrierephasen, in denen sich ProfessorInnen
befinden, eine wichtige Rolle dabei spielen, wie jemand den Strukturveränderungen ausgesetzt und mit ihnen umzugehen in der Lage ist.

Identitätsbehauptung
Damit sind die professorale Identität und die Identitätsbedrohungen sowie Identitätschancen, die aus den eingeführten Leistungsbewertungen im deutschen Hochschulsystem erwachsen können, als analytisches Beobachtungsschema unserer
empirischen Studie skizziert. Nun muss noch die Frage beantwortet werden, wie
sich Identitätsbedrohungen oder -chancen auf eine gegebene berufliche Identität auswirken können. Hier lassen sich empirisch bewährte generelle Aussagen
der soziologischen und sozialpsychologischen Identitätsforschung zu einem
theoretischen Modell von *Lebensführung als Identitätsbehauptung* verknüpfen.[24]
    Bis hierher haben wir die Identität einer Person als evaluative und normative
Selbstansprüche bestimmt, also als Zusammenhang von Wollens- und Sollens-
Vorstellungen: Ich will eine bestimmte Art von Person mit einer bestimmten
Lebensweise sein – und dies im Rahmen bestimmter Sollensvorgaben wie

---

[24]Lebensführung umfasst freilich noch vieles andere – hier interessiert uns nur die berufliche Lebensführung unter dem Gesichtspunkt der Identitätsbehauptung. Für ein vor allem
an Erving Goffman (1963), den Pragmatismus und Symbolischen Interaktionismus (Strauss
1959) sowie sozialpsychogische Studien (Laing 1961; Gergen 1971) anknüpfendes sozio-
logisches Modell der Identitätsbehauptung von Akteuren siehe Schimank (1981, S. 13–20,
2000, S. 121–143; für ProfessorInnen: Schimank 2014). Aktuelle Überblicke geben Peter J.
Burke und Jan E. Stets (2009) sowie Alicia Cast und Stets (2016).

z. B. dem Gebot, mein persönliches Fortkommen nicht auf Kosten anderer zu betreiben. Diese Selbstansprüche werden anhand kognitiver Selbsteinschätzungen kontrolliert: Bin ich so, wie ich sein will und soll – wie weit bin ich davon entfernt – und kann ich, realistisch betrachtet, so bleiben bzw. werden? Diese Fragen kann jemand nicht im Selbstgespräch beantworten. Eine Identität lässt sich nicht solipsistisch behaupten, sondern bedarf der Identitätsdarstellung vor Anderen und einer daraus resultierenden kontinuierlichen sozialen Bestätigung durch diese. Andere Personen, mit denen jemand soziale Beziehungen unterhält, sind mit ihren Reaktionen auf seine Identitätsdarstellung die Spiegel, in denen der Betreffende sich selbst erkennt. Wenn diese Spiegel ihn so wiedergeben, wie er sich selbst sieht, vermag er an seinen Selbstansprüchen festzuhalten. Seine Identität wird bestätigt.[25] In dem Maße aber, in dem die Spiegel ihm ein ganz anderes Bild zeigen, kommen bei ihm Zweifel am Selbstbild – also Identitätsbedrohungen – auf.

Identitätsbestätigungen müssen nicht explizit als solche artikuliert werden. Damit eine Professorin weiß, dass sie ‚gute‘ Arbeit leistet, bedarf es keiner ständigen Lobpreisungen. Als Minimum reicht aus, dass es keine Artikulationen größerer Zweifel an ihrer Arbeit gibt – etwa als Wegbleiben von Studierenden in ihren Vorlesungen oder als Ignorieren ihrer Veröffentlichungen. Solange alles ‚in Ordnung‘ ist, finden soziale Bestätigungen von Identitätsansprüchen überwiegend beiläufig statt. Wenn soziale Bestätigungen sich bis zu begeistertem Applaus – in Gestalt von bewilligten Projektanträgen, angenommenen Zeitschriftenartikeln, angefragten Keynote Speeches, positiven Lehrevaluationen, Rufen auf Professuren oder Forschungs- und Lehrpreisen etc. – steigern, eröffnen sich Identitätschancen: Die Identitätsansprüche können noch höher gesteckt werden.

Das ist die Steigerungsdynamik der Identitätsbehauptung: Ein Selbstbild wird kontinuierlich bestätigt und kann sich so immer weiter festigen und entfalten. Dem steht als entgegengesetzte Trajektorie eine Abwärtsdynamik gegenüber: Identitätsbedrohungen häufen sich. Dann sind soziale Bestätigungen umso wichtiger. Solange sie ausreichen, kann eine bedrohte Identität dennoch aufrechterhalten werden; hierfür sind dann allerdings nicht mehr nur sich beiläufig einstellende soziale Bestätigungen, sondern durch Praktiken der Identitätsbehauptung sozusagen eingeholte Identitätsbestätigungen wichtig. Dann wird durch „resistance“ gegen die Identitätsbedrohungen Identität ‚ausgeflaggt‘ – entweder als manifester oder als latenter Konflikt zwischen Identitäts-

---

[25]Bestätigung muss nicht Gutheißen bedeuten: Eine Terroristin kann sich als Kämpferin für die ‚gerechte Sache‘ auch dadurch bestätigt sehen, dass sie von den ‚Feinden‘ als abscheuliche Mörderin eingestuft wird.

ansprüchen und Strukturveränderungen. ProfessorInnen trumpfen rhetorisch auf oder riskieren den Konflikt, z. B. mit ihren Universitätsleitungen, und können selbst eine Niederlage in der Sache ‚erhobenen Hauptes' als persönliche Identitätsbehauptung erfahren; oder sie artikulieren ihre nicht aufgegebenen Identitätsansprüche ‚klammheimlich' oder in Nischen durch verschiedene Arten von „micro-resistance" (Anderson 2008) und bekommen dafür Anerkennung durch KollegInnen. Wenn die Identitätsbehauptung freilich auf Dauer zu schwach gegenüber den Identitätsbedrohungen ist, findet früher oder später eine aufgezwungene Identitätsanpassung statt. Das wird manchmal euphemistisch als ‚Lernen' umschrieben, kann aber genau umgekehrt auch – drastisch formuliert – einer Gehirnwäsche gleichkommen.

Die Strukturveränderungen des Kontextes, in dem berufliche Identität behauptet werden muss, können also drei Arten von Identitätsdynamiken auslösen: erstens eine durch Identitätschancen ermöglichte Identitätsbestätigung, zweitens eine Identitätsbehauptung gegen Identitätsbedrohungen sowie drittens eine durch Identitätsbedrohungen auferlegte Identitätsanpassung (siehe Abb. 1.1). Alle drei Richtungen könnten in der deutschen Professorenschaft vorkommen.

Warum es wichtig ist, sich die Frage zu stellen, unter welchen Bedingungen welche der Richtungen wahrscheinlich ist, kann man sich klar machen, wenn man sich abschließend vor Augen führt, wie sich welche Ausrichtung der Identitätsbehauptung auf Forschung und Lehre auswirken könnte.

Ohne hierzu wohlgeordnete Wirkungs-Typologien anbieten zu können, listen wir – das reicht zur Veranschaulichung der Wirkungsbreite aus – bei der Forschung die folgenden Aspekte auf:[26]

- die Anzahl der Publikationen;
- die Qualität der Publikationen gemäß innerwissenschaftlichen Standards;
- die Publikationsformate und -orte;
- die Auswahl der Forschungsthemen;
- die Chance für unorthodoxe, nicht dem fachlichen Mainstream folgende Herangehensweisen;
- das Gewicht außerwissenschaftlicher Relevanzkriterien sowie
- der Nexus von Forschung und Lehre.

---

[26]Zur Einschätzung der Effekte von NPM auf diese Aspekte siehe Barbara Kehm und Ulrike Lanzendorf (2006) sowie Jürgen Enders et al. (2015).

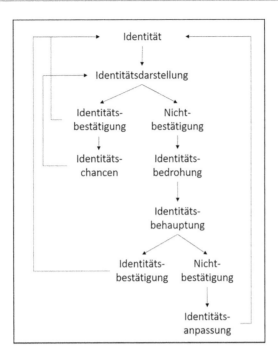

Abb. 1.1 Identitätsdynamiken

Bezüglich der Lehre sind die Hinweise noch fragmentarischer, weil es kaum systematische und mehr als Einzelaspekte erfassende Forschungen zu den Reformeffekten gibt.[27] Man kann davon ausgehen, dass mindestens die folgenden drei Dimensionen hinsichtlich möglicher Veränderungen in den Blick genommen

---

[27]Hinzu kommt, dass Forschungsergebnisse sehr schnell durch Voreinstellungen der Befürwortung oder Ablehnung der Reformen geprägt werden. Vorliegende Untersuchungen richten ihren Fokus zudem allzu häufig auf allgemeine Zufriedenheitseinschätzungen und Arbeitsbelastungen sowie deren Auswirkungen auf die Lehrmotivation (Schomburg et al. 2012; Bloch et al. 2014). Teilweise wird letztere auch explizit in Zusammenhang mit solchen neuen Instrumenten in Verbindung gebracht, die die Qualitätssteigerung in der Lehre unterstützen sollen (Tremp 2010; Wilkesmann und Schmid 2012, 2014). Evidenzen zu den Auswirkungen auf die qualitativen Aspekte der Lehre – welches Qualitätsverständnis auch immer zugrunde gelegt wird – sind indes rar.

werden sollten: die Planung, die Durchführung und die Ergebnisse der Lehre. So müsste man schauen, ob die Versprechungen von „Bologna" wie Studierenden-zentrierung und Kompetenzorientierung bei der Durchführung sowie die Ver-mittlung von Schlüsselqualifikationen und die verbesserte „Employability" bei den Ergebnissen tatsächlich realisiert worden sind und ob andere „Bologna"-Elemente nicht vielleicht unerwünschte Nebenwirkungen hervorgerufen haben – etwa die kontinuierlichen studienbegleitenden Prüfungen, die zu einem permanenten statt erst am Studienende auftretenden Prüfungsstress geführt haben könnten, der dem Lernen eher abträglich ist. Weiterhin wäre zu prüfen, ob die intensivierte Konkurrenz um Drittmittel für die Forschung und ein faktisches Übergewicht von Forschungsleistungen im Kriterienkatalog für die Zulagen der W-Besoldung zu einer Vernachlässigung der Lehre durch die ProfessorInnen geführt hat, worauf Studien des gewandelten Zeitbudgets von WissenschaftlerInnen zumindest Hinweise geben (Teichler 2014, S. 69–73; Petersen 2020, S. 195/196). Auch der Nexus von Forschung und Lehre könnte sich verändert haben.

Die aufgelisteten Aspekte reichen zumindest aus, um klar zu machen, dass das, was wir bezüglich der beruflichen Identität von ProfessorInnen ermitteln wollen, sehr folgenreich dafür ist, was die Prinzipale der an den Universitäten erbrachten Forschungs- und Lehrleistungen zukünftig an Leistungen erhalten werden. Dies ist auch deshalb von Interesse, weil die Ursachen der Effekte zu selten identitätstheoretisch in den Blick genommen werden. Werden aber identitätsbezogene Ansprüche verletzt, nützt es wenig, durch Anreize nicht erwünschte Folgen aus dem Weg räumen zu wollen und Reformbereitschaft zu verlangen – sprich wie in einem Interessenkonflikt Kuhhandel zu betreiben.

Damit ist die Darlegung der theoretischen Perspektive, die wir unserer empirischen Untersuchung zugrunde legen, abgeschlossen.

1.3 Empirisches Vorgehen

Empirisch beruht unser Vorgehen vor allem auf Leitfadeninterviews mit ProfessorInnen aus verschiedenen Wissenschaftsgebieten. Vorgelagert haben wir eine inhaltsanalytische Auswertung der Medienberichterstattung über die Reformen des deutschen Hochschulsystems.

Mediendiskurs

Die zunächst durchgeführte *Inhaltsanalyse* dient dazu, den Mediendiskurs über die Reformen nachzuvollziehen und dabei vor allem das Bild zu erfassen, das auf der einen Seite die JournalistInnen von den ProfessorInnen zeichnen, das auf der anderen Seite die ProfessorInnen selbst in eigenen Beiträgen abgeben. Die naheliegende Vermutung, dass sich Selbst- und Fremdeinschätzung der Professorenschaft hinsichtlich dessen, was die Reformen bewirkt haben, stark unterscheiden, wird sich – so viel vorab – bestätigen.

Da es uns nicht um eine umfassende Rekonstruktion dieses Mediendiskurses geht,[28] sondern lediglich darum, einige typische Schlaglichter zu Anfang der Reformen und etwa zehn Jahre später in den Blick zu nehmen, beschränken wir uns auf ausgewählte Printmedien: die beiden überregionalen Wochenzeitungen DER SPIEGEL und DIE ZEIT sowie die bereits angesprochene F&L, die monatlich erscheinende Zeitschrift des Deutschen Hochschulverbands. DER SPIEGEL und DIE ZEIT sind Leitmedien, die stärker als andere Wochen- oder Tageszeitungen auf bildungs- und wissenschaftspolitische Themen eingehen; eine erste Sichtung ergab zudem den Eindruck, dass sie – anders als etwa die in der Berichterstattung über Bildung und Wissenschaft eher bildungsbürgerlich ausgerichtete Frankfurter Allgemeine Zeitung oder das dem eher linken Spektrum zuzuordnende Printmedium tageszeitung – überwiegend reformbefürwortend berichten und bewerten. Damit stehen diese beiden Wochenzeitungen und die stark reformkritischen persönlichen Erfahrungsberichte und Meinungsäußerungen von ProfessorInnen, die sich in F&L finden, an den jeweils entgegengesetzten Enden des Spektrums. In der Zusammenschau ist somit zu erwarten, dass die konträren Sichtweisen auf die Reformen gut zum Ausdruck kommen.

Am ausführlichsten und häufigsten wird in den Medien auf „Bologna" eingegangen, weil Fragen des Studiums angesichts der weiter wachsenden Studierendenzahlen die größte öffentliche Aufmerksamkeit finden. Die „Exzellenzinitiative" findet vor allem dann Beachtung, wenn die Förderentscheidungen anstehen, also alle sechs Jahre: Welche Universitäten sind die Gewinner, welche die Verlierer? Immer wieder wird, teilweise im Zusammenhang der anderen beiden Reformen, auch auf Aspekte des NPM eingegangen, wobei diese Reform weniger als die anderen beiden in ihrem Gesamtzuschnitt betrachtet wird, sondern zumeist anlassbezogen einzelne Maßnahmen wie etwa

---

[28]Siehe hierzu aber das interdisziplinäre Handbuch zur Diskursforschung von Johannes Angermüller et al. (2014), das sich mit seinem Untersuchungsobjekt am Beispiel des Diskurses über die Hochschulreformen methodisch und praktisch ausführlich auseinandersetzt.

die Hochschulräte, die Stärkung der Hochschulleitungen oder die W-Besoldung angesprochen werden.

Die von uns ausgewerteten Jahrgänge der genannten Printmedien sind zum einen die Jahre 2000 und 2001, zum anderen die Jahre 2012 und 2013. Um die Jahrtausendwende waren die allerersten Elemente von NPM umgesetzt; „Bologna" war auf europäischer Ebene gerade beschlossen worden, und die ersten Bundesländer begannen mit der Umsetzung; und es gab die ersten Diskussionen dessen, woraus dann wenig später die „Exzellenzinitiative" wurde. Zehn Jahre darauf waren alle drei Reformvorhaben umgesetzt und zeigten spürbare Wirkungen. Der Vergleich dieser beiden Zeiträume erlaubt also, den frühen Hoffnungen und Befürchtungen die späteren Erfahrungen und Bewertungen dessen, was tatsächlich eingetreten ist, gegenüberzustellen.

Wir nehmen keine vollständige Auswertung sämtlicher thematisch relevanter Beiträge in den genannten Medien vor. Entsprechend geht es uns auch nicht darum, quantitative Häufigkeiten bestimmter Themen und bestimmter Einschätzungen von Themen zu vergleichen, also etwa aufzuzeigen, dass in F&L vermutlich viel häufiger und sehr viel kritischer über Zielvereinbarungen zwischen Fachbereichen und Universitätsleitungen berichtet wird als in den beiden Wochenzeitungen, wo aber viel ausführlicher und affirmativer das CHE-Fächerranking zur Sprache kommt. Für unsere Zwecke reicht es aus, typische Topoi des Diskurses als Kombinationen von in den Blick genommenen Sachverhalten und deren Bewertungen herauszustellen und sich so befürwortende und ablehnende Sichtweisen auf NPM, „Bologna" und „Exzellenzinitiative" im Überblick zu vergegenwärtigen.

Was für F&L aufgrund der Anzahl von zwölf Ausgaben pro Jahr möglich war, konnte für DER SPIEGEL und DIE ZEIT angesichts des wöchentlichen Erscheinungsmodus dieser beiden Printmedien nicht geleistet werden. Anstelle einer vollständigen Sichtung aller Ausgaben erfolgte hier die Suche und Auswahl einschlägiger Artikel anhand von Stichworten in den jeweiligen Online-Archiven.[29] Ausgeschlossen wurden solche Artikel, die reinen Informationscharakter besaßen, der Fokus richtete sich auf Meinungsartikel. Zudem wurden in F&L nur die von ProfessorInnen verfassten Beiträge berücksichtigt. Diese wurden als erstes analysiert, um die zentralen Argumente aus ProfessorInnenperspektive in den Blick zu bekommen sowie erste Hinweise auf

---

[29]Auf eine vollständige Auflistung der Suchbegriffe verzichten wir an dieser Stelle. Als Beispiele seien genannt: Hochschulreform, ProfessorInnen, W-Besoldung, Bologna, Universitäten, Hochschulautonomie, Exzellenzinitiative, Studium, Forschung.

Identitätsbedrohungen durch bestimmte reforminduzierte Veränderungen zu erhalten. Die Auswertung der ausgewählten Beiträge erfolgte qualitativ-inhaltsanalytisch (Mayring 2015), wobei ein anhand von professions- und wissenschaftssoziologischer Forschung erarbeitetes Codierschema genutzt wurde. Der Fokus wurde auf die Deutungen der Zusammenhänge zwischen den drei Reformvorhaben und den uns interessierenden Aspekten der professoralen Identität (Forschungs- und Lehrethos sowie persönliche Arbeitsautonomie) gelegt.

ProfessorInneninterviews
Das Hauptinstrument der empirischen Erhebung stellten dann die *Leitfadeninterviews* dar. Sie sind die Grundlage für die Beantwortung unserer Leitfragen nach den Auswirkungen der durch die Reformen ausgelösten Strukturveränderungen auf die berufliche Identität von ProfessorInnen und deren Identitätsbehauptung insbesondere in ihrem Lehr- und Forschungshandeln. Es war von vornherein klar, dass diese komplexen und noch wenig erforschten Zusammenhänge sich nicht mit einer standardisierten Befragung ermitteln lassen. Auf diese Weise wären höchstens relativ oberflächliche und punktuelle Einzelaspekte der Thematik in den Blick gekommen. Leitfadeninterviews, die im Rahmen einer ganzheitlichen Betrachtung der Arbeitssituation einer Professorin die einzelnen Reformmaßnahmen mit besonderem Akzent auf Leistungsbewertungen ansprechen und dabei so offen angelegt sind, dass die Befragten eigene Akzente setzen, Verbindungen herstellen und auch zusätzliche Aspekte einbringen können, sind hingegen ein gut geeignetes Erhebungsinstrument für die Erkundung der uns interessierenden Zusammenhänge. Freilich sind mit einer solchen qualitativen Herangehensweise keine Häufigkeitsverteilungen feststellbar; dafür wäre eine repräsentative standardisierte Befragung erforderlich.[30] Das Ergebnis unserer Datenauswertung sind vielmehr Typen und Typologien, also Muster von Wirkungszusammenhängen zwischen strukturellen Kontexten, Identitätserfahrungen und Handlungspraktiken. Nachfolgeuntersuchungen könnten versuchen, diese Muster dann mit standardisierten Items abzubilden und

---

[30]Freilich ließen sich darüber hinaus weitere Argumente für die eine oder die andere methodische Ausrichtung sowie die gewählte Methode – z. B. in Abgrenzung zu anderen qualitativen Verfahren, etwa der Ethnografie – anführen. Deren Vor- und Nachteile – und die darüber durchaus kontrovers geführte Diskussion – sind aber an anderer Stelle gut dokumentiert (Przyborski und Wohlrab-Sahr 2014), weshalb wir an dieser Stelle darauf verzichten möchten.

deren relative Häufigkeiten mit repräsentativen Samples zu bestimmen. Für uns steht demgegenüber das verstehende Erklären der Situationen und Situationsbewältigungen unserer Befragten im Vordergrund. Wir haben die Leitfadeninterviews somit als Experteninterviews eingesetzt, die ProfessorInnen also als in eigener Sache kundige Auskunftsgeber adressiert (Meuser und Nagel 1991; Gläser und Laudel 2010). Im Zentrum stehen, wie auch bei der Medienanalyse, die beiden Themenkomplexe Lehre und Forschung sowie, oft damit verbunden, die persönliche Arbeitsautonomie.

Die Interviews gliederten sich in zwei Erhebungsphasen. In einer ersten explorativen Phase wurden 15 Interviews mit je drei Befragten aus fünf ausgewählten Wissenschaftsgebieten – dazu gleich noch mehr – geführt (siehe Anhang 1). Bei der Auswertung dieser Interviews wurde zunächst stärker induktiv, zum Teil auch fallrekonstruktiv[31] vorgegangen, um ein möglichst genaues Bild des Spektrums unterschiedlicher Deutungen und der nicht selten komplexen Ambivalenzen in der Bewertung und Bewältigung von Leistungsbewertungen zu bekommen. Wichtig in dieser Phase war die Identifizierung zentraler Ansprüche der ProfessorInnen an Forschung und Lehre. Daraus ergaben sich zum einen wichtige Hinweise für die Konstruktion des Leitfadens für die anschließende Hauptphase der Interviews; man wurde zudem für das Interviewsetting mit seinen Besonderheiten sensibilisiert. Zum anderen stellte sich heraus, dass diese Interviews auch schon für sich genommen so ertragreich waren, dass sie anders als zunächst vorgesehen systematisch und nicht bloß punktuell in die Gesamtauswertung einbezogen werden konnten.

In der Hauptinterviewphase, die von Mai 2015 bis März 2016 dauerte, wurden insgesamt 49 ProfessorInnen aus den ausgewählten Wissenschaftsgebieten und ergänzend 14 Studiendekane und Forschungsreferentinnen befragt. Letztere Interviews dienten der Abrundung des Wissens über die lokalen Bedingungen an denjenigen Universitäten, an denen mehrere ProfessorInnen befragt wurden. Der für die ProfessorInneninterviews benutzte Leitfaden (siehe Anhang 2) ist so aufgebaut, dass in einem einleitenden Teil zunächst die jeweils subjektive Einschätzung der verschiedenen Reformaspekte im eigenen beruflichen Alltag thematisiert wurde. Dieser Einstieg ermöglichte den InterviewpartnerInnen, sich zu den thematisierten Reformveränderungen zu positionieren und ihre eigenen Schwerpunkte zu setzen. Die daran anschließenden Abschnitte widmeten sich jeweils den konkreten Erfahrungen in der Lehre, der Forschung, der Beziehung

---

[31]Zur Methode der Fallrekonstruktion siehe insbesondere Ulrich Oevermann (1981, 2000) sowie Frank Kleemann et al. (2013, S. 111–152).

der beiden Aufgaben zueinander und der Möglichkeit ihrer Integration. Ein gesonderter Teil wandte sich den Leistungsbewertungen und Rechenschaftspflichten zu: der persönlichen Betroffenheit durch diese, dem Umgang mit ihnen und der persönlichen Einschätzung hinsichtlich der Eignung der praktizierten Bewertungsverfahren zur Ermittlung ‚guter' Lehre und Forschung. Personenbezogene Daten und Informationen zum beruflichen Werdegang, zu aktuellen Forschungsthemen und Lehrangeboten konnten zumeist im Vorfeld im Internet recherchiert werden. Das ersparte zum einen Interviewzeit; zum anderen verbesserte es die Gesprächsatmosphäre: Bei den Befragten kam gut an, dass man sich über sie kundig gemacht hatte und einige Fragen personenspezifisch zuspitzen konnte.

Im Durchschnitt dauerten die Interviews 90 min, wobei die Spanne erheblich war. Das kürzeste währte 40 min, das längste 280 min. Im Vorfeld gab es Hinweise aus anderen vorausgegangenen oder zeitgleichen ProfessorInnenbefragungen, dass es immer schwieriger werde, ProfessorInnen für solche Interviews über die Hochschulreformen und die Folgen für die eigene Arbeitssituation zu gewinnen. Wider Erwarten erwies es sich dann aber schon bei der Interviewanbahnung, dass es kaum Verweigerer gab. Die Interviewatmosphäre und das im Interview Gesagte zeigten insgesamt, dass eine große Bereitschaft bestand, über die von uns aufgeworfenen Fragen nachzudenken und Auskunft zu geben. Ganz offensichtlich nutzten viele Befragte den Gesprächsanlass, um sich selbst besser darüber im Klaren zu werden, wie die eigene berufliche Situation aussieht und zu bewerten ist – eine für die empirische Sozialforschung sehr günstige Motivation.

Sämtliche 64 Interviews der ProfessorInnenbefragung wurden transkribiert und anschließend computergestützt mit der Auswertungssoftware Atlas.ti kodiert und ausgewertet. Das ex ante aus dem theoretischen und aus erstem empirischen Vorwissen abgeleitete Kategorienschema blieb offen für Ergänzungen, sodass es sich hierbei um ein Wechselspiel aus induktiven, aus den Daten gewonnenen, und deduktiven, theoretisch abgeleiteten Elementen handelt. Das Material haben wir entlang des induktiv-deduktiv konstruierten Kategoriensystems kodiert und sodann in einem zweiten Schritt einer Prüfung unterzogen, die auf die Aufdeckung bestimmter Muster von Merkmalsausprägungen abzielte. Die Auswertung aller Interviews mündete in eine auf vier zentralen Unterscheidungsdimensionen basierenden Typologie.[32]

---

[32]Zur Methodik der empirisch begründeten Typologie siehe Susann Kluge (1999) sowie Udo Kelle und Susann Kluge (2010).

Fallauswahl

Wie bereits erwähnt, wurden ProfessorInnen aus fünf verschiedenen Wissenschaftsgebieten befragt. Damit wollten wir dem offenkundigen Tatbestand Rechnung tragen, dass Wissenschaft kein homogenes kognitives und soziales Gebilde ist, sondern es – bei allen Gemeinsamkeiten von Wissenschaft als Wertsphäre der modernen Gesellschaft im Unterschied etwa zu Kunst, Religion oder Journalismus (Schimank 2012b) – eine erhebliche Diversität gibt. Bekannt ist die Rede von den „two cultures" (Snow 1959) der Naturwissenschaften einerseits, der Geisteswissenschaften andererseits. Längst sind daraus unter Verweis auf die Sozialwissenschaften drei Kulturen geworden (Lepenies 1985); und man kann sehr wohl fragen, ob die Ingenieurwissenschaften oder die medizinischen Wissenschaften nicht ebenfalls in vielen Hinsichten ganz eigene Arten wissenschaftlicher Forschung darstellen.[33] Wir sprechen im Weiteren auch nicht von Disziplinen, weil selbst das noch in vielen Hinsichten wenig homogene Einheiten sind, sondern von subdisziplinären Wissenschaftsgebieten, die auch interdisziplinäre Verknüpfungen von Subdisziplinen mehrerer Disziplinen wie etwa Biochemie sein können.

Es gibt zunächst epistemische Unterschiede zwischen Wissenschaftsgebieten, etwa die Art des Zugriffs auf Empirie oder das Ausmaß der Kodifizierung des erarbeiteten Wissens (Gläser et al. 2010).[34] Teilweise hängen damit soziale Unterschiede wie z. B. die Konkurrenzintensität in einem Gebiet, die Diversität von Forschungsagenden oder die Publikationsformate zusammen; teilweise ergeben sich diese Unterschiede auch noch aus weiteren Faktoren. Die Wissensproduktion kann dabei in Einzelarbeit erfolgen oder auf Kooperation angewiesen sein, also unterschiedlich stark zergliedert und ressourcenintensiv sein. Die bisher genannten Unterschiede haben weiterhin Auswirkungen auf die Art der Lehre in Wissenschaftsgebieten (Becher 1994; Neumann et al. 2002; Wollin-Giering und Gläser 2016). Wissenschaftsgebiete können ferner, neben innerwissenschaftlichen Relevanzen, in ihrem gesellschaftlichen Bezug mehr oder weniger anwendungs-

---

[33]Hierzu siehe auch die noch weiter differenzierenden Überlegungen von Tony Becher (1994) sowie Becher und Paul R. Trowler (2001), die in Anlehnung an Anthony Biglan (1973) zwischen „hard" und „soft disciplines" unterscheiden und diese nochmals in „pure" und „applied fields" unterteilen, womit auch stärker anwendungsorientierten Fachgebieten wie etwa pädagogischen Teildisziplinen oder den Ingenieurwissenschaften Rechnung getragen wird.
[34]Siehe dazu auch die facettenreiche Fallstudie von Karin Knorr-Cetina (1999) zum Vergleich zweier sehr unterschiedlicher naturwissenschaftlicher „epistemic cultures".

bezogen sein, und Anwendungsbezug kann Verschiedenes heißen – etwa die Bereitstellung von Technologien oder von Orientierungswissen. Schließlich unterscheidet sich auch der gesellschaftliche Bezug, in dem die Lehre steht – wenn es etwa um die Ausbildung von Professionen für relativ spezielle Arbeitsfelder oder um eher generalistische Kompetenzen geht. Für die Lehre macht es auch noch einen Unterschied, ob es sich – aus welchen kontingenten Gründen auch immer – um ein ‚Massenfach‘ oder um ein eher exklusives Fach handelt, in dem auf jeden Lehrenden nur vergleichsweise wenige Studierende kommen.

Bei diesen noch wenig geordneten Andeutungen von relativ augenfälligen Unterschieden müssen wir es, auch angesichts des lückenhaften Forschungsstands, hier belassen. Eine in sich abgestimmte Systematik relevanter Unterschiede zwischen Wissenschaftsgebieten, die eine entsprechend zielgenaue Auswahl von Untersuchungsfällen anleiten könnte, liegt nicht einmal für die epistemischen Unterschiede, geschweige denn unter Einbeziehung der weiteren Dimensionen vor. Um in jedem ausgewählten Wissenschaftsgebiet eine hinreichende Anzahl an ProfessorInnen befragen zu können, konnten wir mit Blick auf unsere Kapazitäten und zeitlichen Möglichkeiten maximal fünf Gebiete betrachten. Vor diesem Hintergrund stellen die folgenden fünf Wissenschaftsgebiete, die wir untersucht haben, keine zwingende Auswahl dar, decken aber doch eine Reihe von vermutlich bedeutsamen Unterschieden ab:[35]

- Zellbiologie: Dies ist ein naturwissenschaftliches Gebiet mit einem – im Vergleich zu den Sozial- und Geisteswissenschaften – hochgradig kodifizierten Stand der Forschung, starker Internationalisierung und Zeitschriftenartikeln als dominantem Publikationsformat. Eine Grundlagenorientierung bei Offenheit für vielfältige, etwa medizinische, Anwendungsbezüge liegt vor. Die Lehre ist gegliedert in die standardisierte Vermittlung von Grundlagenwissen

---

[35]Wir haben bei dieser Auswahl stark von Überlegungen und empirischen Befunden profitiert, die im Projekt „POLGU – Professionelle und organisationale Leistungskriterien für Forschung und Lehre in der Governance der Universitäten" (Leitung: Jochen Gläser) zeitgleich im gleichen Förderprogramm des BMBF erarbeitet wurden. In zwei der nun anzusprechenden Teildisziplinen, der Zellbiologie und der Vergleichenden Regierungslehre, wurden ergänzend Interviews mit ProfessorInnen aus der Mikrobiologie und den Internationalen Beziehungen geführt. Dies erfolgte nach Rücksprache mit jeweils fachkundigen Experten hinsichtlich der Ähnlichkeiten und Vergleichbarkeit dieser Teildisziplinen. Die Ausweitung diente der Herstellung einer möglichst ausgewogenen Verteilung zwischen den Standorten, Karrierestufen und Geschlechtern.

in den ersten Studienphasen und eine ausgeprägte experimentelle Ausrichtung in späteren Phasen.

- Nachrichten- und Hochfrequenztechnik: Diese ingenieurwissenschaftlichen Teilgebiete mit einem ebenfalls hochgradig kodifizierten Stand der Forschung weisen starke und fokussierte Anwendungsbezüge auf, die vor allem wirtschaftlich interessant sind. Entsprechend geht das Gros der AbsolventInnen in Unternehmen, und die Lehre ist überwiegend auf diese Berufsfelder ausgerichtet. Wissenschaftliche Reputation durch Publikationen und außerwissenschaftliche Arten der Anerkennung durch Unternehmenskontakte oder Patente können im Einzelfall unterschiedlich gewichtet werden.

- Vergleichende Regierungslehre: Dieses sozialwissenschaftliche Gebiet ist eines der seit langem etablierten Standardfelder der Politikwissenschaft. Wie fast alle sozialwissenschaftlichen Gebiete ist es nicht sehr stark kodifiziert, kumulativer Erkenntnisfortschritt wird immer wieder durch paradigmatische Brüche interpunktiert. Die Lehre ist entsprechend pluraler und weniger standardisiert als in den Natur- und Ingenieurwissenschaften. Grundlagenforschung herrscht als Orientierung vor, aber hinzu kommen als Anwendungsbezüge Politikberatung und die Einmischung in öffentliche Debatten. Die Publikationsformate sind vielfältig.

- Strafrecht: Dieses Teilgebiet der Rechtswissenschaft hat die Besonderheit, dass es sich – ähnlich wie bei der Philosophie – nicht um eine empirische Wissenschaft handelt. Rechtswissenschaft ist eine normative Sozialwissenschaft in dem Sinne, dass sie Regeln des sozialen Zusammenlebens in ihrem Sollensgehalt praktisch verbindlich interpretiert. Damit ist der Anwendungsbezug klar, der sich auch in Gesetzeskommentaren und Gutachten als Formaten der Erkenntnispräsentation neben den wissenschaftlichen Publikationsformaten, bei denen Monografien am meisten zählen, manifestiert. Im Großteil der Lehre wird eine hochgradig kodifizierte ,herrschende Meinung' vermittelt, und dies geschieht – da es sich um ein ,Massenfach' handelt – weitgehend in standardisierter Form in großen Vorlesungen.

- Neuere Deutsche Literaturwissenschaft: Dieses Gebiet der Geisteswissenschaften ist in seiner Forschung stark grundlagentheoretisch ausgerichtet, wenn man von feuilletonistischen Beiträgen für literarisch Interessierte absieht. Eine sehr schwache Kodifizierung des Wissensbestands bringt Erkenntnisfortschritt nicht als Kumulation, sondern als Diversifizierung von Lesarten, auch mit starker persönlicher Note, hervor. Die Lehre ist hingegen überwiegend Lehrerausbildung und damit anwendungsbezogene Formung eines literarischen Kanons. Es handelt sich ebenfalls um ein ,Massenfach'.

Um zumindest anzudeuten, welche weiteren Besonderheiten von Wissenschaftsgebieten mit dieser Auswahl nicht eingefangen werden, sei zum einen auf die sogenannten „Kleinen Fächer" wie z. B. die Skandinavistik oder die Ägyptologie verwiesen, zum anderen auf ressourcen- und kooperationsintensive „Big Science" wie etwa in der Teilchenphysik oder der Meeresforschung. Das bedeutet: Alle Ergebnisse unserer Interviews, die wir in den folgenden Kapiteln präsentieren, müssen stets daraufhin ‚abgeklopft' werden, ob es nicht möglicherweise in den „Kleinen Fächern", in der „Big Science" oder in weiteren mit unserer Auswahl von Wissenschaftsgebieten nicht abgedeckten Gebieten in bestimmten Hinsichten anders aussehen könnte.

Neben den Unterschieden zwischen Wissenschaftsgebieten ist ein weiterer augenfälliger Faktor, der Unterschiede in den Erfahrungen und Bewältigungen der Reformmaßnahmen bewirken könnte, die Karrierephase, in der sich jemand befindet, die wiederum erheblich mit dem Alter korreliert. In Deutschland kommt noch hinzu, dass durch die Einführung der W-Besoldung im Jahr 2005 vor allem der – ebenfalls mit dem Alter korrelierende – Zeitpunkt der Berufung darüber bestimmt, ob man noch in die C- oder bereits in die W-Besoldung eingruppiert wurde. Der einfachste Wirkungszusammenhang könnte darin bestehen, dass man ab einer bestimmten fortgeschrittenen Karrierephase kaum noch von Leistungsbewertungen betroffen ist, während umgekehrt diejenigen, die gerade Professor oder Professorin geworden sind, sowohl in ihrer Ressourcenausstattung als auch in ihrem persönlichen Einkommen stark abhängig davon sein können, wie ihre Forschungs- und Lehrleistungen beurteilt werden. Doch es könnte noch weitere, weniger auf der Hand liegende Zusammenhänge geben, die wir nicht übersehen wollen. Daher haben wir bei der Auswahl der Interviewten auch darauf geachtet, dass wir verschiedene Karrierephasen in den Blick bekommen. Genauer haben wir für jedes Wissenschaftsgebiet eine Zusammenstellung von Fällen gesucht und weitgehend auch realisieren können, die ab dem ProfessorInnenstatus unterschiedliche Karriere- und Besoldungsstufen enthält: von jüngeren ProfessorInnen mit Erstberufung, die am Anfang ihrer ProfessorInnenkarriere waren,[36] bis zu ProfessorInnen, die zum Zeitpunkt der Erhebung kurz vor der Emeritierung standen, möglicherweise schon mehrere universitäre Stationen durchlaufen hatten und bereits ein vergleichendes Resümee ziehen konnten. Wir haben überdies auch

---

[36]Wobei uns hier daran gelegen war, dass unsere InterviewpartnerInnen bereits über hinreichende Erfahrungen mit den universitären Wandlungsprozessen und Leistungsbewertungsverfahren verfügten, weshalb wir bei der Auswahl darauf geachtet haben, dass seit der Erstberufung mindestens fünf Jahre vergangen waren.

auf eine Verteilung geachtet, die hinreichend viele Professorinnen enthält – was in der Neueren Deutschen Literaturwissenschaft nicht schwierig ist, in der Nachrichtentechnik aber sehr wohl.[37]

Schließlich war uns daran gelegen, eine gewisse Vielfalt der Umsetzung von NPM und „Bologna" sowie von Erfahrungen mit der „Exzellenzinitiative" einzufangen. Wir haben die Befragten daher weitgehend an den Universitäten zweier Bundesländer ausgewählt, die sich hinsichtlich ihres hochschulpolitisch artikulierten ‚Reformeifers' deutlich unterscheiden, wo also die Strukturveränderungen und ihre Auswirkungen auf die professorale Identität unterschiedlich stark ausgefallen sein könnten.[38] Zudem haben wir in jedem der Länder sowohl Fälle an Traditionsuniversitäten als auch an Neugründungen aus den 1960er und 1970er Jahren untersucht, weil die Grundausstattung der zumeist auch kleineren Neugründungen oft schlechter als die der Traditionsuniversitäten ist.

Dies waren die Auswahlkriterien für unsere Befragten. In der Zusammenschau bilden sie nach unserer Einschätzung einen erheblichen Teil der empirisch vorfindlichen Varianz mit Blick auf unsere Fragestellung ab, wenngleich bestimmte Partien des Gesamtbildes angesichts des begrenzten Umfangs unserer Studie fehlen müssen.

1.4   Vorschau

Damit haben wir den interessierenden Untersuchungsgegenstand sowie die Anlage der Untersuchung in theoretischer und empirischer Hinsicht dargelegt. Wir geben nun noch eine Vorschau auf den Gang der Ergebnisdarstellung in den folgenden Kapiteln.

Das Kap. 2 beschäftigt sich mit dem Mediendiskurs über die Reformen mit besonderem Augenmerk auf journalistische ReformbefürworterInnen einer-

---

[37]Um es genauer zu sagen: Während sich in der Neueren Deutschen Literaturwissenschaft eine weitgehende Gleichverteilung realisieren ließ, ist in unserem Sample der Nachrichten- und Hochfrequenztechnik keine einzige Frau vertreten. Insgesamt wurden mehr Männer als Frauen interviewt, mit einem Frauenanteil von fast genau einem Viertel entspricht dies in etwa auch der tatsächlichen damaligen Verteilung in Deutschland (eigene Berechnung, basierend auf Daten des Statistischen Bundesamtes: Statistisches Bundesamt 2017).

[38]Ein Indikator dafür ist das Ausmaß der rechtlichen Neuregelungen, die Otto Hüther (2010) auch ländervergleichend betrachtet hat. Ute Lanzendorf und Peer Pasternack (2016) kamen in einer aktuelleren Sichtung der Hochschulreformen im Ländervergleich zuletzt zu dem Ergebnis, dass hier – durch Ent- oder Verschärfung eingeleiteter Maßnahmen – eine gewisse Konvergenz zu verzeichnen ist.

seits, professorale ReformgegnerInnen andererseits. Damit wird der von Anfang
an die Thematik beherrschende Deutungskampf akzentuiert. Während die
ReformbefürworterInnen sich von den Reformen deutliche Verbesserungen der
Qualität von Forschung und Lehre versprechen und einen erforderlichen Wandel
der beruflichen Identität der ProfessorInnen als Folge bzw. Voraussetzung der
Reformen ansprechen, wollen die ReformgegnerInnen unter den ProfessorInnen
die in ihren Augen bewährte berufliche Identität und damit das bisherige
Forschungs- und Lehrethos sowie ihre Arbeitsautonomie wahren.

Im Kap. 3 beginnt die Interviewauswertung. Es geht zunächst darum, Vorstellungen der ProfessorInnen darüber herauszuarbeiten, was ‚gute‘ Lehre und
Forschung jeweils ausmacht. Denn diese Vorstellungen sind als Identitäts-
komponenten der Maßstab, anhand dessen die von den Reformvorhaben hervorgebrachten Strukturveränderungen, insbesondere die mit Leistungsbewertungen
verbunden, beurteilt werden. Bereits hier werden, bei vielen Gemeinsamkeiten
der meisten Befragten, Unterschiede zwischen den Wissenschaftsgebieten sowie
zwischen den Karrierestufen erkennbar.

Das Kap. 4 wendet sich dann der Verarbeitung der Strukturveränderungen zu:
Wie werden sie, insbesondere als Leistungsbewertungen, von den ProfessorInnen
mit Blick auf die je eigene Identität erfahren – als Identitätsbedrohungen oder
Identitätschancen? Und wie gehen die ProfessorInnen dann mit beidem in ihren
Forschungs- und Lehrpraktiken um? In diesem Kapitel stehen drei individuelle
Fälle im Vordergrund. Diese dienen als ganzheitliche Rekonstruktionen dazu, die
Komplexität und die vielfältigen Ambivalenzen der Identitätsbetroffenheit und
-behauptung der ProfessorInnen im konkreten Einzelfall zu veranschaulichen.
Hier kommt, neben den Wissenschaftsgebieten und den Karrierestufen, auch die
organisationale Umsetzung der Reformen als weitere wichtige Determinante
der Wirkungszusammenhänge ins Spiel. Bereits diese Fälle zeigen, dass das im
Mediendiskurs vorherrschende Stereotyp des reformverweigernden Professors –
egal, ob als Schurke oder als Held gesehen – viel zu simpel gestrickt ist.[39]

Im Kap. 5 wird dann anhand aller untersuchten Fälle eine differenzierte
Typologie der Verarbeitung der Reformen durch die ProfessorInnen aus-
gearbeitet. Im Einzelnen werden unterschieden: der Gelassene – die Verschonte
– der Sympathisant – das Reformopfer – der Wehrhafte – die Zuversicht-

---

[39]Dass die Gegenfigur, der „akademische Kapitalist", wie er von einigen reformkritischen
Autoren, so etwa von Richard Münch (2011), gezeichnet wird, ebenfalls unterkomplex ist,
soll an dieser Stelle nicht unerwähnt bleiben.

liche – der Profiteur.[40] Jeder der Typen ist eine in sich stimmige Art der Identitätsbehauptung, die bei einem jeweils nennenswerten Teil der ProfessorInnen – wenngleich nicht gleichverteilt – vorherrschen dürfte. Diese Typenbildung ist zwischen den drei herausgegriffenen ganzheitlichen Fällen auf der einen und dem Stereotyp des Reformverweigerers auf der anderen angesiedelt: weniger ‚lebensecht' als die Fälle, aber mit sehr viel mehr ‚Fleisch an den Knochen' als der Pappkamerad des medialen Diskurses. Es zeigt sich, dass nicht nur vielerlei kontingente Faktoren dafür sorgen, dass es ein Spektrum an Reformerfahrungen und -bewältigungen gibt: Welchem dieser Typen jemand zugeordnet ist, hängt vielmehr in erheblichem Maße vom Wissenschaftsgebiet, von der Karrierephase und von der organisationalen Umsetzung der Reformen vor Ort ab. Und warum es wiederum wichtig ist, sich dieser Thematik aus einer identitätstheoretischen Perspektive anzunähern, sollte die – hier schon angedeutete – Wirkungsbreite der Identitätsbehauptung bereits verdeutlicht haben. Darüber hinaus stellen viele der hier beschriebenen Arten der Situationsbewältigung Reaktionen dar, deren Ursachen zum einen – der Komplexität des Reformgeschehens, aber auch den Determinanten der Typenzugehörigkeit und ihren Wechselwirkungen geschuldet – vielschichtiger und damit zum anderen auch schwerer gestaltbar sind.

Das abschließende Kap. 6 wendet sich, ausgehend von einem Resümee der Ergebnisse, alternativen Zukunftsszenarien zu. Wenn die gegenwärtige ‚Großwetterlage' in der Professorenschaft durch die genannten Typen gekennzeichnet ist: Wie könnte sich das unter welchen Randbedingungen – einschließlich weiterer hochschulpolitischer Interventionen – weiter entwickeln? Und welche Auswirkungen könnten sich auf Forschung und Lehre ergeben? Wir werden diese Fragen, die jedem, der auf die eine oder andere Weise ins Hochschulsystem involviert ist, unter den Nägeln brennen sollten, hier nicht abschließend beantworten können. Aber wir weisen auf das, was mit der beruflichen Identität der ProfessorInnen weiter geschehen könnte, als einen Teil der Antwort hin, den zu ignorieren ignorant wäre.

---

[40]Die männliche und weibliche Typenbezeichnung erfolgt hier alternierend und soll keine Rückschlüsse auf die empirisch vorgefundene Zuordnung geben. Hierzu aber mehr in Kap. 5.

Literatur

Akerlof, George A. 1970. The market for lemons: Quality uncertainty and the market mechanism. *Quarterly Journal of Economics* 84: 488–500.

Alexander von Humboldt-Stiftung (Hrsg.). 2009. *Publikationsverhalten in unterschiedlichen wissenschaftlichen Disziplinen. Beiträge zur Beurteilung von Forschungsleistungen. Diskussionspapier Nr. 12.* Bonn: Alexander von Humboldt-Stiftung.

Aljets, Enno. 2015. *Der Aufstieg der Empirischen Bildungsforschung. Ein Beitrag zur institutionalistischen Wissenschaftssoziologie.* Wiesbaden: Springer VS.

Anderson, Gina. 2008. Mapping academic resistance in the Managerial university. *Organization* 15: 251–270.

Angermüller, Johannes, Martin Nonhoff, Eva Herschinger, Felicitas Macgilchrist, Martin Reisigl, Juliette Wedl, Daniel Wrana, und Alexander Ziem (Hrsg.). 2014. *Diskursforschung. Ein interdisziplinäres Handbuch*, Bd. Bielefeld: transcript.

Aubert, Vilhelm. 1963. Competition and dissensus: Two types of conflict and of conflict resolution. *Journal of Conflict Resolution* 7 (1): 26–42.

Barry, Jim, John Chandler, und Heather Clark. 2001. Between the ivory tower and the academic assembly line. *Journal of Management Studies* 38 (1): 88–101.

Becher, Tony. 1994. The significance of disciplinary differences. *Studies in Higher Education* 19 (2): 151–161.

Becher, Tony, und Paul R. Trowler. 2001. *Academic tribes and territories: Intellectual enquiry and the culture of disciplines.* Buckingham: Open University Press.

Biglan, Anthony. 1973. The characteristics of subject matter in different academic areas. *Journal of Applied Psychology* 57 (3): 195–203.

Binner, Kristina, Bettina Kubicek, Anja Rozwandowicz, und Lena Weber, Hrsg. 2013. *Die unternehmerische Hochschule aus der Perspektive der Geschlechterforschung.* Münster: Westfälisches Dampfboot.

Binner, Kristina, und Lena Weber. 2019. Zwischen ‚Exzellenz' und Existenz. Wissenschaftskarriere, Arbeits- und Geschlechterarrangements in Deutschland und Österreich. *GENDER* 11 (1): 31–46.

Bloch, Roland, Monique Lathan, Alexander Mitterle, Doreen Trümpler, und Carsten Würmann. 2014. *Wer lehrt warum? Strukturen und Akteure der akademischen Lehre an deutschen Hochschulen.* Leipzig: AVA – Akademische Verlagsanstalt.

Bogumil, Jörg, and Rolf G. Heinze. 2009. *Neue Steuerung von Hochschulen: Eine Zwischenbilanz.* Berlin: sigma.

Bogumil, Jörg, Rolf G. Heinze, Stephan Grohs, und Sascha Gerber. 2007. *Hochschulräte als neues Steuerungsinstrument? Eine empirische Analyse der Mitglieder und Aufgabenbereiche. Abschlussbericht der Kurzstudie.* Dortmund: Hans-Böckler-Stiftung.

Bogumil, Jörg, Martin Burgi, Rolf G. Heinze, Sascha Gerber, Ilse-Dore. Gräf, Linda Jochheim, Maren Schickentanz, und Manfred Wannöffel. 2013. *Modernisierung der Universitäten. Umsetzungsstand und Wirkungen neuer Steuerungsinstrumente.* Berlin: sigma.

Böhlke, Nils, Thomas Gerlinger, Kai Mosebach, Rolf Schmucker, und Thorsten Schulten, Hrsg. 2009. *Privatisierung von Krankenhäusern. Erfahrungen und Perspektiven aus Sicht der Beschäftigten.* Hamburg: VSA.

Bologna-Deklaration. 1999. *Der Europäische Hochschulraum. Gemeinsame Erklärung der Europäischen Bildungsminister, 19. Juni 1999, Bologna.* https://www.bmbf.de/files/bologna_deu.pdf.

Bröckling, Ulrich. 2007. *Das unternehmerische Selbst.* Frankfurt a. M.: Suhrkamp.

Bröckling, Ulrich, und Tobias Peter. 2017. Das Dispositiv der Exzellenz. Zur Gouvernementalität ökonomischer Arrangements an Hochschulen. In *Dispositiv und Ökonomie. Diskurs- und dispositivanalytische Perspektiven auf Märkte und Organisationen,* Hrsg. Rainer Diaz-Bone und Ronald Hartz, 283–303. Wiesbaden: Springer VS.

Bröckling, Ulrich, Susanne Krasmann, und Thomas Lemke, Hrsg. 2004. *Glossar der Gegenwart.* Frankfurt a. M.: Suhrkamp.

Burke, Peter J., und Jan E. Stets. 2009. *Identity theory.* Oxford: Oxford University Press.

Cast, Alicia D., und Jan E. Stets. 2016. The self. In *Handbook of contemporary social theory,* Hrsg. Seth Abrutyn, 343–365. Cham: Springer International Publishing.

Clegg, Sue. 2008. Academic identities under threat? *British Educational Research Journal* 34 (3): 329–345.

Courpasson, David, und Steven Vallas, Hrsg. 2016. *The SAGE handbook of resistance.* Los Angeles: SAGE.

Dammayr, Maria. 2019. *Legitime Leistungspolitiken? Leistung, Gerechtigkeit und Kritik in der Altenpflege.* Weinheim: Beltz Juventa.

Defazio, Daniela, Andy Lockett, und Mike Wright. 2009. Funding incentives, collaborative dynamics and scientific productivity: Evidence from the EU framework program. *Research Policy* 38 (2): 293–305.

Detmer, Hubert, und Ulrike Preißler. 2006. Die W-Besoldung und ihre Anwendung in den Bundesländern. *Beiträge Zur Hochschulforschung* 28 (2): 50–66.

DHV (Deutscher Hochschulverband). 1991. *Das Berufsbild des Universitätslehrers.* Bonn: Deutscher Hochschulverband.

Dohmen, Dieter, und Lena Wrobel. 2018. *Entwicklung der Finanzierung von Hochschulen und Außeruniversitären Forschungseinrichtungen seit 1995.* Berlin: Forschungsinstitut für Bildungs- und Sozialökonomik.

Draheim, Susanne. 2012. Das lernende Selbst in der Hochschulreform: »Ich« ist eine Schnittstelle. Subjektdiskurse des Bologna-Prozesses. Bielefeld: transcript.

Ebers, Mark, und Wilfried Gotsch. 1998. Institutionenökonomische Theorien der Organisation. In *Organisationstheorien,* Hrsg. Alfred Kieser, 199–251. Stuttgart: Kohlhammer.

Ehrmann, Thomas. 2015. Der gefesselte Professor – Über die Folgen von studentischen Lehrevaluationen. *Forschung Und Lehre* 9: 724–725.

Enders, Jürgen, und Ulrich Teichler. 1995. *Der Hochschullehrerberuf im internationalen Vergleich. Ergebnisse einer Befragung über die wissenschaftliche Profession in 13 Ländern.* Bonn: Bundesministerium für Bildung, Wissenschaft, Forschung und Technologie.

Enders, Jürgen, Barbara M. Kehm, and Uwe Schimank. 2015. Turning universities into actors on quasi-markets: How new public management reforms affect academic research. In *The changing governance of higher education and research – Multilevel perspectives,* ed. Dorothea Jansen and Insa Pruisken, 89–103. Dordrecht: Springer.

Espeland, Wendy Nelson, und Michael Sauder. 2016. *Engines of anxiety: Academic rankings, reputation, and accountability.* New York: Russell Sage Foundation.

Espeland, Wendy Nelson, und Mitchell L. Stevens. 1998. Commensuration as a social process. *Annual Review of Sociology* 24 (1): 313–343.

Espeland, Wendy Nelson, und Michael Sauder. 2007. Rankings and reactivity: How public measures recreate social worlds. *American Journal of Sociology* 113 (1): 1–40.

Etzioni, Amitai. 1969a. Preface. In *The semi-professions*, Hrsg. Amitai Etzioni, v–xviii. New York: Free Press.

Etzioni, Amitai, Hrsg. 1969b. *The semi-professions and their organizations*. New York: Free Press.

Europäische Kommission. 2006. Council Decision of 19 December 2006 concerning the Specific Programme "Cooperation" implementing the Seventh Framework Programme of the European Community for research, technological development and demonstration activities (2007–2013). *Official Journal of the European Union*. https://eur-lex.europa.eu/LexUriServ/LexUriServ.do?uri=OJ:L:2006:400:0086:0242:en:PDF.

Europäische Kommission. 2007. *Das Siebte Rahmenprogramm (RP7). Europäische Forschung auf dem Vormarsch*. https://ec.europa.eu/research/fp7/pdf/fp7-brochure_de.pdf.

Evetts, Julia. 2013. Professionalism: Value and ideology. *Current Sociology* 61 (5–6): 778–796.

Flecker, Jörg, Franz Schultheis, und Berthold Vogel, Hrsg. 2014. *Im Dienste öffentlicher Güter. Metamorphosen der Arbeit aus der Sicht der Beschäftigten*. Berlin: sigma.

Flink, Tim, und Dagmar Simon. 2014. Erfolg in der Wissenschaft. Von der Ambivalenz klassischer Anerkennung und neuer Leistungsmessung. In *Erfolg. Konstellationen und Paradoxien einer gesellschaftlichen Leitorientierung*, Hrsg. Denis Hänzi, Hildegard Matthies, und Dagmar Simon, 123–144. Baden-Baden: Nomos.

Friedrich, Hans R. 2006. Ergänzende Anmerkungen zum Beitrag von Uwe Schimank und Stefan Lange ‚Hochschulpolitik in der Bund-Länder-Konkurrenz'. In *Das Wissensministerium. Ein halbes Jahrhundert Forschungs- und Bildungspolitik in Deutschland*, Hrsg. Peter Weingart und Niels C. Taubert, 481–486. Weilerswist: Velbrück.

Funken, Christiane, Jan-Christoph Rogge, und Sinje Hörlin. 2015. *Vertrackte Karrieren. Zum Wandel der Arbeitswelten in Wirtschaft und Wissenschaft*. Frankfurt: Campus.

Gassmann, Freya. 2018. *Wissenschaft als Leidenschaft? Über die Arbeits- und Beschäftigungsbedingungen wissenschaftlicher Mitarbeiter*. Frankfurt: Campus.

Gergen, Kenneth J. 1971. *The concept of self*. New York: Holt, Rinehart and Winston.

Gläser, Jochen. 2006. *Wissenschaftliche Produktionsgemeinschaften. Die soziale Ordnung der Forschung*. Frankfurt a. M.: Campus.

Gläser, Jochen, und Stefan Lange. 2007. Wissenschaft. In *Handbuch Governance*, Hrsg. Arthur Benz, Susanne Lütz, Uwe Schimank, und Georg Simonis, 437–451. Wiesbaden: VS.

Gläser, Jochen, Stefan Lange, Grit Laudel, und Uwe Schimank. 2010. The limits of universality: How field-specific epistemic conditions affect authority relations and their consequences. In *Reconfiguring knowledge production. Changing authority relationships in the sciences and their consequences for intellectual innovation*, Hrsg. Richard Whitley, Jochen Gläser, und Lars Engwall, 291–324. Oxford: Oxford University Press.

Gläser, Jochen, und Grit Laudel. 2010. *Experteninterviews und qualitative Inhaltsanalyse*. Wiesbaden: VS Verlag.

Gläser, Jochen, und Uwe Schimank. 2014. Autonomie als Resistenz gegen Beeinflussung – Forschungshandeln im organisatorischen und politischen Kontext. In *Autonomie revisited. Beiträge zu einem umstrittenen Grundbegriff in Wissenschaft, Kunst und Politik. Zeitschrift für soziologische Theorie*, Sonderbd. 2. Hrsg. Martina Franzen, Arlena Jung, David Kaldewey, und Jasper Korte, 41–61. Weinheim: Beltz Juventa.

Glotz, Peter. 1996. *Im Kern verrottet? Fünf vor zwölf an Deutschlands Universitäten.* Stuttgart: Deutsche Verlags-Anstalt.

Goffman, Erving. 1963. *Stigma.* Harmondsworth [1974]: Penguin Books.

Gold, Andreas. 2015. Im Absurdistan der Leistungsberechnung – ECTS-Punkte im Studium ohne Anwesenheit. *Forschung Und Lehre* 11: 920–922.

Heintz, Bettina. 2008. Governance by numbers. Zum Zusammenhang von Quantifizierung und Globalisierung am Beispiel der Hochschulpolitik. In *Governance von und durch Wissen*, Hrsg. Gunnar Folke Schuppert und Andreas Voßkuhle, 110–128. Baden Baden: Nomos.

Henkel, Mary. 2000. *Academic identities and policy change in higher education.* London: Jessica Kingsley.

Henkel, Mary. 2005. Academic identity and autonomy in a changing environment. *Higher Education* 49: 155–176.

Henkel, Mary, und Agnete Vabo. 2006. Academic identities. In *Transforming higher education. A comparative study*, Hrsg. Maurice Kogan, Ivar Bleiklie, Marianne Bauer, und Mary Henkel, 127–160. Dordrecht: Springer.

Hillmer, Marita, und Katharina Al-Shamery, Hrsg. 2015. *Die Bedeutung von Bildung in einer Dienstleistungs- und Wissensgesellschaft. Welchen Bildungsauftrag hat die Universität? Nova Acta Leopoldina, Neue Folge*, Bd. 121. Stuttgart: Wissenschaftliche Verlagsgesellschaft.

Hirschman, Albert O. 1994. Wieviel Gemeinsinn braucht die liberale Gesellschaft? *Leviathan* 22 (2): 293–304.

HIS Hochschul-Informations-System Hrsg. 2010. *Perspektive Studienqualität.* Bielefeld: Bertelsmann

Höhle, Ester Ava, und Ulrich Teichler. 2013. The academic profession in the light of comparative surveys. In *The academic profession in Europe: New tasks and new challenges*, Hrsg. Barbara M. Kehm und Ulrich Teichler, 23–38. Dordrecht: Springer.

Holtgrewe, Ursula, Stefan Voswinkel, und Gabriele Wagner, Hrsg. 2000. *Anerkennung und Arbeit.* Konstanz: UVK.

Honneth, Axel. 1992. *Kampf um Anerkennung. Zur moralischen Grammatik sozialer Konflikte.* Frankfurt a. M.: Suhrkamp.

Honneth, Axel. 2010. *Das Ich im Wir. Studien zur Anerkennungstheorie.* Frankfurt a. M.: Suhrkamp.

Honneth, Axel, Ophelia Lindemann, und Stephan Voswinkel, Hrsg. 2012. *Strukturwandel der Anerkennung. Paradoxien sozialer Integration in der Gegenwart.* Frankfurt a. M.: Campus.

Hüther, Otto. 2009. Hochschulräte als Steuerungsakteure? *Beiträge Zur Hochschulforschung* 31 (2): 50–73.

Hüther, Otto. 2010. *Von der Kollegialität zur Hierarchie. Eine Untersuchung des New Managerialism in den Landeshochschulgesetzen.* Wiesbaden: VS.

Hüther, Otto, und Georg Krücken. 2016. *Hochschulen – Fragestellungen, Ergebnisse und Perspektiven der sozialwissenschaftlichen Hochschulforschung.* Wiesbaden: Springer VS.

Jacob, Anna Katharina, und Ulrich Teichler. 2011. *Der Wandel des Hochschullehrerberufs im internationalen Vergleich. Ergebnisse einer Befragung in den Jahren 2007/08.* Bielefeld: Bertelsmann.

Jaeger, Michael, Michael Leszczensky, Dominic Orr, und Astrid Schwarzenberger. 2005. *Formelgebundene Mittelvergabe und Zielvereinbarungen als Instrument der Budgetierung an deutschen Universitäten: Ergebnisse einer bundesweiten Befragung. HIS Kurzinformation A/13/2005.* Hannover: HIS.

Jochheim, Linda, Jörg Bogumil, und Rolf G. Heinze. 2016. Hochschulräte als neues Steuerungsinstrument von Universitäten? Eine empirische Analyse ihrer Wirkungsweise. *Der Moderne Staat* 9: 203–225.

Kamenz, Uwe, und Martin Wehrle. 2007. *Professor Untat. Was faul ist hinter den Hochschulkulissen.* Berlin: Econ.

Kaufmann, Benedict. 2012. *Akkreditierung als Mikropolitik. Zur Wirkung neuer Steuerungsinstrumente an deutschen Hochschulen.* Wiesbaden: Springer VS.

Kehm, Barbara, und Ute Lanzendorf. 2006. Germany – 16 Länder approaches to reform. In *Reforming university governance – Changing conditions for research in four European countries,* Hrsg. Barbara Kehm und Ute Lanzendorf, 135–186. Bonn: Lemmens.

Kelle, Udo, und Susann Kluge. 2010. *Vom Einzelfall zum Typus – Fallvergleich und Fallkontrastierung in der qualitativen Sozialforschung.* Wiesbaden: VS.

Kieser, Alfred. 2020. 20 Jahre „Entfesselung deutscher Hochschulen". Eine Kritische Bilanz. *Forschung & Lehre* 7: 588–589.

Kivistö, Jussi, und Inga Zalyevska. 2015. Agency theory as a framework for higher education governance. In *The Palgrave international handbook of higher education policy and governance,* Hrsg. Jeroen Huisman, Harry de Boer, David D. Dill, und Manuel Souto-Otero, 132–151. London: Palgrave Macmillan.

Kleemann, Frank, Uwe Krähnke, und Ingo Matuschek. 2013. *Interpretative Sozialforschung. Eine Einführung in die Praxis des Interpretierens.* Wiesbaden: VS.

Kleimann, Bernd. 2016b. *Universitätsorganisation und präsidiale Leitung. Führungspraktiken in einer multiplen Hybridorganisation.* Wiesbaden: Springer VS.

Kloke, Katharina. 2014. *Qualitätsentwicklung an deutschen Hochschulen. Professionstheoretische Untersuchung eines neuen Tätigkeitsfeldes.* Wiesbaden: VS.

Kluge, Susann. 1999. *Empirisch begründete Typenbildung. Zur Konstruktion von Typen und Typologien in der qualitativen Sozialforschung.* Wiesbaden: VS.

Knorr-Cetina, Karin. 1999. *Epistemic cultures: How the sciences make knowledge.* Cambridge: Harvard University Press.

Koch, Juliane. 2010. *Leistungsorientierte Professorenbesoldung. Rechtliche Anforderungen und Gestaltungsmöglichkeiten für die Gewährung von Leistungsbezügen der W-Besoldung.* Frankfurt a. M.: Lang.

Kräkel, Matthias. 2006. Zur Reform der Professorenbesoldung in Deutschland. *Perspektiven der Wirtschaftspolitik* 7 (1): 105–126.

Kühn, Hagen. 2004. Die Ökonomisierungstendenz in der medizinischen Versorgung. In *Markt versus Solidarität. Gesundheitspolitik im deregulierten Kapitalismus,* Hrsg. Gine Elsner, Thomas Gerlinger, und Klaus Stegmüller, 25–41. Hamburg: VSA.

Laing, Ronald D. 1961. *Das Selbst und die Anderen.* Reinbek [1977]: Rowohlt.

Lamont, Michèle. 2012. Toward a comparative sociology of valuation and evaluation. *Annual Review of Sociology* 38: 201–221.

Lange, Stefan. 2008. Hochschulräte. In *Handbuch Wissenschaftspolitik*, Hrsg. Dagmar Simon, Andreas Knie, und Stefan Hornbostel, 347–362. Wiesbaden: VS.

Lange, Stefan, und Uwe Schimank. 2006. Hochschulpolitik in der Bund-Länder-Konkurrenz. In *Das Wissensministerium – Ein halbes Jahrhundert Forschungs- und Bildungspolitik in Deutschland*, Hrsg. Peter Weingart und Niels C. Taubert, 311–346. Weilerswist: Velbrück.

Lanzendorf, Ute, und Peer Pasternack. 2016. Landeshochschulpolitiken nach der Föderalismusreform. In *Die Politik der Bundesländer. Zwischen Föderalismusreform und Schuldenbremse*, Hrsg. Achim Hildebrandt und Frieder Wolf, 35–59. Wiesbaden: Springer VS.

Leibfried, Stephan, Hrsg. 2010. *Die Exzellenzinitiative. Zwischenbilanz und Perspektiven.* Frankfurt a. M.: Campus.

Leibfried, Stephan, und Ulrich Schreiterer. 2015. Die Exzellenzinitiative. Ein Fortsetzungsroman. *Wissenschaft im Dialog 13/2015*. Berlin: Berlin-Brandenburgische Akademie der Wissenschaften.

Lepenies, Wolf. 1985. *Die drei Kulturen. Soziologie zwischen Literatur und Wissenschaft.* München: Hanser.

Leszczensky, Michael, and Dominic Orr. 2004. *Staatliche Hochschulfinanzierung durch indikatorgestützte Mittelverteilung. Dokumentation und Analyse der Verfahren in 11 Bundesländern.* HIS-Kurzinformationen A/2/2004. Hannover: HIS.

Lohr, Karin, Thorsten Peetz, und Romy Hilbrich. 2013a. *Bildungsarbeit im Umbruch. Zur Ökonomisierung von Arbeit und Organisation in Schulen, Universitäten und in der Weiterbildung.* Berlin: sigma.

Lohr, Karin, Thorsten Peetz, und Romy Hilbrich. 2013b. Verunsicherung und Eigensinn. Bildungsarbeit in Reorganisationsprozessen. *Journal Für Psychologie* 21 (3): 32.

Luhmann, Niklas. 1997. *Die Gesellschaft der Gesellschaft.* Frankfurt a. M.: Suhrkamp.

Maasen, Sabine, und Peter Weingart. 2008. Unternehmerische Universität und neue Wissenschaftskultur. In *Wissenschaft unter Beobachtung. Effekte und Defekte von Evaluationen*, Hrsg. Hildegard Matthies und Dagmar Simon, 141–160. Wiesbaden: VS.

Massih-Tehrani, Nilgun, Christian Baier, and Vincent Gengnagel. 2015. EU-Forschungsförderung im deutschen Hochschulraum. *Soziale Welt* 66 (1): 55–74.

Matthies, Hildegard. 2016. Akademischer Hazard und berufliche Identitäten. In *Wissenschaftliche Karriere als Hazard. Eine Sondierung*, ed. Julia Reuter, Oliver Berli, and Manuela Zinnbauer, 29–48. Frankfurt a. M.: Campus.

Mayntz, Renate. 2002. University councils. An institutional innovation in German universities. *European Journal of Education* 37: 21–28.

Mayring, Philipp. 2015. *Qualitative Inhaltsanalyse. Grundlagen und Techniken.* Weinheim: Beltz.

Meier, Frank, und Uwe Schimank. 2002. Szenarien der Profilbildung im deutschen Hochschul-System. Einige Vermutungen. *Die Hochschule* 1: 82–91.

Meier, Frank, und Uwe Schimank. 2010. Mission Now Possible: Profile Building and Leadership in German Universities. In *Reconfiguring knowledge production. Changing authority relationships in the sciences and their consequences for intellectual innovation*, Hrsg. Richard Whitley, Jochen Gläser, und Lars Engwall, 211–236. Oxford: Oxford University Press.

Meier, Frank, und Uwe Schimank. 2012. *Organisation und Organisationsgesellschaft.* Studienbrief: FernUniversität in Hagen.

Meier, Frank, und Uwe Schimank. 2014. Cluster-building and the transformation of the university. *Soziologie* 43: 139–166.

Meier, Frank, Thorsten Peetz, and Désirée. Waibel. 2016. Bewertungskonstellationen. Theoretische Überlegungen zur Soziologie der Bewertung. *Berliner Journal für Soziologie* 26: 307–328.

Merton, Robert K. 1942. The Normative Structure of Science. In *The Sociology of Science*, Hrsg. Robert K. Merton, 267–278. Chicago [1973]: University of Chicago Press.

Meuser, Michael, und Ulrike Nagel. 1991. ExpertInneninterviews – Vielfach erprobt, wenig bedacht: ein Beitrag zur qualitativen Methodendiskussion. In *Qualitativ-empirische Sozialforschung: Konzepte, Methoden, Analysen*, Hrsg. Detlef Garz und Klaus Kraimer, 441–471. Opladen: Westdeutscher Verlag.

Minssen, Heiner, Beate Molsich, Uwe Willkesmann, und Uwe Andersen. 2003. *Kontextsteuerung von Hochschulen? Folgen der indikatorisierten Mittelzuweisung.* Berlin: Duncker & Humblot.

Mintzberg, Henry. 1979. *The structuring of organizations: A synthesis of the research.* Englewood Cliffs: Prentice-Hall.

Moe, Terry M. 1984. The new economics of organization. *American Journal of Political Science* 28: 739–777.

Mudge, Stephanie Lee. 2006. What is neo-liberalism? *Socio-Economic Revue* 6: 703–731.

Müller-Böling, Detlef. 2000. *Die entfesselte Hochschule.* Gütersloh: Bertelsmann Stiftung.

Münch, Richard. 2011. *Akademischer Kapitalismus. Zur politischen Ökonomie der Hochschulreform.* Berlin: Suhrkamp.

Neumann, Ruth, Sharon Parry, und Tony Becher. 2002. Teaching and learning in their disciplinary contexts: A conceptual analysis. *Studies in Higher Education* 27 (4): 405–417.

Nickel, Sigrun. 2007. *Partizipatives Management von Universitäten. Zielvereinbarungen – Leitungsstrukturen – staatliche Steuerung.* München: Hampp.

Nicolae, Stefan, Martin Endreß, Oliver Berli, und Daniel Bischur, Hrsg. 2019. *(Be)Werten. Beiträge zur sozialen Konstruktion von Wertigkeit.* Wiesbaden: Springer VS.

Niedersächsisches Ministerium für Wissenschaft und Kultur. o. J. *Modellbeschreibungen der Leistungsbezogenen Mittelzuweisung der Hochschulen in staatlicher Verantwortung (gültig ab 2016).* https://www.mwk.niedersachsen.de/startseite/hochschulen/hochschulpolitik/hochschulentwicklungsvertrag_und_zielvereinbarungen/hochschulentwicklungsvertrag-und-zielvereinbarungen-als-elemente-der-hochschulsteuerung-in-niedersachsen-131463.html.

Noordegraaf, Mirko. 2007. From „pure" to „hybrid" professionalism: Present-day professionalism in ambiguous public domains. *Administration and Society* 39: 761–785.

Noordegraaf, Mirko. 2015. New Governance and Professionalism. In *Restructuring Welfare Governance. Marketization, Managerialism and Welfare State Professionalism*, Hrsg. Tanja Klenk und Emmanuele Pavolini, 121–144. Cheltenham: Edward Elgar.

OECD. 1995. *Governance in transition: Public management reforms in OECD countries.* Paris: OECD.

Oevermann, Ulrich. 1981. *Fallrekonstruktionen und Strukturgeneralisierung als Beitrag der objektiven Hermeneutik zur soziologisch-strukturtheoretischen Analyse.* Manuskript. https://d-nb.info/974365483/34.

Oevermann, Ulrich. 2000. Die Methode der Fallkonstruktion in der Grundlagenforschung sowie der klinischen und pädagogischen Praxis. In *Die Fallrekonstruktion. Sinnverstehen in der sozialwissenschaftlichen Forschung*, Hrsg. Klaus Kraimer, 58–156. Frankfurt a. M.: Suhrkamp.

Osterloh, Margit. 2010. Governance by numbers. Does it really work in research? *Analyse und Kritik* 32 (2): 267–283.

Osterloh, Margit, und Bruno S. Frey. 2015. Ranking games. *Evaluation Review* 39 (1): 102–129.

Peter, Lothar. 2010. Der Homo academicus. In *Diven, Hacker, Spekulanten. Sozialfiguren der Gegenwart*, Hrsg. Stephan Moebius und Markus Schroer, 206–218. Berlin: Suhrkamp.

Petersen, Thomas. 2020. Die Forschung ist frei, aber … Eine Umfrage des Instituts für Demoskopie Allensbach zur Freiheit an den Universitäten. *Forschung Und Lehre* 3: 194–197.

Pollitt, Christopher, and Geerd Bouckaert. 2000. *Public management reform: A comparative analysis.* Oxford: Oxford University Press.

Power, Michael. 1997. *Audit society – Rituals of verification.* Oxford: Oxford University Press.

Przyborski, Aglaja, und Monika Wohlrab-Sahr. 2014. *Qualitative Sozialforschung. Ein Arbeitsbuch,* 4., erw. Aufl. München: Oldenbourg.

Ptak, Ralf. 2007. Grundlagen des Neoliberalismus. In *Kritik des Neoliberalismus,* Hrsg. Christoph Butterwegge, Bettina Lösch, und Ralf Ptak, 13–86. Wiesbaden: VS.

Riegraf, Birgit. 2018. Zwischen Exzellenz und Prekarität. Über den Wettbewerb und die bedingte Öffnung der Universitäten für Wissenschaftlerinnen. In *Prekäre Gleichstellung. Geschlechtergerechtigkeit, soziale Ungleichheiten und unsichere Arbeitsverhältnisse in der Wissenschaft*, Hrsg. Mike Laufenberg, Petra Erlemann, Maria Norkus, und Grit Petschick, 241–256. Wiesbaden: VS.

Ringer, Fritz K. 1987. *Die Gelehrten. Der Niedergang der deutschen Mandarine 1890–1933.* München: DTV.

Röbken, Heinke, and Marcel Schütz. 2013. Hochschulräte. Eine empirische Bestandsaufnahme ihrer Zusammensetzung. *Die Hochschule* 22 (2): 96–107.

Rogge, Jan-Christoph. 2017. *Wissenschaft zwischen Lebensform und Karrierejob.* Dissertation, Technische Universität Berlin.

Sauder, Michael, und Wendy Nelson Espeland. 2009. The discipline of rankings: Tight coupling and organizational change. *American Sociological Review* 74 (1): 63–82.

Schade, Angelika. 2004. Shift of paradigm in quality assurance in Germany: More autonomy but multiple quality assessment? In *Accreditation and evaluation in the European higher education area*, Hrsg. Stefanie Schwarz und Don F. Westerheijden, 175–196. Dordrecht: Kluwer.

Schimank, Uwe. 1981. *Identitätsbehauptung in Arbeitsorganisationen. Individualität in der Formalstruktur.* Frankfurt a. M.: Campus.

Schimank, Uwe. 2000. *Handeln und Strukturen. Einführung in die akteurtheoretische Soziologie*. München: Juventa.

Schimank, Uwe. 2009. Governance-Reformen nationaler Hochschulsysteme – Deutschland in internationaler Perspektive. In *Neue Steuerung von Hochschulen – Eine Zwischenbilanz*, Hrsg. Jörg. Bogumil und Rolf G. Heinze, 123–137. Berlin: Sigma.

Schimank, Uwe. 2010. Reputation statt Wahrheit: Verdrängt der Nebencode den Code? *Soziale Systeme* 16: 233–242.

Schimank, Uwe. 2012a. Krise – Umbau – Umbaukrise? Zur Lage der deutschen Universitäten. In *Die Rolle der Universität in Wirtschaft und Gesellschaft*, Hrsg. Klaus Dicke, Uwe Cantner, und Matthias Ruffert, 41–54. Jena: IKS Garamond, Edition Paideia.

Schimank, Uwe. 2012b. Wissenschaft als gesellschaftliches Teilsystem. In *Handbuch Wissenschaftssoziologie*, Hrsg. Sabine Maasen, Mario Kaiser, Martin Reinhart, und Barbara Sutter, 113–123. Wiesbaden: Springer VS.

Schimank, Uwe. 2014. Identitätsbedrohungen und Identitätsbehauptung: Professoren in reformbewegten Universitäten. In *Formalität und Informalität in Organisationen*, Hrsg. Victoria von Groddeck und Sylvia M. Wilz, 277–296. Wiesbaden: VS.

Schimank, Uwe. 2015. ‚New public management' as de-professionalization – Conceptual reflections with some applications to school teachers. In *Restructuring Welfare Governance – Marketization, Managerialism and Welfare State Professionalism*, Hrsg. Tanja Klenk und Emmanuele Pavolini, 183–199. Cheltenham: Edward Elgar.

Schimank, Uwe, and Stefan Lange. 2009. Germany: A latecomer to new public management. In *University governance – Western European comparative perspectives*, ed. Catherine Paradeise, Emanuela Reale, Ivar Bleiklie, and Ewan Ferlie, 51–75. Dordrecht: Springer.

Schomburg, Harald, Choni Flöther, und Vera Wolf. 2012. *Wandel von Lehre und Studium an deutschen Hochschulen – Erfahrungen und Sichtweisen der Lehrenden. Projektbericht*. Kassel: Internationales Zentrum für Hochschulforschung (INCHER-Kassel), Universität Kassel.

Scott, W. Richard. 1966. Konflikte zwischen Spezialisten und bürokratischen Organisationen. In *Bürokratische Organisation*, Hrsg. Renate Mayntz, 201–216. Köln: Kiepenheuer & Witsch.

Serrano-Velarde, Kathia. 2008. *Evaluation, Akkreditierung und Politik. Zur Organisation von Qualitätssicherung im Zuge des Bolognaprozesses*. Wiesbaden: VS.

Serrano-Velarde, Kathia. 2009. Der Bolognaprozess und die europäische Wissensgesellschaft. *SozW Soziale Welt* 60 (4): 339–352.

Shin, Jung Cheol, Akira Arimoto, William K. Cummings, und Ulrich Teichler. 2014. *Teaching and research in contemporary higher education. Systems, activities, and rewards*. Dordrecht: Springer.

Shore, Chris. 2008. Audit culture and illiberal governance: Universities and the politics of accountability. *Anthropological Theory* 8: 278–298.

Simon, Dieter. 1991. Die Universität ist verrottet. *DER SPIEGEL* 50: 52–53.

Snow, Charles Percy. 1959. *The two cultures and the scientific revolution*. London: Cambridge University Press.

Statistisches Bundesamt. 2017. Fachserie 11 Reihe 4.4, 2016, Bildung und Kultur – Personal an Hochschulen. https://www.statistischebibliothek.de/mir/servlets/ MCRFileNodeServlet/DEHeft_derivate_00033169/2110440167004.pdf.

Strauss, Anselm. 1959. *Spiegel und Masken. Die Suche nach Identität*. Frankfurt a. M. [1974]: Suhrkamp.

Taylor, Frederick W. 1913. *Die Grundsätze wissenschaftlicher Betriebsführung*. Weinheim [1977]: Beltz.

Teelken, Christine. 2012. Compliance or pragmatism: How do academics deal with managerialism in higher education? A comparative study in three countries. *Studies in Higher Education* 37: 271–290.

Teichler, Ulrich. 2014. Teaching and research in Germany: The notions of university professors. In *Teaching and research in contemporary higher education. Systems, activities, and rewards*, Hrsg. Jung Cheol Shin, Akira Arimoto, William K. Cummings, und Ulrich Teichler, 61–87. Dordrecht: Springer.

Thomas, Robyn, und Annette Davies. 2005. Theorizing the micro-politics of resistance: New public management and managerial identities in the UK public services. *Organization Studies* 26: 683–706.

Tremp, Peter, Hrsg. 2010. *„Ausgezeichnete Lehre!" Lehrpreise an Universitäten. Erörterungen – Konzepte – Vergabepraxis*. Münster: Waxmann.

Voswinkel, Stephan. 2001. *Anerkennung und Reputation. Die Dramaturgie industrieller Beziehungen. Mit einer Fallstudie zum „Bündnis für Arbeit"*. Konstanz: UVK.

Voswinkel, Stephan. 2011. Zum konzeptionellen Verhältnis von „Anerkennung" und „Interesse". *Arbeits- und Industriesoziologische Studien* 4 (2): 45–58.

Voswinkel, Stephan, und Gabriele Wagner. 2012. Die Person als Leistungskraft: Anerkennungspolitiken in Organisationen. *Leviathan* 40 (4): 591–608.

Wetzel, Dietmar J. 2013. *Soziologie des Wettbewerbs. Eine kultur- und wirtschaftssoziologische Analyse der Marktgesellschaft*. Wiesbaden: Springer VS.

Whitley, Richard, und Jochen Gläser, Hrsg. 2007. *The changing governance of the sciences: The advent of research evaluation systems*. Dordrecht: Springer.

Wilkesmann, Uwe. 2013. Effects of transactional and transformational governance on academic teaching: Empirical evidence from two types of higher education institutions. *Tertiary Education and Management* 19 (4): 281–300.

Wilkesmann, Uwe, und Christian Schmid. 2012. The impacts of new governance on teaching at German universities. Findings from a national survey. *Higher Education* 63: 33–52.

Wilkesmann, Uwe, und Christian Schmid. 2014. Intrinsic and internalized modes of teaching motivation. *Evidence-based HRM* 2 (1): 6–27.

Willke, Gerhard. 2003. *Neoliberalismus*. Frankfurt a. M.: Campus.

Wissenschaftsrat. 2018. *Hochschulbildung im Anschluss an den Hochschulpakt 2020*. Köln: Wissenschaftsrat.

Witte, Johanna. 2006. *Change of degrees and degrees of change. Comparing adaptations of European higher education systems in the context of the Bologna process*. Enschede: University of Twente, CHEPS.

Wollin-Giering, Susanne, and Jochen Gläser. 2016. *Entwerfen lernen. Die Integration von Lehre, Forschung und Berufspraxis in entwerfenden Disziplinen*. Technische Universität Berlin: Ms.

Ybema, Sierk, Robyn Thomas, und Cynthia Hardy. 2016. Organizational change and resistance: An identity perspective. In *The SAGE handbook of resistance*, Hrsg. David Courpasson und Steven Vallas, 386–404. Los Angeles: SAGE.

Ylijoki, Oili-Helena. 2003. Entangled in academic capitalism? A case study on changing ideals and practices of university research. *Higher Education* 45: 307–335.

Ylijoki, Oili-Helena. 2014. University under structural reform: A micro-level perspective. *Minerva* 52: 55–75.

Zechlin, Lothar. 2017. Wissenschaftsfreiheit und Organisation – Die „Hochschullehrer-mehrheit" im Grundrechtsverständnis der autonomen Universität. *Ordnung der Wissenschaft* 3: 161–174.

Ziman, John. 2000. *Real science. What it is, and what it means*. Cambridge: Cambridge University Press.

Zimmermann, Karin, Sigrid Metz-Göckel, und Marion Kamphans. 2008. Hochschul- und Geschlechterforschung im Diskurs. In *Perspektiven der Hochschulforschung*, Hrsg. Karin Zimmermann, Marion Kamphans, und Sigrid Metz-Göckel, 11–33. Wiesbaden: VS.

Die Reformbedürftigkeit der deutschen Universitäten wurde zur Jahrtausendwende sowohl intensiv als auch extensiv öffentlich diskutiert. Dass diese Reformprozesse durchaus unterschiedlich wahrgenommen wurden, lässt sich anhand einiger weniger medialer und professoraler Stimmen deutlich machen, die kontrastiver kaum sein könnten. Besonders anschaulich wird dies am Bereich der Lehre – und hier vor allem anhand der Diskussionen um die „Bologna"-Reformen. Schauen wir uns zunächst zwei Äußerungen aus dem Jahr 2000 an, das den Beginn unserer Medienanalyse markiert. Zuerst eine journalistische Stimme:

> „Wenn Deutschland vor den Herausforderungen der Wissensgesellschaft und der Internet-Wirtschaft bestehen will, dann muss das Studium dringend reformiert werden. Es muss praxisnäher, kürzer und flexibler werden. Diese Erkenntnis ist nicht neu, aber sie gehört heute umgesetzt, nicht morgen." (Thomas Kerstan, DIE ZEIT 14/2000).[1]

Ganz anders im Duktus ein Professor:

> „Die Universität gerät zunehmend unter Druck, ihre Studiengänge von allem theoretischen ‚Luxus' zu reinigen und den Bedürfnissen der Praxis anzupassen. So wie die Dinge liegen, dürfte dabei nicht viel mehr als ein Mischmasch herauskommen: ein bisschen Theorie und ein bisschen Praxis. Von da zur schlechten Theorie und schlechten Praxis ist nur ein kurzer Schritt." (Arnd Morkel, F&L 8/2000, S. 398).

---

[1]Die journalistischen Beiträge aus DIE ZEIT sind dem Online-Archiv der Wochenzeitung entnommen und nicht den Printausgaben. Wir verzichten daher hier, anders als bei Beiträgen in DER SPIEGEL und in der Zeitschrift Forschung & Lehre (F&L), auf Seitenangaben. Eine vollständige Auflistung der in diesem Kapitel verwendeten Artikel mit Link zum jeweiligen Artikel im Online-Archiv befindet sich im Anhang dieses Kapitels.

© Der/die Autor(en) 2021   57
M. Janßen et al., *Hochschulreformen, Leistungsbewertungen und berufliche Identität von Professor*innen*, Organization & Public Management,
https://doi.org/10.1007/978-3-658-33289-1_2

Während der ZEIT-Journalist Thomas Kerstan von „dringend" – und zwar „heute" und nicht erst „morgen" – zu ergreifenden Maßnahmen spricht, sieht der emeritierte Politikwissenschaftler Arnd Morkel hierin nicht weniger als eine von außen forcierte Anpassung an die als übergriffig eingestuften Bedürfnisse der Praxis mit entsprechend negativen Konsequenzen – nicht nur – für die akademische Bildung.

Solche oftmals harten Kontraste der Einschätzungen und Bewertungen zeichnen wir in diesem Kapitel nach. Es überrascht nicht, dass die wechselseitigen Provokationen immer wieder in rhetorischen Eskalationen mündeten. Ohne hier nun Position beziehen zu wollen, wer insgesamt oder in einzelnen Punkten Recht hat, rekonstruieren wir dieses Bild einer teilweise extremen Polarisierung – die reformablehnenden ProfessorInnen auf der einen, die reformbefürwortenden JournalistInnen auf der anderen Seite – nicht zuletzt auch deshalb, um zu verdeutlichen, vor dem Hintergrund welcher medial vermittelten Stimmungslage unsere Untersuchung zu verorten ist. Man fragt sich ja unwillkürlich, ob es diese beiden unversöhnlichen Lager tatsächlich gibt und ob allen Beteiligten nichts anderes übrig blieb, als sich dem einen oder dem anderen anzuschließen. Und sofern es sie zu Beginn der Reformen gab: Haben sie sich seitdem vielleicht wieder aufgelöst?

Doch der mediale Diskurs war nicht bloß Anstoß für unsere Forschungen. Viele ProfessorInnen werden die journalistische Berichterstattung und Kommentierung der Universitätsreformen ebenso wie die Stellungnahmen aus der Kollegenschaft zur Kenntnis genommen haben. Neben den je eigenen Reformerfahrungen kann die Berichterstattung über Reformen eine weitere Quelle der Identitätsverunsicherung und -behauptung darstellen, beide also noch bestärken. Inwieweit haben die journalistischen Berichterstattungen und die öffentlichen Stellungnahmen ‚aus den eigenen Reihen' auf die persönliche Sicht der Dinge abgefärbt, die ja zunächst einmal auf individuelle Erfahrungen vor Ort zurückgeht? In welchen Hinsichten neigt die eigene Sicht der einen oder der anderen Seite des medialen Diskurses zu, und wo setzt sie sich von beiden Lagern ab? Am Ende unserer eigenen empirischen Untersuchung wird sich dann zeigen, ob man die ProfessorInnen tatsächlich bis heute als geschlossene Front von Reformverweigerern einstufen kann.

Es geht uns hier nicht um eine vollständige Nachzeichnung des Diskurses. Anstelle sämtliche Stellungnahmen und Argumentationen in ihrer Gänze mit all ihren Widersprüchen, Abstufungen oder etwaigen Korrekturen darzulegen, zeichnen wir ein für unsere Untersuchungsfrage ausreichendes selektives Bild. Wie schon im Abschn. 1.3 erläutert, besteht die Datenbasis unserer Medienanalyse aus Artikeln in DIE ZEIT und DER SPIEGEL für die journalistische Betrachtung der Reformen sowie aus von ProfessorInnen verfassten Beiträgen in der Zeitschrift Forschung und Lehre (F&L) für deren Sicht. Ausgewertet werden die Jahrgänge 2000 und 2001 für den Beginn der Reformen sowie 2012 und 2013 für eine Bilanzierung nach zehn Jahren der Reformumsetzung.[2] Die übergreifende Frage an dieses empirische Material lautet: Was waren in beiden Zeiträumen und aufseiten beider BeobachterInnen des Reformgeschehens – Journalisten hier, Professorinnen dort – die dominanten Deutungsmuster in Gestalt von Einschätzungen und Bewertungen dieses Geschehens?

Wir beginnen mit „Bologna" als derjenigen Reform, die die größte mediale Aufmerksamkeit erfahren hat – allein schon deshalb, weil ein immer größer gewordener Anteil der Bevölkerung, entsprechend der von Kohorte zu Kohorte gestiegenen Studierendenquote, von dieser Thematik unmittelbar betroffen ist. Wir schildern hierzu zunächst für beide Zeiträume die medial zum Ausdruck gebrachte Fundamentalverweigerung der ProfessorInnen (Abschn. 2.1), anschließend die in den Jahren 2000 und 2001 artikulierten „Bologna"-Hoffnungen der JournalistInnen, angesichts derer die professorale Haltung als ‚ewig gestrige' Fortschrittsverweigerung erscheint (Abschn. 2.2). Diese den HochschullehrerInnen zugeschriebene Attitüde wurde von journalistischer Seite dann auch bei weiteren Reformen ausgemacht: bei der W-Besoldung und der Stärkung der Universitätsleitungen als Komponenten des ‚New Public Management' (NPM) sowie bei der Einführung der Juniorprofessur. Der Tenor war: Man muss den ProfessorInnen ‚Beine machen' (Abschn. 2.3). Im Vergleich dazu fällt die Sicht der journalistischen BeobachterInnen auf die Reformprozesse zehn Jahre später differenzierter aus: Auf der einen Seite wird weiterhin als nötig erachtet, bei den ProfessorInnen durch Wettbewerbsdruck Spreu von Weizen zu trennen und eine verantwortungslose Autonomie unter Kontrolle zu bringen; auf der anderen Seite werden aber auch zunehmend Probleme eines überbordenden Wettbewerbsdrucks und einer Unterfinanzierung der Universitäten gesehen (Abschn. 2.4). Die journalistische Berichterstattung korrigiert sich also ein Stück weit selbst. Die medial zum Ausdruck kommende professorale Beobachtung der Reformprozesse sieht sich hingegen über die Zeit bestätigt: Was 2000 und 2001 noch Befürchtung war, hat sich zehn Jahre später nicht nur hinsichtlich „Bologna", sondern auch bezüglich „Exzellenzinitiative" und NPM bestätigt – weshalb eine fortgesetzte Verweigerung nur konsequent ist (Abschn. 2.5). Mit Blick auf unsere eigene

---

[2]Da das erste gesamtdeutsche Hochschul-Ranking, veröffentlicht in DER SPIEGEL im Jahr 1999, nicht nur große mediale Aufmerksamkeit erlangte, sondern vor allem auch Anlass zur kritischen Auseinandersetzung mit der Studiensituation an deutschen Universitäten gab, werden wir Ausgaben dieses Jahrganges ergänzend hinzuziehen.

Untersuchung interessiert uns an diesem medialen Diskurs, inwieweit er die je individuelle professorale Reformerfahrung vor Ort widerspiegelt und präformiert. Zeigt er, wo der Schuh drückt? Und prägt er umgekehrt die Erfahrung, wo der Schuh als drückend empfunden werden sollte (Abschn. 2.6)?

2.1 Schreckgespenst „Bologna": Die durchgängige professorale Perspektive auf die Studienstrukturreform

Die Perspektive der Professorinnen und Professoren auf die Studienstruktur-reform kennzeichnete in den Jahren 2000 und 2001 eine recht eindeutige – ablehnende – Haltung. Einige Beiträge in F&L genügen zur Illustration der zentralen Kritikpunkte.

Ökonomisierung
So spricht sich Hartmut Schiedermair im Jahr 2001, zu diesem Zeitpunkt Präsident des Deutschen Hochschulverbandes (DHV), in einer Art Rundumschlag gegen die Ökonomisierung der Wissenschaft und gegen eine nützlichkeits-orientierte, an Effektivitäts- und Effizienzanforderungen ausgerichtete Lehre aus. Der Rechtswissenschaftler ist schon qua Amt medial stark präsent. Seine Kritik am Aufkommen einer ökonomisierten Semantik der „Humanressourcen" und „-kapitale" gibt die Folgen eines solchen verschlankten Studiums zu bedenken: „schmale[] Intelligenzen, die zwar leicht verfügbar, jedoch von der Kreativität ebenso weit entfernt sind wie von der Fähigkeit, den Aufbruch in das Neue zu wagen." (Schiedermair, F&L 05/2001, S. 237)

   Ein Jahr zuvor griff der bereits erwähnte emeritierte Politikwissenschaftler Morkel (F&L 8/2000) die angekündigte Neuausrichtung der universitären Kern-aufgaben in Richtung Praxis- und Anwendungsorientierung von Forschung und Lehre an. Seine Sorge gilt dem schützenswerten genuin universitären Charakter von Studium und Lehre. Er stehe zur Disposition, wenn die akademische Aus-bildung sich den nicht-wissenschaftlichen Zwängen beuge und so zum „Bestand-teil einer riesen Ausbildungsmaschinerie" (ebd., S. 398) verkomme:

„[D]ie Universität [dient] der Praxis nur dann, wenn sie ihre theoretischen Bemühungen nicht vernachlässigt, wenn sie mehr als das unmittelbar Nützliche lehrt; mit einem Wort, wenn sie mehr als eine bloße Berufsschule ist. [...] Der Nutzen der Universität ist abhängig von einer Substanz, die auf dem Wege einer bloß auf das Nützliche reduzierten Ausbildung nicht erworben werden kann." (ebd.)

Morkel geht es um die Verteidigung der Lehrinhalte gegen eine um sich greifende Effizienz- und Praxiserwartung, die die theoretischen Grundlagen einer Disziplin als im Grunde entbehrlichen „Luxus" (ebd.) begreife und damit den praktischen Erfordernissen des Arbeitsmarktes nachordne. Hier zeigt sich nicht nur ein Dissens in Bezug auf das Ausmaß des als erforderlich erachteten Praxisbezugs. Dieser wird vielmehr einer fundierten wissenschaftlichen Ausbildung als konträrer Zielgröße der Lehre entgegengestellt; und nicht weniger als die Bedeutung der Universität als „Zone der Wahrheit" (ebd.), wie Morkel den Philosophen Josef Pieper zitierend anmerkt, gerate bei einer Zielverschiebung in Gefahr. In ähnlichem Duktus verweist auch der Anglist Theo Stemmler (F&L 2/2000, S. 85) auf die Gefahr, dass die Universität – sollten die beschriebenen Entwicklungen voranschreiten – „vor lauter Nützlichkeit" am Ende „unnütz" würde, man zukünftig daher „den Begriff ‚Universität' streichen und durch ‚Höhere Berufsschule' ersetzen" müsse.

Ist in den Äußerungen von Schiedermair, Morkel und Stemmler noch nicht explizit von „Bologna" die Rede, müssen sie dennoch vor dem Hintergrund der damaligen Reformankündigungen und der anhaltenden Diskussion um einen als mangelhaft angesehenen Praxisbezug der akademischen Ausbildung gelesen werden.

‚Verfachhochschulung'
In dieselbe Richtung verweisen auch professorale Meinungsäußerungen, die sich der befürchteten Erosion der Grenzen zwischen Fachhochschulen und Universitäten widmen. So veranlasste ein Positionspapier der Landesrektoren-konferenz der Fachhochschulen des Landes Nordrhein-Westfalen im Februar 2000 die dortigen Universitäten dazu, hier vertreten durch den gerade aus dem Amt scheidenden Vorsitzenden der Landesrektorenkonferenz der Universitäten, Jens Peter Meincke, ihr Selbstverständnis in dezidierter Abgrenzung zu formulieren: Während die Fachhochschulen „mit erheblicher Unterstützung der Politik auf eine Einebnung der Unterschiede […] [drängten]" (Meincke, F&L 12/2000, S. 631), wird die „unterschiedliche Ortsbestimmung" (ebd.) beider Typen durchdekliniert – das Fazit:

„Die Universitäten sind Einrichtungen, in denen Forschung und Lehre ineinander-greifen und sich wechselseitig durchdringen, nicht Ausbildungsstätten, die zur Unterstützung der Ausbildung oder unabhängig von ihr auch Forschung betreiben. […] Die Fortentwicklung der Wissenschaft durch Entdeckung des bisher Unbekannten und durch vertieftes Verständnis des bereits Bekannten im ständigen Austausch mit dem wissenschaftlichen Nachwuchs und mit den Studierenden ist die zentrale Aufgabe der Universitäten." (ebd., S. 632)

Die diskutierte Angleichung beider Hochschultypen bzw. die geforderte höhere Durchlässigkeit in beiden Richtungen wird mit Verweis auf die unterschiedlichen Zielvorgaben – Forschungsorientierung hier, primäre Anwendungsorientierung dort – auf universitärer Seite entschieden abgelehnt.

Die Äußerungen dieses Zeitraumes weisen folglich oftmals den Charakter einer Grundsatzkritik auf, der auch durch das unvorhersehbare Reformausmaß und seine Folgen geformt wird. Zwar waren die Reformmaßnahmen in Sachen „Bologna" politisch beschlossene Sache,[3] ihre Umsetzung steckte aber größtenteils noch in den Kinderschuhen. Folgerichtig wurde in den Jahren 2012 und 2013 die anhaltend kritische Haltung der ProfessorInnen dann konkreter zu den bereits vollzogenen Studienstrukturreformen in Beziehung gesetzt. Befürchtungen, die sich bewahrheitet haben, aber auch nicht geahnte negative Folgen dominieren die Inhalte der einschlägigen Beiträge in F&L.

So stellt die Politikwissenschaftlerin Kerstin Odendahl (F&L 11/2012, S. 882) nüchtern fest: „Die Bildung ist ökonomisiert worden." Auch der Soziologe Wolfgang Ludwig-Mayerhofer geht 2012 von einer längst vollzogenen Transformation des universitären Studiums durch die „Bologna"-Reform aus:

> „Es [das universitäre Studium] hat sich von einer Einrichtung, die den Erwerb von Wissen, Einsicht und Reflexionsvermögen ermöglichen soll, in einen Parcours verwandelt, auf dem es gilt, möglichst effizient, und das heißt: mit dem geringstmöglichen Aufwand, Punkte zu sammeln, mögen diese nun (fälschlich) Kreditpunkte, Leistungspunkte oder einfach ECTS-Punkte genannt werden. […] Wird immer wieder beklagt, dass Studierende nicht mehr Erkenntnis um der Erkenntnis willen anstreben, sondern Lehrveranstaltungen nur noch mit Blick auf die Arbeitsmarktgängigkeit des zu erwerbenden Wissens beurteilen würden, so mag das vor ein paar Jahren noch so gewesen sein; heute geht es ihnen aber nur noch darum, dass der workload für den Erwerb der Punkte auf keinen Fall zu hoch sein darf, während die Inhalte mit immer größerer Gleichgültigkeit betrachtet werden." (Ludwig-Mayerhofer, F&L 10/2012, S. 785).

Kritisierten Morkel und Schiedermair noch einen durch die Studienreformen forcierten Utilitarismus, geht es in Ludwig-Mayerhofers Beitrag schon gar nicht mehr um zur Disposition stehende Ideale wie Zweckfreiheit, Autonomie oder Kreativität. Nicht die inhaltliche Ausrichtung der Lehre an der Praxis bzw. den Anforderungen des Arbeitsmarktes, sondern die Zielverschiebung hin zu einem

---

[3]Auf die von Italien, Frankreich, Deutschland und Großbritannien unterzeichnete „Sorbonne"-Erklärung (1998) zur Einigung über eine gemeinsame Hochschulpolitik folgte ein Jahr später die gemeinsame Erklärung der europäischen Bildungsminister zum „europäischen Hochschulraum", die „Bologna"-Erklärung (1999).

reinen Punkteerwerb sei mittlerweile das problematische Resultat der Reformen. Dieses „Diktat des Punktesammelns" (ebd.) nehme zuweilen absurde Züge an:

> „Lehrveranstaltungen, die nicht in das Punkte-Raster fallen – sprich: die keinem Modul zugeordnet werden können –, werden von Studiendekanen aufgespürt und ausgemerzt. Eine Heerschar von Hilfskräften unterstützt Studierende, Administrationen und Lehrende darin, den Dschungel der Studienordnungen so aufzubereiten, dass es trotz aller Konfusion der Studiengänge möglich ist, diese in der vorgeschriebenen Regelstudienzeit zu durchwandern. Denn schließlich erhalten die Universitäten höhere (‚leistungs'-orientierte) Mittel zugewiesen, wenn das Studium in der Regelzeit absolviert wurde, gleichgültig, wie befähigt die Absolventen tatsächlich sind. Dieses ‚Bologna' ist nicht tot, es ist nicht einmal im Absterben begriffen – und wir werden es auch nicht mehr loswerden. Denn es hat den Kreislauf und den Stoffwechsel der Universitäten so modifiziert, dass bereits ein neuer Organismus entstanden ist, der mit der alten Universität nichts mehr gemein hat." (ebd.)

Zur Gleichgültigkeit gegenüber den zu vermittelnden und zu erlernenden Inhalten durch die „Bologna"-Reform kommen also in dieser Deutung die problematischen Effekte der leistungsorientierten Mittelverteilung (LOM) hinzu.

Es sind nicht wenige Beiträge, die in generalisierter Weise mit „Bologna" einen bereits vollzogenen Wandel verbinden, der eindeutig negativ bewertet wird: „Zahlenmäßig irgendwie auf[zugehen]" sei mittlerweile zur „Hauptsache" eines Studiums geworden, so der Soziologe Stefan Kühl (F&L 04/2012, S. 293); und der Erziehungswissenschaftler Norbert Seel (F&L 12/2012, S. 1001) stellt die Beobachtung an, dass selbst „Studierende [, die] mit viel Enthusiasmus und Fähigkeit zum selbstständigen Denken an die Universitäten kommen, […] sie am Ende als Konformisten […] verlassen". Was dies konkret für die eigene berufliche Praxis bedeutet, wird von den ProfessorInnen ebenfalls dargelegt. „Zeitdruck und -not, alles in einem vorgefassten Plan durchlaufen zu müssen", so der Erziehungswissenschaftler Klaus Zierer im Jahr 2012, prägten mittlerweile die Arbeitssituation und ließen kaum mehr „Zeit für Gespräche, für Vertiefung und Besinnung"; und Arbeitsmarkterfordernisse und Zielvereinbarungen potenzierten das ohnehin überzogene Wettbewerbsstreben, das schon jetzt „das Leben in all seinen Facetten dominier[e]" (Zierer, F&L 12/2012, S. 1000).

Es sind gerade auch ältere, teils emeritierte ProfessorInnen, die sich sorgenvoll zu den Reformfolgen äußern.[4] Aus der Perspektive eines Professors, der seine

---

[4]Dass Interessenwahrung das vordergründige Motiv der professoralen Kritik sei und ProfessorInnen einfach ‚keine Lust' hätten, sich auf „Bologna" einzulassen, wie ein in Politik und Medien formulierter gängiger Vorwurf lautet, wird durch diese Stimmen entkräftet.

eigene „Lebenszeit" zu einer Zeit habe „verbringen dürfen, als die Freiheit und Ungebundenheit der wissenschaftlichen Forschung und der Lehre noch als Leitlinie über der deutschen Hochschule stand", spricht ein Emeritus resigniert gar von einem „Verlust des Elementarsten, was Hochschule ausmacht":

> „[D]as direkte und spontane Zugehen auf die Zielgruppe all unserer Tätigkeit, nämlich auf unsere Studenten und Hörer. Sie sollen etwas erleben und mitgerissen werden, nicht in die Vergangenheit, sondern in die wahren Probleme der Gegenwart und der Zukunft. Stattdessen machen sich Verschulung, festgezurrte immer neue Lehrpläne, Parallelstudiengänge, Trennung von Forschung und Lehre, die in Wirklichkeit längst stattgefunden hat, breit. Ja, ich meine ‚Bologna'. Ja, ich meine angedachte Forschungsuniversitäten!" (anonym, F&L 02/2012, S. 116).

‚Bürokratismus'

Ein zeitaufwendiger, oft als sinnlos angesehener überbordender ‚Bürokratismus' bildet wiederkehrend das Zentrum „Bologna"-kritischer Beiträge. Während im obigen Zitat als eigentlich Leidtragende der Reformen die Studierenden benannt werden, steht hinter dieser Klage nicht zuletzt die durchlebte oder potenziell eintretende Einschränkung der professoralen Autonomie. An die Stelle eines Arbeitsbündnisses zwischen Lehrenden und Studierenden, in dem das Ideal einer forschungsbasierten ‚lebendigen' Lehre realisiert wird, trete nun ein „festgezurrte[r]" Lehrplan. Diesem Argument folgt auch der Beitrag des Germanistik-Professors Klaus Bayer (F&L, 01/2013, S. 36), der der „Bologna"-Reform eine „Zerstörung der geisteswissenschaftlichen Prüfungskultur" vorwirft. Bayer bezweifelt nicht nur die Sinnhaftigkeit der reformierten Prüfungsmodalitäten und skizziert Auswirkungen wie eine Inflation guter Noten als Resultat unangemessener, eng getakteter Prüfungsvorgaben. Darüber hinaus sieht er sein eigenes Rollenverständnis als Lehrender angesichts veränderter, gar „demütigende[r]" Anforderungen an diese Tätigkeit bedroht:

> „Ich habe es als demütigenden Rückschritt empfunden, dass mit der ‚Bologna'-Reform diese sorgfältige Beratungs- und Prüfungstätigkeit durch eine Flut kurzer, bürokratisch geregelter, überwiegend anonymer Einzelprüfungen abgelöst wurde und dass eine unsinnig feingestufte und inhaltlich nicht explizite Benotung an die Stelle fruchtbarer Gespräche mit Studierenden und Kollegen trat. Ich bin gewiss nicht der einzige Hochschullehrer, dessen Prüfungsmotivation unter dem Eindruck gelitten hat, dass er nun nicht mehr als gesprächserfahrener, kompetenter und um Gerechtigkeit bemühter Prüfer, sondern nur noch als Rädchen im Getriebe gebraucht wird." (Bayer, F&L 01/2013, S. 38).

De-Professionalisierung

Strikte Leistungsvorgaben, die an die Stelle situativ vollzogener, individueller und „sorgfältiger" Betreuung getreten seien, werden als Abwertung der eigenen beruflichen Erfahrung erlebt. Die restriktive Gestaltung der Lehrpraxis wird in dieser Lesart mit einer Entwertung der Professionalität der Lehrenden gleichgesetzt. Dass der Germanist Bayer sich „nur noch als Rädchen im Getriebe" vorkommt, versinnbildlicht geradezu die erwachsenden Gefühle der Ohnmacht angesichts der „Flut" an Vorgaben und Regularien. Die technisch entlehnte Wortwahl bringt das Unbehagen gegenüber der neuen ‚technokratischen' Organisation des Lehr-Lernprozesses plastisch zum Ausdruck.

Mit entsprechenden Metaphern wird in weiteren Beiträgen das Gefahrenpotenzial eines falsch verstandenen Bildungsauftrages aufgezeigt und der klassische Humboldtsche Bildungsbegriff dem falschen Ziel großer abzuarbeitender Studierendenmassen, die schnell und effizient fit für den Arbeitsmarkt gemacht werden sollen, entgegengesetzt. So glichen Universitäten unter dem Primat des Nützlichkeitsprinzips mehr und mehr „pseudo-nutzenmaximierende[n] Lernmaschinen", wie die Politikwissenschaftlerin Barbara Zehnpfennig (F&L 10/2012, S. 797) diagnostiziert, oder verkümmerten zu „Fertigungsstraßen" – so der Wortlaut im Plädoyer „Hochschulen sind keine Fertigungsstraßen!" des Hamburger Universitätspräsidenten und Vizepräsidenten der Hochschulrektorenkonferenz Dieter Lenzen (F&L 05/2012); „Bildung für alle" würde in ein „Billig für alle!" (ebd., S. 356) verkehrt. Der Soziologe Thomas Loer (F&L 04/2012, S. 289) bedient sich mit dem Begriff der „Massenfertigung" einer ähnlichen Metapher:

> „Die Aufgabe der Universität wird in ‚Massenfertigung' gesehen. Unbeantwortet bleibt die Frage, wie ohne Wissenschaft als sachlichen Kern der Universität [...] etwas hervorgebracht würde, das unterrichtet werden könnte."

Immerhin geht Loer, anders als etwa Ludwig-Mayerhofer, der ja in skeptischer Weise bereits von der Universität als einem „neue[n] Organismus" sprach, von keiner Irreversibilität dieses Prozesses aus. Zumindest einige bildungspolitische Akteure gestünden inzwischen eine fehlerhafte Reformumsetzung ein. Beinahe optimistisch und mit erkennbarer Entschlossenheit äußert er sich dann auch zu den notwendigen Konsequenzen:

> „So ist neuerdings in der verantwortlichen Politik die Rede davon, dass die Wissenschaft – so etwa unlängst der baden-württembergische Ministerpräsident – ein eigenes Leitbild brauche, ‚das sich nicht einfach an Unternehmen orientiert, die

bekanntlich in der Marktwirtschaft vornehmlich nach Rentabilitätsgesichtspunkten arbeiten', und Bildungsministerin Schavan konstatierte kürzlich: ,Es ist an der Zeit, eine neue gesellschaftliche Debatte über den Wert und das Wesen von Bildung zu beginnen, und zwar unabhängig von ihrer Verwertbarkeit auf dem Arbeitsmarkt.' Eine späte Einsicht, fürwahr: Der beste Zeitpunkt für diese Debatte wäre vor ,Bologna' gewesen; der zweitbeste Zeitpunkt ist jetzt." (ebd.)

Das Urteil seines Fachkollegen Georg Kamphausen (F&L 2/2013) fällt deutlich pessimistischer aus. Erzürnt über den Dilettantismus der Bildungspolitiker rekurriert seine Kritik auf das in medialen Diskussionsbeiträgen prominent platzierte Argument des Humboldtschen Bildungsideals, das alle bisher angesprochenen Kritiken bündelt. Wissenschaftlichkeit und Zweckfreiheit wichen dem „Grundsatz vom Praxisbezug" (ebd., S. 116), der die Universitäten vom Heimatort der „Bildung um ihrer selbst willen" (ebd., S. 114) zum „verlängerte[n] Arm nützlichkeitsorientierter bürgerlicher Interessen" degradiere. Mit unverkennbarer Polemik ruft er dazu auf, der „lustvoll betriebenen Ruinierung der Geisteswissenschaften und der Universitäten" (ebd., S. 117) durch die Reformprotagonisten die „Leitidee der Institution Universität" entgegen zu setzen. Andernfalls wisse er nicht, wie bzw.

„wer in einer nahezu vollständig ent-akademisierten Universität einen akademischen Ansprüchen genügenden Unterricht erteilen [soll], der über das Niveau von Volkshochschulkursen hinausgeht? [...] Wenn eine Universität mehr leisten soll als Ausbildung (nämlich Bildung) [...], dann möchte man gerne genauer wissen, was sich die neuen Bildungsliebhaber (die in den letzten Jahren das Bildungsideal Humboldts lächerlich gemacht haben) unter ,Bildung durch Wissenschaft' im Zusammenhang der sogenannten Hochschulreform denn vorstellen." (Kamphausen, F&L 2/2013, S. 116/117).

In Kamphausens Perspektive ist eine den akademischen Selbstansprüchen genügende Lehrtätigkeit kaum mehr möglich. Zeugte Morkels zitierte Äußerung noch von der Besorgnis eines drohenden Qualitätsverlusts des universitären Studiums, erklärt Kamphausen 13 Jahre später die Universitäten für bereits „nahezu vollständig ent-akademisiert". Seinen Vergleich mit den Volkshochschulen, deren Ausbildungsanspruch dem jetzigen universitären nur noch unwesentlich nachstünde, nennen wir hier stellvertretend für etliche weitere Schulvergleiche. Sie sind bereitstehendes rhetorisches Stilmittel, das den Niveauverlust der universitären Bildung pointiert: Abgrenzungen, die nicht mehr gelten, werden zu Volkshochschulen, Berufsschulen, Gymnasien vorgenommen. Es sticht aber insbesondere die nach wie vor vehemente Grenzziehung zwischen Universitäten und Fachhochschulen hervor, mit der auf die bildungspolitisch geforderte Integration vermehrt praktisch-berufsvorbereitender Elemente in die universitären Curricula sowie die Umstellung auf die Bachelor- und Master-studiengänge reagiert wird. Gerade letztere sollte schließlich auch zur Durch-lässigkeit zwischen den beiden hochschulischen Ausbildungstypen beitragen.

Der grundsätzliche Charakter der „Bologna"-Kritik auch nach Umsetzung der Reform zeugt von einer weiterhin großen Skepsis, wenn nicht gar professoralen Frontstellung gegen sie. „Bologna" versinnbildliche eine schädigende Öko-nomisierung der Bildung, die mit markigen Worten zurückgewiesen wird. Wie sehr diese Ablehnung zuweilen in Untergangsrhetorik umschlägt, verdeutlichen die exemplarisch angeführten Stimmen. Das aufkommende „Employability"-Paradigma, also die Ausrichtung des Studiums auf die Beschäftigungs- bzw. Arbeitsmarktfähigkeit der Studierenden, und die Humboldtsche Idee der Uni-versität werden in den Beiträgen als konkurrierende Leitideen zum Sinn und Zweck akademischer Bildung stilisiert. Die von Kritikern wie Kamphausen ein-geforderte „Freiheit von den Ansprüchen der Erwerbs- und Produktionsgesell-schaft" (Kamphausen, F&L 2/2013, S. 116) und der bildungspolitische Diskurs der 2000er Jahre, in dessen Zentrum explizit die Bedarfe der Wissensgesellschaft stehen, worauf unter Begriffen wie Responsivität und Responsibilität hingewiesen wird, sind letztlich kaum füreinander anschlussfähig.[5]

Indes darf nicht unerwähnt bleiben, dass sich ProfessorInnen in beiden Zeit-räumen vereinzelt auch positiver zu „Bologna" äußern. Während unter den sich öffentlich äußernden KritikerInnen eine auffällige geistes- und sozialwissen-schaftliche Dominanz besteht, tritt der Ingenieurwissenschaftler Johann-Dietrich Wörner im Jahr 2000, zu diesem Zeitpunkt Präsident der TU Darmstadt und Vorsitzender des Akkreditierungsverbundes für Ingenieurstudiengänge, für die Einführung von eindeutig definier- und messbaren Qualitätsmaßstäben in der akademischen Ausbildung durch Akkreditierungsverfahren ein und spricht sich explizit für die Bachelor- und Masterstudiengänge und die Angleichung an inter-nationale Standards aus. Denn der Diplom-Abschluss sei im Ausland zumeist „erklärungsbedürftig" und erhalte nicht die „niveaumäßige Anerkennung". Das „neue System (ECTS, Modulstruktur)" trage hingegen „zur Transparenz, Erleichterung der Anerkennung und Anpassung an internationale Standards bei":

„Durch Akkreditierung wird bestätigt, daß dem erworbenen Abschluß eine Aus-bildung vorausgegangen ist, die definierte Kriterien und Standards einhält und

---

[5]Zur genaueren Begriffsbestimmung sowie dem hiermit umschriebenen Verhältnis von Wissenschaft zu Wissenschaftspolitik und Gesellschaft siehe etwa David Kaldewey (2015), Marc Torka (2015, S. 22–35) sowie Sabine Maasen und Sascha Dickel (2016).

definierte Fähigkeiten, Fertigkeiten und Kenntnisse vermittelt, der Abschluß also keine ‚Mogelpackung' darstellt." (Wörner, F&L 10/2000, S. 510).

Letztlich sind es jedoch Stimmen wie die des Soziologen Kamphausen, die im öffentlichen Diskurs in kritischer Weise aufgegriffen werden und JournalistInnen wie zentralen politischen Reformprotagonisten gleichermaßen als Ausweis der Veränderungsresistenz des Professorenstandes dienen.

2.2 Große Hoffnung „Bologna": Erster Teil der journalistischen Perspektive zu Beginn der Reformen

Der professorale argumentative Rückgriff auf Humboldt wird im betrachteten Spektrum des journalistischen Diskurses schnell als „Standesdünkel" (Mohr, DER SPIEGEL 46/2000, S. 61) und Ausdruck eines Bewahrungswillens ausgelegt. „Nachlässige Professoren" (Stoldt, DER SPIEGEL 43/1999,S. 76) und „Lordsiegelbewahrer" (Spiewak, DIE ZEIT 14/2001) mit „altmodischen Bildungsidealen" (Mohr, DER SPIEGEL 46/2000, S. 62) gehören ebenso zu den Zuschreibungen wie Sabine Etzolds prominent gewordene ironisierende Charakterisierung des DHV-Präsidenten Schiedermair als „Humboldts letzte[n] Krieger" in DIE ZEIT (14/2000). Die „Bologna"-Reformen stellen sich in der journalistischen Berichterstattung dann auch gänzlich anders dar als in F&L. Während der professorale Protest von den journalistischen BeobachterInnen vor allem als eine unzeitgemäße Kritik dargestellt wird, werden die Reformvorhaben mehrheitlich begrüßt. Eine explizite Befürwortung der Reformen geht mit einer kritischen Perspektive auf ProfessorInnen einher. Diese Eindeutigkeit nimmt im Zeitverlauf zwar etwas ab, überwiegt aber weiterhin.

„Employability"
Den Ausgangspunkt vieler journalistischer Beiträge im betrachteten ersten Zeitraum bildete eine umfassende Defizitdiagnose des Status quo der universitären Lehre. Auf Seite der JournalistInnen überwog eine klare Zustimmung zu den Studienstrukturreformen und der mit ihnen verbundenen Zielsetzung, die Ausgestaltung und Inhalte des Studiums stärker an der „Employability" der AbsolventInnen und den gewandelten Erfordernissen des Arbeitsmarkts auszurichten. Die avisierten Reformen wurden nicht nur befürwortet, sondern für überfällig erklärt.

Die „Sorbonne"- und bald darauffolgende „Bologna"-Erklärung in den Jahren 1998 und 1999 markierten eine Kehrtwende in der deutschen Hochschulpolitik und initiierten die Einleitung eines Reformprozesses, an dessen Ende – so die Hoffnung seiner Befürworter – ein umfassend modernisiertes Universitätsstudium stehen werde. Die klassische Idee der Universität und deren Verteidigung spielten in den journalistischen Beiträgen hingegen keine Rolle. Der mediale Diskurs betont vielmehr den „Beitrag der Universitäten zur gesamtgesellschaftlichen Wirtschaftsleistung" (Liebeskind 2011, S. 11), den diese bislang vernachlässigt hätten. Die Deutung einer als Selbstzweck betriebenen Bildung erfährt damit insgesamt eine Delegitimierung.

Vor dem Hintergrund der im Jahr 2000 gerade verabschiedeten „Lissabon"-Strategie zum europäischen Wirtschaftsraum sieht etwa ZEIT-Autor Kerstan – wir erinnern an das einleitend angeführte Zitat – im Hinblick auf die „Leistungsfähigkeit der deutschen Hochschulen" einen entsprechenden Handlungsbedarf. Ein Hochschulstudium sollte sich aus seiner Sicht stärker an eine Berufsausbildung annähern. Die Zahl der HochschulabsolventInnen müsse „noch steigen", der Weg zum Abschluss „praxisnäher, kürzer und flexibler" (Kerstan, DIE ZEIT 14/2000) werden. Damit schließt Kerstan an die angebotsorientierte Argumentation an, die die Arbeitsmarkt- und Beschäftigungspolitik im Sinne der „Agenda 2010" zu diesem Zeitpunkt bestimmt.[6] Die Universitäten seien dringend gefordert, sich stärker von ihrer Orientierung an der Ausbildung wissenschaftlichen Nachwuchses zu lösen und sich stattdessen „um die Berufschancen ihrer Studenten und damit um die Weitergabe des Wissens in die Gesellschaft" zu kümmern. Demgegenüber, so Kerstan weiter, sei:

> „das deutsche Hochschulsystem [...] noch immer darauf ausgerichtet, Professoren hervorzubringen und nicht Abteilungsleiter. Und dort, wo es für Berufe qualifiziert, trägt es groteske Züge: Die Juristen werden zu Richtern ausgebildet, obwohl 80 % von ihnen später als Anwalt arbeiten werden. Selbst die künftigen Ärzte und Lehrer, deren Beruf sich ganz um den Menschen dreht, studieren oft jahrelang, ohne einen Patienten oder Schüler zu Gesicht zu bekommen." (ebd.)

Kerstan moniert einen zu überwindenden Gegensatz zwischen einer wissenschaftlich ausgerichteten universitären Lehre und einer späteren Berufstätigkeit. Eine Praxisnähe von Studiengängen wird wie selbstverständlich als eindeutiger Vorzug begrüßt. Die als gegeben behauptete Praxisferne und die unzureichenden Bemühungen der Universitäten, ihre Studierenden und AbsolventInnen konkreter

---

[6]Für einen kurzen Überblick zur deutschen Arbeitsmarkt- und Beschäftigungspolitik seit der Wiedervereinigung siehe Michael Feil et al. (2008).

an den Arbeitsmarkt heranzuführen oder auf diesen vorzubereiten, werden entsprechend kritisch gesehen. Folgerichtig wird die Autonomie von ProfessorInnen bei der Gestaltung ihrer täglichen Lehre und Forschung keineswegs als besonders schützenswertes Gut eingestuft, sondern vielmehr als Hindernis bei der Erreichung der Reformziele gedeutet:

> „Viele Hochschullehrer und Politiker haben die Notwendigkeit für eine grundlegende Reform inzwischen erkannt. An den Hochschulen ist Bewegung zu spüren. Aber die Kräfte der Beharrung sind stark. Die grundgesetzlich verbriefte Freiheit der Forschung und Lehre verstehen viele Professoren als Schutzschild gegen jeden Ruf nach Erneuerung. Die Reformer an den Universitäten verdienen alle Unterstützung, damit nicht auch der Appell aus Lissabon ungehört verhallt." (ebd.)

In seinem Beitrag deutet er somit noch eine Problematik anderer Art an, die vor dem Hintergrund der parallel diskutierten Pläne zur Reformierung des Dienstrechts und zur Stärkung des Wettbewerbs Gegenstand weiterer Kontroversen darstellte: die Autonomie der ProfessorInnen in ihrer Amtsführung, hier vom Autor provokant als „Schutzschild gegen jeden Ruf nach Erneuerung" problematisiert. Wir werden auf diesen Punkt später zurückkommen, vorerst aber bei der universitären Lehre verweilen.

Konkreter als bei Kerstan wird das Problem der fehlenden Praxisnähe in anderen Beiträgen anhand von einzelnen Disziplinen wie den Politikwissenschaften, Naturwissenschaften wie Chemie und Biologie oder ingenieurwissenschaftlichen Fächern wie der Elektro- und Informationstechnik – letztere insbesondere vor dem Hintergrund der „New Economy" und des gerade beginnenden Internetzeitalters in den späten 1990er Jahren – dargestellt. Wieder geht es um „praxisferne, wissenschaftsinterne Sachdebatten", das Pflegen von „Großordinarien-Attitüden" und „[B]erieseln [der] Studierende[n] mit Unwesentlichem" (Koch et al., DER SPIEGEL 13/2000, S. 44)[7] anstelle einer überfälligen Ausrichtung der Lehre auf aussichtsreiche und zukunftsweisende Berufsfelder – etwa Politikberatung oder Start-ups in der Biotechnologie oder der IT-Branche. Als Experten kommen neben Wirtschaftsvertretern teilweise auch Professoren zu Wort, die für eine viel engere Verbindung von Wissenschaft und Unternehmertum plädieren. So äußert sich etwa Erich Staudt, Arbeitsökonom und Innovationsforscher an der Universität Bochum, in einem Interview mit Martin Spiewak in

---

[7]Julia Koch, Joachim Mohr, Mathias Müller von Blumencron, Padma Rao, Michael Sauga, Michael Schmidt-Klingenberg, Hilmar Schmundt, Hajo Schumacher.

DIE ZEIT zu der Situation erwerbsloser BiologInnen und ChemikerInnen, die er, was den Titel des Artikels abgibt, als „[ü]berforderte Fachidioten" einstuft:

> „Das Problem ist: Sie haben das Falsche gelernt. Sie sind hoch qualifiziert, aber inkompetent. Denn die Ausbildung an den Hochschulen ist immer noch auf den klassischen Forscher ausgerichtet, der entweder an der Universität bleibt oder in einem Labor der Großindustrie arbeitet. Doch biotechnologische Unternehmen suchen nach der Gründung nicht nur brillante Forscher. Sie brauchen zur Expansion vor allem Leute, die neben ihren Fachkenntnissen in der Produktion zu Hause sind, die in der Lage sind, Kunden für die Produkte zu finden und sie zu beraten. Das überfordert den typischen Fachidioten, den wir in Deutschland ausbilden." (zitiert in: Spiewak, DIE ZEIT 46/1999).

In etwas abgeschwächter Weise stellt der Journalist Wigbert Löer in DIE ZEIT den fehlenden Praxisbezug der Politikwissenschaften dar:

> „Für halbstündige Exposés auf Fachchinesisch fehlt den Politikern die Zeit. Was mancher Professor weiterhin genüsslich ignoriert. Er pocht bei seinen Studenten akribisch auf vermeintlich wissenschaftlichen Stil. Deutungsfreude und zugespitzte Thesen, gar noch mit flotter Feder geschrieben, sind in Haus- und Abschlussarbeiten oft verpönt. Ein Konvolut von Fußnoten und schachtelig-schwerverständliche Sätze sind weniger risikoreich: In solch einem Slang schreibt der Professor oft auch – freilich ohne in der politischen Klasse Gehör zu finden. Die Generalsekretäre der Parteien sind auf deutlich formulierte Meinungen und klar verständliche Urteile von Experten erpicht; Erbsen zählen können sie selber." (Löer, DIE ZEIT 22/2000)

Löer kritisiert nicht in erster Linie die Studieninhalte, sondern eine wissenschaftliche Sozialisation, die zu einer ‚abgehobenen' Darstellung von Ergebnissen führe, welche für ein Publikum außerhalb des universitären Kontextes kaum zugänglich sei. Damit räumt er im Gegenzug den Anforderungen des politischen Systems größeres Gewicht ein als den Spezifika wissenschaftlichen Arbeitens und Argumentierens. Was sich bei Löer andeutet, setzt sich in weiteren Artikeln teils sehr explizit fort: Negativzuschreibungen in Richtung ProfessorInnen, um die Reformbedürftigkeit deutscher Universitäten zu unterstreichen.

Als Kronzeugen des Reformbedarfs werden auch Studierende bzw. AbsolventInnen angeführt. Im eigens initiierten SPIEGEL-Ranking wird dem Urteil der Zielgruppe des Studienangebots große Bedeutung beigemessen: nicht nur hinsichtlich allgemeinerer und struktureller Rahmenbedingungen, sondern auch mit Blick auf das Verhältnis zu den ProfessorInnen und deren Engagement in der persönlichen Betreuung und Lehre. Das Bedürfnis der Studierenden nach intensiver Betreuung, aber auch ihre pragmatische Aneignung des Studiums als möglichst zielführende Etappe auf dem Weg zu besseren Chancen auf dem Arbeitsmarkt werden als Bewertungsmaßstäbe übernommen, diesbezüglich konstatierte Missstände zum Ausgangspunkt der Kritik an den Leistungen der Universitäten und speziell der ProfessorInnen gemacht. Die defizitäre oder gar fehlende Betreuung der Studierenden an den Universitäten rückt dabei kritisch in den Blick, während den Fachhochschulen eine Vorbildrolle zugesprochen wird. Dort gebe es eine adäquate Betreuung der Studierenden, während anonyme Massenveranstaltungen das Bild an den Universitäten prägten. Diese Schieflage wird zwar durchaus auch der Unterfinanzierung der Universitäten und einem entsprechend schlechten zahlenmäßigen Betreuungsverhältnis in vielen Fächern zugerechnet. Doch die Mitverantwortung einer überheblichen, an Lehrqualität und Betreuungsaufgaben desinteressierten Professorenschaft für die konstatierten Missstände spielt in der journalistischen Darstellung eine gleichermaßen wichtige Rolle.

Desinteresse an Lehre

Hohe Studienabbrecherquoten und „überlange Studienzeiten" an deutschen Universitäten, zu diesem Zeitpunkt zentrale Problemfelder, seien daher auch weder allein auf „mangelhafte Rahmenbedingungen" noch auf die „angebliche Faulheit der Studierenden" zurückzuführen, so die SPIEGEL-Autoren Markus Feldenkirchen und Joachim Mohr (DER SPIEGEL 12/2001, S. 62):

> „An manchen Großstadt-Unis im Westen scheinen noch Relikte aus der Zeit der Bildungsexpansion in den siebziger und achtziger Jahren weiter zu wirken. Damals herrschte eine Allianz des Stillschweigens zwischen Studenten, Professoren und Politikern: Die Studierenden verlangten, sich in Ruhe und frei jeglichen Leistungsdrucks bilden zu können, die Professoren hatten keine Lust, sich neben ihrer Forschung um Studienpläne und Regelstudienzeiten zu kümmern, und die Wissenschaftsminister wollten weder mit den Studenten noch mit den Professoren Ärger – mochten die Studienzeiten auch stetig steigen."

Das Verdachtsmoment einer generellen Vernachlässigung der Lehre an den Universitäten wird wiederholte Male aufgegriffen. Im Kontext der Diskussion der Ergebnisse des SPIEGEL-Ranking (DER SPIEGEL 15/1999) gelangen Jürgen Dahlkamp und seine KollegInnen[8] (DER SPIEGEL 15/1999, S. 64) zu einem ähnlichen Urteil:

---

[8]Jürgen Dahlkamp, Florian Gless, Almut Hielscher, Joachim Mohr, Bettina Musall, Irina Repke, Andrea Stuppe und Hans-Jörg Vehlewald.

„Während angelsächsische Universitäten schon immer auf eine intensive Betreuung jedes einzelnen Studenten großen Wert gelegt haben, galt in Deutschland von jeher das Ideal des Einzelkämpfers. Wissen und Methodik mußten im Alleingang erarbeitet werden, sei es in der Vorlesung, sei es im Seminar. Bis in die frühen sechziger Jahre hinein war dieses Modell deswegen so erfolgreich, weil die Zahl der Studenten gering und jeder Hochschullehrer im Bedarfsfall ansprechbar war. In den westdeutschen Massenuniversitäten der achtziger und neunziger Jahre dagegen findet mancher Student womöglich erst im fünften Semester einen ersten Kontakt zu einem Professor. Aus Sicht der Dozenten haben viele ihrer Studenten allerdings an einer Universität gar nichts verloren: Jedem, der eher betreutes Lernen wünsche, stehe der Weg in eine Fachhochschule frei."

Der Vergleich mit den Fachhochschulen spielt insgesamt keine unwichtige Rolle, deren hier angedeutete professorale Geringschätzung von den JournalistInnen keineswegs geteilt wird. Dahlkamp (DER SPIEGEL 15/1999, S. 98) differenziert an anderer Stelle zwischen „FH-Lust" und „Uni-Frust" und lobt das neue Selbstbewusstsein der Fachhochschulen, die „beflügelt vom Wunsch der Wirtschaft nach Absolventen [seien], die im ersten halben Jahr nicht unter Praxisschock leiden – und Geld bringen, anstatt welches zu kosten". Den „Uni-Frust" führt der Autor wiederum explizit auf die allgegenwärtigen habituellen Eigenheiten der UniversitätsprofessorInnen zurück, was er am Beispiel der Erfahrungen eines ehemaligen Universitätsstudenten verdeutlicht, der sein „wahres Studienglück" erst nach Wechsel an eine Fachhochschule fand. Dort stellte dieser „nicht nur" fest, dass ProfessorInnen ihren Studierenden „gerade in die Augen schauten, sondern sogar beim Arbeiten über die Schulter". An der Universität sei hingegen ein anderer Professorentypus anzutreffen, wie der Journalist weiter ausführt:

„Sein Blick ging demonstrativ nach oben. Wie üblich, wenn der Herr Professor an der Universität Freiburg dozierte, versagte er den Studenten der Forstwirtschaft die Gnade seiner Aufmerksamkeit und starrte beim Extemporieren an die Decke, als wollte er sich beim lieben Gott darüber beklagen, daß ihm diese jungen Kretins schon wieder die Muße für die wahren Wonnen der Wissenschaft raubten." (Dahlkamp, DER SPIEGEL 15/1999, S. 98).

Zur Illustration greift auch Spiewak in DIE ZEIT das rückblickende Urteil einer Studentin auf, die aufgrund ihrer universitären Erfahrungen an eine Fachhochschule wechselte:

„400 Studenten drängten sich im Vorlesungssaal und mussten zuhören, ‚wie vorne einer ein Buch vorlas'. Stellte der Professor einmal eine Frage, hieß es: ‚Die Dame

da oben, neben dem Herrn im roten Pullover, was sagen Sie dazu?' Auf einen
Termin beim Professor wartete man wochenlang." (Spiewak, DIE ZEIT 08/2000).[9]

DER SPIEGEL und DIE ZEIT zeichnen in diesem Punkt ein recht überein-
stimmendes Bild: Während den Universitäten ein „Hang zu verzopften
Traditionen und altmodischen Bildungsidealen" zugeschrieben wird, mit dem
sie die aktuelle Entwicklung zur Wissensgesellschaft „verschlafen" (Mohr, DER
SPIEGEL 46/2000, S. 62), also den Anschluss verpassen, verdienten Fachhochschulen, so der Tenor, eine hochschulpolitische Aufwertung, da sie praxisnah
ausbildeten und sich mit neuen Studiengängen an der späteren Beschäftigungsfähigkeit ihrer AbsolventInnen orientierten. Dass sie mit diesem Weg richtig
lägen, wird durch Aussagen von Studierenden bzw. AbsolventInnen dieser
Studiengänge zusätzlich untermauert. So fasst Spiewak (DIE ZEIT 15/1999) das
positive Echo von WirtschaftsjuristInnen wie folgt zusammen:

> „Die ersten Wirtschaftsjuristen aus Lüneburg und Mainz haben alle einen Arbeits-
> platz gefunden. Das Interesse der Studenten am neuen Fach ist gewaltig. Fast über-
> all übertrifft die Zahl der Bewerber die Studienplätze um ein Vielfaches. Nur wer
> einen Notendurchschnitt von unter 2,0 vorweisen kann, hat an den meisten Fach-
> hochschulen eine Chance."

In der Äußerung klingt an, was Spiewak auch in einem späteren Beitrag wieder
aufgreift: dass das Niveau der Studierenden, die an die Fachhochschulen
kommen, hoch ist und die klassische Hierarchisierung zwischen Universitäten
und Fachhochschulen auch dahin gehend nicht länger zutreffend sei.[10] Die „alten

---

[9]Dass aus Studierenden- bzw. Absolventensicht vor allem kleine Hochschulen – „solide
Provinzuniversitäten", wie der Autor Stefan Klein (DER SPIEGEL 15/1999: 87) anmerkt
– und private Hoch- sowie Fachhochschulen als Gewinner der beiden SPIEGEL-Rankings
hervorgehen, wird auch einem Professorentypus zugeschrieben, der für die Studierenden-
zufriedenheit maßgeblich, an den meisten Universitäten allerdings nur selten anzu-
treffenden sei: „Bayreuth (8000 Studenten), Konstanz (7000) und Siegen (11 000) [...]
belegten stets Spitzenplätze. An diesen kleineren Universitäten, so urteilen die Studenten,
stimmen die Bedingungen für ein erfolgreiches Studium; vor allem kümmert sich die
Professorenschaft nicht nur um karrierefördernde Forschungsprojekte, sondern auch um
ihre Studenten." (Dahlkamp et al., DER SPIEGEL 15/1999: 62).

[10]In diesem Zusammenhang wird auch das Promotionsmonopol als fragwürdiges Privileg
der Universitäten thematisiert. So zitiert etwa Dahlkamp den damaligen Rektor der HS
Esslingen, Jürgen van der List, der die Verwehrung der Promotion für Fachhochschul-
Absolventen als „Schikane" und „Verteidigung des Heiligen Gral" seitens der Universitäten
einstuft. Auch aus Sicht der zu diesem Zeitpunkt amtierenden Bundesbildungsministerin

Qualitätsmaßstäbe" hätten sich vielmehr „umgedreht": Während die Studierenden
an den Fachhochschulen mittlerweile häufig „Einser-Abiturienten" seien, bliebe
den „schlechten Abiturienten [...] nur der Weg zur Universität." (Spiewak, DIE
ZEIT 8/2000).

In weiteren Beiträgen wird explizit die professorale Sorgfaltspflicht
kritisch in den Blick genommen. Aus einer Parteinahme für die Interessen der
Studierenden, aber auch aus einer allgemeineren Befürwortung der universitären
Modernisierung heraus wird die professorale Verteidigung der eigenen Autonomie zu einem unzeitgemäßen Privileg erklärt. Da ProfessorInnen im Dienst
einer ‚größeren' Sache wie der „Employability" ihrer Studierenden und der Ver-
kürzung der Studienzeiten agieren sollten, hätten sie sich auch dann anzupassen,
wenn die neuen Anforderungen ihrem Selbstverständnis und Bildungsideal widersprechen:

> „Die Manager-Elite für den globalen Wettbewerb – an den meisten deutschen Hoch-
> schulen wird sie nicht ausgebildet. ‚Insbesondere an den Universitäten ist die Ver-
> bindung zur Arbeitswelt oft zu gering', gibt Klaus Landfried zu. Der Präsident
> der Hochschulrektorenkonferenz kritisiert indirekt den Standesdünkel mancher
> Dozenten: ‚Praxisbezug hat nichts mit Niveauverlust zu tun.' Auch Allianz-
> Personalchef Schneevoigt bemängelt, viele Wissenschaftler hätten zu wenig
> Interesse an der Wirklichkeit in den Betrieben: Vor ein paar Jahren habe er einigen
> angehenden Professoren angeboten, sie könnten zeitlich befristet eine Aufgabe im
> Konzern übernehmen, um so die Arbeit bei einem großen Versicherer kennen zu
> lernen. ‚Keiner hatte sich gemeldet.'" (Mohr, DER SPIEGEL 46/2000, S. 61/62)

ProfessorInnen werden somit keineswegs als Opfer der Verhältnisse, sondern
umgekehrt als fragwürdige NutznießerInnen eingestuft. Noch deutlicher wird dies
in jenen Beiträgen, in denen eine grundsätzlichere Vernachlässigung der Lehre
thematisiert wird. Dies schließt auch eine ‚zu freie' Auslegung der Amtspflichten
ein. Insbesondere der SPIEGEL veröffentlicht in diesem Zeitraum vermehrt Beiträge, die sich skandalträchtigen Einzelfällen von willkürlicher Amtsausübung bis
hin zu Amtsmissbrauch widmen.

Die Beiträge gehen von konkreten Fällen bzw. Vorwürfen der Pflichtver-
letzung bei der Aufgabenerfüllung im Bereich der Lehre aus. Nicht allein der
‚faule' Hochschullehrer steht hier zur Rede, sondern ein Professorentypus, der
seine Autonomie und Machtposition in massiver Weise zu eigenen Gunsten aus-

---

Edelgard Bulmahn seien die bis dato 30 vergebenen Doktortitel an FH-AbsolventInnen
„eine lächerlich geringe Zahl".

nutzt.[11] Die Vorwürfe gehen deutlich über das Bild des ‚DiMiDo'-Professors hinaus, indem eine fehlende Verlässlichkeit der Prüfungsverfahren wie kurzfristige Veränderungen der Termine und Inhalte bis hin zur Fälschung von Protokollen faktisch nicht durchgeführter Prüfungen moniert werden. Angriffslustig spricht die SPIEGEL-Autorin Katharina Stegelmann dann auch vom „Störfaktor Student", den es aus professoraler Sicht auszuschalten gelte, um sich „Forschung, Karibik oder Karriere" zu widmen:

> „Im Wissenschaftsbetrieb hat die Forschung einen höheren Stellenwert als die Lehre. Kein Wunder, daß manche Professoren den Umgang mit den Studenten auf das Notwendigste beschränken. Diverse Forschungsaktivitäten und Nebentätigkeiten schlagen sich aber auch schlecht auf dem Konto nieder. Die im Grundgesetz verbriefte Freiheit der Forschung und das geltende Recht auf Nebentätigkeit eröffnen ungeahnte Möglichkeiten: florierende Büros von Architektur-Hochschullehrern, lukrative Beraterverträge mit Verbänden und Konzernen, hochdotierte Gutachten von Chemie-Professoren. Ob Forschung, Karibik, Karriere – alles braucht seine Zeit. Daher gilt es, den Störfaktor Student weitgehend auszuschalten." (Stegelmann, DER SPIEGEL 24/1999, S. 60).

Stegelmann nennt Beispiele für ‚pflichtvergessene' ProfessorInnen und beschreibt konkrete „Technik[en]", die HochschullehrerInnen nutzten, um möglichst geringe Teilnehmerzahlen in ihren Veranstaltungen zu erreichen:

> „Die beste Voraussetzung, die Beziehung zu den Studierenden einzuschränken, ist ein Ruf, der von großer Strenge und hohen Ansprüchen kündet. Für ein germanistisches Seminar an der Uni Hamburg zum Beispiel lockte nicht gerade die Zugangsvoraussetzung, in der vorlesungsfreien Zeit drei 500-Seiten-Romane zu lesen, sie zusammenzufassen und Referatsvorschläge auszuarbeiten. Der Hinweis ‚Nur mit Voranmeldung' fehlte nicht, die Teilnehmerliste war im Dickicht des Schwarzen Bretts verborgen, die Anmeldefrist denkbar knapp gehalten." (ebd.)

Bei den avisierten Veränderungen geht es daher auch um eine stärkere Kontrolle der professoralen Lehrpflichten. Denn obwohl „die überwiegende Mehrheit der deutschen Professoren brav ihren Lehrverpflichtungen" nachkäme, fänden „unerklärliche Abwesenheiten und listige Abwehrstrategien gegen lästige Studenten [...] sich an vielen Universitäten." (ebd., S. 56).

---

[11]Als Beispiel dient etwa der volkswirtschaftliche Fachbereich der Hamburger Universität, an dem einzelne Hochschullehrer nicht nur zu selten in ihren Seminaren erschienen seien, sondern ebenso bei Examensprüfungen auf jegliche Sorgfaltspflicht gegenüber den KandidatInnen verzichtet haben sollen (Stoldt, DER SPIEGEL 43/1999: 76).

Für den SPIEGEL-Journalisten Hans-Ulrich Stoldt (DER SPIEGEL 43/1999, S. 76) sprechen die geschilderten Probleme für die geplante Dienstrechtsreform:

> „Die Anschuldigungen untermauern die Forderungen nach einer besseren Leistungskontrolle von Professoren und einer Reform des Dienstrechts, die immer stärker die Diskussion um die Modernisierung der deutschen Universitäten beherrschen. ‚Der Professorenstand ist eine der Zünfte, die aus grauer Vorzeit stammen‘, sagt Klaus Landfried, Präsident der Hochschulrektorenkonferenz. Noch immer können die Lehrherren recht feudal herrschen.“

Der „Professorenstand“ wird als Problem gerahmt. Er steht nicht nur für eine gewisse Antiquiertheit, sondern auch für ein quasi feudales Verständnis der Amtsausübung und eigenen Rolle, bei der die Einhaltung von Dienstpflichten hinter Machtansprüchen und Eigeninteressen zurücktreten kann. Insofern entsteht der Eindruck, dass die Berufsgruppe der ProfessorInnen einer stärkeren – externen – Kontrolle bedarf, um die offensichtlichen Tücken der zugestandenen Autonomie in den Griff zu bekommen.

2.3   Schluss mit der Professorenselbstherrlichkeit: Zweiter Teil der journalistischen Perspektive zu Beginn der Reformen

Unter dem an einen Slogan der Studentenbewegung der 1960er Jahre erinnernden Titel „Den Muff aus den Talaren“ schreibt Wolfgang Hoffmann in DIE ZEIT (36/1999):

> „Die Nachricht hört man gern: Bildungsministerin Edelgard Bulmahn will den Professoren ein neues Besoldungsrecht verordnen. Beifall freilich ist erst angebracht, wenn die Hochschullehrer am Ende wirklich nur das bekommen, was sie auch verdienen.“

Weiter heißt es:

> „Solange manche Uni-Lehrer Forschung und Lehre nur als individuelle Freiheit missbrauchen, ohne dass sie Sanktionen zu fürchten hätten, werden die deutschen Hochschulen aus ihrem Tief nicht herauskommen. Das schadet der Volkswirtschaft und bringt den Standort Deutschland ins Hintertreffen. Die Kombination aus Beamtenrecht und Freiheit der Wissenschaft ist eine Art Schlaraffenland, in dem es sich bequem leben lässt.“ (ebd.)

W-Besoldung

In denjenigen Artikeln, die explizit die Dienstrechtsreform, also die Einführung der leistungsbezogenen W-Besoldung sowie der Juniorprofessur, zum Thema haben, setzt sich die kritische Perspektive auf ProfessorInnen fort und verbindet sich mit Negativbildern professoraler Aufgabenerfüllung. Faulheit, eine Missachtung der Dienstpflichten und fehlende wissenschaftliche Leistungen gehören zu den Zuschreibungen, sodass die Einführung einer leistungsbezogenen Besoldung als entsprechender Schritt in die richtige Richtung gewertet wird. Zudem wird eine stärker an der individuellen Leistung orientierte Bezahlung als Förderung von Wettbewerb in der Forschung, der sich in der Einwerbung von Drittmitteln und in Publikationen zeigt, begrüßt. Eine gute Professorin wird nicht nur über die Verlässlichkeit in Lehre und Betreuung des Nachwuchses definiert, sondern ebenso über die individuellen Leistungen in der Forschung und den Beitrag zum Erkenntnisfortschritt innerhalb der jeweiligen Disziplin. Neben die Dichotomie von ‚faul' und 'fleißig' tritt entsprechend die Einteilung in „internationale Koryphäe" und „akademische Tiefflieger":[12]

> „Derzeit gilt an deutschen Universitäten und Fachhochschulen noch die gegenteilige Maxime – dienstlich unauffällig altern und dabei zuverlässig immer mehr verdienen. In 15 Stufen steigt das professorale Salär alle zwei Jahre; dabei spielt es keine Rolle, ob ein Dozent in der Wissenschaft eine internationale Koryphäe ist oder als akademischer Tiefflieger betrachtet wird, ob er 100 Studenten pro Jahr oder keinen einzigen erfolgreich durchs Examen bringt. Mit dem Muff unter den Professoren soll es vorbei sein, geht es nach dem Willen der Bildungsministerin." (Koch/Mohr, DER SPIEGEL 16/2000, S. 34)

Insofern geraten auch solche ProfessorInnen in den skeptischen Blick, die „unauffällig altern" – ProfessorInnen also, die sich nichts zu Schulden kommen lassen, aber auch nicht durch besondere Leistungen auffallen und dahin gehend eher dem klassischen Stereotyp des Beamten entsprechen. Die Verhältnisse an deutschen Universitäten werden auch hier als „Muff" charakterisiert, den es im Zeichen größerer Wettbewerbs- und Leistungsorientierung dringend zu überwinden gelte. Als positiv konnotierter Vergleichsmaßstab dienen die USA, wo sich ProfessorInnen dem jährlichen „Rapport" (Mohr, DER SPIEGEL 36/1999,

---

[12]Dass die gleichzeitige Erfüllung beider Anforderungen – sowohl engagierte Lehre als auch außerordentliche Leistungen in der Forschung – angesichts der Bedingungen von Massenuniversitäten keineswegs leicht zu erbringen ist und in der Praxis in Handlungsdilemmata münden kann, findet hier keine Erwähnung.

S. 114) stellen müssten. Interessant ist in diesem Kontext auch, wie Gegenstimmen bzw. der professorale Widerstand gegen die geplanten Reformen kommentiert werden. Indem der DHV als einziger Gegenspieler genannt und als „Kartell der professoralen Besitzstandswahrer" (Koch/Mohr, DER SPIEGEL 16/2000, S. 34) charakterisiert wird, kann dessen Kritik, dies legt die Formulierung nahe, nur als Ausdruck interessenpolitischer Motive verstanden werden:

> „Mit Abscheu und Empörung hingegen reagierte, wie erwartet, der Deutsche Hochschulverband auf die Revolution an den Hochschulen, die Bulmahn anzetteln will. Das Kartell der professoralen Besitzstandswahrer lehnt so viele Neuerungen kategorisch ab: ‚Das Grundgehalt um 1500 Mark abzusenken ist skandalös', wettert Präsident Hartmut Schiedermair." (ebd.)

Dass die Haltung des DHV als erwartungsgemäß eingestuft wird, heißt hier, sich nicht weiter mit den Argumenten befassen zu müssen. Demgegenüber erhält Bundesbildungsministerin Bulmahn mehr Schützenhilfe, denn es wird von „zahlreiche[n] Experten" gesprochen, die die geplanten Reformen hinsichtlich ihrer Reichweite noch für unzureichend hielten und dafür plädierten, den Beamtenstatus von ProfessorInnen abzuschaffen. Im Sinne einer weiteren ‚Stimme der Vernunft' wird in DIE ZEIT der an Bulmahn adressierte Brief von 460 deutschen im Ausland tätigen WissenschaftlerInnen herangezogen, in dem diese nicht nur die Reformen befürworten, sondern auch den Widerstand der deutschen ProfessorInnen mit einer rein strategischen Interessenverteidigung gleichsetzen. Spiewak folgt weitgehend ihrer Perspektive:

> „Nun aber – auch das ist neu – mischen sich Uni-Flüchtlinge in die Debatte ein. Sie halten den Lordsiegelbewahrern des Weiter-so-aber-mit-mehr-Geld vor: Nicht die Reform, sondern der Status quo schwäche die deutschen Universitäten im Kampf um die besten Köpfe. Das schreiben 460 deutsche Wissenschaftler im Ausland in einem offenen Brief an Ministerin Bulmahn und ermuntern sie, standhaft zu bleiben. Für talentierte ausländische Nachwuchswissenschaftler sei Deutschland ‚allenfalls zweite Wahl', die hiesige Forschungslandschaft zu ‚hierarchisch und unflexibel'." (Spiewak, DIE ZEIT 14/2001)

Und an anderer Stelle heißt es weiter:

> „In ihrem Brief bezeichnen die deutschen Forscher im Ausland, unter ihnen zwei Nobelpreisträger, solchen Widerstand gegen die Hochschulreform als Interessenpolitik einer Gruppe, die ‚um ihre Macht und Privilegien fürchtet'. Dabei sei die akademische Struktur des deutschen Hochschulsystems schon längst nicht mehr

zeitgemäß, weil unangemessen hierarchisch und unflexibel." (Spiewak, DIE ZEIT 14.3.2001)

Mit dem Protest der deutschen WissenschaftlerInnen und dem Brief der „Uni-Flüchtlinge" stehen sich keine zwei ebenbürtigen Meinungen gegenüber, die es abzuwägen gelte. Vielmehr bekommen die im Ausland tätigen WissenschaftlerInnen – noch verstärkt durch den Hinweis auf zwei Nobelpreisträger unter ihnen – die Deutungsmacht zugeschrieben. Sie durchschauen, folgt man Spiewak, nicht nur die niederen Motive des hiesigen professoralen Protestes, sondern stehen auch dafür, durch das deutsche universitäre System quasi zum Weggang gezwungen worden zu sein, um im Ausland auf bessere – „zeitgemäß[e]" – Bedingungen für ihre akademische Karriere und wissenschaftliche Tätigkeit zu treffen. Den deutschen ProfessorInnen bleibt wiederum nicht mehr als der fragwürdige Status von „Lordsiegelbewahrern", die ihre eigenen Privilegien verteidigen, anstatt für die Zukunft der Universitäten und NachwuchswissenschaftlerInnen Verantwortung zu übernehmen.

Juniorprofessuren
Die zu diesem Zeitpunkt geplante Ersetzung der Habilitation durch die Einführung von Juniorprofessuren wird journalistisch ebenso zustimmend begleitet. Die USA bzw. die dortigen Bedingungen an den Universitäten spielen auch hier wieder eine prominente Rolle. Während der wissenschaftliche Nachwuchs an den amerikanischen Universitäten über die angemessene Freiheit verfüge, um „eigene Projekte voranzutreiben, statt Kopier- und Vorlesungsaufträge zu erledigen" (Neubacher, DER SPIEGEL 4/2001, S. 144), verlange der Weg zur Professur in Deutschland hingegen eine „gebückte Haltung" (Stegelmann, DER SPIEGEL 33/2001, S. 50):

„Ausgebeutet wie ein Leibeigener, dient der wissenschaftliche Assistent Jahr um Jahr seinem Professor. Der Nachwuchsforscher ist schon ergraut, wenn sein Chef gnädig die Habilitationsschrift akzeptiert und damit die Aufnahme in die erlauchte Runde der Hochschullehrer gewährt. Die Horrorvision ist noch immer weit verbreitet, aber selbstbewusste Jungakademiker wollen diese Rolle nicht mehr übernehmen. ,Jetzt noch mal sechs Jahre untergeordnet arbeiten? Nein.' Der promovierte Philosoph Sebastian Luft, 31, will ,die Ochsentour der Habilitation' nicht mitmachen." (ebd.)

Der Habitus der ProfessorInnen wird über die Ausnutzung der eigenen Machtposition innerhalb der universitären Hierarchie beschrieben. Hinsichtlich ihrer Beziehung zum wissenschaftlichen Nachwuchs sind insofern nicht Kooperation

oder Unterstützung thematisch, sondern die Aufrechterhaltung einer subalternen
Position und eines persönlichen Abhängigkeitsverhältnisses, innerhalb dessen
sich die „ergraute[n] Nachwuchswissenschaftler" anzupassen haben und dennoch
bis zuletzt kaum sicher sein können, für ihre Mühen anerkannt zu werden. So
argumentiert Etzold mit Blick auf die Juniorprofessuren in DIE ZEIT:

> „Diese an deutschen Hochschulen bislang unbekannte Personalkategorie soll – nach
> dem Vorbild des bewährten amerikanischen assistant professor – dem wissenschaft-
> lichen Nachwuchs mehr Selbstständigkeit für eigene Forschung und Lehre eröffnen.
> So bindet sie ihn zum Beispiel nicht mehr an einen Lehrstuhl und damit an dessen
> Inhaber. Juniorprofessoren können sich an den Hochschulen bewerben und dort
> bewähren. Das erhöht ihre eigenen Karrierechancen und kurbelt den Wettbewerb
> unter den Universitäten an, die sich künftig um den qualifiziertesten Nachwuchs
> raufen werden. Das ist zumindest die Hoffnung." (Etzold, DIE ZEIT 40/2001)

Die Vergrößerung der Autonomie des wissenschaftlichen Nachwuchses im
Rahmen von Juniorprofessuren wird also in doppelter Weise befürwortet: als
Mittel zum Abbau ohnehin überkommener Hierarchien und zur Förderung einer
leistungsorientierten verjüngten Elite für den internationalen Wettbewerb.

Leitungen als Hoffnungsträger

Interessant in diesem Kontext ist schließlich noch, wie im Gegenzug zum reform-
resistenten „Professorenstand" die Hoffnungsträger an deutschen Universitäten
dargestellt werden, die sich für die aktive Durchsetzung von Reformen, die Überwindung professoraler Privilegien und mehr Wettbewerbsorientierung engagieren.
Dafür stehen vor allem einige Universitätsrektoren bzw. -präsidentinnen. Ihnen ist
nicht zuletzt gemeinsam, Neuerungen auch gegen habitualisierte Vorbehalte aufseiten der ProfessorInnen und zulasten der eigenen Beliebtheit durchzusetzen.
Darüber hinaus spielt ihr bisheriger wissenschaftlicher Werdegang eine wichtige
Rolle, indem betont wird, dass es sich um bis dato erfolgreiche Wissenschaftler
handele, die sich nicht aus Mangel an besseren beruflichen Alternativen für die
Belange der Hochschulen einsetzten. Mit Blick auf Wolfgang Herrmann, den
1995 ins Amt gekommenen Präsidenten der TU München, heißt es beispielsweise
in DIE ZEIT:

> „Dabei entspringen Herrmanns Vorwürfe und Forderungen nicht klugen
> Kommissionspapieren, sondern akademischer Praxis. Niemand kann ihm vorwerfen,
> er betreibe Hochschulpolitik, weil er es als Wissenschaftler nicht weit gebracht hat.
> Mit 25 Jahren wurde er promoviert, fünf Jahre später kam die Habilschrift, mit 34
> Jahren war er Professor. Seine Forschungen haben ihm Gastprofessuren in Frank-
> reich, Japan, den USA und den Niederlanden eingebracht – sowie nahezu alle Aus-

zeichnungen, die man als Chemiker in Deutschland erhalten kann, inklusive des
angesehenen Leibniz-Preises der Deutschen Forschungsgemeinschaft. Wer nach
so einer Forscherkarriere ein Universitätsamt übernimmt, muss schon besondere
Gründe haben. Schlechte Erfahrungen zum Beispiel." (Spiewak, DIE ZEIT 29/1999)

In nahezu gleichem Wortlaut beschreibt Spiewak zwei Jahre später den
Präsidenten der Berliner Humboldt Universität, Jürgen Mlynek:

„Dabei entspringen Mlyneks Vorstellungen nicht klugen Kommissionspapieren,
sondern seiner akademischen Praxis. Niemand kann dem Physiker vorwerfen, er
betreibe Hochschulpolitik, weil er es als Wissenschaftler nicht weit gebracht habe.
[...] Er hat viel publiziert, unter anderem in Nature und Science, neun Patente
angemeldet und nahezu alle Auszeichnungen eingestrichen, die man als Physiker
in Deutschland erhalten kann, inklusive des angesehenen Leibniz-Preises. Auf
seinen Stationen als Wissenschaftler in Kalifornien, Zürich und Konstanz sowie
als Vizepräsident der Deutschen Forschungsgemeinschaft hat Mlynek Anregungen
zur Erneuerung der Universität gesammelt. Zehn Jahre soll es dauern, bis das Ziel
erreicht ist." (Spiewak, DIE ZEIT 45/2001)

Beide Leitungspersonen zeichnen sich nicht nur durch nachweislichen wissenschaftlichen Erfolg aus, sondern auch durch Auslandserfahrungen, die ihnen in
besonderer Weise einen Außenblick auf die deutschen Universitätsstrukturen
ermöglichten. Hermann und Mlynek stehen für den neuen Führungstyp, der
sich nicht länger mit der zurückhaltend-repräsentativen Rolle des ‚Grüßonkels'
bei festlichen Anlässen zufrieden gibt, sondern seine Universität im Wettbewerb
stärken will und hierfür auch die ProfessorInnen hinsichtlich ihrer Leistungen
stärker kontrolliert. Insbesondere Herrmann wird als Vertreter dieser „neue[n]
Spezies" betrachtet, die „Gestaltungswillen mit Verkäuferqualitäten und Macht-
instinkt" verbinde und die an den Universitäten zukünftig als „Sieger hervorgehen" (Spiewak, DIE ZEIT 29/1999) werde. Die so betriebene Umsetzung
der Reformen findet ohne Einschränkung die Zustimmung von Spiewak.
Dabei handelt es sich nicht zuletzt um Veränderungen, die die individuelle
wie kollektive Autonomie der ProfessorInnen betreffen: Sie müssen nun ihre
individuellen Leistungen dokumentieren und werden in ihren Mitsprache- und
Entscheidungsrechten eingeschränkt, indem „Wissenschaftsmanager" an die
Stelle von Repräsentationsgremien wie Akademischen Senaten treten, die „viel
geredet", aber keine wirkliche Verantwortung für den Erfolg oder Misserfolg
ihrer Universität übernommen hätten. Als Dekan habe Herrmann erlebt, wie seine

Ideen von den „Gremien kleingehackt" und sogar bewilligte Projekte durch das Verhalten der ProfessorInnen verhindert worden seien. Seine Maßnahmen seien folglich auch eine Reaktion auf frühere negative Erfahrungen:

> „Gern erzählt Herrmann, wie in seiner Zeit als Dekan das geplante Biologicum in Garching scheiterte. Geld für das Projekt lag bereit, das Kultusministerium hatte zugestimmt. Doch das Biologicum wurde nie gebaut. Die beteiligten Professoren diskutierten die Idee zu Tode. ,Am Ende konnten sie sich nicht einigen, wem wie viele Quadratmeter zustehen sollen', erinnert sich Herrmann. ,Die kollektive Verantwortungslosigkeit' nennt Herrmann die Krankheit der deutschen Universität. Statt sich mit der Fakultät oder der Hochschule als Ganzem zu identifizieren, pflegen viele Professoren lieber ihre eigenen Pfründe." (ebd.)

So verdichtet sich der Eindruck eines dringenden, allumfassenden Modernisierungsbedarfs universitärer Strukturen. Die knappe Äußerung des damaligen Präsidenten des Bundesverbandes der Deutschen Industrie, Hans-Olaf Henkel, DER SPIEGEL bringt dies auf den Punkt:

> „Das deutsche System akademischer Selbstverwaltung hat so viele Amateure mit Leitungs- und Managementaufgaben betraut, dass man sich wundert, warum es nicht schon längst zusammengebrochen ist." (zitiert in: Mohr, DER SPIEGEL 46/2000, S. 54).

Deutlich wird bis hierhin also, dass sich im Kontext der Befürwortung von Reformen in den journalistischen Beiträgen eine Tendenz zu einer Kollektivabwertung der Professorenschaft abzeichnet. Die Sortierung der ProfessorInnen in einen noch weit überwiegenden ,alten' und kritikwürdigen Typus, der in einer Beamtenmentalität verharrt und ein nur geringes Verantwortungsbewusstsein für die Lehre und den wissenschaftlichen Nachwuchs, aber auch generell für seine Universität zeigt, und einen favorisierten, aber noch seltenen ,neuen' Typus, der sich aktiv für Reformen einsetzt und sich auf sie einlässt, ist unverkennbar. Die universitären Leistungen in der Lehre, die Funktionen von Bildung überhaupt, werden dabei vor allem über das für den Arbeitsmarkt zu vermittelnde Wissen, die Forschungsleistungen über die zu erlangende „internationale Wettbewerbsfähigkeit" des deutschen Wissenschaftssystems beschrieben. Wie sieht dieses Bild dann zehn Jahre später aus? Halten die journalistischen Stimmen an ihrem Reformeifer fest? Feiern sie Reformerfolge? Oder ist die teilweise regelrechte Reformeuphorie einer Skepsis gewichen?

2.4 Zehn Jahre später: Die journalistische Perspektive zwischen Reformeifer und Reformernüchterung

Schaut man sich die journalistischen Beiträge der Jahre 2012 und 2013 im Vergleich zum Themenspektrum zehn Jahre zuvor an, lässt sich zunächst für drei Themen feststellen, dass sie weitgehend aus dem journalistischen Blick geraten sind.

„Bologna"

Das gilt erst einmal – auf den ersten Blick am überraschendsten – für „Bologna". Hier ergibt sich ein diffuses Bild. Insgesamt zeichnet die journalistische Berichterstattung, vor allem in DIE ZEIT, eine positive Entwicklung der Studienreform und stellt die Verbesserungen der Studienbedingungen seit Beginn des Prozesses in den Mittelpunkt, verweist in diesem Zuge jedoch auch mehrfach auf die als berechtigt erachteten Studierendenproteste des Jahres 2009 anlässlich der Reform-Umsetzungen.[13] Vor allem neue – nicht nur im Kontext der „Bologna"-Reformen stehende – Initiativen zur Lehrverbesserung, Lehr- und Lernkonzepte und ein konstatiertes gewachsenes Bewusstsein für die Relevanz ‚guter' Lehre werden positiv hervorgehoben:

> „Mittlerweile […] rückt die Lehre in immer mehr Fächern und Universitäten in den Vordergrund. […] Der in Ehren ergraute Ordinarius, der seit Jahrzehnten vor gelangweilten Studenten aus derselben abgegriffenen Kladde liest – dieses Bild uninspirierter, die Bedürfnisse der Studenten missachtender Lehre sollte endgültig der Vergangenheit angehören, darin ist man sich an den Hochschulen inzwischen einig." (Etscheit, DIE ZEIT 44/2012).

„Die neue Botschaft", so ZEIT-Autor Georg Etscheit, laute nun also: „Wer Arbeit in die Lehre steckt, wird belohnt" (ebd.). Die verstärkten Bemühungen der Universitäten um die Berücksichtigung studentischer Bedürfnisse und eine zu konstatierende ‚Professionalisierung' der Hochschullehre ganz im Sinne der „Bologna"-Reformen finden großen Zuspruch. Dahin gehend scheinen viele der zuvor eingeforderten Veränderungen aus Perspektive der JournalistInnen also – endlich – eingetreten zu sein. Zugleich aber weicht die bis dahin vehemente Forderung nach Praxisbezug und Überwindung vermeintlich überholter Bildungs-

---

[13]Siehe hierzu u. a. Jan-Martin Wiardas „Streikbilanz" (DIE ZEIT 53/2009).

ideale einer differenzierteren Perspektive, die auch die Kehrseiten und Grenzen der Reformbestrebungen thematisiert. Dies ist in den beiden betrachteten Jahrgängen nicht so präsent wie im Jubiläumsjahr des „Bologna"-Prozesses 2009 und seinem Folgejahr, scheint sich als journalistische Einschätzung aber weitgehend zu stabilisieren. Zehn Jahre nach Beginn des „Bologna"-Prozesses verbinden sich weiterhin geäußerte Reformforderungen mit vorher nicht gehörter Reformkritik in den journalistischen Beiträgen. Mit Blick auf die Situation an Schulen und Universitäten wird etwa die Kluft zwischen der propagierten „Bildungsrepublik" und der Realität betont, und strukturelle Probleme wie Föderalismus sowie Unterfinanzierung – die Tatsache, „dass die Bundesrepublik vergleichsweise wenig Geld in Schulen und Hochschulen" investiere (o. A., DER SPIEGEL 35/2010, S. 18) – werden kritisiert. Der Beitrag des SPIEGEL-Autors Thomas Darnstädt im Jahr 2010 über den „Bologna"-Prozess und dessen Umsetzung weist sogar eine deutliche Nähe zu den reformkritischen professoralen Stimmen in F&L auf:

> „Ohne dass das Ziel des Reformplans auch nur erkennbar war, beschloss die Kultusministerkonferenz in vorauseilendem Gehorsam, was die Bologna-Erklärung von 1999 so strikt gar nicht vorgesehen hatte: die Verpflichtung der Länder, ‚flächendeckend' bis 2010 den europäischen Standard bis zum letzten Credit Point an ihren Universitäten umzusetzen." (Darnstädt, DER SPIEGEL 28/2010, S. 40)

Und weiter heißt es dort:

> „Sechs Semester Schmalspur-Wissenschaft sollen nach dem Willen der bundesdeutschen Kultusminister den Geist der humboldtschen Universität ersetzen, um den Deutschland weltweit beneidet wurde. Kein Geist, nirgendwo: Generationen verunsicherter Nichts-richtig-Könner stehen der ‚Bildungsrepublik Deutschland' (Angela Merkel) ins Haus. […] Nicht mehr Humboldt, Siemens setzt die Maßstäbe, das Bildungssystem ist in die Pflicht genommen, den Ausstoß von Ingenieuren zu vergrößern: eine Aufgabe, die früher überwiegend abseits der klassischen Universitäten von den Fachhochschulen erledigt wurde." (ebd., S. 40–42)

Diese dezidierte Kritik an „Bologna" und der positive Rekurs auf Humboldt sind zwar nicht repräsentativ; dennoch zeigt sich insgesamt ein stärkeres Problembewusstsein. Es wird anerkannt, dass Ökonomisierung und Wettbewerb auch negative Folgen bzw. Schwierigkeiten zeitigen, die von den HochschullehrerInnen in ihrem beruflichen Alltag bewältigt werden müssen.

So wird dann auch die noch immer oftmals bemängelte Lehrqualität aufgrund von Unterfinanzierung und Wettbewerbsdruck in der Forschung als nachvollzieh-

bar bewertet, statt sie lediglich zu kritisieren; und statt eines ‚Professorenbashing'
werden positive Entwicklungen in den Vordergrund gerückt, die durch Initiativen
– z. B. das „Bündnis für Hochschullehre" – vorangetrieben würden. Dies bedeutet
allerdings nicht, dass das Argumentationsmuster der ‚Ewiggestrigen' über die
Zeit fallengelassen wurde. So wettert etwa Jan-Martin Wiarda angesichts der
hohen Studienabbrecherquoten in den Ingenieurwissenschaften in DIE ZEIT
(22/2012):

> „Da glauben dann Professoren, es sei ein Ausweis ihrer Qualität, wenn 70 % der
> Studenten in ihren Klausuren durchfallen; andere erachten ‚Rausprüfen' als
> legitimes Mittel, um die ihres Erachtens viel zu hohen Anfängerzahlen auf ein
> erträgliches Maß zu stutzen. Gemeinsam ist beiden Gruppen die Auffassung, dass
> die Ingenieurwissenschaften nur etwas für eine absolute Elite seien, ganz sicher aber
> nicht für die ‚Massen'. Wenn die am Studium scheitern, waren sie eben nicht schlau
> genug. Selber schuld."

Wiarda kritisiert die Gleichgültigkeit, mit der Universitäten und insbesondere
die Lehrenden ihrer Verantwortung gegenüber ihren Studierenden begegneten.
Für Wiarda sind die Verantwortlichen für die hohen Abbrecherzahlen bzw. vielen
„Abgeschreckt[en]" klar ausgemacht, nämlich die ProfessorInnen:

> „Wie kann es sein, dass fast jeder zweite Ingenieurstudent an Deutschlands Uni-
> versitäten sein Studium abbricht, und alles, was die verantwortlichen Professoren
> dazu zu sagen haben, erschöpft sich in müden Ausreden? […] Als wäre es nicht
> bereits ein Drama, dass die Universitäten im Durchschnitt ein Drittel ihrer Bachelor-
> studenten vergraulen, ist es bei ihnen die Hälfte. Und sogar mehr […] Eine Schande
> – und eine gesellschaftliche Riesendummheit noch dazu. Landauf, landab warnt
> die Wirtschaft vor einem angeblichen Ingenieurmangel, Zehntausende Stellen
> blieben jedes Jahr unbesetzt, heißt es. Mit allen möglichen Förderprogrammen
> und manchmal fragwürdigen Kampagnen versucht die Politik, mehr Schüler schon
> frühzeitig für die MINT-Fächer (Mathematik, Informatik, Naturwissenschaften
> und Technik) zu begeistern – doch die, die dann freiwillig kommen, werden von
> den Universitäten behandelt wie unnötiger Ballast, der nur beim Aufstieg zu
> intellektuellen Höhenflügen hindert." (ebd.)

Aber Wiardas Polemik kann genauso wenig wie Darnstädts Rekurs auf Humboldt
als repräsentativ bezeichnet werden. Die spätere journalistische Perspektive ist
insofern eine differenziertere und weniger tendenziöse, in deren Spektrum Kritik
des Reformwiderstands und Parteinahme für die KritikerInnen der Reformen –
auf letztere kommen wir später erneut zu sprechen – gleichermaßen vertreten
sind.

Juniorprofessur und W-Besoldung

Die beiden anderen nunmehr eher randständigen Themen sind die Juniorprofessur und die W-Besoldung. Die Juniorprofessur scheint für die JournalistInnen an Bedeutung verloren zu haben und wird kaum thematisiert – vielleicht, weil sie die erhoffte durchschlagende Wirkung nicht gehabt hat. Die Zahl existierender Juniorprofessuren ist gering geblieben, die Habilitation ist weiterhin der vorherrschende Weg, um sich danach auf Professuren bewerben zu können – sogar einige Juniorprofessuren haben sich habilitiert. Damit ist die Macht der ProfessorInnen über den wissenschaftlichen Nachwuchs, die eingedämmt werden sollte, nicht wirksam beschnitten worden. Die W-Besoldung wurde hingegen aufgrund des Urteils des Bundesverfassungsgerichts zur Verfassungsmäßigkeit der W2-Besoldung im Jahr 2012 noch mehrfach aufgegriffen. Sie verlor danach zwar ebenfalls an Aufmerksamkeit. Beim Thema der leistungsbezogenen Besoldung zeigt sich aber, dass die Perspektive auf ProfessorInnen und ihre Leistungen nicht von schlichten negativen Zuschreibungen bestimmt wird. Dies wird bereits bei dem journalistischen Blick auf das ‚alte' Besoldungssystem deutlich:

> „Die Professoren waren die Ersten, an denen vor zehn Jahren ein Systemwechsel erprobt wurde. Mit der Einführung der ‚W-Besoldung' fiel die Regel, dass ein Professor schon am Tag seiner Verbeamtung in einer Tabelle nachlesen konnte, wie sein ohnehin auskömmliches Gehalt bis zur Pension steigen würde. Ein Teil des Monatsverdienstes ist nun Verhandlungssache. Wer viel publiziert, Forscherpreise einheimst oder viele Doktoranden betreut, kann mehr Geld erzielen. Die anderen, die ‚zu müden' 15 %, so die damalige Bundesforschungsministerin Edelgard Bulmahn, sollten munter gemacht werden." (Bartsch/Friedmann, DER SPIEGEL 7/2012, S. 46)

Wenngleich das frühere Besoldungssystem über ein per se „auskömmliches Gehalt" und eine genaue Einschätzbarkeit charakterisiert wird, fehlt eine Gleichsetzung dieser privilegierten Situation mit Attributen wie Faulheit oder Bequemlichkeit. Zudem machen die SPIEGEL-Autoren Matthias Bartsch und Jan Friedmann deutlich, dass die ProfessorInnen die erste Beamtengruppe waren, die den Systemwechsel bei ihrer Besoldung in Kauf zu nehmen hatten. Die Klage des Marburger Chemie-Professors vor dem Bundesverfassungsgericht, von der der Artikel ausgeht, wird nicht kritisiert oder hinsichtlich ihrer Legitimität angezweifelt. Vielmehr lassen die Autoren kritische Stimmen in Bezug auf die W-Besoldung zu Wort kommen und greifen problematische Punkte auf – die Differenzen in der Höhe der Grundgehälter zwischen den Bundesländern beispielsweise, die mit der Föderalismusreform (2006) entstanden seien, aber auch

die geringeren Chancen von ProfessorInnen bestimmter Disziplinen, ihr Grund-
gehalt durch Zulagen oder lukrative Nebenverdienste zu erhöhen:

> „Den Spielraum für Zulagen bei einzelnen akademischen Stars haben sich die
> Länder erkauft, indem sie das Grundgehalt aller Professoren um rund 25 %
> absenkten. [...] Unter der Kürzung leiden vor allem Geistes- und Sozialwissen-
> schaftler, die nur schwer mit eingeworbenen Spenden glänzen oder sich durch
> Nebenjobs den Verdienst aufpäppeln können." (ebd.)

Ohne dass sich die Autoren dezidiert gegen die leistungsbezogene Besoldung
aussprechen, ist der Artikel anschlussfähig an die Perspektive der KritikerInnen
der Besoldungsreform; zumal abschließend auch der Geschäftsführer des DHV,
Michael Hartmer, mit dem Argument der ohnehin starken Selektivität des
Berufungsweges zu Wort kommt, die sich weiterhin im Festgehalt widerspiegeln
müsse – „und nicht erst in den Zulagen" (ebd.).[14]
    In einem vom selben Anlass ausgehenden Beitrag greift auch ZEIT-Autor
Wiarda disziplinäre Unterschiede in der Besoldung auf. Ohne das Modell des
Leistungsanreizes per se abzulehnen, erkennt Wiarda – wie auch Bartsch und
Friedmann – in der leistungsabhängigen Besoldung eine disziplinenspezifische
Passung und damit eine nur scheinbare Fairness der Leistungsbelohnung. Denn
während das Gehalt der ProfessorInnen früher „automatisch mit dem Alter"
wuchs, gelte zwar seit der W-Besoldung „theoretisch" das „Leistungsprinzip":

> „Praktisch fehlen jedoch klare und damit einklagbare Kriterien für die Beurteilung
> und Belohnung von Leistung. Folge: Am Ende entscheidet über die Gehaltshöhe
> weniger das individuelle Können in der Forschung (geschweige denn der Einsatz in
> der Lehre), sondern vor allem der Marktwert des jeweiligen Fachs. So liegen zum
> Beispiel die Durchschnittsgehälter von Geistes- und Naturwissenschaftlern aufs
> Jahr gerechnet um Zehntausende Euro auseinander. Damit wird das Versprechen des
> Staates, akademische Leistung (und nur um die geht es) fair zu entlohnen, zur Wort-
> hülse. Zu Recht fordern nun die Verfassungsrichter ‚klar definierte, vorhersehbare
> und erfüllbare Voraussetzungen'. Alle sollen dieselbe Chance auf Leistungszulage
> haben. Erst dann wäre, wer keine Zulage bekommt, selber schuld. Und man könnte
> in jedem Fall von einer ‚angemessenen Alimentation' sprechen." (Wiarda, DIE
> ZEIT 08/2012)

---

[14]Bestätigt konnten sich Kritiker der neuen Besoldung zudem durch eine kurze Meldung im
Folgeheft (o. A., DER SPIEGEL 8/2012: 19) sehen. Dort wird mit Blick auf eine aktuelle
Studie erwähnt, dass deutsche ProfessorInnen „auch im internationalen Vergleich ein eher
mäßiges Gehalt" beziehen („knapp vor Nigeria").

Thematisch fügt sich dies also in eine Kritik der Benachteiligung geistes- und sozialwissenschaftlicher Disziplinen bei gleichzeitiger Befürwortung der Leistungsanreize ein. Die Besoldungsreform stellt im zweiten betrachteten Zeitraum allerdings einen randständigen, hier nicht weiter auszuführenden Gegenstand dar.

Forschung, Unterfinanzierung, Professorenautonomie
Im Vordergrund der journalistischen Perspektive der beiden hier betrachteten Jahre stehen vielmehr drei eng miteinander verflochtene Themen, wovon zwei – die Forschungsleistungen sowie die Unterfinanzierung der Universitäten – zehn Jahre vorher wenig angesprochen wurden, während das dritte die weiterhin stark diskutierte Professorenautonomie ist. Die Unterfinanzierung wird nunmehr als Problem angesehen, und für die beiden anderen Themen gilt, dass sie – anders als der generelle Tenor vor zehn Jahren war – vielschichtiger dargestellt und bewertet werden.

Mit Blick auf die Forschungsleistungen wird die Semantik eines leistungssteigernden Wettbewerbs vor allem unter Verweis auf die „Exzellenzinitiative" gepflegt. Sie wird als begrüßenswerter Impuls bewertet, während die weiterhin vorherrschenden Vorstellungen der Gleichheit aller Universitäten das deutsche Wissenschaftssystem erlahmen ließen:

„Mit dem Begriff ‚Elite' tut man sich in Deutschland schwer. Deshalb wurde die ‚Exzellenzinitiative', mit der Bund und Länder herausragende Forschungsprojekte, Doktorandenprogramme und Zukunftskonzepte von Universitäten mit insgesamt 4,6 Mrd. € fördern, schon immer etwas argwöhnisch beäugt. [...] [Hier] offenbart sich ein unschöner Geist: der Geist der Gleichmacherei. [...] Forschung aber hat mit Leistung zu tun, mit Wettbewerb – und auch mit Bestenauslese." (Etzold, DIE ZEIT 31/2013)

Der eingeforderte Abschied von der „Gleichmacherei" mit der sprichwörtlichen ‚Gießkanne' als Förderprinzip will stattdessen einzelne Einrichtungen zu ‚Leuchttürmen' machen, die die deutsche Wissenschaft international konkurrenzfähig werden lassen.

Hinsichtlich der Hochschulfinanzierung werden zunächst positive Entwicklungen gewürdigt, die angesichts der Investitionen der Hochschulpolitik in die universitäre Forschung, aber auch Lehre bereits verzeichnet werden konnten. „[V]iel ist erreicht worden in den vergangenen zehn Jahren", wie Marion Schmidt und Spiewak in DIE ZEIT (25/2013) schreiben:

„Besonders in der Forschung standen deutsche Universitäten noch nie so gut da wie heute. Die ‚Exzellenzinitiative' sowie diverse Förderpakete von Bund und Ländern zu Forschung, Lehre und Studienplätzen haben viel Geld ins System gespült, die öffentlichen Ausgaben für die Hochschulen sind zwischen 2000 und 2012 von rund 17 auf knapp 25 Mrd. Euro gestiegen. Viele Hochschulen haben das Geld und die ihnen vielerorts gewährte Autonomie über Haushalt und Personal genutzt, um ihre Forschungsstrukturen auszubauen, Graduiertenschulen für die Ausbildung des Nachwuchses einzurichten und Kooperationen mit außeruniversitären Forschungszentren zu verstärken. Deutschland ist international wettbewerbsfähiger geworden. Nun reisen selbst Leiter amerikanischer Universitäten an, um sich die Doktorandenausbildung hierzulande anzuschauen. Zudem gelingt es immer häufiger, exzellente Wissenschaftler aus dem Ausland anzuwerben oder deutsche Wissenschaftler zurückzuholen."

ZEIT-Journalist Andreas Sentker spricht gar von einer „historischen Ausnahmesituation" (42/2013), in der die Wissenschaft in Deutschland sich nun befände:

„Hochschulpakt, ‚Exzellenzinitiative', Pakt für Forschung und Innovation – nie zuvor haben wir so viel Geld in Forschung gesteckt. Deutsche Institute sind beim Rennen um die besten Köpfe konkurrenzfähig."

Als Kehrseite dessen wird aber nun auch die Unterfinanzierung des deutschen Hochschulsystems angesprochen, die nicht nur zu schlechten Betreuungsrelationen in der Lehre führe, womit der Erfolg von „Bologna" gefährdet werde, sondern auch einem Exzellenzstreben in der Forschung Fesseln anlege und generell zu einer zunehmende Ökonomisierung der Universitäten führe. Aus Anlass einer Millionenspende der Schweizer Bank UBS – 100 Mio. Schweizer Franken – an die Universität Zürich im Jahr 2012 wird etwa von Mathias Daum (DIE ZEIT 49/2013) unter dem Titel „Die gekaufte Uni" vor einer sich verstärkenden Drittmittelabhängigkeit von wirtschaftlichen Interessen gewarnt – eine Gefahr, die bei den im Vergleich zu Zürich ungleich schlechter grundfinanzierten deutschen Universitäten entsprechend viel höher sei. Der Einfluss politischer Forschungslenkung durch Förderprogramme wie auch die „Exzellenzinitiative" wird dabei als potenziell nicht weniger problematisch angesehen. So wird die Autonomie der Hochschulen und ihrer ProfessorInnen wiederholt zum Thema gemacht – mit Bezug auf letztere nun aber nicht als problematisch verselbstständigte, sondern gefährdete Autonomie.

Insbesondere in DIE ZEIT häufen sich kritische Beiträge zur „gekaufte[n] Wissenschaft" (Kohlenberg/Musharbash, DIE ZEIT 32/2013), in denen auch das bis dahin wenig gewürdigte, sondern als Professorenideologie abgetane Forschungsethos in den Blick rückt. Die Befürchtung der Ablösung wissenschaftlicher Neugierde und intrinsischer Motivation durch ökonomische Interessen und einen sich unter ProfessorInnen etablierenden „Unternehmergeist" wird gegen eine zu starke Ausrichtung auf Drittmittel und Industriekooperationen angeführt. Die ZEIT-AutorInnen Kerstin Kohlenberg und Yassin Musharbash konstatieren eine mittlerweile „eigenartige Gewöhnung an die Ökonomisierung in der Forschung" (DIE ZEIT 32/2013):

„Wissenschaft muss profitorientiert sein. Dieser Satz wäre wohl noch vor wenigen Jahren von einem Großteil der deutschen Wissenschaftler vehement zurück-gewiesen worden. Inzwischen aber gibt es offenbar eine eigenartige Gewöhnung an die Ökonomisierung der Forschung. In einer Zeit, in der immer mehr Schulen, Krankenhäuser und Theater privatwirtschaftlich geführt werden, scheint es, als ob die Hochschulen zunehmend akzeptieren, dass Wissenschaft nicht in erster Linie Erkenntnis bringen muss, sondern Geld."

Eine solche Sichtweise der Universitäten wird als höchst problematisch ein-gestuft. Industriegelder erzeugten Abhängigkeiten, die nicht zuletzt in einer Beliebigkeit der Forschungsergebnisse resultierten, denn „Auftraggeber über-leg[t]en sich, welche Aussagen sie im öffentlichen Diskurs stärken wollen, und […] such[t]en […] sich [dann] das passende Institut aus" (ebd.).

Während also das wissenschaftliche Ethos sukzessive erodiere, habe ein neuer Professorentypus die finanzielle Attraktivität der Auftragsforschung für sich ent-deckt, die er durchaus zu nutzen wissen:

„Es ist etwas Erstaunliches passiert, seit die Wirtschaft in die Universitäten gelangt ist: Auf den Fluren der Hochschulen begegnet man neuerdings nicht nur Managern und Unternehmern – sondern auch anderen Professoren als früher. Ein neuer Prototyp von Wissenschaftler ist entstanden, einer, der sich nicht so sehr als unabhängiger Forscher sieht, sondern eher als pragmatischer Dienstleister seines Auftraggebers." (ebd.)

Dass dieser „neue Prototyp" dem Ansehen der „gesamte[n] Wissenschaft" schade, sehen die AutorInnen durch eine abnehmende Glaubwürdigkeit wissen-schaftlicher Forschungsleistungen bestätigt. An die Stelle gesellschaftlicher Anerkennung für die erbrachten Leistungen trete ein zunehmendes Misstrauen: „Denn fragwürdige Studien und Forscher, die sich an den Bedürfnissen des Marktes ausrichten, haben die Macht, den ganzen Wissenschaftsbetrieb in Miss-kredit zu bringen." (ebd.)[15]

---

[15]Dass das „öffentliche Bild von der unabhängigen Wissenschaft" bereits „Kratzer bekommen" habe, sehen die AutorInnen auch durch eine Meinungsumfrage der Europäischen Kommission zur Glaubwürdigkeit wissenschaftlicher Ergebnisse bestätigt. Das Fazit der Studie wird so zusammengefasst: „Die Europäer gehen mit großer Ent-schiedenheit davon aus, dass man nicht darauf vertrauen kann, dass Wissenschaftler bei kontroversen wissenschaftlichen und technischen Problemen die Wahrheit sagen, weil sie zunehmend von den Fördermitteln der Industrie abhängig sind." (ebd.)

Zwar wird Wettbewerb keineswegs abgelehnt. Doch werden vermehrt die negativen Konsequenzen eines überzogenen Wettbewerbsstrebens sowie eines durch Ökonomisierung ausgelösten Wettbewerbsdrucks thematisiert – und zwar als Gefährdungen unabhängiger und nur so vertrauenswürdiger Forschung. Die Professorenautonomie bleibt in der journalistischen Perspektive dennoch ein ‚zweischneidiges Privileg‘. Generell gilt, und das ist der wichtigste Wandel der journalistischen Sicht der Dinge, dass die zehn Jahre früher geäußerte Kritik an einer selbstherrlich genutzten Professorenautonomie so pauschal nicht aufrechterhalten wird. In DER SPIEGEL wie auch in DIE ZEIT finden sich vielmehr nun differenziertere Beiträge bzw. sowohl Beiträge, die wie zwölf Jahre zuvor problematische Seiten von Autonomie hervorkehren, als auch solche, in denen Autonomiegefährdungen angesprochen werden. Tendenziell werden bezüglich der Forschung, wie gerade angesprochen, die Autonomiegefährdungen betont, bezüglich der Lehre hingegen weiterhin die Probleme zu weitgehender Autonomie, wenn es etwa um die Betreuung von Studierenden geht. In diesem Zusammenhang wird auch die Doktorandenbetreuung problematisiert – in den Jahren 2012 und 2013 insbesondere anlässlich der Diskussion von Plagiatsfällen prominenter PolitikerInnen. Allen voran wurden die Causae Karl Theodor zu Guttenberg und Annette Schavan herangezogen, um zu zeigen, so die journalistische Bewertung, dass Autonomiemissbrauch sich auch in mangelnder Sorgfalt bei der Begutachtung von Prüfungsleistungen zeige. Weiterhin wird beim Umgang mit aufgedeckten Plagiaten hinterfragt, ob die immer wieder beteuerten „Selbstreinigungskräfte der Wissenschaft" (Spiewak, DIE ZEIT 07/2013) ausreichten oder ihr externe Kontrollen auferlegt werden müssten. Von der Doktorandenbetreuung und -bewertung wird teilweise ein Generalverdacht auf Prüfungsaktivitäten und Lehrengagement hergeleitet. So fragt Spiewak in DIE ZEIT provokant, „warum man […] mit Hingabe Ideale, die weit in die Vergangenheit zurückreichen, am liebsten bis zu Wilhelm von Humboldt [beschwört]" (ebd.), statt das eigene Arbeiten auf den Prüfstand zu stellen. Die fast ausnahmslos „exzellenten und beinahe exzellenten Arbeiten" lösten Zweifel an der professoralen Sorgfaltspflicht aus, die „Selbstreinigungskräfte" der autonomen Wissenschaft seien offenbar unzureichend und diese „gefangen in der internen Logik" (ebd.):

> „In den vergangenen Wochen der Debatte um Doktortitel und Plagiate schwenkten Professoren und Standesvertreter wieder einmal besonders eifrig das große Weihrauchfass; sie beschworen die ‚Standards‘ und die ‚Selbstreinigungskräfte der Wissenschaft‘, sangen das Hohelied von der ‚Autonomie‘ und von der ‚Freiheit der Forschung‘. Im Umgang mit den Plagiatsvorwürfen entpuppte sich dies als Vernebelungsstrategie. Denn von welchen wissenschaftlichen Standards war da die

Rede? Für die Bewertung von Plagiaten fehlen der Wissenschaft ja offenbar, wie sich zeigte, die eindeutigen Maßstäbe. […] Und was die ‚Selbstreinigungskräfte der Wissenschaft' angeht, bleibt festzuhalten: Sämtliche Plagiatsfälle der vergangenen Jahre wurden von Hobbyrechercheuren im Internet aufgedeckt." (ebd.)

In der Folge werden die professoralen Klagen über die ihnen auferlegten Rechenschaftspflichten in Forschung und Lehre – die behauptete „grassierende ‚Evaluitis', permanente Begutachtung und Befragung" (ebd.) – daher auch als unangebracht und übertrieben eingestuft: „Viel wäre gewonnen, […], wenn die Hochschulen ihre Hausaufgaben machten und sich ein professionelles Controlling zulegen würden" (ebd.), so Spiewak.

Trotz solcher Beiträge, die das bereits zehn Jahre früher geläufige Muster reaktivieren, fallen nun auch Stellungnahmen in DIE ZEIT und DER SPIEGEL auf, in denen die bereits realisierten und noch zu realisierenden Reformvorhaben zwar zu notwendigen und richtigen Schritten erklärt werden, dabei allerdings auf die frühere Professorenschelte verzichtet wird. Stattdessen werden HochschullehrerInnen als Personen dargestellt, die mit einer hohen beruflichen Belastung umgehen müssen und dabei neuen Instrumenten der Bewertung und Steuerung ausgesetzt sind, die sie auch kritisieren dürfen. In dieser nun zur Kenntnis genommenen Kritik rücken dann auch Akteure aus Politik und Wirtschaft in den Blick, deren Einflussnahme auf die Universitäten nicht durchgehend als hilfreich und legitim eingestuft wird.

So wird etwa der professorale Protest gegen Rankings – Hintergrund ist hier der Protest einiger Fachverbände gegen das CHE-Hochschulranking – nicht einfach als schlichte Abwehr jeglicher externer Bewertung dargestellt. Zum einen macht der SPIEGEL-Autor Friedmann deutlich, dass sich der Protest nicht auf einzelne Universitäten oder spezielle Disziplinen beschränke. Die professorale Kritik wird deshalb ernster genommen, weil sie sich ebenso in „nüchterne[n] Fächer[n]" (DER SPIEGEL 49/2012, S. 50) findet, also auch in den Naturwissenschaften, die – dies ist der implizite Bedeutungsgehalt – nicht im Verdacht stehen, besonders rückwärtsgewandt zu sein. Zum anderen wird deutlich, dass die gegen das Ranking vorgebrachten Argumentationen differenziert sind und keineswegs pauschal für eine mangelnde Leistungsbereitschaft sprechen. Denn neben methodischen Vorbehalten kommt auch der professorale Kritikpunkt zur Sprache, durch die Einbindung in neue Formen der Steuerung und Konkurrenz von einer Form der Aufgabenerfüllung abgehalten zu werden, die wissenschaftlichen Kriterien und den Erwartungen an das Amt des Hochschullehrers entspricht:

„Er [ein Chemieprofessor, der sich in einem Fachorgan kritisch zum Ranking geäußert hatte] fühlt sich wie ein Gemüsebauer, dem keine Zeit gelassen wird, sein Feld ordentlich zu bestellen: Die Früchte werden so häufig kontrolliert, klassifiziert, kategorisiert, dass sie nicht zur Reife gelangen können. Die zahlreichen Evaluationen und Rankings, beklagt der Professor, ließen ihm nicht mehr die nötige Ruhe." (ebd.)

Und gegen Ende des Artikels heißt es allgemeiner:

„Der Verdruss der Professoren rührt nicht allein von Rankings. Viele Wissenschaftler fühlen sich im Klammergriff kleingeistiger Administratoren. Sie haben den Eindruck, dass sie vor lauter Bewertungen und Drittmittelanträgen nicht mehr zum Kerngeschäft kommen: zu Forschung und Lehre. Radikale Kritiker plädieren für eine Kehrtwende. ‚Kooperation ist leistungsfördernder als Wettbewerb', sagt Dieter Lenzen, Präsident der Universität Hamburg." (ebd.)

Damit wird Kritiken Raum gegeben, die sich nicht nur auf Rankings, sondern ebenso auf Drittmittelanträge beziehen und insofern darauf hinweisen, dass auch die Forschungsförderung durch externe Geldgeber folgenreich ist. Durch die zitierte Äußerung von Lenzen bekommt diese Lesart tendenziell noch mehr Gewicht: Mit ihm spricht sich sogar eine Leitungsfigur, die längere Zeit nicht gerade als Reformgegner galt, im Sinne der Leistungsförderung für eine ‚Kehrtwende' in der grundlegenden Logik des Umgangs mit den Universitäten und ProfessorInnen aus. Zudem legt die Darstellung der ProfessorInnen ein Amtsethos nahe, denn es geht in den zitierten Äußerungen nicht ‚nur' um die persönliche Autonomie gegenüber „kleingeistige[n] Administratoren", sondern auch um die Verantwortung für die Lehre.

Im journalistischen Diskurs lassen sich somit im Zeitverlauf, trotz der nach wie vor vertretenen Reformsemantik, deutliche Differenzierungen ausmachen. Während 1999–2001 die Befürwortung des Neuen und die Zustimmung zu den wissenschaftspolitischen Zielen dominierte, ist dieser ‚Reformeifer' einer teils nachdenklicheren Perspektive gewichen.

2.5 Verletzungen auf ganzer Linie: Zweiter Teil der professoralen Perspektive

Im letzten Schritt unserer Analyse des medialen Diskurses richten wir unseren Blick nun wieder – und damit schließt sich der Kreis – auf die professoralen Stimmen in F&L. Wir hatten bereits deren konstant gebliebene ablehnende

Haltung zu „Bologna" geschildert. Nun betrachten wir die weiteren, insbesondere die Forschung betreffenden Reformauswirkungen. Die verschiedenen Beiträge spiegeln insgesamt eine ähnlich gravierende Verletztheit wie in den Angelegenheiten der Lehre durch die empfundene Missachtung der eigenen beruflichen Identität und der erbrachten Leistungen wider. Dies gilt bereits für die Jahre 2000 und 2001, in denen – noch am Anfang der Reformen – grundsätzlicher auf die Relevanz von Curiositas und Autonomie verwiesen wird. Die zehn Jahre späteren Beurteilungen sind dann erfahrungsgesättigter, ohne irgendwo größere Revisionen zu machen. Die anfänglichen Befürchtungen haben sich bestätigt.

Misstrauen

Sehr grundsätzlich wird das von politischer Seite artikulierte – und auch in den früheren journalistischen Beiträgen deutlich zum Ausdruck kommende – Misstrauen gegenüber den Universitäten und HochschullehrerInnen beklagt:

> „[D]en unbefangenen Beobachter [muß] schon irritieren, mit welcher Energie in der gegenwärtigen Hochschulpolitik der Versuch unternommen wird, die Universitäten öffentlich in Verruf zu bringen. So müssen sich ausgerechnet die Universitäten und hier vor allem die Professoren den ständig wiederholten Vorwurf gefallen lassen, ewig Gestrige zu sein, die sich dank ihrer Unbeweglichkeit und dank ihres Beharrungsvermögens dem Neuen schlechthin verweigern." (Schiedermair, F&L 5/2001, S. 236)

Während sich Schiedermair hier auf negative Zuschreibungen in Diskursen bezieht, geht der seinerzeit amtierende Rektor der Universität Wuppertal, der Soziologe Volker Ronge, konkreter auf NPM – hier: Zielvereinbarungen – ein. In diesen drücken sich für ihn nicht nur das Misstrauen gegenüber der Wissenschaft und deren zunehmende Ökonomisierung aus, sondern manifestiert sich auch die wachsende Asymmetrie zugunsten der politischen Sphäre:

> „Dass gleichwohl sie selbst die Musik bestimmt, die sie bezahlt, dass sie mitnichten auf den Steuerungsanspruch verzichtet, rechtfertigt die Politik mit (ihrer monopolistischen) Repräsentation öffentlicher Interessen, ihrer Verantwortung für die Verwendung öffentlicher Haushaltsmittel; die Exekutive verweist auf die ihr vorgesetzte Legislative und diese aufs Volk. [...] Dagegen steht allerdings eine Konzeption, in der die Wissenschaft gegenüber Gesellschaft und Gemeinwohl den gleichen, den parallelen Rang einnimmt wie die Politik. [...] Der Modus der Zielvereinbarungen signalisiert, dass die Politik diesem Modell nicht folgen will, dass sie *nun anders als bisher steuern* will: mit Geld." (Ronge, F&L 4/2000, S. 189)

In beiden Äußerungen wird vermittelt, dass Universitäten bzw. HochschullehrerInnen ihrer Verantwortung für das Gemeinwohl durchaus ohne weitere Kontrolle und gemäß dem eigenen beruflichen Ethos nachkämen. Was bei Schiedermair und Ronge noch vergleichsweise implizit bleibt, wird im Kontext der Kritik an der leistungsbezogenen Besoldung weitaus expliziter. Diese wird zu einem wesentlichen Ausgangspunkt dafür, das berufliche Selbstverständnis gegenüber einer Degradierung durch die Politik zu verteidigen. Herausgestellt werden dabei die Autonomie bei der Berufsausübung und die intrinsische Motivation, durch die der Bezug auf die berufliche Tätigkeit maßgeblich bestimmt werde. Die Vorstellung, monetäre Anreize würden den Einzelnen zu mehr Leistung motivieren, wird vor diesem Hintergrund scharf zurückgewiesen. Während es im Positionspapier des DHV zur Reform des Dienstrechts heißt, dass „Professoren […] die Wissenschaft zum Beruf gemacht [haben], um selbstbestimmt arbeiten zu können, nicht um möglichst viel Geld zu verdienen" (DHV, F&L 7/2000, S. 350), richtet sich der Rechtswissenschaftler Thomas Hoeren in seinem Kommentar an die maßgeblich verantwortlichen PolitikerInnen der Besoldungsreform, insbesondere aber an die damals amtierende Bundesministerin Bulmahn:

> „Vor allem frustriert uns das hinter Ihrem Reformplan stehende Bild des Hochschullehrers. Wir sind solche geworden, weil wir Spaß am Kontakt zu jungen, wissbegierigen Menschen haben, weil wir Forschung und darauf aufbauende Lehre lieben. […] Wie entfernt muss jemand von der Hochschullandschaft sein, um so etwas vorzuschlagen! Wer mit Besoldung winkt, zerstört an der Hochschule alles, setzt auf die einzige Karte, die an den Forschungseinrichtungen gerade nicht zieht. Mehr Geld für Forschung und Lehre – ja; aber ein paar Hundert Mark mehr im Beutel des Profs – pfui, bäh! Sie nehmen uns die Luft zum Atmen, wenn Sie auf den schäbigen Taler und die in dieser Sache leicht zu mobilisierende öffentliche Meinung setzen." (Hoeren, F&L 6/2000, S. 297)

Hoeren, der aus der Perspektive eines Nachwuchswissenschaftlers spricht, kritisiert die politische Prämisse einer materiellen und extrinsischen Motivation von ProfessorInnen massiv. Geld soll nicht den Einzelnen belohnen, sondern bessere Forschung und Lehre ermöglichen und insofern dem Gemeinwohl dienen. Zugleich zeigt sich bei ihm aber auch das Bedürfnis nach symbolischer Anerkennung, das im Wunsch nach einer angemessenen Besoldung – und zwar ohne dass man sich einen Teil davon erst durch das, was als Leistung gezählt wird, verdienen muss – zum Ausdruck kommt. Hoeren empfindet als „beschämendsten Aspekt" der W-Besoldung die dadurch zum Ausdruck gebrachte Degradierung seiner Person und Leistungen, ohne dass man ihm

Gelegenheit gegeben habe, angehört zu werden: „Sprechen Sie mit uns, Frau Ministerin! Wir sind keine Faulenzer, DiMiDos, Gutachtenscheffler, Hinterwäldler." (ebd.)

Die mit der W-Besoldung unterstellte materielle Orientierung wird noch in anderen Beiträgen kritisiert. Reputation und Geld seien nicht unwichtig, aber nachrangig – wenn die von Gratifikationen unabhängige eigene Begeisterung fehle, sei eine Tätigkeit als ForscherIn kaum möglich oder zumindest kaum als dauerhaft und erfolgreich vorstellbar. So schreibt der Rechtswissenschaftler Peter Schüren:

> „Natürlich freuen Ehrungen, Geld, Status usw.; aber sie unterstützen nur. [...] Die Frauen oder Männer, denen Passion zur Wissenschaft fehlt, die diesen tiefen Antrieb nicht haben, kommen nicht weit – da helfen weder Geld noch gute Worte." (Schüren, F&L 5/2000, S. 233)

Das ökonomische Desinteresse wird nicht nur mit intrinsischer Motivation und Gemeinwohlorientierung belegt, sondern auch mit der Ausrichtung an der für die berufliche Identität bedeutsamen immateriellen Anerkennung durch FachkollegInnen oder eine interessierte Öffentlichkeit. HochschullehrerInnen verdienten zwar mitunter durch Vorträge in Wirtschaft oder Politik dazu, innerhalb der wissenschaftlichen Sphäre sei diese Form der Gratifikation von Leistungen aber gerade irrelevant oder sogar verpönt:

> „Wenn ich einen Auftrag in der Privatwirtschaft übernehme, dann bestehe ich darauf, dass man mich dort so bezahlt, wie es üblich ist. Wenn mich eine andere Universität einlädt, werde ich selbstverständlich nicht an ein Honorar denken. Dann freue ich mich bereits, wenn man mir die Reisekosten bezahlt und mich irgendwo unterbringt, notfalls kann ich das aber auch selbst übernehmen. Das hat mit dem Selbstverständnis meines Standes zu tun. Man macht das eben so. Agiert man anders, grinsen die Kolleginnen und Kollegen." (ebd.)

Es wird also mit einer Selbststeuerung qua beruflichem Selbstverständnis argumentiert, das wirksam durch die Scientific Community kontrolliert und sanktioniert werde.

In diesem Kontext wird auch die Machtzunahme politischer Entscheidungsträger gegenüber der akademischen Selbstverwaltung kritisiert. So beklagt Schiedermair den neuen autoritären Stil gegenüber den Universitäten mit scharfen Worten:

„Was die Universitäten nicht einsehen wollen, muß ihnen eben beigebracht werden. Deswegen wird die Bildungs- und Hochschulpolitik zurzeit in nur mäßig demokratischer Gesinnung gewöhnlich mit erhobenem Zeigefinger und unverkennbaren Drohgebärden betrieben. Steuerung ist das Zauberwort, mit dem die unbotmäßigen Universitäten zur Räson gebracht werden sollen. Es hat in der vom Grundgesetz gestalteten Gesellschaftsordnung noch niemals eine Zeitspanne gegeben, in der die Universitäten in so starkem Maß der Fremdsteuerung durch ihre staatlichen Träger ausgesetzt waren, wie sie heute geradezu üblich geworden ist. […] Daß all das aber ausgerechnet mit dem Schlagwort der Autonomie politisch verkauft wird, läßt doch einige Zweifel an der Redlichkeit der Verkäufer zu. (Schiedermair, F&L 5/2001, S. 237)

Die empfundene Drangsalierung durch äußere Mächte wird dadurch noch schlimmer, dass sich in den Universitäten Erfüllungsgehilfen in Gestalt von immer mehr Leitungsfiguren gefunden haben. Diese in den journalistischen Beobachtungen als Hoffnungsträger der Reformen porträtierten Akteure erscheinen in den professoralen Stellungnahmen geradezu als Verräter. So spricht Schiedermair von einer

„wachsende[n] Zahl von Funktionären, die mit dem Königsmantel des Managers längst ihren Einzug in die Universität gehalten haben, um im Schutz der gesetzlich verordneten zentralen Leitungsgewalt von dem zu träumen, was sie für Macht halten." (ebd., S. 236)

Zwölf Jahre später, im zweiten Zeitraum unserer Analyse also, weist der Kulturhistoriker Günther Lottes dezidiert polemisch auf eine neue „politische Klasse" hin, die sich nun innerhalb der Universitäten etabliert und sich durch die Konzentration auf den Ausbau ihrer eigenen Macht zunehmend von der eigentlichen Aufgabe, als Sachwalter ‚guter' Forschung und Lehre zu wirken, entfernt habe:

„In nachgeordneten verfassten Gemeinschaften wie der Universität hat die Hochschulgesetzgebung der vergangenen Jahre den zugegebenermaßen ständischen Gleichheitsanspruch der Hochschullehrergemeinschaft vernichtet und die Entstehung einer politischen Klasse gefördert, die das akademische Personal zügig und effizient unterwirft. […] Ihr geht es um die Ausübung von Macht, nicht um Wissen oder Wissensweitergabe. Ihr ist weder das studentische Publikum der Vorlesung und des Seminars noch das kollegiale Publikum von Tagungen und vergleichbaren Veranstaltungen genug. […] Präsidenten, Vizepräsidenten und Dekane agieren wie römische Prokonsuln. Man tröste sich mit Ciceros ‚Orationes in Verrem'. Aber das geschieht alles unter ärmlichen Umständen. Denn die politische Klasse in der Wissenschaft ist eine nachgeordnete, ja zweitrangige politische Klasse, der die hohe

politische Klasse der großen Politik nur widerwillig Mittel zuweist, im Norden der
Republik deutlich weniger als im Süden." (Lottes, F&L 2/2013, S. 128)

Während Lottes zuletzt eher den subalternen Status dieser Klasse gegenüber
den ‚eigentlichen' Machthabern in den Ministerien betont, zielt die Kritik des
Soziologen Jörg Michael Kastl genau auf den Machtzuwachs von Hochschulleitungen, der sich anhand des Entwurfs eines neuen Landeshochschulgesetzes in
Baden-Württemberg abzeichne. Entgegen den offiziellen Verlautbarungen werde
das Modell der ‚unternehmerischen' Universität mit dem Gesetzesentwurf noch
zugespitzt und würden die Aufgaben und Befugnisse von DekanInnen und Fachbereichen zugunsten des Rektorats weiter eingeschränkt:

> „Mehrfach fällt das Stichwort ‚Autonomie'. Nur geht es da nicht um die Autonomie
> derer, die im ‚operating core' arbeiten und studieren, sondern um die der ‚mono-
> kratischen Leitungsorgane' (Bogumil) des ‚Vorstands', der nun wieder ‚Rektorat'
> heißen, aber trotzdem die Hochschule ‚stark steuern' soll." (Kastl, F&L 12/2013,
> S. 996)

Und weiter:

> „Das ist ein Gesetz, das endgültig jede Machtbalance zwischen den dezentralen und
> zentralen Organen der Hochschule zerstört und den Fakultäten das letzte Refugium
> nimmt, das sie noch hatten, nämlich ihre genuine fachliche Zuständigkeit für
> Forschung und Lehre." (ebd., S. 998)

Das Thema der Leitungsebene bleibt insofern über die Jahre konstant kritisch.

Forschungsautonomie

Das Pochen auf Autonomie in der Forschung gewinnt im Zeitverlauf sogar noch
an Bedeutung. In den Beiträgen um die Jahrtausendwende wird Autonomie als
Voraussetzung für einen ergebnisoffenen Forschungsprozess betont, bei dem die
inhärente Ambivalenz jeglichen Erkenntnisstrebens – kein Wissensgewinn ohne
Zweifel – anerkannt wird. Konkret bedeutet dies, die nötige zeitliche Dauer sowie
auch Fehlschläge und Irrtümer als konstitutive Merkmale von wissenschaftlichem
Erkenntnisstreben – als Preis für bahnbrechende Innovationen – zu akzeptieren.
    Autonomie wird sodann auf die forschenden WissenschaftlerInnen bezogen.
Ihnen müsse die subjektive Haltung einer gewissen Risikofreude und Kreativität, ohne die neue Erkenntnisse kaum denkbar seien, ermöglicht werden. Mit
anderen Worten wisse die Forscherin am besten, welche Themen, Theorien oder
Methoden sie am besten beherrscht, sodass sie insofern möglichst frei in ihrer

Wahl sein sollte. So wendet sich der Wissenschaftshistoriker Klaus Fischer im Jahr 2000 gegen ein „organisatorisches und planerisches Korsett", das dem „eigenen Impetus" des Forschers und seiner gewachsenen Urteilskraft hinsichtlich der Themen- und Methodenwahl unterlegen sei:

> „Die historischen Erfahrungen zeigen, dass die Wissenschaft am besten gedeiht, wenn sie ihrem eigenen Impetus folgen darf und nicht in ein organisatorisches und planerisches Korsett gezwängt wird. Keiner weiß besser als der einzelne unabhängige Forscher, wo die interessanten und aussichtsreichen Probleme seines Spezialgebietes liegen, welches Wissen und welche Methoden man für ihre Lösung heranziehen könnte und nach welchen Kriterien die Lösungsvorschläge zu bewerten sind." (Fischer, F&L 1/2000, S. 15)

Das Prinzip, wissenschaftliche Forschung zunehmend gerade aktuellen gesellschaftlichen Problembezügen sowie den Normen von Effizienz und Wettbewerbsdenken zu unterwerfen, wird darüber hinaus mit einer Gefährdung der Breite und Fundiertheit der Wissensbestände verbunden: Die drohende Verlagerung auf Routine- und Mainstreamforschung, die abschätzbare Ergebnisse zeitige, bedeute letztlich eine Engführung, die den jeweiligen Fachdisziplinen schade. Das Ideal einer übergeordneten Linie oder Forschungsperspektive, die die einzelnen Projekte im Laufe der Forscherinnenbiografie miteinander verbindet, wird in diesem Zusammenhang bereits eher in der Vergangenheit verortet:

> „Es wird zunehmend schwieriger, ein Forscherleben zu leben, das von einer großen, verbindenden Idee geprägt ist, in dem die einzelnen Projekte [und] Aufsätze [...] ein zusammenhängendes Ganzes bilden." (Neuhäuser, 11/2000, S. 590)

Der Literaturwissenschaftler Rudolf Neuhäuser geht von den Bedrohungen eines solchen „Forscherlebens" aus, genauer: von der zunehmend an ProfessorInnen gerichteten Forderung, als WissenschaftsmanagerInnen zu agieren und sich mit den Forschungsinteressen mehr an gesellschaftlich definierten Nützlichkeiten und Aktualitäten zu orientieren. Zum anderen wird aber auch eine schädliche Transformation der Haltung und Orientierung von ForscherInnen, wie nachfolgend von Schiedermair, problematisiert:

> „An die Stelle der wissenschaftlichen Kreativität rückt jetzt die Tüchtigkeit des Verkäufers, die – auch wenn es gelegentlich durchaus geschäftstüchtige Wissenschaftler gibt – als solche mit der wissenschaftlichen Kreativität nichts gemein hat." (Schiedermair, F&L 5/2001, S. 236)

Es drohe die Gefahr einer zunehmend – wie man sagen könnte – ‚gesellschaftlich korrekten' Forschung, bei der intrinsische Interessen, die ergebnisoffene Suche nach Wahrheit und die Möglichkeit, etablierte Deutungen von Wirklichkeit zu hinterfragen, als Bestimmungsgründe wissenschaftlichen Erkenntnisstrebens in den Hintergrund rückten.

In den Beiträgen der Jahre 2012 und 2013 wird, anders als in den früheren, weniger gewarnt, sondern öfter ein bereits als erfahrungsgesättigt verstandenes negatives Fazit gezogen. Die Wandlungen der universitären Forschung werden teils sogar fatalistisch als unumkehrbar betrachtet. Die LOM, der Wettbewerb um Drittmittel und der Publikationsdruck sind bestimmende Themen, anhand derer die Erosion des einstigen Forschungsethos festgemacht wird. Die Sorge über die Etablierung eines neuen Forschertypus, der als strategischer Unternehmer seiner Selbst agiert, also mehr an Reputation und daraus resultierendem Einkommen interessiert ist als an Erkenntnisgewinn, nimmt zu. Den Zusammenhang zwischen der Wettbewerbslogik und der Entwicklung eines solchen Wissenschaftlertypus skizziert die Politikwissenschaftlerin Zehnpfennig sehr anschaulich:

> „Drittmitteleinwerbung steht beim Prestigegewinn ganz oben auf der Liste, und so ist es zur Verbesserung der Erfolgschancen besonders ökonomisch, unabhängig von deren tatsächlicher Bedeutung modische Themen zu bearbeiten, keine riskanten Außenseiterpositionen zu beziehen, die prospektiven Gutachter nicht durch Kritik zu vergrätzen. Ein optimierter Lebenslauf erhöht die Marktchancen, und so macht es sich doch gut, als Redner auf einer wichtigen Konferenz verbucht worden zu sein, auch wenn man kurzfristig abgesagt hat, das Gespräch mit einem ausländischen Kollegen als Beweis für die Existenz eines internationalen Forschungszusammenhangs anzuführen oder einen armen kleinen Gedanken in immer wieder neuer Form zu präsentieren, um die Publikationsliste zu imposanter Größe anwachsen zu lassen." (Zehnpfennig, F&L 10/2012, S. 798)

Damit beschreibt Zehnpfennig eine Anpassungsdynamik, bei der intellektuelle Risikobereitschaft und eigene Forschungsinteressen weitgehend auf der Strecke bleiben. Nicht nur eine Mainstream-Orientierung kommt hier zum Ausdruck, sondern auch ein Opportunismus, der bis zur Unredlichkeit gegenüber der Scientific Community reicht und damit wesentliche Merkmale des bis dato geltenden Forschungsethos hinter sich lässt.

Während bei Zehnpfennig noch relativ offen bleibt, ob diese Skizze eines neuen Forschertyps als Bedrohungsszenario dienen oder aber schon die von der Autorin beobachtete Wirklichkeit widerspiegeln soll, drücken andere Beiträge dezidiert Letzteres aus. So sieht der Soziologe Richard Münch (F&L 04/2013) einen bereits erfolgten Sieg sekundärer Motive über die Wahrheitssuche. Mit Blick auf die Folgen der stärkeren Output-Orientierung merkt er an, dass „das sekundäre Streben nach Anerkennung und das Wachstum um jeden Preis" zuungunsten der „Wahrheitssuche als primäre[m] und einzig legitime[m] Interesse" (ebd., S. 269) in das Zentrum gerückt sei. Es entfalte sich, so der Titel des zugrunde liegenden Buchs von Münch, der „akademische Kapitalismus". Mit Blick auf die Betriebswirtschaftslehre konstatieren die Fachvertreter Horst Gischer und Thomas Spengler eine fortgeschrittene Anpassung der WissenschaftlerInnen an die qua Rankings definierten und erhobenen Qualitätsmaßstäbe. Die beobachtbare Neigung, „möglichst viele Papiere" in als hochwertig klassifizierten Journals zu publizieren, trage zu einem Monismus hinsichtlich der Paradigmen, Theorien und Methoden bei, der dem Fach als Ganzem schade:

> „Nicht die Inhalte sind entscheidend, sondern die Publikationsorgane, in denen sie veröffentlicht wurden. Solange diese Signale für Berufungen, Drittmittel oder Zielvereinbarungen relevant werden, ist es – insbesondere für junge Akademiker – zielführend, möglichst schnell möglichst viele Papiere in ‚hochwertigen' Journalen zu platzieren. Derartiges Verhalten von Kollektiven wird häufig anhand der negativ bzw. positiv konnotierten Metaphern des Herdentriebs und der Schwarmintelligenz beschrieben. Beides ist in der ökonomischen Forschung erkennbar. Dysfunktionalitäten entstehen, wenn sich die Herde auf einen Paradigmen-, Theorien- und Methodenmonismus zubewegt und wenn einzelne Herdenmitglieder isoliert oder in die (geistige) Eremitage gedrängt werden. Intelligente Schwärme hingegen teilen sich auf, um auf diversen Wegen zum kollektiven Ziel (der Erkenntnisgewinnung) zu gelangen." (Gischer/Spengler, F&L 11/2012, S. 905)

Obwohl immerhin noch beides – Herdentrieb und Schwarmintelligenz – beobachtbar sei, verweist die Äußerung darauf, dass sich eben auch ein Forschertyp entwickelt habe, der sich am Mainstream orientiert und sich insofern vom Motiv einer Neugierde auf neue Erkenntnisse entfernt hat.

Eindeutig pessimistischer betrachtet der Erziehungswissenschaftler Norbert Seel aus der Perspektive eines kürzlich emeritierten Professors die Entwicklung in seinem Fach. Während er die Arbeit an Theorien und die Verbindung zu empirischer Forschung als „ungewöhnlich stimulierend und produktiv" erlebt habe, beschreibt er die Gegenwart äußerst kritisch:

> „Im Bereich der Forschung sehe ich seit geraumer Zeit eine starke Veränderung in Richtung Mainstream-Forschung. Ziemlich schlichte, aber einleuchtende Theorien werden aufgestellt, die dann in Hunderten kleinerer Studien untersucht werden, deren Validität mehr als fragwürdig ist. Gleiches lässt sich übrigens auch in Bezug auf die Bildungsforschung feststellen, insofern – durch die PISA-Studien angeregt

– überall an deutschen Universitäten im Gleichklang Untersuchungen zur Bildungs-
qualität von Unterricht durchgeführt werden, ohne dass je eine nachhaltige Verbesserung des Unterrichts in der Schule erwartet werden darf. Da ist mittlerweile
fast kein Raum mehr für andersartige und innovative Bildungsforschung, was sehr
zu bedauern ist, da ich Innovation und Kreativität als Grundlagen der Wissenschaft
betrachte." (Seel/Zieren, F&L 12/2012, S. 1000)

Nicht alle ProfessorInnen äußern sich in dieser pessimistischen Weise; es überwiegt aber eindeutig die Kritik an den Leistungskriterien, die nun über Erfolg und
Anerkennung bestimmten. Ein Forscherethos, bei dem Curiositas und der Wunsch
nach inhaltlicher Tiefe und Breite eine wichtige Rolle spielen, stoße unter den
Bedingungen von Konkurrenzdruck und Leistungskontrolle an immer deutlichere
Grenzen. Letztere werden zudem als erzwungene Beschränkung eigener Freiheiten in der Gestaltung der beruflichen Aufgaben charakterisiert. Nicht allein
die inhaltliche Verschiebung im beruflichen Alltag wird kritisiert, die nicht den
eigenen Wünschen oder Definitionen ,guter' Arbeit entspricht. Hinzu kommt die
Wahrnehmung, durch Leistungskontrollen in einen subalternen Status versetzt
worden zu sein, indem „übergeordnete Stellen", so der Politologe Dieter Freiburghaus, einen Kontrollanspruch geltend machen, der mitnichten abstrakt bleibt,
sondern alltäglich spürbar und folgenreich ist:

„[D]er Professor [wird] zum Datenlieferanten für übergeordnete Stellen. Einen
wachsenden Anteil seiner Zeit verbringt er damit, Statistiken zu erstellen, Anträge
auszufüllen, Evaluationen durchzuführen, Mitarbeitergespräche zu protokollieren
und gerichtsfeste Begründungen für schlechte Zensuren zu liefern. Was genau damit
geschieht, bleibt ihm meist verborgen, er fühlt sich aber beobachtet und kontrolliert:
,Die Daten können jederzeit gegen Sie verwendet werden!' Man ist an den Landver-
messer K. in Kafkas ,Schloss' erinnert." (Freiburghaus, F&L 11/2013, S. 912)

In den Dokumentationspflichten manifestierten sich schließlich neue Asym-
metrien, die als unbotmäßige Einschränkung der Autonomie in Lehre und
Forschung erfahren werden.
    Konkrete Formen oder Vorschläge der Selbstbehauptung gegen diese Auto-
nomiegefährdungen und Identitätsbedrohungen spielen in den Beiträgen indes
keine große Rolle. Trotz der deutlich spürbaren Unzufriedenheit über die verschiedenen Zumutungen und Angriffe fällt das Thema eines aktiven Widerstands unter den Tisch.
    Am greifbarsten lässt sich eine Gegenwehr bei den Rankings feststellen.
Zwar wurden Rankings bereits 2000/2001 kritisiert; der ,Aufruf' zum Boykott
des CHE-Rankings seitens der Deutschen Gesellschaft für Soziologie reicht

aber z. B. darüber hinaus, weil es nun darum geht, sich einer hegemonialen Bewertungsinstanz zu entziehen und eigene fachspezifische Bewertungsmaßstäbe selbstbewusst zu verteidigen. In seiner Begründung für die Ablehnung einer weiteren Mitwirkung am Ranking zeigt sich der damalige Vorsitzende der Fachgesellschaft, Stephan Lessenich, recht angriffslustig:

> „Denn dieses genügt erkennbar nicht den hohen Anforderungen, die sozialwissenschaftlich an einen substanziellen Vergleich universitärer Institute und Studiengänge zu stellen sind – und lässt es sich gleichwohl nicht nehmen, auf methodisch unzulänglicher Grundlage eine bewertende Sortierung derselben in eine ‚Spitzengruppe‘, ‚Mittelgruppe‘ und ‚Schlussgruppe‘ vorzunehmen. ‚Chuzpe‘, laut (ein letztes Mal!) Wikipedia ein Jiddizismus für ‚eine Mischung aus zielgerichteter, intelligenter Unverschämtheit, charmanter Penetranz und unwiderstehlicher Dreistigkeit‘, dürfte noch eine eher freundliche Umschreibung dieses Vorgehens sein.“ (Lessenich, F&L 8/2012, S. 638)

Gerade weil zugleich die grundsätzliche Bereitschaft zu einer Evaluierung des eigenen Fachs betont wird, gewinnt die Kritik am CHE-Ranking an Schärfe. Es handele sich um keine ‚ewig gestrige‘ Berufsgruppe, die sich gegen jegliche moderne Formen der Bewertung wehrt, sondern um eine Disziplin, die – weil sie sich mit entsprechenden Methoden auskennt – auf Qualität achte:

> „Um hier von Anfang an keine falschen Vorstellungen zu bedienen: Die Soziologie wehrt sich keineswegs grundsätzlich gegen Evaluationen, sie betreibt diese vielmehr in ihren Studiengängen vor Ort alltäglich selbst und hat sich zudem schon vor Jahren als Pilotfach für das vom Wissenschaftsrat durchgeführte Wissenschaftsrating zur Verfügung gestellt. Sehr wohl wehrt sie sich aber gegen die empirisch lückenhafte und methodisch fragwürdige Erhebung durch das Centrum für Hochschulentwicklung (CHE).“ (ebd.)

Darüber hinaus werden aber fast nur noch quasi ‚heimliche‘ Formen der Selbstbehauptung gegenüber Bevormundung angesprochen. So nennt Kühl (F&L 12/2012, S. 990) die Entkopplung von Lehrplanung und konkreter Lehre, die darin bestehe, dass die Formulierung der Lehrinhalte zwar an die politischen Vorgaben angepasst werde, die Lehre in actu aber nach wie vor inhalts- bzw. erfahrungsorientiert bleibe. Damit zielt er noch nicht auf eine bewusste Unterwanderung der neuen Normen ab, sondern verweist lediglich auf den ein gewisses Autonomiemaß sichernden Sachverhalt, dass bei allen Restriktionen

und Versuchen der Detailsteuerung – für die Aufgabenerfüllung nötige – Handlungsspielräume bestehen und eigene Routinen oder Deutungen der Beschäftigten
zum Tragen kommen. Sieht man davon ab, bleiben einzelne Äußerungen, in
denen der eigene einsame Protest gegen einen allzu hohen Kontrollanspruch
ausgedrückt wird – exemplarisch hierzu der Politikwissenschaftler Ulrich von
Alemann:

> „[J]etzt will ein Begabtenförderungswerk für ein Promotionsstipendium einer
> Doktorandin von mir einen fünfseitigen Fragebogen online ausgefüllt haben, der
> investigativer ist als jede NSA-Ausforschung. Beispiel: ‚Erläutern Sie bitte Ihre
> Absprachen mit Ihrem Doktoranden/Ihrer Doktorandin, um eine kontinuierliche
> Betreuung zu gewährleisten. Wie sichern Sie die Qualität der Betreuung ab?' Wollen
> die mich prüfen? Jetzt ist Schluss! Das mache ich nicht mehr mit. Ich habe noch
> ein paar andere Dinge im Leben zu tun. Ich protestiere gegen diese Gutachteritis,
> die jede kreative Arbeit in der Wissenschaft tötet.“ (von Alemann, F&L 10/2013,
> S. 797)

Oder man kommt damit durch, sich auf eine Schwejksche Manier den restriktiven
Anforderungen der Dokumentationspflicht zu fügen, wie es der Politikwissenschaftler Freiburghaus schildert:

> „[E]inmal kam mein ‚Reporting' mit der Bemerkung zurück, ich hätte 30 %
> für Forschung eingesetzt, ein Jahr zuvor jedoch 35 %; dies sei zu begründen. Ich
> antwortete, ich hätte mich leider vertippt, der Prozentsatz sei derselbe geblieben.
> Damit war man zufrieden. Solche Zahlen werden dann ‚nach oben' weitergeleitet,
> aggregiert, ausgewertet und dienen fortan als Grundlage für die Wissenschafts-
> politik.“ (Freiburghaus, F&L 11/2013, S. 912)

2.6   Fensterreden und Arbeitsalltag

Insgesamt zeigt unsere Nachzeichnung der medialen Auseinandersetzung auf
der einen Seite: Das Bild der Universitätsreformen, das sich die JournalistInnen
gemacht haben, ist im Zeitverlauf differenzierter geworden. Die großen
Hoffnungen, die in die Reformen gesetzt wurden, sind nicht falsifiziert worden,
haben aber eine Beimischung an Nachdenklichkeit erfahren: Vielleicht war nicht
alles gut – womöglich war manches in der verabreichten Dosis nicht gut – und
eventuell waren die Rahmenbedingungen, unter denen manche Maßnahmen

eingeführt wurden, nicht gut. Dass die Reformen aber grundsätzlich erforderlich sind: Diese Einstellung hat sich nicht verändert.

Auf der anderen Seite ist festzustellen: Die öffentlichen Äußerungen der ProfessorInnen sind im Vergleich zur Sichtweise der JournalistInnen viel konstanter geblieben, haben sich im Zeitverlauf sogar verfestigt. Das Gegenteil an Nachdenklichkeit über die eigene Position ist eingetreten: Man fühlt sich in den Befürchtungen, die am Anfang der Reformen geäußert wurden, durch deren Umsetzung nur bestätigt.

Der mediale Diskurs, in dem beide Seiten einander immer wieder herausgefordert haben, hat somit eine klare Frontstellung hervorgebracht. Ohne bewerten zu müssen, welcher der Standpunkte realitätsadäquater ist, können wir hier mit Blick auf unsere Untersuchungsfrage feststellen: Aus dieser Diskurskonstellation ergeben sich für die ProfessorInnen zwei Arten von Bedrohungen ihrer beruflichen Identität. Die eine rührt daher, dass sie weiterhin, wenn auch nicht mehr so auftrumpfend wie in den Anfangsjahren, öffentlich als Verweigerer einer als dringend erforderlich deklarierten Reform der deutschen Universitäten gebrandmarkt werden: Was schief läuft, liegt in hohem Maße an ihnen. Die andere Identitätsbedrohung ergibt sich aus dem neuen „homo academicus oeconomicus" (Peter 2010), der als vorgebliches Erfolgsmodell aus den Reformen hervorgehen soll: Wer dieses Modell ignoriert, dem kann vorgehalten werden, seiner ProfessorInnenrolle nicht länger gerecht zu werden. In dem Maße, in dem Reformverweigerer mit leibhaftigen VertreterInnen dieses Erfolgsmodells konfrontiert werden können, spitzt sich für erstere die Identitätsbedrohung noch zu. Man kann sie als ‚Ewiggestrige' brandmarken.

Was tun ProfessorInnen angesichts solcher Identitätsbedrohungen? Auf diese Frage geben deren mediale Stellungnahmen, die auf journalistische Provokationen reagieren, nur entsprechend patzige ‚Widerworte'. Will man wissen, wie ProfessorInnen tatsächlich damit umgehen, womit sie die Universitätsreformen konfrontieren, muss man über die öffentlichen Fensterreden hinaus auf den tagtäglichen Arbeitsalltag, das Erleben der je eigenen Lehr- und Forschungsbedingungen und die daraus hervorgehenden Praktiken des Lehrens und Forschens schauen. Sind die Identitätsbedrohungen wirklich so gravierend, wie es die medialen Stellungnahmen der ProfessorInnen zum Ausdruck bringen? Und insoweit es sich um nicht ignorierbare Identitätsbedrohungen handelt: Welche Praktiken der Identitätsbehauptung stehen den ProfessorInnen dagegen zur Verfügung?

Anhang Kapitel 2: Zitierte Medienartikel

Je Printmedium in chronologischer Reihenfolge

DER SPIEGEL
1999

Dahlkamp, Jürgen, Florian Gless, Almut Hielscher, Joachim Mohr, Bettina Musall, Irina Repke, Andrea Stuppe und Hans-Jörg Vehlewald: „Um Studenten kämpfen", SPIEGEL 15/1999, S. 59–67.

Dahlkamp, Jürgen: „Ein Drittel Daimler, ein Drittel Bosch", SPIEGEL 15/1999, S. 98–101.

Klein, Stefan: „So schön übersichtlich", SPIEGEL 15/1999, S. 86–89.

Stegelmann, Katharina: „Störfaktor Student", SPIEGEL 24/1999, S. 56–60.

Mohr, Joachim: „Geld für die Guten", SPIEGEL 36/1999, S. 114–115.

Stoldt, Hans-Ulrich: „Subtiler Druck", SPIEGEL 43/1999, S. 76.

2000

Koch, Julia, Joachim Mohr, Mathias Müller von Blumencron, Padma Rao, Michael Sauga, Michael Schmidt-Klingenberg, Hilmar Schmundt, Hajo Schumacher: „Ausfall im System", SPIEGEL 13/2000, S. 40–61.

Koch, Julia und Joachim Mohr: „Kohle für Koryphäen", SPIEGEL 16/2000, S. 34.

Mohr, Joachim: „Studieren lohnt sich", SPIEGEL 46/2000, S. 54–62.

2001

Neubacher, Alexander: „Headhunting mit Taschenlampe", SPIEGEL 4/2001, S. 144.

Feldenkirchen, Markus und Joachim Mohr: „Im Schneckentempo zum Diplom", SPIEGEL 12/2001, S. 60–64.

Stegelmann, Katharina: „Neue Freiheit", SPIEGEL 33/2001, S. 50–51.

2010

Darnstädt, Thomas: „Siemens statt Humboldt", SPIEGEL 28/2010, S. 40–45.

o. A.: „Bildungswüste Deutschland", SPIEGEL 35/2010, S. 18.

2012

Bartsch, Matthias und Jan Friedmann: „W wie wenig", SPIEGEL 07/2012, S. 46.

o. A.: Professorengehälter – Globaler Trend, SPIEGEL 8/2012, S. 19.

Friedemann, Jan: „Blau wie blöd", SPIEGEL 49/2012, S. 50.

DIE ZEIT (o. S.)
1999

Spiewak, Martin: „Zuhause in zwei Welten", DIE ZEIT 15/1999. https://www.zeit.de/1999/15/Zu_Hause_in_zwei_Welten.

Spiewak, Martin: „Ein akademischer Raufbold", DIE ZEIT 29/1999. https://www.zeit.de/1999/29/199.929.reformer_herrman.xml.

Hoffmann, Wolfgang: „Den Muff aus den Talaren", DIE ZEIT 36/1999. https://www.zeit.de/1999/36/199.936.kolumne.xml.

Spiewak, Martin: „Überforderte Fachidioten", DIE ZEIT 46/1999. https://www.zeit.de/1999/46/199.946.c-med-staudt_.xml/komplettansicht.

2000

Spiewak, Martin: „Feindliche Übernahme", DIE ZEIT 08/2000. https://www.zeit.de/2000/08/200.008.c-fachhochschule.xml.

Etzold, Sabine: „Humboldts letzter Krieger", DIE ZEIT 14/2000. https://www.zeit.de/2000/14/200.014.hvb_.xml.

Kerstan, Thomas: „Die Volks-Hochschule", DIE ZEIT 14/2000. https://www.zeit.de/2000/14/200.014.hochschule_.xml.

Löer, Wigbert: „Mut zur Meinung", DIE ZEIT 22/2000. https://www.zeit.de/2000/22/200.022.c-politologen_.xml.

2001

Spiewak, Martin: „Zweite Wahl", DIE ZEIT online 22.03.2001. https://www.zeit.de/2001/13/hochschulreform_20010327.xml.

Spiewak, Martin: „Bulle wider Bulmahn", DIE ZEIT 14/2001. https://www.zeit.de/2001/14/200114_2._leiter.xml.

Etzold, Sabine: „Ein Gesetz genügt nicht", DIE ZEIT 40/2001. https://www.zeit.de/2001/40/Ein_Gesetz_genuegt_nicht.

Spiewak, Martin: „ Coach für die erste Liga", DIE ZEIT 45/2001. https://www.zeit.de/2001/45/Coach_fuer_die_erste_Liga.

2009

Jan-Martin Wiarda: „Streikbilanz", DIE ZEIT 53/2009https://www.zeit.
de/2009/53/C-Seitenhieb.

2012

Wiarda, Jan-Martin: „Unterbezahlte Profs", DIE ZEIT 08/2012. https://www.
zeit.de/2012/08/Professoren-Bezahlung.
Wiarda, Jan-Martin: „Abgeschreckt", DIE ZEIT 22/2012. https://www.zeit.
de/2012/22/C-Ingenieurstudenten/komplettansicht.
Etscheit, Georg: „Die Superprofs", DIE ZEIT 44/2012.https://www.zeit.
de/2012/44/Universitaeten-Didaktik-Lehren-Dozenten-Studenten.

2013

Spiewak, Martin: „Nichts dazu gelernt", DIE ZEIT 07/2013. https://www.zeit.
de/2013/07/Selbstreflexion-Unis-Annette-Schavan-Doktortitel.
Schmidt, Marion und Martin Spiewak: „Die fetten Jahre sind vorbei", DIE
ZEIT 25/2013. https://www.zeit.de/2013/25/wissenschaft-finanzierung-reform.
Etzold, Sabine: „Abschied von der Elite", DIE ZEIT 31/2013. https://www.
zeit.de/2013/31/exzellenz-unis-foerderung-kommentar.
Kohlenberg, Kerstin und Yassin Musharbash: „Die gekaufte Wissenschaft",
DIE ZEIT 32/2013. https://www.zeit.de/2013/32/gekaufte-wissenschaft.
Sentker, Andreas: „Die Nobelpreise von morgen" DIE ZEIT 42/2013. https://
www.zeit.de/2013/42/nobelpreise-forschung-usa-deutschland?print.
Daum, Matthias: „Die gekaufte Uni", DIE ZEIT 49/2013.https://www.zeit.
de/2013/49/universitaet-zuerich-ubs.

Forschung & Lehre
2000

Fischer, Klaus: „Die verborgenen Quellen des Neuen. Kreativität und Planung
im wissenschaftlich-technischen Fortschritt", F&L 1/2000, S. 14–18.
Stemmler, Theo: „Über den Morbus utilitaris. Fabelhafter Bericht an eine
Akademie", F&L 2/2000, S. 84–85.
Ronge, Volker: „Zielvereinbarungen. Contra", F&L 4/2000, S. 189.
Schüren, Peter: „Kleine Münze – Große Leistungen? Motivation in der
Wissenschaft", F&L 5/2000, S. 232–234.

Hoeren, Thomas in: „Stimmen zur Expertenkommission", F&L 6/2000: S. 296–297.
DHV: „Deutscher Nobelpreis und immaterielle Anreize. Positionspapier des DHV zum Bericht der Expertenkommission", F&L 7/2000, S. 350–351.
Morkel, Arnd: „Theorie und Praxis. Die Aufgabe der Universität", F&L 8/2000, S. 396–398.
Wörner, Johann-Dietrich: „Akkreditierung – freiwilliger Akt der Hochschule. Fragen an den Vorsitzenden des Akkreditierungsverbundes für Ingenieurstudiengänge", F&L 10/2000, S. 510–511.
Neuhäuser, Rudolf: „Die Universitäten zwischen Skylla und Charybdis? Das Beispiel der österreichischen Universitäten", F&L 11/2000, S. 587–590.
Meincke, Jens Peter: „Universitäten und Fachhochschulen. Eine Ortsbestimmung", F&L 12/2000: S. 631–634.

2001
Schiedermair, Hartmut: „Menschenwürde – Thema der Zukunft. Über die Entstehung des Neuen in der Wissenschaft", F&L 5/2001, S. 235–239.

2012

anonym: „Freiheit und Ungebundenheit. Rückblick eines Emeritus", F&L 2/2012, S. 116.
Kühl, Stefan: „Der Sudoku-Effekt. Die Komplexitätsexplosion an den Hochschulen", F&L 4/2012, S. 290–293.
Loer, Thomas: „Not macht erfinderisch – aber nicht in der Wissenschaft. Über die Situation der Privatdozenten und zwei Modelle von Universität", F&L 4/2012, S. 288–289.
Dieter Lenzen: „Hochschulen sind keine Fertigungsstraßen. Neun provokative Anmerkungen zum Bologna-Prozess", F&L 5/2012, S. 356–358.
Lessenich, Stephan: „Ausstieg aus dem CHE-Ranking? Pro: Stephan Lessenich, Contra: Frank Ziegele", F&L 8/2012, S. 638–639.
Ludwig-Mayerhofer, Wolfgang: „Kein Abschied von Bologna", F&L 10/2012, S. 785.
Zehnpfennig, Barbara: „Wie ökonomisch ist Bildung? Ein unzeitgemäßer Einspruch", F&L 10/2012, S. 796–798.
Odendahl, Kerstin: „Zeit für ein Umdenken. Die Europäisierung der Bildungssysteme", F&L 11/2012, S. 880–882.

Gischer, Horst und Thomas Spengler: „Ergebnis und Erkenntnis in der Erfahrungswissenschaft. Ökonomische Forschung zwischen Schwarmintelligenz und Herdenverhalten", F&L 11/2012, S. 904–905.

Kühl, Stefan: „Modell Sprachschule. Die Effekte der neuen Mode der Kompetenzorientierung an den Hochschulen", F&L 12/2012, S. 988–990.

Seel, Norbert und Klaus Zierer: „Familie und Schlangengrube. Die Universität aus der Perspektive unterschiedlicher Generationen", F&L 12/2012, S. 1000–1002.

2013

Bayer, Klaus: „Immer bessere Noten? Über die Zerstörung der geisteswissenschaftlichen Prüfungskultur", F&L 1/2013, S. 36–38.

Kamphausen, Georg: „Einsamkeit und Freiheit. Wer verteidigt die Leitidee der Institution Universität?", F&L 2/2013, S. 114–117.

Lottes, Günther: „Die politische Klasse in der Gelehrtenrepublik. Über Erkenntnisdrang, Wissensweitergabe und Macht", F&L 2/2013, S. 128–129.

Münch, Richard: „Vermehrung statt Erneuerung? Das Wachstum in der Wissenschaft", F&L 4/2013, S. 268–270.

von Alemann, Ulrich: „Jetzt ist Schluss!", F&L 10/2013, S. 797.

Freiburghaus, Dieter: „Im Gehäuse der Hörigkeit. Ein Kommentar zur Bürokratie", F&L 11/2013, S. 912–913.

Kastl, Jörg Michael: „Neue Steuerung. Anmerkungen zum geplanten Landeshochschulgesetz in Baden-Württemberg", F&L 12/2013, S. 996–998.

Literatur

Feil, Michael, Lisa Tillmann, und Ulrich Walwei. 2008. Arbeitsmarkt- und Beschäftigungspolitik nach der Wiedervereinigung. *Zeitschrift Für Sozialreform* 54 (2): 161–186.

Kaldewey, David. 2015. Die responsive Struktur der Wissenschaft. Ein Kommentar. In *Die Responsivität der Wissenschaft – Wissenschaftliches Handeln in Zeiten neuer Wissenschaftspolitik*, Hrsg. Hildegard Matthies, Dagmar Simon, und Marc Torka, 209–230. Bielefeld: Transcript.

Liebeskind, Uta. 2011. *Universitäre Lehre – Deutungsmuster von ProfessorInnen im deutsch-französischen Vergleich*. Konstanz: UVK.

Maasen, Sabine, und Sacha Dickel. 2016. Partizipation, Responsivität, Nachhaltigkeit – Zur Realfiktion eines neuen Gesellschaftsvertrags. In *Handbuch Wissenschaftspolitik*, Hrsg. Dagmar Simon, Andreas Knie, Stefan Hornbostel, und Karin Zimmermann, 225–242. Wiesbaden: Springer VS.

Peter, Lothar. 2010. Der Homo academicus-oeconomicus. In *Diven, Hacker, Spekulanten Sozialfiguren der Gegenwart*, Hrsg. Stephan Moebius und Markus Schroer, 206–218. Berlin: Suhrkamp.
Torka, Marc. 2015. Responsivität als Analysekonzept. In *Die Responsivität der Wissenschaft – Wissenschaftliches Handeln in Zeiten neuer Wissenschaftspolitik*, Hrsg. Hildegard Matthies, Dagmar Simon, und Marc Torka, 17–50. Bielefeld: Transcript.

Zwischen Traditionsbewahrung und Modernisierungsbereitschaft: Professorale Ansprüche an Lehre und Forschung

Die in Kap. 2 dargestellten medialen Diskurse vermitteln den Eindruck, dass man es innerhalb der Professorenschaft im Grunde mit zwei ungleich großen Gruppen – TraditionalistInnen und ModernisiererInnen – zu tun hat, die sich hinsichtlich ihres Selbstverständnisses und ihrer Deutungen universitärer Lehre und Forschung klar voneinander unterscheiden. Denn wir finden auf der einen Seite das journalistische Lob für diejenigen – bislang wenigen – ProfessorInnen, die den Reformgeist repräsentieren, und auf der anderen Seite Beiträge in der Zeitschrift Forschung und Lehre (F&L), in denen mit einiger Vehemenz ,klassische', am Humboldtschen Bildungsideal und an Prinzipien der Grundlagenforschung orientierte Werte verteidigt werden.

In diesem Kapitel beginnen wir nun mit der Auswertung der Interviews, die wir mit Professorinnen und Professoren geführt haben. Zwar finden sich in diesem Datenmaterial auch reformkritische und auf Status-quo-Wahrung abzielende Äußerungen. Allein schon durch unsere Einbeziehung unterschiedlicher Disziplinen sowie jüngerer wie älterer ProfessorInnen zeigt sich insgesamt

---

Alle in diesem und den folgenden Kapiteln wiedergegebenen Zitate wurden von uns zugunsten der besseren Lesbarkeit sprachlich behutsam geglättet. Inhaltliche Korrekturen an den Aussagen der InterviewpartnerInnen wurden hierbei nicht vorgenommen. Den Zitaten wird eine Interviewkennung zugeordnet, die aus der Angabe der Teildisziplin und der Fallnummer besteht. Dabei steht „LIT" für die Neuere Deutsche Literatur, „BIO" für die Zell- und Mikrobiologie, „JUR" für das Strafrecht, „POL" für die Vergleichende Regierungslehre und die Internationalen Beziehungen und „TECH" für die Nachrichten- und Hochfrequenztechnik. Immer dann, wenn ein bestimmter Interviewpartner zitiert wird, wird beim ersten Zitat dessen Interviewkennung genannt. Alle weiteren folgenden Zitate ohne weitere Interviewkennung stammen dann ebenfalls von diesem Fall. Eine neue Interviewkennung wird erst angeführt, sobald eine andere interviewte Person zitiert wird.

© Der/die Autor(en) 2021
M. Janßen et al., *Hochschulreformen, Leistungsbewertungen und berufliche Identität von Professor*innen*, Organization & Public Management,
https://doi.org/10.1007/978-3-658-33289-1_3

jedoch ein differenziertes Bild. Dies wird zunächst anhand der Einschätzungen von „Bologna", sodann generell anhand der subjektiven Ansprüche an Lehre und Forschung deutlich. Diese wurden in den Interviews nicht direkt erfragt, was auf ein gehöriges Maß an sozial erwünschtem Antwortverhalten hinausgelaufen wäre, sondern erschließen sich aus Beschreibungen positiver und negativer Lehr- und Forschungserfahrungen, persönlicher Ziele und als wichtig angesehener Bedingungen für ‚gute' Forschung und Lehre.

3.1   „Bologna"-Reform: Keine einheitliche Gegnerschaft

„Bologna" ist nicht nur in der medialen Diskussion, sondern auch in unseren Interviews ein wichtiges Thema, wenn es um die Frage nach guten oder schlechten Rahmenbedingungen für die Realisierung eigener Ansprüche an die Lehre geht. Daher werden wir mit einem kurzen Überblick über professorale Deutungen der unter diesem Begriff firmierenden Studienreform beginnen. In unseren Interviews findet sich zwar auch eine eher allgemeine „Bologna"-Kritik. Wir gründen unsere Darstellung jedoch vor allem auf Äußerungen, mit denen ProfessorInnen die Veränderungen – etwa die Umstellung auf Bachelor und Master, die Modularisierung der Studiengänge oder neue Bewertungs- und Prüfungsformate – konkreter auf ihr eigenes berufliches Handeln und eigene Ansprüche an die Lehre beziehen.

Zeitliche Mehrbelastung und Entwertung professoraler Kompetenzen
Obwohl sich in unseren Daten keineswegs ein einhelliges Votum gegen die „Bologna"-Reformen widerspiegelt, werden von ProfessorInnen verschiedene Veränderungen kritisch betrachtet. Dazu gehört der oft genannte Punkt einer zeitlichen Vereinnahmung durch neue bürokratische Anforderungen und Abstimmungserfordernisse. So spricht ein Literaturwissenschaftler die Vielzahl neuer Studiengänge an, durch die sich seine „Arbeitsbedingungen deutlich" – „und zwar nicht zum Besseren" – gewandelt hätten:

„Man kann das zum Teil gar nicht mehr bedienen und die Termine einhalten. Jeder Studiengang hat eigene Anmeldetermine, Abgabefristen, die in unser zentrales System eingetragen werden müssen. Das kostet furchtbar viel Zeit und eigentlich, wenn man es genau nimmt, dürfte man sich aus dem Büro überhaupt nicht mehr wegbewegen, weil garantiert irgendein Termin ansteht, der bedient werden muss." (LIT8)

Hinzu kommt, dass „Bologna" von nicht wenigen ProfessorInnen mit anhaltenden, sozusagen nicht enden wollenden Veränderungen verbunden wird. Eine Literaturwissenschaftlerin klagt über einen „unentwegte[n] Reformprozess", durch den sie und ihre KollegInnen „permanent dabei" seien, „extra zu verwalten" (LIT13). Auch ein Politikwissenschaftler geht von einer Situation aus, die weiterhin von „viel Kopfzerbrechen" (POL13) geprägt sei. Aus seiner Sicht befänden er und seine KollegInnen sich

> „immer noch in der Phase, wo man die Effekte der Umstellung von den alten Studiengängen auf die neuen merkt, weil man nicht genau weiß: Was gehört in den Bachelor, was gehört in den Master? Und dann reformiert man und muss sehr schnell irgendwie nachjustieren, weil man merkt, man muss sich irgendwie klar werden, welche Inhalte gehören in den Bachelor, welche in den Master. Die Prüfungsanforderungen, das Denken in Modulen, das führt zu viel Kopfzerbrechen. […] Man muss sich besser koordinieren und abstimmen."

Solche Beschreibungen müssen keineswegs Ausdruck einer grundsätzlich kritischen Sicht auf die Studienreform sein. Sie zeigen aber, dass ProfessorInnen eine Zunahme organisationaler Anforderungen registrieren.[1]

Teilweise werden die vermehrten formalen Vorgaben jedoch auch als Entwertung einer inhaltlich-fachlichen Auseinandersetzung gedeutet. So spricht etwa ein Nachrichtentechniker mit Blick auf die Akkreditierungsverfahren von „sinnloser Bürokratie", die „nichts an Qualität" bringe. Seine KollegInnen und er formulierten die geforderten Berichte so, dass „es schön kling[e]", also der gewünschten Semantik entspreche. Letztlich werde durch dieses Verfahren aber die professorale Verantwortung für die Lehre beschnitten:

> „Also man soll doch den Professoren ein bisschen mehr zutrauen, dass die wissen, wie man ein Studium organisiert. […] Auch wenn es vielleicht nicht alle machen. Das ist ja immer der Vorwurf: Professoren kümmern sich um ihre Nebentätigkeiten, um ihre Forschung, aber nicht um die Lehre; aber es gibt genügend Engagierte in der Lehre, die dann auch diese Aufgaben übernehmen und diesen Studiengang besser machen, als wenn man da so einen Rahmen von außen vorgibt. Und die Akkreditierung: Da werden Formalitäten überprüft letztendlich, über Inhalte ging es da fast gar nicht." (TECH3)

---

[1]Zu den hohen Transaktionskosten der Hochschulreformen siehe auch Jörg Bogumil et al. (2015) sowie Peer Pasternack et al. (2017, S. 5, 75–79) die in ihren Befragungen entsprechende Einschätzungen betroffener Akteure ermittelt haben.

Der Nachrichtentechniker äußert somit mehr als eine Bürokratiekritik. Er nimmt eine Verkehrung der Rollen wahr, im Zuge derer sich die in Bezug auf die Lehr-inhalte eigentlich kompetenten ProfessorInnen an einen „von außen" vor-gegebenen „Rahmen" anpassen müssten. Er diagnostiziert hier etwas, das von der Arbeitssoziologie unter dem Begriff der „Entsubjektivierung" lange Zeit in ganz anderen Berufsfeldern untersucht wurde, wo Tätigkeiten wie Fließbandarbeit immer größeren Standardisierungen unterworfen wurden (Kern und Schumann 1970, 1984; Braverman 1977; Bolte und Treutner 1983).[2]

Neben den Akkreditierungsverfahren wird auch die Einflussnahme der eigenen Organisation als eine Verschiebung der Kompetenzen gedeutet. Dies trifft etwa auf einen Literaturwissenschaftler zu, der die Zunahme von organisationalen Vor-gaben als „Gängelband" für die ProfessorInnen bewertet:

> „Wenn man sich anguckt, wie das jetzt gemacht wird. Fangen wir mal beim Detail an! Dass Studierende, was ja auch sinnvoll ist, zum ganz bestimmten Zeitpunkt ihre Note haben müssen, und dass ich dann daraus zurückrechne, wann Themen gestellt werden müssen, wann und wie schnell Arbeiten korrigiert werden müssen: Dann kann man schon an diesem Detail feststellen, dass es einen massiven Prozess gibt, die Verantwortlichkeit des Amtes eines Professors oder einer Professorin wirk-lich zu unterwandern. Also Professorinnen und Professoren sind nicht mehr selbst verantwortlich für ihr Tun, sondern sind am Gängelband organisationeller Ver-pflichtungen, und das ist in der Tat wirklich massiv." (LIT9)

Obgleich der Literaturwissenschaftler eine Verbindlichkeit für die Studierenden für „sinnvoll" hält, überwiegt seine Kritik an einer auf stärkere Formalisierung abzielenden Governance. Aus seiner Sicht wird dadurch das Amtsethos von ProfessorInnen, das auf einer freien, eigenverantwortlichen Aufgabenerfüllung beruht, „unterwandert".

„Bologna" als Bedrohung der inhaltlichen Qualität universitärer Lehre?
Wenn man sich die professoralen Beiträge in F&L vergegenwärtigt, ging es bei der Auseinandersetzung mit „Bologna" vor allem auch um ein befürchtetes oder

---

[2] In ihrer Untersuchung von Ökonomisierungsprozessen in der Bildungsarbeit gelangen Karin Lohr et al. (2013, S. 239–244) zu dem Fazit, dass die verstärkt eingesetzten standardisierten Verfahren in der Lehre Beschränkungen der fachlich-professionellen Handlungsfreiheit und damit Momente der „Entsubjektivierung" erzeugen. Aufgrund der weiterhin großen Hand-lungsspielräume der BildungsarbeiterInnen und ihrer Mitgestaltung an diesen Verfahren werden diese Momente jedoch als bislang noch schwach eingestuft.

schon diagnostiziertes Ende spezifischer inhaltlicher Qualitäten universitärer Lehre. Schließlich wurde die Studienreform dort unter anderem mit einer Entwicklung zur „Massenfertigung" (Loer, F&L 04/2012, S. 289) und einer zunehmenden Entfernung von klassischen Bildungsidealen gleichgesetzt. In unseren Interviews wird jedoch nur selten eine so weitgehende Krisendiagnose geäußert, und es finden sich auch positivere oder zumindest gelassene Deutungen der Veränderungen.

Als besonders negativ werden die Folgen für die Lehre von einem älteren Professor für Neuere Deutsche Literatur beschrieben. Dieser geht von dem kontrastiven Vergleich mit einer Vergangenheit aus, in der das „gemeinsame Lernen und Forschen" noch von „Freiheit" bestimmt gewesen sei (LIT1). So habe er bei einem Professor studiert, der „enthusiastisch für sein Fach hinreißende Dinge mit Studenten machte" und eine Art Vorbild für ihn wurde. Durch die „Bologna"-Reformen müsse er sich als Lehrender nun aber erst gegenüber zu strikten Vorgaben – „sehr eng getakteten" Stundenplänen der Studierenden und der „unerschütterlich fixierte[n] Dauer einer Seminarsitzung" – mühsam seine „Freiräume erkämpfen". Auch hier klingt, wie zuvor beim Nachrichtentechniker, „Entsubjektivierung" an. Die Bereitschaft, sich von einem inhaltlichen Interesse leiten zu lassen, fordere beiden Seiten – ihm selbst wie auch den Studierenden – unangemessene Zugeständnisse ab:

> „Wir machen es dann als Privatveranstaltungen. Es ist auch ganz traurig, dass ich eine Veranstaltung wie dieses Lyrikseminar außerhalb meiner Arbeitszeit mache und dass keiner der beteiligten Studierenden dafür einen Punkt bekommt, obwohl es vielleicht eines der lehrreichsten Seminare ihrer Ausbildungszeit gewesen ist."

Folgerichtig könne die Lösung nur in einer stärkeren Flexibilität der Lehre – einer größeren Lehr- und Lernfreiheit – bestehen:

> „Ich würde gerne einen Studienplan sehen, in dem es viel weniger fest vorgeschriebene Anforderungen gibt, diese dann aber flexibler gelernt werden können. Sodass wir sagen können, wie das in meiner Studienzeit bei meinen Lehrern noch möglich war: ‚Wir machen dieses Seminar hier, weil der Text so komplex ist oder weil so viele Leute da sind oder weil das Ergebnis so vielversprechend ist. Wir machen jetzt mal drei Stunden statt zwei oder vier. Uns fällt jetzt ein: Wir machen am Wochenende einen Ausflug ins Goethehaus und schauen uns die Handschriften dort an.' Das wäre sehr förderlich für das Erreichen der Ausbildungsziele, wenn wir so was machen könnten. Es ist vollkommen utopisch, so etwas zu machen."

Der Literaturwissenschaftler geht von einem deutlichen Widerspruch zwischen „Bologna" und dem Erreichen eigentlich wichtiger Lehrziele aus. Die „Schere zwischen dem", worauf es in der „Ausbildung junger Leute zu sehr guten Literaturwissenschaftlerinnen und -wissenschaftlern" wirklich ankomme, und den Regelungen der neuen Studiengänge „öffne[] sich", wie er an anderer Stelle formuliert, „weiter, und zwar dramatisch weiter".

In der Folge zeichnen sich negative Konsequenzen für die Lehrmotivation ab. So unterscheidet eine Reihe von ProfessorInnen im Zuge von „Bologna" zunehmend zwischen einer wenig sinnstiftenden Pflichtlehre und seltener werdenden Veranstaltungen, in denen sich forschungsorientierter Austausch realisieren lässt:

> „Das sind in der Tat die interessanten Seminare. Was wir jetzt machen, wir haben jetzt wieder ein Oberseminar, das heißt einfach so oder muss auch, glaube ich, so heißen, damit wir einen Raum kriegen, was auch irgendwie eigenartig ist. Aber das ist völlig frei von Studiengangszwängen, wo wir uns einfach irgendetwas vornehmen, um zu sagen: ‚Ach, das finden wir interessant, das diskutieren wir mal, gucken wir mal, ob daraus irgendwie eine Projektidee entsteht.'" (LIT9)

Mit der Unterscheidung zwischen „interessanten Seminaren" und weniger sinnstiftenden Veranstaltungen geht teilweise einher, eigenen Qualitätsmaßstäben in Bezug auf die Lehre nicht mehr durchgängig folgen zu können. So äußert derselbe Literaturwissenschaftler, „die Lust" an einer zeitaufwendigen Vorbereitung zu verlieren, da er mit seinen inhaltlichen Ansprüchen immer seltener auf ein entsprechendes „Publikum" stoße. Durch „Bologna" und „das Damoklesschwert" der ECTS-Punkte seien viele Studierende mehr als früher an einer vorstrukturierten Wissensvermittlung interessiert. Ihre Bereitschaft, sich auf komplexere Lern- und Aneignungsprozesse einzulassen, sinke entsprechend:

> „Es ist natürlich klar: Warum soll man so viel Zeit opfern, um schwierige Texte zu lesen, um dann eine Note zu bekommen, die, das kann man dann prozentual ausrechnen, irgendwie so im einstelligen Bereich liegt bezogen auf das Gesamtstudium."

Solche Veränderungen der studentischen „Mentalitäten"[3] werden nicht nur von GeisteswissenschaftlerInnen thematisiert. So konstatiert eine ältere Professorin

---

[3] Siehe hierzu auch die Ergebnisse von Harald Schomburg et al. (2012, S. 90–92): Die Mehrheit der Lehrenden an Universitäten stimmte der Aussage zu, dass die intrinsische Motivation der Studierenden im Zuge von „Bologna" abgenommen habe.

der Zellbiologie, dass sich durch die stärkere Verschulung der Bachelor-Studiengänge insbesondere die Haltung von StudienanfängerInnen gewandelt habe:

> „Das war wirklich ein großer Umbruch. Und ich meine, ich bin ja auch schon etwas älter, ich stehe dem durchaus sehr kritisch gegenüber. Weil einfach, sagen wir mal, die Selbstverantwortlichkeit der Studierenden für ihre Ausbildung darunter sehr, sehr stark gelitten hat. [...] Also zumindest der Bachelor-Studiengang ist sehr stark verschult. [...] Man kann nicht mehr davon ausgehen, dass die Leute sich für das interessieren, was man da macht, sondern die meisten natürlich nicht. Die müssen es nur machen, damit sie ihre Punkte kriegen und ihre Klausuren bestehen." (BIO3)

Ihren Vergleichsmaßstab bildet die größere Wahlfreiheit in den Diplomstudiengängen, die es den Studierenden schon früh ermöglicht habe, sich „selbstverantwortlich" an den eigenen inhaltlichen Interessen zu orientieren. Auch ein erfahrener Fachkollege einer anderen Universität spricht davon, dass Studierende die Veranstaltungen vermehrt „nur noch als Pflicht" wahrnähmen und ihr „Interesse am Stoff rasant gesunken" sei (BIO2).

Neben motivationalen Problemen sehen ZellbiologInnen häufiger auch einen Qualitätsverlust des vermittelten Fachwissens. Durch die modularisierten Prüfungen würden die jeweiligen Inhalte zunehmend „abgehakt" (BIO3) oder „als Pakete behandelt" (BIO1), die nacheinander „zu schnüren" seien. Hierdurch werde ein Grundverständnis der Zusammenhänge verhindert, so dass „einfach kein Gesamtkonzept Biologie [...] mehr im Kopf" entstehe, wie es „die Diplomleute" noch gehabt hätten (BIO3).

Wie erwähnt, finden wir in den Interviews jedoch ebenfalls positive oder zumindest gelassene Einschätzungen der Folgen von „Bologna" für die Lehre. Eine besonders klare Gegenposition zu den KritikerInnen nimmt etwa ein Nachrichtentechniker ein, der die Studienreform vor allem mit Verbesserungschancen verbindet. Er wertet es als positive Entwicklung, dass mit der Aufteilung in Bachelor und Master eine „Sollbruchstelle" entstanden sei, durch die Studierende nach nur wenigen Jahren eine „Ausbildung nachweisen" und in das Berufsleben starten könnten:

> „Und ich denke, das ist gut so. Vorher hat man das Vordiplom gehabt, das war eigentlich nichts wert. Also hier in der Elektrotechnik war das nichts wert. Man musste entweder das gesamte Studium machen oder man ist gescheitert." (TECH2)

Dass er im Gegenzug seine Bachelor-Veranstaltungen stärker an den Erfordernissen eines potenziell früheren Arbeitsmarkteintrittes zu orientieren habe, bewertet er als sinnvoll:

„[J]etzt muss ich vielleicht meine Vorlesung umstellen, damit ich diesen Bachelor-Studiengang so bediene, wie das die Leute brauchen. Sie brauchen eben nicht die tiefen theoretischen Kenntnisse, sondern sie müssen von allem mal was gehört haben, damit sie nachher in die Industrie gehen. Weil, die Industrie wird sie so oder so anders formen. Das ist so."

Anstatt von einem besseren früheren Status quo auszugehen, folgt der Nachrichtentechniker einer Lesart, die auch den wissenschafts- und reformpolitischen Diskurs bestimmt. Die universitäre Lehre muss demgemäß stärker in Relation zu den Anforderungen der Arbeitswelt gesehen werden.

Mit seinen eindeutig positiven und am Ziel der „Employability" orientierten Deutungen gehört der Nachrichtentechniker innerhalb des Samples eher zu den Ausnahmen. Es finden sich jedoch selbst bei den – tendenziell „Bologna"-kritischeren – GermanistikprofessorInnen Beispiele für eine zumindest abwägende Perspektive auf die Studienreform. Erstens würden mit dieser Lehrende nun stärker „als didaktisch Handelnde in den Blick genommen" (LIT1), wie ein ansonsten die Studienreform kritisierender Literaturwissenschaftler positiv vermerkt. Zweitens wird mit der stärkeren Strukturierung der Lehrinhalte auch ein Qualitätsgewinn verbunden. Eine Fachkollegin erläutert:

„Es hat in unserem Fach, also Neuere Deutsche Literatur, auch gebracht, dass wir uns selber, also die Lehrenden, viel klarer darüber werden mussten, was sind eigentlich unsere Standards? Was muss eigentlich ein Student, eine Studentin wissen, wenn sie drei Jahre oder vier Jahre Germanistik studiert haben? […] Das war vorher sehr freihändig, da hat das jeder irgendwie gemacht, und da musste man sich jetzt einigen, und das finde ich eine sehr gute Lösung, dass wir sozusagen die Einführung, die erste Stufe des Studiums, reglementiert haben. Also reglementiert haben in dem Sinne, dass wir sagen, alle müssen das Gleiche machen, und dann kann sich jeder nachher so entwickeln und aussuchen, was er oder sie will. Das wäre eine Verschulung in einem Sinne, den ich durchaus positiv finde – nämlich: Wir müssen uns Rechenschaft darüber abgeben, was sollen die wissen? Welche Kompetenzen sollen sie entfalten? Im Schulalltag ist das ganz normal, an den Unis war es oft nicht der Fall." (LIT5)

Anstatt von einer Dichotomie zwischen positiv bestimmter Lehr- und Lernfreiheit und kritikwürdiger Verschulung auszugehen, betrachtet die Germanistin die Veränderungen in differenzierter Weise. Sofern sich die Reglementierung auf „die erste Stufe des Studiums" beschränke, könne „Bologna" dem Ziel dienen, über einheitliche „Standards" eine bessere Basis für die anschließend größere Lernfreiheit der Studierenden zu vermitteln. In ähnlicher Weise argumentiert auch eine jüngere Fachkollegin, die die Vorteile einer stärkeren Strukturierung noch konkreter auf ihr eigenes berufliches Handeln bezieht. So gebe ihr die Modularisierung mehr Orientierung, von welchen Kompetenzen der Studierenden sie in ihren Lehrveranstaltungen ausgehen könne – „auf welcher Stufe" (LIT2) sie sich also jeweils befinde.

In unserem Überblick spiegelt sich somit zum einen wider, dass „Bologna" durchaus als noch nicht abgeschlossene Reform wahrgenommen wird. Denn anders als man aufgrund des Zeitpunkts unserer Interviews hätte vermuten können, ist häufiger noch die Rede von Prozessen der Anpassung oder Nachjustierung, die den beruflichen Alltag begleiten. Zum anderen deutet sich in den Äußerungen zu den Reformen bereits ein Spektrum unterschiedlicher Ansprüche an die Lehre an. Dies reicht – zugespitzt – vom klassischen Ideal einer an Humboldt orientierten Lehr- und Lernfreiheit bis zu einer Vorbereitung der Studierenden auf den Arbeitsmarkt. Entsprechend wurde „Bologna" mit eher förderlichen oder aber hinderlichen Bedingungen für die Realisierung eigener Ansprüche an die Lehre in Verbindung gebracht.

Im folgenden Abschnitt werden wir die professoralen Ansprüche an die Lehre ausführlicher und mit Blick auf disziplinäre Unterschiede darstellen. Die Gefährdung dieser Ansprüche wird in den Interviews weniger an Leistungsbewertungen in der Lehre festgemacht. Wie wir sehen werden, gerät die Lehre eher durch solche neuen Leistungsbewertungen und -kriterien unter Druck, die an die Forschung angelegt werden.

3.2 ,Gute' Lehre

Zunächst gehen wir von dem Anspruch aus, Lehre als einen interaktiven Prozess zu gestalten, der sich deutlich von einer unidirektionalen Wissensvermittlung qua ,Unterricht' unterscheidet. In den darauf folgenden Abschnitten werden wir dann näher betrachten, inwieweit sich ProfessorInnen weiterhin an dem für die universitäre Lehre klassischen Anspruch einer Integration von Forschung und Lehre orientieren und wie sie ihre Lehrziele zwischen Wissenschaft, Arbeitsmarkt und erweiterten Bildungsidealen verorten.

Interaktive Lehr- und Lernprozesse
Der Anspruch, Lehre als interaktiven, möglichst dialogischen Prozess zu gestalten, wird in besonderer Weise von jenem älteren Literaturwissenschaftler herausgestellt, der die „Bologna"-Reformen – wie in Kap. 3.1 dargestellt – als massiven Einschnitt in die Lehr- und Lernfreiheit deutet. Positive Beispiele für

Lehrveranstaltungen sind für ihn vor allem Seminare, in denen eine anspruchsvolle gemeinsame Arbeit an literarischen Texten möglich ist. Hierzu gehörte
etwa ein Hauptseminar, in dessen Vorfeld die Studierenden einen umfangreichen Roman lesen mussten und in dem sich dann durch die von allen geteilte
„Souveränität einer wirklich guten Textkenntnis" eine Diskussion „über die
interessantesten und schwierigsten Aspekte" habe entwickeln können:

> „Mein Vorsprung bestand nur noch darin, dass ich mich mehr in der [Forschungs-
> thema]-Forschung und in der Textanalyse auskannte. Aber im Text dieses Werkes
> waren wir eigentlich alle gemeinsam da. Ich glaube, das hat allen sehr gut gefallen,
> die in diesem Seminar waren, weil man auch nach diesem Seminar nicht mehr
> gefragt hätte, zu welchem Ende studiert man Literaturwissenschaften? Eben, um
> solche wunderbaren Werke zu verstehen und durch sie die Welt besser zu ver-
> stehen." (LIT1)

Der Literaturwissenschaftler hebt hervor, dass die Hierarchie zwischen lehrendem
Professor und lernenden Studierenden in den Hintergrund treten konnte. Trotz
seines größeren Fachwissens nahm er keine anleitende oder motivierende Rolle
ein, da er auf TeilnehmerInnen traf, die sich auf ein komplexes Werk und einen
davon ausgehenden Bildungsprozess einließen. So ergab sich eine Gemeinschaft
des Lehrenden und der Lernenden, in der sich eine Einheit von Forschung und
Lehre einstellte – ganz im Sinne Wilhelm von Humboldts (1809–10, S. 230):

> „Es ist […] eine Eigenthümlichkeit der höheren wissenschaftlichen Anstalten, dass
> sie die Wissenschaft immer als ein noch nicht ganz aufgelöstes Problem behandeln
> und daher immer im Forschen bleiben, da die Schule es nur mit fertigen und
> abgemachten Kenntnissen zu thun hat und lernt. Das Verhältniss zwischen Lehrer
> und Schüler wird daher durchaus ein anderes als vorher. Der erstere ist nicht für die
> letzteren, Beide sind für die Wissenschaft da […]."

An anderer Stelle betont der Literaturwissenschaftler zwar, dass die Vermittlung
von Grundlagenwissen ebenfalls „nicht geringgeschätzt werden" sollte. Lehrveranstaltungen, die er selbst als „schön, befriedigend und sinnvoll" erlebt, sind
jedoch deutlich voraussetzungsvoller.

Selbst wenn man zunächst noch bei den Literaturwissenschaften bleibt,
zeigen sich aber auch hier bereits Unterschiede. Dass sich die Studierenden aktiv
beteiligen und auf die jeweiligen Gegenstände einlassen, wird zwar durchgängig
als wichtig erachtet. Wie sich anhand des Beispiels einer jüngeren Professorin
illustrieren lässt, kann sich dieser Anspruch aber ebenso mit dem Selbstverständ-

nis einer stärker anleitenden Lehrenden verbinden. So äußert die Professorin, dass es ihr „immer wichtig" sei, „auch Erstsemester und Zweitsemester zu unterrichten", um sehen zu können, mit welchen Lektüreerfahrungen und welchem „Medienverhalten" StudienanfängerInnen in ihre ersten Veranstaltungen kämen. Ihre Aufgabe sieht sie nicht zuletzt darin, sich an den Potenzialen, aber auch an den bestehenden Grenzen der Studierenden zu orientieren:

> „Das heißt einerseits, stark leitend zu sein. Ich glaube schon, dass es wichtig ist, anleitend zu sein. Und Standards und Kriterien anzugeben, mit denen sinnvollerweise beispielsweise Texte […] gedeutet werden können. Und andererseits aber eben auch dem Anderen den Freiraum zu lassen, bestimmte Dinge überhaupt erst zu entwickeln. Das ist teilweise gar nicht so einfach, und deswegen bin ich immer so gerne im ersten Semester, um noch immer zu bedenken, wo sind eigentlich die Schwierigkeiten? Warum sind bestimmte Fragestellungen für Leute, die am Anfang sind, noch keine Routine? Warum haben sie Schwierigkeiten, Sekundärtexte zu lesen?" (LIT2)

Die Literaturwissenschaftlerin geht von einer Balance zwischen „Freiraum" und Anleitung aus, um zugleich zwei Zielen gerecht werden zu können: der Vermittlung fachlicher „Standards" und der Begleitung ihrer Studierenden bei der allmählichen Entwicklung einer für sie neuen Perspektive. Dass sie dabei noch auf spürbare „Schwierigkeiten" trifft, ist für sie weder demotivierend noch enttäuschend – eher im Gegenteil: Die Literaturwissenschaftlerin sieht es gerade als positive Herausforderung, „wechselseitig im Gespräch" mit den Studierenden eine allmähliche „Verwissenschaftlichung des Blicks" einzuüben. Dieser Prozess sei „ganz, ganz bemerkenswert" und interessant. Insofern handelt es sich bei der Arbeit mit Bachelor-Studierenden für sie keineswegs um eine ungeliebte Pflicht.

Vergleichbare Deutungen finden sich ebenfalls bei einer jüngeren Politikwissenschaftlerin. Auch diese betont ihren Anspruch, Studierende bei der Aneignung einer für sie neuen Form der Reflexion zu unterstützen. Wichtig sei hierbei aber noch, die Teilnehmenden zu einer aktiven Mitarbeit zu verpflichten:

> „[I]ch [verlange] in der Regel von ihnen, dass sie sich halt beteiligen, dass sie auf jeden Fall die Texte gelesen haben und dass sie einzelne Leistungen erbringen müssen, die ich auch kontrolliere. Das funktioniert bisher erstaunlich gut. Das machen die auch." (POL7)

Eine solche Leistungskontrolle könnte ebenso als Ausdruck einer negativen Verschulung der universitären Lehre gedeutet werden. Die Politikwissenschaftlerin sieht darin jedoch die Basis für eine verbindliche Zusammenarbeit. So gebe sie im Gegenzug „immer Feedback auf jede Teilaufgabe", damit die Studierenden einschätzen könnten, an welchem „Standard" sie sich orientieren sollten. Die Professorin geht daneben durchaus auf Widerstände ein, die auch in anderen Interviews genannt werden. So müsse man sich gerade vor StudienanfängerInnen „rechtfertigen", wenn man keinen unidirektionalen „Unterricht" biete und auf mehr als rein „klausurrelevantes" Wissen Wert lege. Zugleich ist die Lehre im Bachelor für sie aber „schon auch interessanter", da die Studierenden noch näher an ihrer „ursprünglichen Motivation" und weniger „abgeklärt" seien. Besonders erfreuten sie daher auch die „Aha-Moment(e)" – wenn die Studierenden also verstünden, „was die Wissenschaft da dran ist".

Als besonders positiv werden folglich solche Lehrveranstaltungen bzw. -situationen beschrieben, die durch wechselseitigen Austausch und aktive Beteiligung der Studierenden gekennzeichnet sind. Zugleich zeigt sich, dass sich jüngere ProfessorInnen seltener an dem Ideal einer gemeinsamen Reflexion auf Augenhöhe orientieren und ihre Rolle als Lehrende auch über eine didaktische Anleitung von Lernprozessen und die Vermittlung bestimmter „Standards" definieren. Interessant ist nun die Frage, welche Rolle der Anspruch interaktiver Lehr- und Lernprozesse für solche ProfessorInnen spielt, in deren Disziplinen Vorlesungen einen größeren Raum als in den Geistes- und Sozialwissenschaften einnehmen oder die Lehre zusätzlich, wie in den Rechtswissenschaften, per se durch eine stärker standardisierte, examensvorbereitende Wissensvermittlung geprägt ist.

Wichtig ist zunächst, dass der Anspruch, über die erfolgreiche Vermittlung von Lehrinhalten hinaus auch dialogische Anteile zu integrieren, grundsätzlich geteilt wird. Dies zeigt sich etwa bei einem Professor für Hochfrequenztechnik, der kleinere Vorlesungen aus diesem Grund als besonders positiv erlebt:

> „Die sind mit Leib und Seele dabei. Ich überziehe auch fast immer. Das stört keinen. Die gehen dann nicht, sondern die machen auch eine halbe Stunde länger, wenn es sie interessiert. Und diese Zusammenarbeit ist eben das, was ich faszinierend finde. Deshalb macht mir Lehre auch eben wirklich Spaß. Weil es halt Spaß macht, mit den Leuten zu diskutieren, zu sehen, was können die schon, wo haben die Lücken? Was kann ich denen noch mit auf den Weg geben?" (TECH1)

Große Vorlesungen, in denen er vor einer „anonyme[n] graue[n] Masse" stehe und nur „selten mal Fragen" von den Teilnehmenden kämen, deutet er vor allem pflichtethisch. Unidirektionale Wissensvermittlung müsse auch „gemacht werden", stelle „eben halt die Schattenseite der Medaille" dar. „Wirkliche Lehre" aber fange erst an, wenn ein Dialog mit den Studierenden möglich sei.

Bei den StrafrechtlerInnen finden wir eine solche Unterscheidung zwischen „wirklicher" Lehre und notwendigen Pflichtveranstaltungen seltener. Dies ist vor allem der bereits erwähnten disziplinären Besonderheit – eine stärker vorstrukturierte und am Staatsexamen orientierte Wissensvermittlung – geschuldet. Ein geringerer diskursiver Anteil stellt für die ProfessorInnen insofern eher den Normalfall als die „Schattenseite der Medaille" dar. So sieht eine jüngere Strafrechtlerin die wesentliche Herausforderung ihrer Lehre darin, tendenziell „zu viel Stoff in zu kurzer Zeit" vermitteln zu müssen, da im Examen oftmals „kleinliche[] Details" geprüft würden (JUR3). Die Studierenden stünden im Gegenzug unter einem großen „Druck" und fokussierten vor allem „das eine Ziel: irgendwie durchkommen". Ein ebenfalls noch jüngerer Fachkollege äußert einen ähnlichen Eindruck. Die „Allermeisten" seien „stark orientiert auf das Examen", sodass

„im Grunde all das, was man ihnen dann in den Vorlesungen, in Seminaren bietet, durchaus auch darauf abgescannt wird, was davon kann ich später mal gebrauchen, was ist jetzt prüfungsrelevant, was ist examensrelevant. […] Was freilich vor der Menge des Stoffs und vor dieser überragenden Bedeutung der Examensnote aus meiner Sicht verständlich ist." (JUR12)

Er verbindet damit also keine Kritik an den Studierenden. Während einige der älteren FachkollegInnen die heutigen Studierenden im Vergleich durchaus als eindimensionaler wahrnehmen, ist die beschriebene Haltung für den zitierten Strafrechtler angesichts der Struktur eines rechtswissenschaftlichen Studiums „verständlich" und habe sich über die Jahre nicht wesentlich verändert. „Diese Examensorientierung" und das damit „ein bisschen verbundene Scheuklappendenken" seien bereits zu seiner eigenen Studienzeit „vor 20 Jahren nicht großartig anders" gewesen.[4]

Insgesamt überwiegen in den Rechtswissenschaften Deutungen, nach denen die Aufgabe der ProfessorInnen vor allem darin bestehe, Inhalte in eine lernbare Form zu bringen. Auch wenn die befragten JuristInnen das „Scheuklappendenken" der Studierenden kritisieren, akzeptieren sie diesbezügliche Einschränkungen ihrer Lehrfreiheit. So beschreibt die eben zitierte Strafrechtlerin ihre Lehre nicht zuletzt darüber, „den Stoff zu strukturieren" und die „Komplexität" mancher Fragen „in einfache Schritte aufzusplitten" (JUR3). Sie sei mit ihren Vorlesungen „desto zufriedener, je besser sie Gedanken aufbauen"

---

[4]Zur eingeschränkten Lehr- und Lernfreiheit in professionsorientierten Studiengängen siehe Götz Fabry und Christian Schirlo (2016) am Beispiel der Humanmedizin.

könne. Dennoch findet sich bei ihr zugleich der Anspruch, in ein wechselseitiges Verhältnis mit den Studierenden zu treten. So betont die Strafrechtlerin
auch, dass ihr „sprachliches Können" immer „stark vom Gegenüber" abhänge.
Es „mach[e]" sie „besser", wenn sie „im Raum" spüre, dass „die Leute drinnen"
seien – wenn sie bei den Studierenden also eine, wie es Uta Liebeskind (2011,
S. 205) bezeichnet, „tatsächlich anteilnehmende Teilnahme" wahrnimmt. Zudem
versucht die Strafrechtlerin „immer wieder", die unidirektionale Struktur ihrer
Vorlesungen bewusst durch konkrete Fragen zu durchbrechen und zumindest
„einzelne Personen" dialogisch „einzubeziehen" (JUR3). Während in den großen
Vorlesungen weiterhin „die schweigende Masse" dominiere, sei die aktive
Beteiligung bei einer geringeren Studierendenzahl eher möglich:

> „Auch von mir aus kommt da viel mehr kommunikatives Anliegen. Da habe ich
> zum Beispiel begonnen mit so einem kleinen Multiple-Choice-Test, der das, was wir
> letzte Woche hatten, wiederholt. Ich habe dazu gesagt: ‚So, jetzt sprechen wir den
> Multiple-Choice-Test durch.' Jeder hat dann irgendwie was gesagt. Jeder hat sich
> damit angesprochen gefühlt."

Mit der Durchführung und Nachbesprechung von Multiple-Choice-Tests nennt
die Strafrechtlerin zwar ein didaktisches Instrument, das vergleichsweise wenig
Raum für Diskussionen lässt. Gleichwohl wird deutlich, dass sie es als Mehrwert
wahrnimmt, ihre Lehre auf diesem Wege „kommunikativer" gestalten zu können.
Der ebenfalls schon zitierte Fachkollege geht mit seinem Anspruch etwas
weiter, indem er in seinen Vorlesungen auch Diskussionen anzuregen versucht.
Um diesen Prozess zu fördern, stelle er den Studierenden „ausführliche Lehr-
skripte" zur Verfügung – so seien die TeilnehmerInnen eher „frei" und in der
Lage, „sich das anzuschauen, anzuhören und aber eben dann auch mitdiskutieren
zu können" (JUR12). Der Strafrechtler folgt mit den Lehrskripten insofern
weniger einer Dienstleistungsnorm oder -erwartung als seinem eigenen Anspruch,
die Studierenden aktiv zu beteiligen. „Am meisten Spaß" machten ihm letztlich
die wenigen Lektürekurse, in denen der Raum für eine offene Diskussion vorhanden sei:

> „Da nimmt man sich die Texte, auf die man Lust hat, und dann schaut man mal, wie
> weit man kommt, und beißt sich dann fest oder geht dann eben auch schnell und
> zügig weiter. Da hat man im Grunde noch so diese alte Diskussionskultur, die man
> so in diesen Seminaren selbst in den 70er, 80er Jahren erlebt hat [...]."

Die Zufriedenheit mit der Lehre wird also in starkem Maße von der Beteiligung
und Haltung der Studierenden abhängig gemacht. Grenzen für die Umsetzung

interaktiver Anteile werden zwar thematisiert. Es bleiben aber nicht zuletzt jene Lehrveranstaltungen in positiver Erinnerung, in denen mehr möglich war. Die Aktivität der Studierenden wird von ProfessorInnen insofern als „konstitutiver Part universitärer Lehre" (Liebeskind 2011, S. 222) gesehen.

Integration von Forschung und Lehre
Ein wichtiger Anspruch, der sich in den meisten Interviews findet, ist eine Integration von Forschung und Lehre. Dieser Anspruch deutete sich bereits im vorangegangenen Abschnitt an, wenn etwa die ProfessorInnen aus den Literatur- und Politikwissenschaften positive Lehrerfahrungen an der erfolgreichen Vermittlung einer wissenschaftlichen Perspektive festmachten.

Hinsichtlich der Möglichkeiten und Formen einer Integration von Forschung und Lehre zeigen sich disziplinäre Unterschiede, auf die wir im Weiteren noch eingehen werden. Zunächst können wir aber festhalten, dass fast alle ProfessorInnen die Verbindung von Lehre und Forschung als wichtiges Qualitätsmerkmal betrachten. Dies wird nicht nur in Beschreibungen konkreter Lehrveranstaltungen oder -formate deutlich, sondern ebenso in Vergleichen zwischen universitärer und fachhochschulischer Lehre. So äußert sich ein jüngerer Strafrechtsprofessor folgendermaßen:

> „Das ist ja tatsächlich so ein Punkt, seine Forschung dann auch in die Lehre einfließen lassen zu können. Also das ist eben in einem bestimmten Umfang einfach möglich. Insbesondere bei den Fortgeschrittenenveranstaltungen. Und das ist tatsächlich ein Punkt, den, glaube ich, Fachhochschulen nicht gleichermaßen leisten können." (JUR12)

Noch dezidierter hebt ein Professor für Zellbiologie die Relevanz einer Integration von Forschung und Lehre hervor, wenn er betont, dass Studierende

> „das Gefühl haben [müssen], ganz nah dran zu sein an den wichtigen, an den Wissenschaftsfronten, in Anführungsstrichen, das ist ein ganz, ganz wichtiger Aspekt, das schafft Motivation. Alles andere ist die Fortführung der Schule mit anderen Mitteln, und das wollen und das können wir nicht. Das sollen wir auch nicht. Ich glaube nicht, dass das der Auftrag ist." (BIO11)

Mit der Aussage, dass es sich ohne Forschungsbezug um die „Fortführung der Schule mit anderen Mitteln" handele, behauptet der Zellbiologe zum einen sein berufliches Selbstverständnis, kein bloßer „Lehrer" zu sein. Zum anderen betont er aber gerade auch den Mehrwert für die Studierenden. Schließlich verknüpft er deren „Motivation" mit der Möglichkeit, qua Lehre in Berührung mit den „Wissenschaftsfronten" zu kommen. In ähnlicher Weise argumentiert ein Professor für Hochfrequenztechnik, wenn er hervorhebt, dass die Studierenden „unglaublich hungrig" darauf seien, mehr über die aktuelle Forschungsarbeit „im Institut" zu erfahren, anstatt „nur den trockenen Stoff" vermittelt zu bekommen (TECH1).

In den zitierten Äußerungen spiegeln sich bereits unterschiedliche Deutungen einer Integration von Lehre und Forschung wider. Denn während der Strafrechtler darunter versteht, dass Forschungsinhalte „in einem gewissen Umfang" in Veranstaltungen „einfließen", gehen der Zellbiologe und der Hochfrequenztechniker stärker von dem Anspruch aus, Studierende unmittelbarer an Forschungsprozessen teilhaben zu lassen. Diese Unterschiede in den Deutungen lassen sich, wie wir im Folgenden noch genauer sehen werden, in erheblichem Maße mit den unterschiedlichen disziplinären Möglichkeiten der Integration von Forschung und Lehre erklären.

Doch nicht nur die Art des Einbezugs von Forschung in die Lehre, auch der Umfang, in dem das möglich ist, variiert disziplinspezifisch. So werden einem Forschungsbezug der Lehre im Strafrecht relativ enge Grenzen gesetzt. Wie wir bereits gezeigt haben, dominieren hier Vorlesungen und am Staatsexamen orientierte Lehrinhalte, die oftmals nur wenig mit den Forschungsschwerpunkten der ProfessorInnen zu tun haben. Dies bestätigt die folgende Äußerung eines Strafrechtsprofessors:

> „[A]lso wir machen ja kaum Seminare, machen immer diese Vorlesungen und dann müssen wir Dinge abdecken, die eben im Richtergesetz stehen. […] Wenn ich eine Vorlesung halte, gibt es da vielleicht so zu drei, vier Prozent Bereiche, zu denen ich auch mal was geschrieben oder länger intensiv nachgedacht habe, wie man es zum Forschen tut. […] Es ist schon so, dass ich dann da ein bisschen mehr zu sage, als ich sagen würde, wenn ich da nichts zu geschrieben hätte. Aber es geht meistens nicht gut, weil man einfach zu viel weiß. […] Zum Betrug habe ich sehr viel geschrieben, aber die [Studierenden, Anm. der AutorInnen] hören erstmals im dritten Semester: Was ist der Betrug? Was sind die Voraussetzungen? Und da brauche ich einfach schon die Zeit, vielleicht sind das drei, vier Doppelstunden im Semester, für die grundlegenden Dinge." (JUR6)

Der Strafrechtler betont vor allem die Hürden für einen stärkeren Forschungsbezug. Zum einen bestehe nur eine geringe Schnittmenge zwischen den vorgegebenen Inhalten und seinen Forschungsinteressen, zum anderen würde er die Studierenden durch eine inhaltliche Vertiefung tendenziell überfordern. Wenn es in Vorlesungen um eines seiner Forschungsthemen gehe, sage er zwar „ein bisschen mehr" dazu, letztlich sind Forschung und Lehre für ihn aber eher voneinander entkoppelte Bereiche.

Eine jüngere Fachkollegin geht hingegen weit stärker von dem Anspruch aus, ihre Forschungsinhalte in die Lehre zu integrieren:

> „Die Lehre lebt von der Forschung. Ganz stark. […] Dadurch, dass ich die Basics bringen möchte, kommt in der Lehre nicht so viel heraus, was ich dann in die Forschung einbringen möchte. Aber was ich gerade beforsche, das bringe ich sofort in die Lehre – indem ich ein Seminar mache zu dem Thema oder indem ich besonders gerne darüber rede, wenn es sich gerade anbietet. Also die Forschung prägt meine Lehre stark. Deswegen glaube ich auch, dass sozusagen ein Modell, wo man nur unterrichtet und nicht forscht, dass die Lehre armseliger wird, für beide Seiten. […] Einfach nicht so engagiert, nicht so begeistert, nicht so durchdrungen, alles Mögliche. Ich glaube, dass die Kombination von Forschung und Lehre extrem wichtig ist. Die Lehre wird wirklich bereichert." (JUR3)

Aus Sicht der Strafrechtlerin ist die Verbindung zur Forschung eine wesentliche Voraussetzung wirklich ‚guter' Lehre. Auch innerhalb einer Disziplin weisen die professoralen Ansprüche an die Lehre also durchaus ein Spektrum auf. Denn obwohl die Strafrechtlerin ebenfalls examensrelevante „Basics" vermitteln muss, orientiert sie sich mehr als ihr Fachkollege an einer „Kombination von Forschung und Lehre". Zugleich wird deutlich, dass die Strafrechtlerin primär von einer forschungsbasierten Lehre und nicht von Formen des forschenden Lernens ausgeht,[5] bei denen sich die Studierenden selbst aktiv an eine wissenschaftliche Herangehensweise respektive an Forschungsprozesse annähern.

Bei ProfessorInnen, in deren Disziplinen die Lehre stärker von Seminaren oder Laborpraktika bestimmt wird, finden wir entsprechend erweiterte Ansprüche an eine Integration von Forschung und Lehre. Auf die Frage nach einem besonders positiven Beispiel beschreibt ein Literaturwissenschaftler etwa ein Seminar, in dem die Studierenden auch selbst Fragestellungen entwickeln sollten:

> „Die werden nicht völlig in das Offene geschmissen, aber sie können das Offene gefahrlos ausprobieren, und am Ende muss dann ein Exposé vorliegen, also eine kleine Forschungsperspektive entwickelt sein […]." (LIT9)

---

[5] Zur Differenzierung von forschungsbasierter Lehre, forschungsorientierter Lehre und forschendem Lernen siehe Ludwig Huber (2014).

Entscheidend ist für den Professor, dass die Studierenden sich hier als Forschende „ausprobieren" können und ihre eher passiv-rezipierende Rolle verlassen. In ähnlicher Weise beschreibt eine Zellbiologin Master-Kurse, die direkt im Labor stattfänden und den Teilnehmenden ein forschendes Lernen ermöglichten:

> „Da können wir Schwerpunkte setzen auch forschungsnah, [...] und da haben wir sehr kleine Gruppen. Manchmal nur fünf Leute. [...] Ist natürlich fantastisch. Die können Sie hier ins Labor mit reinnehmen. Da brauchen Sie gar nicht in einen speziellen Kursraum gehen, sondern meine Doktoranden betreuen die dann direkt im Labor mit. Und dann können wir Forschungsfragen mit denen bearbeiten, wirklich ganz neue Sachen. Das macht schon Spaß." (BIO3)

Obwohl die Betreuung zu größeren Teilen von ihren DoktorandInnen übernommen werde, sei auch ihr eigener Kontakt zu den Studierenden enger. Diese brächten sich hier stärker als in anderen Veranstaltungsformaten ein:

> „Da kommen manchmal interessante Sachen bei raus. Und weil die auch so spontane Fragen stellen, ((lacht)) manchmal völlig verrückte Sachen, macht man auch mal was anderes und sagt: ‚Okay, wenn ihr das vorschlagt, machen wir das mal.'"

Die Professorin erlebt es als positiv, dass die Teilnehmenden eine wissenschaftliche Neugier entwickeln und Fragen oder Ideen äußern. Allerdings haben die von ihr beschriebenen Kurse einen zeitlich begrenzten Rahmen, in dem die Rollen zwischen Lehrender und Lernenden klar aufgeteilt bleiben. Ein Fachkollege aus der Zellbiologie bewertet das Lehrformat der Exkursion aus diesem Grund als noch positiver. Dort könne tatsächlich ein weniger hierarchischer und vor allem von Erkenntnisinteresse getriebener Forschungsprozess entstehen:

> „Da kommen in der Regel nur noch Leute rein, die Interesse haben, und das ist ein ganz anderes Niveau. Das macht richtig Spaß. Weil man merkt, wie engagiert die sind. Und wenn wir auf Exkursion sind außerhalb, dann haben die auch ihren ganzen Privatkram abgelegt. Das interessiert nicht mehr, die können nix mehr machen auf den Inseln. Vor allen Dingen sind wir alle zusammengerauft. Dann arbeitet man auch von morgens vom Frühstück bis abends. Selbst nach dem Abendbrot wird da noch ins Labor gegangen." (BIO2)

Der Zellbiologe beschreibt solche Exkursionen als besondere Höhepunkte seiner Lehrtätigkeit. Entscheidend hierfür ist, dass sich die Haltung der Studierenden verändert und diese sich nicht aus einer pflichtethischen, sondern einer intrinsischen Motivation engagieren. In ähnlicher Weise äußert sich auch

ein Literaturwissenschaftler mit Blick auf Summer Schools, die er seit einiger
Zeit außerhalb der Vorlesungszeiten durchführe. In deren Rahmen erlebe er
Studierende, die sich ohne äußeren Druck ganz auf die Themen einließen:

> „Da vergessen die oft mittags zu essen, arbeiten wirklich bis abends durch und dann
> fällt irgendjemandem ein: ‚Komm, jetzt rufen wir einen Pizza-Service an.' ((lacht))
> Also das funktioniert auch. Und das können dieselben Studenten sein, die vorher
> wenig sichtbar sind." (LIT4)

Wir haben den Anspruch eines Forschungsbezugs der Lehre bis hierher vor
allem anhand eines Spektrums positiver Beispiele dargestellt. Die Relevanz
dieses Anspruchs für die berufliche Identität zeigt sich aber gerade auch, wenn
ProfessorInnen dessen Gefährdung durch die „Bologna"-Reformen thematisieren.
In diesem Kontext kommen vor allem zwei Kritikpunkte zur Sprache, die wir
bereits angesprochen haben: eine Einschränkung der Lehrfreiheit und -qualität
durch Modularisierung und inhaltliche Vorgaben sowie, alternativ oder zusätzlich,
eine veränderte, nämlich extrinsischer geprägte Haltung der Studierenden.

Die schon mehrfach zitierte ältere Zellbiologieprofessorin sieht den
Forschungsbezug ihrer Lehre durch Beides gefährdet. Im Bachelor sei sie mit
einem wachsenden Anteil an Studierenden konfrontiert, denen es an einem wirklichen inhaltlichen Interesse mangele. Ansätze einer Integration von Forschungs-
bezügen müssten daher immer stärker didaktischen Fragen weichen, die sich
„auch Lehrer in der Schule" (BIO3) stellten. So gehe es nicht zuletzt darum, ein
„Entertainment" zu bieten, um auch an kurzfristigem Punkteerwerb orientierte
Studierende „am Ball halten [zu] können". Im Master seien die Studierenden
zwar viel interessierter und hätten zudem „Spaß" an forschungsorientierten
Lehrformaten im Labor. Jedoch fehle durch das modularisierte Bachelor-
Studium oftmals das „Riesenfundament", welches nötig sei, um die komplexen
Zusammenhänge wirklich „zu verstehen". Während ihr die Lehre vor „Bologna"
noch großen Spaß gemacht habe, müsse sie sich nun immer mehr um die eigene
Motivation bemühen. Dabei gewinnen die positiven Ausnahmen unter den
Studierenden an Bedeutung:

> „Es gibt auch Leute, die kommen nach einer Vorlesung dann zu einem und fragen so
> ganz vorsichtig mal was und denken, man würde sie nicht kennen. Aber man sieht
> sofort die interessierten Studierenden, sofort. Auch in der Masse sieht man die. Die
> haben einfach irgendwie lebendigere Augen und gucken und passen auf. Die kann
> man sich dann schon rauspicken. Das ist schon befriedigend, dass es solche Leute
> gibt, sonst würde man keine Lust mehr haben."

Angesichts der eher indifferent rezipierenden „Masse" werden die interessierten Studierenden entscheidend dafür, nicht gänzlich die „Lust" an der Lehre zu verlieren. Letztlich verschieben sich die Prioritäten der Professorin jedoch, indem sie ihren Fokus seit „Bologna" stärker auf ihre Forschungsarbeit richtet:

> „Die Forschung steht bei mir wirklich im Vordergrund. Das muss ich ganz ehrlich sagen. Also früher war das anders. Da wollte man noch eine tolle Vorlesung aufbauen. [...] Nee, also dass ich da jetzt noch mal große Veränderungen machen will, muss ich ganz ehrlich sagen, mache ich nicht mehr. Da konzentriere ich mich lieber auf die Forschung. Und wie gesagt, die Studenten, die interessiert sind, kriege ich ja rein. Also das schaffe ich immer noch, genug zu bekommen."

Sie stellt diese stärkere Gewichtung der Forschung somit als einen Schritt dar, der eigentlich in Widerspruch zu ihrem Lehrethos steht.

Die Zellbiologin verringert lediglich den Aufwand für die Vorbereitung ihrer Veranstaltungen. Einem älteren Politikwissenschaftler geht es hingegen weitergehend auch darum, seine formale Lehrverpflichtung „zu reduzieren" (POL6). Die Motive dafür liegen vor allem in den Vorgaben für die verschiedenen Module. Während man vor „Bologna" häufiger „einen Forschungsakzent" habe setzen können, dominiere nun stärker die Wiederholung standardisierter Lehrinhalte:

> „Mein subjektives Gefühl ist, ich werde immer stärker zu einem Lehrer, der wie alle anderen Lehrer an Gymnasien irgendwie so ein File oder so einen Aktenordner hat, da zieht man dann die Vorlesung raus, und ich sage immer, man lebt so aus der Büchse. Also, ich ziehe Vorlesungen durch, und früher haben wir halt Vorlesungen zu Themen gehalten und nicht diese einführenden Überschläge."

Der Professor erwähnt zwar an anderer Stelle, dass im Master-Bereich noch gewisse Freiräume bestünden, um „eigene[] Forschungsinteressen" einbringen zu können. Aufs Ganze betrachtet seien die Möglichkeiten aber nur „sehr begrenzt". Insofern fällt sein Gesamtfazit negativ aus: Aus seiner Sicht habe man durch die Reform – „künstlich oder ganz bewusst oder unbewusst" – eine „Trennung von Forschung und Lehre hergestellt". Die einstige Idee universitärer Lehre sei in der Folge „degeneriert".

Neben solchen eher resignativen Stimmen finden wir jedoch ebenso Beispiele für ProfessorInnen, die ihren Anspruch einer Integration von Forschung und Lehre gegenüber den neuen Strukturen behaupten wollen. So beschreibt es eine jüngere Politikwissenschaftlerin als durchaus „frustrierend", dass Lehre und Forschung durch die vielen „Pflichtkurse" seltener „Hand in Hand" (POL7) gingen. Um auch weiterhin noch „Spaß" an der Lehre zu haben, plane sie aber, zukünftig konsequenter von ihren eigenen Forschungsinteressen auszugehen:

> „[F]ür mich funktioniert Lehre dann am besten, wenn ich sie möglichst eng an die Forschung anbinden kann, und ich habe mich erst gestern mit einer Mitarbeiterin unterhalten. […] Und als wir uns dann auch darüber unterhalten haben, habe ich gesagt: ‚Also ich mache das jetzt immer so: Ich biete ein Seminar ((lacht)) an, wo ich was wissen will. Und die Studierenden sind für mich Mittel zum Zweck.' Aber das funktioniert sehr gut, weil das dann oft eine sehr klare Linie hat, wo es hingeht und die Studierenden sich gefordert fühlen. Und dann funktioniert es eigentlich ideal."

Auch für die Studierenden ergäben sich durch einen stärkeren Forschungsbezug Vorteile. Ein „Bologna"-kritischer Literaturwissenschaftler argumentiert ähnlich. So setze er sich „gerne" (LIT8) über formale Vorgaben hinweg, um seinem Anspruch einer Integration von Forschung und Lehre besser gerecht werden zu können. Zugleich profitierten ebenso die Studierenden von den größeren Freiräumen, die er ihnen bei der Erfüllung ihrer Seminarleistungen lasse:

> „[U]nd ich sage den Leuten auch immer: ‚Ihr müsst a) nicht über euer Referatsthema eine Hausarbeit schreiben und ihr müsst b) überhaupt nicht über einen Seminartext die Hausarbeit schreiben. Irgendwas, was im Umkreis ist, was thematisch gut dazu passt, ist mir genau so lieb.' Und dann kommen Leute manchmal mit völlig eigenen Vorstellungen, haben dann irgendwelche Texte entdeckt und meinen, damit kann man was machen, und das finde ich dann schon mal gut. Also dass man sich wirklich sozusagen in so einem Transfer vom Seminar auf andere Texte überlegt, was man hiermit jetzt machen kann. Da möchte ich eigentlich nicht drauf verzichten."

Der Literaturwissenschaftler sieht sich also durch diejenigen Studierenden bestätigt, die einen kreativen und eigenständigen Zugang zu den Themen entwickeln, was er als einen entscheidenden Lernerfolg auf ihrer Seite ansieht.

ProfessorInnen gehen, so zeigt sich, mit wahrgenommenen Hürden bei der Integration von Forschung und Lehre unterschiedlich um. Während sich bei einigen, nicht zuletzt älteren ProfessorInnen ein partieller Rückzug aus der Lehre rekonstruieren lässt, finden wir ebenso Versuche, sich innerhalb der neuen Rahmenbedingungen von hinderlichen Vorgaben zu emanzipieren. Der Anspruch eines Forschungsbezuges ist indes über disziplinäre und generationale Unterschiede hinweg Teil der beruflichen Identität. Entsprechende – und sei es selbst erkämpfte – Handlungsspielräume werden insofern von vielen ProfessorInnen als Voraussetzung dafür gesehen, als Lehrende motiviert zu bleiben.

Lehrziele zwischen wissenschaftlicher Expertise, klassischem Bildungsideal und Beschäftigungsfähigkeit

Gerade angesichts der „Bologna"-Reformen stellt sich die Frage, welche Formen der Responsivität sich in Bezug auf die hochschulpolitische Erwartung zeigen, die universitäre Lehre stärker an der Beschäftigungsfähigkeit der Studierenden auszurichten. Zwar werden auch im Strafrecht die Bemühungen um eine praktischere Ausrichtung des Studiums sehr unterschiedlich gedeutet, da die Lehre und das Selbstverständnis der Lehrenden dort aber ohnehin viel stärker durch das Ziel der Examens- und Berufsvorbereitung bestimmt sind, bleibt das Strafrecht mit Blick auf die mit der „Bologna"-Reform angeschobene Forderung einer verbesserten „Employability" hier ausgeklammert.

Ausgehend von dem wissenschaftlichen Anspruch an die Lehre, der sich in vielen Interviews zeigte, könnte man aufseiten der ProfessorInnen eine überwiegend ablehnende Haltung gegenüber dieser Erwartung vermuten. Die kritische Äußerung einer Professorin für Neuere Deutsche Literatur scheint diese Annahme zu bestätigen:

> „Wenn wir umstellen von Forschung auf arbeitsmarktfähige Kompetenzen, dann ist es natürlich eben nicht mehr der Raum des Denkens, sondern sozusagen des gezielten Schulens, und damit ändert sich natürlich auch sozusagen das Berufsbild der Professorin." (LIT13)

Die Literaturwissenschaftlerin deutet das forcierte Lehrziel „arbeitsmarktfähige[r] Kompetenzen" im Sinne einer „Landnahme" (Dörre 2013), im Zuge derer entscheidende Freiheitsgrade verloren gingen. So werde der universitäre „Raum des Denkens" letztlich zu einem Raum des „gezielten Schulens". Nicht wenige der Professorinnen und Professoren setzen sich jedoch differenzierter mit der Frage auseinander, inwieweit die eigene Lehre auch einen Beitrag für die berufliche Zukunft der Studierenden – in und außerhalb der Wissenschaft – leisten kann bzw. sollte.

In den Natur- und Ingenieurwissenschaften findet diese Auseinandersetzung schon deshalb statt, weil dort das Ziel, Studierende qua Lehre für die Forschung zu begeistern und wissenschaftlichen Nachwuchs zu rekrutieren, eine besonders wichtige Rolle spielt. Die ältere Professorin der Zellbiologie beschreibt den aus ihrer Sicht idealtypischen Weg folgendermaßen:

> „Also das Beste ist wirklich, im ersten Semester einer, der so Sie anguckt strahlen, ja? ((lacht)) Dem so einen HiWi-Posten zu geben, der macht ein bisschen Arbeiten hier für uns, und den bauen Sie jetzt richtig auf. Der lernt das Labor von der Pieke

auf, der weiß alles, wenn der nachher hier ist und seine Masterarbeit macht. Dann kennt der alles schon hier. Der braucht sich dann hier nicht neu orientieren, sondern fängt sofort an. Dann kommt auch was bei raus." (BIO3)

Die Zellbiologin zielt auf einen umfänglicheren Sozialisationsprozess ab und spricht auch an anderen Stellen davon, die motivierten Studierenden allmählich „aufzubauen", damit diese die Denk- und Herangehensweisen kennen lernten, die die Forschungsarbeit vor Ort prägen:

„[D]ie Denkweisen müssen ja auch stimmen, man muss miteinander reden können. Manche Leute denken ja in ganz anderen Mustern als man selbst. Also die müssen sich ja aufeinander eingespielt haben, die Leute, die nachher eine Promotion hier machen. Die müssen wissen, wie ich denke. Sonst läuft das ja auch nicht. ((lacht))"

Das Motiv, über die Lehre wissenschaftlichen Nachwuchs zu gewinnen, spielt ebenso für einen jüngeren Fachkollegen eine wichtige Rolle. So sieht der Zellbiologieprofessor in Master-Studierenden nicht zuletzt „das Kapital", aus dem man für die Forschung „schöpfen" (BIO11) könne, und in Veranstaltungsformaten wie Praktika eine Art Testlauf für die Wissenschaft.

Wir finden jedoch ebenso ProfessorInnen, die sich stärker mit der angemessenen Gewichtung von Forschungs- und Praxisorientierung auseinandersetzen und bei ihren Lehrzielen explizit den außeruniversitären Arbeitsmarkt in den Blick nehmen. So grenzt sich ein älterer Politikwissenschaftler von KollegInnen ab, die der Devise „mir sind die Studierenden eigentlich egal" (POL6) folgten und selbstgewiss behaupteten:

„[I]ch weiß, dass die viel mehr davon haben, wenn sie jetzt das machen, was ich mache, und dadurch mehr Theorie und forschungsorientierte Ausbildung bekommen."

Er selbst nehme gegenüber dem gewachsenen Wunsch der Studierenden nach Praxisbezügen und ihrer Frage, „was sie mit dem Zeug da draußen anfangen" könnten, keine solche abwehrende Haltung ein. Als Lehrender habe er sich auch auf die Situation und die „Bedürfnisse" der Lernenden „einzustellen":

„[I]ch verstehe die ja. Und nicht jeder kann in die Forschung und nicht jeder soll in die Forschung. Deswegen würde ich eher gezielt Kurse anbieten für Leute, die wirklich in die Forschung wollen. Ansonsten, ich meine, was soll man mit den ganzen Leuten in der Forschung? Die müssen ja irgendwo da raus auf den Arbeitsmarkt."

Neben der Vermittlung eines für den Arbeitsmarkt wichtigen „Handwerks-zeugs" versucht der Politikwissenschaftler, in möglichst vielen Veranstaltungen das „Theorie/Praxis-Verhältnis" zu berücksichtigen. Dies sei ihm bereits bei der inhaltlichen Gestaltung seiner Vorlesungen „wichtig", lasse sich in Formaten wie Praxis-Seminaren jedoch noch anschaulicher und berufsfeldspezifischer realisieren:

> „Also bei 14 Semesterwochenstunden lesen wir sieben Semesterwochenstunden Texte, also zu politischer Praxis und wo sich Politologen dann im Berufsfeld wiederfinden. In den anderen sieben Veranstaltungen lade ich Praktiker ein –also Politologen, die da draußen in den Institutionen arbeiten, in Gewerkschaften, in Ministerien, in Parteien als Politologen, die dort Jobs gefunden haben und die dann reinkommen und erzählen, a) was sie da machen, b), was sie aus dem Studium mit-bringen oder mitgebracht haben, was man aus dem Studium überhaupt benutzen kann für diese Art von Jobs und so."

Für den Professor verbindet sich mit dieser Neuausrichtung seiner Lehre allerdings auch eine Ambivalenz. Während er auf der einen Seite einem Ver-antwortungsgefühl für die Studierenden folgt und ihm solche Veranstaltungen durchaus auch „Spaß" machten, bedauert er auf der anderen Seite, dass nur noch wenige seiner Studierenden eine Affinität zur Forschung zeigten. Letztlich bleibt für ihn der eigene Anspruch einer Integration von Forschung und Lehre zu sehr auf der Strecke.

Eine Ambivalenz spiegelt sich auch in den Äußerungen eines jüngeren Fachkollegen wider. Ursache ist bei ihm vor allem seine Unsicherheit über die „richtige" (POL1) Verbindung von forschungs- und praxisorientierten Anteilen. So sucht der erst vor wenigen Jahren auf seine Professur berufene Politikwissen-schaftler noch nach der geeigneten „Strategie", um den Studierenden beide Wege – in die Wissenschaft, aber auch in andere Berufsfelder – zu eröffnen:

> „Ich glaube auch, dass das wichtig ist, den Leuten diese wissenschaftliche Zugangs-weise und auch wissenschaftliches Handwerkszeug mitzugeben, auch wenn sie aus der Uni rausgehen. [...] Das ist aber eine Sache, das sozusagen auf einem allgemeinen Niveau zu machen. Das ist nochmal eine andere Sache, das hier sozusagen explizit für einen wissenschaftlichen Arbeitsmarkt zu trennen. Ich glaub, das ist so ein bisschen die Unterscheidung. Ich versuch im Moment immer, biss-chen beides zu machen. Ich weiß aber nicht, ob das jetzt eine schlaue Strategie ist ((lacht)) oder keine schlaue Strategie ist. Es ist ein Spagat. Also ich will es den Leuten nicht verbauen, [...] man will ja auf der anderen Seite auch keine FH-Aus-bildung machen."

Eine solche Zielkonkurrenz sieht ein Nachrichtentechniker hingegen kaum. Er hebt vielmehr hervor, dass in seiner Disziplin hinsichtlich der notwendigen Kompetenzen eine große Schnittmenge zwischen Wissenschaft und Industrie bestehe. In beiden Bereichen seien soft skills wie Selbstorganisation, Zeitmanagement, das Arbeiten im Team sowie eine lösungsorientierte Vorgehensweise erforderlich. Aus diesem Grund ist es ihm auch wichtig, diese Kompetenzen durch seine Lehre zu fördern:

> „Mir geht es darum, dass sie selber aktiv das tun, weil -ich sage mal so- einem Stoff zuzuhören in einer Vorlesung ist eine Sache, es zu verstehen ist schon eine kompliziertere Sache, es selber aber anschließend anwenden und diese Probleme zu lösen, das ist das Schwierigste. Das sollen sie aber lernen, weil das brauchen sie anschließend im Berufsleben und in der Prüfung natürlich genauso. Deswegen gestalten wir diese Übungen eher als aktive Übungen, wo die Studenten direkt selber aktiv sind, und dann in der Gruppe, damit sie untereinander ein bisschen sich helfen und auch mal lernen, in der Gruppe gemeinsam, ein gemeinsames Problem mal in der Kürze der Zeit lösen zu können. Da liegt mir viel dran, und entsprechend haben wir auch in den letzten drei Jahren oder so angefangen, das Konzept [der Übungen, Anm. der AutorInnen] mal umzustellen […].“ (TECH2)

Der Nachrichtentechniker deutet solche Umstellungen nicht im Sinne einer ambivalenten Anpassung. Die Orientierung der Lehre an späteren beruflichen Herausforderungen ist für ihn ohnehin ein Selbstanspruch, an dem er die Qualität seiner Lehre misst. Dies lässt sich mit dem stärkeren Anwendungsbezug seiner Fachdisziplin, aber ebenso mit seiner beruflichen Sozialisation erklären. Denn er wechselte in seinem beruflichen Werdegang zwischen Fachhochschule, Industrie und Universität und verteidigt weniger als andere KollegInnen die besondere Autonomie universitärer Lehre.

Die hochschulpolitisch forcierte „Employability"-Norm wird also keineswegs durchgängig abgewehrt oder ausgeblendet. Wir finden in den Interviews vielmehr unterschiedliche Formen der Responsivität, die sich zwischen den Polen einer dezidierten Vereinnahmungskritik und der problemlosen Aneignung eines stärkeren Arbeitsmarktbezugs der Lehre bewegen. Mit dem Beispiel des älteren Politikwissenschaftlers (POL6) konnten wir zudem exemplarisch zeigen, dass sich ProfessorInnen in ihrer Lehre durchaus auch zulasten eigener wissenschaftlicher Ansprüche an den beruflichen Optionen der Studierenden orientieren. Das teilweise in journalistischen Diskursen gezeichnete Bild von UniversitätsprofessorInnen, die ihre Lehre unreflektiert, wenn nicht gar verantwortungslos, den eigenen Forschungsinteressen unterwerfen, haben wir bei unseren Fällen nicht vorgefunden.

Zum Lehrethos nicht weniger ProfessorInnen gehört darüber hinaus aber ebenso der Anspruch, Haltungen und Fähigkeiten zu vermitteln, die eher dem nicht zweckgebundenen erweiterten humanistischen Bildungsbegriff entsprechen. Besonders ausführlich geht ein älterer Literaturwissenschaftler auf das Lehrziel einer umfänglicheren „Charakterausbildung" der Studierenden ein, welches für ihn eindeutig „vorrangig" (LIT1) sei.[6] Er führt dieses Lehrziel so weiter aus:

> „Ich glaube, dass unser Fach ein ästhetisches Fach ist und dass es zunächst darum geht, Kunstwerke in ihrer Kunstartigkeit zu verstehen, so wie das in der Malerei oder in der Musikwissenschaft auch ist. Aber gerade in der Literaturwissenschaft geht es auch darum, durch das Verstehenlernen, das systematisch geleitete, methodisch reflektierte Verstehen von Texten, Empathie zu entwickeln und sich in andere Menschen, andere Auffassungen, andere Kulturen, andere Zeitalter versetzen zu können, soweit das eben möglich ist, und auch die Distanz zwischen dieser Kultur dort und meinem Dasein hier mit zu reflektieren. Das ist auch das, was ich antworten würde auf die Frage, warum gesellschaftlich eigentlich ein Fach wie Literaturwissenschaft überhaupt sinnvoll ist über das rein Museale hinaus oder das rein Ästhetisch-Genießerische hinaus. Und da würde ich sagen: Wir sind eine Schule für methodisch reflektierte, angeleitete Empathie. [...] Also das ist schon der alte Humboldtsche Bildungsbegriff."

Idealerweise verbindet sich für den Literaturwissenschaftler beides miteinander: die Fähigkeit, literarische Texte durch eine systematische Analyse in ihrer „Kunstartigkeit zu verstehen", und die Entwicklung einer Empathie, die möglichst zu einer generalisierten Haltung wird.

Andere ProfessorInnen nehmen zwar keinen expliziten Bezug auf das klassische Bildungsideal von Humboldt. Gleichwohl äußern auch sie Lehrziele, die über einen enggefassten Kompetenzbegriff hinausgehen. Zu diesen Lehrzielen zählt die Befähigung zur kritischen Reflexion. Eine jüngere Professorin für Politikwissenschaften konkretisiert dieses Ziel etwa anhand ihres Anspruchs, den Studierenden eine Distanz gegenüber medialen und politischen Diskursen zu vermitteln. So habe sie die „Attentate von Charlie Hebdo" zum Anlass genommen, um in einer „Extra-Vorlesung" die Presseberichterstattung „über den Islam" (POL7) zu rekonstruieren. In diesem Fall hätten die Studierenden zwar vor allem nach der Klausurrelevanz gefragt und sich nur bedingt auf die avisierte

---

[6]Es handelt sich um jenen Professor, der sich – siehe Kapitel 3.1 – dezidiert gegen die „Bologna"-Reformen gewendet und diese als massiven Einschnitt in die Lehr- und Lernfreiheit gedeutet hatte.

Perspektive eingelassen. Bei anderen Veranstaltungen mache die Politikwissenschaftlerin jedoch auch positivere Erfahrungen:

> „Wir haben immer wieder Gastvorträge über Erasmus Staff Exchange, wo wir
> ja wirklich Leute aus ganz anderen Ländern und Universitäten bekommen, und
> wenn die da einen Vortrag halten und das ist ein politischer Vortrag, dann fragen
> mich inzwischen meine Studierenden: ‚Aber das war ja schon irgendwie ein recht
> emotionaler Vortrag'. ((lacht)) Dann bin ich immer ganz stolz, weil ich denke,
> ‚okay, es kommt was an'. Die erkennen das auch, die nehmen das nicht für bare
> Münze, sondern erkennen, das ist jetzt eine recht subjektiv gefärbte Position. Also
> von daher, denke ich mal, scheint es schon zu funktionieren, so wie ich das angehe.
> Und sie erkennen da, glaube ich, einen Wert drin."

Das Lehrziel, Studierende zu einer kritischen Rezeption zu befähigen, wird
ebenso von einigen der StrafrechtsprofessorInnen geteilt. So ist es einem Strafrechtler wichtig, neben dem Fachwissen auch eine Metaperspektive auf die
geltenden Gesetze zu vermitteln. Er mache schon den StudienanfängerInnen deutlich,

> „dass es eben letztlich um Offenheit geht im Nachdenken, ob der Stoff, die Regeln,
> die Rechtsregeln richtig sind oder ob die Rechtsprechung zustimmungswürdig ist
> oder ob man es anders besser machen sollte und so weiter. Dass das eine wichtige
> Dimension ist, wenn man Lehre an einer Universität betrachtet. Und jetzt nicht nur
> zum schnellstmöglichen Berufseinstieg." (JUR1)

Ein weiterer Strafrechtler verfolgt ebenso das Ziel, mit seiner Lehre zu einer
solchen Reflexion beizutragen. Die Möglichkeit sieht er hierfür insbesondere
in der Kriminologie, in der er neben dem regulären Strafrecht Veranstaltungen
anbietet:

> „[I]ch genieße das schon, dass ich diese atypischen Strafrechts-Veranstaltungen
> machen kann, die Kriminologie, und sozusagen eher die strafrechtskritischen Fächer
> betreiben und da so eine wirklichkeitsbezogene Perspektive hineinbringen kann.
> Und das ist dann weniger strafrechtsdogmatisch angelegt, wie die Studierenden das
> sozusagen aus den normalen strafrechtlichen Veranstaltungen kennen, sondern eher
> sozusagen geprägt durch einen sozialwissenschaftlichen Blick auf das Strafrecht
> und damit auch einen viel kritischeren Blick auf das Strafrecht." (JUR10)

Beide Professoren eint der Anspruch, den Studierenden den gesellschaftlichen
Kontext und die Veränderbarkeit geltender Gesetze sichtbar zu machen.
Bei einigen der ZellbiologInnen finden wir hingegen das Ziel, durch die
Bezugnahme auf globale Herausforderungen zu einem Problembewusstsein der

Studierenden beizutragen. Die ältere Zellbiologin beschreibt dieses Lehrziel eher als ein nicht so gut ankommendes. Wenn sie in Veranstaltungen etwa die Frage aufwerfe, wie aus dem Wissen über Pflanzenzellen ein Beitrag zur Welternährung geleistet werden könnte, treffe sie nur selten auf Interesse:

> „[S]o einen globalen Blickwinkel da reinzubringen, das können Sie versuchen, aber da werden Sie höchstens mitleidig angeguckt: Och, die immer mit ihrem Moralischen. Das kann man mal sagen, aber wenn man das öfter macht, ich glaube, da hören die nicht mehr zu. Also der Welthunger ist einfach für die nichts so direkt Fassbares." (BIO3)

Weniger resigniert äußert sich ein Fachkollege, der bei seinen Studierenden ein Bewusstsein für den Klimawandel und einen verantwortlichen Umgang mit Ressourcen stärken möchte:

> „Mir ist Umweltschutz wichtig. Ich sage dann immer, wer, wenn nicht wir, wer denn sonst? […] Aber […] wir laufen da auf den Abgrund zu. Dadurch, dass die Weltbevölkerung ansteigt und die Dritte Welt, die wollen ja nun auch mehr Energie verbrauchen, die wollen ja auch nicht auf so einem niedrigen Standard bleiben, und das muss ja irgendwo bereitgestellt werden. Es geht auf Belastung der Umwelt. Und das ist das, was man hier auch lehren kann und beibringen und hoffen kann, das Bewusstsein zu schüren, dass die Leute das wahrnehmen." (BIO2)

Bis hierhin können wir also ein Spektrum an Deutungen guter Lehre und damit verbunden auch der wahrgenommenen Möglichkeiten und Grenzen der Umsetzung zentraler Ansprüche an die Lehre aufzeigen.

3.3   ‚Gute' Forschung

Die zentrale Bedeutung der Forschung für die berufliche Identität der interviewten ProfessorInnen ist schon deshalb naheliegend, weil die Karrierechancen und die Reputation innerhalb der Scientific Community weiterhin wesentlich von den Forschungsleistungen abhängen und eine starke Orientierung an der Forschung inhärenter Teil der beruflichen Sozialisation ist.[7] Unsere Interviews zeigen jedoch darüber hinaus, dass der eigene Bezug auf die wissen-

---

[7]Dies zeigen auch repräsentative empirische Untersuchungen zum Berufsbild der HochschullehrerInnen (Enders 1998; Teichler 2014).

schaftliche Tätigkeit von den meisten ProfessorInnen in starkem Maße über ihre intrinsische Motivation definiert und beschrieben wird. So begründet ein Strafrechtler die große subjektive Bedeutung der Forschung etwa mit dem „Gefühl der Befriedigung", das sich für ihn mit der Erfahrung verbinde, qua wissenschaftlicher Praxis den eigenen „Horizont weiterentwickeln zu können":

> „Mich befriedigt sehr auch, [...] anderen Menschen dazu zu verhelfen, dass sie etwas lernen, aber ich bleibe natürlich stehen. Und mein eigenes, sagen wir mal originäres, existenzielles, wenn Sie so wollen Interesse, das mich mal überhaupt in die Wissenschaft geführt hat, war, selber Erkenntnisse zu gewinnen." (JUR1)

Der Strafrechtler geht von einer biografischen Kontinuität seiner Suche nach neuen Denkweisen und Erkenntnissen aus. So habe er es bereits „von Kindesbeinen an" als ein „großes Faszinosum" erlebt, in neue „Gedankenwelten einzutauchen", und insofern die entsprechenden habituellen Dispositionen für seinen späteren Berufsweg „schon vorher mitgebracht". Sein akademischer Lehrer an der Universität, der eine „charismatische Persönlichkeit" gewesen sei, habe ihn dann „ins wissenschaftliche Denken, in die wissenschaftliche Arbeit überhaupt [...] hineingesogen" und seiner vorhandenen Neigung eine klarere Richtung gegeben.

Der Strafrechtler beschreibt seine berufliche Identität als Wissenschaftler somit vor allem über eine starke intrinsische Motivation, die immer schon in ihm vorhanden gewesen sei. Er folgt einer Selbstdeutung, die Hildegard Matthies (2015, S. 191/192) dem Typus der Karriere durch Selbstentfaltung zuordnet, der sich dadurch auszeichnet, die wissenschaftliche Tätigkeit als „etwas genuin Eigenes zu begreifen" und „Person und Sache" als eine Art „untrennbare Einheit" zu sehen. Auch ein Professor für Neuere Deutsche Literatur folgt einer solchen Selbstdeutung, wenn er davon spricht, dass die Praxis des Forschens mit den „ersten Gedanken" des Tages beginne und im Grunde seine „Lebensform" (LIT1) sei. Entsprechend deutlich grenzt er sie von einer regulären, örtlich und zeitlich gebundenen Erwerbsarbeit ab:[8]

> „Es ist nicht so, dass ich denke: ,Jetzt gehe ich zur Arbeit und forsche', sondern ich stehe morgens auf, und mit dem ersten Gedanken fang ich an zu forschen, mache mir Notizen und das läuft irgendwie immer so mit. Das ist mein Hobby sozusagen."

---

[8] Ähnliche Beschreibungen einer „Wissenschaft als Lebensform" finden sich bei Jürgen Mittelstraß (1982, 2006).

Vergleichbare Äußerungen, in denen der eigene Bezug auf die Forschung als völlig unabhängig von Rollenerwartungen oder der wissenschaftlichen Reputationsordnung gerahmt wird, finden sich zwar eher selten. Unsere Interviews zeigen jedoch durchgängig, dass sich die Bedeutung der Forschung nicht auf karrierestrategische Motive oder den – wenn auch nicht unbedeutenden – Wunsch nach fachkollegialer Anerkennung reduzieren lässt. Dies verdeutlichen auch Äußerungen von ProfessorInnen, die sich nach einer erfolgreichen beruflichen Phase in der Wirtschaft um eine Rückkehr an die Universität bemühten. Ein Nachrichtentechniker begründet etwa seinen Wechsel aus der Industrie vor allem mit der größeren Freiheit, eigenen Forschungsinteressen folgen zu können:

> „Viele Forschungsthemen, die vielleicht mich persönlich interessiert hätten, waren nicht umsetzbar. Wenn man jetzt dagegen als Professor agiert, dann hat man natürlich wieder die Freiheit, ich sage mal so, einfach das zu tun, was man gerne möchte, und wo man auch langfristig natürlich irgendwo unabhängig ist, und ob ich jetzt damit eine Marktmarge erziele oder nicht, mich interessiert die Forschung selber, die Technik selber." (TECH2)

Ähnlich wie bei den Deutungen ‚guter‘ Lehre sollen im Folgenden neben Gemeinsamkeiten auch Unterschiede in den professoralen Ansprüchen an die Forschungsarbeit verdeutlicht werden. Diese Unterschiede betreffen die für das Selbstverständnis wichtigen Fragen des Verhältnisses von Individual- und Teamforschung sowie des Verhältnisses wissenschaftlicher Bezüge auf der einen, außerwissenschaftlicher Bezüge zu anderen gesellschaftlichen Sphären auf der anderen Seite. Zuvor werden wir jedoch die Bedeutung des klassischen Motivs der Curiositas nachzeichnen, das auf einen Erkenntnisgewinn jenseits des bekannten Wissens abzielt und sich bereits in einigen der bisher zitierten Äußerungen widerspiegelte.

Curiositas
Das Curiositas-Motiv spielt in fast allen der Interviews eine wichtige Rolle. Sobald die Sprache auf besonders positive Forschungserfahrungen kommt, werden von den ProfessorInnen vor allem Beispiele für Projekte oder Publikationen geschildert, mit denen sie einen ganz neuen wissenschaftlichen Beitrag leisten konnten.

Die bereits zitierte ältere Zellbiologieprofessorin beschreibt eine für sie besonders sinnstiftende Forschungsphase folgendermaßen:

> „Aber so vor zehn Jahren gab es dann etwas, da habe ich gewusst, ‚okay, das ist ein Ergebnis, das steht nicht im Lehrbuch, das ist völlig neu‘. Da kribbelt es einen,

dass man so was findet plötzlich, dass man nicht nur immer was wiederholt und vielleicht aus einem anderen Blickwinkel noch mal das Gleiche zeigt. Das geht lange Zeit so, und plötzlich hatte ich was ganz Neues in der Hand." (BIO3)

Nach einer längeren Durststrecke „eine völlig neue Entdeckung" zu machen, wird von der Zellbiologin als eine Art Schlüsselerlebnis beschrieben. Ihre wissenschaftliche Arbeit habe dadurch „ein anderes Niveau" erreicht.[9] Zudem sei es „unglaublich", wie motivierend die Ergebnisse seien. Es verstärkte das Erfolgserlebnis noch, dass sie sich erst gegen Vorbehalte innerhalb der Scientific Community durchsetzen musste – „weil das gegen alles geht, was in Büchern steht":

„[E]s breitet sich dann so aus. Es kommen immer mehr dazu, die das toll finden. Das macht dann schon Spaß. Aber erstmal muss man eine Hürde nehmen. Also am Anfang muss man, darf man nicht aufgeben, wenn sie einem nicht glauben."

Zum einen unterscheidet die Zellbiologin zwischen einer Art Standardforschung, die sich auf bereits bekannten Pfaden bewegt, und einer wirklich innovativen Forschung höheren Niveaus, mit der etablierte Annahmen widerlegt werden. Zum anderen betont sie die Relevanz des hierfür nötigen Forschergeistes, zu dem eben auch die Bereitschaft gehöre, sich an „Hürden" zu bewähren.

Die Forschungspraktiken und Wege zu neuen Erkenntnissen werden stark von den jeweiligen disziplinären Eigenschaften bestimmt. So findet sich die Rede überraschender Entdeckungen im Zuge ergebnisoffener Experimente vor allem in den Interviews mit NaturwissenschaftlerInnen. Der Anspruch, in der Forschung Neuland zu betreten, besteht jedoch gleichermaßen in den sozial- und geistes-wissenschaftlichen Disziplinen. So setzt ein Strafrechtsprofessor seine Forschung explizit mit einer „Entdeckungsreise" gleich, auf der er sich auf unterschiedliche Themen einlasse und „notorisch neugierig" (JUR1) bleibe. In ähnlicher Weise betont ein Literaturwissenschaftler die Offenheit für Unentdecktes als kontinuier-liches Merkmal seiner Forschung. Nach der Arbeit mit „völlig abgedrehte[n]" und nahezu unbekannten Quellen zu Beginn seiner Karriere interessiere er sich derzeit für den Bereich der Digital Humanities. Durch die Anwendung computer-

---

[9] Ähnliche Beobachtungen finden sich bei Andreas Franzmann (2012), der der Bewältigung sich selbst auferlegter Krisen im Forschungsprozess eine für die Ausbildung des ForscherInnenhabitus essentielle Rolle beimisst.

gestützter Verfahren erfahre er eine neue Form des Erkenntnisgewinns, die eher
dem experimentellen Charakter naturwissenschaftlicher Forschung entspreche:

> „[A]lso wenn dann was funktioniert, da gibt es schon so einen Moment – da geht
> es nicht nur mir so ((lacht)), sondern auch meinen Kollegen: Da springen wir vom
> Stuhl auf: ‚Wah, das hat geklappt!' Also so stelle ich mir das auch im Labor vor,
> wenn die dann jahrelang in irgendeine Richtung gearbeitet haben, und dann klappt
> es. Das ist dann schon so ein Heureka-Moment." (LIT4)

Der Germanistikprofessor erlebt jedoch ebenso „ganz viele Vorträge" und „Aufsätze" als sinnstiftend, mit denen er sich stärker auf dem Terrain typischer
geisteswissenschaftlicher Forschung bewegt. Wichtiger Anspruch ist für ihn,
etwas Neues beizutragen – beispielsweise selbst zu klassischen Autoren wie
„Goethe und Schiller" etwas herauszuarbeiten, „was einfach tatsächlich noch
niemand gesehen" habe. „Nix Tolles" seien hingegen Arbeiten, bei denen „man
schon vorher ungefähr" wisse, „was raus" komme:

> „Das macht dann keinen Spaß, das spürt man ja, also spüre ich dann sofort, dass
> es irgendwie kein Erkenntnisfortschritt ist. Das hat keine Bedeutung letztendlich für
> einen, für mich selbst wie für andere auch."

Der fehlende Erkenntnisfortschritt lässt solche wissenschaftlichen Arbeiten nicht
nur für die Scientific Community, sondern gerade auch für ihn selbst bedeutungs-
los werden. Damit deutet der Literaturwissenschaftler ‚gute' Forschung in ähnlicher Weise wie die eingangs zu Wort gekommene Zellbiologin.
    Wir können soweit festhalten, dass der Anspruch, etwas Innovatives bei-
zutragen, und die hierfür notwendige Haltung der Curiositas als immanente
Bedingungen wissenschaftlichen Fortschritts zentral für die berufliche Identität
der interviewten ProfessorInnen sind.

Forschung als individueller oder vergemeinschafteter Prozess
Daran anschließend möchten wir nun näher betrachten, ob Forschung als vor
allem individuelles oder als stärker vergemeinschaftetes Erkenntnisstreben
gedeutet wird. Diese Frage ist auch mit Blick auf den Bedeutungsgewinn von
Projekt- und Verbundforschung interessant, der sich in der Forschungsförderung
und in universitären Leistungsbewertungen widerspiegelt. Dabei differenzieren
wir zwischen der Bearbeitung von Fragestellungen mit einem Team von
NachwuchswissenschaftlerInnen, die zumeist dem eigenen Lehrstuhl oder der
eigenen Arbeitsgruppe angehören, und der Einbindung in inter- oder intra-

organisationale Kooperationen mit FachkollegInnen oder ProfessorInnen anderer
Disziplinen.

Mit Blick auf die erste Variante zeigen sich klare disziplinäre Unterschiede.
Denn anders als in der Neueren Deutschen Literatur oder im Strafrecht setzen
die ProfessorInnen aus den Natur- und Ingenieurwissenschaften die Arbeit im
Team als mehr oder weniger selbstverständlich voraus. Bereits in unseren Ausführungen zur Lehre spiegelte sich wider, dass sich ProfessorInnen aus den entsprechenden Disziplinen darum bemühen, gute Studierende möglichst früh in die
praktische Arbeit am Lehrstuhl einzubinden. Die enge Zusammenarbeit wird in
den Interviews nicht nur als notwendige Bedingung ,guter' Forschung, sondern
auch als besonders positiver Aspekt der Arbeit herausgestellt. Entscheidend für
den „Spaß an den Naturwissenschaften" ist für eine Zellbiologieprofessorin etwa
die Haltung, dass „alle an einem Strang ziehen" (BIO3). Bereits als Nachwuchs-
wissenschaftlerin erlebte sie die Arbeit im Team als besonders inspirierend. Die
„Kreativität", die sich damals im Forschungsinstitut mit anderen BiologInnen
habe „entfalte[n]" können, wurde für sie zum entscheidenden Motiv, sich für eine
wissenschaftliche Laufbahn zu entscheiden.

Mit der Handlungskonstellation eines Teams verbinden sich für die ProfessorInnen zugleich spezifische Anforderungen. Als ProjektleiterInnen bestimmen sie
die Forschungsfragen und sind in der Umsetzung des Forschungsprogramms für
die Gesamtkoordination und die Betreuung ihrer Mitarbeitenden, insbesondere
derjenigen in Qualifizierungsphasen, verantwortlich. Dies zeigt sich etwa in den
Äußerungen eines Nachrichtentechnikers, der seine Aufgaben nicht zuletzt in
Motivation und Teambildung sieht:

> „Was wir dann auch versuchen, ist eben, dieser Spirit muss auch unter den Mit-
> arbeitern entstehen. […] Also ich kann ja die Umgebung bereitstellen, aber der
> Geist, der wird ja von jedem Mitarbeiter hier mitgeprägt. Ich versuch eben immer,
> zu sagen, wie es sein, was für'n Spirit herrschen soll." (TECH3)

Der gemeinsame „Geist" ist ein Erfolgsparameter, der gegenüber der materiellen
und personellen Ausstattung nicht geringgeschätzt werden darf. Ähnlich wie im
Fall der Zellbiologin zeigt sich hier die Relevanz der beruflichen Sozialisation.
Es sind vor allem Erfahrungen aus Forschungsabteilungen verschiedener Unternehmen, die die Ansprüche des Nachrichtentechnikers an die eigene Rolle
prägen. So orientiert er sich an dem Ideal einer Mitarbeiterführung, die „relativ
viele Freiheiten" lasse und auf „Vertrauen" anstatt auf Kontrolle und Druck
basiere:

„Druck ausüben führt nicht dazu, dass die Arbeit besser wird. Natürlich muss eine gewisse Form von Druck ausgeführt werden, aber der Druck muss mehr daraus entstehen, dass das Umfeld eben was voranbringt und dass man da eben auch mittut, also ein positiver Druck."

Wechselseitige Motivation und Inspiration werden von Natur- und IngenieurwissenschaftlerInnen also als wichtige Aspekte der Forschungsarbeit hervorgehoben. Während in den Politikwissenschaften sowohl vergemeinschaftete als auch individuelle Formen der Wissensgenerierung als sinnstiftende Forschungserfahrungen beschrieben werden, finden wir in den Literaturwissenschaften und im Strafrecht hingegen häufiger Deutungen, nach denen Erkenntnisgewinn vor allem das Ergebnis von Individualforschung ist. Dies zeigt sich etwa bei einem Strafrechtsprofessor, der seine Forschung in erster Linie als einsamen Reflexions- und Schreibprozess definiert. Was er bereits in der Promotionsphase als positiv erlebt habe, entspreche auch heute noch seinen Wünschen:

„Das sah so aus, dass ich irgendwie am Schreibtisch gesessen habe, dass ich in meinem Raum auf- und abgegangen bin und nachgedacht habe und am Ende da so ein Buch war. Und das hat, das macht mir Spaß, das macht mir auch immer noch Spaß." (JUR6)

Er beziehe seine Mitarbeitenden zwar insofern in seine Forschungsarbeit mit ein, als er ihnen ab und an Entwürfe „zu lesen gebe" und sie nach ihrem Feedback frage. Forschung zu einem gemeinsamen Thema komme jedoch kaum vor:

„Also zum Beispiel eine Mitarbeiterin, die gerade ausgeschieden ist, hat zu etwas Tierschutzrechtlichem geschrieben, weil das so ihr Thema ist. Davon hatte ich bis dahin keine Ahnung. Dass die Anderen am selben Projekt sitzen wie ich, nein, das ist auch bei Jura weiterhin eher nicht das Übliche."

Für den Strafrechtler besteht in dieser Hinsicht kein Veränderungsbedarf. Er grenzt sich vielmehr von einer Forschung im Rahmen von Drittmittelprojekten ab, bei der dann Mitarbeitende „die Arbeit mach[t]en", die er „eigentlich immer machen wollte", als er sich „diesen Beruf ausgesucht" habe, und die er „auch besser" könne als jüngere NachwuchswissenschaftlerInnen. Die eigenen hohen Qualitätsansprüche, denen der Nachwuchs noch nicht genügen könne, werden auch deutlich, wenn er Negativbeispiele wie das Folgende beschreibt:

„[V]iele lassen ja auch schreiben und gucken sich das gar nicht an. Also es gibt zum Beispiel einen Kollegen in [Stadt], unter dessen Namen gibt es Meinungsstreitigkeiten. Der vertritt beide Meinungen, weil der so seine Mitarbeiter nicht mehr überblicken kann und der eine hat ihm das geschrieben, Meinung A, und der andere hat die Meinung Nicht-A, also genau das Gegenteil geschrieben. Kann man also für beides zitieren, denselben Herren."

Der Strafrechtler verbindet mit einer Vergemeinschaftung der Forschungsarbeit somit nicht allein eine Distanz zu den Forschungsgegenständen, sondern auch eine Erosion des nötigen Forschungsethos.

Ein Literaturwissenschaftler grenzt sich zwar nicht in dieser Weise von KollegInnen ab, die ihre Forschung gemeinsam mit Mitarbeitenden bestreiten. Er geht jedoch ebenso in starkem Maße von einer individuellen Beschäftigung mit seinen Forschungsthemen aus:

„Die Heterogenität meiner Forschungsbereiche bisher ist nicht heterogen in meinem Inneren. Das bin ich sozusagen. Also die Addition dieser Forschungsbereiche hat viel mit meinem Temperament, meinem Charakter irgendwie zu tun, mit dem, der ich bin." (LIT1)

Der Professor beschreibt sich eindrücklich als Wissenschaftler, der sich als ganze Person mit seinen Forschungsgegenständen verbindet. Eine jüngere Fachkollegin betont zwar weniger einen solchen individualisierten Zugang zu ihren Forschungsthemen. Gleichwohl markiert sie die aus ihrer Sicht deutlichen Unterschiede zwischen geistes- und naturwissenschaftlicher Forschung. Während NaturwissenschaftlerInnen gemeinsam „mit einem großen Staff" (LIT2) am Lehrstuhl forschten, brauche man für die wissenschaftliche Arbeit in ihrer Disziplin eher die Distanz zum universitären Setting:

„[B]ei uns ist es tatsächlich so, dass die Klausur, der Rückzugsort der Forschungsschreibtisch ist gewissermaßen, der nicht der Unischreibtisch sein darf, weil man sonst zu nichts kommt. Dass der dann auch möglich ist, dass diese Freiräume möglich sind. Aber das ist, glaube ich, fächerspezifisch und gehört zu unserer Wissenschaftskultur."

Die von der Literaturwissenschaftlerin beschriebenen disziplinären Unterschiede werden zwar durch unser Datenmaterial weitgehend bestätigt. Dennoch lassen sich die professoralen Deutungen nicht auf eine Dichotomie zwischen Individual- und Teamforschung reduzieren. Denn auch in der Germanistik und im Strafrecht finden sich Beispiele für vergemeinschaftete Forschungsprozesse. Dies trifft etwa auf jenen Literaturwissenschaftler zu, dessen Interesse für die Digital Humanities schon angesprochen wurde und der seine Forschungsarbeit folgendermaßen beschreibt:

> „[D]ie klassische Germanistik, da mache ich das tatsächlich alleine. [...] Das hängt nur daran, dass ich Zeit habe, in die Bibliothek zu gehen, die Bücher aufzuschlagen ((lacht)) und meinen Laptop dabei zu haben. Und so arbeiten auch die meisten. Manchmal gibt es das, dass sie zu zweit was machen." (LIT4)

Währenddessen arbeite er im Bereich der Digital Humanities „sehr eng" mit KollegInnen verschiedener Disziplinen zusammen und verfasse, wie zuletzt erst, mit diesen gemeinsame „Papers":

> „Das können wir nur als Team. Das hat vier Jahre lang Arbeit gekostet, mit Labor und so weiter. Da geht die Arbeit weiter, wenn ich aufhöre. ((lacht))"

Die für seine Disziplin eher typische Individualforschung wertet der Literaturwissenschaftler weder grundsätzlich ab noch zieht er sich aus ihr zurück. Durch sein Engagement in den Digital Humanities erlebt er jedoch zusätzlich eine stärker vergemeinschaftete Form der Wissensproduktion.

Eine Parallelität von Individual- und Teamforschung beschreibt ebenso ein Strafrechtler, der neben seiner Arbeit an Einzelpublikationen auch Drittmittelprojekte durchführt, in denen NachwuchswissenschaftlerInnen den Großteil der empirischen Arbeit leisteten. Diese gingen „ins Land und führ[t]en die Interviews", während er selbst vor allem für die inhaltlichen „Weichenstellungen" (JUR10) zuständig sei. ‚Gute' Forschung bedeutet aus Sicht der beiden Professoren insofern nicht allein die individuelle Arbeit am heimischen „Forschungsschreibtisch" (LIT2). In den Politikwissenschaften wird die gemeinsame Forschung mit Mitarbeitenden häufiger als normaler Aspekt der wissenschaftlichen Tätigkeit gedeutet. So äußert ein älterer Professor etwa, es früher „toll" gefunden zu haben, mit „vier, fünf Mitarbeiter[n] in einem Projekt" (POL6) zu arbeiten. Dass er derzeit lieber allein oder in kleineren Teams forsche, liege vor allem an seinen nun weniger groß angelegten Forschungsfragen.

Im Gegenzug zeichnen sich durchaus auch in Interviews mit Natur- und IngenieurwissenschaftlerInnen Ambivalenzen ab, wenn es um die Forschung in Arbeits- oder Projektgruppen geht. Ein wichtiger Grund dafür ist, dass sich mit der mehr koordinierenden und leitenden Rolle unweigerlich eine Distanz zu konkreten Forschungsprozessen einstellt, die das eigene Interesse an der Wissenschaft zumeist erst geweckt haben. Eine ältere Zellbiologin gehört zu jenen ProfessorInnen, für die die aktive Mitarbeit an Experimenten ein besonderes Highlight geblieben ist. Sie versucht daher, die Nähe zum Labor – soweit möglich – in ihren beruflichen Alltag zu integrieren:

> „Ich bin sogar, was also völlig verrückt ist, und einige lächeln darüber, ich bin sogar seit drei Jahren, aber auch vorher schon immer mal wieder, ins Labor gegangen. Ich gehe also mit einem Doktoranden hier ins Isotopenlabor. Da mache ich Dinge, die die anderen nicht so gerne machen ((lacht)), und das macht total Spaß, wenn man mal wieder selber ein Experiment machen kann." (BIO3)

Deutlich werden in ihrer Äußerung zwei Punkte: zum einen der eindrücklich positive Bezug auf den experimentellen Charakter naturwissenschaftlicher Forschung; zum anderen aber auch die Notwendigkeit, die Arbeit im Labor als einen Freiraum gegenüber anderen Rollenerwartungen zu behaupten.

Eine jüngere Fachkollegin sieht diesbezüglich für sich kaum Möglichkeiten. Durch die Verlagerung ihrer Aufgaben zu „sehr viel Arbeit" (BIO6) der Mitteleinwerbung und Nachwuchsbetreuung fehle ihr die Zeit dafür, selbst im Labor tätig zu werden, was sie als einen Verlust eigener Kompetenzen erlebt:

> „Ich sehe die prozessierten Daten. Also ich bin etwas zu weit weg. Es gibt ja zwei Ebenen: Eine ist das reine Pipettieren, also das manuelle, und die Geräte bedienen können. Da bin ich schon definitiv gar nicht mehr in der Lage dazu. Das nächste ist, ob man mit den Originaldaten, die aus der Maschine kommen, ob man die auswerten kann, und das macht bei mir eine Assistentin. Das wär wahrscheinlich besser, wenn ich das auch könnte. Da müsste ich nochmal Zeit investieren, mich fortzubilden."

Anstatt in actu dabei zu sein, geht sie „die Versuche" vielmehr nachträglich in regelmäßigen Meetings „durch". Eine gewisse Kompensation bietet ihr allerdings die Arbeit an Forschungsanträgen, die sie „gerne" schreibe, da man das Vorhaben jeweils „klar gliedern und klar kommunizieren" müsse:

> „Das find ich ganz wichtig, Forschungsanträge schreiben. Also diese Forschung allein: ‚Ach wir gucken mal, und mal sehen was rauskommt', also ich finde, man muss schon hypothesengetrieben arbeiten und sich überlegen, wenn das Experiment so ausgeht, welche Schlussfolgerung zulässig ist."

Die Forschungsanträge sind in ihrer Wahrnehmung somit keineswegs eine ungeliebte Pflicht, die sie nur aus der instrumentellen Zielsetzung erfüllt, Forschungsgelder einzuwerben. Für die Zellbiologin bietet die Antragsarbeit vielmehr eine wichtige Basis dafür, ihren eigenen Ansprüchen an ,gute' Wissenschaft gerecht zu werden. Durch die Verantwortung für die Anträge kommt ihr zudem mehr als die Rolle einer Projektmanagerin zu. Indem sie die Vorannahmen, Zielsetzungen und Vorgehensweisen der Projekte definiert, nimmt sie weiterhin eine inhaltlich gestaltende Position innerhalb ihrer Arbeitsgruppe ein.[10]

Auch wenn es um das Thema der Zusammenarbeit mit Fachkolleginnen oder Kollegen aus anderen Disziplinen geht, werden in den Interviews Ambivalenzen sichtbar, die auf subjektive Ansprüche an die Forschung verweisen. Besonders finden wir solche Ambivalenzen erwartungsgemäß bei ProfessorInnen, die sich als IndividualforscherInnen verstehen. So zieht ein Literaturwissenschaftler klare Grenzen gegenüber gemeinsamen Projekten mit anderen ProfessorInnen:

> „[I]m geisteswissenschaftlichen Bereich gibt es nur Individualforschung. Alles andere ist sowieso Fiktion. Allerdings ist man mit solchen individuellen Ideen – und solche Ideen werden einfach nur individuell hervorgebracht – ja nicht alleine, und da braucht man in der Tat den Austausch und es kommt darauf an, dass man sich solche Strukturen des Austausches schafft." (LIT9)

Während er die kollegiale Vergemeinschaftung also auf einen Austausch, wie er etwa auf Tagungen stattfindet, beschränkt, bemisst er die Qualität seiner Forschung letztlich an der Zahl „größerer Bücher", die er allein verfasst. hat.

Ein Fachkollege von ihm äußert sich diesbezüglich differenzierter. Auch wenn er „ganz ehrlich sagen" müsse, selbst „tendenziell gerne allein" zu forschen, gebe es in seiner Disziplin durchaus Themen, die „wunderbar im Kollektiv funktionier[t]en" bzw. sich „eben wirklich nur so erforschen" ließen. Anders als sein Fachkollege deutet er gemeinsame Projekte von GeisteswissenschaftlerInnen somit nicht per se als eine „Fiktion". Entscheidend ist für ihn, dass Forschungskooperationen „Bottom up entwickelt" und von einer gemeinsamen „sachlichen Zielsetzung" (LIT8) getrieben sind. In Interviews mit VertreterInnen anderer Disziplinen finden sich noch weit positivere Deutungen einer kollegialen Zusammenarbeit. Die schon zitierte ältere Zellbiologin betont etwa die Notwendigkeit, unterschiedliche „Experten richtig zusammenzubringen", denn erst

---

[10] Nicolas Winterhagers (2015) vergleichende Untersuchung des Drittmittelwettbewerbs in der Biotechnologie und der Mittelalterforschung lässt diese inhaltlichen Aspekte des Antragschreibens eher unberücksichtigt und betrachtet die Einwerbung von Drittmitteln und die dazugehörigen Forschungsanträge zu einseitig hinsichtlich der strategischen Positionierung im stärker gewordenen Wettbewerb.

durch die Vernetzung „mehrere[r] Fäden" (BIO3) sei eine wirklich umfängliche
Bearbeitung ihrer Forschungsfragen möglich:

> „[D]a kann man noch so viel rausholen, und ich habe jetzt Kooperationspartner,
> die glücklicherweise alle ein bisschen jünger sind, ((lacht)) in [Land], in [Land],
> in [Land] und auch in [Land], und mit denen wir verschiedene Aspekte um dieses
> Protein herum [untersuchen]. Es ist nur ein Protein, aber man kann da so viele ver-
> schiedene Aspekte [untersuchen]: Was hat es für Funktionen? Wie wandert es von
> da nach da? All solche Dinge. Das mache ich alles in Kooperation. [...] Dann reise
> ich natürlich auch sehr viel oder ich kriege viel Besuch ((lacht)). Doch, das macht
> schon sehr viel Spaß."

Die gemeinsame Forschung mit FachkollegInnen aus benachbarten Teildisziplinen wie der „Biochemie" oder der „Molekularbiologie" bedeutet für
sie einen klaren inhaltlichen Mehrwert. Anstatt miteinander zu konkurrieren,
ergänzten sich die unterschiedlichen Perspektiven in produktiver Weise und
bereicherten das Wissen zu dem „einen Protein" entscheidend.

In einigen Äußerungen zeigen sich noch stärkere interdisziplinäre Grenz-
überschreitungen, die die eigene Forschungsperspektive und das eigene Fach
nachhaltig verändern könnten und so als besonders erkenntnisreiche Forschungserfahrungen gedeutet werden. So beschreibt ein Professor für Nachrichtentechnik
eine zwischen Ingenieur- und Naturwissenschaften bestehende Kooperation
folgendermaßen:

> „[I]n dem Fall geht es um molekulare Kommunikation, ((lacht)) also Kommunikation
> zwischen Zellen. Man versucht das jetzt nachzubauen, ((lacht)) technisch zu
> realisieren. Und da lernt man ganz neue Sachen, also wie biologische Systeme
> funktionieren, und wie man vielleicht einige Vorgänge dort sich zunutze machen
> kann, auch für technische Vorgänge. Ich meine, so was ist interessanter, das reizt
> mich." (TECH13)

Den interdisziplinären Zugang deutet der Nachrichtentechniker somit im Sinne
neuer Impulse für seine Forschungsperspektive und -praxis. In ähnlicher Weise
argumentiert auch ein Strafrechtsprofessor, wenn er interdisziplinäre Forschung
mit der Chance verbindet, eigene Prämissen kritisch zu reflektieren:

> „Generell kann ich sagen, dass interdisziplinäres Arbeiten für mich signifikant
> bereichernder ist als das Arbeiten innerhalb der eigenen Fachdisziplin. Weil natür-
> lich das Spektrum an potenziellen Entdeckungen viel größer ist, und der Charme
> eben dann darin besteht, sich auch einzulassen auf Sichtweisen anderer. Mich hat es
> zum Beispiel dazu gebracht, auch meine eigene Fachdisziplin zunehmend kritischer,

also das Recht, auch in seiner Wirkweise sehr viel kritischer zu betrachten. Und zwar aus einer Sicht, die nicht nur aus der Disziplin selber herauskommt, sondern eben zunehmend auch von außen [...]." (JUR1)

Die Einbeziehung von „Einschätzungen, Selbstverständnisse[n], Haltungen" anderer Disziplinen deutet der Strafrechtler somit nicht nur als Gewinn bei der Bearbeitung einer konkreten Forschungsfrage. Vielmehr ändere sich auch seine Perspektive auf die eigene Fachdisziplin und die gesellschaftlichen Folgen geltender Rechtsnormen. Hierdurch könne er im Gegenzug seine „eigenen Vorschläge für rechtliche Regeln besser einschätzen" und „adäquater" in seinem „eigenen Bereich wieder tätig" sein.

Allerdings werden auch bei jenen ProfessorInnen, für die gemeinsame kooperative Forschungsprojekte selbstverständlich zu ihrer wissenschaftlichen Arbeit gehören, Ambivalenzen sichtbar. Ein wichtiges Thema sind dabei unterschiedliche Vorstellungen über den angemessenen Umgang mit Wettbewerbs- und Zeitdruck. Die zuletzt zitierte Zellbiologin, die Kooperationen eigentlich sehr schätzt, kommt etwa auch auf negative Erfahrungen zu sprechen, die sie bei gemeinsamen Publikationen mit Projektpartnern machte. Da man für die Beantragung weiterer Forschungsmittel Veröffentlichungen nachweisen müsse, stehe man „immer unter Hetze" (BIO3). Unter diesem Druck hätten ihre KollegInnen schneller als sie und ihr eigenes Team Ergebnisse publizieren wollen:

„Das ist ganz furchtbar. Ich habe das bei Kooperationspartnern hier erlebt, die wollten unbedingt etwas publizieren, was ich noch gar nicht für publikationsreif hielt. Und die wollten uns da mit reinziehen natürlich. Und ich habe hier meine Mitarbeiterin, die sagt ‚das können wir doch noch nicht machen, das ist doch noch nicht gut.' Weil die einen ganz anderen Anspruch haben. Den kriegen sie ja von mir. ((lacht))"

Die Zellbiologin sah die Gefahr, in eine Praxis „reingezogen" zu werden, die ihren Ansprüchen an ‚gute' Forschung widersprach. Für sie ist es „furchtbar", wenn der Qualitätsmaßstab, nur wissenschaftlich abgesicherte Ergebnisse zu veröffentlichen, verletzt wird. Sie verzichte daher „lieber auf die Publikation", anstatt sich dem Wettbewerb zu sehr zu unterwerfen. Ähnliche Erfahrungen aus der kooperativen Forschungsarbeit werden von einem Politikwissenschaftler geschildert. Dieser ließ sich allerdings darauf ein, ein noch „unrunde[s] Papier" zu veröffentlichen, weil es „der Co-Autor [...] publiziert haben wollte":

„Da hatten wir eine Schwäche in der Theorie einfach, und es war halt das erste
Papier aus diesem Projekt und da waren wir eigentlich selber noch nicht so weit,
um da jetzt die sauberen Ergebnisse zu haben. Vielleicht ist es auch einfach Teil
der Wissenschaft, dass sich das sozusagen immer graduell weiterentwickelt. Aber
eigentlich war das zum ersten Mal, dass ich etwas publiziert habe, mit dem ich
inhaltlich, substanziell inhaltlich unzufrieden war." (POL1)

Die professoralen Deutungen lassen sich insgesamt nicht auf die klaren Alternativen einer Ablehnung oder Befürwortung von Forschungskooperationen
reduzieren. Solche Kooperationen können neben organisationalen Herausforderungen auch Gefährdungen von für die berufliche Identität wichtigen
Qualitätsansprüchen mit sich bringen, was die erzielbaren strategischen Wett-
bewerbsvorteile nicht wert sind.

*Forschung im Spannungsfeld von Scientific Community und gesellschaftlichem
Umfeld*
Bisher konnte der Eindruck entstehen, dass sich die interviewten Professorinnen
und Professoren durchgängig an Grundlagenforschung und dem Bezugsrahmen der Scientific Community orientieren. Dies würde den in Kap. 2
skizzierten journalistischen Zuschreibungen entsprechen, nach denen es den
meisten UniversitätsprofessorInnen vor allem um ihr Standing im wissenschaftlichen Feld und nicht etwa um einen Praxisbezug oder einen Wissenstransfer
zwischen Hochschule und Gesellschaft im Sinne der vielbeschworenen „Third
Mission" gehe. Allerdings zeigt sich gerade in den Interviews mit Ingenieur- und
NaturwissenschaftlerInnen häufiger auch der Anspruch einer Verbindung von
Forschung und praktischer Anwendung.

Besonders deutlich wird dies bei einem Nachrichtentechniker, für den ein
Fokus auf reine Grundlagenforschung nur wenig sinnstiftend wäre. Er grenzt sich
explizit von FachkollegInnen ab, die vor allem theoretisch arbeiteten und „halt
irgendwie losgelöster von dem" seien, „was man vielleicht wirklich brauch[e]":

„[I]ch sage es immer so: Wenn man dann mit den Leuten von der Industrie redet,
und die sagen: ‚Oh ja, der macht hier einen Haufen Sachen, aber was sollen wir
damit?' Das fände ich dann irgendwie traurig, wenn jemand so etwas über mich
sagen würde." (TECH1)

Diese Orientierung an den Erwartungen von Technologieunternehmen lässt sich
mit der beruflichen Sozialisation erklären, da der Nachrichtentechniker vor seiner

Berufung in der Industrie tätig war. Er genießt zwar den universitären Freiraum, mit seinen Mitarbeitenden auch „eine theoretische Idee erstmal [...] ein wenig ausknautschen" zu können. Gleichwohl soll Grundlagenforschung für ihn nicht zuletzt als Basis für anschließende Kooperationen mit der Industrie dienen. Ohne diese Verknüpfung bliebe es bloß eine theoretische Idee „auf dem Papier", die nicht „ihren Weg" in die praktische Anwendung finde. In ähnlicher Weise stellt der Nachrichtentechniker auch seine Ansprüche an Publikationen dar. Man müsse zwar theoretisch tiefgründige Aufsätze schreiben können, um „auf der Wissenschaftsseite eine gewisse Reputation" zu erlangen. Noch wichtiger seien ihm aber Veröffentlichungen, „wo derjenige, der es [lese], sofort versteh[e], was er damit anfangen" könne:

> „Das ist eine andere Art zu publizieren. Ich will nicht nur meine Ergebnisse schön darstellen, sondern sie sollen weiter wandern. Das ist ein Unterschied, ob ich einfach sage: ‚Wow, wie toll bin ich.' Oder ob ich sage: ‚Mensch, ich bin so, dass jemand anderes es verstehen kann.'"

Ein Zellbiologe argumentiert hingegen etwas anders, indem er Grundlagenforschung und anwendungsorientierten Kooperationen mit Unternehmen eine ebenbürtige Bedeutung und Legitimation beimisst. ProfessorInnen müssten weiterhin „Exoten-Forschung" betreiben können, weil es schließlich immer auch „Vordenker" brauche, die unabhängig von konkreten Nutzenerwägungen arbeiteten:

> „[I]ch finde das beides in einer gewissen Weise spannend. Das eine hat einen eher praktischen, absehbaren Effekt, und das andere ist halt, wie gesagt, man weiß nicht, was dabei raus kommt. Es kann irgendwann mal einen Nutzen tragen. Aber das kann man jetzt noch nicht voraussagen. Ich würde keinem den Vorzug geben, das hat beides seine Berechtigung." (BIO2)

Gemeinsam ist beiden Professoren jedoch, bei ihren anwendungsbezogenen Projekten kein primär ökonomisches Interesse zu verfolgen. In ihren Deutungen spiegelt sich vielmehr der Anspruch eines gesellschaftlichen Nutzens ihrer Forschung wider. So macht es dem Nachrichtentechniker „Freude", zu einer neuen Technologie beizutragen, die in die nächste, von vielen Menschen verwendete „Mobilfunkgeneration" integriert werden könne:

> „Das ist der Beitrag, den wir als Ingenieure in die Gesellschaft dann leisten können. Das heißt, jeder von uns schaltet dann wieder sein Smartphone, oder wie das Ding dann auch immer heißen mag, ein, und wenn dann so eine Technologie irgendwo ein kleines Rad ist, ist das schon mal schön." (TECH2)

Für den Nachrichtentechniker besteht der entscheidende Gewinn somit darin, über die Kooperationen einen Wissenstransfer zu leisten, der „in die Gesellschaft" wirke und die mobile Kommunikation für die Bürgerinnen und Bürger weiter verbessere. Auch der Zellbiologe geht bei seinen anwendungsorientierten Projekten von dem Ziel aus, zu Lösungen für gesellschaftlich relevante Probleme – wie etwa der Suche nach neuen Formen der Energiegewinnung – beizutragen. Dafür, dass er und seine KollegInnen von der „Gesellschaft bezahlt" würden und durch ihre großen Freiheiten „so ein Luxusleben quasi" hätten, müsse man „der Gesellschaft auch was zurückzugeben":

> „[U]nd das ist eben halt die Ausbildung der Kinder, und zu versuchen, eine neue Technologie zu entwickeln, [...] von der man selber keinen Nutzen hat, die aber vielleicht später dann Nutzen bringt." (BIO2)

Schon aufgrund der von ihm geäußerten Reziprozitätsnorm und Selbstverpflichtung gegenüber der Gesellschaft würde sich für den Zellbiologen ein ökonomisches Eigeninteresse verbieten. Er folgt einem Amtsethos, nach dem ein individueller ökonomischer Nutzen seinen NachwuchswissenschaftlerInnen vorbehalten bleibe:

> „Das Projekt läuft ja weiter, und das wird von den Privatunternehmen weiter geführt, und da sind Leute von mir auch untergekommen. Das ist natürlich immer schön, wenn man hinterher sagen kann, man war da der Wegbereiter für eine Zukunft für die."

Die beiden Fälle zeigen exemplarisch, dass Kooperationen mit der Wirtschaft keineswegs mit Deutungen und Verwertungsinteressen einhergehen müssen, die einer Kommerzialisierung von Wissenschaft entsprächen. Welche Deutungen finden sich nun aber bei Geistes- und SozialwissenschaftlerInnen, deren Forschung sich oft nicht in vergleichbar greifbarer Weise in einen gesellschaftlichen Nutzen übersetzen lässt? Nicht wenige der Äußerungen scheinen zunächst das Bild zu bestätigen, dass sich ProfessorInnen aus diesen Disziplinen primär an ihrer Scientific Community orientieren. So betont ein Strafrechtler die Bereicherung, die sich für ihn aus der Vernetzung mit Gleichgesinnten aus seinem Fachgebiet ergebe:

> „Also Auftragsforschung ist irgendwie, muss man mögen, würde ich sagen. Wenn man es nicht so sehr mag, dann kommt es eben vom Thema her. Und dann trifft man in der Regel auf Kollegen, die das Thema auch gepackt hat, und das sind Aspekte, die für mich, wissenschaftlich, also im forschenden Bereich, extrem wichtig sind." (JUR2)

Und auch eine Literaturwissenschaftlerin beschreibt vor allem ihre „schon über Jahre" bestehende „enge Zusammenarbeit mit einem Kollegen" (LIT13), der ähnliche Forschungsinteressen verfolge und mit dem sie gemeinsam publiziere und Fachtagungen veranstalte.

Wir finden jedoch ebenso Beispiele für eine stärkere Orientierung an einem Wissenstransfer in die Gesellschaft. So deutet es eine weitere Literaturwissenschaftlerin als Gewinn, dass sie bei einem Forschungsprojekt der letzten Jahre „sehr gut eine Verbindung zwischen Wissenschaft und Öffentlichkeit" herstellen konnte:

> „[E]inerseits sozusagen wissenschaftlich genau an einem populärkulturellen Gegenstand zu arbeiten, gleichzeitig aber ihn so aufzubereiten, dass er dann auch popularisierbar ist, die wissenschaftlichen Ergebnisse einer breiteren Öffentlichkeit vermittelbar sind, das fand ich ganz interessant. Das ist jetzt so eine Entwicklung in jüngerer Zeit. Mal sehen, ob sich das fortsetzt." (LIT2)

In den Deutungen eines Strafrechtlers spielt der Wissenstransfer in die Gesellschaft ebenfalls eine positive Rolle. Ihm geht es dabei nicht nur um eine breitere Zugänglichkeit wissenschaftlicher Erkenntnisse, sondern gerade auch um forschungsbasierte Aufklärung. So äußert er mit Blick auf die Präsentation von Forschungsergebnissen zu den Ursachen und Mechanismen von Betrugsfällen in einem gesellschaftlich relevanten Feld:

> „[I]ch fand es gut, wenn man das dann anderen Leuten erklären konnte oder präsentieren und zeigen und erklären konnte: ‚Die machen das so und die machen das so, deswegen und deswegen.' Das praktisch so ins Land zu tragen fand ich schon gut. Denn das handelte sich dann um diese hochspeziellen Fragestellungen, die für andere Leute normalerweise vollkommen neu gewesen sind und sich auch nicht ohne weiteres erschlossen haben." (JUR10)

Gemeinsam ist beiden Beispielen, dass die Vermittlung zwischen Wissenschaft und Gesellschaft und die damit verbundene Öffnung für neue AdressatInnen als positiver Teil der beruflichen Identität angeeignet wird.[11]

---

[11] Andere ProfessorInnen aus der Literatur- und Politikwissenschaft beschreiben etwa auch die Beteiligung an öffentlichen Ringvorlesungen oder an universitären Veranstaltungen, die sich explizit an ältere BürgerInnen oder Kinder und Jugendliche richten. Ferner sind hier noch die – wenigen, daher in unserem Sample nicht vorkommenden – „public intellectuals" unter den ProfessorInnen zu nennen, die vielbeachtete Artikel in Zeitungen publizieren, Kommentare in Nachrichtensendungen abgeben oder als Gäste in Talkshows auftreten.

Wir finden in den Interviews jedoch auch kritische Äußerungen, die auf eine Behauptung wissenschaftlicher Prinzipien gegenüber externen – etwa wirtschaftlichen oder politischen Interessen und Handlungslogiken – abzielen. So äußern sich keineswegs nur solche ProfessorInnen, in deren Disziplinen Auftragsforschung oder Kooperationen mit Unternehmen eine ohnehin nur geringere Rolle spielen. Denn auch in der Nachrichten- und Hochfrequenztechnik wird nicht selten, wie das folgende Zitat eines Professors illustriert, eine Grenze zwischen ‚guter' Forschung und einer zu starken Anpassung gezogen:

> „Ich kenne Fälle, die haben unglaublich viele Drittmittel, weil sie einfach verlängerte Werkbank für die Industrie machen. Die haben irgendeine Ausstattung und dann machen sie irgendwelche Messungen für die Industrie. Das hat nichts mit Wissenschaft zu tun, spielt aber natürlich viel Geld ein. Das kann nicht das Ziel einer Universität sein und es darf vor allem nicht als besonders positiv evaluiert werden." (TECH3)

Ein Fachkollege geht von einer ähnlichen Differenzierung aus, wenn er „wirkliche Forschung" von Projekten unterscheidet, die sich zu nahe an den Interessen der Industrie bewegten:

> „[I]n Deutschland ist es so: Der Großteil des Forschungsgeldes geht in irgendwelche versteckte oder nicht mal versteckte Industrieförderung, also irgendwelche Entwicklungsarbeiten für irgendwelche Industrieunternehmen. Und das bisschen Geld, wo dann wirklich Forschung stattfindet, das geht dann sowieso ans Max-Planck-Institut. [...] Beziehungsweise dann gibt es noch die DFG. Aber bei der DFG ist dann wirklich ein derartiges Hauen und Stechen, dass, ich weiß gar nicht, wie die Chancen liegen bei der DFG, ich glaube bei zehn Prozent oder so was." (TECH7)

Der Nachrichtentechniker kritisiert also vor allem die Struktur der Forschungsförderung. Durch diese werde eine zu große Nähe zu Industrieunternehmen forciert und steige die Zahl „irgendwelche[r] Entwicklungsarbeiten" ohne wissenschaftlichen Anspruch.

Ein älterer Politikwissenschaftler bezieht sich hingegen auf die Erwartungshaltung von Akteuren aus Politik und Verwaltung, die im Falle von Auftragsforschung problematisch werden könnte. Mit Blick auf eigene Erfahrungen in der Vergangenheit wolle er zukünftig Abstand von entsprechenden Projekten nehmen:

> „Es gab auch schon mal Auftragsforschung bei mir [...].Hat mir aber nicht so viel Spaß gemacht. [...] Da gab es dann auch ein Buch und so, alles schön. Aber dann war eben der Auftraggeber zufrieden mit dem was, wir gemacht haben, und das hat mich nicht so zufrieden gestellt." (POL6)

Die Zufriedenheit des Auftraggebers konnte der Professor nicht teilen, da er einen zu hohen Grad der Anpassung seiner Forschung wahrnahm. Er hatte, wie er weiter ergänzt, den Eindruck, von seinem Auftraggeber letztlich für dessen Zwecke „instrumentalisiert" zu werden und darüber an Unabhängigkeit zu verlieren. Ein Strafrechtler kommt ebenfalls auf die Relevanz der wissenschaftlichen Unabhängigkeit zu sprechen. Die Forschung in seiner Disziplin solle zwar aktuelle Diskussionen aufgreifen und insofern einen Gesellschaftsbezug herstellen. Entscheidend bleibe aber, sich nicht daran zu orientieren, „welcher der gesellschaftspolitischen Akteure gerade welche Akzente" setze, sondern den jeweils „eigenen Weg" bei der Bearbeitung von Forschungsfragen „zu finden" (JUR2). Eine Fachkollegin erweitert diesen Anspruch noch um die Forderung, sich als Wissenschaftlerin auch „gegen den Mainstream" (JUR3) zu stellen. Nur so könne „die Aufgabe der Universität" gewahrt bleiben, „gesellschaftsgestaltend zu sein und nicht den Trend der Gesellschaft mitzumachen".

3.4   ‚Gute' Lehre und ‚gute' Forschung: Differente Deutungen innerhalb von und zwischen Disziplinen

In diesem Kapitel haben wir für die berufliche Identität wichtige Ansprüche an Lehre und Forschung nachgezeichnet, die wir bei unseren InterviewpartnerInnen, nicht zuletzt in Reaktion auf ihre derzeitigen Arbeitsbedingungen, vorfinden. Insbesondere in Auseinandersetzung mit Bedrohungen der so artikulierten beruflichen Identität, etwa durch „Bologna" oder durch zu große Abhängigkeiten von Geldmitteln externer – mitunter ‚wissenschaftsfernerer' – Akteure, etwa aus der Industrie, wurden die eigenen Identitätsansprüche plastisch deutlich.

Sowohl bei den Vorstellungen zur Lehre als auch bei denen zur Forschung zeigen sich nicht unerwartete disziplinäre Unterschiede. Wichtig ist aber, dass zugleich auch ProfessorInnen derselben Teildisziplin unterschiedliche Vorstellungen ‚guter' Lehre und Forschung hegen und die Fächerzugehörigkeit insofern eine wichtige, aber nicht die einzige Determinante ist. Die eigene wissenschaftliche Sozialisation, die Karrierephase und der Karriereverlauf sind ebenfalls wichtige Einflussgrößen auf die je subjektiven Ansprüche an Forschung und Lehre.[12] Dies zeigte sich etwa eindrücklich im Kontext von „Bologna": So

---

[12] Je für sich genommen ist jeder dieser Faktoren in Studien schon oft betrachtet worden. Als Beispiele siehe nur Hildegard Schaeper (1997), Uta Liebeskind (2011), Andreas Franz-

hielten zwar auch jüngere ProfessorInnen an Zielen wie jenem einer Integration von Forschung und Lehre fest. Anders als einige der älteren KollegInnen deuteten sie die Reformen jedoch weniger als Identitätsbedrohung, da sie sich mit ihren Ansprüchen als Lehrende nicht an einer ,besseren', vor „Bologna" liegenden Vergangenheit orientierten.

Wir sind ferner bei verschiedenen der angesprochenen Aspekte auf ambivalente Beurteilungen gestoßen, die dem im medialen Diskurs prominenten Schwarz-Weiß-Bild von TraditionalistInnen und ModernisiererInnen einen größeren Facettenreichtum des Geschehens entgegensetzen. So wird etwa auch von ProfessorInnen, die größeren Forschungskooperationen, wie sie nicht zuletzt durch die „Exzellenzinitiative" propagiert wurden, offen oder positiv gegenüberstehen, darauf hingewiesen, welche Verluste eine zu weitgehende forschungspolitische Fixierung auf diesen Typus von Forschung mit sich bringen könnte oder schon gebracht hat. Umgekehrt stellen diejenigen, die den „Bologna"-Reformen überwiegend kritisch gegenüberstehen, die Lehre vor „Bologna" weder als völlig problemlos dar noch führen sie eingeräumte Probleme einzig auf die politisch verschuldete Unterfinanzierung der Universitäten zurück. Reformbedarf wird eingeräumt. Es finden sich somit keine eindeutig entweder auf früher oder auf jetzt bzw. zukünftig zugeschnittenen beruflichen Identitätsentwürfe. Früher war nicht alles gut, und vieles ist nicht oder nicht nur besser, sondern auch schlechter geworden oder auch gleich gut oder schlecht geblieben.

Wie positionieren die ProfessorInnen sich nun aber nicht nur in ihren Einstellungen, sondern in ihren auf konkrete Erfahrungen zurückgehenden beruflichen Praktiken gegenüber den Reformen von Governance, Lehre und Forschung? Wie gehen sie mit diesen Reformen und insbesondere mit neuen Formen der Leistungsbewertung um, die in diesem Kapitel noch nicht bzw. nur am Rande aufgegriffen wurden? Vor dem Hintergrund der herausgearbeiteten differenzierten Ansprüche an ,gute' Lehre und Forschung steht zu vermuten, dass auch der tagtägliche praktische Umgang mit den durchaus als ambivalent erlebten Reformen nicht entweder in pauschaler Verweigerung oder in einer ebenso pauschalen Übernahme der Reformideen besteht, sondern sich zwischen diesen beiden Extremen ein deutlich vielschichtigeres Bild zeigt.

---

mann (2012) und Maximilian Fochler et al. (2016). Doch das Zusammenwirken dieser Faktoren stand bislang selten im Fokus von Untersuchungen, sodass viel Varianz, die sich aus der Kombination unterschiedlicher Ausprägungen der Faktoren ergibt, bislang übersehen wurde.

Literatur

Bogumil, Jörg, Linda Jochheim, und Sascha Gerber. 2015. Universitäten zwischen Detail- und Kontextsteuerung: Wirkungen von Zielvereinbarungen und Finanzierungsformeln im Zeitvergleich. In *Hochschulgovernance in Deutschland,* Hrsg. Pia Bungarten und Marei John-Ohnesorg, 55–78. Berlin: Friedrich-Ebert-Stiftung.

Bolte, Karl M., und Erhard Treutner, Hrsg. 1983. *Subjektorientierte Arbeits- und Berufssoziologie.* Frankfurt a. M.: Campus.

Braverman, Harry. 1977. *Die Arbeit im modernen Produktionsprozeß.* Frankfurt a. M.: Campus.

Dörre, Klaus. 2013. Landnahme: Unternehmen in transnationalen Wertschöpfungsketten. *Aus Politik Und Zeitgeschichte* 64 (1–3): 28–34.

Enders, Jürgen. 1998. Berufsbild der Hochschullehrer. In *Brennpunkt Hochschule. Neuere Analysen zu Hochschule, Beruf und Gesellschaft,* Hrsg. Ulrich Teichler, Hans-Dieter Daniel, und Jürgen Enders, 55–78. Frankfurt a. M.: Campus.

Fabry, Götz, und Christian Schirlo. 2016. Akademische Freiheit in professionsorientierten Studiengängen. Das Beispiel Humanmedizin. *Die Hochschule: Journal Für Wissenschaft und Bildung* 25 (2): 94–103.

Fochler, Maximilian, Ulrike Felt, und Ruth Müller. 2016. Unsustainable Growth, Hyper-Competition, and Worth in Life Science Research: Narrowing Evaluative Repertoires in Doctoral and Postdoctoral Scientists' Work and Lives. *Minerva* 54: 175–200.

Franzmann, Andreas. 2012. *Die Disziplin der Neugierde. Zum professionalisierten Habitus in den Erfahrungswissenschaften.* Bielefeld: transcript.

Huber, Ludwig. 2014. Forschungsbasiertes, forschungsorientiertes, forschendes Lernen: Alles dasselbe? Ein Plädoyer für eine Verständigung über Begriffe und Entscheidungen im Feld forschungsnahen Lehrens und Lernens. *Das Hochschulwesen* 62 (1–2): 32–39.

Humboldt, Wilhelm v. 1809–10. Über die innere und äussere Organisation der höheren wissenschaftlichen Anstalten in Berlin. In *Gründungstexte Johann Gottlieb Fichte, Friedrich Daniel Ernst Schleiermacher, Wilhelm von Humboldt. Festgabe zum 200-jährigen Jubiläum der Humboldt-Universität zu Berlin,* Hrsg. Präsident der Humboldt-Universität zu Berlin. Berlin [2010]: Humboldt-Universität zu Berlin. https://edoc.hu-berlin.de/bitstream/handle/18452/18543/hu_g-texte.pdf?sequence=1&isAllowed=y.

Kern, Horst, und Michael Schumann. 1970. *Industriearbeit und Arbeiterbewußtsein* Frankfurt a. M.: Europäische Verlagsanstalt.

Kern, Horst, und Michael Schumann. 1984. *Das Ende der Arbeitsteilung? Rationalisierung in der industriellen Produktion.* München: Beck.

Liebeskind, Uta. 2011. *Universitäre Lehre – Deutungsmuster von ProfessorInnen im deutsch-französischen Vergleich.* Konstanz: UVK.

Loer, Thomas. 2012. Not macht erfinderisch – aber nicht in der Wissenschaft. Über die Situation der Privatdozenten und zwei Modelle von Universität. *Forschung & Lehre* 19 (4): 288–289.

Lohr, Karin, Thorsten Peetz, und Romy Hilbrich. 2013. Bildungsarbeit im Umbruch. Zur Ökonomisierung von Arbeit und Organisation in Schulen, Universitäten und in der Weiterbildung. Berlin: Sigma.

Matthies, Hildegard. 2015. Die Responsivität wissenschaftlicher Karrieren. In *Die Responsivität der Wissenschaft – Wissenschaftliches Handeln in Zeiten neuer Wissenschaftspolitik,* Hrsg. Hildegard Matthies, Dagmar Simon, und Marc Torka, 177–208. Bielefeld: transcript.

Mittelstraß, Jürgen. 1982. *Wissenschaft als Lebensform: Reden über philosophische Orientierungen in Wissenschaft und Universität.* Frankfurt a. M.: Suhrkamp.

Mittelstraß, Jürgen. 2006. Wissenschaft als Lebensform – eine Erinnerung und eine Einleitung. In *Mikrokosmos Wissenschaft. Transformationen und Perspektiven,* Hrsg. Brigitte Liebig, Monique Dupuis, Irene Kriesi, und Martina Peitz, 17–30. Zürich: vdf Hochschulverlag AG an der Universität Zürich.

Pasternack, Peer, Sebastian Schneider, Peggy Trautwein, und Steffen Zierold. 2017. *Ausleuchtung einer Blackbox. Die organisatorischen Kontexte der Lehrqualität an Hochschulen.* HoF-Arbeitsberichte (103). Wittenberg: Institut für Hochschulforschung an der Martin-Luther-Universität.

Schaeper, Hildegard. 1997. *Lehrkulturen, Lehrhabitus und die Struktur der Universität. Eine empirische Untersuchung fach- und geschlechtsspezifischer Lehrkulturen.* Weinheim: Deutscher Studien Verlag.

Schomburg, Harald, Choni Flöther, und Vera Wolf. 2012. *Wandel von Lehre und Studium an deutschen Hochschulen – Erfahrungen und Sichtweisen der Lehrenden. Projektbericht.* Kassel: Internationales Zentrum für Hochschulforschung (INCHER-Kassel), Universität Kassel.

Teichler, Ulrich. 2014. Teaching and research in Germany: The notions of university professors. In *Teaching and research in contemporary higher education. Systems, activities, and rewards,* Hrsg. Jung Cheol Shin, Akira Arimoto, William K. Cummings, und Ulrich Teichler, 61–87. Dordrecht: Springer.

Winterhager, Nicolas. 2015. *Drittmittelwettbewerb im universitären Forschungssektor.* Wiesbaden: VS.

Folgen von Leistungsbewertungen für Professorlnnen: Drei Fallbeispiele

4

In diesem Kapitel wollen wir anhand ausgewählter Fälle in die Betrachtung der positiven, negativen oder ambivalenten Folgen einsteigen, die sich für ProfessorInnen mit der neuen Governance und insbesondere universitären Leistungsbewertungen verbinden. Anhand von drei ausführlichen Fallbeispielen soll das Verhältnis zwischen den professoralen Ansprüchen an ‚gute' Lehre und Forschung auf der einen und den organisationalen Bewertungsmaßstäben und Leistungskriterien auf der anderen Seite nachgezeichnet werden. Ausgehend von der grundsätzlichen Einschätzung der universitären Wandlungsprozesse, nach der in den Interviews jeweils zu Beginn gefragt wurde, werden wir darstellen, wie ProfessorInnen die geänderten universitären Leistungsbewertungen in den beiden Kernaufgaben der Lehre und Forschung in Abhängigkeit von eigenen Qualitätsmaßstäben für sich deuten und verarbeiten.

Dazu haben wir zunächst zwei kontrastive Fallbeispiele aus Disziplinen gewählt, die sich hinsichtlich ihrer Wissenschaftskultur und ihrer Nähe bzw. Distanz zu quantifizierenden Kriterien der Leistungsbewertung – wie etwa Drittmittelvolumina – stark unterscheiden.[1] Ein dritter, in der Mitte zwischen diesen beiden angesiedelter Fall verdeutlicht die den gegenwärtigen Reformprozess kennzeichnenden Ambivalenzen und Widersprüche in besonderer Weise. Bei der Fallauswahl beziehen wir zudem unterschiedliche Karrierephasen mit ein, um der naheliegenden Vermutung Rechnung zu tragen, dass die subjektive Aneignung universitärer Leistungsbewertungen nicht allein von – über Disziplin und

---

[1]Wir sprechen der Disziplin hier eine prägende, aber keine determinierende Kraft zu, da sich, wie wir in Kap. 3 gezeigt haben, auch innerhalb einer Disziplin differierende Deutungen ‚guter' Forschung und Lehre finden lassen.

M. Janßen et al., *Hochschulreformen, Leistungsbewertungen und berufliche Identität von Professor*innen*, Organization & Public Management,
https://doi.org/10.1007/978-3-658-33289-1_4

beruflichen Sozialisation vermittelten – Qualitätsmaßstäben abhängt, sondern auch
von dem jeweils wahrgenommenen Druck, sich mit Blick auf die eigene inneruniversitäre Position und weitergehende Karriereschritte noch bewähren zu müssen.
Angesichts der forcierten Bedeutung bestimmter, für den universitären Wettbewerb wichtiger, Forschungsleistungen ist in diesem Kontext zudem die Frage
interessant, ob dadurch die Balance zwischen Lehre und Forschung verändert,
etwa der zeitliche Aufwand für die Lehrtätigkeit reduziert wird.

4.1 Herr Timme: Leistungsbewertungen als Bestätigung der beruflichen Identität? (TECH6)[2]

Beginnen wollen wir mit dem Fallbeispiel von Herrn Timme, der ein
W3-Professor für Nachrichtentechnik und bereits seit längerem an seiner jetzigen
Universität tätig ist. Anders als neu berufene ProfessorInnen sieht er sich einem
geringen Druck ausgesetzt, sich an seiner Universität noch bewähren – oder, wie
Herr Timme es nennt, erst „freischwimmen" – zu müssen. Hinzu kommt, dass
quantifizierende Bewertungskriterien wie Drittmittel oder Promovierendenzahlen
unproblematisch für ihn sind. Solche Kriterien repräsentierten zwar „nie das
ganze Bild". Für einen Vergleich der Forschungs- und Lehrleistungen elektro-
technischer Fakultäten stellten sie aber durchaus „eine sinnvolle Metrik" dar.

Vor seiner Berufung verbrachte Herr Timme mehrere Jahre bei einem
größeren Industrieunternehmen. Die Wettbewerbs- und Kennzahlenlogik, die im
Sinne des „New Public Management" (NPM) auch auf Universitäten übertragen
wurde, ist für ihn insofern nichts grundsätzlich Neues. Es ließe sich daher vermuten, dass er sich die universitären Leistungsbewertungen und -anreize durchaus in einer strategischen Weise aneignet.

Deutung universitärer Wandlungsprozesse: Ökonomischer ‚Pay Off' und größere Autonomie
Diese Vermutung scheint sich zu Beginn des Interviews zu bestätigen. Denn Herr
Timme antwortet auf die Einstiegsfrage nach seiner subjektiven Wahrnehmung
universitärer Wandlungsprozesse mit folgender Einschätzung:

[2]Anders als im vorherigen und in den beiden nachfolgenden Kapiteln wird in diesem
Kapitel aufgrund der Fokussierung auf drei Fälle auf weitere Interviewkennungen im
Fließtext verzichtet. Stattdessen wird in den entsprechenden Unterkapiteln die Interview-
kennung des dort ausführlich dargelegten Fallbeispiels jeweils eingangs einmalig genannt.

„Ja, in der Tat, es gibt sehr viel Wandel. Einige versuche ich auszublenden und
andere begrüße ich mit Nachdruck. Also das ist wirklich eine ganz große Spann-
breite. Ich fange mal bei den positiven Aspekten an. Also ich selber bin W-besoldet
und habe mir das nicht ausgesucht. Das war einfach irgendwann der Umbruch, wo
es die C-Besoldung nicht mehr gab. Erst dachte ich, so noch in der Bewerbungs-
phase und wenn man so zum Vorsingen kam, das sei nachteilig, weil das Grund-
gehalt ist ja doch auch recht niedrig. Aber in den Ingenieurwissenschaften kommen
doch die Berufungen weitestgehend aus der Industrie. Ich selber war auch lange
Jahre bei [Name Unternehmen]. Und dann kann man halt schon, hat man schon eine
gewisse Verhandlungsposition, indem man halt mal so seine letzten Gehälter auf-
legt. Und das habe ich auch ganz konkret getan. Und kurz bevor es zum Streit […]
kam, haben wir dann den Handschlag gemacht. Also das ist insofern eine, würde ich
sagen, für die Ingenieurwissenschaften würde ich das als unkritisch beurteilen. Und
ich gehe noch weiter. Es ist nicht nur unkritisch, sondern es ist ganz toll."

Die „positiven Aspekte" des Wandels bestimmt Herr Timme hier über ökonomische Vorteile, die sich für ihn aus der W-Besoldung ergeben. Er profitierte
in den Berufungsverhandlungen letztlich von den größeren Handlungsspiel-
räumen des Präsidiums, auf seine „letzten Gehälter" in der Wirtschaft eingehen
zu können.

Das Thema materieller Vorteile spielt auch im Weiteren eine Rolle. Denn
Herr Timme fährt unmittelbar damit fort, dass er seither zudem die Möglichkeit
habe, über Industrieprojekte individualisierte „Forschungszulagen einzuwerben".[3]
Gerade diese führten dazu, sich über „Finanzspritzen" freuen zu können, die
ihn „weit über eine C4-Besoldung katapultier[t]en" und ein „echter Leistungsanreiz" seien. Diese Deutung der Forschungszulagen ist bemerkenswert, wenn
man sich die in Kap. 2 referierte vehemente Kritik an der universitären Anreizlogik in Erinnerung ruft, die von ProfessorInnen in der Zeitschrift Forschung und
Lehre (F&L) geäußert wurde. Herr Timme scheint demgegenüber einem unternehmerischen Ethos zu folgen und hierin keinen Widerspruch zum Status und
Selbstverständnis eines Professors zu sehen.

Interessant ist allerdings, dass er als wichtigen Vorteil solcher Industrieprojekte auch die größere Autonomie gegenüber seiner Universität betrachtet.
Trotz der mit den Kooperationspartnern vertraglich festgelegten Leistungen habe
er selbst es letztlich „zu hundert Prozent im Griff", und es „befinde nicht irgendein Gremium darüber", wie seine „Performance war":

---

[3] ProfessorInnen, die nach Bundesbesoldungsordnung W berufen sind, können für die
Dauer einer Projektfinanzierung im Bereich der Auftragsforschung eine nicht ruhegehalts-
fähige Leistungszulage beanspruchen (Bundesbesoldungsgesetz: § 35).

„Und wenn man die Drittmittel einspielt und entsprechend dann auch eine Arbeitsgruppe hat, die jetzt nicht nur aus den Landesstellen besteht ((lacht)), dann wird
man formal ziemlich in Ruhe gelassen. Das kann man schon sagen."

Weitgehend offen ist damit jedoch noch, wie diese Form der Abgrenzung bei ihm
motiviert ist – ob Herr Timme gegenüber einer organisationalen Kontrolle und
Bewertung vor allem seinen professoralen Status oder auch inhaltliche Ansprüche
an seine Forschung behauptet.

*Lehrqualität über intrinsische Motivation, Authentizität und Austausch mit den
Studierenden*
In Bezug auf die universitären Leistungsbewertungen im Bereich der Lehre
zeigen sich bei Herrn Timme zunächst keine größeren Vorbehalte. So bewertet
er es als positiv, dass die Lehre mittlerweile mehr „Wertschätzung" erfahre und
an seiner Universität neben Evaluationen auch MentorInnengruppen eingeführt
worden seien, in denen Studierende Schwierigkeiten mit Lehrenden thematisieren
könnten. Durch die Kombination von formalisierter Bewertung und Möglichkeiten des informellen Austauschs habe man eine „ganz gute Handreichung", um
Probleme in der Lehre beheben zu können. Dadurch trage man auch dazu bei,
die Universität zu einem attraktiven Studienort werden zu lassen und eine größere
„Auslastung" der Studiengänge zu erreichen.

Selbst positioniert sich Herr Timme als Angehöriger einer Disziplin, in der
eine grundsätzliche Motivation für die Lehre schon durch die Abhängigkeit der
Forschung von möglichst guten NachwuchswissenschaftlerInnen mehrheitlich
gegeben sei:

„Wir wollen wirklich tolle Forschung betreiben. Wie kommen wir dahin? Wir
brauchen gute Doktoranden. Wie kommen wir dahin? Wir müssen die Leute für uns
ausbilden, für unsere Belange. […] Also das kann man niemandem unterstellen,
dass er da nachlässig ist oder eine schlechte Lehre macht."

Er legt hier ein „originäre[s] Eigeninteresse" zugrunde, das sich bereits in den in
Kap. 3 skizzierten Selbstdeutungen von Natur- und IngenieurwissenschaftlerInnen
widerspiegelte.

Wenn er auf seine Veranstaltungen zu sprechen kommt, äußert sich bei Herrn
Timme jedoch auch eine über die konkrete Lehrtätigkeit vermittelte Sinnstiftung.
So schildert er mit Blick auf seine Vorlesungen:

„Ich starte, und dann der nächste Augenblick, wo ich mich bewusst wahrnehme,
ist eineinhalb Stunden später. Also ich bin so absolut im Flow, was ein schönes

Gefühl ist. Also das ist für mich, mehr so ein Dopamin-Ding ((lacht)). Also ich brauche Spaß. In zweiter Linie sollen die Studenten auch was mitnehmen, und das Schöne ist, dass das ja neurowissenschaftlich offenbar gekoppelt ist ((lacht)) – wenn der Lehrende Spaß hat, dass auch die Zuhörer ein bisschen Spaß haben und wach bleiben und Dinge mitkriegen."

Entscheidend für eine erfolgreiche Wissensvermittlung ist für ihn seine eigene Begeisterung für die Materie. Durch diese gerate er bei seinen Vorlesungen in einen „Flow", der sich in positiver Weise auf die Studierenden und deren Aufnahmebereitschaft bzw. -fähigkeit übertrage. Wenn diese ihn „an der Tafel tanzen" sähen, leisteten sie mitunter mehr als das Geforderte. Ohne dass sie es müssten, setzten sich einige von ihnen etwa „zu Hause hin und programmier[t]en das alles nach". Im Gegenzug profitiere auch er, wenn sich die Studierenden in den Vorlesungen aktiver beteiligten und diese dadurch einen dialogischeren Charakter bekämen.

Für Herrn Timme hängt eine solche Wechselwirkung vor allem davon ab, die eigene intrinsische Motivation „ein Stück rüber[zu]bringen", während der konkrete didaktische „Weg" eher „sekundär" sei. Insofern sieht er Weiterbildungsangebote, die im Sinne einer Verbesserung der Lehre qua „Hochglanzflyern" an die ProfessorInnen herangetragen würden, eher kritisch. Das sei zwar „alles schön", und er schätze das große Engagement des Prodekans für Studium und Lehre sehr. Wichtig sei aber, dass „das, was man einsetz[e]", auch zur eigenen Person passe, man als ProfessorIn also weiterhin einem authentischen Lehrstil folge:

„Sie gehen ins Geschäft, und Sie kaufen sich Kleidung, wo Sie denken, das unterstreicht Ihren Typ. Und da reicht nicht, da langt nicht irgendein bunter Blumenstrauß an, sage ich mal, Lehrmöglichkeiten. Und wenn mir die irgendjemand vorschreiben würde, dann würde ich ihm den Vogel zeigen. Ich ziehe die Kleidung an, die mir passt, und die ist recht konventionell eigentlich. Und das kommt auch dann genau so an, und ich bin überzeugt, da muss jeder seinen Weg finden."

Herr Timme behauptet an dieser Stelle seine eigene, aber auch die Autonomie seiner KollegInnen gegenüber Versuchen, die Lehre gemäß neuen Methoden stärker zu standardisieren. Didaktischer Standardisierung wird die persönliche Erfahrung und Authentizität entgegengehalten. Zur Bekräftigung führt er das Beispiel älterer ProfessorInnen seiner Fakultät an, die zwar „von der Methodik sehr konventionell", bei den Studierenden jedoch „superbeliebt" seien, da sie „für ihr Fach brennen" würden. Er wertet im Gegenzug jene KollegInnen nicht ab, die solch „schicke" Methoden wie etwa „Votings" via „Smartphone" in ihre Veranstaltungen integrierten. Herr Timme distanziert sich aber von der Vorstellung, dass neue Formen der Didaktisierung zwangsläufig zu einer Verbesserung der Lehrqualität führten. Dagegen sprächen auch fachliche Gründe, die er wie folgt ausführt:

> „Bei uns geht es viel um mathematische Dinge, da kann man nicht voten. Also da müssen die Leute mit Formeln irgendwie umgehen lernen. Also dass sie sich eher das Handgelenk wundschreiben, was ich auch wichtig finde. Ich sage immer: ‚Laptops weg, Elektronik weg, ihr sollt schreiben.' Also, wenn sich da motorisch etwas bei euch bewegt, dann speichert sich das ab."'

Dass er selbst, wie er an anderer Stelle resümiert, „Fan der Tafel" bleibe und auf „schicke Formen multimedialer Lehre" verzichte, ist bei Herrn Timme somit in zweifacher Weise motiviert. Zum einen sieht er den Lernerfolg bei bestimmten Inhalten nur durch klassische Methoden gewährleistet, zum anderen folgt er damit dem Anspruch, seinem eigenen Stil treu zu bleiben.

Studierende als legitime Bewertungsinstanz
Wichtig ist, dass Herr Timme sich jedoch nicht von einer Bewertung seiner Ver-anstaltungen durch die Studierenden abgrenzt. Für ihn sind die Lehrevaluationen vielmehr Ausdruck einer positiven Entwicklung des Verhältnisses zwischen Lehrenden und Lernenden. Dieses sei mittlerweile auch jenseits der Lehr-veranstaltungen durch einen Austausch geprägt, der während seines eigenen Studiums noch weitgehend gefehlt habe. So äußert Herr Timme mit Blick auf die damalige Situation:

> „Es gab schlichtweg keinen Kontakt. Ich habe seinerzeit die beste Klausur in der Mechanik geschrieben, die höchste Punktzahl, da hat bei mir ein Sternchen im Aus-hang gestanden, da habe ich dann ein Gespräch beim Professor bekommen. [...] Aber das war mein einziger Professoren-Kontakt im Grundstudium."

Seither habe eine Enthierarchisierung stattgefunden, durch die sich beide Seiten – ProfessorInnen und Studierende – stärker „auf Augenhöhe" begegnen könnten. Herr Timme schreibt hierbei auch seiner Universität eine positive Rolle zu, die diese Entwicklung etwa durch die Einführung der bereits genannten MentorInnengruppen weiter fördere. Studierende könnten dort Themen besprechen, „die ihnen auf dem Herzen liegen", und im Gegenzug von ProfessorInnen „sehr proaktiv" in Bezug auf Hilfestellungen, aber auch Karriere-optionen am Fachbereich „beraten" werden.

Mit den Lehrevaluationen werde eine weitere Möglichkeit für Studierende geschaffen, Wünsche und Kritik – wenn auch vermittelt über ein standardisiertes

Instrument – zu äußern. Dass sie die fachliche Kompetenz der ProfessorInnen nur bedingt einschätzen könnten, ist für Herrn Timme kein Argument gegen die Evaluationen:

> „Ja, naturgemäß können die das nur teils beurteilen. Wenn Studenten schreiben, der Lehrende ist kompetent, dann können sie eigentlich nur sagen, er wirkt kompetent. Ob er kompetent ist, haben die keine Ahnung. Woher sollen sie das wissen? Also das ist natürlich nur so ein Schein. Aber auch der spielt, wenn wir uns als Dienstleister den Studierenden gegenüber verstehen wollen, schon eine Rolle. […] Ob ich kompetent wirke oder ob ich motiviere oder ob der Lehrende häufig wechselt, das ist auf jeden Fall ein Qualitätsmerkmal einer Lehrveranstaltung, dass der Professor nie da ist, immer auf Dienstreise und einen Assistenten schickt und so, ne? Das ist schon eine Metrik, die die Studis sehr gut bewerten können."[4]

Herr Timme geht somit eher von legitimen Ansprüchen der Studierenden an die Lehre aus, denen man durch die Evaluationen eine gewisse Geltung verschaffe. Für ihn selbst sei dieses Instrument in zweifacher Hinsicht „hilfreich und motivierend". Zum einen, weil er teilweise „gute Hinweise" bekäme, die er zukünftig in seinen Lehrveranstaltungen berücksichtigen könne. Zum anderen aber auch, weil seine Ergebnisse zumeist positiv ausfielen. An seiner Universität gäbe es alternativ auch die Option, mit ausgewählten Studierenden ein „Nachgespräch zu führen". Er selbst sei jedoch ein „Freund von Zahlen" und verzichte daher auf diese Möglichkeit:

> „Wer gute Noten hat, wünscht sich kein Textzeugnis, sondern wünscht sich ein Notenzeugnis, verstehen Sie? ((lacht)) Und deswegen bevorzuge ich das Notenzeugnis. Das hat sich bewährt und damit kann ich meine Statistiken weiterschreiben."

Insgesamt wird deutlich, dass sich Herr Timme die Leistungsbewertungen und das organisationale Ziel der Qualitätssicherung und -verbesserung in der Lehre positiv zu eigen machen kann. Angebote der didaktischen Weiterbildung sieht er zwar etwas kritisch, da er eher von der Deutung ausgeht, dass wissenschaftliche Persönlichkeiten schon durch ihre Begeisterung für die Sache – ihren „Tanz" vor den

---

[4] Die Selbstbeschreibung als „Dienstleister" ist bemerkenswert, stellt sie doch einen Gegensatz zu den sowohl im zuvor nachgezeichneten Diskurs (Kap. 2) als auch in den eigenen Interviews beschriebenen Selbstdeutungen dar. Ähnliche Beobachtungen finden sich auch bei Karin Lohr et al. (2013a, S. 157–162), die feststellten, dass Lehrende entsprechende Zuschreibungen explizit zurückwiesen, da diese im Widerspruch zu ihrem professionellen Selbstverständnis stünden.

Studierenden – zu ‚guter‘, motivierender Lehre befähigt seien. Wichtiger scheint aber, dass Leistungsbewertungen wie Evaluationen seinen Vorstellungen eines zum Besseren gewandelten Verhältnisses zwischen Lehrenden und Lernenden weitgehend entsprechen: Anstatt den Status von ProfessorInnen gegenüber einer studentischen Bewertung in Stellung zu bringen, geht Herr Timme stärker von der professoralen Pflicht aus, den Lehrauftrag in verantwortungsvoller Weise zu erfüllen und Wünsche und Bedarfe der Studierenden zu berücksichtigen.

Zugleich verbindet er die Evaluationen mit einer strategischen Funktion. Denn gute Bewertungsergebnisse bedeuten für Herrn Timme und seine Fakultät auch die Chance, für Studierende attraktiv zu sein und darüber eine möglichst hohe Auslastung der Studierendenzahlen zu erreichen:

> „Je mehr, desto besser. Also wir würden nie jemanden ablehnen. Das ist ganz klar, das ist auch eine Selektion, wir wollen eben auch wirklich sehr gute Kandidaten dann haben für Promotionen als Mitarbeiter. Und das geht nur, wenn Sie auch eine gewisse Masse haben."

‚Gute‘ Lehre ist für Herrn Timme damit zwar kein reines Mittel zum Zweck ‚guter‘ Forschung. In seinen positiven Deutungen der Evaluationen spiegeln sich neben identitätsbezogenen Selbstansprüchen jedoch auch solche interessengeleiteten Motive wider.

Forschung im eigenen Team anstelle ineffizienter Profilbildung
Kritischer zeigt sich Herr Timme hingegen, wenn es um die organisationalen Ziele und Bewertungsmaßstäbe im Bereich der Forschung geht. Dies mag zunächst überraschen, da er Drittmittel, wie zu Beginn ausgeführt, als Leistungskriterium akzeptiert und zudem bei deren Einwerbung gut dasteht. Im Folgenden wird jedoch deutlich, dass sich seine Vorbehalte vor allem auf Profilbildung und groß angelegte Forschungsformate beziehen, an denen Universitäten im Sinne ihrer Sichtbarkeit und Wettbewerbsposition ein besonderes Interesse haben. Herr Timme lehnt einen „Findungsprozess" zugunsten eines klareren Forschungsprofils zwar nicht grundsätzlich ab. Die damit verbundenen langwierigen Diskussionen und Versuche der erfolgreichen Institutionalisierung von Forschungsschwerpunkten sind für ihn aber mehr als kritikwürdig:

> „Ich habe keine Lust, an diesen Prozessen mehr teilzunehmen in besonderer Weise. Ich habe mich viel engagiert, ich will jetzt auch keine Begriffe oder Namen hier nennen, das tut nichts zur Sache, aber Sie können sich, glaube ich, vorstellen, was das so für, da werden dann Zentren gebildet, man wird Mitglied in einem dieser Zentren oder überlegt sich, dort Mitglied zu werden oder engagiert sich dort auch

vielleicht durch irgendwelche Ämter oder so. Ich meine, es gibt Meetings mit Kollegen, was könnten wir mal machen, um irgendwie mal einen Projektantrag zu schreiben? Ich [...] habe Stunden, Tage, Wochen, wahrscheinlich in Summe Monate in solchen Meetings gesessen und nicht einen einzigen Euro eingeworben über diese Wege. Im Gegenteil, ich habe sogar Beiträge für Zentren bezahlt aus meinen Restmitteln. Das bringt's alles nicht. Wenn ich aber meinen eigenen Impulsen gefolgt bin und auf Unternehmen zugegangen bin oder Anträge bei der DFG geschrieben habe, die bis auf einen alle zuerkannt worden sind, dann hat es was gebracht, dann hat es uns weitergebracht."

Herr Timme positioniert sich hier als Professor, der den geringen Mehrwert solcher „Prozesse" aufgrund konkreter Erfahrungen beurteilen kann und sich insofern nicht per se gegenüber Neuem verweigert. Er habe schließlich viel Zeit in letztlich ergebnislosen „Meetings" verbracht. Erfolgreich und effizient sei er hingegen bei seinen individuellen Bemühungen um Drittmittel gewesen. Da er „das Maß [s]eines Engagements" in der universitären Verbundforschung selbst bestimmen könne, ziehe er für sich entsprechende Konsequenzen:

„Also das kann ich entscheiden, und dann guckt man, da gibt es so einen Zähler und einen Nenner in der Rechnung, und in dem Zähler ist so die Hoffnung auf mögliche Drittmittel, die man vielleicht gemeinschaftlich besser einwerben kann als alleine. Und im Nenner ist halt der zeitliche Aufwand. Das ist eine kühle Kalkulation. Wo sich mittlerweile der Nenner für mich zunehmend größer darstellt, weil im Zähler nicht viel steht."

Allerdings setzt sich Herr Timme nicht nur in dieser selbstunternehmerisch anmutenden Weise mit der universitären Profilbildung auseinander. Denn er wirft zugleich die Frage auf, wo hierbei „der Wert in Richtung der wirklich guten Forschung entsteh[e]". Wie folgende Äußerung zeigt, behauptet er mit seiner Verweigerung gerade auch inhaltliche Qualitätsmaßstäbe:

„Ja, es entsteht Blindleistung, indem man sich profilieren muss gegenüber anderen Universitäten. Wozu? Wollen wir nicht einfach forschen und uns durch das, was an Forschungsleistung entsteht, profilieren? An Ehrungen durch Peers international orientieren? Das ist das, wie man Forschungsleistung am besten eigentlich bemisst, wie ich finde. Internationale Ehrungen oder Best Paper Awards oder irgendwie so etwas, danach sollten wir uns ausstrecken und danach wird eine Universität oder auch nur ein Fachbereich oder von mir aus ein Professor zum Leuchtturm und sichtbar werden und Studenten anwerben, motivieren, dort vielleicht zu studieren."

Herr Timme stellt dem organisationalen Ziel der Profilbildung hier die Bewährung und Reputation innerhalb der Scientific Community gegenüber. Aus

seiner Sicht werde in letzterer über die eigentliche Qualität der Forschung entschieden, wovon dann – im Erfolgsfall – auch die jeweilige Universität oder der
Fachbereich profitieren könne. So kenne er Beispiele von ProfessorInnen, die
„an irgendeiner B-Universität in der Bretagne" tätig waren und dort zu wichtigen
Ergebnissen gekommen seien, die sie zu den „Stars schlechthin" hätten werden
lassen. Herr Timme grenzt sich nicht grundsätzlich von den Interessen seiner Universität oder der Idee des universitären Wettbewerbs ab. Er verteidigt hier jedoch
den Anspruch, die Forschung in erster Linie an wissenschaftlich fundierten
Bewertungs- und Vergleichsmaßstäben zu orientieren.

Er konkretisiert seine Vorstellungen ,guter', sinnstiftender Forschung im
Weiteren. Bei der Frage nach besonders positiven Erfahrungen kommt er nicht
zuletzt auf das enge Verhältnis zu seinen Mitarbeitenden zu sprechen. Dass er
als Professor und Projektleiter mittlerweile, wie auch andere FachkollegInnen,
weniger in die alltägliche Programmierarbeit involviert ist, deutet Herr Timme
nicht im Sinne eines Mangels. Denn durch den direkten Austausch mit seinem
Team über Probleme oder Zwischenergebnisse bleibe er weiterhin mit dem
Forschungsprozess verbunden:

> „Und die schönste Situation ist, dass ohne Termin oder irgendwas ein Mitarbeiter
> von mir mein Büro stürmt und sagt, er hat einen Bug gefunden ((lacht)). Das
> bedeutet, wir sind weitergekommen, ja? Irgendwas wird besser, oder bringt Kurven
> rein, und wir machen eine Fünf-Minuten-Spontandiskussion. Das ist eigentlich,
> wie ich mir meinen Beruf wünsche. Das ist sehr individuell. […] Es gibt eben den
> ganzen Bereich zwischen Staatssekretär, Kanzler und Präsident. Wahrscheinlich bin
> ich mehr der Staatssekretär. Ich möchte diese Nähe zu meinen Assistenten, weil ich
> glaube, das ist ja das ganz besondere des Dr.-Ing.'s, den wir in Deutschland haben,
> dass man so ein Meister-Lehrling-Verhältnis hat und dieses Meister-Lehrling-Ver-
> hältnis funktioniert durch face time, funktioniert durch Kontakt, durch Gespräche."

Über die „Nähe" zu seinem Team behält Herr Timme einen stärkeren inneren
Bezug zu dem jeweiligen Forschungsprojekt als ProfessorInnen, die eine
vor allem manageriale Rolle einnehmen. Die kleinen Teilerfolge von Mitarbeitenden werden von ihm im Sinne eines gemeinsamen Fortschritts gedeutet,
der auch ihn unmittelbar freue. Darüber hinaus kann Herr Timme durch die
erwähnte „Nähe" aktiv Anteil an der wissenschaftlichen Sozialisation seiner
NachwuchswissenschaftlerInnen nehmen, was er durch den Vergleich mit einem
„Meister-Lehrling-Verhältnis" zusätzlich unterstreicht. In „Spontandiskussionen"
und durch regelmäßigen Austausch könnten die Mitarbeitenden sowohl von
seiner Begeisterung für die Sache als auch von seinem Wissen profitieren.

Dieses Rollenverständnis wird noch deutlicher, wenn Herr Timme sein Engagement bei der Arbeit an Publikationen beschreibt. So hat er zum einen den Anspruch, selbst „Ideen reinzureichen". Zum anderen möchte er seinem Team in einem gemeinsamen Prozess des „Korrigierens, des Paper Herzeigens und Versionen Durcheditierens" die Relevanz und Praxis des Publizierens in actu vermitteln:

> „Also ich predige immer wieder, wer nicht schreibt, der forscht nicht. Die denken immer, sie lesen Papers und programmieren was und das ist Forschung. Das stimmt nicht. Wenn die nicht geschrieben haben, dann werden ihnen wesentliche Lücken nicht klar. Weil ein wissenschaftliches Werk, und wenn es nur ein Tagungspaper ist, ist immer eine Story, ist eine Geschichte. Und die muss einen roten Faden haben und die hat einen Anfang und ein Ende, die hat einen Spannungsbogen, und diese Geschichte muss man erzählen können und entsprechend muss man die Simulationen aufbauen."

Wie wir in Kap. 3 bereits an Beispielen illustriert haben, spielt in den Ingenieurwissenschaften der Anspruch eines Anwendungsbezugs der Forschung häufiger eine wichtige Rolle. Dieser Anspruch spiegelt sich ebenfalls in den Deutungen ‚guter' Forschung von Herrn Timme wider. Er äußert zwar mehrfach, dass die erfolgreiche Einreichung eines „Journal Paper immer ein sehr schöner Moment" – ein „echter Glücksmoment" – sei. Gleichwohl orientiert er sich bei seiner Forschung nicht allein daran, sich vor dem kritischen Urteil der wissenschaftlichen Peers zu bewähren. „Sehr zufrieden" mache es ihn auch, wenn Forschung sich in eine konkrete Anwendung übersetze und Industriepartner „happy" seien. Herr Timme wertet Kooperationen mit Industrieunternehmen insofern nicht als eine Art defizitäre, primär auf das instrumentelle Ziel der Drittmitteleinwerbung ausgerichtete Forschung ab. Aus seiner Perspektive sind solche Kooperationen vielmehr die Voraussetzung, damit sich eines der „Features" seiner Arbeitsgruppe am Ende in einem Produkt wiederfinden könne. Optimalerweise bauten Grundlagenforschung und Anwendungsbezug aufeinander auf:

> „Also, wir machen wirklich so Grundlagenforschung, ganz crazy Sachen, und wenn da mal was den Weg gegangen ist in Richtung Anwendung, also die Geschichte, das war Thema meiner Bewerbungsvorlesung, wo ich hier zum Vorsingen war im Kolloquium. Und das ist natürlich auch eine besondere Befriedigung, weil ich gesagt habe, dieses Thema, das will ich hier in [Name Uni] hochziehen, und das wollen wir beforschen von der DFG, es hat angefangen mit einem DFG-Projekt dann, bis hin zur Anwendung. Und genauso ist es passiert. Also das ist sehr schön, wenn man so einen Bogen dann auch mal hinkriegt. Das ist nicht häufig. Aber, wenn es mal klappt über die Jahre, ist das schön."

Insbesondere in dieser Äußerung wird deutlich, welche Relevanz der Anspruch für Herrn Timme hat, einen „Bogen" von der Forschung in die Anwendung „hinzu-kriegen".

Das von Herrn Timme verwendete Bild des „Bogens" ließe sich aber eben-falls auf sein Ziel übertragen, seine NachwuchswissenschaftlerInnen auf ihrem Karriereweg zu fördern. Denn im Sinne des schon erwähnten „Meister-Lehr-ling-Verhältnisses" betont er gerade auch die Vorteile, die sich für seine Mit-arbeitenden aus der Verbindung von Grundlagen- und anwendungsbezogener Forschung ergäben. So sei es für ihren weiteren Weg wichtig, „nicht nur irgendwo im Elfenbeinturm rumgeforscht" zu haben und zu wissen, „was ein Meilenstein, was ein Projekt-Bericht" ist. Zudem seien Auszeichnungen wie ein Preis für Technologietransfer „Gold wert" für sie:

> „Also ich brauch das nicht. […] Mich freut so eine Urkunde wie die, wo zwei Mit-arbeiter noch mit draufstehen. Das freut mich. Weil da kann noch was passieren. Die haben noch einen Lebenslauf vor sich, also da würde ich mich freuen, zu irgend-einer Antrittsvorlesung mal von einem von denen eingeladen zu werden. Das wäre so ein richtiger Glücksmoment. Also das sind so Ziele, die ich habe, neben diesem Geld einwerben."

Hier spiegelt sich deutlich die Karrierephase von Herrn Timme wider. Er selbst „brauche" solche Auszeichnungen nicht mehr, um weitere berufliche Ziele zu erreichen. Eine wichtige Anerkennung wäre es für ihn hingegen, wenn „die eigenen Gewächse" erfolgreich „ihren Weg" – etwa bis zur eigenen Professur – gingen, womit Herr Timme wiederum sein Rollenverständnis eines akademischen Mentors und Wegbegleiters betont. Das Ziel wäre erreicht, so ergänzt er im Anschluss, wenn sich aus der einstigen Meister-Lehrlings-Beziehung ein berufliches Ver-hältnis „auf Augenhöhe" entwickle. Damit thematisiert er eine Ebene der persön-lichen Bewährung und Anerkennung, die sich kaum in den quantifizierenden Bewertungen der professoralen Lehr- und Forschungsleistungen abbilden lässt.

Fazit
Ungeachtet dessen können wir aber zunächst festhalten, dass Herr Timme keine grundsätzlichen Probleme mit der quantifizierenden Logik universitärer Leistungsbewertungen hat. So bezeichnet er Kriterien wie Drittmittel als sinn-volle „Metrik" und sieht auch in standardisierten Evaluationen ein durchaus geeignetes Instrument für die Qualitätssicherung/-verbesserung in der Lehre. Ein Grund für diese Perspektive dürften seine beruflichen Erfahrungen in der Industrie sein, aufgrund derer Herrn Timme ein Controlling oder Leistungs-vergleiche über bestimmte Kennzahlen nicht fremd sein werden. Darüber

hinaus ist es aber auch seine Disziplin, die ihm eine positive Aneignung der organisationalen Bewertungsmaßstäbe erleichtert. Die Einwerbung von Drittmitteln gehört für ihn als Nachrichtentechniker zu den normalen Voraussetzungen ‚guter' Forschung, sodass die Bewertung seiner Leistungen über dieses Kriterium erst einmal nicht mit alternativen Ansprüchen konfligiert. Die im Rahmen seiner Berufungsverhandlung konkret festgelegte Summe erschien Herrn Timme zwar damals als „sehr große Zahl", bei der er „nicht gewusst" habe „ob [er] das schaffe". Dass die Universitätsleitung grundsätzlich Drittmittel von ihm erwartet, bedeutet für ihn aber weder „Druck" noch „Fremdbestimmung": Er wolle diese Mittel „ja auch", um seine Projekte realisieren zu können.

Er nimmt dieses für universitäre Leistungsbewertungen wichtige Kriterium somit nicht im Sinne eines konstruierten „Normalitätsbereiches" (Heintz 2010, S. 165) wahr. Hinzu kommt, dass ihm seine Drittmittelprojekte seither – er werbe „deutlich mehr" ein, als von ihm erwartet wurde – verschiedene Handlungsspielräume verschaffen: neben individuellen Gehaltszulagen die Möglichkeit, die eingeworbenen Mittel in eher unternehmerischer Weise frei verwenden zu können.

Obgleich Herr Timme gleich zu Beginn des Interviews diese Vorteile betont, lässt sich bei ihm jedoch nicht von einer alleinigen Orientierung an jener Anreizlogik sprechen, die mit NPM und Leistungsbewertungen auf die Universitäten übertragen wurde. Denn er sieht einen entscheidenden Mehrwert seiner eingeworbenen Drittmittel darin, unabhängiger von organisationalen Zielen und der Bewertung seiner „Performance" durch „irgendein Gremium" zu sein.[5] Dass Herr Timme wiederholt davon spricht, durch seine Drittmittel-Projekte weitgehend „in Ruhe gelassen" zu werden, könnte insofern irritieren, als er mit seiner Kombination aus Grundlagenorientierung und Anwendungsbezug im Einklang mit dem etablierten Forschungsverständnis seiner Universität agiert. Wovon sich Herr Timme aber abgrenzen möchte, sind übergeordnete, vonseiten des Rektorats angestoßene Profilbildungsprozesse, die dem Ziel einer möglichst guten Position der Universität im interuniversitären Wettbewerb dienen. Zum einen widersprechen diese Prozesse seinem Verständnis, nach dem außergewöhnliche und von der Scientific Community anerkannte Forschungsleistungen einzelner ProfessorInnen und ihrer Arbeitsgruppen vorrangige Bedeutung haben sollten. Zum anderen

---

[5] In einem weiteren Verständnis kann das freilich eine gesteigerte Form des neoliberalen „unternehmerischen Selbst" (Bröckling 2007) sein, bei dem der Fremdzwang von NPM zum internalisierten Selbstzwang geworden ist. Es kommt darauf an, ob Herr Timme Forschungen, die ihm sonst auferlegt worden wären, ‚freiwillig' betreibt oder aber eigensinnige Forschungsagenden verfolgt.

konfligiert die Einbindung in universitäre Profilbildungsprozesse mit seinem Anspruch, weiterhin und auf kurzen Wegen – als „Meister-Mentor" – an der Forschung seiner Arbeitsgruppe teilhaben zu können.

Mit seiner Entscheidung, sich zukünftig nicht mehr in entsprechenden Gremien zu engagieren oder an größeren Forschungsverbünden zu beteiligen, behauptet Herr Timme somit auch identitätsbezogene Ansprüche an seine Forschung. Ihm geht es nicht allein um den strategischen Nutzen des individuellen Antragserfolges. Seine Entscheidung gegen eine weitere Beteiligung an Verbundanträgen und universitärer Profilbildung ist ferner mit Blick auf seine Karrierephase und sein Standing an der Universität zu sehen. Nach fast zehn Jahren, in denen er als Professor bereits erfolgreich Drittmittel einwerben konnte, sieht er sich nicht mehr dem Druck ausgesetzt, sich noch bewähren zu müssen. Zudem verfolgt er keine Karrierepläne, für die ihm die Leitung eines neuen Forschungszentrums oder einer Forschungsgruppe wichtige Vorteile verschaffen könnte.

4.2 Frau Lange: Zwischen Anpassung an Leistungsbewertungen und Behauptung eigener Ansprüche (LIT3)

Für Frau Lange, eine W3-Professorin für Neuere Deutsche Literatur, verbinden sich die universitären Leistungsbewertungen mit mehr Ambivalenzen und wahrgenommenen Gefährdungen ihrer eigenen Ansprüche an Lehre und Forschung als für Herrn Timme. Eine nicht unwichtige Rolle spielt dabei ihre Fachdisziplin, in der die Forschungsarbeit weniger von eingeworbenen Drittmitteln abhängt und alternative Bewertungsmaßstäbe wie etwa Monografien existieren. Hinzu kommt, dass Frau Lange in der Position einer relativ neu berufenen Professorin unter einem Bewährungsdruck steht und es für sie insofern auch darum geht, mit ihren Leistungen von der Organisation wie auch ihren KollegInnen anerkannt zu werden. Beides trägt dazu bei, dass sich Frau Lange intensiv mit der universitären Bewertungsordnung auseinandersetzt. Anders als Herr Timme ist sie noch eher auf der Suche nach dem richtigen Weg zwischen Anpassung und Behauptung eigener Ansprüche. Eine wichtiger Punkt ist für Frau Lange dabei die zukünftig ‚richtige' Gewichtung von Forschung und Lehre.

Deutung der neuen Governance: Mehr Druck und Kontrolle
Dass Frau Lange die neue Governance als deutlich ambivalent wahrnimmt, zeigt sich bereits in der Eingangssequenz des Interviews. So antwortet sie auf die

noch eher allgemeine Frage nach ihrer Wahrnehmung universitärer Wandlungsprozesse:

> „Ich hab ja hier angefangen schon mit Ziel- und Leistungsvereinbarungen und so.
> Insofern kann ich schlecht das mit einem Zustand davor vergleichen, aber klar,
> ich mein, das ist vielfältig. Dass man schon das Gefühl hat, zusätzlich zu der ja
> normalerweise in unserem Berufsstand sehr weitgehend vorhandenen intrinsischen
> Motivation gibt's jetzt einfach dieses vielfältige, auch sehr differenzierte Regel-
> system irgendwie, dass das, was man so tut, beobachtet wird, klassifiziert wird,
> mit Punkten versehen wird und so weiter. [...] Also ich finde schon, gerade auch
> wenn man's vergleicht mit den Kollegen in den USA oder so, dass der Druck hier
> enorm ist, man ist eingespannt in ein unglaublich enges Korsett. Was schade ist.
> Denn ich will nicht sagen, dass dadurch schlechtere Forschung gemacht wird, aber
> es wird einfach doch viel produziert, auch viel immer im Hinblick auf bestimmte
> Anforderungen, die man natürlich zunehmend internalisiert.“

Frau Lange kommt gleich zu Beginn auf beide Seiten der Leistungsbewertungen
zu sprechen: zum einen auf den organisationalen Kontrollanspruch, der sich in
einem „differenzierte[n]“ Klassifikationssystem und der Praxis widerspiegle, die
Leistungen der ProfessorInnen „mit Punkten [zu] versehen“; zum anderen auf
die Folgen für die Bewerteten, welche sich durch den „enormen“ Druck und das
„unglaublich enge[] Korsett“ allmählich an die aus den Leistungsbewertungen
resultierenden „Anforderungen“ anpassten.

Solche Prozesse der „Internalisierung“ reflektiert Frau Lange auch mit Blick
auf ihre eigene Person. So fährt sie unmittelbar mit folgender Äußerung fort:

> „Als ich anfing, war mir manches noch nicht so klar. Nachdem ich das erste Mal die
> LOM-Abrechnung[6] am Ende des Jahres gemacht hatte, hab ich dann manche Dinge
> auch anders wahrgenommen. Also gerade zum Beispiel auch Prüfungseinsatz. Man
> weiß dann plötzlich, dass nen Zweitgutachten eigentlich nichts zählt, und bei mir
> ist es persönlich so, dass es gar nicht unbedingt dann dazu führt, dass ich das nicht
> mehr mache oder das nur noch provisorisch lese oder so, was man wahrscheinlich
> tun sollte. Ja, aber das kann ich irgendwie nicht. Ich hab dann immer das Gefühl, ich
> muss es wirklich lesen und wirklich begutachten und so, aber man wird frustriert.
> Man hat das Gefühl, was verbringe ich jetzt hier die ganze Zeit damit, das darf ja
> nicht sein. Ich krieg dafür ja gar nichts. Also das sind so Effekte, die nen bisschen
> unschön sind.“

---

[6] Frau Lange bezieht sich hier auf das in Kap. 1 erläuterte Instrument der leistungsorientierten Mittelvergabe, welches an ihrer Universität offensichtlich bis zur Ebene der
einzelnen ProfessorInnen angewendet wird.

Den ersten näheren Einblick in die bei der leistungsorientierten Mittelvergabe (LOM) zugrunde gelegten Leistungskriterien beschreibt sie als quasi ein-
schneidenden Moment. Sie musste erfahren, dass ihre Sorgfalt – hier in der Rolle
der Zweitgutachterin – „eigentlich nichts zähl[e]". Frau Lange deutet ihre hohen
Selbstansprüche insofern im Sinne eines Nachteils und spricht explizit davon,
durch die fehlende Anerkennung „frustriert" zu werden.

„Bologna" und „Employability": Keine Bedrohung ‚guter' Lehre
Dass Frau Lange die Entwertung ihrer Leistungen zu Beginn des Interviews
anhand eines Beispiels aus der Lehre bzw. Nachwuchsförderung illustriert, ist
alles andere als zufällig. Denn für sie handelt es sich hierbei um sehr positiv
besetzte, für ihre professorale Identität wichtige Aufgaben:

> „[M]ir macht Lehre auch sehr viel Spaß, muss ich sagen, auch Betreuung, das
> ist so mit das Befriedigendste an diesem Job, finde ich, dass man sieht, dass man
> bestimmte Anregungen gibt und die das dann selber weiterentwickeln, und wenn
> dann jemand plötzlich ne ganz eigene Masterarbeit aus solchen Themenfeldern ent-
> wickelt oder vielleicht dann sogar weiter promovieren will, das find ich schon sehr,
> sehr toll. Und da nehme ich mir auch viel Zeit zu, die zu betreuen und Gutachten
> schreiben, dass die weiterkommen und so weiter. Gehört für mich eigentlich auch
> zur Lehre alles mit dazu."

Frau Lange bezieht sich mit ihren positiven Deutungen ebenso auf reguläre Lehr-
veranstaltungen. Wichtig ist hierbei auch, dass sie nicht zu jenen „Bologna"-
KritikerInnen aus ihrer Disziplin gehört, die die Studienreform mit einem
Qualitätsverlust der universitären Lehre verbinden. Sie sieht mit Blick auf die
Einführung von Bachelor- und Masterstudiengängen zwar durchaus kritische
Punkte. So hält sie es für fragwürdig, dass ein Bachelorabschluss in ihrer
Disziplin bereits als eigenständige Qualifikation gelten könne. Da sich in den
entsprechenden Qualifikationsarbeiten nicht selten der relative Anfängerstatus
der Studierenden widerspiegle, erscheint ihr ein Masterabschluss als notwendig.
Gleichwohl bedient sich Frau Lange keiner generellen Krisenmetaphorik:

> „[I]ch muss schon sagen, man merkt den MA-Leuten an, dass sie schon mal nen
> Examen gemacht haben, dass man da einfach schon mal an nem bestimmten Punkt
> ansetzen kann. Und so, das wissenschaftliche Arbeiten ist oft, die BA-Arbeiten sind
> oft nen bisschen schwierig, also wo man dann einfach merkt, so manche Sachen
> sind halb verstanden, aber manches ist noch so ungar. Und trotzdem ist es eigentlich
> so, gerade auf dem MA-Niveau, dass viele doch eine ganze Menge, erstaunlich viel
> mitgenommen haben und das selbstständig dann auch weiterentwickeln können. Ich
> bin da nicht so pessimistisch."

Auch die u. a. im medialen Diskurs prominente Forderung nach einer stärkeren Orientierung der Lehre an der „Employability" der Studierenden deutet sie nicht im Sinne einer grundsätzlichen Bedrohung für ihr Fach. Frau Lange geht von keinem universitären Bildungsideal aus, demgemäß die Lehre gegenüber jeglichen Zweck- oder Nutzenerwägungen zu schützen sei. Da sie und ihre KollegInnen „natürlich" nicht allein „Wissenschaftler ausbilde[te]n", sei es vielmehr angemessen, das eigene Fach auch hinsichtlich seiner Anschlussfähigkeit an den Arbeitsmarkt zu betrachten:

> „[U]nd ich bin auch der Meinung, dass man sich auf diese Diskussion einlassen muss. Also es gibt ja auch manche Leute, die sagen: ‚Wir diskutieren gar nicht mit euch, wenn ihr nur die Praxisorientierung wollt.' Sondern ich denke, es gibt gute Argumente dafür, warum Geisteswissenschaften erstmal grundsätzlich Denkweisen, auch Formen der Kritik, der Analyse, des Verstehens, des systematisierten Verstehens und so weiter vermitteln, ohne dass man das sofort ankoppeln muss an eine Berufsperspektive. Ja. Und das kann man und das sollte man auch immer wieder so erklären."

Im Gegensatz zur abwehrenden Haltung einiger FachkollegInnen plädiert Frau Lange dafür, den Mehrwert eines geisteswissenschaftlichen Studiums in selbstbewusster Weise zu behaupten. Schließlich handele es sich bei einem „systematisierten Verstehen" oder der Anwendung analytischer „Denkweisen" auch um nützliche, „in der Wissensgesellschaft unabdingbar[e]", Kompetenzen.

Für Frau Lange besteht insofern kein Widerspruch zwischen einer weiterhin anspruchsvollen Lehre und der Reflexion eines möglichen Nutzens für Berufsfelder jenseits der Wissenschaft. In dieser eher gelassenen Sichtweise sieht sie sich nicht zuletzt durch die Studierenden bestätigt. Denn bei ihnen gehe das Bemühen um eine konkretere berufliche Perspektive nicht selten mit einer hohen Motivation für das Fach einher:

> „Und die wollen was mit diesem Studium! Also ich mach insgesamt wirklich sehr positive Erfahrungen, viele machen das ganz toll, viel besser, als ich das früher gemacht habe, also sich gut zu organisieren mit Jobs nebenher, die aber zum Teil auch so gewählt sind, dass sie gut schon ineinandergreifen und im Grunde daraus dann auch schon so ne Berufsperspektive sich entwickelt. Das ist ja bei Geisteswissenschaften auch immer schwierig. Wenn man jetzt nicht Lehramt studiert, ist das in dem Sinne keine Berufsausbildung, aber das machen viele wirklich ganz klasse, also sind sehr fokussiert, sehr interessiert."

Frau Lange zeichnet alles andere als das Bild einer zu angepassten Studierendengeneration und ergänzt an anderer Stelle, dass viele der Studierenden die

Bereitschaft zeigten, sich intensiv auf Themen und „ganz viel Lektürepensum" einzulassen. Insofern sieht sie ihre Ansprüche an ‚gute' Lehre weder durch die „Bologna"-Reformen noch durch die Haltung der Studierenden gefährdet. Anders formuliert, geht Frau Lange bei ihren Deutungen weniger von studentischen Defiziten als von der Prämisse aus, sich an einer „veritablen Studierendenschaft" (Liebeskind 2011, S. 208) orientieren zu können, die den Kern der Wissenschaft erfassen und ‚echtes' Interesse für das eigene Fach aufbringen könne. Dies zeigt sich auch, wenn sie konkreter auf ihre Lehrziele und -veranstaltungen zu sprechen kommt.

Frau Lange betont zwei Lehrziele, die wir bereits bei vielen der in Kap. 3 zitierten ProfessorInnen aus den Geistes- und Sozialwissenschaften gesehen haben. Zum einen geht es ihr darum, einen gemeinsamen Reflexionsprozess zu fördern, in dem die Studierenden eine aktive Rolle einnehmen. Zu vermeiden sei „so eine hierarchische Situation, da macht einer irgendwie nen Unterricht und dann schreibt man eine Hausarbeit". Zum anderen ist Frau Lange eine „enge Verknüpfung von Forschung und Lehre" wichtig, weil.

> „man eben gerade dann immer wieder auch Dinge so vermitteln kann, dass sie noch nicht zu Ende gedacht sind. Dass man alle dazu einlädt, mitzumachen, da weiter zu denken und Sachen zu entdecken. Das, glaub ich, ist wichtig, dass man nicht das Gefühl hat: ‚So jetzt hab ich hier so meine Routine und meinen Kanon und so kann es jetzt die nächsten zehn Jahre bleiben.'"

Gerade durch die Integration von Forschung und Lehre ergäben sich für beide Seiten Vorteile: Die Studierenden würden durch die vermittelte Offenheit dazu „eingeladen", Neugierde und eigene Ideen zu entwickeln. Und sie als Lehrende vermeide so, routiniert auf einen festen Kanon zurückzugreifen und eigene Entwicklungsmöglichkeiten zu sehr zu begrenzen.

Frau Lange gehört dabei zu jenen ProfessorInnen, die positive Lehrerfahrungen nicht an ein bestimmtes Vorwissen oder Niveau der Studierenden knüpfen. Entscheidender ist für sie, dass sich die Teilnehmenden ihrer Seminare auf neue Betrachtungsweisen literarischer Werke einlassen und ein Verständnis dafür bekommen,

> „dass man erst mal so einen Text für sich anguckt, wie werden da Dinge konstituiert, also wie wird irgendetwas, ein Sinn, behauptet, aber wie wird im gleichen Text sozusagen dieser Sinn auch unterlaufen, wie entsteht überhaupt so etwas wie Bedeutung, wie wird Welt konstruiert und mit welchen Strategien kann aber auch sozusagen die Veränderbarkeit von kulturellem Wissen erkannt werden?"

Neben dem Lehrziel einer analytisch-wissenschaftlichen Perspektive geht es
Frau Lange gerade auch darum, einen persönlichen Bezug der Studierenden zu
den jeweiligen Inhalten zu fördern. Als Beispiel für eine besonders „schöne"
Erfahrung beschreibt sie etwa eine „sehr ergreifende Hausarbeit", in der eine
Lehramtsstudentin

> „das dann so eingerahmt hat in ihre persönlichen Erfahrungen. Das fand ich dann
> schon sehr berührend, was die mitgenommen hat in diesem Seminar, wie sie dann
> doch das einfach auch so für sich produktiv gemacht hat. Und jetzt zu wissen: Okay,
> die wird demnächst Deutschlehrerin [...], das ist schon, das ist toll."

Frau Lange stellt insgesamt weniger ihre eigene vermittelnde oder anleitende
Rolle als die individuelle und teils kreative Aneignung der Inhalte durch die
Studierenden in den Mittelpunkt. Auch sie profitiere von den Studierenden, wenn
diese etwa neue Themen oder Genres wie Graphic Novels in die Veranstaltungen
einbrächten und ihrerseits „innovativ" agierten. Frau Lange betont insofern das
Qualitätsmerkmal einer Wechselseitigkeit in der Lehre.[7]

Als eher unbefriedigendes Lehrformat erlebt sie entsprechend Vorlesungen.
Sie könne zwar auch in diesem Rahmen aktuelle wissenschaftliche und
gesellschaftliche Diskurse aufgreifen. Schwerer wiegt für sie jedoch der Nachteil,
in eine zu große Distanz zu den Lern- und Reflexionsprozessen der Studierenden
zu geraten:

> „Ich versuch dann immer so interaktive Elemente mit einzubauen, dass ich ein-
> fach zwischendurch mal nen Gedicht hab oder so, und dann frag ich einfach in den
> Raum. [...] Ich finde diese Form Vorlesung nicht so befriedigend, weil man von
> den Studierenden zu wenig mitbekommt, man kriegt weniger mit, was bei denen
> ankommt, was deren Fragen sind."

Gerade im Vergleich zu den Deutungen von Herrn Timme zeigt sich, dass
diese Form der Lehre für sie nur wenig sinnstiftend ist. Während Herr Timme
von seiner eigenen Begeisterung ausging, die sich im Optimalfall auf die

---

[7]Frau Lange macht eine solche Wechselseitigkeit nicht an einem möglichst ebenbürtigen
Kenntnisstand von Lehrender und Studierenden fest. Damit unterscheidet sie sich von
jenem Literaturwissenschaftler, dessen Deutungen wir in Abschn. 3.2 dargestellt haben und
der von dem Ideal einer „geteilten Souveränität" (LIT1) im Umgang mit anspruchsvollen
Texten ausgegangen war. Für Frau Lange ist entscheidender, dass beide Seiten einen Bezug
zu den Themen finden und auf Basis eines geteilten Interesses ein Austausch entsteht.

Studierenden übertrage, steht für Frau Lange die Asymmetrie des Settings im Vordergrund. Da sie ‚gute' Lehre vor allem als wechselseitigen Prozess definiert, kann sie sich ein „Bild der Lehre als Bühne" (Liebeskind 2011, S. 203) nicht positiv zu eigen machen.

Evaluationen und didaktische Weiterbildung: Keine wirkliche Anerkennung der Lehre

Frau Lange kommt im Kontext der Vorlesungen jedoch auch auf den mit der Vorbereitung verbundenen „irren Aufwand" zu sprechen und deutet damit bereits ein für sie zentrales Problem an: das zu geringe Zeitbudget, das für eine wirklich substanzielle Erfüllung der Lehraufgabe zur Verfügung stehe. Einige ihrer älteren KollegInnen investierten mittlerweile weniger Zeit und Mühe in die Vorbereitung ihrer Veranstaltungen. Aus Sicht von Frau Lange ist dies zwar nicht per se kritikwürdig, da ein routinierterer Umgang mit der Lehre keinen zwangsläufigen Qualitätsverlust bedeute:

> „[D]ie haben ihre Vorlesungen, die haben sie schon ein paar Mal gehalten, die sind da. Das ist dann auch nicht mehr so viel Aufwand, die nochmal zu halten. Das heißt ja nicht, dass die dann schlechter ist."

Sie selbst hält aber an ihrem Anspruch fest, Vorlesungen und Seminarthemen stetig zu aktualisieren. Da ihr darüber hinaus eine verlässliche Betreuung des wissenschaftlichen Nachwuchses wichtig ist und sie auch schon interessierte Studierende bei ersten Publikationen – etwa durch ein teils aufwendiges Redigieren ihrer Artikel – unterstützen wolle, sieht sie sich mit einer Situation der Überlastung konfrontiert, die sie derzeit kaum aufzulösen oder abzumildern vermag. So resümiert Frau Lange, dass ihr Alltag durch „ein Gerenne" bestimmt sei. Ursächlich hierfür sei insbesondere ein „viel zu hohes Lehrdeputat", welches sie und ihre KollegInnen bewältigen müssten.

Mit ihrem Verweis auf das Lehrdeputat markiert Frau Lange einen Bedarf an grundsätzlicheren Veränderungen für eine Verbesserung der Lehre. Entsprechend kritisch sieht sie den organisationalen Fokus auf Instrumente wie Evaluationen oder mögliche didaktische Weiterbildungsangebote. Diskrepanzen zwischen dem organisationalen Anspruch, die universitäre Lehre zu verbessern, und dessen tatsächlicher Umsetzung zeigten sich für sie bereits im Kontext ihres Berufungsverfahrens. Als Angehörige der jüngeren ProfessorInnengeneration habe sie zwar zusätzlich auch ihre Kompetenzen in der Lehre unter Beweis stellen müssen. Sie sei dabei aber auf ein relativ unverändertes organisationales Setting getroffen:

„[E]s ist ja, schon als ich mich beworben hab, überall war es eigentlich, ich hatte dann immer so ein Lehrkonzept geschrieben, aber eigentlich ist es absurd, weil die, die sich das dann angucken in den Kommissionen, haben auch keine hochschuldidaktische Ausbildung, also jeder macht so irgendwie, wie er meint, und dann plötzlich wird man begutachtet in der Lehre. [...] Es ist zwar ganz nett dieses Bemühen, das stärker zu etablieren, aber in der Praxis spielt es zu wenig eine Rolle; und vor allen Dingen, es gibt kein Zeitbudget dafür. Es wird dann irgendwie erwartet, dass man das noch so zusätzlich macht, aber es wird nicht wirklich dem Ganzen nochmal Raum gegeben, und dann kann es natürlich auf die Dauer auch nicht so gut funktionieren."

Frau Lange kritisiert nicht, dass ihr Lehrkonzept überhaupt begutachtet und sie insofern auch als Lehrende bewertet wurde. Das Kritikwürdige ist für sie vielmehr, dass die bewertende Instanz selbst über keinen professionellen Maßstab verfügte.

Wichtiger sei aber noch, dass aus dieser Form der Bewertung danach im Grunde nichts mehr folgte. Aus Frau Langes Sicht wird die Verantwortung für eine Verbesserung der Lehre nach Abschluss der Berufungsverfahren im Wesentlichen individualisiert, während die strukturellen Probleme – vor allem: das fehlende Zeitbudget – bestehen blieben. Diese Haltung der Organisation spiegle sich schon in der Anwendung von Instrumenten wie Lehrevaluationen wider. So werde die Evaluation an ihrer Universität nicht etwa „regelhaft und verpflichtend", sondern je nach Interesse und Bedarf der ProfessorInnen durchgeführt. Frau Lange deutet diese Vorgehensweise nicht als Entlastung von organisationaler oder studentischer Leistungskontrolle, sondern als Ausdruck einer nur wenig ernsthaft betriebenen Qualitätsverbesserung der Lehre.

Sie selbst nimmt Evaluationen für sich als hilfreiches Instrument wahr und habe schon früher „öfter mal selber so Fragebögen entwickelt". Lehrevaluationen ermöglichten schließlich, die unweigerlich wachsende Distanz zu der studentischen Perspektive zumindest etwas überbrücken zu können:

„Und ich finde auch, besonders je älter man wird, also als ich so angefangen hab zu unterrichten, fühlte ich mich den Studierenden auch ganz nah, konnte ich mir noch eher vorstellen, wo kommen die so her, was haben die für Erwartungen, was geht in denen vor? Je länger man selbst drin ist, ist man erstens natürlich irgendwann eine andere Generation, ganz anders geprägt, aber man hat natürlich auch selbst von seiner eigenen wissenschaftlichen Arbeit so viel im Kopf, was man dann im Einzelnen vielleicht nicht ausreichend expliziert oder herleitet, so dass es, glaube ich, sehr wichtig ist, bei den Studierenden immer wieder nachzuhaken, wo kommt ihr her, könnt ihr hier folgen, könnt ihr da folgen, was hättet ihr gerne sonst noch?"

Frau Lange sieht in der studentischen Bewertung also eine hilfreiche Basis, um ihre Lehre im Sinne der Lern- und Entwicklungsprozesse der Studierenden zu gestalten.[8]

Über diese freiwillig durchgeführten Evaluationen hinaus gebe es zwar ein universitäres Angebot an didaktischen Weiterbildungsveranstaltungen. Wie den meisten der ProfessorInnen fehle aber auch ihr hierfür die Zeit, „obwohl es vielleicht interessant und hilfreich" wäre. Auch ihre eigene Initiative, regelmäßige Treffen „unter den Kollegen" zum Austausch über Lehrerfahrungen zu etablieren, scheitere an den geringen zeitlichen Ressourcen der potenziell Beteiligten und stoße letztlich eher auf die Reaktion: „[N]icht noch eine Sitzung, nicht noch irgendwas."

Gerade weil die Lehre für Frau Lange weit mehr als eine notwendige Pflicht ist, erlebt sie diese strukturell bedingten Grenzen als dilemmatisch. Einen gewissen Vorbildcharakter schreibt sie in diesem Kontext den USA zu, wo die universitäre Lehre eine stärkere und institutionalisierte Förderung erfahre:

> „Zum Beispiel, man kann da ein Stipendium gewinnen, das finde ich ja ganz toll, so diese Vorstellung, wenn man das bekommt, dann kriegt man lehrfrei ein Semester und hat in dieser Zeit die Gelegenheit, eine Vorlesung, die man schon mal gehalten hat, auf didaktische Aspekte und so weiter nochmal komplett zu überarbeiten. Das finde ich so klasse, also diese Vorstellung, man braucht Zeit, um gute Lehre zu entwickeln."

Entscheidend ist für Frau Lange, dass ‚gute' Lehre in den USA nicht als abgeleitetes Ergebnis oder Nebenprodukt ‚guter' Forschung betrachtet wird. Mit dem von ihr angeführten „Stipendium" werde schließlich anerkannt, dass die Überarbeitung einer Vorlesung ähnlich wie die Forschung zu einem bestimmten Thema zeitliche Freiräume erfordere. Demgegenüber beschreibt Frau Lange ihre eigene Situation über einen subalternen Rang der Lehre. So habe sie nur im Rahmen eines Forschungsfreisemesters die Möglichkeit gehabt, einen „richtig umfangreichen tollen Reader" für eine Veranstaltung zu erstellen. Insgesamt nehme sie eine zunehmende Hierarchisierung zugunsten drittmittelstarker ProfessorInnen und durch den „Drittmittel-Druck" an „vielen Unis" die Entwicklung zu einer Art „Zwei-Klassen-Gesellschaft" wahr. Da gebe es jene,

---

[8] Insofern ergänzt sie auch, dass Evaluationen nicht am Semesterende, sondern „mittendrin" durchgeführt werden sollten, um noch etwas „verändern" zu können.

„die von allem befreit sind und sich nur noch um die exzellente Forschung
bemühen, und die anderen, die eben lehren und da aus diesem Hamsterrad auch
nicht mehr richtig rausgucken, um dann selber noch größere Anträge zu stemmen."

Frau Lange bezieht die skizzierte Privilegierung drittmittelstarker ProfessorInnen
hier eher allgemein auf verschiedene Universitäten. Wir werden später
allerdings noch darauf zurückkommen, wie Frau Lange solche Prozesse der
Hierarchisierung und den wachsenden Konkurrenzdruck an ihrer eigenen Fakultät wahrnimmt. An dieser Stelle kann aber bereits festgehalten werden, dass die
beschriebene Belohnung von Forschungsleistungen zu ihrem Eindruck beiträgt,
als Lehrende kaum organisationale Anerkennung zu erfahren.

Forschung: Fragile Anerkennung und informeller Anpassungsdruck
Für Frau Lange ergeben sich auch aus den an die Forschung angelegten
Bewertungskriterien deutliche Ambivalenzen. So kritisiert sie, dass die Einwerbung
von Drittmittelprojekten eine immer wichtigere Rolle spiele und eine zunehmend
am ökonomischen ‚Pay Off' orientierte In-Wert-Setzung von Forschung erfolge:

„Also es wird die ganze Zeit erwartet, dass man Drittmittelanträge schreibt natürlich; und auch, das ist klar, die Unis brauchen die Mittel, und dann wird uns das
sozusagen so verkauft, als ob es keine wertvolle wissenschaftliche Tätigkeit gäbe
ohne dieses Einwerben von Drittmitteln [...]."

Aus Frau Langes Sicht agieren die „Unis" zum einen strategisch, indem sie die
Drittmittelhöhe als Bewertungskriterium „verkauften", obwohl es ihnen vor
allem um ihre Finanzierungsbasis gehe. Zum anderen fänden disziplinäre Unterschiede zu wenig Berücksichtigung, sodass geisteswissenschaftliche Forschungsleistungen, die häufiger ohne Drittmittel auskämen, als entsprechend weniger
„wertvoll" eingestuft würden. Für Frau Lange scheint somit keine wirklich ernsthafte Auseinandersetzung mit der Frage stattzufinden, wie ‚gute' Forschung tatsächlich in angemessener und gerechter Weise bewertet werden könnte.
    Dies bestätigt sich, wenn sie im Weiteren auf die organisationale Bewertung
von Publikationen zu sprechen kommt, die sich aus ihrer Sicht zu sehr an der
Publikationskultur naturwissenschaftlicher Disziplinen orientiere:

„Also wir haben diesen Impact-Faktor, diese ganzen Berechnungen, was die Naturwissenschaften haben, so nicht, und das ist auch nicht sinnvoll. Und jetzt aber so
zu tun, als ob man da eine Qualitätssicherung durch dieses Moment Peer Review
einführen kann, die aber intern in der Fachkultur sich so gar nicht etabliert hat oder
nur sehr teilweise, das ist dann einfach, würde ich sagen, auch an der Fachkultur

vorbei. Also ich hab eine Kollegin, die hat sofort, als das rauskam, wollte Anträge schreiben, DFG-Anträge. Hat sie gesehen: ‚Aha. Das ist jetzt so. So, jetzt muss ich also gucken, dass ich meinen Aufsatz in den und den Zeitschriften platziere, die als peer-reviewed gelten.' Und ich weiß nicht, ob die Aufsätze dadurch jetzt unbedingt besser geworden sind. Natürlich nicht, ja. Also das ist genau der gleiche Aufsatz."

Frau Lange verweist hier auf Diskrepanzen zwischen den angelegten Bewertungskriterien und ihrer Disziplin, aber auch auf Anpassungsprozesse, die sie bereits in ihrem kollegialen Umfeld beobachte. Offen ist damit allerdings noch, inwieweit sie die organisationalen Leistungskriterien auch als Gefährdung ihrer eigenen Ansprüche an ‚gute' Forschung wahrnimmt.

Wichtig ist, dass sich Frau Lange nicht im Sinne einer klassischen Individualforscherin positioniert. Sie betont zwar durchaus die Bedeutung ihres individuellen intrinsischen Bezuges zu bestimmten theoretischen Perspektiven und Fragestellungen. So komme sie „immer wieder" auf die Gegenstände ihrer Qualifikationsarbeiten zurück und finde ihre „ganzen Themen immer unheimlich interessant". Zugleich grenzt sie sich jedoch explizit vom Bild einer Wissenschaftlerin ab, die gewissermaßen aus sich heraus neue Erkenntnisse schaffe, ohne dabei durch fachinterne und gesellschaftliche Diskussionen inspiriert zu werden:

„[I]ch bin Teil eines Netzes, und natürlich bin ich jetzt nicht irgendwie genialisch allein auf einer Insel und hab in einer Tour wahnsinnige Ideen, sondern, ohne das zu wissen oft, ist man beeinflusst, befruchtet durch theoretische Diskussionen, auch durch öffentliche Veränderungen, und das alles so miteinander zu verbinden, dass man dann für uns jetzt auch mit kanonischen Texten, die jeder zu kennen glaubt, neue Dinge tun kann, das ist das, was gute Forschung dann ausmacht."

Ihre positive Deutung, immer auch „Teil eines Netzes" zu sein, spiegelt sich ebenso in der Darstellung ihrer Forschungspraxis wider. In Kap. 3 haben wir gesehen, dass einige der LiteraturwissenschaftlerInnen, aber auch StrafrechtlerInnen vor allem von dem Ideal einer ‚einsamen' Forschung ausgehen. Frau Lange rückt von einem solchen Ideal hingegen eher ab. So resümiert sie mit Blick auf ihre Qualifizierungsarbeiten, dass es „auch schwierig" gewesen sei, über einen längeren Zeitraum „wirklich ganz alleine" und „so für sich selber produzieren" zu müssen. Aktuell suche sie auf Tagungen oder durch gemeinsame Veröffentlichungen stärker den kollegialen Austausch. Zudem sei sie bereits in ein kleineres Forschungsprojekt eingebunden und plane, sich um weitere Drittmittelprojekte zu bemühen, auf die sie dann sukzessive „aufsatteln" könne. Insofern gehört Frau Lange eigentlich zu jenen LiteraturwissenschaftlerInnen, deren Ansprüche an die Forschung nicht per

se durch solche organisationale Bewertungskriterien gefährdet werden, die auf
eine projektförmige und kooperativ vernetzte Forschungsarbeit abzielen. Dennoch
ist die konkrete Umsetzung der universitären Leistungsbewertungen für sie mit
ambivalenten Erfahrungen verbunden.

Ein wesentlicher Grund ist, dass Frau Lange ihre Forschungsleistungen seitens
der Organisation nur teilweise anerkannt sieht. Insbesondere in Bezug auf ihre
Publikationen nimmt sie das organisationale Bewertungs- und Punktesystem als
nachteilig wahr. Wie folgende Äußerung zeigt, fällt es ihr trotz ihrer kritischen
Distanz gegenüber den vorgegebenen Leistungskriterien schwer, sich auch von
der Bewertung als solcher zu distanzieren:

> „Ich meine LOM, na das ist, man kann sich dem nicht entziehen, also es hat dann
> einfach, wenn man weiß, wie viel Punkte man für was kriegt. Zum Beispiel ist es so:
> Man kriegt nur für einen Aufsatz ab zehn Seiten überhaupt irgendwelche Punkte. Ist
> natürlich schlecht, wenn man jetzt einen Lexikonartikel veröffentlicht, der vielleicht
> viel mehr Arbeit macht, aber der nur fünf Seiten hat. Das ist dann schade. Dann
> überlegt man sich womöglich beim nächsten Mal, den überhaupt anzunehmen, weil
> man dafür ja gar nichts kriegt außer ganz viel Arbeit. Natürlich, das ist jetzt über-
> spitzt, also vielleicht kriegt man von der Community irgendwann mal was zurück,
> weil man diesen genialen Lexikonartikel verfasst hat. Aber klar, ich mein, das ist
> halt schon eine Auswirkung."

Obwohl Frau Lange um den Wert ihrer „Lexikonartikel" für die Scientific
Community weiß, kann sie sich nur bedingt der nach „Seiten" quantifizierenden
Bewertungslogik „entziehen". Ähnlich wie bei dem gleich zu Beginn der Fall-
darstellung skizzierten Beispiel ausbleibender LOM-Punkte für Zweitgutachten
hat das organisationale Belohnungssystem auch in diesem Fall demotivierende
Folgen für sie.

Für Frau Lange kommt hinzu, dass durch das forcierte Leistungskriterium
von peer-reviewed Publikationen auch ihre Beiträge in Sammelbänden ent-
wertet werden, die oftmals „im Anschluss an Konferenzen" erschienen und
innerhalb ihrer Disziplin eine wichtige Rolle spielten. Gerade wenn sie zudem
als Herausgeberin fungiere, bereite ihr die geringe organisationale Honorierung
solcher Sammelbände „nicht so gute Laune". Schließlich machten sie und ihre
KollegInnen sich „unglaublich viel Arbeit", ließen „Dinge nochmal umschreiben"
und täten im Grunde das, „was Peers auch machen würden". Im Ergebnis zahle
sich dieses Engagement bei der LOM jedoch kaum aus.

Anders stellt sich dies für Frau Lange allerdings mit Blick auf das Kriterium
der Drittmittelprojekte dar. Denn in dieser Hinsicht machte sie die Erfahrung, bei

der LOM eher wider Erwarten „die höchste Belohnung" für das bereits erwähnte kleinere Forschungsprojekt zu bekommen. Die folgende Äußerung zeigt eindrücklich, dass Frau Lange damit weit mehr als nur den ‚Pay Off' zusätzlicher Ausstattungsmittel verbindet:

> „Und da muss ich sagen, da war ich dann doch irgendwie, nachdem ich vorher immer das Gefühl hatte, keiner interessiert sich dafür, was ich hier rumstrampel mit diesem Projekt, das kann ich gar nicht richtig angeben, weil es ja keine DFG-Mittel sind […], und dann hat der Fachbereichssprecher halt gemeint: ‚Doch: Schreib das doch alles mal da mit dazu.' Und tatsächlich, sie haben alles anerkannt, und das hab ich dann schon auch, das war dann irgendwie nen Signal: Das ist schon gut und es wird irgendwie geschätzt. […] Da kommt auch mal etwas zurück. Und sei es jetzt auch nen bisschen auf eine komische Weise quantifiziert vielleicht, aber immerhin."

Das Instrument der LOM bedeutet für Frau Lange in diesem Fall die Chance, mit ihrer Forschung nicht nur von der Scientific Community, sondern auch von der Organisation „geschätzt" zu werden. Sie bekommt zwar nur ein quantifizierendes und kein auf die Projektinhalte bezogenes Feedback. Dennoch nimmt sie es als Entlastung wahr, innerhalb des Bewertungssystems auch als forschende Professorin sichtbar zu werden.

Die Auseinandersetzung mit den universitären Leistungsbewertungen bleibt für Frau Lange jedoch weiterhin virulent. Denn sie sieht sich auf informeller Ebene – „jedes Mal", wenn sie „mit einem Dekan oder irgendwem spreche" – mit der organisationalen Erwartung konfrontiert, möglichst bald „eine Forschergruppe oder sogar nen SFB" mit zu initiieren. Sie lehnt Verbundforschung zwar nicht grundsätzlich für sich ab. Problematisch ist für sie jedoch die Tendenz, solche Forschungsformate von oben zu „dirigieren". Zum einen sei es „Unsinn", eine neu berufene Professorin wie sie in die Pflicht zu nehmen, die noch vor der Herausforderung stehe, als Kooperationspartner passende KollegInnen „überhaupt erst mal kennen[zu]lernen". Zum anderen müssten Forschungskooperationen grundsätzlich von den WissenschaftlerInnen selbst ausgehen, da nur diese einschätzen könnten, ob und inwieweit sich ihre jeweiligen Forschungsinhalte und -paradigmen in produktiver Weise miteinander verbinden ließen. Frau Lange behauptet damit die Eigenlogik wissenschaftlicher Forschung gegenüber der eher managementorientierten Vorstellung, top-down neue Forschungsteams bilden zu können.

Trotz dieser klaren Haltung kann sie sich nur bedingt von den an sie gerichteten Erwartungen abgrenzen. Denn anders als Herr Timme sieht sich Frau Lange als relativ neu berufene W-Professorin unter einem, wie sie sagt, „permanenten

Druck". Sie könne sich schon aufgrund dieser Position „nicht einfach hinsetzen und sagen: ‚Mach ich nicht.'" Hinzu komme, dass die Konkurrenz um größere Drittmittelerfolge auch das kollegiale Verhältnis in der Fakultät überlagere:

> „Aber es ist letztlich so, dass es natürlich sich so stark verselbstständigt hat und intern man dauernd dann vorgeführt bekommt, dass natürlich die mehr wert sind, die eben mit Drittmitteln aufwarten können, dass man das gar nicht so einfach ignorieren kann. Man könnte es vielleicht. Nein, aber es führt dazu, also wir hatten neulich hier so'n Fall, dass da manche Kollegen, ein Kollege hatte sehr viele Anträge gestellt und die wurden dann immer nicht bewilligt und der war so unter Druck. Das führt dann manchmal dazu, dass sozusagen egal welches Thema, egal ob man dazu wirklich, ob da das Herzblut drinhängt oder ob man dazu viel gearbeitet hat, Hauptsache es bietet sich die Gelegenheit. Also dann hat er sozusagen dann ein Thema mit beantragt, was eigentlich mein Thema gewesen wäre so, ne."

Die Fakultät bietet somit keinen Rückzugsraum, in dem man sich auf eine kollegiale Solidarität gegenüber den organisationalen Leistungsbewertungen verlassen könnte. Das Beispiel des Kollegen, der Drittmittel für ein Forschungsthema beantragte, welches eigentlich zu Frau Langes Schwerpunkten gehörte, verweist hier vielmehr auf Entsolidarisierungstendenzen – auch wenn der betreffende Kollege damit selbst auf den zunehmenden „Druck" reagierte.

Mit Blick auf das kollegiale Verhältnis nimmt Frau Lange auch die Organisation als nur wenig hilfreich war. So würden etwa Informationen zu Projektausschreibungen teilweise nur an „ausgewählte Fachkollegen" weitergegeben:

> „Also total undemokratisch, ne, und man selber erfährt dann vielleicht erst kurz vor Ablauf der Bewerbungsfrist davon, wo man dann sagt: ‚Ja. Hätte ich da eher von gewusst, hätte ich mir vielleicht auch was überlegen können, aber so.'"

Frau Lange sieht sich hier mit einer informellen Hierarchie konfrontiert, die sich für sie mit einem Wettbewerbsnachteil verbindet. Als ähnlich hierarchisch und intransparent beschreibt sie die organisationale Informationspolitik in Bezug auf Lehrdeputatsreduktionen. So hätte es am Fachbereich „gerade einen Fall" gegeben,

> „wo dann jemand aus unerfindlichen Gründen, das ist dann manchmal auch so eine Feudalstruktur, wo das dann auch gar nicht mehr transparent ist, warum jemand jetzt plötzlich viel weniger lehrt als alle anderen. Das ist nicht schön. Also da braucht man schon transparente Strukturen, [...] Und wenn man dann nachfragt, dann heißt es so nach dem Motto: ‚Mischen Sie sich doch nicht ein!' Kann man zur Kenntnis nehmen, aber ist natürlich nicht gerade im Sinne eines gedeihlichen Auskommens und einer Transparenz."

Frau Langes hier noch deutlicher geäußerte Kritik an der internen Kommunikation ist schon deshalb interessant, weil mit der Einführung neuer Formen der Leistungskontrolle und -bewertung im Sinne des NPM eigentlich eine größere Transparenz erreicht werden sollte. In der Beschreibung von Frau Lange verbinden sich die neuen Governance-Strukturen demgegenüber mit „feudalen" Verteilungsmechanismen. Die Stärkung der hierarchischen Steuerung – sie spricht an anderer Stelle explizit davon, dass „die Hochschulleitung sich wirklich so versteh[e], dass alles von ganz oben gemanagt werden" müsse – korrespondiert nicht mit klaren, für alle nachvollziehbaren Begründungen für die Bevorzugung einzelner ProfessorInnen, sondern mit intransparenten Aushandlungs- und Entscheidungsprozessen, von denen FachkollegInnen selbst bei Nachfrage ausgeschlossen bleiben. In ihrer Wahrnehmung gibt es insofern eine Art ‚Inner Circle', dem sie nicht oder zumindest noch nicht angehört. Sie kennt zwar nicht die genauen Gründe, weshalb einige ProfessorInnen in der skizzierten Weise – sei es durch ‚exklusive' Informationen oder eine Teilbefreiung von ihren Lehrpflichten – profitieren. Für Frau Lange dürfte sich durch diese Erfahrungen aber weiterhin der Druck erhöhen, über bestimmte Forschungsleistungen an Anerkennung zu gewinnen. Gerade auch, weil sie an ihrer aktuellen Universität kaum über soziales Kapital durch gewachsene persönliche Beziehungen verfügt, scheint eine Bewährung über Drittmittel- und Verbundforschung für sie fast alternativlos – jedenfalls sofern Frau Lange nicht zu jenen ProfessorInnen gehören möchte, die als weniger „wert" gelten.

Fazit

Für Frau Lange sind neue Governance und universitäre Leistungsbewertungen insgesamt also mit weit größeren Ambivalenzen als für Herrn Timme verbunden. Ein Grund hierfür ist ihre disziplinäre Zugehörigkeit, durch die sich Frau Lange innerhalb der organisationalen Bewertungsordnung benachteiligt sieht, da einige ihrer Forschungsleistungen weder angerechnet noch anerkannt werden. Aus ihrer Sicht werden Unterschiede zwischen den Fächerkulturen zu wenig berücksichtigt und Leistungskriterien – wie etwa Drittmittel oder Artikel in peer-reviewed Journals – auch auf Disziplinen übertragen, in deren Scientific Community diese keine entsprechende Rolle spielen. Gemessen an den Deutungen einiger LiteraturwissenschaftlerInnen, die sich primär, wie wir in Kap. 3 gezeigt haben, als IndividualforscherInnen verstehen und Drittmittel- sowie Verbundprojekte per se ablehnen, lässt sich bei Frau Lange allerdings von keiner unüberbrückbaren Differenz zwischen ihren eigenen fachlichen und den organisationalen Qualitätsmaßstäben sprechen. Sie sieht das große Gewicht der Drittmittel bei den Leistungsbewertungen zwar kritisch. Zugleich konnte sie aber bereits bei der

LOM von einem ihrer Forschungsprojekte profitieren. Die inneren Konflikte, die für Frau Lange aus den universitären Bewertungsprozessen resultieren, können somit nicht allein mit ihrer disziplinären Zugehörigkeit erklärt werden. Mindestens ebenso wichtig ist in ihrem Fall die Karrierestufe einer relativ neu berufenen W-Professorin. Frau Lange hat sich aus ihrer Sicht noch keine inneruniversitäre Position erarbeitet, die ihr einen Rückzugsraum gegenüber organisationalen Erwartungen eröffnen könnte. Auch wenn sie fundierte Argumente gegen „von oben" eingeforderte Verbundformate hat, sieht sie kaum die Option, sich längerfristig zu verweigern. Frau Lange erwähnt zwar an einer Stelle, dass sie eigentlich selbst über die Art und Inhalte ihrer Forschung entscheiden könne, da sie „ja" ihre „Stelle" in keinem Fall „verlieren" würde – das sei „ja das Schöne an der Verbeamtung". Zugleich kommt sie aber verschiedentlich auf den Druck zu sprechen, unter dem sie aktuell stehe. In diesem Kontext zeigte sich auch die Bedeutung des kollegialen Verhältnisses, mit dem sich Frau Lange ausführlicher auseinandersetzt, als dies bei Herrn Timme der Fall war. Für sie spiegelt sich auch fakultätsintern eine Wettbewerbs- und Anerkennungsordnung wider, in der eine Forschung jenseits von Drittmitteln und Verbundprojekten zu einem spürbaren Verlust an sozialem und symbolischem Kapital führt.

Der doppelte – organisationale wie kollegiale – Fokus auf bestimmte Forschungsleistungen ist für Frau Lange auch deshalb problematisch, weil die Leistungen in der Lehre im Gegenzug eine nur untergeordnete Rolle spielen. Während Herr Timme zumindest partiell von seinen guten Evaluationsleistungen profitieren konnte, nimmt sie eine deutliche Nicht-Anerkennung ihres hohen, zeitaufwendigen Engagements im Bereich der Lehre und Nachwuchsförderung wahr. Der Anspruch einer Aufwertung dieser professoralen Kernaufgabe wird aus Sicht von Frau Lange an ihrer Universität keineswegs eingelöst. Daran ändert für sie auch die Tatsache nichts, dass jüngere ProfessorInnen wie sie bei ihren Bewerbungen ein Lehrkonzept einreichen mussten. Denn dieser – nur vermeintlichen – Aufwertung der Lehre steht schließlich ihre danach gemachte Erfahrung gegenüber, für ihr Engagement als Lehrende weder mit nennenswerten LOM-Punkten belohnt noch auf andere Weise seitens der Organisation anerkannt zu werden. Dass vielmehr drittmittelstarke ProfessorInnen mit einer Teilbefreiung von ihrer Lehrverpflichtung belohnt werden, unterstreicht für Frau Lange nur zusätzlich, dass die Bewährung über ‚gute' Lehre eindeutig im Schatten bestimmter Forschungsleistungen steht.

Aus einer interessengeleiteten Perspektive wäre hieraus die eindeutige Konsequenz zu ziehen, sich um eine Reduzierung des Lehrdeputates oder zumindest um eine routiniert-pragmatische Erfüllung der Lehrpflichten zugunsten größerer Freiräume für die Forschung zu bemühen. Für Frau Lange bedeutet die geringe Wertschätzung der Lehrleistungen jedoch ein Dilemma, das sie nicht einfach – im Sinne einer strategischen Entscheidung – für sich auflösen kann. Denn aufgrund ihres hohen Lehrethos und des „Spaßes", den sie an der Lehre hat, werden interessengeleitete Erwägungen bei Frau Lange sehr deutlich von identitätsbezogenen Ansprüchen überlagert. Dies zeigte sich eindrücklich gleich zu Beginn des Interviews, als sie davon sprach, trotz des fehlenden ‚Pay Offs' bei der LOM „das Gefühl" zu haben, Qualifizierungsarbeiten weiterhin „wirklich lesen und wirklich begutachten" zu müssen.

Eine stärkere Anpassung an die organisationalen Erwartungen und Leistungsbewertungen zulasten der Lehre ist für Frau Lange insofern ein schwieriger, zweischneidiger Schritt. Sie äußert entsprechend, diese „Konsequenz noch nicht richtig gezogen" zu haben, obwohl sie deutlich „merke", den zeitlichen Ressourcenkonflikt zwischen Forschung und Lehre eigentlich nur so bewältigen zu können: „Besonders, wenn ich noch mehr Verbundforschung zum Beispiel mir organisieren will, dann brauch ich mehr Zeiträume, also wo muss man kürzen? Das geht dann ja fast nur da." Unabhängig davon, inwieweit Frau Lange tatsächlich ihren zeitlichen Aufwand für die Lehre „kürzen" wird, verweist ihr Beispiel auf erschwerte Bedingungen für jüngere ProfessorInnen, langfristig einer hohen intrinsischen Lehrmotivation zu folgen. Schließlich laufen sie durch die universitären Leistungsbewertungen Gefahr, zu den „Verlierern" zu gehören und Nachteile bei der weiteren Karriereplanung in Kauf nehmen zu müssen.

Wir werden solche Spannungsverhältnisse zwischen Forschung und Lehre und deren Folgen für die Deutungen von und den Umgang mit Leistungsbewertungen im nächsten Kapitel noch weitergehend betrachten. Als drittes Beispiel möchten wir nun aber einen Fall darstellen, der sich in verschiedenen Hinsichten von den beiden bis hier geschilderten unterscheidet. Hierbei handelt es sich um einen jüngeren Politikwissenschaftler, dessen Perspektive auf die Hochschulreformen von einer – im Vergleich zu Frau Lange – anders gelagerten und noch tiefergehenden Ambivalenz geprägt ist.

4.3   Herr Pauls: Leistungsbewertungen, aber richtig! (POL5)

Der Politikwissenschaftler Herr Pauls wurde nach Stationen im europäischen Ausland vor einigen Jahren auf seine erste W3-Professur an die derzeitige Universität berufen. Er hat kürzlich das Amt des Studiendekans übernommen, dessen Ausübung zum Zeitpunkt des Interviews einen Schwerpunkt seiner Tätigkeit darstellt, was seine Perspektive auf die organisationalen Leistungsbewertungen im Gespräch maßgeblich prägt. Herr Pauls äußert sich nicht nur als von universitären Leistungsbewertungen betroffener Hochschullehrer, sondern auch als Inhaber eines Amtes, das der Vermittlung der organisationalen Zielvorstellungen an die KollegInnen dient.[9]

Unabhängig von diesem, für ihn noch neuen, Amt macht Herr Pauls sein Engagement als Lehrender sehr explizit und rückt seine Freude an der Zusammenarbeit mit Studierenden ins Zentrum des Gespräches. Die universitäre Lehre nimmt einen großen Raum im Interview ein, in dessen Verlauf Herr Pauls die Leistungsbewertungsverfahren wiederholt hinsichtlich ihrer Ausgestaltung und Auswirkungen im Bereich der Lehre reflektiert. Die zunehmende Professionalisierung der Organisation und Qualitätssicherung dieses Bereiches wird von ihm genauso wie der derzeitige Aufbau einer universitätseigenen Controllingabteilung mit Interesse verfolgt und nicht im Sinne eines drohenden Managerialismus gedeutet. Angesichts eines von ihm kritisierten organisationalen Fokus auf Forschungsleistungen, verstanden vor allem als Drittmitteleinwerbung, müsse man allerdings auch danach fragen, wo die Lehre in diesem System letztlich „bleib[e]". Ein besonderes Augenmerk richtet sich in seinem Fall auf die nicht-intendierten Effekte, aber auch Potenziale der neuen Governancestrukturen in der Lehre sowie auf die persönlichen Schlussfolgerungen, die Herr Pauls aus seinen Beobachtungen zieht.

Perspektive auf NPM zwischen Hoffnung und Sorge
Unmittelbar von den universitären Leistungsbewertungen ist Herr Pauls vor allem aufgrund der Ziel- und Leistungsvereinbarungen betroffen, die er im Rahmen seiner Berufung mit dem Präsidium einging. Neben der Einwerbung einer bestimmten Drittmittelsumme gehören hierzu aktuell drei Publikationen pro Jahr in peer-reviewed Journals und – interessanterweise – verpflichtende Lehrevaluationen, an deren Ergebnissen seine Lehrleistung zu bewerten sei. Letzteres ist deshalb interessant, da die Lehre explizit auf seinen Wunsch hin Bestandteil seiner individuellen Leistungsbeurteilung wurde. Durch diese Verbindlichkeit habe Herr Pauls der hohen Relevanz, die er der Lehre beimisst, Ausdruck verleihen wollen, wie er betont:

---

[9] Es handelt sich im Fall von Herrn Pauls jedoch um keines der ergänzenden Experteninterviews, die wir u. a. mit Studiendekanen geführt haben. Er wurde explizit als betroffener Hochschullehrer und Fachvertreter der Vergleichenden Regierungslehre adressiert.

„Ich bin wahrscheinlich der Einzige in [Name Stadt], in dessen Leistungsverein-
barung drin steht, dass er auch an seinen Lehrevaluationen gemessen werden soll,
[...] ich hab das selbst vorgeschlagen. Ich hätte mich teilweise ohrfeigen können in
den letzten paar Semestern ((lacht)), weil da schaut man auf die Lehrevaluation und
denkt: ,Oh. Fanden doch nicht alle toll, was du gemacht hast, obwohl du dir so viel
Mühe gibst.' Aber ich hatte wirklich angestrengt, dass das bei mir drin steht. [...]
Weil mir die Lehre so wichtig ist, und danach hab ich mir gedacht teilweise: ,Bist
du mit nem Klammerbeutel gepudert? Was hast du da gemacht?'"

Die auf Fachbereichs- und Institutsebene bestehenden – kollektiven –Zielvereinbarungen spielten in seinem beruflichen Alltag indes eine untergeordnete Rolle
und adressierten sehr allgemeine Kategorien, die zwar „irgendwie mit Leben
gefüllt werden" müssten, aber „nicht wirklich [...] quantifiziert" seien. Auf seine
eigene Arbeit wirkten sich die vergleichsweise abstrakten Zielerwartungen daher
kaum aus. Durch die LOM sieht er sich ebenfalls keinem konkreten Anpassungsdruck ausgesetzt. Man habe sich auf Institutsebene auf eine gleichförmige
Mittelverteilung „geeinigt", während es an anderen Instituten „eher so geregelt
[sei], dass dann teilweise auf Antrag da irgendwie Gelder fließen". Hinsichtlich
der Sinnhaftigkeit der LOM ist Herr Pauls indes skeptisch, da sie „erstens mehr
Arbeit" bedeute und die damit erhoffte Effizienz zweitens daher eher fraglich sei.

Eine von den Leistungsbewertungsprozessen ausgehende problematische
Steuerungswirkung, wie sie von einigen ProfessorInnen in Beiträgen in F&L, aber
auch von Frau Lange, angesprochen wurde, sieht Herr Pauls also zunächst nicht.
Hinzu kommt, und dieser Punkt wird mit Blick auf seinen Umgangsweise mit den
an ihn gerichteten universitären Leistungserwartungen noch bedeutsam werden,
dass er sich einer organisationalen Zielerwartung nicht ausgeliefert fühlt. Seine
Leistungsvereinbarungen beschreibt er mehr als das Ergebnis einer kooperativen
Aushandlung denn einer hierarchischen Durchsetzung. Letztlich ginge der „Impuls"
ja „nicht vom Präsidium [...], sondern von den individuellen Hochschullehrern"
aus, die eben „Möglichkeiten" hätten, Leistungsstufen zu vereinbaren, sodass er
dieses Governance-Instrument als weitestgehend selbstbestimmt erlebt:

„[M]an weiß ja, wie der Hase läuft, insofern, wenn man hier als Neuberufener
ankommt, dann kriegt man ja die Möglichkeit, gleich Leistungsstufen zu vereinbaren. Und von daher weiß man dann auch, man selbst kann auf den Geschäftsführer zugehen und das mit dem besprechen, verhandeln und dann entscheiden, und
dann wird nach drei Jahren wieder geguckt."

Da er sowohl über die Inanspruchnahme von Leistungszulagen entscheiden als
auch über die Ausgestaltung der Zielvereinbarungen mitbestimmen könne, sieht
Herr Pauls sich nicht als jemand, dem Ziele einfach diktiert würden, sondern

als jemand, der diese aktiv mitgestalten kann. Anders sieht es jedoch bei den Leistungsbewertungskriterien in Sachen Forschung aus. Hier erachtet er die Zielvorgaben als restriktiv. Seine kritische Bewertung wird bereits zu Gesprächsbeginn erkennbar:

> „Ja, es gibt einen Wandel, und der Wandel ist, dass Drittmitteleinwerbung immer wichtiger wird auf Kosten aller anderen Bereiche, also sowohl der ganzen Säule Lehre würde ich sagen, als auch anderer Aspekte im Bereich Forschung, wie beispielsweise, wo man publiziert, in welchen Zeitschriften man publiziert, vielleicht sogar auch andere Kennzahlen, unter anderem wie oft man zitiert wird und andere Dinge."

Dass er den beschriebenen „Wandel" nicht befürwortet, verdeutlicht er schon durch die gewählte Formulierung, dieser werde „auf Kosten aller anderen Bereiche" vollzogen, was eine übersteigerte Fixierung auf rein monetäre, messbare Faktoren vonseiten der Universität nahelegt. Zugleich klingen zwei Herrn Pauls wichtige, jedoch kaum berücksichtigte Aspekte der Bewertung wissenschaftlicher Leistungen an, die im weiteren Interviewverlauf thematisch sind: erstens die bereits erwähnte Verbesserung der Lehre sowie zweitens die Relevanz von Publikationen als Beurteilungsbasis von Forschungsleistungen. Überhaupt geht es Herrn Pauls um ein differenzierteres Beurteilungssystem anstelle einer selektiven Berücksichtigung von Bewertungsdimensionen, wie er an mehreren Stellen des Interviews betont. Seine mehrjährigen Auslandserfahrungen sind in diesem Zusammenhang nicht unwichtig, da sie ihm einen direkten Vergleich der deutschen Umsetzung von NPM mit „zentralen Vorreitern" ermöglichen.[10]

Vor diesem Hintergrund bewertet Herr Pauls die implementierten Leistungsbewertungsverfahren an der eigenen Universität, wie auch hierzulande insgesamt, als unausgereift. Während er den Status quo an den deutschen Universitäten noch eher als „die Steinzeit des New Public Management" begreift, erlebte er im Ausland einen durchgreifenden Managerialismus, den er nicht durchweg negativ deutet. Denn obgleich ihm – anders als zuvor – nun erspart bleibe, „die ganze Zeit irgendwelche nervigen Fragebögen ausfüllen" zu müssen, beurteilt er den derzeitigen Umsetzungsstand in Deutschland als noch in den Anfängen steckend:

> „Anfänge des New Public Managements heißt, wir messen erst mal ganz grob, und wir messen erst mal das, was ganz einfach zu messen ist."

---

[10] Hierin spiegeln sich die zeitlich sehr unterschiedlich verlaufenen Implementationsprozesse der NPM-Reformen zwischen den Nationen wider, die wir bereits in Kap. 1 angesprochen haben.

Faktisch seien dies die erwähnten Drittmitteleinnahmen, während die Lehre, aber auch schwieriger zu quantifizierende Forschungsleistungen weitgehend ausgeklammert blieben. Konkreter auf seine eigene Person bezogen bedeutet dies eine eindeutige Erwartungshaltung der Hochschulleitung, deren „Masterplan Drittmittel" für Herrn Pauls eine „Hürde" darstellt, die weder an seinen eigenen Zielvorstellungen und Forschungspraktiken ausgerichtet noch mit diesen verträglich sei. Für ihn überwiegt dadurch der Eindruck, primär unter einem Drittmitteldruck zu stehen, während andere Tätigkeitsaspekte keine hinreichende Berücksichtigung finden. Es gebe zwar „die Möglichkeit, Leistungsvereinbarungen einzugehen mit dem Präsidium", allerdings sei es an seiner Universität

> „dann [...] so, dass Forschung und Lehre genannt werden, dass aber, wenn man es ein bisschen genauer liest, man realisiert: Es geht primär um Drittmittel. Und das ist ein bisschen so, wie zum Metzger zu gehen und zu sagen: ‚Ich hätte gern so und so viel Pfund Hack.' Und dann sagt er: ‚Das kostet so und so viel.' Ja insofern, als relativ klar vorgegeben ist, für wie viel 1000 € Drittmittel man dann wie viel 100 € Plus am Ende des Monats rausbekommt. Während im Bereich der Lehre dann da unter anderem steht, man solle doch an der Lehrevaluation teilnehmen und seine Folien ins Internet laden, was auch wichtig ist, aber nicht ganz so schwierig wie Tausende von Euros an Drittmitteln an Land zu holen."

Die beschriebene Fokussierung seiner Universität sei zu Teilen zwar der Suche nach einer praktikablen Form der Beurteilung und mangelnden „Kapazitäten" für die Umsetzung eines differenzierteren Beurteilungssystems zuzuschreiben,[11] vor allem aber erkennt der Politikwissenschaftler in dieser Zuspitzung auf einige wenige Parameter eine Hierarchisierung zum Nachteil der Lehre wie auch anderer Aspekte seiner Forschungstätigkeit. Schließlich seien auch „Impact-Faktoren [...] nen hartes, messbares Kriterium", das „einfach [zu] berechnen" sei. Herr Pauls habe zwar im Rahmen seiner Ziel- und Leistungsvereinbarungen mit der Hochschulleitung in bestimmten Punkten, so etwa den Publikationsformaten, „relativ frei verhandeln" können, nicht aber „bezüglich dieser monetären Geschichten."

Mit Zitationszahlen, Impact-Faktoren oder Publikationsorganen zeigt der Politikwissenschaftler alternative – durchaus auch quantitative – Beurteilungskriterien auf, die er nicht per se ablehnt. Herrn Pauls geht es nicht schlichtweg

---

[11] Dies sieht er auch durch Äußerungen aus dem Präsidium seiner Universität bestätigt: „Zwei ganz zentrale Spieler bei uns im Präsidium haben zu mir vor ner Weile nur halb im Scherz gesagt: ‚Wir schauen uns effektiv nur Drittmittel an, weil man Geld gut zählen kann und messen kann, und alles andere ist schwierig, und deswegen machen wir es im Moment nicht.'"

um eine Kritik an einer Quantifizierung seiner Leistungen, vielmehr sieht er einen Veränderungs- bzw. Verbesserungsbedarf auf der Ebene der Umsetzung der universitären Leistungsbewertungen. Den Rückgriff auf die Bibliometrie bei der Beurteilung seiner Leistungen fände er – richtig eingesetzt – eigentlich sogar „wunderbar":

> „Ich meine, wenn es wirklich um bibliometrische Analysen geht, kann man natürlich auch alles noch ein bisschen ausgefuchster machen, und natürlich kann man sich überlegen, inwiefern man sowohl mit Zitationsindizes arbeitet, als auch mit am Impact-Faktor orientierten Werten. Aber ich denke schon, also im Moment ist es einfach zu einseitig und alles andere, was davon bisschen weg geht, alles was auch nur stückweit in eine andere Richtung geht, ist schon mal besser."

Herr Pauls lässt in seine Kritik an Leistungsbeurteilungen insofern konstruktive Vorschläge einfließen, die durchaus im Einklang mit der Idee der Überprüfung professoraler Leistungen stehen. Wie wir noch zeigen werden, verbindet Herr Pauls auch hinsichtlich der Lehre seine Kritik am Status quo mit konkreten Vorschlägen, wie der Geringschätzung dieses Bereichs durch eine konsequentere Umsetzung der Leistungsbewertungen entgegengewirkt werden müsse. Hier erkennt er geradezu ein enormes, bei weitem nicht ausgeschöpftes Verbesserungspotenzial.

Bevor wir uns Herrn Pauls diesbezügliche Einschätzungen und seine hieraus gezogenen handlungspraktischen Konsequenzen genauer anschauen, möchten wir jedoch zunächst seine Ansprüche an ‚gute' Lehre und Forschung genauer betrachten, die Ausgangspunkt seiner Kritik und Vorschläge darstellen.

Lehre: Orientierung an internationaler Forschung als Maßstab
Während Herrn Pauls in den ersten Semestern des Bachelor-Studiengangs vor allem an der Vermittlung politikwissenschaftlicher Grundlagen und einer ersten Orientierung im Fach gelegen ist, verbindet er seine Forschungs- und Lehrthemen in den späteren Semestern sehr eng miteinander. Blickt man auf seine Schilderungen zufriedenstellender Lehre, beschreiben diese vor allem die wiederkehrenden Möglichkeiten der Integration von Lehre und Forschung. Anders als Herr Timme etwa, dessen Forschungsthemen in die Lehre eher einseitig einfließen, geht Herr Pauls dabei stärker von einer Wechselseitigkeit aus. So greift er die Gegenstände seiner Seminare oder Vorlesungen auch in der eigenen Forschung auf und publizierte in der Vergangenheit bereits mit Studierenden gemeinsame Artikel. Vor allem ist Herrn Pauls daran gelegen, die Studierenden möglichst früh, möglichst „niedrigschwellig", an die politikwissenschaftliche Forschung heranzuführen, womit in seinem Fall eine stark methodische

Ausrichtung seiner Lehrziele verbunden ist. In seinen Vorlesungen diskutiert er etwa neue, meist empirische Arbeiten, wobei er dann immer

> „versuche […], deutlich zu machen: Worum geht's, was ist der Stand der Forschung bzw. was ist die Literaturbesprechung, die die Autoren da präsentieren, Daten und Methoden, dann Ergebnis und dann Kritik? Und das ist mir wichtig, weil das einfach die zentralen Basics in dem Forschungsdesign sind und man sich daran eigentlich schön abarbeiten kann […]. Darum geht es mir effektiv. Ja um Forschungsdesigns, um angewandte Forschungsdesigns, und da versuche ich die Leute eigentlich so schnell daran zu führen, wie es geht, weil ich denk, dass es wichtig ist, weil ich denk, dass es in Teilen viel zu wenig auch gemacht wird."

Diese ihm wichtigen möglichst aktuellen und originären – und insofern nicht didaktisch aufbereiteten – Einblicke in den internationalen Forschungs- und Diskussionsstand auf seinem Gebiet erfolgten anhand zumeist englischsprachiger Zeitschriftenartikel. Auf diese sehr „praxisorientierte" Weise würden die Studierenden an die politikwissenschaftliche Forschung „herangeführt", die diese im Idealfall in kleinerem Umfang „relativ schnell replizieren" könnten, wodurch sie auch selbst in die Lage versetzt würden, zu den „Lösungen" gesellschaftlicher Problemlagen durch die Beantwortung dringlicher Fragen beizutragen.[12]

Den ihm wichtigen möglichst frühen Forschungsbezug der Lehre fördert Herr Pauls nicht nur durch seine Lehrpraxis, sondern ebenso durch die Einbindung der Studierenden in die eigenen Forschungskontexte. Er beschreibt diese Form der Integration von Lehre und Forschung als einen eher spontanen bzw. naturwüchsigen denn geplanten Prozess. Die Publikationen mit Studierenden hätten sich aus einer gemeinsamen Beschäftigung mit dem Forschungs- und Lehrgegenstand heraus „eher […] so ergeben". Er bewertet dies im Nachhinein als eine „natürlich schöne Sache", die motivierend sei, sodass er den Studierenden seiner aktuellen Veranstaltungen gerne von solchen „Highlights" bzw. „Leuchttürmen" berichte:

> „[D]ie haben einfach ihre Sachen in Teilen dann gemeinsam mit mir publiziert und haben jetzt sehr spannende Karrieren […]. Das sind einfach Leute, die ein Interesse daran entwickelt haben und dann ein Stück des Weges mit mir auch mitgegangen

---

[12] Dies wird von Herrn Pauls nicht zuletzt mit der aus seiner Sicht weniger voraussetzungsvollen Forschungspraxis der Sozialwissenschaften begründet, die anders als Disziplinen wie etwa die „Medizin oder Biologie" zumeist keinen hochgradig kodifizierten Stand der Forschung (Gläser et al. 2010) aufweisen, der eine frühe Einbindung Studierender in Forschungskontexte erschwert.

sind. Bis sie halt ihre Bachelorarbeit dann vielleicht auch nur in Anführungszeichen fertig hatten. Das erwähne ich dann auch ganz gerne, also was man damit alles machen kann."

Sein eigenes Anspruchsniveau in der Lehre beschreibt er aufgrund seiner internationalen und methodisch-statistischen Ausrichtung als vergleichsweise hoch. Er sieht sich selbst dabei aber zugleich in einem Lernprozess, da er zwar um eine möglichst gewinnbringende Erfahrung auf beiden Seiten bemüht sei, seine Lehrziele und Anforderungen von den Studierenden jedoch nicht immer verstanden würden und diese teils verunsicherten. Umso wichtiger sei ihm ein entsprechendes Feedback der Studierenden, um die Qualität seiner Lehre kontinuierlich zu verbessern. Umgekehrt will er die Studierenden

„wirklich, so gut wie es geht in diesem Setting, an die Hand nehmen und auch versuchen, ihnen die Angst zu nehmen und ihre Neugierde zu wecken. Und in Teilen klappt es, in Teilen klappt es aber auch nicht, und das ist für mich noch immer so das große Rätsel: ‚Wie kann ich es besser machen?‘ Weil: In Teilen klappt es nicht. […] Und ich reiß mir nen Arm aus und noch einen und ein Bein, wenn es sein muss auch noch, und es klappt trotzdem nicht, hab ich den Eindruck."

Hier zeigt sich eine Parallele zu Frau Lange. Anders als Herr Timme begreifen beide Lehrende das Instrument Lehrevaluation nicht primär als eine Sichtbarmachung möglichst positiver Evaluationsergebnisse, sondern vorrangig als eine wichtige Hilfestellung, die als Kommunikationsmedium zwischen Studierenden und Lehrenden fungiert. Somit verwundert es auch nicht, dass Herr Pauls dieses Instrument – trotz methodischer Einwände – nutzt. Hierauf werden wir bei seiner Perspektive auf die Möglichkeiten der Leistungsmessung und -verbesserung noch genauer eingehen.

Forschung: Rückzug aus der „Jagdgemeinschaft"
Wendet man sich nun der Forschung zu, sieht sich Herr Pauls vor allem angesichts der derzeitigen Governance und ihrer lokalen Umsetzung mit konkreten Problemen konfrontiert, da die organisationale Bewertungs- und Anerkennungsordnung solche ForscherInnen in eine marginale Position versetze, die – so wie er – lieber ihr „eigenes Ding" machten.

Als problematisch erachtet Herr Pauls neben der fehlenden Berücksichtigung der Lehre die in der Forschung sich abzeichnenden Folgen einer einseitigen Bewertungsordnung. Damit steht seine Einschätzung Frau Langes Deutung eines subalternen Ranges der Lehre und der lehrorientierten gegenüber drittmittelstarken KollegInnen nahe. Er berichtet allerdings weniger von mit der lokalen

Reformumsetzung verbundenen kollegialen Spannungsverhältnissen, sondern kritisiert zunächst die aktuelle Förderpolitik an sich. So beobachte er eine Zweck-Mittel-Verkehrung in kooperativen Forschungsinitiativen, die zunehmend von der Idee der Drittmitteleinwerbung und weniger von inhaltlichen Aspekten bestimmt seien:

> „Es werden ja einfach immer mehr Initiativen, dass man immer mehr, das ist son bisschen, ich weiß gar nicht ob Reise nach Jerusalem die richtige Metapher ist, ja aber es [...] werden immer mehr Jagdgemeinschaften gegründet, und ich hab da auch mitgemacht. Mache auch in Teilen noch nen bisschen mit [...]. Und ich hab mich da auch zurückgezogen in Teilen, weil es mir einfach zu viel wird, aber auch, weil ich in Teilen der Meinung bin, dass das dort schon einfach viel zu drittmittelorientiert ist."

Für Herrn Pauls ist zufriedenstellende Forschung vor allem ein weitestgehend offengehaltener, zunächst mehr spielerischer denn systematischer Prozess, der außerhalb konkreter Projektkontexte bzw. Forschungsverbünde angesiedelt ist. Entsprechend bedürfe es keines finanziell oder zeitlich abgesteckten Rahmens, womit er sich von einer überbordenden „Projektförmigkeit der Forschung" (Torka 2009) distanziert.[13] So expliziert er:

> „Ich bin sowieso einer, der die Sachen nicht ganz so gerne – in Anführungszeichen – und vielleicht auch nicht so gut planen kann, wie das bei einigen Kollegen der Fall ist [...]. Also ich versuche auch, das Spiel son bisschen mitzuspielen, wobei ich finde es eigentlich schöner, sich einfach erst mal hinzusetzen mit irgendwelchen Daten."

Da letzteres bei ihm zumeist anhand von „Sekundärdaten" geschehe, seien nicht detaillierte Erhebungs- oder Projektpläne gefordert, sondern primär Zeit und Möglichkeiten dafür, sich „einfach erst mal hinzusetzen" und Berechnungen anzustellen, deren Potenzial für weitergehende Forschungen zunächst offen bleibe – oder wie er es ausdrückt: „Sachen zusammenschmeißen, rödeln und gucken, was bei rumkommt". Herr Pauls versteht sich folglich eher als ein Individualforscher, der die ergebnisoffene Durchführung – alleine oder mit seinem Lehrstuhlteam – kleinerer Untersuchungen bevorzugt, die anfänglich

---

[13]Entsprechend merkt er an: „Also die Frage ist ja erst mal: Was ist überhaupt ein Projekt, könnte man sagen? Also ist ein Projekt nur, was irgendwie gefördert ist finanziell mit einer gewissen Summe? Also wenn es das ist, ist es bei mir extrem wenig." Noch grundsätzlicher hinterfragen Niklas Luhmann (1990, S. 336–340) und Rudolf Stichweh (1994, S. 164–168) projektförmige Forschung.

oftmals mehr lockere Ideen darstellten und sich später möglicherweise zu einer Publikation entwickelten, ohne „eine Riesensache daraus [zu] machen". Dies meine eben auch, „nicht großartig" im Rahmen größerer Verbunde oder Projekte mit anderen WissenschaftlerInnen zu kooperieren:

> „Also ich mache gerne mal Sachen auch mit Kollegen zusammen, aber tatsächlich eher im Bereich der universitären Selbstverwaltung als in der Forschung. In der Forschung habe ich es eigentlich am liebsten, mein eigenes Ding zu machen, und wenn ich zusammenarbeite, dann eher mit Nachwuchswissenschaftlern was zu machen. Also da bin ich, glaub ich, auch ganz gut drin so."

Seine bereits im Kontext der Lehre betonte Kooperationsbereitschaft auf „niedrigerem Level" greift Herr Pauls an dieser Stelle erneut auf, während andere Formen der Forschungskooperation eher abgelehnt werden. Er ist sich darüber bewusst, dass seine Ansprüche an die Forschung nur in geringem Maße mit den Erwartungen der Hochschulleitung übereinstimmen. Für ihn verbinde sich die eigene Forschungspraxis daher oftmals mit dem Eingehen von Kompromisslösungen. Dieses Arrangieren beschreibt er dann wie folgt:

> „[D]agegen kann ich ja nichts tun. Das ist ja ne systemische Veränderung, aber gut, ich mein, ich arrangiere mich so gut damit, wie es geht, also ich mache ja nen bisschen auch was in diesem Bereich. [...] Ich habe ja jetzt gerade nen DFG-Antrag eingereicht und bin auch dabei, nen anderen jetzt zu schreiben, aber das sind halt Einzelanträge und keine Verbundgeschichten. [...] Ich spiele es ein Stück weit, aber nur so wie es für mich noch in Ordnung ist, ohne mich da zu sehr zu zerreißen, weil es halt einfach nicht meine Art des Arbeitens ist."

Er legitimiert seine Kompromisse zwar, indem er seine Kontrolle hierüber betont, dennoch sieht er hierin letztlich eine alternativlose Anpassung. Den Konflikt zwischen organisationalem Anspruch und eigener Praxis kann er insofern nur bedingt im Sinne seines Forschungsethos lösen. Aufschlussreich in diesem Zusammenhang ist seine retrospektive Deutung seiner damaligen Entscheidung, das Amt des Studiendekans zu übernehmen. Er stellt diese Entscheidung unmittelbar in den Kontext seiner Kritik an den veränderten Forschungsbedingungen und deutet sie nicht zuletzt auch als Konsequenz eines Konfliktes zwischen subjektiven Ansprüchen und organisationalen Erwartungen:

> „[E]s [ist] in der Tat auch so, dass ich halt auch nen ganz großer Verfechter innerhalb der Uni bin für die Relevanz der Lehre, und vielleicht war das auch dann effektiv einer der Gründe [...], dass ich dann gesagt habe: ‚Okay. Dann mache ich halt Studiendekan.'"

Als „effektive Gründe" für die Übernahme des Amtes führt er schließlich nicht nur sein persönliches Ziel einer Aufwertung der Lehrtätigkeit an, sondern auch die für ihn „mit Nachteilen" verbundene „systemische Veränderung", mit der er sich „arrangieren" müsse. Indes möchte Herr Pauls sein neues Amt voller Tatendrang ausfüllen und dort „jetzt erst mal […] was aufbauen", also im „Uni-Management" seine „Nische" suchen, die er „ganz spannend finde" und die er – aus jetziger Sicht bewertet – nach Ende seiner ersten Amtszeit gerne auch verlängern würde:

> „Das ist immer für zwei Jahre gewählt, aber wenn es passt, kann ich mir auch vorstellen, das weiter zu machen. Also wir haben da auch wirklich Top-Leute im Dekanat. Bessere Leute kann man nicht bekommen, glaub ich, als die, die wir da haben."

NPM, aber richtig! Sympathie und Engagement trotz Kritik
Als Studiendekan zeigt sich Herr Pauls geradezu als Befürworter einer konsequenten Leistungskontrolle und Umsetzung von Leistungszielen, die notfalls auch auf hierarchischem Wege erfolgen müssten. Erkennbar geprägt durch seine Auslandserfahrungen wägt der Politikwissenschaftler dabei die möglichen Vor- und Nachteile einer stärkeren organisationalen Einflussnahme ab. Die kaum formalisierten organisationalen Leistungsvorgaben in der Lehre bewertet Herr Pauls zunächst skeptisch, und er ironisiert die bisherigen Bestrebungen eher, als dass er sie als positive Anzeichen eines Strebens nach einem verbessertes Standing der Lehre begreift. So kommentiert er die Handreichungen seiner Universität für bessere Lehre:

> „Da steht halt drin: ‚Seid nett zu Ausländern.' Wirklich! Ja. Also ist drastisch formuliert, aber es geht darum, im Bereich ERASMUS irgendwie Leute zu unterstützen. […] Und dann steht drin: ‚Und publiziert bitte eure Power Point Folien im Internet'. Was nun wirklich keine große Leistung ist. Aber das zentrale ist: Auf der einen Seite haben wir New Public Management und diese Leistungsgeschichten, die aber nur monetär effektiv ausgerichtet sind, und das andere ist natürlich trotzdem die Tatsache, dass deutsche Professoren extrem viel Freiheit haben und eigentlich keinen Vorgesetzten haben. In England und in Holland haben auch Professoren ein Beurteilungsgespräch einmal im Jahr."

Da Lehre hierzulande im direkten Vergleich einen besonders niedrigen Stellenwert habe, gar „am unwichtigsten" sei, seien eine höhere Verbindlichkeit und Überprüfung der Lehrleistungen wünschenswert. Die vergleichsweise großen Autonomiespielräume deutscher ProfessorInnen begreift Herr Pauls in diesem Kontext durchaus als nachteilig und spricht von letzteren als „kleinen Königen", die „in Teilen […] nicht den Sinn des Ganzen" sähen. Er plädiert damit zwar nicht direkt für eine Beschränkung der ProfessorInnenautonomie. Mit seinem Verweis auf die Praxis anderswo deutet er aber zumindest an, dass verbindlichere Maßnahmen im Lehrkontext wichtig wären. Schließlich habe man „einfach in Deutschland die Situation, dass Profs eigentlich weiterhin machen können, was sie wollen, trotz New Public Management". Konkret für die W-Besoldung ausgeführt:

> „[Es gibt ja dieses Grundgehalt und dann halt diese Leistungsvereinbarung. und da, also da bin ich gespannt zu sehen, inwiefern überhaupt an anderen Unis Lehre da schon drin ist."

Auch wenn er sich persönlich dazu entscheiden könne, seine Lehre ausgehend von den heterogenen Studierendenbedürfnissen didaktisch aufzubereiten, neue Lehrkonzepte auszutesten und deren Erfolg durch die Studierendenurteile überprüfen zu lassen, sieht er auf kollektiver Ebene von den aktuell angewandten Formen der Leistungsbeurteilungen kaum Impulse ausgehen. Schließlich kennzeichne die derzeitige organisationale Beurteilungspraxis vielmehr ein Fehlen eindeutig definierter Beurteilungskriterien und eine ausbleibende Sanktionierung schlechter Lehrleistungen. Er erkennt hier eine organisationale Verantwortung, der die eigene Universität nicht hinreichend nachkomme:

> „Es kräht kein Hahn danach, inwiefern es beispielsweise nen großen Unterschied gibt zwischen der Anzahl von Leuten, die sich zuerst mal eingeschrieben haben für ein bestimmtes Modul, und wie viele dann am Ende noch mitmachen. Da gibt es auch große Unterschiede – und die haben wahrscheinlich auch damit zu tun, was gemacht wird im Modul, auch natürlich, was die Prüfungsleistung ist, aber wahrscheinlich auch, wie das didaktisch rüber gebracht wird."

Gerade auch quantitative Indikatoren dienten der Schwachstellenidentifikation in der Lehre, was deren kontinuierlicher Verbesserung den Weg ebne. Eine ähnliche Aufgabe kommt aus Herrn Pauls Sicht der Lehrevaluation zu, wenngleich diese „mit extrem viel Vorsicht zu genießen" sei. Dies wird von ihm allerdings methodisch begründet. Das Instrument Lehrevaluation an sich wird nicht zur Diskussion gestellt und sei in jedem Fall „besser als nichts":

> „Also klar hat man Probleme mit der Rücklaufquote. Wir lesen normalerweise im Standardmethodenlehrbuch, wenn die gebiased ist und nicht mindestens so und so hoch ist, dann können wir sie in die Tonne treten. Ich denke mir aber, besser wird es nicht. Das ist das einzige, was wir haben, und was wir von daher wahrscheinlich machen sollten ist, uns das zwar anschauen, aber schon auch uns überlegen, wie das zu den qualitativen Sachen passt, die die Studis geschrieben haben, und wie das aber auch zu anderen Sachen passt."

Da er grundsätzlich die Aussagekraft der verfügbaren Ergebnisse und Kennzahlen nicht anzweifelt, plädiert Herr Pauls in seiner Rolle als Studiendekan folglich auch für eine konsequentere Offenlegung der Ergebnisse der Lehrevaluation:

> „Die Ergebnisse der Lehrevaluation werden nicht automatisch an mich weitergeleitet, wenn die Leute das nicht wollen, was ich auch erstmal extrem spannend, aber eigentlich problematisch finde. Ich sag ja nicht, dass die Leute gleich gefeuert werden sollen, wenn sie nicht mindestens eine 3 erreichen in der Lehre. Aber die Information muss an die Leitungsebenen gehen, also sonst können wir das wirklich vergessen. Denke ich."

Für Herrn Pauls steht damit fest, dass die Lehrevaluation als ein nur individuelles Feedbackinstrument keine zufriedenstellende Handlungswirksamkeit entfaltet. Im Umkehrschluss –wenn nur die verpflichtende Offenlegung Verbesserungen bewirken könne – werden damit von ihm durchaus Zweifel an einer hinreichenden Lehrmotivation der ProfessorInnen nahegelegt. Während er derzeit kaum Möglichkeiten der formellen Steuerung erkenne, habe er dies während seiner Tätigkeit im Ausland anders, und durchaus positiv, erlebt:

> „Beispielsweise in [Stadt] gab es Peer Review. Die Senior Leute haben sich tatsächlich rein gesetzt bei den anderen. Und ich glaub schon, dass das eigentlich gut ist. Es ist ja weiterhin so, dass man in Deutschland sowieso Professor wird, ohne irgendeine Lehrbefugnis oder was auch immer zu haben. Die kriegt man ja über die Publikation effektiv [...]. Ich war jetzt schon in relativ vielen Berufungsverfahren, und da war es schon jetzt immer so, dass die Leute nicht nur einen wissenschaftlichen Vortrag halten sollten, sondern auch eine Lehrsimulation. Aber da geht es ja um die Frage: Wer kommt rein? Aber wer drin ist im System, da ist natürlich dann auch die Frage: Wie gut machen die das? Und dann natürlich auch irgendwann vielleicht die Frage: Wie können wir schauen, dass es einfach besser wird?"

Dies wird noch weiter ausgeführt:

> „Also ich denke, Peer Review ist gut. Ja. Also ich bin da neulich mal über so einen Report vom Wissenschaftsrat von 2008 gestolpert, wo die sagen, wir müssen in Deutschland die Lehrevaluation ernster nehmen und man müsste eigentlich mehr Peer Reviews durchführen und natürlich auch Beurteilungsgespräche. Ist ja auch okay. Aber [...] das macht ja einen Unterschied, ob ich Ihnen erzähle, was ich so mache im Unterricht, im Vergleich dazu, wenn Sie sich mal rein setzten."

Ein Peer Review in der Lehre, verpflichtende Lehrevaluationen oder Beurteilungsgespräche werden von Herrn Pauls neben der verstärkten Berücksichtigung solcher quantitativer Kennzahlen wie Dropout-Quoten, Prüfungsnoten oder Betreuungsrelationen als beispielhafte Maßnahmen der Lehrverbesserung angeführt. Da er „kein Gegner der Idee [sei], dass Leute irgendwas leisten sollten in ihrem Job, und dass man versuchen sollte zu schauen, wie man das am besten macht", befürwortet er grundsätzlich die Idee von Leistungsüberprüfungen und deutet diese nicht als illegitime Einschränkung professoraler Privilegien. Eine gewisse Ambivalenz bleibt aber schon aufgrund von befürchteten und in anderen Berufsfeldern beobachtbaren problematischen Konsequenzen, sodass man „aufpassen" müsse, „die Leute dabei nicht [zu] über[fahren]":

> „Ich kann mir wenige Organisationen oder Situationen vorstellen, wo es schwieriger ist, das zu messen, als gerade im Bereich der Wissenschaft. Also das ist auch in anderen Bereichen nicht ganz einfach. Im Gesundheitssektor ist es auch nicht so ganz einfach. Das ist natürlich so und das sind ja auch teilweise negative Folgen des New Public Managements, dass man halt nur noch Kennzahlen bedient und bestimmte wichtige Sachen in den Hintergrund dann einfach geraten."

Der Politikwissenschaftler misst hier – ihm durchaus bewusst – in gewisser Weise mit zweierlei Maß: Einerseits warnt er vor einer Zweck-Mittel-Verkehrung und primären Orientierung an Kennzahlen vor inhaltlichen Kriterien in Forschung und Lehre. Andererseits plädiert er zugleich in der Lehre für eine handlungswirksamere Umsetzung eines Leistungserfassungs- und -bewertungsverfahrens, das derzeit kaum ernst genug genommen werde. Infolgedessen unternehme er als Studiendekan entsprechende erste Schritte, indem er das Spektrum an Möglichkeiten einer Governance für die Lehre auslote, um Maßnahmen für die eigene Fakultät in die Wege zu leiten:

> „[V]ielleicht sind andere Unis da weiter, ich kenne mich da überhaupt nicht aus. Das habe ich mir aber auch auf die Fahnen geschrieben. Also ich hab jetzt jemanden eingestellt, einen ehemaligen Studenten von uns […], Und ich hab den gebeten, erst mal bisschen auch über den Tellerrand zu gucken und zu schauen, was in anderen Unis in [Bundesland] oder hier in [Region] überhaupt gemacht wird."

Sein persönlicher Fokus auf die Lehre und seine Hoffnung auf ihre Qualitätsverbesserung, die er mit den Hochschulreformen und der Implementierung von NPM verbindet, lassen den Politikwissenschaftler somit trotz allem zuversichtlich in die Zukunft blicken. Er sieht den Status quo als unbequeme Zwischenphase, während zukünftig vor allem wichtig werde, ein differenzierteres Leistungsbewertungssystem zu implementieren. Dass allmählich ein sich bereits abzeichnender

Bedeutungsgewinn der Lehre eintreten werde, leitet er allein schon aus deren verstärkter medialer Diskussion wie auch aus neuen Förderinitiativen ab:

> „Ich denke, es wird stärker in Richtung Kennzahlen gehen. [...] Ich glaub, die Lehre wird irgendwann später dazukommen [...]. Aber ich denke mir irgendwie auch, wenn man jetzt so die Zeitung liest: Das wird kommen einfach, Qualität der Lehre, das wird kommen. Es gibt ja schon tausende Initiativen und vom BMBF und alles Mögliche. [...] Es kommt. Ja es kommt. Also von daher wird es hoffentlich dann besser [...]."

Für sich selbst formuliert er diesbezüglich ein klares Ziel:

> „Wir unterhalten uns ja auch dauernd mit Kollegen mittags dann über unsere lieben Studierenden und was mal wieder nicht geklappt hat und so weiter. Ja. Oder klagt dem anderen auch mal sein Leid oder so [...]. Und dann auch die Frage: Was ist die Erklärung? Wie kann man es besser machen? Und ich bin da ganz gespannt. Also ich hab noch bis [Jahr], bevor ich in den Ruhestand gehe. Also bis dann. [...] Ja ich schraube aber dran. Ich versuche, es besser zu machen. Kontinuierlich."

Die Übernahme des Amtes des Studiendekans, dem er sich, wie er mehrfach betont, nun verstärkt widmen wolle, lässt sich zwar allein schon aufgrund seiner weiterhin betriebenen Drittmittelakquise nicht als gänzlicher Rückzug aus der Forschung interpretieren. Wohl aber sind ein stückweites Zurückweichen aus einem Bereich, dessen Anforderungen seinen persönlichen Ansprüchen zuwiderlaufen, und eine intensivere Fokussierung eines Bereiches zu beobachten, in dem er seine Ansprüche auch deshalb weitgehend realisieren kann, weil er Möglichkeiten des Agenda-Setting erkennt. Während Herr Pauls die entscheidenden Kriterien in der Forschung als „nicht verhandelbare Hürden" erlebt, bietet sich mit der Lehre ein Handlungsfeld an, in dem er sich aktiv einbringen kann.

Fazit

Gerade weil in den Hochschulreformen auch das Potenzial für eine Verbesserung der Lehrqualität gesehen wird, werden diese von Herrn Pauls nicht grundsätzlich abgelehnt. Erfahrungen in Ländern, in denen NPM weiter fortgeschritten ist, bilden hier Referenzen dafür, was in Deutschland noch werden kann.

Wie deutlich geworden ist, verbinden sich für den Politikwissenschaftler generell gleichermaßen positive wie negative Veränderungen mit implementierten Reforminstrumenten, die ihn sowohl hoffnungsvoll als auch skeptisch stimmen. Diese Ambivalenz ist ihm sehr bewusst und wird im Interview mehrfach thematisiert. Es liegt hier also durchaus nahe, dass es nicht zuletzt von seinem Erfolg als Studiendekan abhängig sein wird, inwieweit Herr Pauls zukünftig zu den Reformbefürwortern, gar -promotoren, oder aber den enttäuschten Blockierern gehören könnte. Ob er Nutzen aus den Reformen wird ziehen können oder aber sein Engagement keine Früchte tragen wird, scheint von vielen – noch nicht abschätzbaren – Faktoren abhängig zu sein. Der engagierte Hochschullehrer könnte also noch zum aktiven Blockierer werden oder passiv-resigniert den Rückzug in einen ,Dienst nach Vorschrift' wählen.

4.4   Subjektive Verarbeitung von Leistungsbewertungen: Erste Anhaltspunkte für Erklärungsfaktoren

Doch nicht nur Herr Pauls, auch die beiden anderen ausgewählten Fälle zeigen, dass man von keiner klaren Einteilung in GegnerInnen und BefürworterInnen universitärer Leistungsbewertungen ausgehen kann. Keiner der drei Fälle ist entweder durchgängig Gegner oder durchgängig Befürworter der Reformen; und bei allen dreien könnten ihre geäußerten Einschätzungen auch wieder in Fluss geraten, so wie sie ja auch über zurückliegende Einschätzungsveränderungen berichten. Damit verdeutlichen die drei Fälle insgesamt ein sehr differenziertes Verhältnis zwischen professoralen Selbstansprüchen und universitären Bewertungsprozessen.

Fragt man, welche Faktoren bei der subjektiven Verarbeitung von neuen Governance- und Bewertungsformen eine wichtige Rolle spielen können, lassen sich den Fällen erste Anhaltspunkte entnehmen. Wie vermutet, erweisen sich die *disziplinäre Zugehörigkeit* und die *Karrierestufe* als erklärungskräftig, um die Haltung zu universitären Leistungsbewertungen zu erklären. So bestätigte sich etwa, dass mit Leistungskriterien wie Drittmitteln in ingenieurwissenschaftlichen Disziplinen eine stärkere Anerkennung der ohnehin vorhandenen professoralen Ansprüche stattfindet, als dies in den Geistes- und Sozialwissenschaften der Fall ist. Ebenso spiegelte sich ein für neu berufene ProfessorInnen größerer Bewährungsdruck in Bezug auf universitäre Erwartungen und Bewertungsmaßstäbe wider.

Zugleich bestätigten sich aber auch die bereits in Kap. 3 herausgearbeiteten *innerdisziplinären Unterschiede* – wenn etwa GeisteswissenschaftlerInnen nicht per se eine eher ablehnende Haltung gegenüber den organisationalen Leistungs-kriterien einnehmen. Frau Lange gehört schließlich zu jenen ProfessorInnen ihrer Disziplin, die Drittmittelprojekte durchaus in ihre Vorstellungen ‚guter' Forschung integrieren und zumindest partiell von Instrumenten wie der LOM profitieren können und wollen. Um ihre dennoch kritische Sicht auf die universitären Leistungsbewertungen zu begründen, müssen insofern weitere Erklärungsfaktoren herangezogen werden.

Hier ist zunächst darauf hinzuweisen, dass Leistungsbewertungen in den Bereichen *Forschung und Lehre* durchaus verschieden wahrgenommen und verarbeitet werden können. Wir können also von keiner beide Tätigkeitsbereiche übergreifenden Ablehnung oder Befürwortung organisationaler Bewertungspraktiken ausgehen. Dies hat insbesondere das letzte Beispiel von Herrn Pauls verdeutlicht, in dessen Fall sich Reformbefürwortung in Sachen Lehre auf der einen mit einem eher skeptischen Beharren auf der eigenen Autonomie in Sachen Forschung auf der anderen Seite kombinierten. Die Ambivalenz der Reformprozesse und die prinzipielle Offenheit des weiteren Geschehens kommen hier besonders deutlich zum Ausdruck.

In den drei Fällen wurde darüber hinaus auch die mögliche Bedeutung lokaler, organisationsspezifischer Faktoren für die subjektive Haltung zu den Reformen sichtbar. Hierzu zählt zum einen die *lokale Umsetzung von Leistungsbewertungen.* So spiegelten sich in den Interviews etwa Unterschiede hinsichtlich des Verpflichtungsgrades von Lehrevaluationen wie auch hinsichtlich der wahrgenommenen Transparenz organisationaler Kommunikations- und Entscheidungsprozesse wider.[14] Weiterhin wurde deutlich, dass bei der Verarbeitung universitärer Leistungsbewertungen auch das *kollegiale Verhältnis im sozialen Setting des Fachbereichs* eine entlastend-kompensierende oder belastende Rolle spielen kann. Bei Frau Lange zeigte sich etwa eindrücklich, dass der Eindruck einer Entsolidarisierung unter den FachkollegInnen die Wirkungsmacht der Leistungsbewertungen noch weiter verstärkt.

Neben der Disziplin und Karrierestufe werden wir auch diese weiteren Erklärungsfaktoren in die empirische Analyse im folgenden Kapitel einbeziehen, in dem wir die professoralen Deutungen und Handlungsstrategien anhand verdichteter analytischer Typen darstellen.

---

[14] Diese ersten Eindrücke passen zu Forschungsergebnisse von Jörg Bogumil et al. (2013), in deren Vergleich verschiedener Universitäten sowohl stärker hierarchische als auch partizipativere Implementationsstile rekonstruiert werden konnten.

Literatur

Bogumil, Jörg, Martin Burgi, Rolf G. Heinze, Sascha Gerber, Ilse-Dore Gräf, Linda Jochheim, Maren Schickentanz, und Manfred Wannöffel. 2013. *Modernisierung der Universitäten. Umsetzungsstand und Wirkungen neuer Steuerungsinstrumente.* Berlin: edition sigma.

Bröckling, Ulrich. 2007. *Das unternehmerische Selbst.* Frankfurt/M.: Suhrkamp.

Bundesbesoldungsgesetz: *Bundesbesoldungsgesetz in der Fassung der Bekanntmachung vom 19. Juni 2009 (BGBl. I S. 1434), das zuletzt durch Artikel 2 des Gesetzes vom 9. Dezember 2019 (BGBl. I S. 2053) geändert worden ist, §35 BBesG Forschungs- und Lehrzulage.* http://www.gesetze-im-internet.de/bbesg/BJNR011740975.html.

Gläser, Jochen, Stefan Lange, Grit Laudel, und Uwe Schimank. 2010. The limits of universality: How field specific epistemic conditions affect authority relations and their consequences. In *Reconfiguring knowledge production. Changing authority relationships in the sciences and their consequences for intellectual innovation,* Hrsg. Richard Whitley, Jochen Gläser, und Lars Engwall, 291–324. Oxford: Oxford University Press.

Heintz, Bettina. 2010. Numerische Differenz Überlegungen zu einer Soziologie des (quantitativen) Vergleichs. *Zeitschrift Für Soziologie* 39 (3): 162–181.

Liebeskind, Uta. 2011. *Universitäre Lehre – Deutungsmuster von ProfessorInnen im deutsch-französischen Vergleich.* Konstanz: UVK.

Lohr, Karin, Thorsten Peetz, und Romy Hilbrich. 2013a. *Bildungsarbeit im Umbruch. Zur Ökonomisierung von Arbeit und Organisation in Schulen, Universitäten und in der Weiterbildung.* Berlin: sigma.

Luhmann, Niklas. 1990. *Die Wissenschaft der Gesellschaft.* Frankfurt/M.: Suhrkamp.

Stichweh, Rudolf. 1994. *Wissenschaft, Universität, Professionen. Soziologische Analysen.* Frankfurt/M.: Suhrkamp.

Torka, Marc. 2009. *Die Projektförmigkeit der Forschung.* Baden-Baden: Nomos.

Subjektive Erfahrung und Bewältigung von Leistungsbewertungen – ein differenziertes Spektrum 5

In Kap. 3 wurden die Deutungen ‚guter' Lehre und Forschung in den fünf aus-gewählten Teildisziplinen aufgezeigt; und in Kap. 4 wurde das Wechselspiel zwischen diesen Deutungen auf der einen, den Erfahrungen und der Verarbeitung von Leistungsbewertungen auf der anderen Seite anhand von drei Fallbeispielen in seiner je individuellen Vielschichtigkeit verdeutlicht. Nun geht es um die Frage, welche über den Einzelfall hinaus verallgemeinerbaren Muster sich in der Gesamtheit unserer empirischen Fälle auffinden lassen. Was veranlasst einige ProfessorInnen, sich als GewinnerInnen der Reformen zu sehen, während sich andere den Reformprozessen ausgeliefert fühlen?[1] Das sind die beiden Pole eines Spektrums, in dem es Zwischenpositionen gibt, wie schon die drei Fälle im Kap. 4 gezeigt haben. Welche Ausprägungen von Reformerfahrungen, mit denen sich jemand weder als reiner Gewinner noch als reines Opfer fühlt, lassen sich unterscheiden und finden sich empirisch vor?

Im vorliegenden Kapitel stellen wir eine differenzierte Typologie der subjektiven Verarbeitung der Reformen vor. Die insgesamt sieben Typen, die wir – mit einer Ausnahme – aus dem empirischen Material gewonnen haben, lassen sich mit vier analytischen Dimensionen, die jeweils Kontinua mit zwei Polen darstellen, und ihren möglichen Kombinationen empirisch basiert theoretisch rekonstruieren. Die Typen fangen variierende Auswirkungen von Leistungsbewertungen auf die

---

[1] Es geht hier stets um die subjektive Einschätzung der Reformauswirkungen auf die je eigene Situation, nicht um objektive Tatbestände. Denn es sind die subjektiven Situations-definitionen, aus denen Praktiken des Umgangs mit diesen Situationen hervorgehen.

berufliche Identität und damit verbundene variierende Praktiken des Umgangs damit ein. Dass die Leistungsbewertungen sich unterschiedlich auswirken, geht – wie bereits im Kap. 4 deutlich wurde – auf zwei Arten von Ursachen zurück. Zum einen ist die Implementation der Leistungsbewertungen von Bundesland zu Bundesland, innerhalb eines Bundeslandes von Universität zu Universität sowie teilweise sogar innerhalb derselben Universität unterschiedlich und variiert weiterhin im Zeitverlauf. Zum anderen spielen bei jedem Professor dessen disziplinäre Zugehörigkeit, dessen Karrierestufe und -verlauf, dessen Selbstverortung im Spektrum beruflicher Identität – beispielsweise eher als Lehrender oder als Forschender – sowie nicht zuletzt auch dessen beruflicher Erfolg eine erhebliche Rolle dabei, wie ihn Leistungsbewertungen affizieren.

Die Typologie kann auch Veränderungen der subjektiven Reformerfahrungen, aus denen Übergänge von einem Typ zum anderen resultieren können, aufzeigen. Solche Dynamiken können sich vor allem daraus ergeben, dass Veränderungen der Reformmaßnahmen – etwa eine striktere Anwendung von Bewertungsinstrumenten oder auch umgekehrt die Abschaffung bestimmter Maßnahmen – die Betroffenheit verändern, woraus eine mehr oder weniger starke Neuausrichtung des bisherigen Umgangs mit Leistungsbewertungen resultieren kann.

Im Folgenden stellen wir zunächst die Typologie vor, um einen systematischen Überblick zu geben. Erst wird das Gesamtbild skizziert, um die sodann je für sich genauer geschilderten sieben Typen sogleich im Spektrum zu verorten und das Gesamtbild so Schritt für Schritt auszuarbeiten.

5.1   Typen des Umgangs mit Leistungsbewertungen

Die nun zunächst im Überblick in ihrer Konstruktionslogik geschilderte Typologie des Umgangs von ProfessorInnen mit Leistungsbewertungen ergibt sich aus der Kombination von vier Dimensionen,[2] in denen die Typen sich unterscheiden können. Jede dieser Dimensionen stellt ein Kontinuum dar, das hier der Einfachheit halber auf seine beiden Extreme reduziert wird:

1. Ausmaß der *wahrgenommenen Wirksamkeit*: Jemand kann den implementierten Maßnahmen der Leistungsbewertung spürbare Effekte zuschreiben oder diese Effekte verneinen.

---

[2] Eine erste, hier in verschiedenen Hinsichten weiter entwickelte Fassung dieser Typologie findet sich in Schimank (2018, S. 156–158).

2. Ausmaß der *eigenen Betroffenheit*: Wenn spürbare Effekte attestiert werden, kann jemand selbst von ihnen betroffen sein oder, ohne selbst betroffen zu sein, nur eine entsprechende Betroffenheit anderer beobachten.
3. Richtung der *Bewertung*: In beiden Fällen kann jemand den jeweiligen Leistungsbewertungen und ihren Effekten eher befürwortend oder eher ablehnend gegenüberstehen.
4. Erfolg des *eigenen Umgangs*: Wer selbst betroffen von Leistungsbewertungen ist und sie befürwortet, kann aus ihnen bereits jetzt persönlichen Nutzen ziehen oder aber solchen Nutzen für die Zukunft erwarten. Analog kann jemand, der von Leistungsbewertungen betroffen ist und sie ablehnt, sich gegen sie zur Wehr setzen oder ihnen mehr oder weniger hilflos ausgeliefert sein.

Während die ersten drei Dimensionen charakterisieren, wie Leistungsbewertungen subjektiv *erfahren* werden, fängt die vierte Dimension die wahrgenommenen *Handlungsspielräume* im praktischen Umgang mit Leistungsbewertungen ein.

Je spürbarere Effekte man also Leistungsbewertungen zuschreibt, je stärker man selbst von ihnen betroffen ist, je mehr man sie ablehnt, weil sie eigenen Ansprüchen an ‚gute' Forschung und ‚gute' Lehre zuwiderlaufen, und je weniger man sich gegen sie zur Wehr zu setzen vermag, desto größer dürfte das Ausmaß an Identitätsbedrohungen sein, das von ihnen ausgeht.

Begibt man sich sodann in den Möglichkeitsraum hinein, der durch die Kombination der vier Dimensionen aufgespannt wird, lassen sich die folgenden sieben reinen Typen bilden (Abb. 5.1):[3]

• Der *Gelassene*: Er sieht überhaupt keine Auswirkungen veränderter Leistungs- bewertungen – weder auf sich selbst noch auf andere. Ihm stellt sich das Reden von Reformen und Wandel als bloßes Gerede dar, dem keine tatsäch- lichen Effekte – weder wünschenswerte noch unerwünschte – entsprechen. Selbst nicht abzustreitende Veränderungen wie etwa die Einführung der W-Besoldung oder studentischer Evaluationen von Lehrveranstaltungen stuft er als völlig wirkungslose Maßnahmen ein, über die man entsprechend hinwegsehen kann: Sie stiften in seinen Augen weder Nutzen, noch richten sie Schaden an. Der Gelassene ruht in der subjektiven Gewissheit, dass sich um ihn herum und für ihn selbst nur ‚Business as usual' vollzieht.

---

[3]Die männliche und weibliche Typenbezeichnung erfolgt hier alternierend und bildet keine empirisch vorgefundenen Häufigkeitsverteilungen ab. Nur bei zwei unserer Typen findet sich in unseren Fällen lediglich ein Geschlecht vor – und dies dürften der geringen Fallzahl geschuldete Zufallsresultate sein.

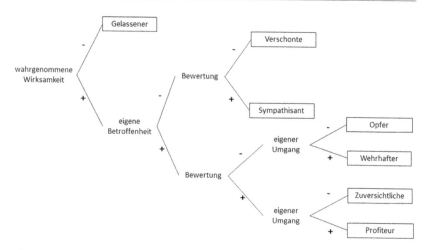

Abb. 5.1 Typen des Umgangs mit Leistungsbewertungen

- Die *Verschonte*: Sie ist nicht selbst von Leistungsbewertungen betroffen, steht aber dem, was sie an der Betroffenheit anderer beobachtet, ablehnend gegenüber. Ein Beispiel hierfür könnte eine in der C-Besoldung gebliebene ältere Professorin sein, die froh ist, dass sie nicht so unter Leistungsdruck gesetzt wird wie ihre jüngeren KollegInnen in der W-Besoldung, die ein ‚standesgemäßes‘ Gehalt erst durch Leistungszulagen erreichen können, für die sie sich etwa durch Drittmitteleinwerbungen qualifizieren müssen. In diesem Fall kann sich die Betreffende ziemlich sicher sein, nicht mehr selbst zur Betroffenen zu werden; in anderen Fällen kann jemand auch mehr oder weniger stark befürchten, früher oder später nicht mehr von den bislang nur bei anderen beobachteten Leistungsbewertungen verschont zu bleiben.
- Der *Sympathisant*: Er ist wie die Verschonte von den Leistungsbewertungen, die er bei anderen beobachtet, selbst nicht betroffen; doch er befürwortet diese bzw. steht ihnen wohlwollend gegenüber, da er positive Veränderungen für die Universität mit ihnen verbindet. Es kann sich um einen Professor handeln, der kurz vor der Pensionierung steht, sodass die Leistungsbewertungen nicht mehr auf ihn Anwendung finden können. Oder sie finden noch keine Anwendung auf ihn, zukünftig wird dies jedoch wohl der Fall sein – wenn jemand etwa aus Überzeugung oder wegen eines externen Rufes in die W-Besoldung wechselt.

- Das *Reformopfer*: Es ist von Leistungsbewertungen betroffen und muss mehr oder weniger hilflos erleben, dass es sich gegen die von ihm abgelehnten Maßnahmen nicht wirksam zu wehren vermag, sondern ihnen ausgesetzt ist. Seine Handlungsspielräume im praktischen Umgang mit Leistungsbewertungen sind begrenzt. Vielleicht erleidet das Opfer Verluste, etwa bei seiner Grundausstattung, aufgrund von schlechten Evaluationen; oder es muss zur Vermeidung solcher Verluste gute Miene zum bösen Spiel machen und sich beispielsweise opportunistisch bei den Studierenden beliebt machen, um so die benötigten Leistungspunkte zu ergattern, damit es sein Gehalt etwas aufbessern kann.
- Der *Wehrhafte*: Wie auch die Verschonte und das Opfer lehnt er Leistungsbewertungen ab. Anders als die Verschonte ist er Leistungsbewertungen ausgesetzt, deren Auswirkungen er sich jedoch – anders als das Opfer – durch Praktiken der Gegenwehr bislang noch mehr oder weniger entziehen kann. Er vermag so die eigenen Interessen vielleicht nicht mehr vollständig, aber doch halbwegs zu wahren und die eigene berufliche Identität zu behaupten. Beispielsweise kann ein Professor, dem die Studierenden wegen seiner hohen Anforderungen und strengen Leistungsmaßstäbe in Evaluationen regelmäßig schlechte Noten geben, auch den Mahnungen der Studiendekanin trotzen und sich als jemand, der Humboldt hochhält, positionieren.
- Die *Zuversichtliche*: Sie befürwortet die Leistungsbewertungen, denen sie unterliegt, kann sie aber noch nicht oder nur in einem als zu gering empfundenen Maße für sich nutzen. Doch selbst dann, wenn sie vorerst von solchen Reformauswirkungen betroffen ist, die sie als negativ bewertet, ist sie guter Hoffnung, dass sie zumindest auf längere Sicht von den Leistungsbewertungen insgesamt profitieren kann, wenn sie nur entsprechende Anstrengungen in dieser Richtung unternimmt. Sie sieht sich also als künftige Profiteurin. Sollte ihr das allerdings dauerhaft nicht gelingen, während andere um sie herum profitieren, wirken sich die Leistungsbewertungen zumindest im sozialen Vergleich negativ auf sie aus, weshalb dann ab einem gewissen Punkt ihre Befürwortung in Ablehnung umschlagen kann.
- Der *Profiteur*: Er ist der Gewinner der Universitätsreformen. Er unterliegt Leistungsbewertungen, die er befürwortet, und vermag sie zu seinen Gunsten zu nutzen. Sie verbinden sich für ihn mit positiven Veränderungen der Rahmenbedingungen seines beruflichen Handelns. Es kann sich z. B. um einen erfolgreichen Forscher handeln, der viele Drittmittel einwirbt und in internationalen Fachzeitschriften mit hohem Impact-Faktor publiziert, was ihm beides gute Bewerbungs- und Verhandlungschancen hinsichtlich einer weiteren Verbesserung seiner Ausstattung und seiner persönlichen Bezüge verschafft.

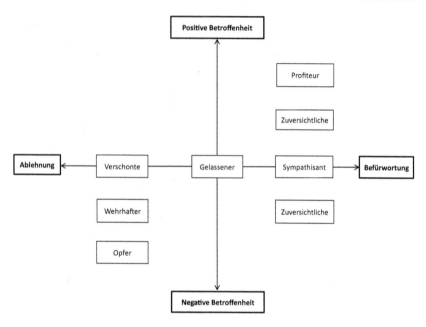

Abb. 5.2 Nähe und Ferne der Typen

Diese Überblicksskizze kann nun noch dadurch ergänzt werden, dass man sich die Typen in ihrer Nähe und Ferne zueinander vor Augen führt (Abb. 5.2).[4]

Deutlich wird, dass es zwei Teilkonstellationen von je drei Typen gibt:

- Die eine lehnt die Leistungsbewertungen in der Bewertungsdimension ab, ist aber in unterschiedlichem Maße von ihnen betroffen und hat einen unterschiedlich erfolgreichen Umgang mit ihnen gefunden: Die Verschonten sind selbst gar nicht betroffen; die Wehrhaften sind es, sehen aber Möglichkeiten, ihre

---

[4]Dass der linke obere Quadrant des Feldes nicht besetzt ist, liegt daran, dass man sich jemanden, der deutlichen persönlichen Nutzen aus den Reformen zieht, diese aber dezidiert ablehnt, nicht recht vorstellen kann. Es handelte sich in diesem Fall um einen Opportunisten, der ohne intrinsisches Interesse an Lehre und Forschung dennoch in einer der Tätigkeiten oder in beiden so erfolgreich – gemessen an den geltenden Leistungskriterien – ist, dass er sich ein hohes persönliches Einkommen und eine hohe Reputation erwirbt.

Interessen und ihre berufliche Identität hochzuhalten; und die Opfer sind noch stärker betroffen und müssen sich ohne effektive Gegenwehr beugen.

- Die andere Teilkonstellation ist sich in der Befürwortung der Leistungsbewertungen einig. Auch hier variieren das Ausmaß der Betroffenheit und der Erfolg im Umgang mit den Bewertungen: Die SympathisantInnen sind selbst gar nicht betroffen; die Zuversichtlichen sind betroffen und erhoffen sich zukünftig mehr Vorteile, als sie aktuell genießen; und die ProfiteurInnen genießen diese Vorteile schon jetzt. Die Zuversichtlichen können sich jedoch hinsichtlich ihres bisher aus den Reformen gezogenen Nutzens unterscheiden, sodass sie in beiden rechten Quadranten zu verorten sind. Denn zuversichtlich kann auch sein, wer Reformen befürwortet, obwohl sie für ihn bislang noch vor allem mit Nachteilen verbunden sind.

Der Gelassene befindet sich gewissermaßen am Nullpunkt beider Achsen. Er ist weder betroffen noch hat er eine Meinung zu den Leistungsbewertungen: Denn sie haben in seiner Einschätzung überhaupt keine Wirkungen, man braucht sich daher auch nicht um sie zu kümmern.

5.2 Die Typen im Einzelnen

Der idealtypische Charakter der sieben Typen ist offenkundig. Die analytische Unterscheidbarkeit geht auf verdichtende Zuspitzungen zurück. Reale Fälle entsprechen selten in all ihren Facetten ausschließlich einem dieser Typen, sondern können diesen höchstens danach zugeordnet werden, welches Muster der vier Dimensionen überwiegt. Gleichwohl lassen sich Fälle finden, die überwiegend einem und nur einem dieser Typen entsprechen. Sie illustrieren das jeweilige Deutungs- und Handlungsspektrum in besonders einprägsamer Weise und stehen daher als Ankerfälle jeweils am Anfang der im Folgenden präsentierten eingehenderen Porträts der sieben Typen. Es schließen sich bei jedem der Typen Abstufungen sowie eventuelle Untertypen an.

Wir beginnen unsere Porträtserie mit den beiden Extremen, die auch die in Kap. 2 dokumentierten medialen Auseinandersetzungen über das Reformgeschehen bestimmt haben: den ProfiteurInnen und den Opfern der Reformen. Es schließen sich die beiden Typen von Nicht-Betroffenen an: die SympathisantInnen und die Verschonten. In gewisser Weise als Zuspitzung der Verschonten folgen die Gelassenen. Am Ende stehen die beiden Typen, die – anders als Verschonte und SympathisantInnen – nicht bloß zuschauen, was die Reformen anderen bringen, sondern selbst betroffen sind und wie ProfiteurInnen

und Opfer Formen des Umgangs mit den Reformauswirkungen finden müssen:
die Wehrhaften, die noch keine Opfer sind, aber etwas tun müssen, um es nicht
zu werden, und die Zuversichtlichen, die noch keine ProfiteurInnen sind, aber
hoffen, es werden zu können.

5.2.1   ProfiteurInnen

Den Typ des Profiteurs zeichnet aus, dass er sich in positiver Weise von
Leistungsbewertungen betroffen sieht, da er diese grundsätzlich befürwortet und
sie zudem zu seinen Gunsten nutzen kann. Unsere Fälle zeigen, dass dieser Typ
vor allem bei ProfessorInnen zu finden ist, die die Einwerbung von Drittmitteln
als wichtige Voraussetzung für eine ‚gute' und wettbewerbsfähige Wissenschaft
– und nicht etwa als auferlegte Bedrohung eigener Qualitätsmaßstäbe – deuten.
Soweit bestätigt sich die wichtige Rolle, die dieses Leistungskriterium innerhalb
der organisationalen Bewertungsordnung spielt.

Die ProfiteurInnen nehmen ihren Nutzen allerdings nicht nur und manchmal
sogar weniger über individualisierte materielle Belohnungen durch Instrumente
wie die Leistungsorientierte Mittelverteilung (LOM) oder leistungsabhängige
Gehaltszulagen wahr. Wichtig können auch strukturelle Vorteile wie eine
privilegierte Ausstattung des ganzen Fachbereichs oder eine gute administrative
Unterstützung sein, wodurch seitens der Organisation die Handlungsspielräume
vergrößert werden, Forschung gemäß den eigenen Ansprüchen betreiben zu
können. Zudem spielt der individuelle Gewinn an Reputation und Anerkennung
keine unwichtige Rolle, der sich durch die Passung zwischen organisationalen
und subjektiven Bewertungsmaßstäben erhöhen kann und den ProfiteurInnen
einen ‚Pay Off' an sozialem oder symbolischem Kapital verschafft. Insofern verweisen die Fälle auch auf Grenzen solcher Steuerungsmodelle, die vor allem von
einer Anreizwirkung persönlicher materieller Vorteile ausgehen: ProfessorInnen
agieren eben nicht ausschließlich oder auch nur vorrangig als eigeninteressierte
Agenten, deren Interessen von den Prinzipalen durch Sanktionen oder Anreize in
die ‚richtige' Richtung gelenkt werden können.

Ein differenziertes Bild zeigt sich darüber hinaus mit Blick auf die Deutungen
der universitären Wandlungs- und Leistungsbewertungsprozesse. Während wir in
unserer Typologie davon ausgegangen sind, dass sich ProfiteurInnen vornehmlich
positiv äußern und somit auf eine Umsetzungs- oder Detailkritik beschränken,
zeigt das empirische Material eine etwas breitere Varianz. So findet sich neben
einer weitgehenden Zustimmung zu dem forcierten universitären Wettbewerb
und entsprechenden Bewertungsprozessen auch eine grundsätzlichere Kritik, die

sich etwa auf den wissenschaftspolitischen Anspruch bezieht, Universitäten ‚von außen' zu steuern und damit in die „eigenlogische[] Verfasstheit wissenschaftlichen Handelns" (Stock und Wernet 2005, S. 8) einzugreifen.

Ankerfall: „Großes bewegen können"
Am Fallbeispiel eines Hochfrequenztechnikers lässt sich der Typus in weitgehend idealtypischer Weise veranschaulichen. Der W3-Professor ist bereits seit längerem an der betreffenden Universität tätig und engagiert sich intensiv im Rahmen eines neu entstandenen Forschungsverbundes. Ohne dass er die wissenschaftspolitische Wettbewerbsforcierung und Einflussnahme unbedingt befürwortet, entsprechen die organisationalen Bewertungskriterien überwiegend seinen eigenen Vorstellungen ‚guter' und sinnstiftender Wissenschaft. So sind für ihn nicht nur Drittmittel eine selbstverständliche Voraussetzung seiner Forschungsarbeit, sondern auch Kooperationen mit Industriepartnern stellen ein positiv bestimmtes Moment dar. Ihm mache es „besonders Spaß, wenn die Forschung wirklich an Anwendungen andock[e]", wenn „man merk[e]", dass man etwas „damit bewegen" könne (TECH8).[5]

Aufgrund seiner Karrierestufe steht der Hochfrequenztechniker zwar nicht mehr unter dem Druck, sich erst noch innerhalb der organisationalen Bewertungsordnung bewähren zu müssen. Durch seine aktive Einbindung in die universitäre Verbundforschung gehören konkrete Leistungsziele und -bewertungen aber dennoch zu seinem beruflichen Alltag. Von individuellen Zielvereinbarungen war der Hochfrequenztechniker bisher nicht betroffen, obwohl er in Folge eines externen Rufes von der C- in die W-Besoldung wechselte. Da er aufgrund seines Standings – er sei „so lange schon da und Sprecher von allem möglichen Kram" gewesen – in den Bleibeverhandlungen eine „relativ starke Verhandlungsposition" hatte, konnte er von der größeren „Flexibilität des Präsidiums" profitieren, ohne auf bestimmte Ziele festgelegt zu werden. Der Hochfrequenztechniker kommt durchaus darauf zu sprechen, dass „junge Kollegen", die bei ihrer ersten Berufung solche Vereinbarungen abschließen müssten, die Bedingungen der W-Professur „vielleicht einen Tick anders" sähen. Er selbst sei mit seinem Wechsel jedoch „zufrieden" – auch wegen der „leistungsbezogene[n] Anteile",

---

[5] Hier zeigt sich eine Parallele zu Herrn Timme (TECH6, Kap. 4.1), der ebenfalls von einem „Bogen" von der Grundlagenforschung zur Anwendung ausgeht, also den Anspruch eines starken Praxisbezugs formuliert. Allerdings verbindet er diesen Anspruch an seine Forschung gerade mit dem Wunsch, im Rahmen seiner Arbeitsgruppe zu forschen und keine managementartige Rolle in größeren Verbundforschungsprojekten einzunehmen.

die durch seine anwendungsnahe Forschung „doch oft ins Spiel" kämen und ihm insofern einen manifesten materiellen Vorteil verschaffen.

Als exponierter Akteur innerhalb des Forschungsverbundes hat er gemeinsam mit weiteren beteiligten KollegInnen Verträge mit der Hochschulleitung geschlossen, in denen schriftlich fixiert wurde, dass für eine langfristige „Unterstützung des Präsidiums diese und jene Ziele […] erreicht werden" müssten. Der Hochfrequenztechniker nimmt diese Form der Verbindlichkeit jedoch nicht im Sinne einer negativen Betroffenheit von Kontrolle, sondern als legitime bzw. positive Form der Governance wahr:

> „Das Präsidium will draufschauen. Es investiert ja auch eine ganze Menge. Auch Ressourcen der Universität fließen in diesen Schwerpunkt, und ich möchte ja auch wissen, dass andere Schwerpunkte nicht einfach nur Geld kosten, sondern für die gesamte Universität wirklich was bringen. Das kann man nur, wenn man draufguckt und wenn man Governancestrukturen hat, die dann letztendlich an der Stelle zuschlagen. Und das ist völlig okay. […] Wenn das eine Forschungsrichtung ist, die nicht erfolgreich weitergeführt werden kann, dann sollte man das auch frühzeitig sagen. Es ist viel besser, frühzeitig darüber zu reden und Weichen zu stellen, als das weiterlaufen zu lassen und irgendwann festzustellen, dass die Gesamtuniversität ein Riesenproblem hat."

Er positioniert sich als Angehöriger ‚seiner' Universität und nicht als Wissenschaftler, der seine Autonomie gegenüber einer fachfremden Organisation verteidigen muss. Vielmehr geht er von gemeinsamen Interessen aus: Er sieht sich, aber auch die KollegInnen aus „andere[n] Schwerpunkte[n]", in der Verantwortung für die „Gesamtuniversität", die ihre begrenzten Ressourcen schließlich zielführend in die unterschiedlichen Forschungsbereiche „investieren" müsse. Die Deutung einer solchen Reziprozität zwischen Universität und WissenschaftlerInnen wird dadurch begünstigt, dass der Hochfrequenztechniker die Kommunikation seitens des Präsidiums als kooperativ wahrnimmt. So sei „da nicht nur der Präsident", der direktiv vorgebe, „‚Das möchte ich gerne und das wird jetzt gemacht'", sondern es handele sich um „eine sehr transparente" gemeinsame „Diskussion". Entsprechend lasse sich das Verhältnis zwischen ProfessorInnen und Hochschulleitung weniger über „irgendwelche Rechenschaftspflichten [beschreiben]. Die gucken nicht Excel-Listen durch und sagen: ‚Wer hat die meisten Drittmittel? Das machen wir jetzt.' So ist das ja nicht."

Wenn der Hochfrequenztechniker überhaupt eine Kritik an Berichts- und Rechenschaftspflichten äußert, bezieht er sich dabei auf die Förderinstitutionen. Problematisch seien nicht die inneruniversitären „Reporting-Pflichten". Im

Kontext größerer Projektanträge und deren Evaluation zeichne sich allerdings ein „behördliche[r] Wasserkopf" ab, der viel Zeit binde:

> „[D]er gute Wille von allen möglichen Institutionen, uns Geld zu geben über ein solches Evaluationsverfahren, das ist alles gut gemeint, aber es wird vielleicht oft vergessen, wie viel Aufwand tatsächlich vor Ort erzeugt wird im Schreiben gerade auch dieser Verbundanträge. Ich bin ja involviert. Ich meine, mich trifft das jetzt momentan auch besonders, aber diese Verbundanträge erzeugen einen Riesenrattenschwanz an Aufwand. Am Ende kommt hoffentlich Geld. Aber man darf das nicht übertreiben. Also die Zahl der Anträge pro Zeit darf auch nicht zu hoch werden, sonst wird es ineffizient."

Der Hochfrequenztechniker übt damit zwar keine grundsätzliche Kritik an Leistungsbewertungen, markiert aber eine Distanz zwischen der externen und der internen, fachlichen Perspektive: Der Aufwand, der „tatsächlich vor Ort erzeugt" werde und ab einem bestimmten Grad zu einer, wenn auch nicht intendierten, Ineffizienz führe, wird aus seiner Sicht zu wenig berücksichtigt.[6]

Mit der zuletzt genannten Kritik adressiert der Hochfrequenztechniker letztlich die wissenschaftspolitische Ebene und deren Entscheidung, die Ausstattung der Universitäten in stärkerem Maße an erfolgreiche Antrags- und Evaluationsverfahren zu knüpfen. Er zeichnet dabei kein Krisenszenario, in dem die Freiheit von Forschung und Lehre bereits gefährdet wäre. Gleichwohl betrachtet er die Wettbewerbs- und Outputsteuerung von Universitäten mittlerweile skeptischer:

> „Was Forschung angeht, glaube ich, sind wir noch sehr flexibel und insofern ist es noch im grünen Bereich. Aber ich denke, man sollte einerseits überlegen, […] dass die Universität einfach ein Biotop zur Verfügung gestellt bekommt, in dem sie sich entwickelt. Da muss die Politik aufpassen, dass sie das nicht zu sehr abgräbt und immer wieder Schläuche dran legt und sagt: ‚Jetzt musst du überall messen, was reingeht, und überall messen, was rausgeht.' Sondern, es muss schon zu einem gewissen Grad mal einfach nur Biotop sein. Das müssen wir uns erhalten."

Der Hochfrequenztechniker argumentiert in grundsätzlicherer Weise, indem er mit dem Begriff des „Biotops" das Spezifikum einer freieren universitären Wissenschaft gegenüber ihrer zu starken Vermessung verteidigt. Er teilt damit

---

[6] Diese Wahrnehmung wird in mehreren Befragungsstudien bestätigt, die u. a. einen Anstieg von Berichtspflichten im Zeitbudget der ProfessorInnen zuungunsten der für Forschung und Lehre verfügbaren Zeit verzeichnen (IfD 2016; Pasternack et al. 2018, S. 195–228; Petersen 2020, S. 195/196).

zwar nicht die Ökonomisierungskritik von dezidierten ReformgegnerInnen.
„Zu einem gewissen Grad" solle man jedoch wieder verstärkt den
WissenschaftlerInnen „vor Ort" vertrauen, die „schon wüssten, was sie tun":

> „Infrastruktur zur Verfügung stellen und dann einfach mal machen lassen. Völlig
> okay. Nicht zu viel messen, nicht zu viel rückmelden, sondern Verantwortung
> auf die Leute verlagern, die es vor Ort auch wirklich machen, und die Eigenver-
> antwortung stärken."

Auch die von Bund und Ländern geförderten Forschungsformate und
-programme sieht er dahin gehend nicht unkritisch. Über die „Exzellenzinitiative"
oder Ausschreibungen greife die Politik „natürlich" schon in die Arbeit von
WissenschaftlerInnen ein, indem sie „eine gewisse Richtung" vorgebe:

> „Wir haben hier Ausschreibungen: ‚Nachhaltige Forschung' und, und, und, immer
> diese Stichworte, […]. Dann rennt man los und überlegt, wer dazu passen könnte.
> Und dann rennt man los und hat einen Verbund und schreibt einen Antrag und, und,
> und. Das sind eigentlich alles Themen, die an der Realität ein bisschen vorbeigehen,
> weil ich ja letztlich das Forschungsthema weiß: Das will ich vorantreiben."

Der Hochfrequenztechniker kommt im Kontext solcher Verbundformate auch auf
den „Teufelskreis" einer Vervielfältigung von Anträgen und damit erneut auf die
Gefahr wachsender Ineffizienz zu sprechen. Darüber hinaus geht es ihm jedoch
ebenso um die inhaltliche Einflussnahme durch vorgegebene „Stichworte", an
denen sich die beteiligten ProfessorInnen orientierten, obwohl sie eigentlich ihre
eigenen Forschungsthemen hätten.[7] Verbundformate stehen für ihn damit nicht
generell im Widerspruch zu seinen Vorstellungen ‚guter' Forschung. Er plädiert
aber zum einen dafür, sich auch bei der Bewertung jeweils „detaillierter an[zu]
schauen", ob kleinere oder größere Projekte besser zu den Forschungsthemen
passten, und zum anderen für Kooperationen, die tatsächlich durch gemeinsame

---

[7] Dieses Spannungsverhältnis ist in der Wissenschaftssoziologie mehrfach zum Anlass
genommen worden, die Effekte der Forschungsförderung auf die Forschungsinhalte zu
untersuchen. Auch wenn die Befunde in Abhängigkeit von länderspezifischen Förder-
politiken, Disziplinen und Karrierephasen unterschiedlich ausfallen, zeigt sich, dass
die Auswirkungen der Erwartungen der Mittelgeber durchaus über ein „window
dressing" (Gläser und Laudel 2016, S. 125) hinausgehen. Eine sowohl länder- als auch
disziplinenvergleichende Untersuchung findet sich etwa bei Liudvika Leišytė et al. (2010),
ein Vergleich deutscher und australischer PhysikerInnen bei Grit Laudel (2006).

Interessen und Ziele zustande kommen: Sonderforschungsbereiche (SFB) seien in dieser Hinsicht ein „wichtiges, auch langfristiges Medium" der Förderung.

Wie sich bereits andeutete, bewertet der Hochfrequenztechniker die lokale Umsetzung neuer Governanceprozesse an seiner Universität als positiv. Die Hochschulleitung passe sich zwar an den forcierten Wettbewerb an, sodass im Sinne der „Außenwirkung" und des universitären Standings „Forschung das A und O" sei. Sie agiere dabei aber nicht über top-down-Prozesse, sondern über gemeinsam mit FachvertreterInnen geführte „strategische Diskussionen":

> „Man diskutiert und versucht immer auch strategische Entscheidungen zu treffen: Was passt in die Region? Was hilft allen Fakultäten? Wo können verschiedene Fakultäten zusammenarbeiten, um Forschungsverbünde zu kreieren? Um dann auch erfolgreich zu sein in der ‚Exzellenzinitiative' von Bund und Land, die dann irgendwann 2019 wieder aufschlagen wird."

Er erweitert insofern das positive Urteil, das er bereits mit Blick auf die Zusammenarbeit in dem aktuellen Forschungsverbund gefällt hatte. Dass die Universitätsleitung das Ziel einer Beteiligung an wettbewerbsfähigen Formaten voraussetzt, hält er für legitim, sofern die WissenschaftlerInnen einbezogen und die Interessen des Gesamtsystems – „alle[r] Fakultäten" – berücksichtigt werden. Er akzeptiert damit den Akteurstatus, den die Universitäten als Organisation inzwischen gewonnen haben, und billigt diesem Akteur bestimmte Interessen zu.

Auch wenn er den Fokus in seiner aktuellen beruflichen Phase vor allem auf die Forschung richtet, befürwortet der Hochfrequenztechniker ebenso Instrumente, die dem Ziel der Verbesserung universitärer Lehre dienen. Allerdings differenziert er zwischen den etablierten Lehrevaluationsverfahren und dem kürzlich eingeführten Lehrpreis. Letzteren sieht er kritisch, da es sich aus seiner Sicht um kein ernsthaftes Bewertungsinstrument handele. Da mit Lehrpreisen vor allem der „Spaß-Charakter" von Lehrveranstaltungen honoriert werde, träten die eigentlich zentralen Lehrziele zu sehr in den Hintergrund:

> „Ich meine, wir machen Lehre, um Informationen zu vermitteln. Die müssen was lernen, die müssen was wissen danach. […] Da gibt es Beispiele, wo ganz viel arrangiert wird außen herum, um einen Lehrerfolg ein bisschen höher zu machen. Aber letztendlich sind wir hier nicht im Kindergarten. Wir müssen nicht tanzen und spielen und pfeifen, um irgendwelche Lehrinhalte zu vermitteln, […] sondern es muss ernsthaft sein, es muss professionell sein. […] Ich denke, da gehen Ressourcen vielleicht ein bisschen am Ziel vorbei an der Stelle."

Dem Anspruch an Professionalität werden für ihn hingegen die Lehrevaluationen stärker gerecht. Diese hält er für eine wichtige und „gute Rückmeldung" nicht nur für die Lehrenden, sondern auch für die „Universität als Ganze", da über die Ergebnisse der Einblick in einen Bereich ermöglicht werde, in den man „normalerweise nicht reinschauen" könne. Der Hochfrequenztechniker spricht hier auch als ehemaliger Studiendekan, der in dieser Funktion mit den Ergebnissen seiner KollegInnen vertraut war und es gerade auch wichtig fand, die wenigen negativen „Ausreißer" über dieses Instrument „identifizieren" zu können:

> „Es reicht ja schon, wenn der Kollege merkt, es wird wahrgenommen, dass die Evaluation vorliegt. Alleine die Tatsache, dass sie vorliegt, ist ja schon mal ein Zeichen in die richtige Richtung."

Insofern verteidigt er die Autonomie von ProfessorInnen hier weder gegen ein studentisches Urteil noch gegen eine Kontrolle durch die Organisation. Es sei vielmehr wichtig, dass „nicht einfach" – wie dies früher der Fall gewesen sei – „anonym irgendwelcher Unterricht gehalten" werde. Die Lehrevaluation stellt insofern eine gewisse, aus Sicht des Hochfrequenztechnikers legitime ‚Disziplinierung' des Handelns der Lehrenden sicher.[8]

Trotz einiger Kritikpunkte, mit denen sich der Hochfrequenztechniker auch grundsätzlicher auf die wissenschaftspolitische Ebene bezieht, kann er sich die organisationalen Leistungsziele und -bewertungen mehrheitlich positiv zu Eigen machen. Zu einer gewissen Selbstverpflichtung, auch im Sinne der „Gesamtuniversität" zu handeln, kommt bei ihm entscheidend hinzu, dass gerade die Qualitätsmaßstäbe in der Forschung seinem eigenen Ziel entsprechen, etwas zu „bewegen".

Wichtig ist, dass seine exponierte Rolle in dem von der Hochschulleitung unterstützten Forschungsverbund ihm diesbezüglich neue Handlungsspielräume bietet. Denn gerade diese lassen ihn derzeit zu einem Profiteur werden. Der Hochfrequenztechniker spricht zwar auch seinen Verantwortungs- und Leistungsdruck an: Er hätte „natürlich irgendwie ein Problem", wenn am Ende nur „ganz

---

[8] Solche befürwortenden Äußerungen haben wir, zumindest mit Blick auf die Lehre, durchaus öfter gehört. Evaluationen kommt dann die Funktion einer „Disziplinartechnologie" (Foucault 1994) zu, wenn es im Wissen über dieses Beobachtet-werden zu einer Internalisierung der Überwachung kommt: Man überwacht sich selbst und richtet sein Handeln an entsprechenden Verhaltenserwartungen aus.

wenig Projekte und auch wenig Veröffentlichungen" entstehen würden. Die folgende Äußerung zeigt aber deutlich, dass er es in seiner aktuellen Karrierephase vor allem als positive Herausforderung wahrnimmt, innerhalb dieses groß angelegten Rahmens zu agieren:

> „Momentan macht es mir Spaß, weil man das Gefühl hat, etwas Großes bewegen zu können. Also wenn da drüben mal ein Forschungsbau für [x] Millionen Euro steht, ist das schon schön. Und hier dann ein nicht ganz so kleines Rädchen im Getriebe gewesen zu sein: Das macht Spaß."

Während er als „kleines Rädchen" nur weiterhin zum Funktionieren des universitären „Getriebe[s]" beitragen könne, biete der Forschungsverbund die Möglichkeit, auf einem anderen Level etwas zu „bewegen" – nämlich zu einer langfristigen und sichtbaren Veränderung der Forschungsbedingungen und -strukturen vor Ort beizutragen.

Zudem nimmt der Hochfrequenztechniker auch die grenzüberschreitende Rolle zwischen Fachbereich, Präsidium, Kooperationspartnern und Ministerium als Chance wahr, „ein bisschen" von dem professoralen Alltag „wegzukommen". Unabhängig davon, dass er letztlich unsicher ist, ob ihm eine Position „in den höheren Sphären" des Wissenschaftsmanagements und in großer Distanz zu den Forschungsprozessen seiner Arbeitsgruppe „dauerhaft Spaß machen" würde, eröffnen sich für ihn damit Karriereoptionen jenseits seiner W-Professur, die er für sich abwägen kann. So wie bereits seine Entscheidung für die Beteiligung an dem Forschungsverbund nicht aufgrund eines Anpassungsdrucks erfolgte, wie es bei jüngeren ProfessorInnen teilweise der Fall sei, so sieht der Hochfrequenztechniker im Gegenzug auch „die Freiheit", sich wieder auf ein kleineres Kernteam am Fachbereich zurückzuziehen:

> „[D]a wäre der Präsident mal eine Weile böse [...]. Dann würde er wahrscheinlich nicht mich anrufen, sondern jemand anderen, aber das wäre letztlich okay. Also man kann das durchsetzen für sich, überhaupt keine Frage. Wobei dann Doktoranden nicht weiterfinanziert werden und, und, und. Es hätte schon einen großen Impact. Man muss dann genau überlegen, wie man runterfährt, wie man das macht. Aber das kann man ganz sicher machen."

Sein Beispiel bestätigt, dass nicht unbedingt individuelle materielle Vorteile darüber entscheiden, ob jemand zu den ProfiteurInnen gehört. Der Hochfrequenztechniker profitiert durch seine anwendungsnahe Forschung als W-Professor zwar auch von persönlichen Zulagen. Vor allem aber gewinnt er über seine wichtige Rolle in dem von der Universitätsleitung geförderten und anerkannten

Forschungsverbund an sozialem und symbolischem Kapital: Er verfügt über neue informelle Kontakte, gehört zu den zentralen Ansprechpartnern des Präsidenten und wird als Professor wahrgenommen, der einen wichtigen Beitrag für die Sichtbarkeit der Universität leistet. Seine Vorstellungen davon, wie ‚gute' Arbeit – und damit auch seine berufliche Identität – auszusehen hat, werden auf diesem Wege nicht nur materiell, sondern vor allem auch sozial bestätigt.[9]

Weitere Fälle

Bei den nächsten beiden Fallbeispielen handelt es sich um Professoren, die zwar noch keinen vergleichbaren Statusgewinn erreicht haben, die organisationale Governance und Bewertungsordnung für sich aber dennoch mit konkreten Vorteilen verbinden können. An ihnen lassen sich zwei Beobachtungen verdeutlichen Aspekte: erstens, dass die Karrierestufe für die subjektive Erfahrung der Leistungsbewertungen insofern relevant ist, als gerade jüngere ProfessorInnen mit ihnen einen Reputationsgewinn verbinden können. Sie befinden sich gewissermaßen in einer Übergangsphase, weshalb sie von der universitären Leistungsbewertung noch nicht derart profitieren können wie der Hochfrequenztechniker. Dieser Aspekt kommt auch bei den Zuversichtlichen zum Tragen. Obgleich ihre Situation oftmals ambivalenter ist, sind also Parallelen zu diesem Typus vorhanden. Zweitens verdeutlichen die beiden Fälle, dass und inwiefern die berufliche Sozialisation eine Identifikation mit den organisationalen Zielen in besonderer Weise befördern kann.

So nimmt ein Nachrichtentechniker die organisationalen Leistungsmaßstäbe und -bewertungen als positive Herausforderung und weitgehende Bestätigung seiner Selbstansprüche wahr. Ähnlich wie der Hochfrequenztechniker betont er zunächst, dass „die Idee ihren Weg gehen" müsse und „nicht nur auf Papier bleiben" dürfe, womit er sein Forschungsethos explizit über einen Anwendungsbezug

---

[9] Durch diese ‚doppelte' Bestätigung ergibt sich für den Profiteur eine harmonische Auflösung dessen, was für andere ein Spannungsverhältnis darstellt: weil in seinem Fall Karriereerfolg nicht zuletzt ein Beweis sozialer Anerkennung ist. Demgegenüber hat Hildegard Matthies (2015 – Zitate S. 204) in ihrer Untersuchung wissenschaftlicher Karriereorientierungen das Spannungsverhältnis zwischen dem Wunsch nach sozialer Anerkennung und Karriereerwartungen eingehender betrachtet und die Parallelität widerständiger und sich anpassender Praktiken im „Kampf um Anerkennung" identifiziert. WissenschaftlerInnen bedienten „notgedrungen" spezifische Karriereerwartungen, auch wenn diese nicht den eigenen Überzeugungen entsprachen, während sie sich zugleich mittels widerständiger Praktiken ihrer „spezifische[n] Eigenheit und Authentitizität" versicherten. Dieses für den zitierten Hochfrequenztechniker nicht existierende Spannungsverhältnis werden wir noch bei mehreren anderen Fällen ansprechen.

definiert (TECH2). Da sich seine Forschungsziele nur über Drittmittel und über Kooperationen – auch mit Industriepartnern – realisieren ließen, deutet der Nachrichtentechniker Projektanträge im Sinne von „Hausaufgaben", die unabhängig von der organisationalen Bewertungsordnung zu erledigen seien, um „die wahren Dinge nachher wirklich voranzubringen".

Seine Zustimmung zu den wissenschaftspolitischen und organisationalen Bewertungsmaßstäben reicht jedoch noch weiter. Während der Professor für Hochfrequenztechnik zumindest von einem potenziellen Spannungsverhältnis zwischen einem universitär verankerten „Biotop" und Wettbewerbsformaten wie der „Exzellenzinitiative" ausgeht, folgt der Nachrichtentechniker mit seiner Perspektive weitgehend einem Managementmodell (Meier 2009, S. 222–233). So sei „klar", dass „die Uni" sich auch „vermarkten" und im Sinne ihres „Marketings" eigene Forschungsschwerpunkte im Wettbewerb behaupten müsse. Diese Bewertung steht in einem engen Zusammenhang mit seiner beruflichen Sozialisation. Er war vor seiner Professur lange Jahre bei Technologiekonzernen beschäftigt, was sich in seinen Deutungen und der von ihm verwendeten Semantik widerspiegelt. Man könne zwar auch kritisch über einzelne „Umstrukturierungen" diskutieren, letztlich sei „das Schlimmste" jedoch „Stillstand":

„[I]ch meine, wir sind alle […] in einer hochdynamischen Welt. Die Richtungen ändern sich. Dann ergibt es auch manchmal keinen Sinn mehr, an etwas Altem festzuhalten bloß des Prinzips wegen, sondern man muss halt hier und da umstrukturieren, um auch wieder für das Neue gewappnet zu sein."

Nicht nur die ProfessorInnen, sondern auch „die Verwaltung und das Ganze, die Infrastruktur drum rum" müssten sich an die neuen Herausforderungen „anpassen", jeder müsse sich „ein bisschen bewegen". Der Nachrichtentechniker legt dahin gehend die Idee eines Change Management zugrunde, bei dem jede organisationale Einheit ihren Beitrag leisten und sich möglichst mit den übergeordneten Zielen identifizieren sollte. Eine Parallelisierung des unternehmerischen und universitären Handlungskontextes zeigt sich noch deutlicher, wenn er sein eigenes berufliches Selbstverständnis beschreibt. Zwar hatte auch der Professor für Hochfrequenztechnik das Interesse der „Gesamtuniversität" (TECH8) im Blick. Der Nachrichtentechniker positioniert sich aber explizit im Sinne eines Arbeitnehmers, der wie zuvor für seine Firma nun etwas für seine Universität zu leisten habe:

„Ich sehe mich jetzt nicht in meiner Autonomie irgendwo wirklich großartig eingeschränkt oder mehr rechenschaftspflichtig, weil ich da ganz pragmatisch bin. [...]
Wenn man mal in den Firmen unterwegs war, hat man irgendwo vielleicht auch eher
so den Typus ,Ich gehöre zu dieser Firma und ich tue was für die Firma.' Und so
ist es auch hier mit der Universität. [...] Ich muss mich auch so einbringen, dass
die Universität was davon irgendwo hat, und das ist eine Art, nicht blindes Pflicht-
bewusstsein, sondern ich will aktiv versuchen, im Rahmen der Zeit, die ich habe, es
bestmöglich zu machen. Ich sehe es nicht als Pflicht, sondern ich sehe das eher als
Wunsch, das zu tun." (TECH2)

Durch seine Erfahrungen in der Industrie rahmt er sein Verhältnis zur Universität
ähnlich wie das eines loyalen Angestellten, der sich „bestmöglich" und „aktiv" im
Sinne der Unternehmensziele in den Arbeitsprozess einbringen möchte. Er ist, im
Weltbild des „New Public Management" (NPM), derjenige Agent, den man gerne
hätte, aber nur selten vorfindet. Wären alle so, bedürfte es keines NPM.

Was lässt den Nachrichtentechniker darüber hinaus aber zu einem Profiteur
werden? Eine Rolle spielt seine frühere Tätigkeit in Wirtschaftsunternehmen,
da er die Universität schon aufgrund des Vergleichs mit den Bedingungen in der
Industrie als Handlungsfeld wahrnimmt, von dem er bei seiner wissenschaftlichen Arbeit profitieren kann. In den Forschungsabteilungen sei er trotz leitender
Position immer abhängig von den marktstrategischen Entscheidungen der Unter-
nehmensführung geblieben und habe erlebt, dass bereits „aufgesetzt[e]" Projekte
wieder „von oben" gestoppt wurden. Demgegenüber verfüge er als Professor
über eine größere Autonomie und Planungssicherheit, ohne den für ihn wichtigen
Anwendungsbezug zu verlieren. Auch die seitens der Universitätsleitung forcierte
Verbundforschung und Profilbildung stellt für den Nachrichtentechniker eine
positive „Herausforderung" dar, die sich für ihn mit einem inhaltlich bestimmten
,Pay Off' verbindet. Durch den neu etablierten Wissenschaftsschwerpunkt werde
man „angeschoben", sich mit KollegInnen anderer Fachgebiete zusammenzu-
setzen, was er „extrem gut" finde. Auf diese Weise lerne man „die andere Welt
besser kennen" und könne Schnittmengen für „gemeinsame Kooperationsprojekte
evaluieren", die andernfalls nicht zustande gekommen wären:

„Natürlich ist mir das bewusst: Die Elektrotechnik ist so eine Art Basistechnologie,
die viele Anwendungen anfeuert. Industrie oder auch Robotik oder auch, wenn Sie
sich mit Kognitionswissenschaftlern unterhalten, die brauchen unsere Systeme,
damit sie diese Dinge tun können, die sie tun. Das heißt, wir dienen auch als, ich
will nicht sagen Zulieferer, das wäre mir jetzt wieder zu negativ, aber als jemand,
der vielleicht seine Innovation auch einbringen kann, um die Dinge dort voranzubringen. Und das ist etwas, was ich zu einer Profilbildung beitragen kann und auch
will."

Anders als der Hochfrequenztechniker nimmt er im Kontext des Forschungs-
schwerpunktes zwar keine exponierte Position mit einem vergleichbaren sozialen
und symbolischen Kapital ein. Die Äußerung zeigt aber, dass der Nachrichtentechniker es für sich als „große[n] Mehrwert" wahrnimmt, den eigenen fachlichen Nutzen für andere Disziplinen einschätzen und innerhalb des universitären
Rahmens einen innovativen Beitrag leisten zu können.

Eine Ambivalenz zeigt sich bei ihm einzig in Bezug auf die hohe
organisationale Wertschätzung von SFBs, deren Laufzeit nur bedingt zu seiner an
der Beschleunigung der Informations- und Kommunikationstechnik orientierten
Forschungsarbeit passe: In „zwölf Jahren" habe „die Industrie den neuen
Standard schon zweimal draußen", sodass er mit seinem Team eher „mit vielen
kleinen DFG-Projekten agieren" müsse. Der Nachrichtentechniker lehnt damit
zwar das organisationale Leistungskriterium SFB nicht ab, wünscht sich an dieser
Stelle aber eine „differenziertere Sichtweise" und Anerkennung seitens der Universitätsleitung. Abgesehen von diesem Punkt überwiegt bei ihm eine deutliche
Parallelisierung eigener und organisationaler Interessen, zumal er den Rektor
wie auch den Kanzler seiner Universität als Akteure wahrnimmt, die sich aktiv
engagierten, um die Forschungsbedingungen vor Ort – auch die Dienstleistungs-
qualität der Verwaltung – weiter zu verbessern und damit wettbewerbsfähiger zu
gestalten.

Dass die lokalen Forschungsbedingungen ein wichtiger Aspekt der Reformerfahrungen sind, zeigt sich auch am Beispiel eines Zellbiologen, der sich gerade
in dieser Hinsicht als Profiteur sieht. Anders als der Nachrichtentechniker geht er
nicht von dem Vergleich mit der Industrie, sondern von Unterschieden zwischen
den Universitäten aus. Da er derzeit in einem „reiche[n] Bundesland" tätig und an
seiner Universität „der Stellenwert" der Lebenswissenschaften „riesengroß" sei,
verfüge er über eine weit bessere Ausstattung als an früheren Standorten:

> „Bei mir persönlich bleibt da nicht so viel hängen. ((lacht)) Ich bin aber ein Teil des
> Ganzen und profitiere natürlich schon davon, dass wir hier diese neuen Räumlich-
> keiten haben, und von der Ausstattung und so was […]." (BIO11)

Der Zellbiologe erwähnt zwar, dass er kaum individuelle Vorteile aus
Instrumenten wie Leistungszulagen oder der LOM ziehen könne. Dies ist für ihn
aber insofern nachrangig, als er von einer Infrastruktur profitiert, die für seine
Forschungsarbeit per se wichtig ist und derzeit noch an Bedeutung gewinnt.
Denn nachdem er einige Jahre – unter anderem als Studiendekan – „seinen
Dienst" für die Fakultät geleistet habe, möchte er sich nun wieder mehr auf seine
Forschung und wissenschaftliche Reputation konzentrieren. Auch weil er „ein

bisschen älter" sei, sich also in einer fortgeschrittenen Karrierephase befinde, verfolge er jetzt verstärkt das Ziel, sich „auch deutschlandweit" durch eine Forschungsgruppe oder einen SFB zu „positionieren". Dahin gehend passt die organisationale „Erwartungshaltung", sich vor allem in der Forschung und möglichst über Verbundformate zu profilieren. Mehr noch, der Zellbiologe sieht sich explizit „sehr professionell" durch entsprechende administrative Stellen und die Universitätsleitung unterstützt:

> „Das ist jetzt nicht mehr so, dass jeder da an seinem Ding alleine sitzt und dann versucht, einen guten Antrag auszubrüten. Sondern gerade für die großen Verbundanträge ist eine sehr gute Unterstützung da. [...] Also Leute, die sich um nichts anderes kümmern als um BMBF-Anträge oder EU-Anträge und die auch wirklich [Bescheid] wissen."

Während er früher eine Administration erlebt habe, bei der man „als Professor zu Kreuze kriechen" musste, könne er nun von einer Verwaltung profitieren, die sich nicht mehr als „gewerkschaftlich organisierter Selbstzweck" begreife. Dass die Universität vor allem „strategisch" zugunsten ihrer Wettbewerbsposition agiere, ist für ihn angesichts des wechselseitigen Nutzens kein kritikwürdiger Punkt. Zumal er nach wie vor „sein eigener Herr" sein könne, der sich trotz eines starken Präsidiums nicht „verbiegen" müsse. Obgleich es einen „Druck von außen" durchaus gebe, da man „natürlich [...] Drittmittel einwerben [müsse]", verfüge er bei seiner Tätigkeit über hinreichende Freiräume.

Bei der Wahl seiner Projekte und Beteiligungen an Verbundforschung sei es ihm weiterhin möglich, die „Gratwanderung" zwischen fachlichem Interesse und Erfolgsdruck in seinem Sinne zu bestreiten. Auch der Zellbiologe betont die inhaltlich bestimmten Vorteile von Forschungsgruppen oder SFBs. So erhöhe sich in solchen Formaten die Chance, gemeinsam „etwas Allgemeingültiges auf die Beine zu stellen" – zu einer bleibenden Antwort auf eine bestimmte Forschungsfrage zu gelangen:

> „Im Idealfall kommt sie in so ein Lehrbuch rein, oder, wenn man so ein Kapitelchen im Lehrbuch hat, das ist schon mal was, wo man das Gefühl hat: ‚Dafür leben wir', ((lacht)) dass da was bleibt. Das ist, glaube ich, die Triebkraft bei dem Ganzen."

Darüber hinaus spricht er den möglichen Profit an, sich durch ein Fellowship ganz von seinen universitären Verpflichtungen „befreien" zu können. Dauerhaft möchte er zwar für sich keine „Trennung von Lehre und Forschung". Eine „Auszeit für ein halbes Jahr" sähe er hingegen als einen Vorteil, um den er sich

zukünftig bemühen wolle. Während der Nachrichtentechniker seine Motivation
vor allem darin sieht, einen Beitrag für ‚seine' Universität zu leisten, orientiert
sich der Zellbiologe in seiner aktuellen Karrierephase stärker an seinem eigenen
„Fortkommen", zu dem auch größere zeitliche Freiräume für die Forschungsarbeit gehörten. Mit der partiellen Befreiung von der Lehre thematisiert er einen
wichtigen immateriellen Vorteil, von dem ProfessorInnen profitieren können, die
viele Drittmittel einwerben oder sich an Verbundformaten beteiligen.

In den Naturwissenschaften lässt sich die zeitliche Belastung durch
die Lehre häufiger durch das Delegieren von Aufgaben – etwa die Durchführung von Laborpraktika – an die DoktorandInnen oder AssistentInnen
reduzieren. Gerade im Falle eines hohen Drittmittelaufkommens und entsprechend vieler Mitarbeitender sind ProfessorInnen in der Lage, im Sinne
von LehrstuhlmanagerInnen zu agieren und sich selbst auf Aufgaben zu
konzentrieren, die weitere Antrags- und Forschungserfolge befördern. So
resümiert ein anderer Zellbiologe etwa, „die Lehre auf viele, auf mehr Schultern
verteilen" zu können und dadurch Zeit „für Forschung, für Drittmitteleinwerbung
und so weiter", aber auch für die Übernahme besonders sichtbarer prestige-
trächtiger Ämter, „wie Präsident von einer Society", zu gewinnen, die im Gegenzug „sehr gut [...] für den Standort, für die Gruppe, für die Forschung" seien
(BIO10). In diesem Sinne deutet dieser Zellbiologe die Forschungsleistungen
auch als eine Art normative Verpflichtung seiner KollegInnen. Er äußert sich
zwar durchaus positiv über ProfessorInnen seiner Fakultät, die sich stark für ihre
Studierenden engagierten. In ihrer Rolle als Lehrende würde er für sie ganz klar
seine „Hand ins Feuer legen". Zugleich zeigt sich der Zellbiologe aber darüber
„enttäuscht", dass einige jener ProfessorInnen „keine Drittmittel" hätten. Da
die Forschungsleistungen sowohl für das Renommee als auch die Höhe der
leistungsorientierten Mittel des „Standortes" entscheidender seien, erwartet er
von den betreffenden KollegInnen letztlich eine Anpassung. Auch in anderen
Disziplinen wie dem Strafrecht oder der Germanistik spielen Freistellungen
oder Lehrdeputatsreduktionen, die für ein besonderes Engagement in der Drittmittelforschung gewährt werden, eine wichtige Rolle. Zu den Profiteuren einer
solchen Befreiung von der Lehre zählt ein Strafrechtsprofessor, der an einem
internationalen Kooperationsprojekt beteiligt ist. Da es sich um eine „Riesensache" handele, die seine Präsenz an verschiedenen Standorten erfordere, sei er
„für zwei Semester freigestellt" worden (JUR5). Ohne einen „Vertreter", der die
Lehre für ihn übernehme, könne Drittmittelforschung in diesem Umfang nicht
funktionieren:

„Mein Tag hat auch nur 24 Stunden. Ich kann den nicht verdoppeln. [...] Man
braucht eine Fakultät, die das auch mitträgt, die eine gewisse Akzeptanz mit-
bringt, dass diese Art von Forschung durch andere Dinge, im zeitlichen Rahmen,
kompensiert wird, und das hab ich, glaube ich. [...] Das muss ja alles kommuniziert
werden und das muss auch jeder mitmachen, und da habe ich keine Probleme
gesehen."

Die letzte Äußerung zeigt zugleich, dass eine solche Befreiung von der Lehre
ebenso im Kontext der jeweiligen Fakultät gesehen werden muss und das Verhältnis zwischen den KollegInnen mitbetrifft. Der Strafrechtler markiert explizit, auch
von einer „gewisse[n] Akzeptanz" und der kollegialen Bereitschaft zu profitieren,
während seiner Abwesenheit Aufgaben zu übernehmen, die über die Lehre hinausgehen. Wie sich noch zeigen wird, können die betreffenden ProfessorInnen dies
durchaus als Degradierung ihrer Personen zu „Locals" (Merton 1949; Gouldner
1957) wahrnehmen, die wenig Anerkennung findende Mehrarbeit leisten. Für
den Strafrechtler verbinden sich insofern mehrere Vorteile: Die Möglichkeit, so
„umfangreich wie noch nie" seinen Forschungsinteressen nachgehen zu können,
und die Reputation eines „Cosmopolitan", der einen besonderen Beitrag für die
Außenwirkung der Universität leistet.

Wenn man allerdings seine Deutungen der universitären Leistungskriterien und
-bewertungen näher betrachtet, handelt es sich bei dem Strafrechtler letztlich um
einen ambivalenten Profiteur, da seine Kritik vergleichsweise weit reicht. Ein wesentlicher Grund hierfür ist seine fachliche Verortung. Denn obgleich er sich mit seinem
groß angelegten Drittmittelprojekt von vielen seiner KollegInnen unterscheidet, die
sich stärker als Individualforschende verstehen, sieht auch er deutliche Grenzen der
Übertragbarkeit quantifizierender Leistungskriterien auf seine Disziplin. So hält er
neben bestimmten Promotionsquoten auch die Zahl der Publikationen für ein „ganz
gefährliches Instrument" der Leistungsbewertung, weil dieses dazu führen könne,

„dass Sie in low class Journals irgendwelche Kurzbeiträge auf niedrigstem Niveau
im Akkord rausschießen. Dann haben Sie 200 Publikationen, und das soll dann
Qualität sein. Das halte ich für völlig fatal. Man kann eben eine Idee in einer
Wissenschaft wie der unseren schlecht messen. Das ist eben nicht wie in der
Mathematik, dass Sie irgendwas noch beweisen können. Das ist schwierig bei uns."

Der Strafrechtler verteidigt insofern auch von ihm geteilte Qualitätsmaßstäbe
gegenüber der universitären Tendenz, „alle Fächer über einen Kamm zu
scheren". Mit Instrumenten wie der LOM würden zudem nicht nur disziplinäre
Unterschiede, sondern ebenso Differenzen zwischen den ProfessorInnen des-
selben Faches zu wenig berücksichtigt: Es „müsse" neben projektaffinen
WissenschaftlerInnen wie ihm „auch solche geben, die allein am Schreibtisch
sitzen und forschen".

Damit drückt er einerseits eine grundsätzliche Akzeptanz unterschiedlicher Forschertypen aus. Zugleich sieht der Strafrechtler durch die LOM-Kriterien aber auch drohende Nachteile für seine eigene Ausstattung. So werde er, so seine Prognose, demnächst „das erste Mal spüren", Teil eines Fachbereiches zu sein, der den forcierten Leistungskriterien nicht im selben Maße wie andere – etwa naturwissenschaftliche Abteilungen – entspreche:

> „[N]icht in meinem persönlichen Gehalt, sondern an dem, was hier reinfließt, [...] dass es weniger wird, und das kann man nur auffangen, indem man, weil die Universität die Grundversorgung nicht mehr sichern kann, Projekte macht. Was schlecht, aber eben so ist."

Das letzte Beispiel spiegelt somit auch die Bedeutung der Disziplin für den Typus der ProfiteurInnen wider. Eine stärker leistungsabhängige Mittelzuweisung ist für Natur- und Ingenieurwissenschaftler unproblematischer, da die Drittmittelstärke eine größere Unabhängigkeit von der Ausgestaltung der LOM ermöglicht. Zudem zeigt sich in diesen Disziplinen eine größere Passung der Leistungskriterien. Während sich der Strafrechtler möglicherweise im weiteren zeitlichen Verlauf zu einem partiell Wehrhaften – um nicht Reformopfer zu werden – hin entwickeln könnte, ist bei den übrigen ProfiteurInnen keine solche Entwicklung zu vermuten. Wahrscheinlicher wäre ein Übergang in Richtung der SympathisantInnen, wenn etwa ein Rückzug aus dem Engagement ‚in erster Reihe' erfolgt und die Betroffenheit durch Leistungsbewertungen geringer wird.

Anhand der Profiteure lässt sich schließlich der starke Fokus auf die Forschungsleistungen aufzeigen, der nach wie vor bestimmend ist, während die Bewertung der Lehrleistungen als weniger folgenreich erachtet wird. Im Gegenzug bedeutet dies, dass ProfessorInnen, die etwa keine forcierte Einwerbung von Drittmitteln betreiben, dies nicht über Leistungsbewertungen in der Lehre kompensieren können. Das spiegelt sich auch darin wider, dass Profiteure die geringere Wirkung von Anreizen in der Lehre thematisieren: Es ‚lohne' sich nicht, für vergleichsweise wenig Geld an entsprechenden Ausschreibungen teilzunehmen, zumal die Universität ohnehin davon ausgehe, dass „die Lehre hochqualitativ geleistet" werde und das Augenmerk „insofern" schon eher auf der Forschung liege, wie einer der Zellbiologen anmerkt (BIO11).

Zu dieser Einschätzung, die nicht nur von den ProfiteurInnen geteilt wird, tragen auch von Universitätsleitungen oder DekanInnen geäußerte Erwartungen, etwa im Kontext der „Exzellenzinitiative", bei. So berichtet ein Literaturwissenschaftler:

„Wir haben gerade einen Brief des Präsidenten bekommen, dass wir doch bitte
unsere Pläne für größere Forschungsprojekte bis Januar einreichen sollen, und der
Dekan hat gleich gesagt: ‚Größer heißt also größer als SFB‘. Also sprich: Cluster.“
(LIT8)

Die wahrgenommene Botschaft lautet somit: Entscheidend für ein gutes Standing
ist vor allem die Initiierung größerer, für die universitäre Wettbewerbsposition
wichtiger Forschungsverbünde. Hinzu kommt, dass eine Entlastung von der
Lehre – etwa durch Deputatsreduktionen – in erster Linie ProfessorInnen gewährt
wird, die dieser Definition ‚guter‘ Forschung entsprechen. Aus Sicht vieler
ProfessorInnen findet ‚gute‘ Lehre hingegen keine vergleichbare Anerkennung.
Das eigene Engagement in der Lehre stoße nur dann auf Interesse, wenn man
als Professor oder Professorin eine exponierte Position – etwa in „Bologna“-
Kommissionen oder bestimmten Programmen – einnehme. So äußert eine Strafrechtlerin, dass sie von der Hochschulleitung erst als Lehrende wahrgenommen
wurde, als sie sich in einem Mentoringprogramm für weibliche Studierende
engagiert habe und insofern die „Frauenschiene“ (JUR11) bediente. Darüber
hinaus stünden jedoch die drittmittelstarken „Leuchttürme“ im Fokus.
    Dies zeigt auch der nun anschließende Typus des Reformopfers. Inwieweit die
sich abzeichnende Diskrepanz die Integration von Forschung und Lehre beeinflusst und eine zunehmende Separation bzw. Hierarchisierung von ‚Forschenden‘
und ‚Lehrenden‘ erzeugt, wird anhand der weiteren Typen noch öfter zur Sprache
kommen.

5.2.2 Reformopfer

Den Typ des Reformopfers haben wir zu Beginn darüber bestimmt, dass zu einer
grundsätzlichen Kritik an den Reformprozessen und Leistungsbewertungen
eine Betroffenheit hinzukommt, der sich die ProfessorInnen ausgeliefert fühlen.
Das Datenmaterial zeigt allerdings, dass eine umfänglich erlebte Krisenhaftigkeit universitärer Wandlungsprozesse, wie sie in entsprechenden Medienbei-
trägen von professoralen ReformkritikerInnen nahegelegt wird, in den Interviews
kaum zu finden ist. Dies liegt schon darin begründet, dass in erster Linie die
Leistungsbewertungen in der Forschung als Ausdruck einer Ökonomisierung
oder Entwertung des eigenen Forschungsethos wahrgenommen werden, während
Evaluationen in der Lehre nicht eine solche negative Rolle spielen. Hinzu kommt,
dass ProfessorInnen weiterhin über eine vergleichsweise hohe Autonomie
verfügen und sich darüber auch bewusst sind. Es war daher erwartbar, dass wir
kaum auf Fälle mit einem stark ausgeprägten Opferstatus stoßen würden.

Ankerfall: „Meistens bin ich abgeschmettert worden"
Gleichwohl lässt sich insbesondere anhand des Fallbeispiels einer Juraprofessorin
nachzeichnen, wie universitäre Leistungsbewertungen zu einer dilemmatischen
Situation führen können, in der sich Anpassungsdruck und innere Abwehr gegenüber den Bewertungskriterien in krisenhafter Weise überlagern. Hierbei spielen
die Karrierestufe wie auch die wissenschaftliche Motivation der Juristin eine
wichtige Rolle. Diese hat erst seit wenigen Jahren eine W2-Professur an ihrer
aktuellen Universität inne und folgte bisher weitgehend dem Motiv, sich als
Individualforscherin an komplexen und neuen „theoretischen Fragestellungen" zu
bewähren:

> „Wenn ich dann drinnen bin und verbissen bin in mein Thema, macht es mir großen
> Spaß. Weil man jetzt so wahnsinnig an einer Frage klemmt, die man lösen will.
> Die bezieht sich schon auf die Community, […] letztendes will ich damit Wert-
> schätzung und Achtung erreichen. Das ist das Ziel im Hintergrund. Aber in dem
> Moment brennt man wirklich für etwas." (JUR3)

Sie folgt damit einer Orientierung, die Hildegard Matthies (2015), wie bereits
in Kap. 3 erwähnt, als Typus der „Karriere durch Selbstentfaltung" beschreibt.
Im Zentrum stehen hierbei das eigene Interesse und die Ausrichtung an der
Bewertung durch die Scientific Community. Das entsprechende Wissenschafts-
bild ist geprägt durch die „Bewahrung" der „Normen und Standards der wissenschaftlichen Profession" (Matthies 2015, S. 195) gegenüber externen Kriterien
oder Erwartungen. Dass dieser Selbstanspruch durch die neuen Karriere-
anforderungen zunehmend unter Druck gerät, bestätigt sich bei der Juraprofessorin in für sie folgenreicher Weise.
Dabei kann zunächst gesagt werden, dass sie es als durchaus positiv einstuft, in ihren Lehrleistungen bewertet zu werden. Bei den Evaluationen durch
die Studierenden handelt es sich für sie um ein Kommunikationsmedium, das
ihr die Perspektive der „Target Group" (JUR3) näherbringe, und nicht um ein
Instrument, mit dem sie seitens der Organisation kontrolliert werde. Ganz im
Gegensatz hierzu nimmt die Juristin ihre Betroffenheit von organisationalen
Bewertungen in der Forschung wahr, durch die sie sich – insbesondere durch
das Leistungskriterium eingeworbener Drittmittel – unter einem krisenhaften
Erwartungs- und Anpassungsdruck sieht. Entscheidend sind für sie in diesem
Kontext vor allem die „Nachverhandlungen" über ihre Ausstattungsmittel, die
bald im Rahmen des sogenannten Dreijahresgespräches mit der Hochschulleitung
„anstehen" würden. Sie rahmt dieses Gespräch als eine rein negativ bestimmte
Situation der Bewährung, denn sie ist sich „ganz sicher", dass ihr „Mitarbeiter

genommen werden" – dass man sie also seitens der Organisation für ihre bisherigen, als unzureichend eingestuften Forschungsleistungen bestrafen wird.

Diese Einschätzung begründet die Juristin nicht nur mit ihren aktuellen Erfahrungen als W-Professorin. Vielmehr habe sie bereits als wissenschaftliche Mitarbeiterin an verschiedenen Universitäten gesehen, wie WissenschaftlerInnen in immer größere Abhängigkeit von Drittmitteln gerieten und diejenigen, die sich diesem „Prozess zu entziehen" versuchten, letztlich zu den „Schlechtausgestatteten" gehörten:

> „Es war dort genauso schlimm. Wobei es da nicht um die eigene Ausstattung ging. Ich hatte dort keine Ausstattung. Aber das war auch schon beobachtbar. Und wenn ich jetzt nach [Stadt] zurückschaue, ist das immer schlimmer geworden."

Die Juristin macht insofern deutlich, dass sie ihre derzeitige Universität hinsichtlich des Drittmitteldrucks nicht als besonders negatives Beispiel wahrnimmt. Es geht nun aber um ihre eigene Ausstattung, die sie durch den generell zu beobachtenden „Abbau" bedroht sieht. Dabei habe sie zweifellos „viel publiziert", worin sie neben der Lehre ihre „normale" Arbeit sehe:

> „Ich meine, ich habe da gesessen, habe meine Arbeitszeit dazu verwendet, etwas zu schreiben. Dafür werde ich, habe ich den Eindruck, bezahlt. Das heißt, ich kann etwas vorlegen, das ich gemacht habe: Lehre und Forschung. Was ich nicht gemacht habe, ist Gelder an Land zu ziehen für diese Forschung, weil ich sie einfach gemacht habe. Ich habe keine Anträge daraus gemacht, ich habe die Forschung gemacht."

Die Juristin behauptet ihr Leistungsethos – sie habe die Forschung schließlich einfach „gemacht", anstatt Gelder einzuwerben und langwierige Anträge zu schreiben. Dies ändert aber nichts an ihrer Einschätzung, bald selbst zu den Opfern einer alternativen Bewertungslogik zu gehören, die Kürzungen in Kauf zu nehmen haben. Neben der formalen Bedeutung von Drittmitteln nennt sie in diesem Kontext die geringe informelle Unterstützung, die sie bisher durch KollegInnen und den Dekan erfahren habe:

> „Wann immer ich Mittelwünsche hatte: Meistens bin ich abgeschmettert worden. Das ist in dieser Hierarchie Dekanat Rektorat sehr schwierig. Weil man immer eine Evaluation oder eine Fürsprache durch den Dekan braucht, wenn man einen Ausstattungswunsch hat."

Auch wenn die Professorin hier ihre eigene Situation beschreibt, bringt sie Aspekte zur Sprache, die generell für die Betrachtung der subjektiven Betroffenheit und Verarbeitung von Leistungsbewertungen wichtig sind. Ihre Äußerung verweist darauf, dass neben formalisierten Rechenschaftspflichten und Bewertungsinstrumenten ebenso die informelle Ebene eine wichtige Rolle spielt. Für die Juristin ergibt sich eine negative Überlagerung beider Ebenen: Weder entsprechen ihre Forschungsleistungen dem Kriterium der Drittmitteleinwerbung noch verfügt sie als Professorin über ein gewachsenes Standing oder einen Fürsprecher am Fachbereich, durch den sie sich gegenüber der Universitätsleitung gestärkt fühlen könnte. Die Erfahrungen der Professorin stehen damit in einem krassen Kontrast zu denen der Profiteure (Abschn. 5.2.1): Nicht Identitätsbestätigung, sondern eine massive Infragestellung ihrer Vorstellungen ‚guter' Arbeit dominiert die Situation der Juristin an ihrer Universität.

Bevor ihr Umgang mit dieser spannungsreichen Situation in den Blick genommen wird, sollen ihre Deutungen universitärer Leistungsbewertungen etwas genauer betrachtet werden. Die Strafrechtsprofessorin deutet Leistungskriterien wie Drittmittel nicht nur als Widerspruch zu ihrem eigenen Forschungsethos, sondern in einem weiteren Sinne als Gefährdung der Unabhängigkeit von WissenschaftlerInnen gegenüber externen Interessen der Vereinnahmung:

„Es wird zunehmend auf Drittmittel, also auf außeruniversitäre Mittel verwiesen. Das wird als leistungsstark bezeichnet, hat aber mit Leistungsstärke nichts zu tun! Die Drittmittelstärke ist nicht das gleiche wie Leistungsstärke. Weil, die Drittmittelstärke besteht ja darin, ob ich sozusagen den Geschmack eines Drittmittelgebers ansprechen kann. Das hat mit Leistung einfach gar nichts zu tun! Und dass man die Forscher jetzt auf diese Mittel verweist, damit sie überhaupt noch einen normalen Stand an Mitarbeitern bekommen, ist eigentlich eine armselige Sache. Weil sie damit in eine Gefälligkeit getrieben werden und ihnen die Unabhängigkeit sukzessive genommen wird."

Sie kommt vielfach auf die Unabhängigkeit der Forschung zu sprechen, die aus ihrer Sicht bereits in größerem Maße erodiert. Durch die Verlagerung der Finanzierung auf externe Geldgeber gehe die eigentlich zentrale „Aufgabe der Universität" verloren, „gesellschaftsgestaltend zu sein und nicht sozusagen den Trend der Gesellschaft mitzumachen". Universitäten sollten sich nicht nur von wirtschaftlichen Verwertungsinteressen, sondern ebenfalls von einem über gesellschaftliche Diskurse vermittelten „Mainstream" abgrenzen. Insofern sei auch die zunehmende Abhängigkeit von einer Förderung durch die DFG kritikwürdig, da diese sich letztlich „nach Trends" richte und, zugespitzt, einer „Modeveranstaltung" ähnele.

Ihre starke Abwehr entsprechender Leistungsbewertungen zielt somit weniger darauf ab, die professorale Autonomie gegenüber jedweden Rechenschaftspflichten oder organisationalen Kontrollansprüchen zu behaupten. Das eigentliche Problem für die Juristin ist, dass die Universitätsleitungen Kriterien wie die Drittmittelhöhe „scheinheilig" als „leistungsstark verkauft[en]", obwohl sie damit eine problematische – unwissenschaftliche – Zweck-Mittel-Verkehrung bei den betroffenen ProfessorInnen forcierten.

Auch die Bewertung anhand von Zitationszahlen sieht sie in diesem Kontext kritisch. Da diese nur etwas darüber aussagten, „wie sehr" die jeweilige zitierte Person „im Mainstream verankert" sei, setze sich ein „ungünstiger Trend" in der Leistungsbewertung fort. Solche Leistungskriterien beförderten in ihrer Disziplin „wolkige Aufsätze", denen eine klare und nachvollziehbare Argumentation fehle:

> „Ich meine jetzt niemanden konkret, aber dass das eher sogar gefördert wird. Weil es auch niemandem weh tut, keine Aussage nachher zu machen, sondern zu zeigen: ‚Ich habe das gelesen, ich habe Kant gelesen, ich habe dies und das. Da steht das alles da' und man sagt: ‚Und was will er jetzt sagen?' Das geht mir ganz oft so. Und was ist jetzt sozusagen die Conclusio? Was ist der Vorschlag? Was ist sozusagen die Ausbeute in der Auslegung? Null!"

Die Juristin setzt den quantifizierenden Bewertungen der Forschungsleistungen damit alternative Qualitätsmaßstäbe entgegen, wobei sie insbesondere die Fähigkeit zu eigenständigen kritischen Ansätzen und Positionen hervorhebt. In diesem Zusammenhang widerspricht sie auch nochmals der Gleichsetzung von Drittmittel- und Leistungsstärke: „Leisten tu[e] vielleicht" gerade „derjenige, der genau abgewiesen [werde], weil er Projekte mach[e], die außerhalb der gesellschaftlichen Gefälligkeit" stünden.

Die Leistungsbewertungen im Bereich der Lehre deutet die Juristin hingegen weit positiver. Anders als in der Forschung, in der ProfessorInnen durch ihre Scientific Community bereits über eigene „gute" Qualitätsmaßstäbe verfügten, sieht sie hier einen Bedarf an Evaluierung und Professionalisierung. Es handele sich bei der Lehre um einen fragilen „kommunikative[n] Prozess", der nie „hundertprozentig funktioniere". Hinzu komme, dass ProfessorInnen als Lehrende Quasi-Laien seien:

> „Da ist auf jeden Fall noch Bedarf da. Ich habe ja nie unterrichten gelernt […] und deswegen funktioniert Hochschullehre wahrscheinlich insgesamt nicht besonders gut, weil niemand wirklich ausgebildet ist. Es gibt ein paar sehr begabte Leute, die einfach eine didaktische Begabung haben, aber ausgebildet ist keiner von uns. Und ich finde, das merkt man."

Da man bestenfalls von einer naturwüchsigen Begabung, nicht aber von einer professionalisierten Ausbildung und entsprechenden Kompetenzen in der Wissensvermittlung ausgehen könne, seien neue Instrumente der Qualitätssicherung wichtig. Bei den Ergebnissen der Evaluationen handele es sich zwar immer nur um „eine Annäherung", da die Studierenden aufgrund ihres Notendrucks tendenziell jene ProfessorInnen positiv bewerteten, bei denen „es am leichtesten durch die Prüfung" gehe. Ungeachtet dessen sei dieses Instrument aufgrund des wechselseitigen Verhältnisses zwischen Lehrenden und Lernenden alternativlos:

> „Wer anders soll es denn machen als die Studierenden? Und wer anders soll denn dann darauf reagieren als der Lehrende? Es ist immer nur eine Annäherung, aber es muss unter Einbindung derjenigen sein, die lernen. Es kann nur so funktionieren."

Die studentische Bewertung wird von ihr insofern weder abgewehrt noch deklassiert, sondern als Basis für eine Verbesserung der Lehre gesehen. Auch didaktische Weiterbildungsangebote betrachtet die Juristin als positiven Ansatz:

> „Es gibt sicher ganz dumme Veranstaltungen. Aber als Idee, Didaktikunterricht an Hochschullehrer, finde ich das phantastisch. […] Wir lernen niemals zu unterrichten. Die Voraussetzung ist, das Fach gut zu beherrschen, und es wird niemals jemand ein guter Lehrer, der das Fach nicht gut beherrscht. Aber man hat eine Gruppe, die geeignet wäre für didaktische Fortbildung. Und die kann man durchaus ansprechen."

Aus ihrer Sicht bedeuten solche Veranstaltungen, bei denen ProfessorInnen in die Rolle von Lernenden versetzt werden, keine Degradierung. Durch die Professionalisierung qua Weiterbildungen würden diese letztlich in ihrer Rolle als Lehrende gestärkt, ohne dass damit ihre wissenschaftlichen Qualitäten in den Hintergrund rückten.

Die Leistungsbewertungen in der Lehre kann sich die Juristin auch praktisch in positiver Weise aneignen. Die Evaluationen seien für sie eine hilfreiche Unterstützung – ein „ganz wichtiges Feedback", auf das sie keinesfalls „verzichten" wolle. Sie bespreche die Ergebnisse mit den Studierenden, um ihnen die Wahl bestimmter didaktischer Methoden zu erklären, aber auch, um „motiviert von dem, was die Leute [ihr] gesagt haben", die Strukturierung der Inhalte zu verändern:

> „Ich weiß nicht, ob das bei den Studierenden angekommen ist, wie wichtig es ist, dass sie das tun. Gar nicht, um mich mit anderen Lehrpersonen zu vergleichen, sondern für meine Lehre. Wenn da steht: ‚Die Unterlagen sind konfus', muss ich mir meine Unterlagen neu anschauen."

Die Äußerung zeigt, dass das Motiv einer möglichst guten Position im Leistungsvergleich mit KollegInnen für sie keine wichtige Rolle spielt. Die Strafrechtlerin
kommt im Kontext der Lehre per se nicht auf organisationale Erwartungen
an die ProfessorInnen zu sprechen, was einerseits die geringere Bedeutung der
Lehre bei den Leistungsbewertungen bestätigt, andererseits aber auch zu dem
stark ausgeprägten Lehrethos der Juristin passt. Ihr geht es um eine Nähe zu den
Lernprozessen der Studierenden und um die Verbesserung ihrer eigenen Lehr-
kompetenz, eine „Übersetzung zwischen hochgestochener Jurasprache und laien-
hafter Sprache" zu finden, ohne dabei „allzu viele wichtige Inhalte zu verlieren".
Dass diese Motive für sie leitend sind, zeigt sich auch anhand ihrer Mitarbeit an
neuen Evaluationskonzepten im Rahmen der Studienkommission. Die Juristin
begründet dieses zusätzliche Engagement mit dem Ziel, ein noch „besseres
Kommunikationsverhältnis zwischen Lehrenden und Lernenden einzurichten"
und die Studierenden – etwa durch die Einführung eines Lehrpreises – dazu zu
motivieren, „mehr zu evaluieren".

Während sie sich hier insofern für eine Ausweitung von Bewertungsprozessen
einsetzt, spiegelt sich in ihrem Umgang mit Leistungsbewertungen in der
Forschung eine schwierige Ambivalenz von Selbstbehauptung und Anpassung
wider. So grenzt sich die Juristin von dem Kriterium eingeworbener Drittmittel ab
und betont ihren Anspruch, als Wissenschaftlerin unabhängig zu bleiben:

> „Ich halte mich einfach nicht daran. [...] Ich mag das einfach nicht mitspielen und
> das wird mir noch zur Last gelegt werden, denke ich mir. Ich bin am Anfang meiner
> professoralen Laufbahn. Ich mag damit einfach, ich mag nicht. [...] Ich würde
> schon Anträge stellen, aber ich mag diese ganze Anpassungsgeschichte, die damit
> verbunden ist, nicht."

Die Juristin wiederholt mehrfach, jegliche Anpassung ihrer Forschungsarbeit
nicht zu mögen und aus diesem Grund nicht „mitspielen" zu wollen. Gleichzeitig macht sie jedoch deutlich, dass dieser Anspruch in bestimmten berufsbiografischen Phasen besonders schwierig durchgehalten werden kann. Obschon sie
mit der Berufung auf eine Professur eine entscheidende Hürde gemeistert hat,
ist sie innerhalb der professoralen Hierarchie eine Anfängerin, von der gerade
erwartet wird, sich im Sinne der forcierten Bewertungsmaßstäbe zu bewähren.
Durch diese Betroffenheit sieht sich die Juristin zu konkreten Zugeständ-
nissen gedrängt. So habe sie für ihr bereits erwähntes Dreijahresgespräch ein
„Forschungs- und Lehrkonzept geschrieben" und sich in diesem Kontext um „ein
Kompromissangebot" bemüht:

„Ich habe eine Liste dessen gemacht, was ich bearbeitet habe, eine Liste, was ich in
Zukunft machen möchte und welche Ausstattungswünsche ich habe und woran ich
festhalten will und was ich auch bereit bin, aufzugeben. [...] Mal schauen, ob das
durchgeht."

Um generell unabhängiger von einer erfolgreichen Aushandlung ihrer Ausstattungsmittel und damit von der „Unileitung" und dem Dekanat zu werden,
plant die Professorin zudem einen konkreten Drittmittelantrag, den sie „über
das nächste Jahr" erarbeiten werde. Sie betont an dieser Stelle, dass es „kein
Mainstream-Antrag" sei und sie in inhaltlicher Hinsicht somit ihre Eigenständigkeit bewahre. Letztlich überwiegt aber ihre Frustration darüber, sich
überhaupt der Antragslogik unterwerfen zu müssen und die Abhängigkeit von
Universitätsleitung und Dekan im Grunde nur gegen die Abhängigkeit von
Förderinstitutionen einzutauschen:

„Es ärgert mich, dass ich nicht, statt einen Antrag zu schreiben, einfach gut aus-
gestattet bin und das Projekt einfach machen kann. Jetzt werde ich dafür bezahlt, um
Geld herein zu holen, damit solche Sachen gemacht werden. [...] Ich verstehe das
nicht. Was ist aus der Uni geworden? Das ist falsch, finde ich. Ich will es machen!
Und dafür soll mich die Uni ausstatten. Ich brauche keine Ausstattungskönigin zu
sein. Ich brauche keinen Hofstaat, überhaupt nicht. Ich brauche ein paar Leute, mit
denen ich arbeiten kann. Wenige. Und das funktioniert zunehmend schlechter."

Ihre Äußerung zeigt, dass selbst mit einem erfolgreichen Projektantrag für sie
immer auch ein Scheitern verbunden wäre. Sich die Mittel für ihre Forschung
„hereinholen" zu müssen, bleibt für sie ein eigentlich inakzeptables Zugeständnis
an die Ökonomisierung der Universitäten. Indem sie davon spricht, keineswegs
einen „Hofstaat", sondern nur „ein paar Leute" zu benötigen, betont sie, sogar
für elementare Forschungsbedingungen unter Handlungsdruck zu geraten und
insofern kaum Alternativen zu haben. In ihrem Fall kommen also drei Identitätsbedrohungen zusammen: Die sachlichen Erfordernisse ihrer Arbeit werden von
der Organisation missachtet; bei dem Bemühen, sich selbst um diese Erfordernisse
zu kümmern, sieht sie sich inadäquaten Leistungskriterien ausgesetzt; und dieses
Bemühen läuft als Dauerzustand auf eine Zweck-Mittel-Verkehrung hinaus.

Weitere Fälle
Mit dieser verschärften Ausprägung ihrer Situation ist die Rechtswissenschaft-
lerin eher singulär unter unseren Fällen. Anhand weiterer Fälle lässt sich jedoch
zeigen, dass Leistungsbewertungen auch bei einem geringeren Ausstattungs-
oder Anpassungsdruck in krisenhafter Weise wahrgenommen werden und man

nicht von klaren Grenzen, sondern von Übergängen zwischen Betroffenheit und Nichtbetroffenheit sprechen kann. Auch auf einer höheren Karrierestufe oder bei einer gesicherten Anerkennung durch die Scientific Community bleibt man nicht immer von den neuen Formen der organisationalen Bewertung verschont.

Das Beispiel einer Literaturwissenschaftlerin, die ebenfalls noch am Anfang ihrer professoralen Karriere steht, verdeutlicht, dass auch eine Intransparenz der organisationalen Bewertungsordnung Grund dafür sein kann, sich dieser mehr oder weniger ausgeliefert zu fühlen. Die Stellschrauben für die Verbesserung der eigenen Position innerhalb des universitären Gefüges bleiben dann letztlich unklar.

Für die W2-Professorin scheinen sich zwar die neuen Maßnahmen und Instrumente der Qualitätssicherung in der Lehre besonders positiv auszuwirken, da sie für ihre Mentoringtätigkeit eine halbe Mitarbeiterstelle finanziert bekommt und insofern von ihrem Engagement profitiert. Allerdings betont auch sie im Weiteren vor allem ihre aus den Reformprozessen und Leistungsbewertungen resultierenden Nachteile. So stehe die erwähnte Form der Belohnung in keinem Verhältnis zu dem im Zeichen einer „Durchökonomisierung" (LIT13) stattfindenden Abwärtstrend, durch den das wissenschaftliche Personal an Universitäten zunehmend prekarisiert werde. Hiervon besonders betroffen seien zwar jene WissenschaftlerInnen, die im Modus von „Halbjahres- bis Dreivierteljahres- bis Jahresverträgen" beschäftigt und in einer Unsicherheit gehalten würden, die „nicht zu einem besseren Denken" führe. Die Germanistin sieht sich jedoch auch selbst als W2-Professorin von materiellen wie auch sozialen und symbolischen Degradierungserfahrungen betroffen: So handele es sich im Vergleich zu den „alten Besoldungsbedingungen" für C3-Professuren „finanziell" um einen „immense[n] Rückschritt". Zudem werde an ihrer Universität über mögliche „Aufschläge" bei der Ausstattung nur „mit W3", aber „eigentlich nicht mit W2 verhandelt". Hinzu kommt für sie, dass selbst die Bewilligung der eher geringen Leistungszulagen in intransparenter Weise erfolge und sie und ihre KollegInnen die Gründe für oder gegen den Erfolg ihrer Anträge nicht nachvollziehen könnten:

> „[I]n meiner ersten Bewerbung habe ich das [Leistungszulagen, Anm. der AutorInnen] nicht bekommen, obwohl ich sehr viel Hochschularbeit gemacht habe. Beim zweiten Mal habe ich es bekommen. Das dritte ((lacht)) steht noch an. [...] Es haben Kollegen auch schon drei Jahre bekommen, und dann ist es ihnen wieder entzogen worden. Die Kriterien sind sehr undurchsichtig und es wird immer gesagt, es ist kein Geld da. Insofern habe ich den Eindruck, dass das eigentlich eine absolut intransparente Angelegenheit ist."

Für die Literaturwissenschaftlerin verfestigt sich durch diese Erfahrungen der Eindruck, zu einer Art Spielball organisationaler Entscheidungsstrukturen zu werden. Abgesehen von ihrer grundsätzlichen Ablehnung des neuen Besoldungssystems erfülle es nicht einmal seinen selbstgesetzten Zweck, über klare Bewertungskriterien einen Leistungsanreiz zu bieten. Es sei zwar möglich, dass ihre Zulagen intern mit ihrer „besonders gute[n] Mentoringarbeit" begründet wurden. Da es ihr gegenüber aber „nicht kommuniziert" worden sei, bleibe letztlich unklar, „was den Ausschlag gegeben" und ob die Hochschulleitung nicht vielleicht einfach „nach Gutdünken" entschieden habe.

Eine „hierarchisch strukturiert[e]" Governance spiegelt sich für die Germanistin zudem in der Vermittlung der organisationalen Zielvorstellungen für die Forschung wider:

> „Also es gibt, sagen wir mal so, keine Gespräche der Hochschulleitung mit uns. Wenn, dann mit dem Forschungsdekan, der uns dann mitteilt, dass wir bis dato so und solche Projekte einreichen sollten für die nächste ‚Exzellenzinitiative'. Es ist der Druck da, die eigene Fakultät gut da stehen zu lassen, weil wir halt dann kein Geld haben. Es geht ganz klar über eine Ökonomisierung und eine Etatisierung."

Aus ihrer Sicht legt die Hochschulleitung damit hegemoniale Zielvorstellungen fest, ohne die WissenschaftlerInnen entsprechend einzubeziehen. Mit der Einwerbung von Drittmitteln werde zudem ein Leistungskriterium forciert, das im Grunde für „eine Verwechslung der Systeme" von „Ökonomie und Wissenschaft" und damit für ein „falsche[s] Register" der Bewertung stehe. Die Universität sei aber in ihrem Eigeninteresse auf entsprechende Projekte oder Erfolge in der „Exzellenzinitiative" „angewiesen" und gebe diesen Druck an die Fakultäten weiter. Dort würden wiederum primär die „W3er" angesprochen, während man als „W2" höchstens „mit ins Boot" genommen werde, sodass sich die Hierarchie zwischen W2- und W3-ProfessorInnen hier reproduziere.

Bei ihrem Umgang mit dieser Situation zeigt sich eine spannungsreiche Ambivalenz. Zunächst kommt die Germanistin auf die Freiheitsgrade zu sprechen, die sich mit der genannten Hierarchie verbinden ließen:

> „Man kann sie als Freiheit begreifen, man kann aber auch, und das hat es auch bei Kollegen gegeben, sich jeden Tag beleidigen lassen. ((lacht)) Also das ist nicht mein Modell. […] Ich nehme es als Freiraum. Ich mache meine Projekte. Ich meine, ich bin gut vernetzt. […] Das ist ein Teil, dass der Druck nicht komplett auf mir lastet. Also ich komme damit ganz gut klar."

Auch durch den Vergleich mit einigen ihrer KollegInnen betont die Germanistin in dieser Äußerung ihre eigene Distanzierung. Im Gegensatz zu ihnen eigne sie sich ihre Situation mehr als „Freiraum" an. Sie „mache" ihre kleineren Projekte, sei über gewachsene Kontakte zu FachkollegInnen an anderen Universitäten „gut vernetzt" und insoweit bei ihrer Forschung unabhängig. Zugleich sieht sie sich aber durch die organisationale Bewertungsordnung mit konkreten Nachteilen konfrontiert, die vor allem ihre zeitliche Gewichtung von Forschung und Lehre betreffen. Da die Organisation „nur" bestimmte „Forschungsleistungen oder Drittmittel" anerkenne und belohne, sieht die Germanistin kaum die Möglichkeit, sich eine Auszeit von der Lehre und anderen universitären Verpflichtungen nehmen zu können. Durch „diese Center für Advanced Studies oder diese ganzen Fellowships" seien die institutionellen Rahmenbedingungen zwar immer mehr vorhanden. Zu den ProfiteurInnen zählten jedoch entweder „sehr junge" WissenschaftlerInnen oder eine „gewisse Elite" unter den ProfessorInnen, „die auch sehr stark schon Drittmittel in allen Millionenhöhen akquiriert haben." Für das Gros der sich dazwischen befindenden ProfessorInnen gelte hingegen,

> „dass das sozusagen für so einen Mittelbereich, also die, die einen guten Job machen und die eben, wie ich, sehr stark in der Verwaltung dann jahrelang und in diesen Sachen tätig waren, relativ schwierig zu erlangen ist."

Die Literaturwissenschaftlerin betont hier die Wirkungsmacht der Hierarchie zwischen drittmittelstarker Elite und einem „Mittelbereich", dem sie selbst angehört. Dass den drittmittelstarken KollegInnen auch dann keine Nachteile entstünden – es „passier[e] nix" –, wenn sie sehr „schlechte Lehre mach[t]en", verstärke die Differenz zwischen beiden Gruppen noch zusätzlich.

Für die Germanistin bedeutet dies, „während des Semesters überhaupt keine Zeit" für die Forschung zu haben. Ihr beruflicher Alltag werde insgesamt durch eine Arbeitsbelastung bestimmt, die sie eigentlich – da sie nicht mehr wie „vor zehn Jahren" Nächte durcharbeiten könne – begrenzen müsse. Ein Lösungsansatz könne nur darin bestehen, die eigenen Leistungsansprüche an die Lehre „runter[zu]schrauben". Dies falle ihr schwer – „noch versuche" sie, das von ihr angestrebte Niveau „zu halten" und damit ihrem Lehrethos gerecht zu werden. Bei den politischen EntscheidungsträgerInnen oder ihrer Universität sieht sie auch längerfristig keinerlei Ansätze, den Fokus auf Drittmittelforschung und die damit einhergehende „Durchökonomisierung" zurückzunehmen:

> „Nein. Ich glaube, das System ist umgestellt, und das ist jetzt so. Also ich glaube nicht, dass sich das verbessern wird. Ich glaube sogar, auf die Dauer wird sich die Qualität verschlechtern."

Statt von einer Verbesserung der Situation geht die Germanistin von einer
weiteren Qualitätsverschlechterung aus, die sie hier vor allem auf die Forschung
bezieht. Sie begründet dies ähnlich wie die Strafrechtlerin (JUR3): So werde ein
„gewisses ungewöhnliches" Denken „auf Abwegen", das eigentlich Bedingung für
„kreative[] Forschung" sei, immer weiter marginalisiert (LIT13). Auch deshalb sei
es mit Blick auf die „Zukunft der Universität [...] ein depressiver Befund".

In ähnlich pessimistischer Weise betrachtet ein weiterer Literaturwissenschaftler die Folgen der Reformen für die Universitäten, dessen Fall sich hier
abschließend ergänzen lässt. Der Professor, der seit mehr als zehn Jahren an
seiner jetzigen Universität tätig ist und zuvor bereits eine andere Professur inne-
hatte, muss seine Leistungsfähigkeit eigentlich nicht mehr beweisen. Sein Fall
ist insofern interessant, als er verdeutlicht, dass auch etablierte ProfessorInnen
ihre Identitätsansprüche durch die universitären Leistungsbewertungen herausgefordert sehen können, obgleich sie von diesen – etwa durch individuelle Zielvereinbarungen – nicht unmittelbar betroffen sind.

Auch für ihn drückt sich insbesondere in den organisationalen Maßstäben, die
an die Forschungsleistungen angelegt werden, eine Verdrängung qualitativ-inhalt-
licher durch ökonomisch geprägte Kriterien aus:

> „Es ist, übertrieben gesagt, beinahe egal, was ein Wissenschaftler innerhalb des
> Feldes leistet, wie er oder sie angesehen ist oder sich hervortut durch wichtige
> Forschungsbeiträge oder sowas, solange das Geld stimmt. Das gilt leider auch im
> Umkehrschluss oft, dass jemand große Geldbeträge beschafft, wissenschaftlich aber
> unproduktiv ist und das macht gar nichts." (LIT1)

Aus seiner Sicht findet auf diesem Weg eine Entwertung der Beurteilung
durch die Scientific Community und der dort verankerten Reputation von
WissenschaftlerInnen statt. Entscheidend seien für die Organisation nicht
„wichtige Forschungsbeiträge", sondern „große Geldbeträge" über die Einwerbung von Fördermitteln. Wie die Strafrechtlerin (JUR3) verwehrt sich der
Literaturwissenschaftler gegen die Idee, von den Drittmitteln auf die Qualität von
ProfessorInnen als WissenschaftlerInnen schließen zu können:

> „Wenn jemand sehr viel Geld eingeworben hat, ist das sehr aussagekräftig im
> Hinblick auf Wissenschaftsmanagement und ökonomische Fähigkeiten, und das
> soll man nicht gering schätzen. Ich würde solche Leute sofort einstellen für ent-
> sprechende Stellen; aber es gibt in unseren Fächern keinen mir erkennbaren
> Zusammenhang zwischen eingeworbenen Drittmitteln und wissenschaftlicher
> Qualität. Einfach weil zu viel an individueller Leistungsfähigkeit hängt. Ich weiß
> selbst von Kollegen, die acht Jahre lang im Ruf eines Faulenzers standen, weil sie

bei keiner Tagung erschienen, keine Aufsätze publizierten, sondern nur ihr tägliches Geschäft machten, aber nach acht Jahren ein Buch vorlegten, von dem man sagte: ‚Donnerwetter! Das hat acht Jahre wirklich gelohnt!'" (LIT1)

Er geht hier von unterschiedlichen Handlungslogiken aus, die er insofern auch verschiedenen beruflichen Feldern innerhalb des universitären Rahmens zuordnet: Auf der einen Seite steht der Wissenschaftsmanager, der aufgrund seiner Fähigkeiten das Profil entsprechender „Stellen" auf organisationaler Ebene erfüllen kann. Auf der anderen Seite stehen die WissenschaftlerInnen, die ihrem Forschungsethos folgen. Der Literaturwissenschaftler legt zwar keinen grundsätzlichen Widerspruch zwischen der Einwerbung von Drittmitteln und der wissenschaftlichen Qualität zugrunde. Er hebt aber hervor, dass in den Geisteswissenschaften – „unseren Fächern" – die „individuelle Leistungsfähigkeit" entscheidender sei, die sich weder von außen steuern noch in eine quantifizierende Bewertungslogik übersetzen lasse.

Bei seiner Selbstpositionierung betont der Literaturwissenschaftler das zentrale Moment des intrinsischen Bezugs auf die jeweiligen Gegenstände. Hatte bereits die Juristin ihren Zugang zur Forschung darüber beschrieben, für ein Thema zu „brennen" (JUR3), betont der Literaturwissenschaftler die enge persönliche Verbindung in noch stärkerem Maße, wenn er von einer Quasi-Identität der Forschungsinhalte und seiner Persönlichkeit ausgeht. Diese Selbstpositionierung fällt bei ihm nicht mit einer Abwehr von Drittmittelprojekten oder Verbundforschung zusammen, bei der er schon „verschiedentlich mitgemacht" habe und die er durchaus „schön finde[n]" könne (LIT1). Was er gegenüber der organisationalen Bewertungslogik verteidigt, sind vor allem seine Haltung und Autonomie als Wissenschaftler. Er müsse weder kontrolliert noch durch Anreize motiviert werden, um sich seinen Aufgaben umfänglich zu widmen. Für ihn sei seine wissenschaftliche Tätigkeit schließlich mehr „Lebensform" als „Karrierejob" (Rogge 2017), sodass er auch keinem klassischen Arbeits- oder Pflichtethos folge. Ein solches Ethos von Wissenschaft als „Lebensform" werde durch die neue universitäre Governance massiv infrage gestellt:

„Misstrauen und Beweislast sind die beiden Stichworte, die ich da nennen würde. Das geht letztlich, glaub ich, von staatlichen Institutionen aus, die einfach Angst haben, ihr Geld zu verschleudern an faulenzende Leute, die ihren Hobbys nachgehen."

Der Germanistikprofessor sieht sich zwar unter keinem mit der Strafrechtlerin vergleichbaren Bewährungsdruck, was in seiner Karrierestufe, aber ebenso seiner

Reputation in der Scientific Community begründet ist. So habe er durch Wissenschaftspreise und Fellowships nicht nur in materieller und zeitlicher, sondern auch „in symbolischer Hinsicht" an Freiheit gewonnen. Die Anerkennung der Wissenschaftsgemeinschaft verschaffe ihm aufseiten der Organisation „einen gewissen Respekt" – einen „Vertrauensvorschuss", durch den man ihn aktuell eher „machen [lasse]". Er betont dennoch, die neue Governance grundsätzlich als sehr negativ zu erleben:

> „Wenn man das beiseitelässt, und ich hab ja die längste Zeit ohne solche Privilegien gearbeitet, würde ich schon sagen, dieses Gefühl hat permanent zugenommen, als erwachsener Mensch fortwährend überprüft zu werden. Also ein Grundmisstrauen der Institution, nicht der Personen der Institutionen, sondern wirklich der Institution als Verband, als Rechtsordnung. Ein permanentes Misstrauen gegenüber den Wissenschaftlern: ,Beweisen Sie uns, dass Sie Ihre Zeit wirklich gearbeitet haben! Zeigen Sie uns, dass das wichtig war für die wissenschaftliche Community, was Sie da gemacht haben! Beweisen Sie uns, dass Sie dieses Seminar und nicht jenes machen müssen!' oder sowas. Das ist unerträglich."

Der Germanist beschreibt den Wandel im Verhältnis zwischen Organisation und ProfessorInnen auch im Sinne einer Bedrohung seiner eigenen beruflichen Identität: Das bereits erwähnte Misstrauen sei „unerträglich"; dass er als „erwachsener Mensch fortwährend überprüft" werde, empfindet er als Degradierung. Ihn deshalb als Reformopfer zu bezeichnen, scheint zwar insofern unzutreffend, als der Literaturwissenschaftler durch seine Reputationsgewinne in der Scientific Community weitgehend unabhängig von den organisationalen Leistungskriterien und -bewertungen agieren kann. Allerdings sieht er sich nur partiell von der neuen Governance verschont, da er allein über die Lehrtätigkeit an Rechenschaftspflichten und einschränkende Vorgaben gebunden bleibe, die durch Akkreditierung und Modularisierung massiv zugenommen hätten. Um eine Veranstaltung in den „Modulkatalog hineinschreibe[n]" zu können, müsse

> „klar festgelegt werden: Wieviel Seiten müssen pro Sitzung für dieses Seminar gelesen werden? Wie lange darf die Sitzung minimal und maximal dauern? Wie viele Seiten müssen die Teilnehmerinnen dieses Seminars über was, wann, innerhalb welcher Zeit schreiben? Innerhalb wie vieler Tage wird das korrigiert? All diese quantifizierbaren Dinge werden außerordentlich präzise berechnet. Die Frage, welchen Sinn ein solches Seminar innerhalb der Ausbildung eines Menschen zu einem klugen, wissenschaftlich befähigten Leser hat, wird nirgends gestellt."

Den Widerspruch zwischen bürokratischer Standardisierung und inhaltlich-wissenschaftlichen Prinzipien sieht der Germanist auch mit Blick auf die Lehrevaluationen. Die Idee sei zwar „im Ansatz sehr vernünftig", der Organisation gehe es aber primär um das Ziel, über Zahlenwerte zu verfügen. Man bekomme als Professor „am Ende von der zuständigen Stelle" per Mail „eine Kurve oder Statistik" geschickt, die eine „mathematische Scheinsicherheit", aber kein wirkliches Bild von dem Lehrgeschehen vermittle.

Während die beiden Professorinnen also hinsichtlich der Lehre in den Bewertungsinstrumenten noch eine gewisse Chance der Qualitätsverbesserung sehen, überwiegen für den Germanisten die negativen Folgen der „Bologna"-Reform, die er als grundsätzlicheren Widerspruch zu seinen Vorstellungen ‚guter' Lehre wahrnimmt. Aus seiner Sicht gibt es im Grunde nur die Möglichkeit, Freiräume jenseits der vorgegebenen Ordnung zu suchen. So könne man ein „freiwilliges Zusatzseminar" anbieten oder in den regulären Veranstaltungen „etwas legerer verfahren", als dies formal vorgesehen sei. Solche Praktiken deutet der Germanist jedoch nicht als positive Behauptung seines Lehrethos, sondern als „unerfreuliche" und aufgezwungene „Unaufrichtigkeit im Umgang mit den Regeln".

Bis hierhin lassen sich also Unterschiede in den Formen der subjektiven Betroffenheit – von umfänglich bis nur partiell – resümieren, deren Übergänge zur Verschonung fließend sein können. Wie auch bei den ReformprofiteurInnen kommt der Drittmittelforschung bei den Leistungsbewertungen eine entscheidende Bedeutung zu, erzeugt bei den Reformopfern aber einen gegenteiligen, also nachteiligen Effekt, der durch das Engagement in der Lehre kaum kompensiert werden kann.

Allerdings muss die Vorstellung eines ausgelieferten Opfers relativiert werden. Gegen sie sprechen die beträchtlichen Handlungsspielräume, über die ProfessorInnen auch unter den Bedingungen von NPM verfügen. Anders als für die Beschäftigten in anderen Bereichen des öffentlichen Sektors – etwa in Krankenhäusern oder Teilen der Verwaltung – bedeutet die Übertragung von Prinzipien des NPM für ProfessorInnen kein striktes Controlling ihrer Arbeitsabläufe.[10] Viele der Befragten äußern entsprechend, trotz der universitären Reformprozesse über eine hohe Arbeitsautonomie zu verfügen. Bei den Reformopfern sind aber ungeachtet dessen eine grundsätzliche, umfängliche Kritik und die Wahrnehmung von Anpassungsdruck sowie einer Entwertung beruflicher

---

[10]Zu den Auswirkungen von NPM für Beschäftigte in diesen Bereichen des öffentlichen Sektors siehe etwa Josef Estermann et al. (2013), Franz Schultheis et al. (2014) und Berthold Vogel und Andreas Pfeuffer (2019).

Identitätsansprüche dominant, die sich in einem entsprechenden Zukunfts-
pessimismus widerspiegeln. Dieser bezieht sich bei ihnen auf den universitären
Handlungskontext im Allgemeinen wie auch auf die eigene Situation im
Besonderen.

5.2.3 SympathisantInnen

Kommen wir nun zu zwei Gruppen von ProfessorInnen, die vergleichsweise
wenig von den Leistungsbewertungen erhoffen können bzw. zu befürchten haben.
Die zunächst zu betrachtenden SympathisantInnen und die darauf folgenden Verschonten haben gemeinsam, dass die je eigene Betroffenheit von Leistungsbewertung oft schon aufgrund ihres tendenziell höheren Dienstalters gering ausfällt.
Sie stellen insofern das Pendant zu den beiden soeben vorgestellten Typen dar,
als sie mit ihren Einschätzungen eine Nähe zu den ReformprofiteurInnen bzw.
-opfern aufweisen, aufgrund ihrer geringen subjektiven Betroffenheit aber keinen
individuellen Umgang mit den Leistungsbewertungen finden müssen. Sie sind,
anders gesagt, überwiegend unbeteiligte BeobachterInnen und BewerterInnen des
Reformgeschehens.

Der Typ des Sympathisanten, der Leistungsbewertungen befürwortet,
ohne selbst von diesen betroffen zu sein, scheint zunächst vergleichsweise
uninteressant, wenn es um die Frage der subjektiven Aneignung universitärer
Wandlungsprozesse geht. Allerdings zeigten die relevanten Fälle, dass dieser Typ
in sich komplexer ist und insofern weiter ausdifferenziert werden muss. Zum
einen ist hier der Subtyp des enttäuschten Sympathisanten zu nennen, der nicht
zuletzt mit Blick auf das öffentlich-medial vermittelte Bild starker professoraler
Reformabwehr interessant ist. Im Widerspruch zu dieser Haltung kritisieren die
HochschullehrerInnen dieses Subtyps gerade den zu geringen Einsatz oder die
inkonsequente, nur wenig wettbewerbsorientierte Umsetzung von Leistungsbewertungen an ihrer jeweiligen Universität. Zum anderen finden sich bei nicht
wenigen der grundsätzlichen BefürworterInnen auch Formen der kritischen
Distanzierung von bestimmten Aspekten universitärer Leistungsbewertungen und
damit Fälle, die auf das Kontinuum zwischen den Typen – in diesem Fall: den
SympathisantInnen und Verschonten – verweisen.

Bevor diese Differenzierungen anhand verschiedener Beispiele illustriert
werden, folgt zunächst der Ankerfall eines Nachrichtentechniker, der mit seinen
Deutungen für einen idealtypischen Sympathisanten von Leistungsbewertungen
steht.

Ankerfall: „Es ist schon gut, wenn man einen gewissen Anreiz hat"
Der Nachrichtentechniker schätzt seine subjektive Betroffenheit von universitären Leistungsbewertungen als nur gering ein, da bei seiner Berufung weder
„leistungsabhängige Berufungszusagen" (TECH13) noch Zielvereinbarungen
eine Rolle spielten. Zudem, und dies ist noch entscheidender, geht er durch seine
vorangegangene mehrjährige Tätigkeit im angloamerikanischen Raum von dem
Vergleich mit einer wirkungsmächtigeren universitären Bewertungskultur aus.
Während es „dort sehr leistungsorientiert" gewesen sei, seine KollegInnen und
er etwa ihren „Lebenslauf" jährlich zur Evaluierung durch ein Komitee hätten
„abgeben" müssen, solle man die entsprechenden Prozesse an deutschen Universitäten aus seiner Sicht „nicht überbewerten".[11] Da man die „fixen Mittel"
weiterhin relativ „sicher" habe, blieben die „Auswirkungen" der neu eingeführten
Bewertungsinstrumente letztlich begrenzt.

Der Nachrichtentechniker schätzt Leistungsbewertungen grundsätzlich positiv
ein, sofern diese transparent und nach inhaltlich nachvollziehbaren Kriterien
gestaltet werden. So äußert er mit Blick auf seine Erfahrungen im Ausland, die
Evaluierung der professoralen Leistungen dort als „ziemlich fair" wahrgenommen
zu haben, da diese durch wechselnde FachkollegInnen erfolgte und die Ergebnisse für alle einsehbar gewesen seien:

> „Es wurde dann veröffentlicht. Also die Liste von denen, die was gekriegt haben
> und die dann nichts gekriegt haben, wurde veröffentlicht, und von daher konnte
> jeder sofort einschätzen, was jetzt Sache ist."

Auf der Deutungsebene folgt er damit weitgehend den Prämissen des NPM. Der
Nachrichtentechniker geht von dem Maßstab der Transparenz aus, der für ihn
einen öffentlichen Leistungsvergleich zwischen den KollegInnen einschließt.
Anstatt hierin eine Gefährdung der professoralen Autonomie oder eine illegitime
Annäherung an Leistungskontrollen in anderen Berufsfeldern zu sehen, betont
er den Vorteil, dass auf diese Weise alle Beteiligten ihre Position „einschätzen"

---

[11] Insofern bestätigen seine früheren Auslandserfahrungen den Status des deutschen Uni-
versitätssystems als „half-hearted late-comer" (Enders et al. 2015, S. 90) des NPM. Auch
hier zeigt sich, wie im Falle von Herrn Pauls (Kap. 4.3.) die Relevanz vorhergehender
beruflicher Erfahrungen: Leistungsbewertungen werden vor dem Hintergrund eines vorhandenen Vergleichsmaßstabes anders eingeordnet. Dies zeigt sich bei ProfessorInnen
mit Berufserfahrungen in Hochschulsystemen mit fortgeschritteneren NPM-Reformen,
wirft aber auch die Frage nach den sozialisatorischen Effekten bei der Generation jüngerer
WissenschaftlerInnen auf.

könnten. Er legt kein besonderes professorales Ethos zugrunde, das es gegenüber organisationaler Kontrolle oder Bewertung zu schützen gelte:

> „Ich meine, die ganze Gesellschaft ist eine Leistungsgesellschaft. Wieso soll die Uni
> da die große Ausnahme sein? Und ich meine, die Vorstellungen, dass man ab da, wo
> man jetzt berufen ist, dann nur noch hehre Ziele hat und quasi ein ganz neues Wesen
> ist, das ist ja leider auch ((lacht)) nicht so. Von daher ist es schon gut, wenn man
> einen gewissen Anreiz hat."

Entsprechend bewertet er die individualisierte LOM, die an seinem aktuellen Fachbereich beschlossen wurde, als positiv. Dort kämen nachvollziehbare Kriterien zum
Tragen, mit denen Forschung und Lehre gleichermaßen berücksichtigt würden:

> „Die ist relativ transparent und da gibt es auch relativ wenige Streitigkeiten. Die ist
> relativ lehrlastig: Wer quasi mehr Lehrbelastung hat in Anzahl der Studenten, der
> kriegt mehr. Und dann gibt es noch einen gewissen Bonus für Drittmittel. [...] Ich
> denke, das ist auch legitim, dass die, die viel mit Grundlagenlehre belastet sind,
> [profitieren, Anm. der AutorInnen], weil das wirkliche Belastung ist. Ich meine, ich
> sehe die Studenten erst im vierten Jahr, und die sehen dann halt die Hunderte von
> Studenten am Anfang [...]."

Neben der Belohnung jener KollegInnen mit hoher Lehrbelastung befürwortet
er gerade auch die Bewertung der Lehrqualität. Aus seiner Sicht tragen
„Evaluierungen" dazu bei, dass sich Lehrende anders „entwickeln" als einige der
ProfessorInnen, die er noch selbst als Student erlebte und die das Vorlesungs-
format teilweise „wörtlich genommen" hätten:

> „Ich denke, wenn denen mal jemand am Anfang ihrer Karriere die Lehre evaluiert
> hätte und jemand gesagt hätte: ,Dies oder jenes kann man vielleicht anders machen',
> dann hätten die sich auch anders entwickelt. Aber wenn man halt mal so fest-
> gefahren ist und dann 20 Jahre das Gleiche gemacht hat, dann ändert man auch
> nichts mehr. Ich denke, von daher ist das sehr gut, dass wir jetzt Feedback kriegen."

Der Nachrichtentechniker geht insofern von einer Bewertungskompetenz der
Studierenden aus. Diese könne sich zwar weniger auf die fachlich-inhalt-
liche Dimension beziehen; die Lernenden seien jedoch durchaus in der Lage,
didaktische Qualitätsaspekte zu beurteilen. Da es „letztendlich die Studenten"
seien, die „das dann ausbaden" müssten, befürwortet er auch die Konsequenz,
eine Veranstaltung nach mehrfach schlechten Ergebnissen „jemand anderem" zu
übertragen.

Während der Professor für Nachrichtentechnik hier von der Perspektive und den Interessen der Studierenden ausgeht, betrachtet er es ebenfalls als legitim, dass die Organisation im Sinne ihrer Wettbewerbsposition bestimmte Leistungskriterien forciert. Da Universitäten mit Forschungsformaten wie SFBs „glänzen" könnten, sei ihr besonderes Interesse an der Einwerbung von Verbundforschung „nachvollziehbar". Auch Zielvereinbarungen, in denen organisationale Bewertungsmaßstäbe fixiert und an die ProfessorInnen weitergegeben werden, deutet er als unproblematisches, wenn nicht hilfreiches Instrument:

> „Ich denke, an sich ist es schon gut, gewisse Zielvorgaben zu haben, und gerade bei uns in den Ingenieurswissenschaften ist es auch oft so, dass Kollegen berufen werden, die aus der Industrie kommen und vorher Managerpositionen hatten. Und für die ist es dann schwierig, sich wieder in das Unigefüge einzufügen. Da ist es vielleicht gut, wenn man ein bisschen Anlage hat und sieht, was die Kriterien sind, was jetzt an der Uni zählt im Vergleich zu dem, was in einem Unternehmen zählt. Ich meine, ich war nie in der Industrie, ich war immer in der Uniumgebung. Von daher ist mir intrinsisch irgendwie klar oder ist es bei mir vielleicht mehr parallel zu dem, was die Uni auch will, aber für andere oder auch für die Nachwuchswissenschaftler ist es sicherlich gut zu wissen, worauf jetzt Wert gelegt wird."

Die Orientierung an den organisationalen Leistungskriterien setzt der Nachrichtentechniker also nicht mit einer Gefährdung der Autonomie der WissenschaftlerInnen gleich. Vielmehr zeigt sich erneut, dass er die ProfessorInnen eher mit Beschäftigten anderer Berufsfelder vergleicht: So wie es für Ingenieure in der Industrie wichtig sei, zu wissen, was in ihrem Unternehmen „zähl[e]", so gelte dies auch für neu berufene ProfessorInnen hinsichtlich ihrer Universität. Er räumt zwar an anderer Stelle ein, dass es „sicherlich eine Gefahr" wäre, wenn ProfessorInnen sich im Sinne einer Zweck-Mittel-Verkehrung zu sehr an der Einwerbung möglichst vieler Drittmittel orientierten, ohne „richtige Forschung mehr zu machen". Mit Blick auf die derzeitige Umsetzung universitärer Leistungsbewertungen geht er jedoch von einer Professorenschaft aus, die auch weiterhin nicht daran gehindert werde, eigenen Bewertungsmaßstäben und Gewichtungen zu folgen.

Insofern lassen sich vor allem positive Deutungen universitärer Leistungsbewertungen resümieren. Entscheidend hierfür ist, dass der Nachrichtentechniker die Maßstäbe von Transparenz und einem damit verbundenen Leistungsvergleich grundsätzlich teilt. Zudem verbindet er mit Leistungsbewertungen auch eine quasi sozialisatorische Wirkung im Sinne der Organisation, womit professorale und organisationale Interessen zumindest partiell parallelisiert werden.

Weitere Fälle

Zu den SympathisantInnen gehören ferner einige ältere ProfessorInnen, die sich aufgrund ihrer C-Besoldung bzw. Karrierestufe nicht mehr von Leistungsbewertungen betroffen sehen, sich aber in entsprechenden universitären Gremien oder Kommissionen engagieren. Ein solcher aktiver Sympathisant ist etwa ein C4-Professor für Hochfrequenztechnik, der zugleich Vizepräsident für Forschung ist und sich in dieser Position vor der Aufgabe sieht, die Unterschiede zwischen den Fächern bei den Leistungsbewertungen angemessen zu berücksichtigen. Dies gelte nicht nur für die LOM, sondern auch für die „strategische Fragestellung" der Positionierung gegenüber Rankings:

> „Deswegen sind wir wirklich auf eine fachspezifische Betrachtung angewiesen. Und das ist etwas, was wir jetzt [...] in dieser Arbeitsgruppe Rankings zu diskutieren haben werden, weil es von Fach zu Fach ganz unterschiedlich ist, wie dort die Rankings betrachtet werden und wie man zum Beispiel einem externen Ranking-Unternehmen wie dem CHE gegenübertreten kann." (TECH4)

Dass eine einheitliche Linie kaum – oder nur gegen großen Widerstand – umsetzbar wäre, stellt für den Hochfrequenztechniker kein Argument gegen Leistungsbewertungen dar. Sein Anspruch besteht vielmehr darin, die Instrumente in angemessener Weise weiterzuentwickeln. So sei die interne LOM „gerade neu konzipiert worden", um nicht länger von großen Fächergruppen, sondern den einzelnen Disziplinen auszugehen:

> „[D]ie Fachcommunities sind grundsätzlich anders, also eine Promotionsquote in der Physik und eine Promotionsquote in der Biologie sind völlig unterschiedlich. In der Biologie promoviert fast jeder, aber eben auch in ganz anderen Themen und in ganz anderen Umgebungen als zum Beispiel gerade in den Ingenieurwissenschaften."

Dem Hochfrequenztechniker geht es somit um eine Ausdifferenzierung der Leistungskriterien, die den jeweiligen Disziplinen und deren Bewertungsmaßstäben gerecht wird.

Ein C4-Professor für Politikwissenschaften zielt mit seinem Engagement dagegen auf die stärkere Berücksichtigung von Qualitätsunterschieden zwischen den professoralen Leistungen an seiner Fakultät ab. Er setzt sich vor allem für eine Mittelverteilung ein, bei der KollegInnen, die nie einen „DFG-Antrag schreiben", nicht länger „automatisch Unterstützung" bekommen – bei der zukünftig also neben Belohnungen auch Kürzungen zum Tragen kommen können:

„Da sind wir jetzt am Arbeiten, damit die Leute das, was sie brauchen, auch finden, zum Beispiel, wenn sie viel tun, auch Unterstützung kriegen, dass sie da nicht alleine gelassen werden. Wenn eine Forschung sehr erfolgreich ist, sollte man denen auch mehr Mittel zur Verfügung stellen, und diejenigen, die quasi nicht viel machen, aber Mittel haben, können auch Mittel verlieren. […] Man muss schon mit den knappen Ressourcen sinnvoll umgehen. Es wird ja nicht mehr Geld, sondern es geht eher darum, eine bessere Form, eine Verteilung zu finden und auch deutlicher zu machen, wo die Forschungsleistung liegt. Das kann auch Einzelforschung sein, auch Verbundforschung, aber man muss das Ganze kenntlich machen." (POL8)

Die Äußerung zeigt deutlich, dass der Politikwissenschaftler einem Effizienzgedanken folgt, nach dem vor allem die leistungsstarken ProfessorInnen von den vorhandenen Ressourcen profitieren sollten. Damit meint er in erster Linie jene KollegInnen, die erfolgreiche Forschung betreiben, welche zwar nicht zwangsläufig im Rahmen größerer Verbundprojekte stattfinden, deren Qualität oder Relevanz für das Fach jedoch „kenntlich" gemacht werden müsse. Er fügt hinzu, dass diese KollegInnen sich eher auch „in Gremien" betätigten, während „die faulen durchgehend faul" seien: „Die forschen nichts, die schreiben nichts, gehen in kein Gremium." Damit betont er die Unterschiede zwischen den professoralen Leistungen zusätzlich.

Im Vergleich zu dem Hochfrequenztechniker geht der Politikwissenschaftler von grundlegenderen Defiziten bei der bisherigen Umsetzung von Leistungsbewertungen aus. Damit die Fakultät „weiterkomm[e]", sich „nach vorne entwickeln" könne, müssten Instrumente wie die LOM konsequenter zum Einsatz kommen. Er nimmt die Universität allerdings als „schwerfällig[e]" Institution wahr, an der es „viele Leute" gebe, „die schon lange da" seien und sich „nicht mehr so toll" änderten.

Insofern lässt er sich dem zu Beginn erwähnten Subtyp des enttäuschten Sympathisanten zuordnen, der die Umsetzung von Leistungsbewertungen an der eigenen Universität oder Fakultät als zu schwach oder inkonsequent wahrnimmt und der im Folgenden anhand weiterer Fallbeispiele veranschaulicht werden soll. Dabei zeigt sich, dass sich die Enttäuschung auf organisationale Defizite bei der Umsetzung, aber auch unmittelbarer auf die eigene Betroffenheit – hier eher: unfreiwillige Nichtbetroffenheit – von Leistungsbewertungen beziehen kann.

Eine C4-Professorin für Politikwissenschaft gehört zu jenen enttäuschten SympathisantInnen, die bei ihrer Kritik weniger von den Folgen oder Nachteilen für die eigene Person ausgehen. Sie argumentiert als erfahrene Professorin und Gutachterin, die durch den Vergleich mit Bewertungsprozessen an anderen Hochschulen ein zu wenig kohärentes Konzept der Qualitätssicherung und Leistungsbewertung an ihrer aktuellen Universität wahrnimmt. Die organisationalen

Bemühungen sollten sich nicht allein, so lässt sich ihre Kritik zuspitzen, auf den Wettbewerb nach außen, etwa in der „Exzellenzinitiative", richten, sondern sich auch intern entsprechend wiederfinden. Es genüge beispielsweise nicht, strukturierte Promotionsprogramme einzuführen, sofern in der Folge eine substanzielle Bewertung – etwa durch externe GutachterInnen – ausbleibe. Und mit Blick auf die reguläre Lehre bemängelt sie die nur „unsystematisch[e]" (POL2) Umsetzung verpflichtender Lehrevaluationen wie auch die fehlende Festlegung von Bewertungskriterien, die tatsächlich etwas über die inhaltliche Qualität der Veranstaltungen aussagen könnten:

> „Mir ist sehr wichtig, dass sie [die Lehrenden, Anm. d. AutorInnen] wissenschaftlich gut sind. Aber man muss auch wirklich, wenn man zum Beispiel Lehrevaluation machen will, dann denke ich, müsste man überlegen: Wie bewertet man den Inhalt von dem, was die Person rüberbringt?"

Während sich jüngere KollegInnen teilweise darüber „beschwer[t]en", keine „offizielle Lehrevaluation" für ihre weiteren Bewerbungen zu haben, geht es der Politikwissenschaftlerin bei ihrer Kritik um die Verteidigung eines hohen wissenschaftlichen Anspruchs der Lehre, der durch verbindliche und bessere Bewertungsinstrumente – etwa Verfahren des Peer Review – gestärkt werden könne. Über einen solchen Handlungsbedarf gebe es am Fachbereich jedoch keinen Konsens. Zudem gingen von der Leitungsebene keine entsprechenden Initiativen aus.

Weiterhin unterstütze die Organisation die ProfessorInnen auch nicht angemessen dabei, den Anforderungen wettbewerbsfähiger Forschung entsprechen zu können. Die Politikwissenschaftlerin erwähnt hier vor allem die nur geringen Möglichkeiten, sich von der Lehre befreien zu lassen:

> „Weil sie hier sehr konservativ sind für diese Forschungsinitiativen und so. Sie machen das sehr, sehr schwierig für die Leute, Vertretungen zu haben, so dass sie an einem Forschungsprojekt oder Forschungsantrag arbeiten können. […] Die geben keine Lehrdeputatsreduktion für überhaupt etwas. Nur Dekan, sonst nichts."

In diesem Kontext zeigt sich die Professorin zwar auch über ihre eigenen Schwierigkeiten enttäuscht, mehr zeitliche Freiräume für Projektanträge zu bekommen. In erster Linie geht es ihr aber um das Aufzeigen struktureller Defizite bzw. Widersprüche: Dass ‚gute' Lehre vor allem an dem „konservativen" Leistungskriterium der Erfüllung des Deputates bemessen werde, sei nicht nur für die Forschungsarbeit „kontraproduktiv". Durch die zeitliche Überlastung der ProfessorInnen könne diese Vorgehensweise ebenso negativ auf die Qualität der Lehre zurückwirken.

Die Politikwissenschaftlerin nimmt somit eine erweiterte Perspektive auf das Thema der Leistungsbewertungen ein, indem sie neben der Umsetzung konkreter Instrumente gerade auch die Rahmenbedingungen für ‚gute' Leistungen in Lehre und Forschung anspricht. Zentral ist für sie der fehlende organisationale „Common Sense", den Anspruch von Wettbewerbsorientierung und Exzellenz auch tatsächlich in eine Praxis zu übersetzen, die hohen wissenschaftlichen Standards genügt.

Ein W3-Professor für Zellbiologie kritisiert hingegen, dass die Umsetzung der LOM an seiner Universität denjenigen, die sehr gute Forschungsleistungen zeigten, nur geringe Ressourcenzugewinne brächte. Er geht hierbei nicht von seinen individuellen, sondern von den Forschungsleistungen seines Fachbereiches aus, der – etwa durch einen SFB – den forcierten Definitionen ‚guter' Wissenschaft entspreche und damit auch inneruniversitär eine exponierte Stellung einnehme. Trotz dieser eigentlich günstigen Ausgangssituation sei es aus seiner Sicht fraglich, ob sich die lokale Governance tatsächlich in eine stärker wettbewerbsorientierte Richtung bewegen werde. Dass er seine Universität in dieser Hinsicht als eine Art Nachzüglerin betrachtet, zeigt sich bereits, wenn er den Vergleich mit früheren Erfahrungen zieht. Als W2-Professor habe er an einem anderen Standort noch eine „sehr tiefgehend[e]" individualisierte Mittelvergabe erlebt, durch die er, „weil die Parameter sehr gut aussahen", am Ende über „ein sehr großes Budget" verfügte (BIO7). An seiner jetzigen Universität laufe die Einführung dieses Instrumentes hingegen erst „gerade an". Seiner Einschätzung nach werde die LOM zudem

„nie so tiefgehend sein, wie es in diesem [Vorgängeruniversität] Modell war, dass also bis auf die Stellen runter Mittel verteilt werden. Gut, es ist, bei dem bisschen, was verteilt wird, auch nicht so kritisch. In meiner Abteilung kommt das meiste Geld, das rein kommt, über Drittmittel. Wir haben also über die Drittmittel einen relativ großen Overhead-Beitrag."

Der Zellbiologe positioniert sich hier zwar als drittmittelstarker Wissenschaftler, der bei seiner Forschung nicht in „kritischer" Weise von den über die LOM verteilten Mittel abhängig ist. Dennoch wird deutlich, dass er die Organisation in einer gewissen Bringschuld sieht: Bis dato setze der Fachbereich mit Forschungsinitiativen „die Impulse" und müsse dann „sehen", das „Präsidium und die Uni als solche mit ins Boot [zu] holen". Insofern „hoff[t]en" er und seine KollegInnen auch, dass eine LOM zukünftig „Möglichkeiten schaff[e], da etwas flexibler zu reagieren als dies früher gewesen wäre, wo also jeder Fachbereich stur seine Stellen bekommen" habe.

Ähnlich wie der bereits erwähnte Politikwissenschaftler (POL8) plädiert auch er für die Aufhebung des Gleichbehandlungsprinzips, also für ein Ende der sprichwörtlichen Gießkanne. Der Zellbiologe unterscheidet zwar nicht explizit zwischen leistungsbereiten und ‚faulen' ProfessorInnen. Gleichwohl folgt er wettbewerbs- und effizienzorientierten Deutungen, nach denen Abstufungen zwischen ProfiteurInnen und VerliererInnen bei der universitätsinternen Mittelvergabe im Grunde alternativlos sind:

„Wenn die Fleischtöpfe höher hängen oder ((lacht)) schlechter befüllt werden, wird das sicherlich noch – also klar ist, es muss eigentlich stärker werden. [...] Ich meine, Wissenschaft ist dynamisch, Anforderungen an Lehre sind dynamisch, und ich denke, jede Universitätsleitung hat große Schwierigkeiten, mit einer starren Zuweisung von Mitteln, Stellen auf solche dynamischen Anforderungen zu reagieren. Auch wenn es auf der anderen Seite dann bei den betroffenen Professuren, Arbeitsgruppen zu schmerzlichen Einschnitten führen wird, kann eigentlich nur eine Lösung sein, so etwas dynamischer aufgrund einer dynamischen Mittelverteilung zu handhaben."

Interviewerin: „Und fänden Sie das auch gut, wenn das so ist? [...]"

„Also wenn man auf der Gewinnerseite steht, ist das immer gut. ((lacht))." (BIO7)

So eindeutig seine Haltung hinsichtlich der Notwendigkeit einer solchen Anpassung ist, so ambivalent äußert er sich mit Blick auf die bisherigen Aushandlungs- und Entscheidungsprozesse über eine Neugestaltung der LOM. Über die Kriterien habe das Präsidium zwar „unter Beteiligung des Senats" entschieden, die „Einbindung der Fachbereiche" sei darüber hinaus aber „nicht sonderlich weitgehend" gewesen. Insofern müsse man letztlich „sehen, dass da nicht der Zug" an den eigenen Interessen „vorbei[fahre]".

Aufgrund der Ergebnisoffenheit des Umsetzungsprozesses lässt sich der Zellbiologe eher noch als skeptischer denn bereits als enttäuschter Sympathisant bezeichnen. Angesichts seiner Deutungen des ‚richtigen' Weges lässt sich allerdings von einer Enttäuschung ausgehen, wenn die Universitätsleitung langfristig an einer zu „starren" Mittelverteilung festhielte, um „schmerzliche Einschnitte" für bestimmte „Arbeitsgruppen" zu vermeiden.

Ein W3-Professor für Literaturwissenschaften gehört hingegen eindeutig zu den enttäuschten Sympathisanten, da er nach seinen langjährigen Erfahrungen vor Ort kaum berechtigte Hoffnung hinsichtlich einer stärkeren Wirkungsmacht von Governanceprozessen mehr sieht. Er ist zwar an einer Universität tätig, die sich erfolgreich am Wettbewerb der „Exzellenzinitiative" beteiligt und an der zudem Instrumente wie die LOM kein Novum mehr darstellen. Gleichwohl geht der Germanist mit Blick auf seine eigene Fakultät von einer weitgehenden Stabilität der bisherigen Strukturen aus. Gefragt nach den spürbarsten Veränderungen seiner Arbeitssituation durch die gegenwärtigen Universitätsreformen antwortet er insofern auch:

> „Ich würde zunächst mal antworten: ‚Was für ein Wandel?' Weil die Governancestrukturen in meiner Wahrnehmung – das betrifft eher die Wahrnehmung der geisteswissenschaftlichen Fächer, wir sind ja hier Philosophische Fakultät – zumindest was gerade die persönliche Governance betrifft, sich wenig geändert haben. Das heißt, die Beamtenstruktur ist das zentrale Prinzip. Das heißt, diejenigen, die eine feste Stelle haben, haben diese feste Stelle, und das genügt den meisten." (LIT4)

Seine Enttäuschung über die nur marginalen Veränderungen der „persönliche[n] Governance" bezieht sich auf mehrere Sachverhalte. Zum einen bemängelt er die nur geringen Möglichkeiten, seine eigenen Leistungen in einen individuellen Vorteil jenseits einer rein symbolischen Anerkennung umwandeln zu können. Obwohl er „sehr viel für die Universität" tue und in seiner Disziplin zu den drittmittelstarken ProfessorInnen gehöre, blieben ihm im Grunde nur die begrenzten Leistungszulagen in der W-Besoldung. Aufgrund eines fehlenden externen Rufes könne er nicht weiter „verhandeln", zudem sei die „Spanne" bei Instrumenten wie der LOM „einfach viel zu uninteressant klein". Neben diesen Grenzen kritisiert der Literaturwissenschaftler, dass Leistungen wie Summer Schools oder die Betreuung ausländischer Studierender trotz der Betonung von Internationalisierung und innovativer Lehre letztlich „einfach als Pflicht" gesehen würden.

Die Ausgestaltung und geringe Wirkungsmacht der lokalen Leistungsbewertungen sieht er auch mit Blick auf seine Fakultät kritisch. Aus seiner Sicht bleiben hierdurch wichtige Entwicklungen aus und die Geisteswissenschaften – auch im Vergleich zu den Naturwissenschaften – „hinter ihren Möglichkeiten zurück". Als Ursache für dieses „Trauerspiel" betrachtet der Germanist nicht zuletzt die ProfessorInnen selbst, bei denen weiterhin ein klassisch geisteswissenschaftlicher Habitus mit einer Orientierung an Individualforschung und der je eigenen – und nicht etwa: der universitären – Reputation dominiere. Damit stellt er zwar nicht die wissenschaftliche Qualität ihrer Arbeiten infrage. Die relativ großen Beharrungskräfte gegenüber Verbundforschung oder Interdisziplinarität stehen für ihn aber in einem problematischen Widerspruch zu Modernisierungsprozessen, die auch angesichts der schon seit längerem diskutierten ‚Legitimationskrise' der Geisteswissenschaften[12] notwendig seien.

---

[12] Siehe etwa die von Wolfgang Prinz und Peter Weingart (1990) herausgegebenen facettenreichen „Innenansichten" zur Situation der Geisteswissenschaften.

Die vorhandenen Bewertungsinstrumente könnten mit ihrem „ziemlich simple[n] Formalismus" hieran kaum etwas ändern, zumal sie den ProfessorInnen im Grunde bequeme Lösungen böten. Da man nur „zwei Doktorandinnen in einem Graduiertenkolleg haben" müsse, um die Leistungskriterien zu erfüllen, sei es für „[s]eine Gruppe einfach eine Übertreibung", von einer organisationalen „Leistungs-evaluierung" oder einer Forcierung ‚echter' Verbundforschung zu sprechen:

> „Graduiertenkollegs in Geisteswissenschaften sind nicht wirkliche Forschungs-verbünde. Also das wäre jetzt ein Euphemismus. ((lacht)) Von daher ist das alles sehr locker gestrickt und die Leute sind sehr viel stärker in den Geisteswissen-schaften, also ich will nicht sagen Einzelkämpfer, das klingt schon wieder so heroisch. Die einen sitzen da, die anderen sitzen da, und es hat dann eher zufällig miteinander ein bisschen mehr zu tun."

Dem Germanisten erscheint die stärkere Verankerung einer verbindlichen „strategischen Zielsetzung" für die Lehre und Forschung an den einzelnen Fakultäten als nötig. Er sieht jedoch kaum Akteure, die einen solchen „müh-same[n] Weg der Veränderung" vorantreiben könnten. Für sich selbst findet er allerdings Handlungsstrategien, mit denen er den wahrgenommenen Stillstand partiell überwinden kann: zum einen, indem er bei seiner Forschungsarbeit mit WissenschaftlerInnen aus anderen Fachdisziplinen zusammenarbeitet, zum anderen, indem er sich in universitären Gremien und Initiativen engagiert, in denen er größere Möglichkeiten als an seiner Fakultät sieht, Prozesse aktiv mitzu-gestalten. Er habe „irgendwann gemerkt", dass es „vielleicht nicht gut" sei, allein „in eine Richtung" zu „kämpfen", und verlagere seitdem sein Engagement stärker von der fachkollegialen auf die organisationale Ebene:

> „Auf der Seminarebene ist eigentlich nur wichtig: Wer macht den nächsten Direktor? [...] Oder jetzt bin ich unter Druck, für die Fakultät den Dekan zu machen, was ich nicht gerne machen würde, weil das ist, glaube ich, vertane Zeit. Man kann so wenig dort machen. Es ist also in jeder Hinsicht unerfreulich. Das mache ich relativ wenig, versuche mich eher zu entziehen und mache mehr auf der Ebene Gesamtuni."

Auf der „Ebene Gesamtuni", wo er „ziemlich sichtbar" sei, kann er sich von dem disziplinär verankerten, aus seiner Sicht hemmenden Habitus distanzieren und einen aktiven Beitrag – etwa beim Aufbau neuer Studiengänge – leisten.

Für einen W2-Professor für Zellbiologie, der die lokale Umsetzung von Leistungsbewertungen als krisenhaft und demotivierend erlebt, ohne hierfür bereits einen vergleichbaren Ausgleich zu finden, stellt sich die Situation indes anders dar. Er hatte mit dem Wechsel an seine aktuelle Universität die Erwartung eines wettbewerbsorientierten Umfeldes mit guten Rahmenbedingungen für Forschung und Lehre verbunden, was sich hinsichtlich Ausstattung und Unterstützung durch administrative Stellen auch bestätigte. Enttäuscht zeigt er sich jedoch von der Umsetzung konkreter Bewertungsinstrumente und den Möglichkeiten, mit seinen Leistungen tatsächlich – in individualisierter Weise – belohnt werden zu können. Dieser Eindruck entstand für ihn bereits im Kontext seiner Berufung, da die eigentlich verhandelten „leistungsorientierten Bezüge" durch die Reformierung der Grundgehälter letztlich „rausgekürzt" worden seien (BIO12). Auf diese Weise habe er persönlich „nichts" von der Erhöhung der W2-Besoldung gehabt, was er rückblickend als „einfach demotivierend[e]" Erfahrung bezeichnet.

Materielle Anreize stehen für den Zellbiologen in keinem Widerspruch zu seinem akademischen Ethos:

> „[P]ersönlich sehe ich das so: Natürlich ist es gut, wenn man genug Mittel hat, um seinen Laden am Laufen zu halten, aber klar, Anreiz ist natürlich auch persönliche Besoldung. Wenn ich wüsste, wenn ich mit einem DFG-Antrag oder einer Forschergruppe die Möglichkeit habe, diese zusätzlichen leistungsorientierten Zulagen zu bekommen, klar wäre das ein Ansporn, auf jeden Fall. Aber in der Praxis sieht das halt leider anders aus."

In der Realität sieht er sich eher noch mit der „alten Lehrstuhlstruktur" konfrontiert, die ungeachtet der Reorganisation in Departements weiterhin – eben auch: mit Blick auf die Verteilung von Zulagen und Privilegien – fortwirke:

> „Trotzdem denke ich, ist es so, und das hört man auch [...], dass diese Zulagen, die man bekommt, sich auch gehäuft auf die, ich sag mal, alten hergekommenen Lehrstuhlinhaber verteilen. So ist es auch mit anderen Sachen. Mit Fakultätsmitteln oder so. Leistungsorientierte Mittelzuweisung gibt es zum Beispiel nicht bei uns."

Seine Formulierung zeigt, dass er sich tendenziell auf subjektive Eindrücke sowie Hörensagen unter KollegInnen bezieht und aus seiner Sicht auch nur beziehen kann. Denn ein zentraler Kritikpunkt von ihm ist die fehlende Transparenz, durch die jüngere W2-ProfessorInnen wie er weder Einblick in das „Gesamtbudget" noch in die Ausstattungsmittel der „W3- bzw. C4-Lehrstühle" oder die Grundlage für deren Erfolg bei den leistungsbezogenen Zulagen hätten. So fehle eine „Liste", auf der „das offengelegt" werde, sodass man dann sagen könnte:

„Gut, okay, die haben es verdient, weil sie SFB-Sprecher sind oder weil sie in zwei Jahren zehn Nature Paper publiziert haben oder sonst was."

Dass insgesamt kaum professorale Nachweispflichten bestehen, deutet er insofern im Sinne einer Bewahrung alter Strukturen, durch die jüngere ProfessorInnen wie er auch bei starker Leistungsorientierung ‚in der zweiten Reihe' blieben. Dabei bezieht sich der Zellbiologe keineswegs nur auf die Forschungsleistungen, sondern ebenso auf die Lehre. Er selbst nutze nicht nur die Evaluationen für die Verbesserung seiner Lehre, sondern auch didaktische Angebote, in denen man von „erfahrenen Leuten" konkrete „Tipps" bekomme. Die „Uni" sei in dieser Hinsicht „sehr modern, sehr ambitioniert". Zugleich, und darin sieht er ein entscheidendes Defizit, verfolge sie aber kein ernsthaftes Konzept der Leistungsbewertung, obwohl es sich bei der Lehre um eine zentrale Aufgabe handle. So seien weder die Evaluationen verpflichtend noch finde eine Kontrolle über die tatsächlich durchgeführten Veranstaltungen statt. Hierdurch etablierten sich Ungleichheiten zulasten engagierter ProfessorInnen:

„[E]s muss zumindest die Möglichkeit geben, dass es ein Gremium gibt, wo man sagt: ‚Der Kollege oder die Kollegen XY haben ihre Lehre nicht wahrgenommen.' Das muss ja mal Konsequenzen haben. Also finde ich schon. Ja. Absolut."

Für den Zellbiologieprofessor sind die geringen Möglichkeiten, seine Leistungen in formalisierter Weise sichtbar und zur Grundlage von Bewertungen machen zu können, frustrierend. Aus seiner Sicht habe alles, was eigentlich „als Werkzeug der Motivation" dienen sollte, „null gegriffen". Sein persönliches Fazit fällt entsprechend negativ aus:

„Das ist, wie gesagt, demotivierend, das stumpft einen dann auch so ein bisschen ab irgendwann. Das heißt also, da ist wenig Bewegung drin oder gar keine Bewegung drin oder auch keine Möglichkeit, Bewegungen auszulösen. Von daher ist das eher uninteressant, sich ernsthaft Gedanken darum zu machen."

Gerade das letzte Fallbeispiel zeigt, dass die zu geringe Betroffenheit von Leistungsbewertungen folgenreich sein kann: So werden Tendenzen eines inneren Rückzugs und die Wahrnehmung verhinderter Aufstiegsmöglichkeiten deutlich. Langfristig könnte dies Folgen wie ein Nachlassen des Engagements in der Lehre trotz stark ausgeprägtem Lehrethos oder das vermehrte Suchen nach Optionen eines Ausstiegs durch ein Wegbewerben oder, temporär, durch eine Gastprofessur haben.

Auch die enttäuschten SympathisantInnen folgen dabei keineswegs nur einer ökonomischen Anreizlogik. So sind es gerade auch Qualitätsansprüche, die sich aus ihrer Sicht mit Leistungsbewertungen stärken ließen, was durch die Organisation, aber auch die KollegInnen teils verhindert werde. Insbesondere in der Lehre seien Maßnahmen bislang ohne Konsequenz und insofern enttäuschend.

Für die Deutungen von Leistungsbewertungen und die Einschätzung der eigenen geringen Betroffenheit spielt der berufsbiografische Hintergrund eine wichtige Rolle: zum einen aufgrund der Sozialisation innerhalb des Leistungsbewertungssystems einschließlich entsprechender Erwartungen an die Umsetzung, zum anderen als mögliche Gelegenheit des Vergleichs mit anderen Ländern oder mit der Umsetzung der neuen Steuerungsinstrumente an anderen – wettbewerbsorientierteren – Universitäten. Langjährige Erfahrungen mit Leistungsbewertungen können aber auch zu einer ambivalenteren Sicht führen, bei der wesentliche Aspekte der neuen Governance zwar weiterhin befürwortet, konkrete Bewertungsmaßstäbe oder -instrumente im Zeitverlauf aber kritischer reflektiert werden.

Dies zeigt sich etwa bei einem C4-Professor für Politikwissenschaften, der viele der Wandlungsprozesse, die er in den letzten zwanzig Jahren erlebt hat, gerade auch im Vergleich zur „Ordinarienuniversität" (POL11) nach wie vor als positive Entwicklung deutet. Die „alte Welt" der Ordinarienuniversität verbindet er mit einer „Inflexibilität" bei der Übertragung und Verwendung von Mitteln sowie mit einer Wirkungsmacht informeller Strukturen zulasten klar formulierter Leistungskriterien. Dass mit Leistungsbewertungen und Programmen wie der „Exzellenzinitiative" die Mittelverteilung stärker „formalisiert" wurde, stellt aus seiner Sicht insofern einen Fortschritt dar. Man versuche seither

> „zumindest den Eindruck zu vermeiden, dass die Mittel nach Gutdünken verteilt werden […]. Die Verfahren, auch die Kriterien sind im Laufe der Zeit immer mehr verfeinert worden. Das macht schon durchaus Sinn, was da geschieht. Das ist im Übrigen wichtig, weil es auch heißt, dass an diesen sogenannten ,Exzellenzuniversitäten' eben nicht nur die geförderten Cluster profitieren, sondern alle anderen, viele andere auch."

Im Kontext der „Exzellenzinitiative" habe sich zudem gezeigt, dass erst eine stärkere top-down-Steuerung durch die Universitätsleitung als „Katalysator" für interne positive Veränderungen wirken konnte, während

„Selbstorganisation [...] nicht funktioniert in diesen Zusammenhängen, weil auch die ‚Exzellenzinitiative' intern differenzieren muss zwischen exzellenten und weniger exzellenten Fakultäten, Kollegen, Disziplinen und so weiter. Auch in einer Exzellenzuniversität können nicht alle exzellent sein."

Soweit zeigt sich der Politikwissenschaftler mit seinen Deutungen als eindeutiger Sympathisant von inneruniversitärem Wettbewerb und neuer Governance, zumal er auch selbst zu den Profiteuren gehörte. Als drittmittelstarker Professor beteiligte er sich in der Vergangenheit mehrfach an Anträgen für Exzellenzcluster oder SFBs und bekam hierfür neben der symbolischen Anerkennung auch Forschungsfreisemester oder Reduzierungen seines Lehrdeputates. Im Zuge seiner Erfahrungen mit der „neuen" universitären „Welt" sieht er jedoch mittlerweile einige Aspekte kritischer. Dies betrifft zum einen die Forcierung der genannten Forschungsformate, die letztlich „viel Zeit absorbiert[en]", dem Anspruch exzellenter Forschung aber häufiger nicht gerecht würden. So bringe

„Kooperation immer Effizienzverluste. Und wenn Sie das zu breit anlegen, wenn Sie sich zu sehr auf andere verlassen müssen, dann wird das schwierig. Insofern sind [...] die Förderformate, die die neue Governance produziert, in meinen Augen vielfach nicht zielführend."

Zum anderen betrachtet der Politikwissenschaftler auch die Übertragung von Leistungsvergleich und Wettbewerb auf die Fakultäten differenzierter. So bedauere er nicht, dass die LOM an seinem Institut kaum umgesetzt werde und im Grunde alle KollegInnen unabhängig von ihrer Drittmittelquote die gleiche Summe erhielten. Auf diese Weise würden ProfessorInnen, die aufgrund anderer „Präferenzen" stärker von den universitären Ausstattungsmitteln abhingen, nicht weiter benachteiligt:

„Jemand, der viele Drittmittel einwirbt, für den sind 2.000 Euro Peanuts, vor allem mit der Einführung der Programmpauschale und von Overheads. Für diejenigen, die keine Drittmittel haben bzw. aus anderen Gründen schlechter dastehen, sind die 2.000 Euro eine Menge Geld."

Ähnlich blickt er auf die Erwartungen, die seitens der Organisation an jüngere KollegInnen gerichtet werden. Es sei zwar eine normale Entwicklung, dass der Leistungs- und Bewährungsdruck „nach Karrierephasen" variiere und für neu berufene ProfessorInnen größer sei. Er beobachte aber, dass die organisationalen Anforderungen mitunter sehr weit reichen und gerade „die jungen Kollegen relativ stark involviert in diese ganzen Geschichten" seien:

„Die müssen sich ja teilweise zu absurden Dingen verpflichten. Ich meine, wir haben auch einen Kollegen, der sich in seinen Berufungsverhandlungen wohl verpflichtet hat, einen SFB-Antrag auf die Wege zu bringen. Das ist natürlich sportlich, würde ich sagen."

Der Politikwissenschaftler sieht damit zwar immer noch keinen grundsätzlichen Widerspruch zwischen professoraler Autonomie und Leistungsbewertungen. Im Sinne eines solidarischen Sympathisanten spricht er sich aber gegen eine zu starke organisationale Verpflichtung oder Vereinnahmung seiner jüngeren KollegInnen aus.

Noch deutlicher in diese Richtung äußert sich eine C4-Professorin für Zellbiologie, die sich explizit für einen „sanfte[n] Druck" und für eine Umsetzung von Leistungsbewertungen ausspricht, bei der für KollegInnen positive Anreize wie „Anerkennung und Belohnung" im Vordergrund stehen (BIO6). Entsprechend sieht auch sie in einer strikten Umsetzung der LOM, bei der individuelle Mittelkürzungen zum Tragen kommen, einen kritischen Schritt:

„Was, glaub ich, relativ neu war, war dann vor sechs, sieben Jahren, dass auch die zugewiesenen Mittel von der Hochschule her leistungsorientiert vergeben werden. Und das ist natürlich ein bisschen fragwürdig, weil das unter Umständen zu Situationen führt, wo jemand, der mal eine Durststrecke hat, gar nicht mehr auf die Füße kommt, und eigentlich sollte die Hochschule vielleicht mit Augenmaß eher sehen, dass das nicht passiert. So eine Fakultät funktioniert ja nur, wenn eigentlich alle Mitglieder stark sind, und wenn man dieses Ungleichgewicht noch weiter fördert, dann könnte der Schuss nach hinten losgehen."

Im Vergleich zu dem Politikwissenschaftler zeigt sich bei der Zellbiologin aber auch eine grundsätzlichere Ambivalenz gegenüber der Idee von Leistungsbewertungen. So hebt sie die Bedeutung der intrinsischen Motivation für die Tätigkeit von ProfessorInnen hervor, die nicht durch eine ökonomische Anreizwirkung verdrängt werden dürfe:

„Man muss eigentlich Mitarbeiter finden, Profs und Kollegen, die intrinsisch motiviert sind. Alles andere ist Käse, und man muss wirklich auch denen, die Prof werden, sagen: ,Das ist hier nicht die Wirtschaft. Hier gibt es keine Boni, sondern der große Vorteil einer Professur, und das ist immer noch so, ist die Eigenständigkeit, die Forschungsziele selber zu definieren. Und dieser große Wert hat seinen Preis, und der Preis ist, dass wir viel arbeiten, ohne immer Extralob zu kriegen und Extrabelohnung.' Nur solche Leute können Profs werden."

Sie grenzt hier dezidiert ein wissenschaftliches Ethos von einer Orientierung an externer „Belohnung" ab, die sie in der „Wirtschaft", möglicherweise aber auch bei jüngeren KollegInnen verortet, die bereits auf andere Weise sozialisiert wurden. Allerdings setzt die Zellbiologin Leistungsbewertungen damit keineswegs schon mit einer automatischen Erosion der ‚richtigen' Haltung oder wissenschaftlichen Autonomie gleich, wie es bei einigen der verschonten ProfessorInnen der Fall ist, die im Folgenden näher betrachtet werden.

5.2.4 Verschonte

Die Verschonten zeichnen sich durch eine grundsätzliche Kritik an universitären Leistungsbewertungen aus, von denen sie zwar selbst nicht betroffen sind, die sie aber mit eindeutig negativen und zum Teil weitreichenden Folgen für die Universität verbinden. Wie die Fälle zeigen, lässt sich das individuelle Verschontsein nicht damit gleichsetzen, dass man nur eine geringe Krisenhaftigkeit des Wandels wahrnimmt. Denn zum einen kann die Gefahr gesehen werden, längerfristig auch selbst unter einen stärkeren Druck – etwa durch eine lokal forcierte Umsetzung von Instrumenten wie der LOM – zu geraten, sodass auch hier die zeitliche Perspektive auf die Reformdynamik eine wichtige Rolle spielt. Zum anderen können Abwertungserfahrungen auf der informellen Ebene – unter KollegInnen oder im Verhältnis zur Universitätsleitung – dazu führen, sich auch als Verschonte unmittelbarer mit dem Wettbewerbs- und Bewertungsdruck auseinanderzusetzen und nicht allein die Rolle einer distanzierten kritischen Beobachterin einzunehmen.

Ankerfall: „Uns lässt man ja so, wie wir sind, zum Glück"
Dies lässt sich anhand der Einschätzungen und Praktiken einer C4-Professorin für Zellbiologie verdeutlichen. Sie wird in wenigen Jahren pensioniert und ist sich insofern sicher, dauerhaft von universitären Leistungsbewertungen verschont zu bleiben. Sie deutet ihre letzte Zeit an der Universität als berufsbiografische Phase, in der sie sich vor allem um die Karriere der von ihr betreuten NachwuchswissenschaftlerInnen wie auch um die Lehre kümmert, die für sie durchgängig eine zentrale und sinnstiftende Aufgabe gewesen ist.

In ihrem Verhältnis zur Organisation nimmt die Zellbiologin keinen für sie spürbaren oder einschränkenden Wandel wahr. Leistungsbewertungen und Rechenschaftspflichten spielten und spielen im Kontext ihrer Drittmittelprojekte immer eine Rolle, und eine Reflexion von Zukunftszielen finde im Fachbereich ohnehin statt. Seitens der Organisation sei für sie im Grunde nur die Lehrevaluation hinzugekommen, die jedoch „nicht so gravierend […] gehandhabt" werde (BIO8). Es gebe zwar eine Verpflichtung dazu – und wer sich verweigere, werde ein „bisschen an den Pranger gestellt". Die Ergebnisse der Evaluation bekäme jedoch nur der Studiendekan „inhaltlich zur Kenntnis".

Mit der Formulierung „Ich meine, uns lässt man ja so, wie wir sind, zum Glück" fasst die Zellbiologin die nur geringe eigene Betroffenheit von Formen der universitären Governance zusammen und positioniert sich im Sinne einer Verschonten, die nicht ‚von oben' kontrolliert oder zu Veränderungen gedrängt wird. Mit der Verwendung des Plurals bezieht sie sich dabei allerdings nicht auf alle, sondern vor allem auf ProfessorInnen, die – ähnlich wie sie selbst – noch die „klassische" Universität repräsentierten. Jüngere KollegInnen stünden hingegen von Anfang an unter einem größeren Effizienz- und Leistungsdruck und zeigten durch diese wissenschaftliche Sozialisation im Gegenzug auch eine andere Haltung. Die Zellbiologin betrachtet diese Differenzen nicht aus einer distanziert-neutralen, sondern aus einer kritischen Perspektive, die sich auch auf die betreffenden ProfessorInnen selbst richtet. Diese trügen durch ihre spürbare Orientierung an quantifizierbaren Leistungskriterien zu einem negativen Wandel der Wissenschaftskultur bei. Deutlich werde das etwa in gemeinsamen Sitzungen und Berufungskommissionen:

> „Wenn Diskussionen laufen über Neubesetzungen oder über Mittelvergabe oder Planung von weiteren Schwerpunkten, die uns wieder Geld bringen, dann wird ja nur so gerechnet: Wen kann man da drin haben? Einen, der diese ganzen Zahlen erfüllt. Aber was die geschrieben haben, da guckt gar keiner, und das ist schon bedenklich. Dass so aussortiert wird nur nach messbaren Kriterien."

In ihrer Wahrnehmung bestimmen diese KollegInnen mit ihrem Verständnis von Leistung zunehmend die Aushandlungs- und Entscheidungsprozesse am Fachbereich. Da viele von ihnen schon „zur anderen Generation" gehörten, die „anders denk[e]", käme man mit einer skeptischen Gegenstimme „nicht mehr durch":

> „Da kriegt man einfach vorgerechnet, wie viel besser der eine ist, weil er schon ein Nature-Paper hat, und dann ist das entschieden. Zum Beispiel wird die Lehre auch pro forma bewertet, aber wenn es drauf ankommt, zählt sie doch nicht."

Ohne dass es um die Beurteilung ihrer eigenen Leistungen geht, sieht sich die Zellbiologin somit dennoch – als Professorin, die der weiteren Entwicklung ihres Fachbereiches und Faches alles andere als indifferent gegenübersteht – von Leistungsbewertungen betroffen.

In ihren Äußerungen zu den informellen Auswahlprozessen spiegelten sich bereits ihre negativen Deutungen der neuen Bewertungslogik wider. Die Zellbiologin verteidigt mehr als nur ihr Standing und ihr Mitspracherecht als erfahrene

und verdiente Professorin. Zentral ist für sie gerade, dass alternative Ansprüche an
‚gute' Wissenschaft – etwa die inhaltliche Qualität von Publikationen betreffend –
in „bedenklicher" Weise marginalisiert würden. In ihrer Wahrnehmung setzen sich
mit dem fortschreitenden Generationswechsel also nicht nur jüngere gegen ältere
KollegInnen, sondern zunehmend einfach „messbare Kriterien" zulasten einer ganz-
heitlicheren, qualitativen Leistungsbewertung durch, bei der auch die Lehre mehr
als nur „pro forma" zählen würde.

Ihre Kritik reicht jedoch noch weiter, indem sie die ökonomisch geprägte
Anreiz- und Effizienzorientierung des NPM als grundsätzlichen Widerspruch zu
dem aus ihrer Sicht notwendigen Kernelement des professoralen Handelns deutet
– der intrinsischen Motivation, dem „eigenen Antrieb" und der „Freude", die man
„keinem" von außen „überstülpen" könne. Instrumente wie leistungsabhängige
Besoldungszulagen oder Mittelvergaben nimmt sie demgegenüber als „Hemm-
nisse" wahr, da diese die „falschen Dinge" belohnten:

> „Charaktereigenschaften, die alle aus Egoismus herrühren, und das ist bestimmt
> nicht förderlich für eine Sache, die eigentlich für die Allgemeinheit gut sein soll
> und nicht nur so aussehen soll, dass man hinterher sagen kann: ‚Ich habe das alles
> gemacht. Ich habe so viel Geld ran geholt.' Da zitiere ich direkt Kollegen, die
> jetzt schon auf diesem Trip sind und die ich absolut untragbar finde, weil das alles
> abtötet, was so ein bisschen Inspiration, Begeisterung oder auch Spielraum bedeutet,
> um zu forschen und zu denken. Das geht ganz verloren. Das kann ich Ihnen sagen.
> Also das ist ganz bedenklich."

Die Zellbiologin markiert einen starken Gegensatz, indem sie nicht nur zwischen
intrinsischer und extrinsischer Motivation unterscheidet, sondern letztere mit
einem zunehmenden „Egoismus" der WissenschaftlerInnen gleichsetzt. Neben
der „Begeisterung" für die Sache werden damit für sie auch Kollegialität und
die Bereitschaft zur Kollektivgutproduktion gefährdet, sodass die Universität
ihre Bedeutung als eigenständige Wertsphäre jenseits einer Logik der Nutzen-
maximierung langfristig verlieren könne.

In diesem Zusammenhang bleibt die Zellbiologin nicht bei einer allgemeinen
Kritik, sondern führt konkrete Beispiele aus ihrer beruflichen Praxis und
kollegialen Zusammenarbeit an. Jüngere und wettbewerbsorientierte KollegInnen
betonten die eigenen individuellen Leistungen bei der Drittmitteleinwerbung und
ordneten zudem die Lehre dem eigenen Fortkommen in der Forschung unter. So
gehe es einigen der W-ProfessorInnen nicht mehr um das Ziel einer Wissensvermittlung für alle Studierenden, sondern vor allem darum, die geeigneten
MitarbeiterInnen für ihre Forschungsprojekte „rauszufiltern":

„Die setzen irgendwelche Kriterien auch aus, dass jemand erst irgendwas bestanden
haben muss, bevor er dann zu ihnen hin darf. Während wir für Bachelorarbeiten
und für Masterarbeiten jeden nehmen müssen, wählen die trotzdem aus. Das führt
alles dahin, dass sie sich nicht bemühen, die breite Masse der Studenten irgendwie
zufrieden zu stellen, sondern nur zielorientiert, um ihre Forschung nachher besser
weiter betreiben zu können. Gute Leute helfen einem natürlich nachher im Labor
[…]. Das ist der Typus, der jetzt so sein muss oder so sein will.“

Für die Zellbiologin erodiert damit ein Lehrethos, zu dem ein Verantwortungs-
gefühl für den Lernerfolg der Studierenden gehört. Das in ihrer Disziplin übliche
Interesse, über die Lehre „gute Leute“ für die Laborarbeit zu rekrutieren, verliert
aus ihrer Sicht an Legitimität, wenn sich damit eine Vernachlässigung der „breiten
Masse“ verbindet.

Die Zellbiologin zeigt sich zwar unentschieden, ob der neue „Typus“ von
ProfessorIn notgedrungen – aufgrund des gestiegenen Leistungsdrucks – oder aus
innerer Überzeugung so handele. Was für sie hingegen feststeht, sind die negativen
Folgen für die universitäre Lehre wie auch für das kollegiale Verhältnis: So deutet
sie die Bestenauslese einiger ProfessorInnen als unsolidarisches Verhalten gegenüber
jenen KollegInnen, die weiterhin „jeden nehmen“, und bezeichnet die skizzierten
Entwicklungen an anderer Stelle sogar als ein „Todesurteil für die Lehre“.

Hinsichtlich eines möglichen Qualitätsverlusts in der Forschung äußert sich
die Zellbiologin weniger drastisch. Leistungskriterien wie Drittmittel stellen
für sie schon aufgrund ihrer disziplinären Zugehörigkeit keinen prinzipiellen
Widerspruch zu ‚guter‘ Forschung dar. Darüber hinaus sieht sie in Förderinstitutionen wie der DFG Bewertungsinstanzen, die „zum Glück“ noch eine
„fachlich“ begründete Begutachtung von Projektanträgen leisteten. Da sich
WissenschaftlerInnen aber mit einem wachsenden Wettbewerbsdruck und
einer zunehmend quantifizierenden Messung ihrer Leistungen „rumschlagen“
müssten, sieht sie allerdings auch mögliche Erosionsprozesse. Die Zellbiologin
bezieht sich an dieser Stelle nicht nur auf ihre jüngeren KollegInnen, sondern
auf Entwicklungen, die grundsätzlich das gesamte Fach betreffen. Durch die
Anforderung, „schnell Daten produzieren“ zu müssen, „um noch über Wasser zu
bleiben“, könne man es sich etwa weniger „erlauben“, Versuche oft zu wiederholen und „so grundsätzlich“ zu arbeiten, wie es eigentlich angemessen wäre.
Zudem beobachte sie eine Zunahme an „Arbeiten“,

„wo wirklich Kleinigkeiten aufgebauscht werden oder eben nichts Neues gemacht
wird oder einfach mit irgendeiner Methode alles irgendwie gemessen wird, was
messbar ist. Das sind keine neuen Ideen und man sagt dann: ‚Man muss da mal alles
durchmessen, und dann guckt man mal, was rauskommt‘ – und diese Art Ansatz
finde ich gar nicht gut.“

Ihr Urteil fällt insofern ambivalent aus: Einerseits sieht sie Tendenzen einer inhaltlichen Verflachung, andererseits in der deutschen Forschungsförderung auch einen nach wie vor bestehenden Schutz vor weitgehenden Qualitätsverlusten. Aufgrund ihres eigenen Verschontseins von organisationalen Bewertungen und Karrieredruck findet die Zellbiologin für sich einen entspannten Umgang mit Leistungskriterien wie dem Publizieren von Artikeln in möglichst hochrangigen Journals. Sie sehe es für sich mehr als

> „so'n Sport, dass man jetzt sagt: ‚Gut, das ist schön, wenn das in einem Journal ver-
> öffentlicht wird, das ein paar mehr Punkte hat', aber da bin ich wirklich nicht drauf
> angewiesen und ich finde immer: Hauptsache ist, die Arbeiten werden gelesen und
> zitiert."

Sie orientiert sich an der Beachtung und Anerkennung durch die Scientific Community, ordnet ihre Forschung aber nicht dem Ziel unter, möglichst viele solcher Beiträge zu veröffentlichen. Allerdings bleibt sie über ihr Gefühl der Verantwortung für die Zukunftschancen ihrer Mitarbeitenden mit den entsprechenden Bewertungsmaßstäben verbunden. Während sie sich selbst nicht mehr „aus der Ruhe bringen" lasse, würden die „jungen Leute" schon sehr nach ihren Leistungen „abgetastet". Die Zellbiologin sieht sich dahin gehend in der Rolle einer Förderin, die versuche, für ihre Mitarbeitenden „das Bestmögliche zu machen". Auch der Lehre und der Organisation ihres Lehrstuhls widmet sie weiterhin Zeit, da sie dort ihren eigenen Maßstäben von Qualität und ‚guter' Zusammenarbeit folgen kann. Aus Selbstverwaltungstätigkeiten wie der Mitwirkung in Berufungskommissionen sowie im Fachbereich ziehe sie sich hingegen zurück:

> „Sagen wir mal so: In den letzten beiden Kommissionen, da wollte ich schon gar
> nicht mehr mitmachen, weil es mich auch nicht mehr betrifft [...]. Das ist die Sache
> derjenigen, die noch länger da sind. [...] Ich könnte ja jetzt noch mitreden. Nur, das
> mache ich nicht, weil ich mir an fünf Fingern ausrechnen kann, dass ich überstimmt
> werde, und dann nützt die ganze Demokratie nichts. [...] Da nützt die ganze Über-
> zeugungsarbeit nichts, wenn am Ende dann die Zeit umsonst investiert war. Ich bin
> da einmal egoistisch geworden. Sonst hab ich auch immer gedacht: ‚Überall mit-
> machen ist deine Pflicht' und so. Das mache ich nicht mehr."

Die Zellbiologin markiert hier einen deutlichen Einschnitt. Die Äußerung zeigt aber, dass ihr Rückzug vor allem einer Frustration darüber geschuldet ist, an der neuen und von ihr kritisierten Logik der Bewertung nichts mehr ändern zu können. Sie resümiert ihre universitären Erfahrungen der letzten Jahre auch dahin

gehend, dass man „froh sein" könne, „in dem System" nicht mehr langfristig sein
zu müssen.

Zusammenfassend lässt sich festhalten, dass die Zellbiologin insofern einen idealtypischen Fall der Verschonten repräsentiert, als sie dauerhaft keinen Bewertungen
ihrer eigenen Leistungen mehr ausgesetzt sein wird und die Wandlungsprozesse im
Sinne des NPM als grundsätzlich negativ deutet. Bemerkenswert ist, dass sie ihre
Kritik weniger an die Organisation als an jüngere KollegInnen richtet, die in ihrer
Darstellung quasi zu den Hauptakteuren werden, wenn es um die Durchsetzung der
neuen Wettbewerbs- und Bewertungslogik geht. Sie rahmt deren Verhalten zwar auch
als Folge der Anreiz- und Effizienzorientierung im Sinne des NPM. Gleichwohl
betont sie die generationalen Differenzen, wobei sie den jüngeren ProfessorInnen ein
schlechtes Zeugnis ausstellt.

Weitere Fälle

Anhand weiterer Fälle wird nun gezeigt, dass andere der verschonten
ProfessorInnen eine kritischere Perspektive auf die Rolle der Organisation
einnehmen und jüngere oder stärker von Leistungsbewertungen betroffene
KollegInnen eher als Leidtragende der Wandlungsprozesse deuten.

Dies ist etwa bei einer C3-Professorin für Politikwissenschaften der Fall, die
zunächst eine ähnliche Grundsatzkritik an Leistungsbewertungen wie die Zellbiologin äußert. Durch die ökonomisch geprägte Anreiz- und Effizienzorientierung
werde für ProfessorInnen wie auch Studierende die „Muße abgeschafft" und „am
Ende Leistungswillen, Interesse und Kreativität" behindert:

> „Eigentlich ist das Spiel kaputt. Das Spiel geht eigentlich kaputt. Dieses Freude-
> haben am Ausdenken, meinetwegen auch am Realitäten nachvollziehen, erforschen
> oder so, kann man eigentlich nicht mit so rein ökonomischen Stimuli fördern. Das
> muss man eben auch nicht." (POL12)

Konkreter kritisiert sie ebenso die lokale Umsetzung von Leistungsbewertungen.
Durch eine hierarchische top-down-Kommunikation von Forschungszielen ver-
ändere sich das Verhältnis zwischen der Organisation – verstanden als Universitätsleitung und zentrale Verwaltung – und den ProfessorInnen in negativer
Weise:

> „[E]s gibt eine extrem lückenhafte Informationspolitik, und es wird wirklich eigent-
> lich nur vermittelt, wann Initiative gewünscht ist und wie die auszusehen hat und
> dass die exzellent sein muss. So! Hier läuft ziemlich viel nicht gut im Sinne von
> Corporate Identity und dem Gefühl, man würde irgendwie zusammen irgendwas
> machen."

Sie beschreibt die Beziehung über eine Asymmetrie, bei der ProfessorInnen gemäß den universitären Wettbewerbszielen gefordert, nicht aber in die Entscheidungsprozesse über die inhaltliche Ausrichtung des Engagements einbezogen werden. Eine weitere wichtige Asymmetrie sieht sie zwischen C-ProfessorInnen und jüngeren KollegInnen. Denn gerade letztere würden adressiert, wenn es um möglichst „exzellente" – für den universitären Wettbewerb wichtige – Forschung gehe:

> „Ich glaube, dass viele Kollegen unter Druck sind. [...] Also ich persönlich werde da nicht angesprochen [...]. Ich habe hier jede Menge Freiheiten."

Die Politikwissenschaftlerin nimmt ihre eigene Situation auch angesichts dieses Vergleichs als „sehr komfortabel" wahr. Ihre C-Professur sei eine „privilegiert[e] Position", die es ihr weiterhin ermögliche, ihre Aufgaben ohne Leistungsvereinbarungen oder Formen der organisationalen Kontrolle zu erfüllen. Sie könne daher auch unter den gewandelten Bedingungen die „Sachen machen", die sie „für sinnvoll halte".

In einer ähnlichen Weise beschreibt eine Literaturwissenschaftlerin die größeren Freiräume, die sie im Vergleich zu jüngeren KollegInnen habe. Während diese „regelmäßig sozusagen Bericht erstatten" (LIT5) müssten, spielten solche Formen der individualisierten Rechenschaftspflicht für sie selbst keine Rolle. Ein Strafrechtsprofessor formuliert den Kontrast zwischen dem Leistungsdruck jüngerer KollegInnen und seiner eigenen Freiheit noch drastischer. Er selbst habe gegenüber den Leistungsbewertungen „eine ganz entspannte Stellung", weil er von seinen

> „persönlichen Bezügen her damit nichts zu tun habe. Das ist bei diesen W-Professoren ganz furchtbar. Das ist Sklavenarbeit hoch drei, und ich bin ja einer, der das Geld dafür bekommt, dass er älter wird." (JUR7)

Die Äußerungen zeigen, dass sich die Kritik vor allem auf die Leistungsbewertungen und die mit ihnen verbundenen Ungleichbehandlungen bezieht. Negative Zuschreibungen einer neuen strategischen oder egoistischen Haltung jüngerer KollegInnen finden sich hingegen kaum.[13]

---

[13] Aus Sicht dieser ProfessorInnen handelt es sich bei den jüngeren KollegInnen folglich nicht um „the new neoliberal subjects" (Archer 2008), die – bereits sozialisiert in einem neoliberalen Hochschulsystem – ein egoistisches, primär Nutzen-kalkulierendes und damit extrinsisch motiviertes Verhalten an den Tag legten.

Dies lässt sich auch anhand des Bildes illustrieren, das die bereits erwähnte Politikwissenschaftlerin von dem kollegialen Verhältnis an ihrem Fachbereich zeichnet. Sie nimmt zwar bei einigen der neu berufenen ProfessorInnen eine Haltung des „Abcheckens" (POL12) wahr, bei der das jeweilige Gegenüber nach dessen Nutzen für gemeinsame Verbundprojekte eingeordnet werde. Dennoch sieht sie keine Krise der Kollegialität, da es sich um keine verallgemeinerbare Tendenz handele:

> „Es ist nicht schlechter geworden, ganz bestimmt nicht. Es ist jetzt eher ein modernes Institut, mit wirklich guten Wissenschaftlern, von denen, wie gesagt, einige ein bisschen kooperativer sind und gemeinwohlorientierter, und andere ein bisschen, vor allen Dingen sich um sich kümmern."

Weil es weiterhin „gemeinwohlorientierte" KollegInnen gebe, könne man aus ihrer Sicht nicht davon sprechen, dass „dieses System jetzt sozial oder atmosphärisch irgendwie alles kaputt machen würde". Zudem habe es auch früher ProfessorInnen gegeben, die vor allem an ihrem eigenen Renommee und ihrer Selbstdarstellung interessiert gewesen seien.

Die Politikwissenschaftlerin grenzt sich somit nicht von ihren KollegInnen, sondern von den organisationalen Zielvorstellungen ab. Während sie sich nicht an Vorschlägen für die „nächste Runde ‚Exzellenzinitiative'" beteilige, würde sie im Falle einer von ihrem Institut ausgehenden Idee zu einem gemeinsamen Forschungsprojekt oder SFB „nicht als eine Bremse" auftreten:

> „Also da würde ich nicht defektieren. So weit geht es jetzt nicht. Aber ich sehe nicht mehr, dass ich sagen muss: ‚Hier, ich möchte! Ich habe eine Idee', oder so."

Mit Blick auf ihre KollegInnen und das Wohl des Institutes zeigt sie sich also grundsätzlich zu Kompromissen bereit; gegenüber der Universitätsleitung behauptet sie hingegen ihre Autonomie – ihren Status einer C-Professorin, der man nichts anhaben kann.

Ein wichtiger Punkt ist weiterhin, dass sich die Wahrnehmung des Verschontseins vor allem auf die Bewertung der Forschungsleistungen bezieht. Dies wurde bereits eingangs bei der Zellbiologin (BIO8) deutlich und bestätigt sich anhand weiterer Fälle. Lehrevaluationen, von denen grundsätzlich alle ProfessorInnen betroffen sind, werden zumeist als unproblematisch oder explizit positiv angesehen. Die dahinter stehende Idee einer Wertschätzung und Verbesserung der Lehre entspricht dem stark ausgeprägten Lehrethos, das sich bei diesem Typ häufig zeigt. So sieht ein Strafrechtler seine „Hauptaufgabe" als Professor darin,

dass „die Leute was lernen" und auch die Promovierenden fundiert von ihm
betreut werden (JUR6). Die „Grundidee" der Lehrevaluationen findet er insofern „nicht verkehrt", auch wenn er bezweifelt, dass dieses Instrument tatsächlich etwas bei KollegInnen bewirken könne, die der Qualität ihrer Lehre keine
Bedeutung einräumten:

> „Ich weiß nicht, ob es in dem Bereich hilft, Leute zu zwingen. Also einer, der
> das nur macht, weil er gezwungen wird, von dem haben wir ja wenig Hoffnung
> ((lacht)), dass der was daraus macht und dass das was bewirkt."

Er selbst verbindet mit der verpflichtenden Teilnahme an Evaluationen keine
unbotmäßige Kontrolle der Organisation. Er lasse seine Veranstaltungen ohnehin
„freiwillig in jedem Semester" evaluieren, da man „nur was draus lernen" könne.

Die Kriterien, die bei der Bewertung der Forschungsleistungen an Bedeutung
gewonnen haben, widersprechen hingegen seinem Forschungsethos. Er versteht sich vor allem als Individualforscher, der sich über gründlich durchdachte
Publikationen mit einem Erkenntnisgewinn für seine Scientific Community
bewähren möchte. Weder die Anzahl der Artikel noch die Höhe der Drittmittel
stellen für ihn angemessene Leistungskriterien dar. Gerade die Einwerbung
von Drittmitteln deutet der Strafrechtler als Ausdruck einer ökonomischen
Bewertungs- und Handlungslogik, die er nicht mit seinem beruflichen Selbstverständnis und seiner intrinsischen Motivation vereinbaren könnte:

> „Also ich sehe meine Aufgabe nicht darin, anschaffen zu gehen und das Geld zu
> besorgen. Zum einen, weil ich dann nicht zum Arbeiten komme, und zum anderen,
> weil ich nicht meine Hauptaufgabe darin sehe, meine Zeit in das Einwerben von
> Geld zu stecken, um dadurch Mitarbeiter zu haben, die die Arbeit machen, die ich
> eigentlich immer machen wollte, als ich mir diesen Beruf ausgesucht habe, und die
> ich auch besser kann als die."

Die Einwerbung finanzieller Mittel wird von ihm als professionsfremde Aufgabe
eingeordnet, die ihn in die Rolle eines Projektleiters oder Lehrstuhlmanagers
dränge und von den Forschungsprozessen entferne.

Damit geht er mit seiner Kritik weiter als die Zellbiologin (BIO8). Sie hatte
zwar die Zunahme einer quantifizierenden Bewertungslogik zulasten inhaltlicher
Aspekte kritisiert. Die Leistungskriterien selbst standen für sie aber in keinem
vergleichbaren Widerspruch zu ihrem Forschungsethos, da die Einwerbung von
Drittmitteln in ihrer Disziplin zu den Voraussetzungen von Projekten und insofern
zu den ,normalen' professoralen Aufgaben gehört. Zudem geht der Strafrechtler
auch von einem umfänglicheren Qualitätsverlust der Forschung innerhalb seiner

Disziplin aus. Er sieht die deutliche Tendenz, dass drittmittelstarke KollegInnen sich mehr und mehr von einem inhaltlichen Anspruch an ihre Arbeiten verabschiedeten. So nehme die „Zahl" jener JuristInnen ab, „die mal einen längeren wissenschaftlichen Aufsatz schreiben", während sich die von der Organisation so anerkannten „Drittmitteleinwerber" auf schnell und einfach publizierbare Artikel verlegten (JUR6). Diese KollegInnen würden

> „gar nicht nachdenken, sondern da so jeden Gedanken mal so raushauen in großen Mengen. Das stört leider keinen. Also das, finde ich, ist wahrscheinlich die größte Veränderung, die wir da erfahren: dass jemand einfach auch mal lange darüber nachdenkt. Ich brauche für so einen Aufsatz mehrere Monate und dann denke ich auch drüber nach, und ich habe den Eindruck, das wird immer weniger gemacht."

Der Strafrechtler zeichnet damit ein kontrastives und negatives Bild, in dem sich IndividualforscherInnen und „Drittmitteleinwerber" in Bezug auf ihren Qualitätsanspruch gegenüberstehen und der Bedeutungsgewinn quantifizierbarer Forschungsleistungen als substanzieller Verlust zu deuten ist. Dass er als „Einzelkämpfer" für die Universitätsleitung „uninteressant" sei, biete ihm jedoch die Möglichkeit, ‚im Windschatten' an seinen Ansprüchen festzuhalten.

Bei weiteren Sozial- und GeisteswissenschaftlerInnen dieses Typs sind auch differenziertere Deutungen des Verhältnisses zwischen Drittmitteln und Forschungsqualität zu finden. Die Verschonung von Leistungsbewertungen wird von ihnen als Entlastung von Erfolgsdruck oder als Wahlfreiheit in Bezug auf die Forschungsformate, nicht aber als Voraussetzung dafür gedeutet, überhaupt ‚gute' Forschung betreiben zu können. Ein Politikwissenschaftler gehört zu jenen ProfessorInnen, für die Drittmittelprojekte durchaus zu ihrer Forschungspraxis gehören, die aber froh darüber sind, sich nicht wie jüngere KollegInnen erst über die Einwerbung größerer Summen bewähren und finanzieren zu müssen:

> „Also die Frage der Generierung von Drittmitteln, die einen geradezu zwingen, permanent irgendwelche Anträge zu schreiben oder so was – von dieser Last bin ich gottlob ein Stück weit befreit. Insofern würde ich mich auch eher als einen Individualisten bezeichnen ((lacht)) hier so im Rahmen, der sich schon gerne auch in den Dienst des Instituts stellt, das ist überhaupt keine Frage, und schaut, welche Möglichkeiten es da gibt. Der sich jetzt aber nicht nur Gedanken darüber macht, und gottlob nicht Gedanken darüber machen muss: ‚Wie kriege ich das nächste Drittmittelprojekt schon wieder hin? Wie finanziere ich den? Wie finanziere ich den?' und so weiter und so fort." (POL10)

Diese Form der Entschleunigung bezeichnet er auch als „gute Balance", in der er sich aufgrund seiner Karrierestufe „einrichten" könne.

Ähnlich argumentiert eine Literaturwissenschaftlerin. Sie nennt neben dem Vorteil der Entschleunigung allerdings auch den inhaltlichen Gewinn, auf Projekte zu verzichten, die eher aufgrund des zu erwartenden Drittmittelerfolgs denn wirklich wegen neuer innovativer Fragestellungen beantragt werden. Die Verschonung von organisationalen Leistungsbewertungen bedeutet hier also, sich von einer Forschung zweiter Wahl distanzieren zu können, deren Anträge zwar „praktisch [wie] ein Selbstläufer" (LIT5) funktionierten, aber nicht dem eigenen Handlungsmotiv der Curiositas entsprechen.

Die bereits zitierte Professorin für Politikwissenschaften (POL12) bezieht sich ebenfalls auf eine inhaltlich bestimmte Entlastung. Durch ihre Freiräume als C-Professorin müsse sie sich nach negativen Erfahrungen mit interdisziplinärer Forschung nicht mehr an solchen Formaten beteiligen. Als Sprecherin eines Forschungsverbundes habe sie sich einst mit überlasteten KollegInnen konfrontiert gesehen, denen die „Muße" für eine aktive Mitarbeit fehlte, aber auch mit kaum überbrückbaren Differenzen zwischen den Disziplinen. Angesichts der Leistungsbewertungen sei es für WissenschaftlerInnen „rational", zwar das „Interdisziplinäre zu behaupten", nicht aber „im Traum das zu machen". In ihrer Position könne und werde sie sich nunmehr auf kleiner dimensionierte Kooperationen beschränken, bei denen sie im Vorfeld wisse, „wie man zusammenpasst und zusammengehört".

Es zeigt sich insgesamt also, dass neben einer Fundamentalkritik an Leistungskriterien wie Drittmitteln verschiedene graduelle Formen der Abgrenzung existieren. Darüber hinaus lassen sich Unterschiede hinsichtlich der Einschätzung rekonstruieren, dauerhaft von Leistungsbewertungen verschont zu bleiben. Denn während die Zellbiologin (BIO8) in dieser Hinsicht von keinen Veränderungen mehr ausgeht, setzen sich einige der anderen ProfessorInnen mit der Möglichkeit eines zunehmenden Legitimations- und Anpassungsdrucks auseinander. Hierbei spielt nicht allein die antizipierte Entwicklung der organisationalen Governance, sondern auch die Einschätzung des kollegialen Zusammenhalts eine Rolle.

Die Politikwissenschaftlerin macht etwa deutlich, dass ihre wahrgenommene Verschonung von Leistungsbewertungen nicht allein durch ihren formalen Status, sondern auch durch die informelle Anerkennung vonseiten ihrer KollegInnen bedingt ist:

„Ich glaube nicht, dass die mich für irgendwie doof oder so was halten, und dass ich irgendwie speziell bin, können sie alle hinnehmen. Also ich habe nicht das Gefühl, dass irgendeiner mich unter Druck setzt. Es ist eher, dass ich damit umgehen muss, ob mir das was ausmachen würde. Würde ich das ertragen wollen, wenn meine

Akzeptanz als Person davon abhinge, ob ich Drittmittel habe oder nicht, und wenn ich keine habe, die sagen würden ,die ist ja eh voll doof' oder so, [...]? Wäre ich nicht sicher." (POL12)

Noch konkreter wird die Relevanz der kollegialen Anerkennung beim Thema der LOM, da die Form der internen Umsetzung wesentlich von den Fachbereichen mitbestimmt wird. Während sich einige der enttäuschten SympathisantInnen im Sinne ihres ,Pay Offs' eine individualisierte Anwendung dieses Instrumentes wünschten, zeigen sich bei den Verschonten gegenteilige Deutungen: Für sie drückt sich in einer ,gleichmäßigen' Mittelverteilung eine kollegiale Anerkennung und Solidarität aus, die sie vor materiellen Nachteilen schützt. Ein Strafrechtler grenzt seine Fakultät daher in positiver Weise von Entwicklungen in anderen Fachbereichen ab, wo man etwa in „wissenschaftlich niveaulos[er]" Weise die Publikationsleistungen der einzelnen ProfessorInnen nach einem schlichten Schema quantifiziere und zu einer „Ziffer" verkürze (JUR9). Die JuristInnen ließen sich „untereinander relativ in Ruhe", indem sie einen nur „zurückhaltenden Gebrauch" von einer „leistungsorientierte[n] Bewertung" machten:

„Diejenigen, die Drittmittel einwerben, profitieren selbst davon, aber es ist nicht so, dass irgendjemand bestraft wird, wenn er keine Drittmittel einwirbt zum Beispiel, und deswegen fühle ich mich nicht so sehr betroffen davon."

Im Rahmen seiner fakultätsübergreifenden Gremienarbeit sieht er sich allerdings mit einer – wenn auch nur informell – an die JuristInnen gerichteten Erwartung konfrontiert, mehr Drittmittel als bisher einzuwerben. Er erwähnt in diesem Kontext zwar den Vorteil, dass die Rechtswissenschaften durch ihr weiterhin hohes Ansehen nicht so sehr wie andere Geisteswissenschaften „um ihre Legitimation kämpfen" müssten. Dennoch gerät er als Gremienmitglied unter einen stellvertretenden Rechtfertigungsdruck für die als „mickrig" wahrgenommene Drittmittelquote seiner Fakultät. Damit wird ihm vor Augen geführt, dass die organisationalen Leistungskriterien in anderen Fächern auch von ProfessorInnen geteilt und zur Basis der wechselseitigen Bewertung werden können.

Eine Ambivalenz zeigt sich ebenfalls, wenn es um die Frage einer möglichen Zunahme von Druck oder manifesten Nachteilen für IndividualforscherInnen geht. So vermutet ein anderer, zuvor bereits zitierter Strafrechtler, dass sich die organisationale Governance langfristig weiter zugunsten drittmittelstarker

ProfessorInnen verändern werde, die schon jetzt „des Präsidenten Liebling" (JUR6) seien:

> „Ich kann mir vorstellen, dass irgendwann mal jemand auf die Idee kommt, dass diese Freisemester, die es jetzt immer alle neun Semester und relativ automatisch gibt – man muss einen Antrag stellen, es guckt aber keiner, was man an Forschungs- projekten angibt –, dass man die auch mal umverteilt und sagt: ‚Nee, das kriegt jetzt nur der Leister und nicht der andere'. Davon gehe ich aus, dass das zunehmen wird."

Er deutet die individualisierte Umsetzung der LOM, bei der nicht länger die Fakultät die Bewertungseinheit bildet, insofern auch als eine Gefährdung des kollegialen Zusammenhaltes. Für positiv befindet der Strafrechtler daher, dass man sich in seinem Fachbereich auch gemeinsam mit den drittmittelstarken KollegInnen darauf einigen konnte, die LOM nicht in individualisierter Weise anzuwenden. Die potenziellen ProfiteurInnen wären so „gescheit" gewesen, zu erkennen, dass sie im Sinne eines funktionierenden „Gesamtsystems" auch „von den anderen leb[t]en" und daher besser auf ihren materiellen ‚Pay Off' ver- zichten:

> „Weil auch diejenigen, die wissen, dass sie davon eher profitieren, wissen, dass das Gesamtsystem eher zusammenbricht, wenn der Brüter am Schreibtisch plötz- lich nichts mehr macht, in kein Gremium mehr geht und auf Durchzug schaltet bei allem. Das ist auch für die nicht gut, die die Drittmittel einwerben und auf die Kongresse gehen. Deshalb ziehen wir zurzeit noch eine Barriere ein, aber der Druck von oben wird zunehmen, dass wir das intern weitergeben sollen."

Er geht somit von einer arbeitsteiligen Konstellation wechselseitiger Abhängig- keit aus, da im Falle einer Ungleichbehandlung über die LOM ProfessorInnen wie er sich schließlich auch weigern könnten, „Gemeinschaftsdinge zu über- nehmen":

> „[I]ch kann mir gut vorstellen, dass ich dann meine Tätigkeit in der Bibliotheks- kommission, oder was ich sonst so mache, sein lassen würde, und so ein anderer Aufsatz-Einzelkämpfer-Schreiber [...], der wird das auch ganz schnell sein lassen. [...] Weil es sich nicht lohnt! Oder wenn man den Stempel bekommt, ‚Du bist hier der Versager', dann will man ja nicht auch noch die Arbeit machen."

Der Strafrechtler positioniert sich damit als potenziell wehrhaft: Er würde weiter- hin an seiner Art der Forschung festhalten, aber keine oder weniger Aufgaben der Kollektivgutproduktion für die Universität bzw. den Fachbereich übernehmen.

Gleichzeitig spiegelt sich in seiner Argumentation aber eine gewisse Verletz-
lichkeit seiner Position wider, da der aktuelle kollegiale Konsens eher auf eigen-
nützigen Motiven der drittmittelstarken ProfessorInnen als auf einer wirklichen
Anerkennung der verschiedenen Leistungen ‚auf gleicher Augenhöhe' beruht.

Resümierend lässt sich festhalten, dass den Typus der Verschonten eine grundsätzliche Kritik an den gegenwärtigen Bewertungsprozessen charakterisiert.
Diese rührt weniger von individuellen Nachteilen her, sondern ist vor allem in
einer wahrgenommenen Gefährdung zentraler wissenschaftlicher Prinzipien
und eines damit erzwungenen Endes ‚guter' Forschung und Lehre begründet. Es
besteht durchaus eine unterschiedliche Reichweite der Kritik; die Tendenz zur
Krisendiagnose stellt aber eine Gemeinsamkeit dar.

5.2.5 Gelassene

Nur kurz wenden wir uns an dieser Stelle demjenigen Typus zu, der sich von
allen anderen dadurch unterscheidet, dass er den Reformen jegliche nennenswerte
Wirksamkeit abspricht – nicht nur, wie die Verschonte, auf die eigene Situation
bezogen, sondern auf die eigene Universität als Ganze und das deutsche Universitätssystem insgesamt. Der Gelassene versteht die ganze Aufregung nicht
– weder die der ReformbefürworterInnen noch die ihrer GegnerInnen. Erstere
machen sich in seinen Augen Illusionen darüber, was an positiven Veränderungen
bewirkt werden kann – und letztere pflegen Phantomschmerzen, denn auch zum
Schlechteren hat sich nichts verändert.

Als soziologischer Beobachter könnte man den Gelassenen auch so
charakterisieren, dass es sich um einen solchen Verschonten handelt, der auch alle
anderen ReformgegnerInnen als Verschonte einstuft. In seinen Augen liegen diejenigen, die sich selbst als Verschonte einstufen, mit dieser Selbsteinschätzung
zwar richtig, irren aber bezüglich der negativen Betroffenheit der Wehrhaften
und Opfer; und diese irren sich bereits in ihrer Selbsteinschätzung, erst recht
in der Einschätzung aller anderen. Denn in Wirklichkeit sind – so sieht es der
Gelassene – sie alle nicht betroffen. Sie können es – ebenso wie die sich selbst als
SympathisantInnen, Zuversichtliche oder ProfiteurInnen Einstufenden – ganz einfach deshalb gar nicht sein, weil es mangels nennenswerter Reformeffekte überhaupt keine Betroffenheiten gibt. Andersherum betrachtet, sind die Gelassenen
diejenigen, die sich darüber irren, dass sie zu den ‚happy few' gehören, die nicht
von den Reformen betroffen sind.

Diese Sicht der Dinge mag eine nicht so häufig vorkommende, vielleicht sogar
eine ausgesprochene Randerscheinung sein. Auch wenn wir in unseren Fällen

keinen auch nur halbwegs diesem Typus entsprechenden Vertreter gefunden haben, handelt es sich nicht bloß um eine Denkmöglichkeit, die sich logisch aus der ersten von uns zur Konstruktion der Typologie herangezogenen Dimension – der Wirksamkeitswahrnehmung hinsichtlich der Reformen – ergibt. Plausibel dürfte zumindest sein, dass vor allem die Verschonte, vielleicht aber auch der Wehrhafte, womöglich sogar manchmal das Opfer, zeitweise zum Gelassenen werden, indem sie sich sagen: „Wozu all das Lamento? Muss wirklich irgendwer besorgt sein oder gar Angst haben vor den Rohrkrepierern der Reformer?" Doch solch eine Haltung könnte sich auch als dauerhaftere Einstellung verfestigen. Eine ernsthafte Suche dürfte diesen Typus sicher ausfindig machen.

Er ist freilich, für sich genommen, für unser Untersuchungsinteresse ein uninteressanter Typ. Denn er hat ja keinerlei Identitätsprobleme durch die Reformen im Allgemeinen und die Leistungsbewertungen im Besonderen. Wenn man diese subjektiv plausibel als wirkungslos abtun kann, schläft man ruhig – wie wir es in aller Doppeldeutigkeit formulieren wollen.[14] Für die uns hier interessierenden Fragen sind dennoch drei Aspekte des Gelassenen interessant – wobei wir auf der Grundlage unserer empirischen Daten zu keinem davon verlässliche Aussagen treffen können:

• Wie häufig kommt dieser Typus vor? Je mehr er verbreitet wäre, desto weniger belangvoll wären die Ergebnisse unserer Untersuchung. Nur eine repräsentative Befragung, die den Gelassenen zweifelsfrei identifizieren könnte, kann diese Frage beantworten. Bis zum Beweis des Gegenteils gehen wir allerdings davon aus, dass es sich um einen eher selten vorkommenden Typus handelt.
• Wie kann jemand angesichts der auch von ihm nicht bestreitbaren ergriffenen Reformmaßnahmen – etwa der Einführung der W-Besoldung – zu der Einschätzung gelangen, dass sie alle im Sande verlaufen? Bei der Antwort auf

---

[14] Das mag auch ein Grund dafür sein, dass der Gelassene in unseren empirischen Fällen nicht vorkommt. Warum sollte sich so jemand zu einem Interview über die Auswirkungen von Leistungsbewertungen auf Lehre und Forschung bereitfinden? Das könnte allenfalls bei einem sendungsbewussten Gelassenen der Fall sein, der seine Stimme erhebt, um dem ‚dummen Gerede' der ReformgegnerInnen wie -befürworterInnen endlich ein Ende zu bereiten. Aber abgesehen davon, dass ein Interview unter vielen, das nicht publikumswirksam in einer Zeitung erscheint, sondern anonym in einer Studie ausgewertet wird, die nur wenige HochschulforscherInnen lesen, nicht der richtige Weg wäre, um öffentlich aufzurütteln: Die meisten Gelassenen dürften auch in dem Sinne gelassen – sprich: fatalistisch – sein, dass sie sich keine großen Hoffnungen machen, die Aufgeregten beider Couleur beruhigen zu können. Warum sich also dieser vergeblichen Anstrengung unterziehen!

diese Frage gerät man schnell in psychologisches Terrain, auf das wir uns nicht begeben wollen. So viele andere sehen die Reformen als wirksam – positiv oder negativ bewertet – an: Was bringt jemanden zu einer davon abweichenden Einschätzung?

- Wie in sich ruhend ist der Typus des Gelassenen? Handelt es sich um eine längerfristig stabilisierbare Haltung, oder findet früher oder später ein Übergang in einen der anderen Typen statt? Am kürzesten scheint der Weg zum Verschonten. Denn das ist der Gelassene, der lediglich erkennt, dass nicht alle so viel Glück wie er selbst haben. Doch der Gelassene ist ja auch in seiner Bewertung dessen, was er als wirksame Veränderung abstreitet, offen. Er kann sich daher, sobald sich diese Wirksamkeitswahrnehmung ändert, in Richtung aller weiteren Typen verändern. Was sind die Determinanten dafür, dass er eine bestimmte und keine andere Richtung einschlägt?

Wir müssen hier all diese Fragen, vor allem auch die letztgenannten, auf sich beruhen lassen und – sofern es sich nachweislich um einen empirisch häufiger vorkommenden Typus handelt – weiteren Untersuchungen überlassen.

Nun also wieder zu denjenigen, deren Wirksamkeitswahrnehmung durchaus durch tiefgreifende Veränderungen geprägt ist. Mit den Wehrhaften und den Zuversichtlichen handelt es sich um zwei Typen, die einen aktiven Umgang mit ihrer – allerdings sehr unterschiedlich bewerteten – Betroffenheit von Leistungsbewertungen finden müssen.

5.2.6 Wehrhafte

Dass ProfessorInnen ihren Status keinesfalls schon als gesichert wahrnehmen, wenn sie bislang keinen positiven oder negativen Effekten von Leistungsbewertungen ausgesetzt sind, zeigte sich bereits an den letzten Ausführungen zum Verschonten. Das Beispiel des potenziell wehrhaften Strafrechtlers (JUR6) verdeutlichte, wie eine antizipierte Betroffenheit in den Gesprächen thematisiert wird: Leistungsbewertungen, die eigenen Ansprüchen an ‚gute' Forschung und ‚gute' Lehre zuwiderlaufen, wirken umso bedrohlicher, je stärker man selbst von diesen Bewertungen betroffen ist oder diese auf sich zukommen sieht. Obgleich konkrete Praktiken des Widerstands noch ausbleiben, deutet sich eine mögliche „Verlaufskurve" (Schütze 1981) in Richtung Wehrhaftigkeit an.

Den Wehrhaften haben wir eingangs als einen Professor charakterisiert, der Leistungsbewertungen ausgesetzt ist, die er ablehnt. Durch Praktiken der Gegenwehr kann er sich allerdings deren Auswirkungen noch mehr oder weniger entziehen. Ihm gelingt es somit, seine berufliche Identität gegenüber den organisationalen Anforderungen zu behaupten.

Seine Kritik an den Leistungsbewertungen beschränkt sich keineswegs nur auf Details: Schon der Umstand, sich bzw. die eigene Forschung und Lehre überhaupt einer organisationalen Bewertung aussetzen zu müssen, kann Anlass identitätsbehauptenden Handelns sein, wenn dieser Steuerungsanspruch als Verletzung zentraler Autonomieansprüche erfahren wird. Es können aber auch weniger grundsätzliche Aspekte wie eine auf lokaler Ebene hierarchische Umsetzung organisationaler Bewertungsverfahren oder die in diesen Verfahren benutzten und als inadäquat erachteten Beurteilungskriterien Auslöser für Praktiken der Gegenwehr sein. Wir finden diesen Typus in allen Disziplinen, Alters- und Besoldungsstufen vor. Gleichwohl lassen sich in der Gruppe der W-Besoldeten andere, handfestere Bedrohungen der subjektiven Ansprüche durch die Organisation erkennen. Im Gegensatz zu C-ProfessorInnen sind W-ProfessorInnen nicht nur einem tendenziell größeren Bewährungsdruck, sondern durch individuelle Ziel- und Leistungsvereinbarungen zumeist auch einer konkreteren Leistungserwartung ausgesetzt.

Wir beginnen wieder mit einem Fall, der nahezu idealtypisch den Wehrhaften verkörpert. Ergänzende Fälle dienen dem Aufzeigen weiterer Facetten sowie Abstufungen dieses Typus. Abschließend stellen wir das Spektrum der identifizierten individuellen und kollektiven Praktiken des Umgangs mit Leistungsbewertungen dar, deren Effekte mit Blick auf die Qualität von Forschung und Lehre sowie auf Kollegialitätsverhältnisse wir im Weiteren eruieren werden.

Ankerfall: „Ich spiele die alte Universität"

Der W3-Professor für Neuere Deutsche Literatur, um den es nachfolgend geht, wurde zehn Jahre zuvor auf seine erste Professur berufen und ist auf zwei Arten von Instrumenten der Leistungsbewertung betroffen: Zum einen bemessen persönliches Gehalt und Lehrstuhlausstattung sich auch an seiner Leistungsbilanz, zum anderen wird er mit Zielvereinbarungen zwischen seinem Fachbereich und der Universität sowie mit Formen der Leistungsbeurteilung konfrontiert, die sich, wie er mehrfach betont, vor allem auf die Lehre beziehen. Persönliche Zielvereinbarungen habe er im Rahmen seiner Berufungsverhandlungen mit der Hochschulleitung damals nicht abgeschlossen, da er der „Auffassung" gewesen sei,

„dass ich bereits einen Vertrag habe mit dem Minister, in dem alle meine Pflichten und Rechte enthalten sind, und ich mich in keinerlei Weise noch weiter binden möchte." (LIT7)

Auf diese Weise kann er sich zwar individuellen Berichtspflichten und den organisationalen Bewertungsmaßstäben teils entziehen, durch die praktizierte LOM auf Fachbereichsebene kommt jedoch eine kollektive Betroffenheit zum Tragen, die ihn mit konkreten Leistungserwartungen konfrontiert. Zeigt sich in seiner Ablehnung individueller Zielvereinbarungen bereits die Verteidigung seiner persönlichen Autonomie gegen Versuche der organisationalen Leistungssteuerung, setzt sich seine kritische Perspektive in der Bewertung der praktizierten LOM fort. Während für das Gros der interviewten ProfessorInnen Prozesse der Forschungsbewertung Anlass für eine umfängliche NPM-Kritik sind, bezieht der Literaturwissenschaftler seine Kritik zunächst, und am deutlichsten, auf die an seiner Universität angewandten Leistungskriterien in der Lehre. Mit Blick auf diese formuliert er ein eindeutiges Urteil:

„Das Kriterium der Anzahl der Abschlüsse an der Universität ist meines Erachtens außerordentlich schädlich. Das ist geradezu fahrlässig, weil im Grunde der Abschluss über eine intrinsische Motivation kommen muss. Also sollten die Leute abschließen, die durch ein allgemeines Verständnis von Qualität dazu in der Lage sind. Dann spielen irgendwelche Zahlendinge keine Rolle. Der Versuch, die Abschlusszahlen zu steigern, ist also kontraproduktiv zu der Idee der Universität."

Der Germanist bewertet das hochschulpolitische Ziel hoher Absolventenzahlen als schlichtweg falsch, gar „kontraproduktiv zu der Idee der Universität", und verweist mit Nachdruck auf die notwendige „intrinsische Motivation" und individuelle intellektuelle Leistung der Studierenden, auf deren Fehlen man nicht durch reduzierte Anforderungen reagieren dürfe. Mehr noch, es steige mit der Belohnung hoher Absolventenzahlen aufseiten der Lehrenden die „Bereitschaft, Qualitätskriterien aufzugeben". Die LOM ist in seiner Perspektive höchst dysfunktional, da sie die Ausbildungsqualität hinter das quantitative Ziel der Abschlusszahlen stelle. Es geht ihm folglich um beides: um die Wahrung einer autonomen Handlungssphäre und um die Verteidigung eigener Qualitätsmaßstäbe, denen die Reformziele zuwiderliefen.

Gegenüber „Bologna" und den daran geknüpften Studienanforderungen – dem „Irrsinn", wie er das System der Leistungspunkte beschreibt – positioniert er sich durchweg ablehnend. So finde das in seiner Disziplin essenzielle hohe Lektürepensum bzw. die für eine intensive Lektüre literarischer Werke nötige Zeit in den Leistungspunkten keine Berücksichtigung und sei daher kaum im Lehrplan zu „implementieren". Damit möchte sich der Germanistikprofessor allerdings nicht zufriedengeben. Statt seine Ansprüche zu reduzieren oder zu reformulieren, verlangt er seinen Studierenden Leistungen ab, die das vorgesehene – in Leistungspunkten bemessene – Pensum übersteigen. Er akzeptiert das Leistungspunktesystem insofern nicht. Während sein Anspruch bei einer „besonders begabten" Minderheit Anklang finde, begnüge sich die Mehrheit der Studierenden hingegen mit einer auf Sekundärliteratur beschränkten Studienlektüre, also mit lediglich „sekundäre[m] Wissen". Dies habe, so sieht es der Literaturwissenschaftler, entsprechend negative Folgen:

> „Unser Studium ist, wenn man es richtig macht, nur für ganz wenige machbar, die bereit sind, in der Nacht zu lesen […]. Das führt dazu, dass die Absolventen unseres Studiums geradezu unbelesen aus dem Studium gehen und das ist eine Ka-, das ist schlimm."

Das erwähnte Kriterium der Absolventenzahlen sei schon deshalb „geradezu fahrlässig", weil das Studium der Germanistik ohnehin eher einen Typus von Studierenden anziehe, der „gänzlich ungeeignet" dafür sei, was der Germanist als ein zentrales Problem seiner Disziplin ansieht:

> „Weil ich der Auffassung bin, dass […] für diesen Vorgang der skeptischen Reflexion, der zentral ist in meinem Fach, viele nicht geeignet sind. […] Die Leute studieren Germanistik, denken, sie können die deutsche Sprache, und ich muss ihnen jetzt zeigen, dass davon überhaupt nicht die Rede sein kann."

Da der Germanistikprofessor mit der Umsetzung der Studienstrukturreform eine Erosion zentraler Bildungsansprüche verbindet, begreift er seine Aufgabe darin, der Universität, die ihr „ureigenes Recht der Qualitätssicherung" aus seiner Sicht verantwortungslos „aufgibt", seine eigenen „Qualitätsvorstellungen" entgegenzusetzen.

Deshalb hat er weniger Studierende in seinen Lehrveranstaltungen und weniger zu betreuende Abschlussarbeiten als die KollegInnen, woraus ihm persönlicher „Nachteil" erwachse. So habe es an seinem Institut bei der Vergabe zu verteilender Mittel kürzlich einen „Fall" gegeben, in dem er seinen InstitutskollegInnen „unterlag". Entscheidend dafür, dass er dies als ungerechtfertigt empfand, ist, dass ihm dies trotz seines „Ansehens" innerhalb seiner fachlichen Community, seiner „Publikationstätigkeit" und seiner „Ehrungen" entstanden sei:

> „Ich war im [Kolleg] in [Stadt] als Fellow, ich war im [Forschungsinstitut] in [andere Stadt] als Fellow. Das sind alles Gesichtspunkte, die keine Rolle spielen. Insofern sind die Leistungsanforderungen für mich null Anreiz. So wie sie jetzt im Moment existieren."

Dass ein Fellowship weniger bedeute als die Anzahl an korrigierten Bachelorarbeiten, ist für ihn unverständlich, sodass er der Universität „hinsichtlich der
leistungsorientierten Mittelverteilung kein Partner" sein wolle:

> „[U]nd das hat auch mit dieser Leistungszuordnung zu tun. Indem ich mich entscheide,
> dass mein Profil als Forscher und Lehrer nicht in der Akquise von Drittmitteln besteht,
> nicht in der offensiven Vernetzung, die mache ich sowieso, aber so, wie sie sich ergibt,
> auch nicht in der Maximierung der Anzahl der Abschlussarbeiten, was ein klares LOM-
> Kriterium ist, bin ich uninteressant in der Hinsicht und ich verhalte mich dann auch
> entsprechend."

Aufgrund der erfahrenen Diskrepanz zwischen der universitären Bewertungsordnung und seinem Verständnis ‚guter' Wissenschaft distanziert er sich von den
angewandten Kriterien und schreibt ihnen „null" Anreizwirkung zu. Wegen seiner
fortgeschrittenen Karrierephase blicke er allerdings auch gelassener auf etwaige
Leistungserwartungen als seine jüngeren KollegInnen. Da er sich nicht mehr
bewähren müsse, sei er in einer vergleichsweise „komfortablen Situation" und
habe daher „beschlossen", sich in seiner Forschung nur mehr „ganz auf [s]eine
Bücher zu konzentrieren". Die Einwerbung von Drittmitteln stellt für ihn hingegen kein relevantes Leistungskriterium dar.

Zudem rekurriert er auf die Vorzüge seines „privilegierten" Professorenstatus,
der ihm „unglaublich viele Freiheiten [...] und Möglichkeiten" biete:

> „[M]an kann sich ideale Bedingungen schaffen, weil man ja als Professor die
> Rahmenbedingungen hat, man ist Beamter. Aber man muss aufpassen, es nicht über-
> treiben, dass man sich diese idealen Bedingungen nicht selbst wieder zerstört, indem
> man den Versuchungen nachgibt, Reputation und symbolisches Kapital außerhalb
> sich anzueignen. Man muss bereit sein, einen Einflussverlust in Kauf zu nehmen."

Dies ist ein Beispiel dafür, dass man Identitätsdarstellung betreibt, indem man
sich strikt zu den ehemals gegolten habenden Rollenerwartungen bekennt: Man
hält die Tradition gegen die fehlgeleiteten Reformer hoch – wie „Humboldts
letzte Krieger" (um noch einmal Sabine Etzold in DIE ZEIT 14/2000 zu
zitieren).[15]

---

[15] Das Zitat illustriert zudem ein bei nicht-standardisierten Interviews immer wieder vor-
kommendes Phänomen: Der Interviewer wird zum Publikum der Selbstdarstellung
genommen, von dem man eine Identitätsbestätigung erwartet.

Den Wehrhaften unterscheidet vom Reformopfer, dass er Handlungsspielräume für sich identifizieren kann, um seine subjektiven Ansprüche entgegen
der organisationalen Erwartungshaltung aufrechtzuerhalten. Da der Literaturwissenschaftler sich dem Bewertungssystem nicht machtlos ausgeliefert fühlt,
resultiert kein Konflikt jener Art, wie ihn etwa die Strafrechtlerin (JUR3)
erfahren hatte. Aus seiner Sicht ist es vor allem der „Professor" selbst, der sich
seine „ideale[n] Bedingungen" zerstöre, wenn er sich „verzettel[e] in Drittmittel[n] und Gremienarbeit" (LIT7). Konkret bedeutet dies für ihn, jene weniger
zentralen „zeitaufwendig[en]" Aufgaben neben Forschung und Lehre „zurück[zu]
schrauben", um sich einen größtmöglichen Freiraum zu „schaffen", der ihm eine
zufriedenstiftende Forschungs- und Lehrtätigkeit ermöglicht:

> „[W]enn man es klug macht, hat man genug Zeit. [...] Ich forsche auch während des
> Semesters. Wichtig ist, dass der Professor selbst nicht allen Versuchungen nachgibt,
> bedeutende Ämter anzunehmen. Zum Beispiel ist die Gutachtertätigkeit unglaublich
> zeitaufwendig; auch die habe ich zurückgeschraubt. Ich hab die Drittmittel zurück-
> geschraubt."

Für sein berufliches Handeln verbinden sich mit dieser Einsicht im Ergebnis Vorteile, die von kleineren, für ihn aber akzeptablen Nachteilen begleitet werden,
sodass sich hier eine Art ‚Trade Off' ergibt: Sein Rückzug verlange zwar den
Verzicht auf finanzielle oder personale Mittel sowie einen „Einflussverlust" im
unmittelbaren wie auch weiteren kollegialen Umfeld. Allerdings sei auch die
„Beliebtheit" bei KollegInnen oder Studierenden nicht mehr als ein irreführender
Antrieb, da Autonomie sich nur in Verbindung mit solchen Einbußen erlangen lasse:

> „Das nehme ich in Kauf, weil ich ein höheres Ziel habe. Also mein Ziel ist die Ver-
> besserung meines eigenen Kopfes, die Verbesserung meines eigenen Kopfes."

Und mit Blick auf die schlechten Evaluationen seiner Pflichtveranstaltungen,
die Resultat seiner hohen Leistungserwartungen an die Studierenden seien,
ergänzt er, dass „zu den Kriterien des guten Professors [...] eine gewisse mentale
Stärke" gehöre, um sich nicht von solchen sozial vermittelten Erwartungen oder
Meinungsbildungen „irritieren" zu lassen. Solch eine Haltung, die der Literaturwissenschaftler auch anderen ProfessorInnen abverlangt, ist auf seiner Karrierestufe sicher einfacher als für andere.

Neben dem bereits skizzierten Rückzug aus der Kollektivgutproduktion
zugunsten größtmöglicher individueller Freiheitsräume lassen sich bei ihm
weitere konkrete Handlungspraktiken, die nicht nur der Entlastung, sondern auch
der Behauptung eigener Ansprüche dienen, vor allem in der Lehre identifizieren:

„Ich will jetzt positiv vermerken: Ich habe einen Weg gefunden, wie ich das
bewältige, aber das ist ein sehr privater Weg, also das ist ein sehr individueller Weg.
Ich nutze, ich halte nach wie vor die alten Ansprüche aufrecht."

Interviewerin: „Das heißt, das ist dann Voraussetzung, den gelesen zu haben."[16]

„Ja, ja. Und dann kommen aber nur wenige zu meinen Seminaren. Dann sind so
sieben bis zehn Leute in meinen Seminaren, in jedem Seminar in diesem Semester
waren bei mir nur sieben bis zehn Leute. [...] Es sind nur wenige. Ich würde mich
freuen, wenn mehr kommen, so ist das nicht. Ich nutze Paragraph 5, Absatz 3: ‚Die
Lehre ist frei.‘, um diesen Anspruch durchzusetzen."

Eine Integration von Forschung und Lehre wird für ihn unter den geschaffenen
Bedingungen möglich. Während er seine Aufmerksamkeit den „geeigneten"
Studierenden widme und diesen anspruchsvolle Praktika in wissenschaftlichen
Einrichtungen vermittle, ermöglichen ihm die geringen Teilnehmerzahlen und
sein ansonsten weitgehender Rückzug aus der Betreuung der Studierenden die
nötigen zeitlichen Freiräume für die Forschung und eine für ihn sinnstiftende
Lehre. Schließlich kann der Germanist sich jenen Dingen – in der Forschung
vor allem der Publikation von Büchern, in der Lehre der Auseinandersetzung
mit anspruchsvollen literarischen Werken gemeinsam mit hochinteressierten
Studierenden – widmen, die seinem Verständnis einer ‚guten' wissenschaftlichen Tätigkeit entsprechen. Zugleich weiß er, dass sein eigener Rückzug auf
ein kollegiales Umfeld trifft, das diesen weitestgehend kompensieren kann. So
zieht er zwar alles in allem eine positive Bilanz seiner gegenwärtigen Situation,
vergegenwärtigt sich jedoch zugleich ihre Fragilität: Die spezielle Konstellation
– eigene Ansprüche treffen auf günstige, jedoch hochgradig volatile Rahmenbedingungen – ist ihm bewusst. So sei es vermutlich

„ein Unterschied, ob man an einer Massenuniversität arbeitet oder nicht, und [Uni-
versität] ist keine Massenuniversität, und das empfinde ich als einen großen Vorteil. Die Besetzung der Germanistik ist hier gut. Es gibt [x] Professuren für [x]
Studenten und das ist gut [...]. Ich weiß nicht, ob meine Qualität hier an einer
Massenuniversität möglich wäre."

Jene „Kollegen, die wirklich Forschung mach[t]en", lehrten durchweg in kleinen
Seminaren, während die forschungsschwächeren „anderen Kollegen", die „kein
Interesse oder keine Begabung oder keinen Drive" hätten, den Großteil der Lehre

---

[16]Gemeint ist hier ein, je nach Ausgabe 600 bis 900 Seiten umfassender, Klassiker des
Bildungsromans.

übernähmen. „De facto" gebe es also Lehrprofessuren. Der Germanist ist sich der damit einhergehenden „Konfliktpotenziale" bewusst: Er weiß, dass er und seine forschungsstarken KollegInnen ihre Verantwortung für die Lehre „delegier[t]en", befindet aber auch, dass die „anderen" KollegInnen ihre Forschungsaufgaben vernachlässigten. So stünden letztlich wechselseitige Vorwürfe im Raum.

Durchaus selbstkritisch merkt er zur Entkopplung von Lehre und Forschung an:

„[W]em es gelingt, lässt sich einladen von einem dieser Forscherkollegs. Ich war auch jetzt [x] Jahre [...] weg. [...] Zuerst im [Kolleg] und dann gefiel mir das so gut, dass ich gleich eine neue Einladung sofort annahm. [...] Aber ich mach das jetzt nicht mehr mit, weil es eigentlich eine Krankheitssymptomatik ist. [...] Dass man sich der Universität auf diese Weise entzieht, und ich hab jetzt in der Universität [...] dieses Modell für mich entwickelt: Ich spiele die alte Universität, weil ich glaube, dass das die Universität ist."

Die „alte Universität" zu „spiele[n]" bedeutet die Fortführung seiner Lehre in oben beschriebener Weise. Der Germanistikprofessor hat damit eine für ihn persönlich erfolgreiche Form des Umgangs gefunden, die ihn nicht zu ‚Fluchten' zwingt. Stattdessen distanziert er sich von den universitären Leistungskriterien und führt seine Tätigkeit gemäß seinen eigenen Ansprüchen inner- und nicht außerhalb der Universität fort.

Als wehrhaft charakterisiert den Literaturwissenschaftler nicht zuletzt, dass sein Festhalten an den eigenen Ansprüchen auch einschließt, notfalls auf Konfrontationskurs mit der Hochschulleitung oder dem Kollegium zu gehen, dessen zunehmenden Opportunismus er kritisiert. Während viele, vor allem jüngere ProfessorInnen „mehr auf Konsens" aus seien, um „aus dem bestehenden System möglichst viel für sich herauszuholen", schreibt er sich selbst eine gewisse Resistenz und Konfliktbereitschaft zu, die er eigentlich als essenziell für seinen Berufsstand ansieht. Er positioniert sich als einen der letzten Verfechter der „alten Universität", die man notfalls auch gegen die „Linie des Faches" durchsetzen müsse. Sein Ziel besteht nicht etwa darin, die Anpassung an Leistungsbewertungen in ein möglichst optimales Verhältnis zu den eigenen beruflichen Ansprüchen zu setzen, sondern sich Ersteren komplett zu entziehen. Mit dieser Distanzierung von der Organisation verkörpert er den Wehrhaften in idealtypischer Weise. Die deutlich gewordene Problematik dieser Ausprägung von Wehrhaftigkeit besteht darin, dass sie Kollegialitätsverhältnisse strapazieren kann, weil solch ein weitgehender individueller Rückzug aus der Pflichtlehre nicht selten Mehrbelastungen für andere hervorbringt (Sondermann und Janßen 2019).

Weitere Fälle

Eine so weitgehende und deutlich artikulierte Distanzierung wie die des Germanisten zeigt sich in unseren Interviews allerdings selten. Häufiger lassen sich zwar Momente der Wehrhaftigkeit identifizieren – aber nicht in einer solchen Stringenz. Die subtileren bzw. graduellen Formen der Abgrenzung von den – formellen und informellen – Leistungserwartungen werden nun anhand weiterer Fälle aufgezeigt.

Ein Politikwissenschaftler ist ein Beispiel für einen zwar kritischen, sich aber letztlich dem organisationalen Zugriff nicht gänzlich verwehrenden Professor: Er sagt von sich, er könne sich schon aufgrund seiner Position des Institutsleiters nicht völlig von den universitären Leistungsbewertungen distanzieren. Da er nicht nur selbst Zielvereinbarungen abgeschlossen habe, sondern als Leiter eines Forschungszentrums zudem dafür sorgen müsse, „dass auch Drittmittel fürs Zentrum" (POL6) eingeworben werden, sieht er sich in doppelter Weise von Leistungsbewertungen betroffen. So müsse er auch seine KollegInnen „anschärfen, dass sie jetzt liefern", damit die universitären Mittel für das Zentrum sowie „Anschubfinanzierungen für DFG-Projekte oder so was" gewährt werden. Für ihn persönlich bedeuten die Zielvereinbarungen unter anderem, „jedes Jahr eine sechsstellige Summe Drittmittel" einwerben zu müssen, um einen über Universitätsgelder zusätzlich finanzierten Mitarbeiter zu bekommen: „Also das sind die Anreizstrukturen, die berühmten." Hinzu kämen „vier oder fünf Journal-Artikel pro Jahr":

„[W]as auch eigentlich absurd ist. Dann macht man das mit irgendwelchen Mitarbeitern zusammen, damit man seine Quote erfüllt. Es ist einfach alles absurd. Diese quantifizierenden Vorgaben motivieren nicht. Die setzen einen unter Druck und produzieren Stress. Aber Stress ist bekanntlich nicht sozusagen die Antriebskraft für originäre Forschung. Und insofern ist das aus meiner Sicht nicht sehr produktiv, dieser ganze Bereich der Zielvereinbarung."

Dass er sich in anderen Hinsichten dennoch als wehrhaft erweist, wird später noch gezeigt.

Ein W3-Professor für Strafrecht gelangt zu einem ähnlichen Urteil. Ihm geht es allerdings um eine durch Drittmitteleinwerbung hergestellte Erfolgszuschreibung, die die Orientierung an solchen Kriterien gewissermaßen alternativlos werden lasse. Der derzeitige Fokus der Hochschulpolitik auf die eingeworbenen Drittmittelsummen sei insofern „ungut", als er eine „Irritation" oder „Ablenkung" bedeute, die die intrinsische Motivation der Forschenden, den besonderen „Reiz" der Universität schwäche (JUR8). So kritisiert er eine drohende Zweck-Mittel-Verkehrung, während er eigentlich „nichts dagegen" habe,

> „wenn ein Kollege ein Gutachten schreibt für jemanden, also ganz projektbezogen eine Frage beantwortet und sich damit ein Zubrot verdient. Aber problematisch wird das, wenn man das muss, um darüber eben das DFG-Projekt zu bekommen, um dann als großer Wissenschaftler wahrgenommen zu werden."

Er selbst möchte sich von den Anreizstrukturen nicht „den Kopf verdrehen lassen":

> „[I]ch bin jetzt mittlerweile soweit, dass ich mich davon frei gemacht hab, dass ich das akzeptiere, bestimmte Dinge dann eben nicht zu bekommen, und lasse mir meine Zeit, um tatsächlich den eigenen Interessen nachzugehen, was nicht ausschließt, dass ich dann auch einmal wieder versuche, Drittmittel zu bekommen, wenn die Dinge eine bestimmte Reife erlangt haben und wenn ich das Angebot finde, das zu meinem Interesse oder zu meiner Vorarbeit passt. Aber ich selbst lasse mich nicht mehr lenken oder steuern durch solche Angebote, aber der Anreiz ist schon da, die Anreize sind schon da."

Obgleich er seine Selbstbestimmung betont und sich resistent gegenüber den extrinsischen Anreizen präsentiert, sei er in seiner Projektwahl neben inhaltlichen durchaus schon mal materiellen Kriterien gefolgt, wenn „Gelder winkten":

> „Das passte zwar fachlich auch in die Denomination des Lehrstuhls, aber es war nichts, das ich jetzt von mir aus gemacht haben würde, wenn es dieses Angebot nicht gegeben hätte. Im Nachhinein sage ich mir, hätte ich die Zeit doch besser mit den Dingen verbracht, in die Dinge investiert, die mich intrinsisch interessieren."

Er bewertet das Anreizsystem letztlich als eine Fehlsteuerung, die „das System dysfunktional werden" lasse, da „einfach eine Mohrrübe vor die Nase gehalten" werde und „es schwer [falle], nicht danach zu schnappen" – was allerdings kaum im Einklang mit dem Selbstbild eines autonomen Subjektes steht. Er persönlich habe diesen kritischen Moment zwar überwunden. Dies sei aber das Ergebnis eines längeren Lernprozesses, auf den sich nicht alle KollegInnen einließen:

> „[M]an [kann] theoretisch sagen: ‚Ich mache mich von all dem frei.' Und das ist [...] ein bisschen der Weg, auf dem ich mich befinde. Ich mache mich von all dem frei. Es ist mir halt wurscht, aber es muss am Ende auch wurscht sein können, und das bedarf einer gewissen inneren Entwicklung, die nicht alle machen, und ich hab's jetzt in Gremiensitzungen zur Genüge erlebt, als Professor und auch als Dekan. Die Eitelkeit, das eigene Renommee, das ist den hier agierenden, also jedenfalls in

der Rechtswissenschaft doch das Wichtigste in den allermeisten Fällen, und wenn
das so ist, dann ist man eben auf der Jagd nach dem, was anerkannt wird. Bei den
Emeriti sind das die Ehrendoktorwürden aus dem Ausland und bei uns sind es neben
Preisen und Ehrungen und Rufen dann auch die Drittmittel. Die DFG-Förderung.
Wer da den größten Bären erlegt, ist der Größte und der Tollste."

In seiner Darstellung sind es vor allem die sozialen und weniger die materiellen
Aspekte, die antreiben. Er beobachte ein Streben nach Reputation, das zwar
gewiss nicht neu sei, das nun aber zunehmend – auch im unmittelbaren
kollegialen Umfeld –über den Drittmittelerfolg bestimmt werde:

> „Es kommt eine Mitteilung in der Fakultät, es wird im Professorium beklatscht und
> auf der Ebene der Universität wird das ohnehin wahrgenommen. Auch schon bei uns
> auf der Ebene der Fakultät spielt das insofern eine Rolle, als diejenigen, die Dritt-
> mittel einwerben, dies bekannt machen und dann auch die Anerkennung einfordern
> und auch bekommen."

Die organisationale und die kollegiale Anerkennungsordnung werden
damit gewissermaßen konkordant, und die Divergenz von disziplinären und
organisationalen Bewertungsmaßstäben wird ein Stück weit aufgehoben.
Wichtig ist aber, und in diesem Punkt unterscheiden sich die bislang
geschilderten Fälle, dass der Jurist die universitären Reformprozesse nicht
mit einer Erosion wissenschaftlicher Qualitätsmaßstäbe gleichsetzt und sich
daher nicht zu einer Fundamentalopposition veranlasst sieht. So verbleibe an
seiner Fakultät die Bestimmung ‚guter' wissenschaftlicher Leistungen noch
immer in den Händen der eigenen Profession und sei vor organisationalen Ein-
griffen weitgehend sicher. Insofern entspricht er dem Typus des Wehrhaften nur
in abgeschwächter Form. Er muss zwar den Verlockungen widerstehen, um sich
nicht aufgrund ‚falscher' Anreize von seinen eigentlichen Interessen zu entfernen,
aktiv muss er sich derzeit aber noch nicht gegen eine Steuerungsinstanz zur Wehr
setzen. Die Konsequenzen im Falle einer weiteren Zuspitzung konkurrierender
Wertigkeitsordnungen bleiben an dieser Stelle insofern noch offen. Dass die
Frage der Deutungsmacht über ‚gute' Wissenschaft und ‚wertvolle' wissenschaftliche Betätigungen aber ein zentrales Thema ist, zeigt sich auch in den
weiteren Interviews mit Wehrhaften. Ging es dem Literaturwissenschaftler vor
allem um die Diskrepanz zwischen wissenschaftlichen und nicht-wissenschaftlichen, „falschen" (LIT7) Kriterien der Leistungsbeurteilung, stellt der Politikwissenschaftler gerade den organisationalen Steuerungsanspruch in den Fokus
seiner Kritik. Mit Blick auf die „Vorstellungen" (POL6), die der Präsident den
ProfessorInnen in Gesprächen mitteile, äußert er:

„Öffentliche Güter schaffen. Das ist so eines seiner Lieblingsthemen. Wo man sich dann fragt: ‚Was heißt hier öffentliche Güter schaffen?‘ Wir schaffen eigentlich durch unseren Job öffentliche Güter. Dann meint er zusätzliche Veranstaltungen abhalten, Kontakte in die regionale Wirtschaft halten. Also wir reden jetzt nicht davon, Kontakte in internationale Fachorganisationen zu halten, sondern Kontakte in die regionale Wirtschaft zu halten, [...] Public Lectures zu organisieren, indem man die Öffentlichkeit beteiligt und so weiter. Gut, das ist ja alles okay. Aber das möchte ich dann machen, wenn ich dazu Lust habe, und nicht, weil ich es in irgendwelchen Zielvereinbarungen drin stehen habe. Und ich würde es ja auch machen, wenn ich das nicht unbedingt in solchen Zielvereinbarungen drin habe."

Und mit Blick auf die Erwartungen an seine Lehre fügt er hinzu:

„Dann geht's darum, dass er erwartet, dass jeder Professor auf Englisch unterrichtet. Pf, da kann man geteilter Meinung sein. Ich habe damit kein Problem, ich habe eine [englischsprachige] Ausbildung. Aber es gibt einige, die haben damit Probleme. Und vor allem gibt es hier auch einige Fächer, wo es gar keinen Sinn macht, wo es aber trotzdem verhandelt wird. […] Also es ist absurd."

Hier überlagern sich verschiedene Aspekte seiner beruflichen Identität, die der Politikwissenschaftler angegriffen sieht: seine professorale Autonomie, damit verbunden auch fachliche Kriterien, die zugunsten neuer nicht-fachlicher Erwartungen in den Hintergrund träten. Nicht nur die teils „absurden" (POL6), „schädlichen" oder „fahrlässigen" (LIT7) Kriterien der Hochschulleitung, sondern auch der Eingriff in die professorale Handlungsautonomie müssen abgewehrt werden: „Vernetzung" müsse im Falle des Literaturwissenschaftlers stattfinden, „wie sie sich ergibt", und Tätigkeiten wie ein Wissenstransfer in die Region nur dann, wenn der Politikwissenschaftler eben „dazu Lust habe" (POL6). Für beide Professoren werden damit zentrale Autonomieansprüche bei ihrer Tätigkeit durch die neuen Formen der organisationalen Steuerung von Leistungen missachtet.[17]

---

[17] Gerade im Falle des Politikwissenschaftlers zeigt sich ein Anspruch der Leitungsebene auf eine relativ autoritäre Steuerung der eigentlich zentral für Forschung und Lehre verantwortlichen Akteure, wie verschiedentlich deutlich wird. Exemplarisch lässt sich folgendes Zitat anführen: „Also die Zielvereinbarungen laufen so ab, dass der Präsident die einzelnen Personen zu einem Gespräch bittet und zunächst mal fragt, wo man sich selber sieht, was man gerne machen möchte und so weiter. Das ist diese, was wir unter Kollegen bezeichnen als ‚Scheinpartizipation‘. Da wird sozusagen diskutiert, was man machen könnte, der Möglichkeitsraum wird da ausdiskutiert. Und dann kommt am Ende des Prozesses was ganz anderes raus." (POL6).

Eine weniger grundsätzliche Form der Autonomieeinschränkung stellt indes die – bereits mehrfach thematisierte – hohe zeitliche Beanspruchung durch administrative Pflichten dar. Nicht die gestiegenen Transaktionskosten der Hochschulreformen, wie sie auf unterschiedlichen Ebenen der universitären Leistungsproduktion herausgearbeitet und insbesondere als Verwaltungsaufwand beschrieben wurden (Bogumil et al. 2015; Pasternack et al. 2018), stehen dabei im Mittelpunkt. Wird die zeitliche Beanspruchung nicht lediglich als zusätzlicher ärgerlicher Aufwand, sondern als Hindernis der Erfüllung der subjektiven Ansprüche an die Tätigkeit erfahren, kann sie zum Auslöser identitätsbehauptenden Handelns werden. Die sachlichen Erfordernisse für ‚gute‘ Forschung und ‚gute‘ Lehre werden missachtet, so die Wahrnehmung, wenn sonstige Rechenschaftspflichten den nötigen Zeitraum für die eigentlichen Kerntätigkeiten in Forschung und Lehre signifikant schmälerten. Die Menge an Leistungsüberprüfungen, mit der man sich in beiden Bereichen gleichermaßen konfrontiert sieht, resultiert in einer Situation der Überforderung, der man aktiv begegnen muss. Diese Erfahrung wird von den Wehrhaften vergleichsweise oft geschildert. So kritisiert ein Literaturwissenschaftler die zu große Anzahl an Evaluationen, die zudem häufiger nicht den Anspruch einer inhaltlich fundierten Leistungsbewertung erfüllten:

„[V]or lauter Controlling schaffe ich nicht mehr, das zu machen, was zu controllen ist. Das ist eine extreme Diskrepanz zwischen Überprüfbarkeitswahn von Produkten und Zeit für die Produktion dieser Produkte. [...] Ich bin für Evaluationen, damit hier kein falscher Eindruck entsteht, aber ich denke, die Instrumentarien der Evaluation müssten verfeinert und reduziert werden. Auf klareren Kriterien basierende, wenige Evaluationen, nicht dieser Wahn der Operationalisierung." (LIT11)

Welche Reaktionen ruft die erfahrene „Diskrepanz" hervor? Und welche weiteren Formen des Umgangs mit Leistungsbewertung finden sich bei den Wehrhaften? Es lassen sich individuelle und kollektive Praktiken unterscheiden.
    Zunächst einmal können einzelne WissenschaftlerInnen letztlich passive Praktiken des Ignorierens und Ausweichens an den Tag legen:[18] Ein Außerachtlassen

---

[18]Siehe hierzu auch Gina Anderson, die auf Basis von Beobachtungen an australischen Universitäten „Passive Resistance" bzw. „Avoidance", z. B. in Form von Verzögerungen, scheinbarem Unwissen bzw. Ignorieren, Vergessen oder vermeintlicher Zustimmung, als eine der häufigsten Umgangsformen mit Managementanforderungen herausarbeitet. Die expliziten, lauten Proteste findet sie hingegen selten vor: „Less energy is expended avoiding particular managerial practices than in protesting them." (Anderson 2008, S. 262)

von Bewertungsmaßstäben zeigte sich etwa bei dem Juristen, der keine aktive Auseinandersetzung führt, sondern seine Tätigkeit unbeeindruckt fortführt, indem er „Verlockungen" bzw. „Anreize" ignoriert (JUR8). Auch der Weg des eingangs zitierten Literaturwissenschaftlers (LIT7) in die Individualität, in deren Zentrum einzig die Erfüllung der eigenen Ansprüche steht, tendiert in eine solche Richtung. Ein größerer Konflikt zeigte sich bei ihm dann im Bereich der Lehre, der zunächst auf dem Wege eines „Freikaufens" bzw. Rückzuges gelöst, schließlich aber durch eine intensivierte Selektion der Studierenden bewältigt wurde. Diese Form der Situationsbewältigung – sich auf die eine oder andere Weise in der Lehre zu entlasten – kommt bei den Wehrhaften häufiger vor.[19] Dass hier nach Auswegen gesucht wird, ist auch eine Folge der aktuellen Hochschulpolitik: Wenn etwa im Rahmen der „Exzellenzinitiative" zunehmende Möglichkeiten des „Sich-Freikaufens" aus der Lehre geschaffen werden, zeigt sich darin auch eine hochschulpolitische Linie, die die Richtung der Entlastung gewissermaßen vorgibt.[20] Darüber hinaus werden inhaltliche, in den Anforderungen der Lehre selbst liegende Gründe angeführt. Beim Politikwissenschaftler zeichnet sich eine Möglichkeit der Entlastung mit Blick auf sein Lehrdeputat ab:

> „Ich versuche in der Lehre, wir alle versuchen, in der Lehre zu reduzieren. Warum? Weil wir unsere Forschungsergebnisse gar nicht einbringen können. Das ist doch der Grund! Also wenn ich meine Forschungsergebnisse in die Lehre einbringen könnte, dann würde ich ja viel mehr, lieber Lehre machen, weil da hätte ich wenigstens noch ein Feedback. Aber das geht ja nicht. Und deswegen sind auch alle immer so scharf, Lehrreduktion zu bekommen, weil Lehre ist Belastung. Lehre ist deshalb Belastung, weil Lehre eigentlich nichts mit dem zu tun hat, was man genuin an Forschung macht. […] und da reden alle von Forschung und Lehre, was natürlich nicht der Fall ist. Also die Kombination von Forschung und Lehre und forschendes Lehren und so, das ist alles Quatsch. Das sind Begrifflichkeiten, die wirklich nicht die Realität erfüllen." (POL6)

---

[19] Sie kommt als Entlastungspraxis oder Reaktion auf Unzufriedenheit zwar auch bei den weiteren Typen zur Sprache, entspricht dort aber entweder einer favorisierten, aber nicht umsetzbaren Praxis, einer potenziell möglichen, derzeit aber nicht notwendigen Praxis oder einer tatsächlichen Gegebenheit, die aber – weil sie dem eigenen Anspruch entspricht – kaum als notgedrungen ergriffene Praxis oder widriger Zustand erfahren wird.

[20] Für eine Übersicht der Maßnahmen im Rahmen der „Exzellenzinitiative" siehe den Bericht der Gemeinsamen Kommission der DFG und des Wissenschaftsrats (2008) zur ersten Runde der „Exzellenzinitiative", insbesondere die vom Wissenschaftsrat verantwortete Analyse der geförderten Zukunftskonzepte im dritten Teil des Berichts.

Er möchte den Wunsch nach einem Rückzug aus der Lehre als Reaktion auf Restriktionen und von ihm als falsch erachtete Leistungskriterien verstanden wissen. Seine Skepsis gilt damit gerade auch zentralen „Begrifflichkeiten" der Reformen, die kaum mehr als leere Hülsen darstellten, da die Integration von Forschung und Lehre unter den derzeitigen Bedingungen nicht zu realisieren sei. Obgleich aber viele dieser Reformmaßnahmen seiner Ansicht nach „Quatsch" sind, verzichte er weitgehend auf offene Konflikte und erfülle die an ihn gestellten Erwartungen – und sei es auch nur in Form einer Schein-Konformität.

Solche Kompromissbildungen zwischen eigenen und organisationalen Leistungserwartungen finden sich insbesondere bei jenen ProfessorInnen, die in einem Abhängigkeitsverhältnis zur Organisation stehen oder in besonderer Weise auf die Gunst der Hochschulleitung angewiesen sind. Im Falle des Politikwissenschaftlers, der aus der Perspektive eines Professors mit Leitungsfunktion argumentiert, zeigt sich dies in einem strategischem Umgang mit den aus seiner Sicht wenig sinnvollen, aber verpflichtenden und von der Hochschulleitung „leider ernst genommenen" Lehrevaluationen:

> „Über die Qualität sagt's eh nichts aus, und dann hänge ich das da draußen hin, können Sie auch sehen an meinem Brett. Das hängt dann da, weil ich mir sage: ‚Okay, sollen sie sich's angucken. Ich mach das transparent'. Und dann freut sich der Präsident, und mir ist es egal. Also das sind so kleine Dinge, die hätte ich früher nicht gemacht. Ich mach das nur, weil es gewünscht ist. [...] Irgendwie muss man Kompromisse eingehen. Ich kann keinen Konfrontationskurs gegen die Hochschulleitung fahren, weil dann kriegen wir hier gar nix."

Er akzeptiert damit einen „Kompromiss", den er – wie er sagt – nur mit Blick auf die Interessen des Institutes eingeht. Indem er sich auf der „Vorderbühne" als jemand inszeniert, der den Kurs des Rektorats unterstützt, bleiben größere Konflikte aus, die dann, wenn sie Möglichkeiten der Forschung schmälerten, andere Formen der Identitätsbedrohung – und Ärger mit den KollegInnen – zur Folge haben könnten. Solange es sich dabei nur um eine als „Quatsch" bezeichnete, nicht aber den Kern der Tätigkeit berührende Praxis handelt, kann der Politikwissenschaftler seine Selbst- und die an ihn gestellten Fremderwartungen auf für ihn unproblematische Weise in Einklang bringen. Es sind primär solch stille, „nicht oppositionelle" (Lust und Scheytt 2017, S. 665–667) und weniger die offenkundigen, konfrontativen Protestpraktiken, die in unseren Interviews berichtet werden.[21] Ein schon zitierter Literaturwissenschaftler sieht in der Reduktion seines Lehrpensums nicht zuletzt ein Mittel zur Aufrechterhaltung der Integration von Forschung und Lehre. Damit wolle er auch seiner individuellen Überforderung Rechnung tragen, da er neben seiner Lehrbelastung und seinen angestiegenen „administrativen Pflichten" nicht gleichzeitig „eine angemessene Forschung", Kongressbesuche oder sonstige repräsentative Pflichten in „gleicher Qualität" erfüllen könne:

> „[E]s geht dann auf Kosten der Forschung, es geht auf Kosten der Lehre. Niemand kann mir ernsthaft verkaufen, weil ich kenne die Abläufe, das kann man berechnen, dass man parallel Forschung und Lehre beides gleichermaßen exzellent machen kann. Nicht in einem Massenfach, das ist nicht möglich!" (LIT11)

Dass das Schreiben seines letzten Buches ihn aufgrund seiner parallelen Belastungen durch Lehre und Administration „mehrere Jahre gekostet" habe, sei „eigentlich absurd". Hatte er zunächst zwar „die Entscheidung getroffen", sich „verstärkt" um seine Studierenden zu kümmern, sei er nun an einem Punkt, an dem er sich wieder mehr seiner Forschungstätigkeit zuwende:

> „Aber es bedeutet Besagtes: Es bedeutet Zulassungsbeschränkungen zu allen Veranstaltungen. Es bedeutet, dass ich Studierende ablehnen muss und sagen muss: ‚Hören Sie, ich kann maximal 10 Bachelorarbeiten gleichzeitig annehmen', oder 20 Bachelorarbeiten gleichzeitig. Ich kann parallel nur fünf oder sechs Leute haben, die bei mir promovieren. Mehr geht nicht. Ansonsten kann ich eine seriöse Betreuung nicht sicherstellen."

Er geht hier schließlich einen Kompromiss ein, der seinem Ethos eigentlich widerspricht. Einerseits geht es darum, Forschung und Lehre gleichermaßen auf einem angemessenen Niveau zu betreiben, andererseits um einen Autonomieanspruch, den er auch den Studierenden zuerkennt:

---

[21] Ähnliche Formen der Fügsamkeit – insbesondere im Umgang mit Lehrevaluationen – beobachtet Anderson an australischen Universitäten und fasst sie als „Qualified Compliance": „Where avoidance was not possible, academics often complied with managerialist demands in minimal, pragmatic, or strategic ways. […] they complied with these requirements when there was advantage to be gained, and otherwise avoided them." (Anderson 2008, S. 264–266 - Zitat S. 266).

„Ich hab mich lange dagegen gewehrt, weil ich die Freiheit von Lehre und
Forschung für ein extrem hohes Gut halte. Ich halte es für ein extrem hohes Gut,
dass jeder die Veranstaltung besuchen kann, die er will. [...] Da hab ich lange, lange
für gekämpft und ich habe das auch praktiziert [...]."

Für ihn läuft die drohende Überforderung, die maßgeblich durch „Bologna" und
neue administrative Pflichten hervorgebracht wird, auf einen partiellen, wenn
auch schmerzlichen Rückzug hinaus, der es ihm allerdings erlaubt, Lehre und
Forschung in einer Weise zu betreiben, die seinen subjektiven Ansprüchen –
wenn auch mit Abstrichen – entspricht.

Über solche individuellen Praktiken hinaus lassen sich kollektive Formen des
Umgangs mit Leistungsbewertungen rekonstruieren, die von einer gemeinsamen
Betroffenheit herrühren und primär der Abwendung schädlicher Auswirkungen
von NPM auf die Kollegialität dienen. So wollten der bereits mehrfach zitierte
Politikwissenschaftler und seine KollegInnen negativen Folgen für die kollegiale
Zusammenarbeit entgegenwirken, indem sie das „Einzelkämpfertum" durch
offenen Austausch begrenzten:

„Also wir haben hier unter Kollegen unsere Zielvereinbarung auf den Tisch gelegt
und haben gefragt: ‚Was hat hier eigentlich jeder zu tun?' [...] Wir haben gesagt:
‚Also das hat keinen Sinn, dass wir hier alle das in der Schublade verschwinden
lassen. Lass es uns auf den Tisch legen! Was haben wir alle drin, was können wir
daraus machen und wie machen wir es? Und wie unterstützen wir uns hier wechselseitig in dem Sinne, dass wir das Zentrum halten können, weil das für uns alle von
Interesse ist?' Also wir haben hier Kollektivdenken." (POL6)

Er spricht darüber hinaus negative Auswirkungen auf die Motivation jüngerer,
neu berufener KollegInnen an. Gerade letztere würden sich aufgrund der
strikten Umsetzung von Leistungsbewertungen nicht mit der Universität identifizieren können und daher wegbewerben. Hier deuten sich negative Folgen eines
intensivierten Konkurrenz- bzw. Wettbewerbsstrebens innerhalb und zwischen
Universitäten an, womit sich zu unserem letzten Fallbeispiel überleiten lässt: Es
handelt sich hierbei um eine ältere Literaturwissenschaftlerin, die insbesondere
die negative Folgen der Prämierung von Individualleistungen skizziert und die
eine hohe Sensibilität für die sozialen Begleiterscheinungen der implementierten
Bewertungsinstrumente auszeichnet.

Mit Blick auf den an ihrer Fakultät vergebenen Lehrpreis spricht die
Professorin für Neuere Deutsche Literatur von einem „Gerangel", bei dem
an vorderster Stelle stünde, sich „zu präsentieren" – und nicht die Stärkung
der Qualität der Lehre. Das Instrument würde letztlich zweckentfremdet und

schüre Konkurrenzkämpfe, weshalb einige Disziplinen aus solchen Formen der individuellen Leistungshonorierung ausgetreten seien, um sich nicht gegenseitig „ausspielen zu lassen, sondern eine geschlossene Kollegenschaft zu haben". Darüber hinaus nimmt die Literaturwissenschaftlerin, selbst in der C-Besoldung und nicht direkt mit individuellen Zielvereinbarungen konfrontiert, eine vor allem kollektive Identitätsbedrohung wahr. Sie betont zunächst, dass sie bei ihren Forschungsarbeiten vorwiegend eigenen Ansprüchen folge und gegenüber organisationalen Zielerwartungen „relativ resistent" sei. „Wichtigstes Kriterium" in ihrer eigenen Arbeit sei noch immer, dass diese „soweit vorangetrieben" sei, dass sie sie „guten Gewissens rausgeben" könne, statt auf „Biegen und Brechen was raus [zu]hauen". Dass die von ihr favorisierte Praxis im Gegenzug legitimierungsbedürftig werde, macht sie an der „Häufigkeit der Forschungs-berichte, die geschrieben werden sollen", fest. Nicht nur sie selbst, sondern auch ihre KollegInnen verspürten einen „zunehmenden Druck" vonseiten der Universitätsleitung, den sie als belastend empfindet, gegen den man sich aber kollektiv zur Wehr setze:

> „[J]etzt wird ein Kerndatensatz Forschung erhoben, den wir hier in [Name Stadt] noch, sagen wir mal, abgebogen haben. Mit sehr, sehr viel Widerstand. Das wollten die Kollegen überhaupt nicht. Also über eine Datensatzerfassung rein quantitativ seine Forschungsleistung bemessen zu haben, kam für uns alle nicht in Frage. Obwohl wir wahrscheinlich keine Chancen haben, das noch ein paar Jahre so aufrechtzuerhalten."

Vor dem Hintergrund dieses pessimistischen Szenarios erscheint die Erstellung des letzten „ganz normalen herkömmlichen" Forschungsberichtes, mit dem man die Vorteile einer differenzierten Betrachtung von „Fächerkulturen" vorführen wollte, fast schon wie ein letzter freudiger Akt vor der Apokalypse:

> „Das haben wir dann nochmal so richtig mit Spaß gemacht! Auch mit dieser Dar-stellungsabsicht und was man zeigen möchte, wie man es bündelt. Wir fanden das stärker als die anderen Möglichkeiten. Wir kennen aber auch, und das droht so bisschen im Hintergrund und wirkt sich auch psychisch aus, die Webseiten einer Uni [Name], wo im Grunde dann schon der Kollege über seine Leistungen und bepunktet in Tabelle erfasst ist. Da kommt man ja rein und das ist für uns Horror! Aber man merkt, dass man plötzlich anders tickt, dass man sagt: ‚Wo könnte ich jetzt, wenn das dann so kommt, welche Leistungen erbringen in diesen Kriterien ‚Transfer' und ‚Forschungsstärke' und ‚Drittmittel' und dergleichen.' Das Ganze gleicht aber sehr einer Überforderungsmatrix. Das ist schwer, da noch gut zu schlafen und zu sagen: ‚Ich habe gearbeitet. Ich mache das.' Das ist eher beunruhigend. Ja, schon."

Die Literaturwissenschaftlerin blickt durchaus besorgt auf die Wirkmacht universitärer Leistungsbewertungen, die bereits jetzt, wenn auch noch nicht das eigene Handeln, so doch aber das eigene Denken prägten, wenn „man plötzlich anders [ticke]". Eine Behauptung der eigenen Ansprüche gegenüber der quantifizierten Bewährungslogik ist für sie schon allein deshalb wichtig, weil sie die bereits beobachtbaren Belastungen jüngerer KollegInnen mit Sorge erfüllten. Obgleich etwas ratlos wie, wolle sie gegen den derzeitig ausgeübten Druck, der mittels einer permanenten Leistungserwartung und -prüfung erzeugt werde, angehen:

> „[D]ieses Damoklesschwert [...] hängt schon relativ niedrig über diesen Köpfen, und das merkt man auch. Jetzt haben wir einen Kollegen berufen, der wirklich super dasteht, eigentlich auch ein schönes Selbstbewusstsein haben könnte, dem aber der Schreck noch so richtig in den Gliedern hängt, wo man merkt, das Mittagessengespräch ist voll von diesen Pleiten, die man da erlitten hat [...]. Und das wirkt sich im Moment schädlich aus. Ich weiß nicht wie man das auffangen kann."

> Interviewerin: „Inwiefern schädlich?"

> „Auf so ein gesundes wissenschaftliches Selbstbewusstsein, was man braucht, um auch überzeugen zu können in der Lehre. Das sind ganz normale Performanceaspekte: Stehe gut da, dann wirst du auch mitreißend sein. Wenn man nicht gut da steht und schon einfach Bedenken hat, ob das Fach überhaupt was für den wissenschaftlichen Nachwuchs ist, weil es eben solche Fallstricke mit sich bringt und jahrelang ‚Du wirst ja doch nichts'-Gedanken hat, dann ist es eben auch nicht gut fürs Fach."

Folglich geht es der Literaturwissenschaftlerin auch um eine solidarische Verteidigung disziplinärer Maßstäbe – „fürs Fach" und aus Sorge um den wissenschaftlichen Nachwuchs. Wie fließend die Übergänge zwischen Betroffenheit und Verschonung sein können, wird hier deutlich.

Resümierend lässt sich zu diesem Typus festhalten, dass sich eine innere Distanzierung von der Universität gerade bei denjenigen ProfessorInnen in unserem Sample zeigt, die den Versuch der Kompromissbildung zwischen eigenen und organisationalen Leistungsmaßstäben als unrealistische oder inadäquate Lösung ansehen. In der Folge manifestieren sich die Konflikte im Verhältnis zur Organisation nicht nur im Handeln, sondern werden auch offen verbalisiert. Solche Aussagen wie „Ich bin kein Partner für die Universität" (LIT7) sind eindrückliche Selbstdarstellungen einer sich bedroht fühlenden professoralen Identität. Nur durch die demonstrative Abgrenzung von der Organisation können die eigenen Ansprüche noch aufrechterhalten werden. Ganz anders stellt sich dieses Verhältnis zur Organisation bei dem nun folgenden Typus dar: der Zuversichtlichen.

5.2.7 Zuversichtliche

Der nun vorzustellende letzte Typus zeichnet sich durch eine besondere Dynamik aus, da seine Deutungs- und Handlungsmuster am stärksten von seinen Zukunftserwartungen hinsichtlich der universitären Leistungsbewertungen abhängen: Wie die Zuversichtliche sich längerfristig gegenüber den ihr auferlegten Rechenschaftspflichten und Bewertungen positioniert, ist stark beeinflusst davon, inwieweit sie – von heute aus gesehen – zukünftig mehr persönlichen Nutzen aus den Leistungsbewertungen ziehen kann und von diesen in ihrer Identität bestätigt wird. Sie kann freilich nicht auf ewig zuversichtlich bleiben. Entweder ihre Hoffnungen erfüllen sich, und sie wird zur Profiteurin – oder sie werden enttäuscht, wodurch sie zur Wehrhaften oder sogar zum Opfer wird.

Die Zuversichtliche haben wir eingangs als eine Befürworterin der Leistungsbewertungen, denen sie unterliegt, charakterisiert. Diese positive Bewertung paart sich bei ihr mit einer Aufstiegs- und Wettbewerbsorientierung, der zufolge die Zuversichtliche in den organisationalen Leistungsbewertungen eine Möglichkeit des Ausweises ihrer individuellen Leistungsfähigkeit sieht. Es ist insofern naheliegend, dass gerade jüngere ProfessorInnen sich diesem Typus zuordnen lassen. Die Zuversichtliche kann die Leistungsbewertungen aber noch nicht in einer für sie vorteilhaften Weise nutzen. Damit unterscheidet sie sich vom Profiteur, dessen von der Universität gewürdigter Forschungserfolg ihm Vorteile, etwa gute Bewerbungs- und Verhandlungschancen hinsichtlich einer weiteren Verbesserung seiner Ausstattung und seiner persönlichen Bezüge, verschafft. Die Zuversichtliche geht jedoch davon aus, zumindest auf längere Sicht zur Profiteurin werden zu können. Sie zeichnet damit ein Karriereoptimismus aus, der nicht zuletzt in einer Selbstwirksamkeitserfahrung gründet und sich damit deutlich vom Fatalismus einiger bis hierhin diskutierter Fälle abhebt. Die Zuversichtliche hat, so stellt es sich für sie dar, ihren Erfolg selbst in der Hand.

Es gibt zwei Arten der Zuversichtlichen. Neben derjenigen, die bereits jetzt bestimmte Vorteile aus den Leistungsbewertungen zieht und erwartet, dass diese zukünftig noch größer werden, steht diejenige, für die Leistungsbewertungen bislang mit Nachteilen verbunden sind, was sich aber – so ihre Erwartung – zukünftig zum Positiven wenden werde. In letzterem Fall müssen die Anstrengungen noch weiter gehen, um künftig zu den ProfiteurInnen gehören zu können. Für diesen Subtypus der Zuversichtlichen ist dies jedoch in Ordnung, solange die Reformziele bzw. -effekte ihren Identitätsansprüchen entsprechen.

Der Typus wird zunächst anhand einer W2-Professorin für Politikwissenschaften dargestellt, die ihn in besonders eindrücklicher Weise verkörpert. Anhand ergänzender Fälle werden wir sodann weitere Facetten und

Determinanten aufzeigen, die die Zuversichtlichen – auch bei bislang geringen oder ausbleibenden persönlichen Vorteilen – zu ReformbefürworterInnen werden lassen.

Ankerfall: „Das Rad dreht sich immer weiter"
Die persönliche Betroffenheit durch Formen der Leistungsbewertung steht bei der Politikwissenschaftlerin außer Frage: Zum einen sind ihre Leistungsbezüge in der W-Besoldung an die Einwerbung von Drittmitteln gekoppelt, zum anderen spielen die Publikationen für die leistungsorientierte Mittelvergabe eine Rolle, was für sie durchaus von Relevanz ist. Es sei zwar per se kein „supergroßes Lehrstuhlbudget", um das es bei ihr gehe – ungeachtet dessen bedeuteten zusätzliche leistungsorientierte Mittel aber einen Mehrwert, mit dem man „rechnen" müsse, der also eine erwähnenswerte Differenz ausmache (POL7).

Blickt man weiter auf ihre Bewertung der Leistungsbewertungen, zeigt sich bereits in der Eingangssequenz, dass die Politikwissenschaftlerin die Idee von Leistungsanreizen grundsätzlich befürwortet und nicht etwa als Angriff auf die Autonomie von WissenschaftlerInnen deutet. So antwortet sie auf die Frage nach von ihr wahrgenommenen universitären Wandlungsprozessen:

> „In Bezug auf Forschung stelle ich schon wirklich einen massiven Wandel fest. Und den sehe ich zum Teil sehr positiv, weil ich denke, was eben schon gut ist, ist, dass wirklich klare Leistungsanreize gesetzt werden. Aber ich finde, dass für die Forschung, insgesamt für das, was erwartet wird, viel zu wenig Zeit gegeben wird [...]. Ich habe den Anspruch, wirklich exzellente Forschung zu machen. Aber wenn ich dann sehe, dass wir bei den großen Förderinstitutionen mit Forschern inzwischen konkurrieren international! Das sehe ich auch bei den Begutachtungen, da bewerben sich wirklich inzwischen die Forscher aus den USA, aus dem englischsprachigen Raum bei deutschen Förderinstitutionen, die ganz häufig ein sehr viel geringeres Lehrdeputat haben als wir, und ich finde, wenn man da mit solchen Leuten in direkter Konkurrenz steht, um Fördermittel, die bei einem selber sich auf die Bezahlung auswirken, dann empfinde ich das als hochgradig unfair."

Die Politikwissenschaftlerin verortet sich selbst als Wissenschaftlerin, die sich im Feld von internationalem Wettbewerb und exzellenter Forschung bewähren möchte. Dies bedeutet für sie auch, sich an den Kriterien von Drittmitteln und Publikationen in internationalen peer-reviewed Journals zu orientieren und die universitär forcierte Bewertungslogik insofern nicht als oktroyierte Gefährdung eigener Ansprüche an ‚gute' und sinnstiftende Forschung wahrzunehmen. Dies zeigt sich verschiedentlich, etwa wenn sie davon spricht, dass diese Form des Wettbewerbs sie „beflügel[e]", da sie „wirklich den Ehrgeiz" habe, oder auch anhand folgender Äußerungen, mit der sie sich auf den Drittmittel-Wettbewerb bezieht:

> „[I]ch sage natürlich schon gerne: ‚Ich habe ein DFG-Projekt' [...] und denk dann auch: ‚Okay, das ist jetzt besser als Dein blödes, was weiß ich was-Projekt.' ((lacht)) [...] Das sage ich natürlich nicht, ((lacht)) aber ich denke es. Genau."

Sie legt auch bei der Bewertung von KollegInnen den Maßstab zugrunde, sich den genannten Leistungsmaßstäben zu „stellen", und empfindet es daher „oft als Ausrede", wenn diese den „steinigeren Weg" eines Review-Verfahrens nicht gehen wollten.

Wenn man von ihrer Perspektive auf den Status quo ausgeht, sieht sich die Politikwissenschaftlerin nicht als Profiteurin der Leistungsbewertungen, obwohl sie die Kriterien und die Idee von Leistungsanreizen teilt und die an sie gestellten Erwartungen bisher zudem erfüllen konnte. Für sie überwiegt jedoch der Eindruck, unter einem zu großen Zeitdruck zu stehen, um den universitären Erwartungen wie auch ihren eigenen Ansprüchen gerecht werden zu können. Insofern geht es ihr nicht um eine Kritik an den Leistungskriterien und der stärkeren Übertragung von Wettbewerb und Leistungsanreizen auf die Universitäten. Das entscheidende Problem ist für sie die mangelnde Gewährleistung der entsprechenden Rahmenbedingungen, um in diesem insbesondere über die Forschung vermittelten Wettbewerb bestehen zu können. Damit möchte sie sich allerdings nicht abfinden und skizziert Lösungen für den Umgang mit dieser bislang fehlenden Passung. Sie erwähnt im Interview wiederholt, derzeit intensiv darüber nachzudenken, wie sie zukünftig selbst „mehr das steuern", wie sie „mehr Kontrolle über diesen Prozess" gewinnen könne. Damit bezieht sie sich auf das Verhältnis von Forschung und Lehre, aber ebenso auf die aus ihrer Sicht eng getaktete Vorgabe ihrer Zielvereinbarung, innerhalb von drei Jahren ein Forschungsprojekt einwerben zu müssen. Auf diese Regelung konnte sie – „es lag vielleicht an der Erstberufung, da ist man ja erst mal entsprechend unerfahren" – „keinen Einfluss" nehmen.

Zukünftig geht es ihr vor allem darum, aktiv bessere Bedingungen für sich auszuhandeln. Eine Variante hierfür sieht sie in einem vorgezogenen Fünfjahresgespräch mit dem Präsidium über die Ausgestaltung ihrer Zielvereinbarungen:

> „Ich würde dann eben gerne mit dem Präsidium mich darüber unterhalten, wie man das flexibilisieren kann. Ich finde, wenn ich jetzt vor der Zeit fertig werde mit dem, was ich da mal vorgeschlagen habe, dann möchte ich auch vorher darüber reden. Mir geht es eben darum, dieses eigene Tempo rein zu bringen. Im Moment hab ich so das Gefühl, ich hab noch genug Ideen, dass ich das Tempo auch halten kann.

Das macht mir nicht so viel aus. Aber der Konkurrenzkampf wird halt auch schärfer, auch bei den Förderinstitutionen. Das heißt, man muss, bis dann so ein Projekt durchgeht, unter Umständen halt auch länger warten oder mehrere Anläufe nehmen. Und das wird halt schwierig. Drei Jahre ist ein superknapp bemessener Zeitraum. […] Und so richtig gute Forschung – also an diesem letzten Antrag habe ich so lange gesessen. Das ist vielleicht auch so meine eigene Art, aber das war auch ein richtig guter Antrag. Aber der hat jetzt natürlich in gewisser Hinsicht auch einen Standard gesetzt."

Die Politikwissenschaftlerin deutet ihre Ausgangsposition in dieser Sequenz vergleichsweise selbstbewusst: Sie habe damals Leistungen „vorgeschlagen", diese „vor der Zeit" erfüllt und wolle und könne aufgrund dieser bewiesenen Leistungsfähigkeit nun entsprechend stärker ihre eigenen Interessen gegenüber der Organisation geltend machen. Sie begründet den Wunsch, ein stärker selbst-bestimmtes „Tempo rein zu bringen", auch hier mit Argumenten, die letztlich in Einklang mit den Leistungskriterien stehen: Die Flexibilisierung der Zeiträume für die Einwerbung von Projekten wird von ihr direkt in Relation zu dem ver-schärften Konkurrenzkampf gesetzt, der elaboriertere und damit zeitaufwendigere Forschungsanträge, tendenziell aber auch mehrere Anläufe bis zum endgültigen Erfolg erfordere.

Um ihrem hohen „Standard" bei Anträgen und ihren Ansprüchen an ihre Forschungsprojekte und Publikationen weiterhin gerecht werden zu können, möchte sich die Politikwissenschaftlerin darüber hinaus verstärkt um Möglich-keiten bemühen, sich phasenweise ganz aus der Lehre zurückzuziehen:

„[E]hrlich gesagt merke ich, ich würde, ich werde jetzt, ich meine, Gott sei Dank gibt es das ja auch, dass man sich halt überlegt, sich auszukaufen. Also wirk-lich auf Fellowships bewerben, auf Visiting Scholarships bewerben, dass man halt rauskommt in der Zeit. Ich glaube, anders geht es nicht. Und vielleicht bei ein-geworbenen Projekten stärker drauf zu beharren, dass man dafür auch Lehrdeputats-reduktion bekommt. Ich glaube, dann muss man wieder stärker verhandeln. Das ist so die Frage, wie weit man damit kommt. […] Und das werde ich jetzt konsequent machen. Das ist dann, glaube ich, der einzige Umgang, den man hat. Dann hat man halt die Phasen, in denen man viel lehrt und die Forschung irgendwie noch unter einen Hut bringen muss. Und dann hat man auch wieder die Phasen vielleicht, in denen man sich nur der Forschung widmen kann. Wobei das ja auch nicht so ein-fach ist. Denn wenn man so ein Projekt mit seinen Mitarbeitern hat, dann ist es blöd, wenn man ganz woanders ist. Also das ist halt fürs Projekt nicht so gut."

In ihrer Äußerung spiegelt sich durchaus eine Ambivalenz wider: Zum einen zeigt sich eine gewisse Legitimationskrise, wenn die Politikwissenschaftlerin ihr State-ment wie ein Geständnis beginnt, zum anderen nennt sie am Ende explizit den

Punkt, im Falle eines Fellow- oder Visiting Scholarships letztlich ihre Projektmit-arbeitenden zurückzulassen. Sie hält die Option, „sich auszukaufen", keineswegs für den besten Weg, sondern wünscht sich eigentlich – wie sie an verschiedenen Stellen des Interviews erwähnt – eine Reduktion ihres Lehrdeputates, was sie dann nicht zu solchen Auswegen oder Fluchten zwänge. Um dem letztgenannten Ziel näher zu kommen, bleibt für sie vor allem der Weg über den Ruf auf eine W3-Professur. Dies sei für sie momentan „ein recht hoher Anreiz", da sie erst dann „wirklich" neu über ihre Bedingungen „in Verhandlung gehen" könne.

Die Politikwissenschaftlerin orientiert sich nicht primär in strategisch-instrumenteller Hinsicht an den Leistungskriterien, um ihre universitäre Position zu verbessern. Vielmehr teilt sie die Kriterien selbst, indem sie sich mit anderen – internationalen – WissenschaftlerInnen messen möchte und ‚gute' Forschung danach bewertet, einen harten Auswahlprozess bei der DFG, bei Journals oder Verlagen „überlebt" zu haben. Insofern sieht sie sich grundsätzlich nicht in der Situation, ihre berufliche Identität wie der Wehrhafte gegenüber den universitären Leistungsbewertungen verteidigen oder behaupten zu müssen. Allerdings ist sie abhängig davon, dass sich die Rahmenbedingungen für sie ändern, um die uni-versitären Erwartungen nicht dauerhaft als Überlastung und als Verletzung einer Reziprozität vonseiten der Organisation zu erleben, gegen die sie sich dann doch zur Wehr setzen müsste. Ihr Fall ist gerade aufgrund ihrer Karrierestufe interessant, da sich die Politikwissenschaftlerin als W2-Professorin einerseits in einer besonderen Bewährungsphase mit geringen Privilegien sieht, andererseits aber auch die Chance vor Augen hat, innerhalb der universitären Hierarchie auf-zusteigen und als W3-Professorin mehr als bisher von ihrer Forschungsstärke profitieren zu können. Diese Aufstiegsorientierung, verbunden mit einer grund-sätzlichen Hoffnung, langfristig vom System profitieren zu können, ist letztlich ein Kernmerkmal der Zuversichtlichen.

Weitere Fälle
Die frühe Karrierestufe, die im geschilderten Fall der Politikwissenschaftlerin von Relevanz ist, erweist sich – mit einer Ausnahme – als distinktes Merkmal dieses Typus. So lassen sich insbesondere jüngere, neuberufene ProfessorInnen, bei denen sich ein oftmals ambivalentes Verhältnis zu Leistungsbewertungen beobachten lässt, diesem Typus zuordnen: Sie stehen einerseits unter einem besonderen Leistungsdruck, etwa durch Befristung von Leistungsbezügen, erfahren ihre Situation zugleich aber auch als eine Bewährungschance, die letzt-endlich Zugewinne bringen kann. Der Einwerbung von Drittmitteln, wie nach-folgend verdeutlicht wird, kommt dabei eine besondere Bedeutung zu.

Ein Hochfrequenztechniker, der ein Jahr zuvor auf eine W2-Professur berufen wurde, äußert zwar, die Bedeutung und möglichen Folgen von Leistungsbewertungen an seiner aktuellen Universität noch nicht genauer einschätzen zu können. Dass er dennoch als Zuversichtlicher eingeordnet werden kann, ist in seinem spezifischen berufsbiografischen Hintergrund begründet. Da er vor seinem Ruf an die Universität an einer privaten Fachhochschule tätig war, deutet er seine aktuelle Situation nicht zuletzt als einen Zugewinn an wissenschaftlicher Freiheit und Qualität, was auch die Umsetzung von universitären Leistungsbewertungen betrifft.[22] Zudem zeigt sich eine überwiegende Übereinstimmung mit den Leistungskriterien wie Drittmitteln und Publikationen, die schon disziplinär nahegelegt ist. Seine Berufung war nicht zuletzt das Ergebnis seiner sichtbaren Einbindung in internationale Forschungskooperationen:

> „Es lief schon sehr gut, und nur dadurch bin ich ja jetzt hier. [...] Es hatte dann natürlich eine gewisse Sichtbarkeit erreicht, und das hat mich dann wahrscheinlich auch hier zu diesem Job gebracht." (TECH7)

Mit Blick auf die festgelegten Ziele für seine Forschung äußert er zudem, diese relativ leicht erfüllen zu können, da er ohnehin viel publiziere und nur bei der Drittmittelsumme letztlich wie alle KollegInnen mit einer ‚Unbekannten' – der nicht absehbaren Bewilligung von Anträgen – rechnen müsse:

> „Das Einzige ist die Einwerbung von Drittmitteln. Das [die Leistungsbezüge, Anm. der AutorInnen] ist immer halt davon abhängig und das war eine ganz schön hohe Summe, die man da einwerben musste. Aber da habe ich jetzt ja auch einen Teil erfüllt."

Der Hochfrequenztechniker macht verschiedentlich deutlich, dass nicht die Leistungsbewertungen, sondern seine eigenen Ansprüche an „möglichst gute

---

[22] Zudem erlebte er an der privaten Fachhochschule einen stärkeren und aus seiner Sicht sinnlosen Managerialismus. Dort sei man etwa auf „solche glorreichen Ideen gekommen [...], beispielsweise dann irgendwelche Berater von [Firma] reinzuholen", die die Dienstleistungs- und Kundensemantik in der Lehre forcieren sollten. Aus seiner Sicht habe man „auch tatsächlich gemerkt, dass diese Wirtschaftsberater, die sogenannten [...] überhaupt keine Ahnung" von den Bedingungen an Hochschulen gehabt hätten, sondern für sehr viel Geld „irgendwelchen Müll rausgehauen" hätten. Er sei dann auch nicht mehr zu den entsprechenden Veranstaltungen gegangen, obwohl dies „schon gerne gesehen" worden wäre.

Forschung" ausschlaggebend für seine Forschungsziele sind. Den Druck, eine gute Leistung und hohe Drittmittelsummen vorweisen zu können, erklärt er denn auch als einen, der weniger von außen an ihn herangetragen werde:

> „Ich setze mich selber unter Leistungsdruck. Ich möchte ja zehn Leute haben in der Gruppe und möchte Drittmittel haben und möchte möglichst gute Forschung bringen – aber das ist ein Leistungsdruck, den ich mir selber setze."

Einen solchen Anspruch an die eigene Forschungsleistung formuliert auch eine jüngere Strafrechtlerin: Sie verbindet mit der Einwerbung von Drittmitteln nicht nur manifeste Vorteile angesichts ihrer bislang „nicht besonders üppig[en]" Ausstattung, da sie lediglich „das Standardprogramm" der Erstberufung bekommen habe (JUR8). Darüber hinaus wolle sie sich gerade auf dem Weg eines solchen Erfolges bewähren, da sie hierin einen Ausweis von Qualität und Leistungsfähigkeit sieht, der sie letztlich von einem Erwartungsdruck entlasten könne, unter dem sie als junge, neuberufene Professorin stehe. So formuliert auch sie ihr Ziel als einen persönlichen Wunsch:

> „Ich möchte jetzt so gerne auch ein Verbundprojekt mal durch kriegen, weil man auch diesen Druck hat: Man ist jetzt hier neu, man möchte auch dann beweisen, dass es eben die richtige Entscheidung war, dass die einen berufen haben. So als junge Frau […]. So wie ein externes Qualitäts-Signum nochmal."

Hinzu kommt, dass ihre letzten Drittmittelanträge, die „viel Energie gekostet" hätten, nicht bewilligt wurden. An die vergangenen Erfolge in der Mittelakquise habe sie seit ihrer Berufung nicht anknüpfen können, was „frustrierend" sei:

> „Ich fühle mich unter einem gewissen Druck, Drittmittel einzuwerben. Ich bin jetzt zwei Jahre da und habe quasi keine neuen Drittmittel eingeworben […], weil diese Anträge […] nicht durchgegangen sind. Das war für mich frustrierend. Vielleicht ist es auch eine gewisse Neutralisationstechnik von mir, dass ich mir denke: ‚Ja, das lag an [Grund].' Man kann natürlich auch sagen: ‚Wenn wir so viel toller gewesen wären, als [Institut], dann hätten wir es vielleicht trotzdem bekommen.' Man versucht sich dann wahrscheinlich auch innerlich so ein bisschen aufzurichten."

Indem die Strafrechtsprofessorin das Einwerben von Drittmitteln als erfolgreich bestandene Bewährungsprobe deutet, stellt sie deutlicher als der Hochfrequenztechniker das Einwerben selbst in den Mittelpunkt ihrer persönlichen

Leistungsziele.[23] Ungeachtet des – noch ausstehenden – Beweises ihrer diesbezüglichen Leistungsfähigkeit bleibt aber die Verbesserung der eigenen Forschungsbedingungen als eigentliches Ziel im Vordergrund bestehen. Als Strafrechtlerin, die auch empirisch arbeite, benötige sie Drittmittel – auch um mit außeruniversitären Forschungseinrichtungen konkurrieren zu können. Diese Abhängigkeit stellt für sie keinen Konflikt zwischen subjektiven Ansprüchen und den an sie gestellten Anforderungen in der Forschung dar. Das System wird von ihr akzeptiert bzw. als gegebener Rahmen betrachtet, an dem sie ihr Handeln ausrichten müsse. So folgt sie hier weitgehend wettbewerbsorientierten Deutungen:

> „Wir sind schon darauf angewiesen, auch Auftragsforschung zu machen. Wir wollen praktische Projekte evaluieren und wir konkurrieren mit [Forschungsinstitut] oder mit anderen Forschungsinstituten."

Ein Erfolg bei der Einwerbung verbindet sich schließlich auch mit der Möglichkeit, weitere, aus ihrer Sicht erforderliche MitarbeiterInnen am Lehrstuhl einzustellen, da sie mit der derzeitig verfügbaren einzigen Mitarbeiterstelle „keine großen empirischen Projekte durchziehen" könne. Sie sei durch ihren bisherigen Misserfolg daher zwar „frustriert", könne sich ein Aufgeben aber gar nicht leisten, da sie auf zusätzliche Mittel „total angewiesen" sei. Trotz der eher dürftigen Drittmittelbilanz sieht die Strafrechtlerin sich also nicht als Verliererin in der über Leistungsbewertungen vermittelten Hierarchie. Dies ist letztlich auch in ihrer Disziplin begründet, in der erfolgreiche Drittmittelanträge eher als positive Ausnahmen denn explizite Erwartungen zu verstehen seien:

> „Es ist ja in Jura eher so: ‚Echt? Du hast einen Drittmittelantrag gestellt? Super!'
> Also viele stellen ja überhaupt keine Drittmittelanträge. Da sind wir schon ein bisschen die Exoten."

---

[23] Ähnliche Beobachtungen finden sich auch in Denis Hänzis und Hildegard Matthies (2014, S. 253–255) Untersuchung beruflicher Antriebsstrukturen von Spitzenkräften in Wissenschaft und Wirtschaft, die von einem „außengeleiteten Bewährungsmodus" sprechen, der mit einer „Selbstsubsumtion unter die institutionellen Anforderungen des jeweiligen Bewährungsortes" (ebd., S. 253) einhergehe. Erfolgreiche Bewährungsproben fungierten dabei als stabilisierende Momente, um das eigene Handen sich und anderen gegenüber zu plausibilisieren. Personen dieses Typs, deren Antriebsstruktur die AutorInnen als „Selbstentgrenzung" und deren Erfolgskonzeption sie als „Pflicht zum Erfolg" bezeichnen, wiesen eine „zweckrational strukturierte Aufstiegsaspiration" sowie eine „deutliche Tendenz zu strategischen Handlungsorientierungen" (ebd., S. 254) auf.

Eine Anerkennung ihrer Leistungen durch die Organisation tritt schließlich neben die der wissenschaftlichen Fachgemeinschaft. Auch positioniert sie sich nicht als Wissenschaftlerin, die ihre Autonomie gegenüber einer fachfremden Organisation verteidigen muss, sondern als Angehörige ‚ihrer' Universität, deren berufliche Identität durch die organisationalen Wandlungsprozesse und Leistungsbewertungen wenig bedroht ist. So sieht sie es als besondere Motivation und als ihren Selbstanspruch, das „Leitbild der Universität" zu erfüllen und dieses auch außerhalb, etwa auf internationalen Tagungen, zu repräsentieren. Sie folgt selbst dem organisationalen Anspruch, „international sichtbare Forschung" zu betreiben:

> „[A]lso das ist ein Problem von uns deutschen Strafrechtlern, dass wir zu stark national orientiert sind, und das sehe ich auch so als meine Aufgabe an, da mehr in die internationale Sache reinzugehen, aber das ist auch ein Prozess, der nicht von heute auf morgen geht."

Um ihrem erklärten Ziel näher zu kommen, bedarf es aber verbesserter Rahmenbedingungen. Durch zusätzliche Ausstattungsmittel, aber auch einen temporären Ausstieg aus der Lehre durch Forschungsfreisemester, hoffe sie daher, sich zukünftig ein Stück weit von anderen, „Kapazität" bindenden Dingen entlasten zu können. Eine interessante Parallele zeigt sich hier zum Ankerfall der Politikwissenschaftlerin (POL7). Beide sehen schließlich, trotz ihrer durchaus hohen Ansprüche an die eigene Lehre, einen – zumindest temporären – Rückzug aus der Lehre als notwendigen Schritt auf dem Weg zu einer besseren Wettbewerbsposition. Ein „drittmittelfinanziertes Forschungsfreisemester oder am besten sogar zwei" lieferten den notwendigen „Freiraum", um die avisierten Projektpläne umsetzen zu können (JUR8).

Die Nähe zu den angewandten Kriterien und die Aussicht auf manifeste Vorteile lassen die Strafrechtsprofessorin schließlich, trotz – oder gerade aufgrund – eines derzeitigen Mismatches zwischen eigenen Ansprüchen und den von der Universität geschaffenen Rahmenbedingungen zuversichtlich auf die Leistungsbewertungen blicken. Wie auch die Politikwissenschaftlerin und der Hochfrequenztechniker gehört sie zu jenen ProfessorInnen, die bereits qua beruflicher Sozialisation solche Art von Leistungsbewertungen gewöhnt sind.

Drittmittel erfüllen, das zeigen die hier geschilderten Fälle, folglich zwei Funktionen: Sie sind Mittel zum Zweck möglichst guter Forschung und weiterhin Ausweis der eigenen Bewährung. Beides verbindet sich in den genannten Fällen mit Vorteilen: die Ermöglichung einer Forschung nach eigenen Maßstäben sowie Ausstattungsverbesserungen, z. B. eine Aufstockung des Lehrstuhlbudgets oder die Entfristung von Leistungsbezügen. Eine auferlegte Zweck-Mittel-Verkehrung, wie sie uns von einigen anderen InterviewpartnerInnen geschildert wurde, lässt sich durch die grundsätzliche Übereinstimmung eigener und organisationaler Kriterien nicht erkennen; die zusätzlichen Mittel dienen letztlich dem Zweck des angestrebten Erkenntnisfortschritts. Da weiterhin der persönliche Antrieb entscheidendes Kriterium bei der Wahl von Forschungsthemen und -zielen bleibt bzw. bleiben kann, werden die von der Universität angelegten Leistungsmaßstäbe nicht als Bedrohung der beruflichen Identität und damit verbundener Ansprüche an ‚gute' Forschung erfahren.

Neben Drittmitteln sind auch Leistungskriterien wie internationale Zeitschriften-Publikationen und deren Einstufung nach dem Impact-Faktor akzeptierte Maßstäbe der Bewertung, die die zuversichtlichen ProfessorInnen selbst anführen und als Bewertungskriterien an ihre eigene Arbeit wie auch an die der KollegInnen anlegen. Durch diese Nähe zu den Leistungskriterien wird deren Erfüllung denn auch nicht als oktroyiertes – und somit krisenhaftes – Anpassungserfordernis oder Infragestellung eigener Leistungsmaßstäbe erlebt. Zudem wird der Aspekt der Transparenz von Bewertungsverfahren und -ergebnissen als eine Sichtbarmachung individueller Leistungsfähigkeit positiv gedeutet. Die zitierte Strafrechtlerin verbindet diese etwa, gerade als junge Juristin in einer noch immer männerdominierten Disziplin wie der Rechtswissenschaft, mit der Chance auf fachliche Anerkennung, die sich auf dem Prinzip der Leistung und nur der Leistung, unabhängig von Status bzw. Geschlecht, gründet. Dies wird deutlich, wenn sie sich mit Blick auf die juristische Publikations-praxis für Peer Review-Verfahren ausspricht. Noch sei die eigene Disziplin von einer „Vereinsmeierei" durchsetzt, in der Statusfaktoren einen zu hohen Stellenwert besäßen. Während Impact-Faktoren und double blind peer-reviewed Journals etwa in benachbarten Forschungsbereichen wie der Kriminologie bereits verbreiteter seien, gebe es „bei den Juristen [...] fast gar keine Zeitschriften", die einen Review-Prozess vorsehen. Dies, müsse sie „echt sagen", sei „problematisch":

> „In tolle Zeitschriften, das sind bei uns die sogenannten Archiv-Zeitschriften, ist es wirklich schwer reinzukommen. Da muss man schon so ein halbes Buch schreiben, dass es überhaupt da reinkommt, aber es ist ein bisschen undurchschaubar und auch so eine Vereinsmeierei zum Teil. Ich würde mir wünschen, dass es da auch noch mehr Review-Prozesse gäbe und dadurch stärker Qualitätsstandards in der Forschung gesichert würden."

Nicht nur eine Bewertungs- und Leistungstransparenz innerhalb der Community, sondern auch die Idee einer Transparenz gegenüber der Organisation deutet sie positiv. Anders als die Politikwissenschaftlerin, deren Zuversicht sich nicht zuletzt aus der Perspektive auf eine W3-Professur speist, kritisiert die Juristin die – derzeit leider einzige – Option des externen Rufes als Aussicht auf bessere Verhandlungschancen:

„Ein Ruf an eine andere Uni ermöglicht so einen Quantensprung, und das finde ich eigentlich ziemlich witzlos, weil das ja absolut subjektiv ist, warum man gerade gut ist und warum nicht. Also warum habe ich diesen Lehrstuhl und nicht der Herr Kollege XY? Da gäbe es eigentlich härtere Kriterien, wo die Uni intern auch mal ermitteln könnte, welcher Kollege bemüht sich hier echt und könnte deswegen mal eine halbe Mitarbeiterstelle mehr haben, ohne dass er einen Ruf an eine andere Uni bekommt. Das bindet ja auch wieder Kapazitäten, sich andauernd irgendwo hin zu bewerben."

Mit ihrem Verweis auf die bislang unzureichend ausgeschöpften Möglichkeiten der Ressourcenallokation zeigt sie eine deutliche Sympathie für die Instrumente der „intern[en]" Leistungsbewertung.[24] Wenn sie es zukünftig schaffte, ihre eigene Leistungsfähigkeit gegenüber der Universität sichtbarer zu machen, könnte sie zur Profiteurin der universitären Leistungsbewertungen werden. In der Folge plädiert sie auch für einen konstruktiveren Umgang mit den bereits verfügbaren Mitteln. Diesbezüglich sieht sie, insbesondere vor dem Hintergrund ihrer eigenen Erfahrung der erfolglosen Drittmitteleinwerbung, Verbesserungsbedarf:

„Eigentlich sagen sich alle Nettigkeiten, und dann kriegt man vielleicht ein bisschen weniger Geld. Aber ich fände es auch ganz gut, […] bevor es ne Sanktionierung gäbe, […] dass man auch mal zwischenschaltet, mal ein Zweijahresgespräch macht und auch mal fragt: ‚Wie könnten wir denn Ihre Bedingungen verbessern? Was würden Sie sich denn wünschen?', und auch dann mir kritisch Feedback gibt: ‚Ja, finden wir jetzt nicht so gut, dass Ihre Anträge durchgefallen sind. Warum? Was ist denn der Grund? Was könnte man da ändern?' […] Das soll alles bisschen offener sein, mehr Feedback möglich sein, die Sachen konträrer diskutieren. Das würde, glaube ich, auch zur Qualität beitragen."

Sie habe daher bereits ein Gespräch mit dem Rektor in Erwägung gezogen, um Gründe des Misserfolges zu benennen und Möglichkeiten ihrer Beseitigung zu besprechen. Von der Organisation beurteilt und von dieser mit ihrem Scheitern konfrontiert zu werden, ist für die Juristin nicht krisenhaft, da sie hierin ein bislang nicht ausgeschöpftes Potenzial der persönlichen Weiterentwicklung sieht. Dafür müssten die Instrumente der Leistungsbewertung über eine als Austausch von „Nettigkeiten" betriebene Symbolpolitik hinausgehen, also nicht lediglich eine „Art Etikette [sein]: ‚Das haben wir jetzt auch evaluiert, und jetzt können wir da nen Siegel drauf kleben.'"

---

[24] Sie argumentiert damit letztlich für das Instrument LOM. Hier zeigt sich eine gewisse Ambivalenz, da sie an anderer Stelle begrüßt, dass diese bislang an ihrer Fakultät kaum praktiziert werde.

Ein Dilemma lässt sich bei ihr hingegen erkennen, wenn es um ihr persönliches Anliegen der Frauen- und Nachwuchsförderung und ihr entsprechendes Engagement geht, die in einem zeitlichen Konflikt zu ihren Ansprüchen in der Forschung stehen. So fühle sie sich angesichts gestiegener an sie gestellter Anforderungen „im persönlichen Output [...] beschränkt", müsse daher zukünftig „lernen, mehr ‚Nein‘ zu sagen zu Gemeinschaftsaufgaben auf Fakultätsebene" und „mehr Egoist" zu sein:

> „[A]ber das fällt mir wirklich schwer, weil ich nicht so egoistisch gestrickt bin. Wenn mich jemand fragt: ‚Würdest du dieses Mentoringprogramm übernehmen?‘ und es hängt mir am Herzen, dass mehr Frauen in die Wissenschaft gehen, dann fällt es mir schwer zu sagen: ‚Das mache ich nicht. Weil ich egoistisch meine Forschung jetzt vor allem voranbringen möchte.‘ Dann denk ich mir: ‚Ah ja, das geht schon irgendwie on top.‘ Natürlich arbeite ich auch mehr, aber es kostet Zeit, die sonst für Forschung drauf gegangen wäre. Nicht alles, weil ich arbeite dann einfach länger, aber alles on top [...]. Ist schon eine starke Selbstausbeutung, die man so betreibt."

Hier überwiegt noch der Wille, den eigenen hohen Ansprüchen in gleichzeitig mehreren Bereichen durch Mehrarbeit gerecht zu werden. Die Strafrechtlerin verfolgt bislang noch die Strategie, „mehr Einsatz" (Groh-Samberg et al. 2014, S. 238) zu zeigen. Da sie aber nur begrenzt „on top" arbeiten könne, deutet sich hier zugleich eine „Grenze" der Belastbarkeit an (JUR8). Inwiefern sie also, ähnlich wie die Politikwissenschaftlerin, weitere Möglichkeiten der Entlastung suchen wird, bleibt abzuwarten. Aufgrund der Übereinstimmung mit den eigenen Zielen – die Frauen- und Nachwuchsförderung „häng[e]" ihr „am Herzen" – zeigt sich bei der Strafrechtlerin allerdings keine Überforderung, die im Sinne einer Ohnmacht gedeutet wird. Letztlich sei die Mehrarbeit eine eigeninitiativ betriebene „Selbstausbeutung", sodass ihre Bilanz am Ende doch lautet, „den schönsten Beruf der Welt" ergriffen zu haben. Ein Spannungsverhältnis bleibt dennoch insofern bestehen, als die Aussicht, fortan „mehr Egoist" sein zu müssen, im Widerspruch zu ihrem Selbstverständnis steht.

Kommen wir damit wieder zu dem Verhältnis der Zuversichtlichen zur Universität und Universitätsleitung, die bei der Ausgestaltung der Rahmenbedingungen eine wichtige Rolle spielt, und der subjektiven Deutung dieses Verhältnisses zurück: Hier zeigt sich eine Parallele zur Politikwissenschaftlerin auch dahin gehend, dass beide ein vorgezogenes Gespräch mit dem Präsidium als einen Weg der Aushandlung verbesserter Bedingungen ansehen. Die Organisation bzw. ihre Leitungsebene und die Professorenschaft werden nicht als Antipoden verstanden, sondern gehen nach diesen Vorstellungen ein, wenn auch nicht egalitäres, so doch kooperatives Arbeitsbündnis ein. Während sich die Zuversichtlichen nicht wie die Reformopfer oder Wehrhaften durch eine hierarchische

Instanz in eine Defensivposition versetzt sehen, sind sie zugleich, und anders als die ProfiteurInnen, von den durch die Universität geschaffenen Rahmenbedingungen abhängig.

Der bereits zitierte Hochfrequenztechniker ist in dieser Hinsicht allerdings schon etwas weiter. Auch wenn er durch den Wechsel an die Universität von verbesserten Chancen ausgeht, identitätsbezogene Ansprüche realisieren zu können, positioniert er sich als „unabhängige Person", die sich per se nicht von den organisationalen Erwartungen oder Zielvorstellungen abhängig macht. Er hat zwar im Rahmen seiner Berufung konkrete Zielvereinbarungen abgeschlossen, nimmt diese aber nicht als Anforderungen wahr, an die er sich, vielleicht gar um den Preis der Gefährdung eigener Ansprüche an Lehre und Forschung, anpassen müsse:

> „Nach Möglichkeit stimmen meine Interessen mit den Interessen der Universität überein. Was sie, denke ich mal, größtenteils tun. Ich will gute Forschung machen, ich will eine gute Lehre machen, und ich denke mal, dass das auch im Interesse der Uni ist. Ob die Uni an sich – Wer ist die Uni eigentlich? – ob die mich dabei wahrnimmt oder nicht: Hauptsache, die Studierenden nehmen mich wahr und kommen in meine Vorlesung. Das ist wichtig. Ansonsten, ob da irgendein Präsident oder nicht, pf, mir auf die Schulter klopft, ist mir relativ wurscht." (TECH7)

Eine wahrgenommene Reziprozität zwischen Universität und Wissenschaftler ermöglicht hier eine unproblematische Übersetzung organisationaler Erwartungen in das eigene berufliche Handeln. Einem nahenden Beurteilungsgespräch mit dem Präsidium sieht der Hochfrequenztechniker denn auch selbstbewusst entgegen:

> „Also, ich denke auch, dass dieses Gespräch relativ entspannt wird. Und die verlangen ja nichts von mir, was ich grundsätzlich ablehne. Wenn das so wäre, und ich es grundsätzlich ablehnen würde, dann würde das Gespräch anders aussehen. Aber das tun sie ja nicht. Also von daher, pf, bin ich da völlig entspannt."

So gelassen tritt die Strafrechtlerin gegenüber der organisationalen Bewertungsinstanz bislang hingegen nicht auf. Stattdessen sucht sie den Weg des Dialogs, versucht also mittels einer kooperativen Handlungsstrategie, die Rahmenbedingungen ihrer Forschung und Lehre zu optimieren. Eine Mikrobiologin, um einen ergänzenden Fall einzubringen, findet wiederum einen sehr pragmatischen Umgang mit Leistungsbewertungen, der bis zur Anpassung an die universitären Anforderungen reicht. Die Juniorprofessorin macht ihre Anpassungsbereitschaft in besonderer Weise explizit, stellt aufgrund ihrer unsicheren Karrierephase

allerdings auch einen Ausnahmefall dar.[25] So spricht sie von „Spielregeln"
(BIO9), deren Einhaltung es bedürfe, um sich im universitären System bewähren
zu können. Ob sie die „gut finde oder nicht", sei dabei „komplett irrelevant".
Wichtiger sind ihr explizite Vorgaben, an denen sie ihr Handeln ausrichten kann:

> „Ich hab mal meinen Bericht geschrieben und hinterher wurde mir gesagt: ,Es wäre
> übrigens sinnvoll, wenn du noch den oder den Kurs mitgemacht hättest.' Wo ich
> dann gesagt habe: ,Och, wäre ja schön, wenn ich so was a) vorher erfahre und b)
> dann auch in dem Kriterienkatalog drin stehen würde' und nicht so´n ,nice to have',
> was dann zu einem ,must have' wird."

Die Mikrobiologin kritisiert nicht die Existenz von Regeln, sondern deren
fehlende Kommunikation, die einer optimierten Erfüllung von Kriterien ent-
gegenstehe. Sie wünscht sich letztlich mehr Feedback nicht nur zu ihren voll-
brachten, sondern auch zu den von ihr erwarteten Leistungen, um sich als
erfolgreiche Wissenschaftlerin profilieren zu können. Dafür bedürfe es trans-
parenter Bewertungsstrukturen, um sich an den geforderten Leistungskriterien
strategisch orientieren zu können. Indem sie Gremientätigkeiten nicht mehr als
eine notwendige Form der akademischen Selbstverwaltung, sondern als Möglichkeiten des selbstbetriebenen Profiling umdeutet, entspricht sie in diesem Punkt
Ulrich Bröcklings (2007) Typus des „unternehmerische[n] Selbst". Schließlich sei
das erklärte Ziel, als souveräne Verhandlungspartnerin am Verhandlungstisch mit
der Hochschulleitung sitzen zu können:

> „[I]ch hab sehr viel mit solchen Gremienarbeiten zu tun, was mir allerdings auch
> Spaß macht, weil ich einfach denke: Das ist für die Zukunft. Das ist wichtig. [...]
> Das ist nicht mehr so, wie wir es noch vor zehn, fünfzehn Jahren hatten, wo die
> Landesregierung gesagt hat: ,So und so ist es', sondern leistungsorientierte Mittel-
> vergabe! Das heißt, ich als Professor muss mir Gedanken machen, wie kann ich die
> Kriterien erfüllen, und dann muss ich auch Zeit dafür investieren, und ich muss ent-
> sprechend dann auch wissen, wie das überhaupt funktioniert: Wie muss ich dann mit
> dem Präsidium argumentieren? Solche Sachen spielen mittlerweile in das Berufsbild
> des Professors mit rein." (BIO9)

---

[25] Dass die Interviewpartnerin eine Juniorprofessorin war, stellte sich erst im Interviewverlauf heraus. JuniorprofessorInnen waren in unserem Sample eigentlich nicht vorgesehen.
Der Fall zeigt allerdings in besonderer Weise, wie sich gerade für jüngere ProfessorInnen
Leistungsbewertungen mit Chancen auf manifeste Vorteile verbinden können, und verdeutlicht zugleich die speziellen Bewährungserfordernisse und Abhängigkeitsverhältnisse der
zumeist jüngeren Zuversichtlichen.

Auch bei ihr bleibt eine Kritik an Drittmitteln und Publikationslisten als Bewertungsparametern – Kriterien, die man „einfach so abhaken" könne – nicht aus, die sie aber letztlich mit ihrer Mehrbelastung durch die Lehre begründet. Sie reflektiert ihre Situation als Juniorprofessorin, die sich mit KollegInnen aus außeruniversitären Instituten vergleichen lassen und mit diesen um ProfessorInnenstellen konkurrieren müsse. Für sie bedeuten die noch zusätzlich zu bewältigende Lehre sowie eine geringe, kaum konkurrenzfähige Ausstattung einen klaren diesbezüglichen Wettbewerbsnachteil. Obwohl ihr Fall aufgrund ihrer Position als Juniorprofessorin besonders und daher auch nur einschränkend mit den bis hier dargelegten Fällen vergleichbar ist, verdeutlicht er, was sich auch bei den W2-ProfessorInnen erkennen lässt: Wer etwas zu gewinnen, aber auch zu verlieren hat, ist besser beraten, wenn er oder sie ‚punkten' kann. Schließlich bedarf es Ressourcen, um am Wettbewerb um Stellen oder Fördergelder teilnehmen zu können oder das eigene Standing in der Organisation zu verbessern. Der Gunst der Hochschulleitung kommt dabei eine entscheidende Bedeutung zu.

Wie ein Vergleich der betrachteten Fälle zeigt, kann die eigene „agency" unterschiedlich stark sein. Bei einer eher schwächeren eigenen Handlungsfähigkeit speist sich die Zuversicht aus, durch die betroffenen ProfessorInnen wenig beeinflussbaren, Veränderungen ihrer Rahmenbedingungen. Hier können wir von einem Subtyp der passiven Zuversichtlichen sprechen. Sie hat ihren Erfolg nicht ‚selbst in der Hand', sondern ist auf zukünftige Strukturveränderungen, die durch die Reformen hervorgebracht werden könnten, oder auf andere Umstände wie z. B. einen längerfristigen Rückgang der Studierendenzahlen angewiesen.

Es lassen sich weitere begünstigende Faktoren identifizieren, die den Optimismus der Zuversichtlichen zwar nicht erschöpfend erklären können, aber deren Zustimmung zu den Reformen mit bewirken. So begründet sich der Optimismus der Zuversichtlichen auch in einer von ihnen beobachteten Aufwertung der Lehre und einer erhöhten Leistungstransparenz in diesem Bereich. Dies wird als ein wichtiger Aspekt der Reformen begriffen. Eine Aufwertung der Lehre kommt nicht nur dem eigenen Anspruch der Zuversichtlichen entgegen, sondern bedeutet für sie persönlich auch eine Anerkennung ihres zumeist hohen Lehrengagements. Die erwähnte Strafrechtlerin sieht das eigene Fach, in dem noch immer „das Didaktische […] das Hauptproblem" sei, geradezu in einer erfreulichen Umbruchsituation, welche maßgeblich von den „jüngeren Professoren" angetrieben werde, die sich aktiv um eine Verbesserung der Lehre bemühten und diese Aufgabe auch „ernst" nähmen (JUR8). Auch ihr eigenes Engagement – sie engagiert sich derzeit unter anderem in einem durch den Qualitätspakt Lehre geförderten hochschuldidaktischen Programm der Universität – erfährt Anerkennung.

Auffällig ist weiterhin die Bedeutung der Variable Geschlecht, die so nur bei diesem Typus eine Rolle spielt. Denn obwohl es gerade die Professorinnen sind, die im Rahmen der Interviews einen besonderen persönlichen Leistungsdruck in der Wissenschaft thematisieren, verbinden sie mit neuen Formen der Leistungsbewertungen positive, den Wissenschaftlerinnen zugutekommende Aspekte. So verbindet die zitierte Strafrechtlerin mit „Wandel" keine negativ bestimmte Ökonomisierung, sondern erst einmal die Beseitigung „verkrusteter Strukturen". Dies betrifft vor allem die eigene „eigentlich sehr konservativ[e]" Disziplin der Rechtswissenschaft. Sie bezieht die Frage des Wandels gerade auch auf eine Veränderung der Karrierewege innerhalb der eigenen Disziplin, von der auch sie profitiert habe.

Eine Politikwissenschaftlerin, die sich für die Förderung des weiblichen wissenschaftlichen Nachwuchses einsetzt, verbindet mit der LOM nicht zuletzt unterstützenswerte Initiativen wie den Einsatz leistungsbezogener Mittel für die „Förderung von Frauen in der Wissenschaft", die „wirklich innovative Zeichen" setzten (POL4).[26] So sei „das deutsche System […] sehr auf diese alte Lehrstuhlmentalität" mit einem „König" an der Spitze „ausgerichtet", wobei Kriterien wie „Teamfähigkeit, die Mentor- und Mentorinnenfähigkeit, die Übernahme von Verantwortung" zu wenig „bewertet" würden. Sie betont die „Ausbildungsfunktion", die ihr und anderen Hochschullehrerinnen zukäme. Denn während der Anteil der zumeist „prekär" beschäftigten, aber „hoch begabten" wissenschaftlichen Mitarbeiterinnen auf der Ebene des Mittelbaus hoch sei, werde es auf der ProfessorInnenebene „ganz dünn".[27] Die Möglichkeit, „mit dem Einsatz von leistungsbezogenen Mitteln für Personalförderung tatsächlich dafür [zu] sorgen, dass junge Frauen längerfristiger beschäftigt werden", sei eine „ganz wichtige und auch hoch notwendige Geschichte".[28]

Wenn also Universitäten – ob durch NPM, „Bologna" oder die „Exzellenzinitiative" – als wichtig erachtete, bislang aber wenig berücksichtigte Aspekte

---

[26] In vielen Bundesländern ist ein – wenn auch kleiner, oft nur einstelliger – prozentualer Anteil der Mittelzuweisung aus der LOM explizit für die Förderung gleichstellungsrelevanter Maßnahmen vorgesehen.

[27] Dies ist auch ein empirisch gut dokumentierter Befund. Die „leaky pipeline", so die Bezeichnung des schwindenden Anteils von Wissenschaftlerinnen in höheren Karrierestufen, beschreibt Ilse Costas (2002) als in Deutschland im europäischen Vergleich besonders stark ausgeprägt. Zum „cooling out" des weiblichen wissenschaftlichen Nachwuches und dem sogenannten „Drehtür-Effekt" in der Wissenschaft siehe u. a. Jutta Allmendinger et al. (1999) sowie Bettina Heintz et al. (2004).

[28] Siehe hierzu auch die international vergleichende Untersuchung von universitären Gleichstellungspolitiken von Lena Weber (2017).

ihrer Leistungsproduktion in den Fokus rücken, werden darauf ausgerichtete neue Formen der Leistungsbewertungen nicht dezidiert abgelehnt. Wenngleich eine Kritik am immensen Anstieg der – vor allem quantitativen – Leistungsbewertungsverfahren nicht ausbleibt, geschieht dies vonseiten der Zuversichtlichen eher in Form einer Detailkritik. Identifizierte Vorteile der Universitätsreformen lassen sie zu einer differenzierteren Bilanz kommen mit entsprechend differenzierten Abgleichen von identitätsbezogenen Ansprüchen und organisationalen Anforderungen. Weil aber „unteilbare" Identitätskonflikte in Richtung einer ‚Alles oder nichts'-Haltung tendieren, bringt einem das oft den Meta-Identitätskonflikt des ‚Kompromisslerischen' ein – pathetisch formuliert verkauft man für den Spatz in der Hand die eigene Seele. Dieser Identitätskonflikt nagt weiter an einem.[29] Entsprechend zweifeln manche Zuversichtliche immer wieder daran, ob sie sich nicht etwas in die Tasche lügen.

Dies verweist auf einen weiteren Aspekt, der generell zu beachten ist: den Status quo der Reformumsetzung an den Universitäten, denen die von uns interviewten ProfessorInnen angehören. An vielen Standorten kommt eine Unabgeschlossenheit der Reformprozesse zum Tragen, deren weitere Entwicklungen samt ihrer Folgen für die ProfessorInnen – wie für alle anderen Beteiligten und Betroffenen auch – bislang nicht abschätzbar sind.[30] Die Zuversichtlichen haben sich noch kein abschließendes Urteil über die andauernden Reformprozesse bilden können, blicken diesen aber – und dies unterscheidet sie letztlich von den Verschonten wie auch von den ReformgegnerInnen – eher optimistisch entgegen und deuten ihre eigene Situation in dieser Konstellation vergleichsweise selbstbewusst. Ihr Optimismus begründet sich in der Hoffnung auf zukünftige persönliche Vorteile – eng verbunden mit der Erwartung, dass ein differenzierteres System der Leistungsbewertung entwickelt werden wird, das die jeweiligen disziplinären Spezifika oder individuellen Foki stärker berücksichtigt. Eine Kritik am Status quo steht folglich nicht im Widerspruch zur positiv-optimistischen Perspektive der Zuversichtlichen. Man denke nicht zuletzt an Herrn Pauls (POL5), den in Kap. 4.3 ausführlich porträtierten Politikwissenschaftler, der

---

[29] Das ist bei Kompromissen in „teilbaren Konflikten" anders. Da sagt man sich lapidar, dass nun mal mehr nicht drin war für einen.

[30] Den Einfluss von Unterschieden in der internen Reformumsetzung auf die Akzeptanz dieser Maßnahmen haben Bogumil et al. (2013) – wenn auch mit anderer Schwerpunktsetzung – in ihrer vergleichenden Fallstudie ebenfalls verdeutlicht. In dem Vergleich zweier Universitäten mit sehr unterschiedlicher ‚Reformfreudigkeit' zeigte sich, dass weniger das Ausmaß der Reformumsetzungen, sondern die Art des Implementationsprozesses über die Akzeptanz und das zwischen den Akteuren bestehende Konfliktpotenzial entschied.

angesichts des von ihm gesehenen Potenzials der neuen Governance zumindest zeitweise – trotz fehlender Passung und Herausforderung seiner Forscheridentität – zum aktiven Reformakteur wurde. So lautete denn auch sein eher optimistisches Fazit mit Blick auf die Weiterentwicklung der universitären Leistungsbewertungen: „Das wird kommen. Ja es kommt. Also von daher wird es hoffentlich dann besser."

5.3   Ein Resümee der Lage

Die im Kap. 1 formulierten Ausgangsfragen, die wir mit unseren Fallanalysen von ProfessorInnen beantworten wollen, seien hier wiederholt:

- Wirken sich die Reformen des deutschen Hochschulsystems, und hier insbesondere die Einführung von Leistungsbewertungen, als Bedrohungen professoraler Identität mit Blick auf die Selbstansprüche an ‚gute' Forschung und Lehre aus?
- Insoweit das der Fall ist: Welche Praktiken der Identitätsbehauptung rufen diese Identitätsbedrohungen aufseiten der betroffenen ProfessorInnen hervor? Und welche Auswirkungen auf ihre Forschung und Lehre haben diese Praktiken?

Wenn man die Antworten auf diese Fragen, die wir, vorbereitet durch das Kap. 4, im vorliegenden Kapitel mit Blick auf jeden der sieben von uns unterschiedenen analytischen Typus gegeben haben, mit dem Bild vergleicht, das unsere Analyse des medialen Diskurses im Kap. 2 gezeichnet hat, wird niemand bestreiten können, dass das, was uns die ProfessorInnen als tagtägliche Berufspraxis schildern, in sehr vielen Hinsichten ganz anders aussieht als das, was entweder journalistische Berichte und Reportagen oder die medialen Stellungnahmen von ProfessorInnen dazu feststellen. Beide Seiten behaupten ja oft genug das glatte Gegenteil dessen, was die jeweils andere Seite behauptet. Nicht nur, dass dann nicht beides stimmen kann: Unsere Empirie zeigt, dass die Darstellungen beider in sehr vielen Punkten gleichermaßen realitätsfern sind. Wie die Mixtur aus mangelhafter Recherche und Sachkunde, der Bedienung von Voreingenommenheiten und einer immer wieder nicht bloß durchschimmernden politischen Agenda im Einzelfall und in der Gesamtheit der journalistischen Beiträge beschaffen sein mag, muss hier ebenso wenig interessieren wie die blinden Flecken, das Verallgemeinern des eigenen Einzelfalls, die Empfindlichkeiten und Standesinteressen derjenigen ProfessorInnen, die sich öffentlich zu Wort melden. Fakt ist jedenfalls: Wer den Lageeinschätzungen traut, die JournalistInnen und ProfessorInnen öffentlich verbreiten, ist ganz überwiegend schlecht beraten.

Was für ein Bild der Lage nach gut fünfzehn Jahren Reformen vermitteln demgegenüber ProfessorInnen, die man – wie wir es getan haben – nicht nach der Situation der deutschen Universitäten und ihrer Professorenschaft im Allgemeinen fragt, sondern nach ihrer je eigenen beruflichen Situation, und zwar so konkret wie möglich zum Arbeitsalltag, und denen man kein öffentliches Forum bereitstellt, sondern Anonymität zusichert? Wir wollen nun nicht die Detailbefunde wiederholen und Punkt für Punkt aufzeigen, wo sie wie stark das mediale Bild widerlegen. Vielmehr soll abschließend in acht Punkten resümiert werden, worin der Ertrag unserer Untersuchung nicht nur mit Blick auf den Forschungsstand, sondern auch als eine soziologische Aufklärung der öffentlichen Debatten besteht.[31]

Erstens – und als generellster Ertrag: Es lohnt sich nicht nur, ProfessorInnen analytisch als *Identitätsbehaupter* zu betrachten – es ist sogar zwingend erforderlich, will man wesentliche Phänomene im gegenwärtigen Reformgeschehen richtig einordnen. Zweifellos geht Vieles, was ProfessorInnen in Reaktion auf die Reformen tun und lassen, auf Interessen zurück, die sie verfolgen und verteidigen. Aber die Professorenschaft wäre längst auf breiter Front viel stärker auf die Linie eingeschwenkt, auf die sie die Reformpromotoren bringen wollen, wenn es nur um Interessen ginge. Zuckerbrot und Peitsche sind genug zum Einsatz gekommen, um jemanden, der einzig und allein seine Interessen kühl abwägt, die persönlichen Vorteile wie auch die Nachteile, die ein Zögern und Zurückscheuen mit sich bringen kann, erkennen zu lassen. Doch es ist offenkundig, dass der rein interessenorientierte Homo Oeconomicus wie ein siamesischer Zwilling mit dem Identitätsbehaupter verbunden ist. Nicht nur, dass ersterer letzteren nicht abzuschütteln vermag: Der Identitätsbehaupter ist in letzter Instanz der stärkere der beiden, der den sinnstiftenden Rahmen dafür setzt, welche Interessen der Homo Oeconomicus erstrebenswert findet.[32]

Die Lage der ProfessorInnen im Reformgeschehen ist zweitens in mehreren Hinsichten deutlich *vielschichtiger*, als viele bisherige Studien, die oft nur

---

[31] Eine Kurzfassung des Folgenden findet sich in Uwe Schimank und Melike Janßen (2020).

[32] Analog zu Max Webers Vorstellung von kulturellen Ideen als „Weichenstellern" für die Ausprägung von Interessen (Lepsius 1986). Wobei die nachgeordnete umgekehrte Wirkungsrichtung nicht unterschlagen werden soll: Ideen – oder eben Identitätsansprüche – können auch der Legitimierung dessen dienen, was die Konstellationen, in denen ein Akteur steht, ihm als Interessen nahe- oder geradezu auferlegen. Vielleicht geht ja bei manchen ProfessorInnen ihr Selbstbild als begeisterte ForscherInnen auch darauf zurück, dass sie sich nur durch Forschungserfolge Rufe und Leistungszulagen verschaffen können, die ihnen eine ‚standesgemäße' Lebensführung erlauben.

einzelne Reformaspekte isoliert betrachtet haben, vermuten ließen und erst recht
die öffentliche Debatte glauben machen will:

- Anstelle weit überwiegender entschiedener ReformgegnerInnen und sehr
weniger ReformbefürworterInnen sehen wir sieben Typen von ProfessorInnen,
die das Spektrum zwischen diesen beiden Extremen – auf die wir kaum
gestoßen sind – strukturieren. Jeder dieser Typen ist distinkt, stellt also eine in
sich stimmige und von den anderen abgegrenzte Haltung dar. Er repräsentiert,
mit anderen Worten, je eigene Formen der Deutung organisationaler
Leistungsbewertungen und des Umgangs mit ihnen. Diese sieben Typen zum
Zweck der Kontrastierung auf zwei – pro und contra – zu reduzieren, wäre
eine nicht hilfreiche Übervereinfachung. Wenn man z. B. Wehrhafte mit
Reformopfern zusammenwirft und entsprechend behandelt, macht man erstere
im Sinne einer Self-fulfilling Prophecy womöglich zu letzteren, obwohl man
sie vielleicht genau umgekehrt zu Zuversichtlichen machen will.
- Jeder der Typen ist zudem auch in sich facettenreicher und ambivalenter als
simple Pauschalgegenüberstellungen. So begrüßt etwa die Zuversichtliche die
Reformen, obwohl sie selbst noch nicht von ihnen profitiert – aber sie geht
davon aus, dass ihr dies gelingen wird. Aktueller individueller Nutzen und
Reformbefürwortung gehen also nicht zwangsläufig miteinander einher. Und
die Verschonte weiß, dass es für sie gute Gründe gibt, solidarisch mit Reformopfern oder Wehrhaften zu sein.
- Dieselbe Person kann in verschiedenen Hinsichten unterschiedlichen Typen
zugehören. Jemand kann etwa in seiner Forschung ein Sympathisant sein, in
Angelegenheiten der Lehre hingegen ein Wehrhafter. Dies unterstreicht nicht
zuletzt auch die Vielschichtigkeit des Reformgeschehens selbst.
- Eine Person kann schließlich auch im Zeitverlauf ihre Deutungs- und Handlungsmuster verändern und gewissermaßen den Typus wechseln – unter
Umständen mehrfach. Das kann sich zum einen daraus ergeben, wie ihre
Karriere verläuft, und zum anderen daraus, wie die Reformdynamiken und
hier insbesondere die Umsetzung der Reformmaßnahmen an der eigenen Universität vonstattengehen – hierzu im Kap. 6 noch mehr.

Drittens sind die *Determinanten* dafür, welchem Typus jemand entspricht, vielschichtiger als oft diskutiert wird. Vielfach wird die Disziplinzugehörigkeit als
die ausschlaggebende Determinante in Betracht gezogen, um etwa zu erklären,
warum jemand die Reformen ablehnt oder befürwortet. Hierzu ist zunächst
zu sagen, dass die Disziplin eine zu grobe Kategorie ist – erst recht gilt das
für eine Gegenüberstellung noch höher aggregierter Einheiten wie etwa der

schon in Kap. 1 angesprochenen "two cultures" (Snow 1959). Dass Natur- und IngenieurwissenschaftlerInnen allesamt pro Leistungsbewertungen sind, weil deren Kriterien den eigenen disziplinären Standards entsprechen und sie überdies ständige Bewertungen in ihren Fachgemeinschaften gewöhnt sind, während Geistes- und SozialwissenschaftlerInnen in beiden Hinsichten contra Leistungsbewertungen sozialisiert werden, ist in dieser Verallgemeinerung nicht hilfreich, sondern lässt viel Varianz übersehen.[33] Wir haben daher nicht Disziplinen, sondern Subdisziplinen für die Fallauswahl herangezogen und miteinander verglichen, weil z. B. VertreterInnen der Politischen Theorie eine deutlich andere epistemische Kultur pflegen als VertreterInnen der Vergleichenden Regierungslehre und StrafrechtlerInnen andere Praxisbezüge und Drittmittelerfordernisse haben als Staatsrechtslehrende. Wenn man auf subdisziplinärer Ebene einigermaßen kohärente Merkmale ausfindig macht, kann man in der Tat Wirkungen von deren Ausprägungen auf den Typus feststellen, dem FachvertreterInnen angehören.

Dabei ist allerdings in Rechnung zu stellen, dass nicht nur solche subdisziplinären Unterschiede bestimmen, welchem Typus jemand angehört. Wir haben mehrere weitere Determinanten aufgezeigt. Für zwei Faktoren hatten wir im Vorhinein vermutet, dass sie neben den subdisziplinären Unterschieden eine gewisse Wirkkraft entfalten würden: erstens die Karrierestufe und der Karriereverlauf der ProfessorInnen, zweitens das Ausmaß und die Art der Umsetzung der Reformen an der Universität, der eine Professorin oder ein Professor angehört. In beiden Hinsichten zeigen sich erwartbare – allerdings bislang noch zu wenig untersuchte – Zusammenhänge:

- Ältere und erfolgreichere ProfessorInnen sind in schwächerem Maße selbst von Leistungsbewertungen betroffen und können eher zu ProfiteurInnen werden, während ProfessorInnen, die am Anfang ihrer Karriere stehen, und solche, deren Karriere weniger erfolgreich verlaufen ist, stärker und eher negativ betroffen, also Opfer, Wehrhafte oder bestenfalls Zuversichtliche sind.
- Je später und je weniger konsequent Leistungsbewertungen an einer Universität umgesetzt worden sind, desto geringer ist die Betroffenheit von ihnen, desto höher ist also die Wahrscheinlichkeit, dass ein Professor dort Verschonter oder Sympathisant ist. Die Typen des Opfers auf der einen, des Profiteurs und der Zuversichtlichen auf der anderen Seite sind dort seltener anzutreffen. Wer in einem solchen Setting spürbar negativ betroffen ist, dürfte eher zum Wehrhaften werden.

---

[33] Das ist eines der Probleme von Daten aus vielen standardisierten Untersuchungen.

Als weitere Determinante, deren Wirkung wir aber nur punktuell und in Verbindung mit den anderen Determinanten in den Blick bekommen haben, ist das Geschlecht zu nennen.[34] Strafrechtsprofessorinnen verweisen selbst darauf, dass es Frauen in den Rechtswissenschaften immer noch mit Vorbehalten zu tun haben; und in den Ingenieurwissenschaften – bei uns: in der Nachrichten- und Hochfrequenztechnik – dürfte dies noch ausgeprägter sein, was wir aber bezeichnenderweise gar nicht untersuchen konnten, weil wir dort keine Professorin als Fall ausfindig machen und gewinnen konnten. Interessant könnte noch eine auf Geschlecht besonders achtende vergleichende Analyse der männlichen und weiblichen Fachvertreter der Neueren Deutschen Literatur sein, weil dort der Anteil der Professorinnen schon seit längerer Zeit deutlich höher ist als in den meisten anderen Fächern. In der Zellbiologie schließlich sowie auch in der Vergleichenden Regierungslehre scheinen Geschlechterunterschiede – jedenfalls von unseren Ergebnissen aus betrachtet – eine vergleichsweise geringe Rolle zu spielen.[35]

Viertens korrigieren unsere empirischen Befunde ein weiterhin – siehe wiederum die Analyse der journalistischen Berichterstattung in Kap. 2 – sehr verbreitetes Bild, demgemäß ProfessorInnen *hauptsächlich forschungs- und wenig lehrinteressiert* sind; und hinsichtlich beider Aufgabenfelder ist wiederum

---

[34] Für eine explizit Geschlechterunterschiede fokussierende Perspektive siehe aber u. a. Sandra Beaufaÿs (2003, 2018), Heintz et al. (2004) sowie Romy Hilbrich et al. (2014).

[35] Zu Geschlechterunterschieden im disziplinären Vergleich existiert ein recht breiter Forschungsstand, der hier nur kurz angedeutet werden kann. Einerseits zeigen Untersuchungen zur Studienfachwahl und -motivation eine starke geschlechtliche Differenzierung auf, die insbesondere entlang der Grenze zwischen den sogenannten ‚weichen‘ und ‚harten‘ Disziplinen verläuft (Costas 2002; Schmidt und Herzer 2006; Lojewski 2011). Angesichts ihres hohen Anteils weiblicher Studierender wird die Biologie dabei immer wieder als Ausnahme unter den ansonsten ‚männlich dominierten‘ Naturwissenschaften identifiziert (Kastenhofer 2004; Schmidt und Herzer 2006), was letztlich auch zu einer erhöhten Chancengleichheit in der späteren wissenschaftlichen Karriere führe (Sonnert und Holton 1995; Heintz et al. 2004). Gleichzeitig weisen Untersuchungen zur geschlechtsspezifischen Konstruktion von Studienfächern und Disziplinen darauf hin, dass gerade in den universalistischer strukturierten Disziplinen mit einem hohen kognitiven Konsens die Anwendung nicht-meritokratischer Prinzipien in der Leistungsbeurteilung geringer und damit unabhängiger von persönlichen oder sozialen Merkmalen ausfällt als in den ‚weicheren‘ Disziplinen mit weniger standardisierten wissenschaftlichen Begründungsverfahren (Zuckermann und Merton 1972; Cole 1979; Heintz 2003; Heintz et al. 2007). Größere Aufstiegsbarrieren sind also gerade in den Disziplinen mit einem hohen weiblichen Anteil zu lokalisieren. Die horizontale Segregation des Wissenschaftssystems, so folgert Heintz (2003, S. 227), stellt damit eine „wesentliche Ursache für seine ausgeprägte vertikale Segregation" dar.

interessant, wie differenziert die Auswirkungen von Leistungsbewertungen eingeschätzt werden:

- Viele unserer Fälle haben von sich aus – und nicht, weil wir mit unserem Leitfaden ein besonderes Gewicht darauf gelegt hätten – ausführlich über Lehre und die Sorgen, aber auch Hoffnungen, die sie mit „Bologna" verbinden, gesprochen. Dass Lehrevaluationen, insbesondere durch die Studierenden, als Leistungsbewertungen wichtig sind und ihnen viele Hinweise auf Verbesserungsbedarfe und -möglichkeiten gegeben haben, schildern ebenfalls viele der ProfessorInnen – und zwar oft so detailliert, dass sich dieses Antwortverhalten kaum damit erklären lässt, dass man bloß rhetorisch der sozialen Erwünschtheit einer professoralen Verantwortung für den Lernerfolg der Studierenden Genüge tut. Lehre ist den meisten offensichtlich wichtig. Gerade wenn manche darlegen, dass sie künftig weniger Zeit für Lehre aufwenden wollen, weil sie nur so noch zur Forschung kommen, klingt stets das schlechte Gewissen mit. Es gibt ein intaktes Lehrethos als integralen Bestandteil professoraler Identität, und aus diesem Ethos heraus werden bestimmte Elemente von „Bologna" von vielen kategorisch abgelehnt, während bezüglich anderer Elemente eine durchaus kritische, aber nicht von vornherein pauschal zurückweisende Auseinandersetzung stattfindet.
- Hinsichtlich der eigenen Forschungsbedingungen ist der Tenor, dass zwar Leistungskonkurrenz und Leistungsbewertungen, die es in den Fachgemeinschaften immer schon gegeben hat, im Prinzip akzeptiert werden, jedoch die im Zuge der Reformen zum Einsatz gekommenen Maßnahmen und Kriterien immer wieder als wenig adäquat eingestuft werden.[36] Auch hier finden sich allerdings zumeist abwägende Einschätzungen: Drittmitteleinwerbung, große Forschungsverbünde, peer-reviewed Veröffentlichungen in wichtigen internationalen Zeitschriften werden nicht etwa rundweg abgelehnt, sondern lediglich durch andere Qualitätsmaßstäbe relativiert. Einbußen an Forschungsautonomie werden überwiegend nicht unter der großen Überschrift von „Einsamkeit und Freiheit" kundgetan, sondern viel pragmatischer in sehr spezifischen Manifestationen problematisiert. Das bedeutet auch, dass man hier keine ‚ideologischen Grundsatzdebatten' führen, sondern sich spezifische ‚Ärgernisse' anschauen und pragmatische Lösungen suchen muss.

---

[36] Dies stimmt auch mit den Ergebnissen einer Repräsentativbefragung unter UniversitätsprofessorInnen überein (IfD 2016, S. 34–37).

Fünftens passen all diese Befunde ganz und gar nicht zu dem von den JournalistInnen aufgebauten und von PolitikerInnen aufgegriffenen Feindbild der selbstherrlichen ProfessorInnen. Stimmte dieses Bild, dann fühlte sich die große Mehrheit der ProfessorInnen als Gelassene, denen die Reformen nicht nur selbst nichts anhaben können, sondern die auch davon überzeugt sind, dass die Reformen im Universitätssystem insgesamt wirkungslos verpuffen werden. „Ich küsse jeden Tag meine Urkunde, und schönes Leben noch!" (LIT11): Eine solche Haltung wird – so auch im Zitat – als eine faktisch durch den Beamtenstatus ermöglichte, aber dezidiert abgelehnte angesprochen. Das schließt nicht aus, dass es sie doch gibt. Aber dass sie vorherrscht oder auch nur eine gewichtige Stimme in der Professorenschaft ist, erscheint unwahrscheinlich. Alle von uns Befragten sind sich darüber im Klaren, dass ihre Chancen, nach eigenen Vorstellungen ‚gute' Lehre und Forschung betreiben zu können, in erheblichem Maße davon abhängen, wie das Universitätssystem gestaltet ist und weiter durch politische Maßnahmen gestaltet werden wird. Niemand fühlt sich unangreifbar. Ganz im Gegenteil sind sich viele der eigenen *Verletzbarkeit* bewusst – nicht nur die Opfer, auch die ProfiteurInnen. Diejenigen, die den Reformen eher skeptisch gegenüberstehen, sehen ein Zuviel an politischer Gestaltungsmacht, dem ein Zuwenig an Vertrauen in die Professorenschaft als zentralem Akteur der Selbstgestaltungsfähigkeit des Systems korrespondiert. Und diejenigen, die die Reformen eher begrüßen, schreiben sie gerade nicht als gute Ideen den ProfessorInnen zu, sondern der Politik. Selbstherrlichkeit klingt anders.

Sechstens – und in diesem Punkt bestätigen unsere Ergebnisse den medialen Diskurs – sehen die ProfessorInnen, wie viele Interviewäußerungen deutlich machen, als Schlüsselfiguren der Reformen ihre *Hochschulleitungen* an. Es handelt sich zwar um Maßnahmen, die politisch entschieden werden, wobei weniger die regierenden Parteien als vielmehr die zuständigen Ministerien als Urheber gesehen werden. Doch die Umsetzung der Entscheidungen, von der sehr viel ihrer Wirkung abhängt, obliegt auf der Organisationsebene der einzelnen Universität den Leitungen, die dabei in den meisten Fällen und in vielen Hinsichten große Gestaltungsspielräume haben. Hinzu kommt natürlich, dass man seinem unmittelbaren Gegenüber mehr Wirkungsabsichten und -macht zuspricht als fernen Ministerien. Aus der Sicht der ProfessorInnen – egal, ob sie von den Reformen profitieren oder Reformopfer sind – sind es also die Rektoren bzw. Präsidentinnen ihrer Universitäten, die als Betreiber der Reform ‚vor Ort' auftreten. Das ist alles andere als selbstverständlich, wenn man bedenkt, dass deutsche Hochschulleitungen noch vor zwanzig Jahren, von Ausnahmen abgesehen, entweder ‚Grüßonkel' bei festlichen Anlässen – so eine damals geläufige Bezeichnung – oder Sprecher der Professorenschaft gegenüber dem Ministerium waren. Inzwischen sind die Leitungen nicht nur eigenständige Akteure geworden, sondern positionieren sich mittels dieser „actorhood" nach Einschätzung vieler unserer Fälle sogar gegen die ProfessorInnen – wohlgemerkt nicht einfach als Erfüllungsgehilfen der Ministerien, sondern mit eigener Agenda, wofür die politischen Entscheidungen oft nur ein legitimierender äußerer Anlass sind. Zwar können auch heute die Hochschulleitungen noch keine größeren Gestaltungsmaßnahmen durchsetzen, die konträr zu dem stehen, was die große Mehrheit der ProfessorInnen für richtig hält.[37] Doch gegenüber dem je einzelnen Professor oder auch Institut ist die Macht des Rektors oder der Präsidentin deutlich gewachsen – umgekehrt gesehen haben die einzelnen ProfessorInnen insbesondere in je eigenen Angelegenheiten an Vetomacht verloren. Eine wesentliche Legitimationsquelle der Leitungsmacht stellen wiederum Leistungsbewertungen dar. Insbesondere Ressourcenzuweisungen können mit Verweis auf als mäßig bewertete Leistungen von ProfessorInnen verweigert und Ressourcenentzüge entsprechend als gerecht oder sachgerecht begründet werden. Umgekehrt bieten als sehr gut bewertete Leistungen gegenüber leer ausgehenden Dritten der Hochschulleitung eine Begründung dafür, jemandem weitere Ressourcen zur Verfügung zu stellen.

Siebtens sind in Phasen des Wandels, gerade wenn er als ein ‚von oben' durch die eigene Hochschulleitung auferlegter erfahren wird, die *KollegInnen* – nicht nur innerhalb des eigenen Faches, sondern auch in anderen Fächern an der je eigenen Universität – eine sehr bedeutsame Bezugsgruppe. Sie sind äußerst wichtig, um die bedrohte eigene berufliche Identität zu bestätigen. Diese wechselseitige Unterstützung ist für den Einzelnen unter Umständen noch wichtiger als die meist im Vordergrund stehende kollektive Verteidigung und Verfolgung gemeinsamer Interessen. In beiden Hinsichten beobachten einige unsere InterviewpartnerInnen eine gewisse Erosion von Kollegialität, ohne dass jedoch schon von einer durchgängigen Krise der Kollegialität gesprochen werden kann. Mancher artikuliert die Sorge, dass aus weiter steigendem Konkurrenzdruck eine Ellenbogenmentalität zu- und die Bereitschaft zur Solidarität untereinander abnehmen könnte, wobei zwei mögliche Konfliktlinien gesehen werden:

---

[37] Siehe auch das sehr differenzierte Bild der Hochschulleitungen, das Bernd Kleimann (2016b) zeichnet und in dem das „Mitnehmen" insbesondere der ProfessorInnen ein Kernelement des Führungsstils ist – was oftmals nur ein Euphemismus für ‚Ausgebremstwerden' durch diese ist.

- Zum einen könnte sich das – immer schon gegebene – Spannungsverhältnis zwischen „Cosmopolitans" und „Locals", was stark mit Forschungs- vs. Lehrorientierung korreliert, stärker polarisieren. Während die drittmittelstarken „Cosmopolitans" in verschiedener Weise von der universitären Bewertungsordnung profitieren und damit auch über größere Handlungsspielräume verfügen, sich der Kollektivgutproduktion vor Ort zu entziehen, geraten die eher auf Lehre ausgerichteten „Locals" unter Anpassungsdruck. Anstatt die wechselseitigen Nutzenverschränkungen einer Arbeitsteilung zu sehen und entsprechend die Leistungen der je anderen zu respektieren, versuchen nach dem Eindruck mancher InterviewpartnerInnen beide Seiten verbissener als früher, die Nase vorn zu haben – im Kampf um Ressourcen, Reputation und die Gunst der Hochschulleitung.
- Zum anderen wurde einige Male angesprochen, dass diese Konfliktlinie überlagert werde durch eine zwischen Älteren und Jüngeren. Aus Sicht der Älteren passen sich viele Jüngere allzu opportunistisch den Leistungsbewertungen an und verraten manchmal geradezu die Idee universitärer Bildung und das Forschungsethos; umgekehrt sehen die Jüngeren diese Kritik als wohlfeil an, weil die Älteren durch den Karrierevorsprung – und die entscheidenden Karrierephasen unter viel entspannteren Bedingungen – längst ihre Schäfchen ins Trockene gebracht haben.

Der größte Gegensatz tut sich folglich zwischen jüngeren „Cosmopolitans" und älteren „Locals" auf. Wenn dann auch noch eine Intransparenz bei der Vergabe bestimmter Privilegien hinzukommt, wie sie uns an einigen Universitäten berichtet wurde, wird die Kollegialität schnell strapaziert.

Achtens schließlich gilt es, die *Folgen* all dessen für die universitäre Leistungsproduktion in Lehre und Forschung zu bilanzieren. Hier stellen die von uns befragten ProfessorInnen ganz überwiegend problematische Folgen in den Vordergrund, was zunächst einmal dem medial vermittelten Bild einer geschlossenen Reformgegnerschaft zu entsprechen scheint. Allerdings werden diese Folgen nicht in dem quasi apokalyptischen Ausmaß geschildert, das mediale Stellungnahmen von ProfessorInnen suggerieren – wobei schon auffällt, dass insbesondere zur Forschung sogar die Reformprofiteure nicht durchweg positive Aspekte der Leistungsbewertungen ansprechen, sondern durchaus auch ihre negativen Effekte sehen. Bei allen anderen Typen ist diese Wahrnehmung noch ausgeprägter.

Im Einzelnen werden zur Forschung die folgenden problematischen Effekte häufiger benannt:

- ProfessorInnen werden wegen der anhaltenden Unterfinanzierung der Grundausstattung immer stärker unter Drittmittelakquisedruck gesetzt, was in ihrem Zeitbudget eine Ausdehnung des Antragschreibens bedeutet – auf Kosten von Mitwirkung an der eigentlichen Forschung, Anleitung der NachwuchsforscherInnen und Publikationen.
- Die verstärkte Angewiesenheit auf Drittmittel zieht eine Orientierung am fachlichen Mainstream nach sich, weil unorthodoxe Perspektiven zu riskant erscheinen.
- Die verfügbaren Drittmittelquellen gehen immer stärker weg von einer durch keine thematischen oder sonstigen Vorgaben eingeschränkten Individualforschung und zu – überdies von den Hochschulleitungen aufgrund ihrer Sichtbarkeit präferierten – Formaten der Verbundforschung. Das bringt mit sich, dass die meisten daran Beteiligten nicht ihre vielversprechendsten individuellen Forschungsvorhaben realisieren können, sondern wegen Passfähigkeit in den Verbund persönlich weniger attraktive Vorhaben einbringen müssen.
- Ein Druck in Richtung von Publikationen in internationalen High Impact Journals ist spürbar. Dieser Druck ist selbst in den Naturwissenschaften nicht nur leistungsfördernd, weil auch er eine Mainstream-Ausrichtung nahelegt. In vielen Disziplinen der Kultur- und auch Sozialwissenschaften zieht er noch weitere Dysfunktionalitäten nach sich – insbesondere eine vielfach befürchtete massive Abwertung von Monografien.
- Die mit den Leistungsbewertungen einhergehenden vielfachen und sich unkoordiniert akkumulierenden Berichtspflichten stehlen noch mehr Zeit für die eigentliche Forschung.

In Sachen Lehre sind die häufiger genannten problematischen Folgen – durch die chronische Unterfinanzierung und die entsprechend schlechten Betreuungsrelationen ebenfalls schon lange angebahnt –[38] die folgenden:

- Für die Vorbereitung von Lehre bleibt immer weniger Zeit, weil man immer mehr der verfügbaren Zeit für Forschung – einschließlich Anträge – benötigt und zudem das Lehrdeputat der UniversitätsprofessorInnen im betrachteten Zeitraum in vielen Bundesländern von 8 auf 9 Semesterwochenstunden erhöht wurde.

---

[38] Der Wissenschaftsrat (2018b, S. 19) hat in seinem Positionspapier zur Hochschulbildung im Anschluss an den Hochschulpakt 2020 erneut die – trotz zusätzlicher Mittel des Bundes – kontinuierlich schlechter gewordenen Betreuungsrelationen festgestellt.

- Das führt dazu, dass die Lehre immer weniger forschungsbasiert ist, sondern man auf fertige Skripte zurückgreift. Diese Standardisierung läuft im Zeichen von „Bologna" auf „Employability"-Schablonen statt auf solche Bildungserlebnisse hinaus, die nicht nur für eine Wissenschaftlskarriere, sondern auch für außerwissenschaftliche Berufstätigkeiten prägend sein können.
- Der durch „Bologna"-Vorgaben vermittelte Standardisierungsdruck – insbesondere im stark verrechtlichten deutschen Hochschulsystem, in dem Universitätsverwaltungen wegen etwaiger Klagerisiken extrem sicherheitsorientiert agieren – geht in dieselbe Richtung.
- Der zunehmende Zeitbedarf für die Forschung wirkt sich weiterhin dahin gehend aus, dass man – wie immer begründbar – Reduktionen der Lehre in Anspruch nimmt. Diese Option wird in frühen Karrierestadien umso attraktiver, je höher der wahrgenommene Bewährungsdruck ist und je stärker man sich mit der Herausforderung konfrontiert sieht, die Lehre „unter den Forschungshut [zu] bringen" (Esdar et al. 2011), um Kriterien wie eingeworbene Drittmittel oder die Beteiligung an Verbundprojekten erfüllen zu können.

All diese problematischen Entwicklungen in Forschung und Lehre können sich schließlich zu einem generellen Motivationsschwund ausweiten. Man verliert immer mehr die Freude an Forschung und Lehre und leistet nurmehr ‚Dienst nach Vorschrift' bis zum ersehnten Ruhestand.

In einem stimmt das von uns gezeichnete Bild, das durch diese acht Punkte charakterisiert ist, mit dem Bild, das der mediale Diskurs nahelegt, überein: Es hat nennenswerte Veränderungen gegeben, mit denen sich die ProfessorInnen konfrontiert sahen und sehen. Ansonsten sind die Ergebnisse unserer Studie nicht nur wesentlich komplexer als das medial vermittelte Bild, sondern in mehreren Hinsichten auch deutlich anders. Die weitere Gestaltung der Reformen und ihrer Umsetzung täte gut daran, die Simplifikationen und Unrichtigkeiten des medialen Diskurses hinter sich zu lassen. Davon könnten alle – nicht zuletzt die ProfessorInnen – profitieren.

Literatur

Allmendinger, Jutta, Stefan Fuchs, und Janina von Stebut. 1999. Drehtüre oder Pater Noster? Zur Frage der Verzinsung der Integration in wissenschaftliche Organisationen im Verlauf beruflicher Werdegänge von Wissenschaftlerinnen und Wissenschaftlern. In *Grenzenlose Gesellschaft? Verhandlungen des 29. Kongresses der Deutschen Gesellschaft für Soziologie, des 16. Kongresses der Österreichischen Gesellschaft für Soziologie, des 11. Kongresses der Schweizerischen Gesellschaft für Soziologie 1998, Teil 2,* hrsg. Claudia Honegger, Stefan Hradil, und Franz Traxler, 96–107. Opladen: Leske und Budrich.

Anderson, Gina. 2008. Mapping Academic Resistance in the Managerial University. *Organization* 15: 251–270.

Archer, Louise. 2008. The new neoliberal subjects? Young/er academics' constructions of professional identity. *Journal of Education Policy* 23 (3): 265–285.

Beaufaÿs, Sandra. 2003. *Wie werden Wissenschaftler gemacht? Beobachtungen zur wechselseitigen Konstitution von Geschlecht und Wissenschaft.* Bielefeld: transcript.

Beaufaÿs, Sandra. 2018. Professorinnen in der Exzellenzinitiative – Ungleichheit auf hohem Niveau?. In: *Prekäre Gleichstellung. Geschlechtergerechtigkeit, soziale Ungleichheit und unsichere Arbeitsverhältnisse in der Wissenschaft,* hrsg. Mike Laufenberg, Martina Erlemann, Maria Norkus, und Grit Petschick, 129–152. Wiesbaden: Springer VS.

Bogumil, Jörg, Linda Jochheim, und Sascha Gerber. 2015. Universitäten zwischen Detail- und Kontextsteuerung: Wirkungen von Zielvereinbarungen und Finanzierungsformeln im Zeitvergleich. In *Hochschulgovernance in Deutschland,* hrsg. Pia Bungarten, und Marei John-Ohnesorg, 55–78. Berlin: Friedrich-Ebert-Stiftung.

Bröckling, Ulrich. 2007. Das unternehmerische Selbst. Frankfurt/M.: Suhrkamp.

Cole, Jonathan. 1979. *Fair Science: Women in the Scientific Community.* New York: Free Press.

Costas, Ilse. 2002. Women in Science in Germany. *Science in Context* 15 (4): 557–576.

Deutsche Forschungsgemeinschaft, und Wissenschaftsrat. 2008. Bericht der Gemeinsamen Kommission zur Exzellenzinitiative an die Gemeinsame Wissenschaftskonferenz. https://www.gwk-bonn.de/fileadmin/Redaktion/Dokumente/Papers/GWK-Bericht-Exzellenzinitiative.pdf.

Enders, Jürgen, Barbara M. Kehm, und Uwe Schimank.2015. Turning Universities into Actors on Quasi-markets: How New Public Management Reforms Affect Academic Research. In *The Changing Governance of Higher Education and Research - Multilevel Perspectives,* hrsg. Dorothea Jansen, und Insa Pruisken, 89–103. Dordrecht: Springer.

Esdar, Wiebke, Julia Gorges, Katharina Kloke, Georg Krücken, und Elke Wild. 2011. Lehre unter den Forschungshut bringen... – Empirische Befunde zu multipler Zielverfolgung und Zielkonflikten aus Sicht von Hochschulleitungen und Nachwuchswissenschaftler(innen). In *Der Bologna-Prozess aus Sicht der Hochschulforschung. Analysen und Impulse für die Praxis, Arbeitspapier CHE, Centrum für Hochschulentwicklung, 148,* hrsg. Sigrun Nickel, 192–203. Gütersloh: CHE, Centrum für Hochschulentwicklung.

Estermann, Josef, Julie Page, und Ursula Streckeisen (Hrsg.). 2013. *Alte und neue Gesundheitsberufe. Soziologische und gesundheitswissenschaftliche Beiträge zum Kongress "Gesundheitswesen im Wandel", Winterthur 2012.* Luzern: Orlux.

Etzold, Sabine. 2000. Humboldts letzter Krieger. *DIE ZEIT* 14/2000.

Gläser, Jochen, und Grit Laudel. 2016. Governing Science. How Science Policy Shapes Research Content. In *European Journal of Sociology* 57 (1): 117–168.

Groh-Samberg, Olaf, Steffen Mau, und Uwe Schimank. 2014. Investieren in den Status: Der voraussetzungsvolle Lebensführungsmodus der Mittelschichten. *Leviathan* 42. 219–248.

Hänzi, Denis, und Hildegard Matthies. 2014. Leidenschaft – Pflicht – Not. Antriebs-strukturen und Erfolgskonzeptionen bei Spitzenkräften der Wissenschaft und Wirtschaft. In *Erfolg. Konstellationen und Paradoxien einer gesellschaftlichen Leit-orientierung*, hrsg. Denis Hänzi, Hildegard Matthies, und Dagmar Simon, 246–264. Baden-Baden: Nomos.

Heintz, Bettina, Martina Merz, und Christina Schumacher. 2004. *Wissenschaft, die Grenzen schafft. Geschlechterkonstellationen im disziplinären Vergleich*. Bielefeld: transcript.

Heintz, Bettina, und Martina Merz. 2007. und Christina Schumacher. *Die Macht Des Offensichtlichen: Bedingungen Geschlechtlicher Personalisierung in Der Wissenschaft Zeitschrift Für Soziologie* 36 (4): 261–281.

Heintz, Bettina. 2003. Die Objektivität der Wissenschaft und die Partikularität des Geschlechts. Geschlechterunterschiede im disziplinären Vergleich. In *Zwischen Vorder-bühne und Hinterbühne. Beiträge zum Wandel der Geschlechterbeziehungen in der Wissenschaft vom 17. Jahrhundert bis zur Gegenwart*, hrsg. Theresa Wobbe, 211–237. Bielefeld: transcript.

Hilbrich, Romy, Karin Hildebrandt, und Robert Schuster, Hrsg. 2014. *Aufwertung von Lehre oder Abwertung der Professur? Die Lehrprofessur im Spannungsfeld von Lehre, Forschung und Geschlecht*. Leipzig: Akademische Verlagsanstalt Leipzig.

IfD, Institut für Demoskopie Allensbach. 2016. *Die Lage von Forschung und Lehre an deutschen Universitäten 2016. Ausgewählte Ergebnisse einer Online-Befragung von Hochschullehrern*. Allensbach: unveröffentlicht.

Kastenhofer, Karen. 2004. Sehen lernen und sichtbar machen: Lehrkultur und Wissen-schaftspraxis der Biologie. In *Disziplinierungen. Kulturen der Wissenschaft im Ver-gleich*, hrsg. Arnold, Markus, und Roland Fischer, 91–126. Wien: Verlag Turia + Kant.

Kleimann, Bernd. 2016b. *Universitätsorganisation und präsidiale Leitung. Führungs-praktiken in einer multiplen Hybridorganisation*. Wiesbaden: Springer VS.

Laudel, Grit. 2006. The art of getting funded: How scientists adapt to their funding conditions. *Science and Public Policy* 33 (7): 489–504.

Leišytė, Liudvika, Jürgen Enders, und Harry de Boer. 2010. Mediating problem choice: academic researchers' responses to changes in their institutional environment. In *Reconfiguring Knowledge Production: Changing Authority Relationships in the Sciences and their Consequences for Intellectual Innovation*, hrsg. Richard Whitley, Jochen Gläser, und Lars Engwall, 266–290. Oxford: Oxford University Press.

Lepsius, M. Rainer. 1986. Interessen und Ideen. Die Zurechnungsproblematik bei Max Weber. In *Interessen, Ideen und Institutionen*, hrsg. M. Rainer Lepsius, 31–43. Wies-baden, 2009: VS

Lojewski, Johanna. 2011. Geschlecht und Studienfachwahl – fachspezifischer Habitus oder geschlechtsspezifische Fachkulturen? In *Der Übergang Schule – Hochschule. Zur Bedeutung sozialer, persönlicher und institutioneller Faktoren am Ende der Sekundar-stufe II*, hrsg. Bornkessel, Philipp, und Jupp Asdonk, 279–348 Wiesbaden: VS.

Lust, Michael, und Tobias Scheytt. 2017. Akademischer Widerstand in universitären Ent-scheidungsprozessen – Eine Systematisierung. *Betriebswirtschaftliche Forschung Und Praxis* 69 (6): 653–672.

Matthies, Hildegard. 2015. Die Responsivität wissenschaftlicher Karrieren. In *Die Responsivität der Wissenschaft – Wissenschaftliches Handeln in Zeiten neuer Wissenschaftspolitik*, hrsg. Hildegard Matthies, Dagmar Simon, und Marc Torka, 177–208. Bielefeld: transcript.

Meier, Frank. 2009. *Die Universität als Akteur. Zum institutionellen Wandel der Hochschulorganisation*. Wiesbaden: VS.

Pasternack, Peer, Sebastian Schneider, Peggy Trautwein, und Steffen Zierold. 2018. *Die verwaltete Hochschulwelt. Reformen, Organisation, Digitalisierung und das wissenschaftliche Personal*. Berlin: BVW.

Petersen, Thomas. 2020. Die Forschung ist frei, aber … Eine Umfrage des Instituts für Demoskopie Allensbach zur Freiheit an den Universitäten. *F&L* 3: 194–197.

Prinz, Wolfgang, und Peter Weingart (Hrsg.): 1990. *Die sog. Geisteswissenschaften: Innenansichten*. Frankfurt/M.: Suhrkamp.

Schimank, Uwe, und Melike Janßen. 2020. Reformopfer? Nicht wirklich! „New Public Management, „Bologna", die „Exzellenzinitiative" – und die deutschen ProfessorInnen. In *„Die ganze Hochschule soll es sein" – Wolff-Dietrich Webler zum 80. Geburtstag*, hrsg. Sabine Behrenbeck, Krista Sager, und Uwe Schmid, 181–196. Bielefeld: UniversitätsVerlag Webler.

Schimank, Uwe. 2018. Leistungsbewertung als Identitätsbedrohung? Wie ProfessorInnen Evaluationen erfahren können. In *Praktiken der Selbstbestimmung. Zwischen subjektivem Anspruch und institutionellem Funktionserfordernis*, hrsg. Ulf Bohmann, Stefanie Börner, Diana Lindner, Jörg Oberthür, und André Stiegler, 137–160. Wiesbaden: Springer VS.

Schmidt Uwe, und Manfred Herzer. 2006. Wege in die Naturwissenschaften. In *Übergänge im Bildungssystem. Motivation – Entscheidung – Zufriedenheit, htsg.* Schmidt, Uwe, 157–226. Wiesbaden: VS.

Schultheis, Franz, Berthold Vogel, und Kristina Mau (Hrsg.). 2014. *Im öffentlichen Dienst. Kontrastive Stimmen aus einer Arbeitswelt im Wandel*. Bielefeld: transcript.

Schütze, Fritz. 1981. Prozeßstrukturen des Lebensablaufs. In *Biographie in handlungswissenschaftlicher Perspektive*, hrsg. Joachim Matthes, Arno Pfeifenberger, und Manfred Stosberg, 67–156. Nürnberg: Verl. der Nürnberger Forschungsvereinigung e.V..

Snow, Charles Percy. 1959. *The two cultures and the scientific revolution*. London: Cambridge University Press.

Sondermann, Ariadne, und Melike Janßen. 2019. Folgen universitärer Leistungsbewertungen für das berufliche Handeln von Hochschulprofessoren: Verschärfter Anpassungsdruck und kollegiale Grenzziehungen? In *(Be)Werten. Beiträge zur sozialen Konstruktion von Wertigkeit. Soziologie des Wertens und Bewertens*, hrsg. Stefan Nicolae, Martin Endreß, Oliver Berli, und Daniel Bischur, 249–274. Wiesbaden: Springer VS.

Sonnert, Gerhard, und Gerald Holton. 1995. *Gender Differences in Science Career. The Project Access Study*. New Brunswick: Rutgers University Press.

Stock, Manfred, und Andreas Werner. 2005. Hochschulforschung und Theorie der Professionen. *die hochschule* 1: 7–14.

Vogel, Berthold, und Andreas Pfeuffer. 2019. Wertschätzungskonflikte statt Jobkultur. Arbeiten und Arbeitshaltung im öffentlichen Sektor. In *Governance und Arbeit im Wandel – Bildung und Pflege zwischen Staat und Markt*, hrsg. Doris Graß, Herbert Altrichter, und Uwe Schimank, 75–91. Wiesbaden: Springer VS.

Weber, Lena. 2017. *Die unternehmerische Universität: Chancen und Risiken für Gleichstellungspolitiken in Deutschland, Großbritannien und Schweden*. Weinheim: Beltz Juventa.

Wissenschaftsrat. 2018b. *Hochschulbildung im Anschluss an den Hochschulpakt 2020, Positionspapier*. Trier: Wissenschaftsrat.

Zuckerman, Harriet, und Robert K. Merton. 1972. Age, Aging, and Age Structure in Science. In *Aging and Society, Volume 3: A Sociology of Age Stratification*, hrsg. White Riley, Matilda, Marilyn Johnson, Anne Foner, John A. Clausen, Richard Cohn, Beth Hess, Robert K. Merton, Edward E. Nelson, Talcott Parsons, Gerald Platt, Norman B. Ryder, Harris Schrank, Bernice C. Starr, und Harriet Zuckerman, 292–356. New York: Russell Sage Foundation.

Die weiteren Reformdynamiken – ein spekulativer Ausblick

6

Bis hierher haben wir auf der Grundlage unserer empirischen Daten dargestellt, wie ProfessorInnen im deutschen Hochschulsystem dessen Reformen deuten und mit diesen umgehen. Diese Daten aus den Jahren 2015 und 2016 sind zwar bereits wieder ein paar Jahre alt. Es dürften sich aber seitdem keine ganz umwälzenden Veränderungen vollzogen haben. Es wurden keine völlig neuen Reformmaßnahmen oder -korrekturen auf den Weg gebracht; und auch andere Rahmenbedingungen haben sich nicht grundlegend geändert. Das deutsche Hochschulsystem ist, allein schon aufgrund des Föderalismus, generell eines, in dem Wandel eher träge verläuft und revolutionäre Umgestaltungen sehr unwahrscheinlich sind. Dennoch lohnt sich die Frage, wie es denn weitergehen könnte.

Dieser Frage wenden wir uns im vorliegenden Kapitel zu – was auf der Grundlage unserer Daten zwar nur spekulativ geschehen, aber für zukunftsgerichtete Gestaltungsüberlegungen dennoch ein Ausgangspunkt sein kann. In einem ersten Schritt stellen wir Überlegungen dazu an, wie sich die sieben von uns ermittelten Typen des Umgangs mit den Reformen quantitativ in der Gesamtheit aller ProfessorInnen verteilen, und wie sich diese Verteilung im weiteren Verlauf durch typische Trajektorien verändern könnte. In einem zweiten Schritt stellen wir darauf aufbauend drei Szenarien der künftigen Entwicklung vor, die als Ergebnis sehr unterschiedliche künftige Ausgestaltungen des deutschen Hochschulsystems zur Folge hätten.

© Der/die Autor(en) 2021
M. Janßen et al., *Hochschulreformen, Leistungsbewertungen und berufliche Identität von Professor*innen*, Organization & Public Management,
https://doi.org/10.1007/978-3-658-33289-1_6

331

6.1   Typenverteilung – gegenwärtig und zukünftig

Die qualitative Anlage unserer empirischen Untersuchung lässt keine gesicherten Schlüsse darauf zu, wie häufig die sieben von uns unterschiedenen Typen des Umgangs mit den Reformen gegenwärtig – was den Zeitraum seit 2015 meint – vorkommen.[1] Und selbst wenn wir diese quantitative Verteilung wüssten, ließe diese sich nicht einfach in die Zukunft extrapolieren. Weil aber die Beantwortung beider Fragen insbesondere dafür wichtig ist, wie die weitere Gestaltung der Reformen aussehen sollte, wollen wir hier Vermutungen dazu zur Diskussion stellen.

Unsere einleitend in Kap. 1 genannten drei Gründe, warum eine differenzierte Typologie, die unterschiedliche Reformerfahrungen und Umgangsweisen mit den Reformen sortiert, wichtig ist, sind bis hierher, wie wir hoffen, plausibel geworden. Es wird, um es plakativ auf den Punkt zu bringen, der vielschichtigen empirischen Wirklichkeit des Reformgeschehens in keiner Weise gerecht, beispielsweise Wehrhafte und SympathisantInnen oder wohl gar alle sieben Typen in einen Topf zu werfen. Nichts anderes aber bleibt einem übrig, wenn man nicht über die von uns erarbeiteten typologischen Unterscheidungen – oder bessere andere – verfügt. Ohne sie kann man nur eine sozialwissenschaftlich untaugliche Analyse des Untersuchungsgegenstands vorlegen; und ein angemessenes Verständnis des hochschulpolitischen Gestaltungsgegenstands – ‚von oben‘ wie ‚von unten‘ betrachtet – kann aus solchen Simplifikationen ebenfalls nicht hervorgehen. Anders gesagt: Sozialwissenschaftlich wie hochschulpolitisch kommt man fortan nur um den Preis des Dilletantismus an einer differenzierten Betrachtungsweise vorbei.

Wir müssen zwar nun den gesicherten Boden unserer qualitativen Rekonstruktion der Typen verlassen, um unsere Analyse zumindest als informierten Ausblick noch einen Schritt weiter zu treiben. Da die Fragen der weiteren Gestaltung der Reformen aber hochschulpolitisch nach wie vor drängen, sollen die folgenden Überlegungen zur Strukturierung der zu führenden Diskussionen und als Richtungsweisung für künftige empirische Untersuchungen dienen.

---

[1] Die von uns charakterisierten Typen könnten in Folgeforschungen zum Gegenstand standardisierter Repräsentativbefragungen werden, um die empirischen Häufigkeitsverteilungen und Korrelationen mit anderen Merkmalen der Personen und ihres Kontextes zu ermitteln.

Gegenwärtige Verteilung der Typen
Fragt man also danach, welcher der sieben Typen wie häufig vorkommt, ist zunächst einmal – völlig unabhängig vom Gegenstandsbereich – die Faustformel hilfreich, dass die Extreme der Merkmalsausprägungen, auch in ihrer Summe, seltener vorkommen als mittlere Ausprägungen. Zwar gibt es immer wieder in die Extreme gehende Verteilungen – doch solange man keinen spezifischen Grund dafür hat, warum sie bei dem betrachteten Phänomen vorliegen könnten, sollte man erst einmal davon ausgehen, dass die mittleren Ausprägungen überwiegen. Das hieße hier: Opfer und ProfiteurInnen kämen, auch aufaddiert, weniger oft vor als die Summe der anderen fünf Typen.

Ein Blick auf das deutsche Hochschulsystem bestärkt diese Annahme mit gegenstandsspezifischen Argumenten weiter. Im internationalen Vergleich ist das deutsche Hochschulsystem, was auch für andere gesellschaftliche Sektoren gilt, als ein im doppelten Sinne träges einzustufen:[2]

- Erstens gibt es keine schnellen weitreichenden Veränderungen – anders als z. B. in Großbritannien. Auch ein Hin-und-her-springen zwischen Extremzuständen ist dabei unwahrscheinlich. Stattdessen hat das System einen starken Hang zu mittleren Zuständen – die sich auch dadurch auszeichnen, dass sich dort die meisten Akteure finden.
- Zweitens handelt es sich um ein System, das auch hinsichtlich der Konsequenzen, die für Akteure aus Erfolg, nachlassendem Erfolg, überwundenem oder fortschreitendem Misserfolg resultieren, träge reagiert. Einen rasanten tiefen Fall oder blitzartigen Aufstieg kann es hier kaum geben, nur sich in kleinen Schritten vollziehende individuelle oder organisationale Trajektorien.

Vor diesem Hintergrund – und mit den genannten weiteren Argumenten – lässt sich annehmen, dass eher wenige ProfessorInnen den folgenden fünf Typen angehören dürften:

- Reformopfer: ProfessorInnen sind im Vergleich zu anderen Berufsgruppen, die ebenfalls von Leistungsbewertungen betroffen sind, immer noch vielfältig privilegiert bezüglich der Möglichkeiten, solche als Zumutungen erlebte

---

[2]Dies ist ein politikwissenschaftlich gut abgesicherter Befund – siehe zusammenfassend Arthur Benz (2009, S. 103–133). Für das Hochschulsystem siehe Uwe Schimank und Stefan Lange (2009).

Maßnahmen auszusitzen oder zu sabotieren. Auch deshalb sind Leistungsbewertungen in anderen Bereichen des öffentlichen Dienstes konsequenter
implementiert worden als an den Universitäten. Nur die Besoldungsreform hat
es so nirgends sonst gegeben. Beide Gründe zusammengenommen sprechen
dafür, dass es bislang wenige ProfessorInnen gibt, die man tatsächlich ernsthaft als Reformopfer einstufen kann. Im Gegenteil sprechen nach wie vor viele
von ihnen, trotz aller Kritik, von einem – wie ein Befragter es ausdrückte –
„Traumjob" (LIT9). Auch die in Abschn. 5.2.2 angesprochenen Fälle haben ja
durchaus gezeigt, dass selbst die Reformopfer über Möglichkeiten der Gegenwehr verfügen – wenn gar nichts anderes mehr geht, bleibt immer noch die
versteckte Renitenz. Am ehesten könnte man sich als Reformopfer jüngere
ProfessorInnen vorstellen, wenn sie den jetzigen Standarderwartungen in der
Forschung nur schwer entsprechen können, was insbesondere in den Geisteswissenschaften der Fall sein kann.

- SympathisantInnen: Kaum jemand in der Professorenschaft hält die Reformen
  für samt und sonders sinnvoll und durchschlagend erfolgreich, auch wenn
  durchaus immer wieder konzediert wird, dass einiges schon in die richtige
  Richtung gehe. Unter den SympathisantInnen dürfte es daher eher enttäuschte
  denn rundum zufriedene geben – anders als unter den ProfiteurInnen, die auch
  schon damit zufrieden sein können, dass sie persönlich ReformgewinnerInnen
  sind. SympathisantInnen können demgegenüber nur dann zufrieden sein, wenn
  sie die Reformen als überwiegend erfolgreich ansehen können, gerade weil sie
  selbst ja nichts davon haben. Die Variante des enttäuschten Sympathisanten
  wiederum befindet sich in einer eher instabilen Lage: Früher oder später muss
  er eigentlich zum Reformgegner werden, weil die Reformen – obwohl in ihren
  Zielen für prinzipiell gut befunden – ja offensichtlich unter den gegebenen
  Umständen oder mit den gewählten Maßnahmen nicht erfolgreich umsetzbar sind. Das liefe dann auf eine spezielle Variante des Verschonten hinaus:
  Man wird kein Opfer, ist aber gründlich desillusioniert – im Unterschied zu
  den von vornherein Verschonten, die gleich schon reformkritisch waren. Die
  vermutlich ganz wenigen zufriedenen SympathisantInnen und die häufigeren
  enttäuschten SympathisantInnen – ein Zustand, der nur ein Durchgangs-
  stadium darstellen kann – addieren sich wohl zu keiner größeren Zahl von
  ProfessorInnen auf.
- Verschonte: Das war vermutlich anfangs ein häufiger Typus, der dann
  immer seltener geworden ist, sobald die Wirkungen der Reformen zu greifen
  begonnen haben – auch wenn sie immer noch nur begrenzt greifen. In zwei
  Hinsichten sind die Zonen des Verschontseins definitiv kleiner geworden:
  Erstens sind die C-Besoldeten ein Auslaufmodell, und zweitens ist „Bologna"

mittlerweile vollständig umgesetzt worden. Damit dürften viele der Verschonten entweder in Wehrhafte oder in Reformopfer übergegangen sein. Letzteres ist dann der Fall, wenn die negative Betroffenheit sehr stark geworden ist und Möglichkeiten der Gegenwehr nicht im erforderlichen Maße gegeben gewesen sind.

- Gelassene: Nicht erst im Zuge der Reformumsetzung, sondern von Anfang an dürfte dieser Typus sehr selten gewesen sein. Nicht nur – wie die Verschonte – zu meinen, dass man selbst nicht von negativen Auswirkungen der Reformen behelligt werden wird, sondern dies auch für das Universitätssystem insgesamt und dauerhaft anzunehmen, stellt sich als eine Einschätzung dar, deren subjektive Plausibilität sehr voraussetzungsvoll ist und deshalb selten anzutreffen sein dürfte.

- ProfiteurInnen: Insbesondere stark und in allen Belangen von den Reformen Profitierende dürfte es sehr wenige gegeben haben und bis heute geben. Das Gros der ProfiteurInnen sind wohl solche gewesen, die in spürbarem, aber begrenztem Maße profitiert haben – was auch wieder auf die Grenzen des Umgesetzten, verglichen mit den Hoffnungen, die vollmundige Reformankündigungen versprachen, zurückgeht. Dass ProfiteurInnen eine eher kleinere Gruppe sein dürften, liegt letztlich darin begründet, dass Konkurrenz meistens deutlich mehr Verlierer als Gewinner produziert – und sich längst nicht alle GewinnerInnen auch sicher sind, sich auf Dauer auf der Gewinnerseite halten zu können.

Die meisten ProfessorInnen sollten demgemäß Zuversichtliche oder Wehrhafte sein. Beide Typen, die oftmals nahe beieinander liegen, haben gemeinsam, dass die Betreffenden nicht zufrieden mit ihrem persönlichen Status quo sind, jedoch Chancen der Verbesserung sehen. Beide haben durch die Reformen etwas zu gewinnen – aber auch etwas zu verlieren. Diese Ambivalenz des Reformprozesses ist für beide Typen konstitutiv. Sie unterscheiden sich darin, wie sie diese Ambivalenz einschätzen: Die Zuversichtliche stuft ihre Chance des Gewinnens als höher ein als das Risiko des Verlierens; beim Wehrhaften ist es umgekehrt. Die Zuversichtliche sieht sich damit als mögliche künftige Profiteurin. Für den Wehrhaften bestünde die Verbesserung, die er für sich erhofft, hingegen lediglich darin, das Sich-zur-Wehr-setzen aufhören zu können, weil er sich entweder zum Verschonten wandelt, also selbst nicht länger negativ von den Reformen betroffen ist, oder aber – wenn sich über die Abwehr von ihn betreffenden negativen Reformfolgen hinaus Chancen des künftigen Profitierens von den Reformen am Horizont abzeichnen – zum Zuversichtlichen wird.

Ein weiterer Unterschied beider Typen betrifft deren zeitliche Extension. Zuversichtlichsein ist kein Dauerzustand. Wenn sich die Hoffnungen immer wieder nicht erfüllen, wird die Zuversichtliche früher oder später ihren Zukunftsoptimismus verlieren und sich bestenfalls zur Verschonten, schlimmstenfalls zum Opfer wandeln. Der Wehrhafte hingegen kann seine Haltung und das entsprechende Agieren sehr wohl auf Dauer an den Tag legen, selbst wenn sich dadurch nichts für ihn verbessert – weil er es muss, damit seine Lage sich wenigstens nicht noch weiter verschlechtert. Überdies verspricht die offen praktizierte Wehrhaftigkeit auch soziale Bestätigungen der Identitätsbehauptung. So kann man z. B. die in Kap. 2 zitierte, spöttisch gemeinte und auf den Deutschen Hochschulverband (DHV) gemünzte Titulierung als „Humboldts letzte Krieger" auch je persönlich als Ehrentitel verstehen. Man mag am Ende unterliegen, aber hat sich nicht gebeugt.

Jede zahlenmäßige Spezifikation der Anteile der sieben Typen an der Gesamtheit der Professorenschaft wäre hochgradig irrtumsanfällig und bestreitbar. Um dennoch auf Grundlage der präsentierten Argumente und sehr an der Normalverteilung ausgerichtet eine ungefähre Größenordnung zu schätzen: Die ersten fünf Typen machen aktuell zusammengenommen etwa die Hälfte der ProfessorInnen aus, die beiden zuletzt angesprochenen jeweils ein Viertel.

Trajektorien zwischen den Typen
Wenn man nicht bloß die Anteile der Typen zu einem bestimmten Zeitpunkt bestimmen oder wenigstens schätzen will, sondern sich dafür interessiert, welche Anteilsverschiebungen die Reformdynamiken mit sich bringen könnten, muss man Überlegungen dazu anstellen, wann ein Professor oder eine Professorin von einem bestimmten Typus zu einem bestimmten anderen übergehen könnte. Immer wieder sind von uns anhand konkreter Fälle bereits solche Übergänge von einem Typus zu einem anderen angesprochen worden. Wenn wir solche Trajektorien nun noch etwas systematischer betrachten, geht es nicht darum, alle 42 logischen Möglichkeiten zu diskutieren. Vielmehr konzentrieren wir uns auf diejenigen, die am häufigsten vorkommen dürften und die angesichts der aktuellen Verteilung in dem Sinne am wichtigsten sind, dass sie mögliche dynamisierende Faktoren sein, also die Verteilung in bestimmte Richtungen verändern könnten.

Dabei lassen wir insbesondere solche Trajektorien eher außer Betracht, die – bildlich gesprochen – ‚weite Wege' für die Betreffenden bedeuteten. Das gilt etwa für einen Wandel vom Opfer zum Profiteur oder umgekehrt. Hierfür müssten sich bei den Betreffenden sowohl die Bewertungen der Reformen als auch der Erfolg im Umgang mit ihnen simultan in ihr genaues Gegenteil umkehren. Psychologisch ist zwar – wenn man den Weg vom Opfer zum Profiteur betrachtet – durchaus plausibel, dass eine persönliche Nutzung der Reformen deren Einschätzungen durch die Person verschiebt. Aber wieso sollte die Person überhaupt erst auf den Gedanken kommen, etwas von ihr Abgelehntes mitzumachen? Vorstellbar wäre, dass sie als ausgeprägtes Opfer durch die Umstände, in die die Reformen sie gebracht haben, dazu gezwungen wird und dann auf einmal merkt, dass alles gar nicht so schlimm, sondern im Gegenteil ‚ganz toll' ist. Diesen starken Opferstatus haben die ProfessorInnen aber, wie angesprochen, sehr selten. Dann bleibt nur noch die Möglichkeit, dass sich die Reformen so grundlegend verändern, dass sie der Person auf einmal als wünschenswert erscheinen und ihr zugleich auch Chancen bieten. Solche schnellen weitreichenden Veränderungen sind aber in einem trägen Hochschulsystem wie dem deutschen unwahrscheinlich. Der umgekehrte direkte Übergang vom Profiteur zum Opfer ist ebenso als wenig wahrscheinlich einzustufen, weil das deutsche System auch hinsichtlich individueller Trajektorien träge ist. Die Verschonte, die Zuversichtliche oder der Sympathisant würden wohl nicht in einem Schritt zum Opfer, sondern nähmen mindestens den Zwischenschritt über den Wehrhaften; und in der anderen Richtung würde der Wehrhafte kaum in einem Schritt zum Profiteur, sondern müsste erst einmal zum Zuversichtlichen werden.

Von den vier Dimensionen der Typologie kann für die weitere Betrachtung die wahrgenommene Wirksamkeit der Reformen außer Acht gelassen werden, weil sie bei allen Typen – außer dem aus den bekannten Gründen hier nicht weiter betrachteten Gelassenen – die gleiche ist: Alle attestieren den Leistungsbewertungen erhebliche Folgen. Will man Trajektorien zwischen diesen sechs Typen beschreiben, muss man die anderen drei Dimensionen heranziehen: das Ausmaß der Betroffenheit von den Reformen, deren Bewertung sowie den persönlichen Erfolg im Umgang mit ihnen. Als Erklärungsfaktoren dafür, dass sich in diesen Dimensionen etwas verändern kann, sind zum einen Veränderungen der Reformen vorstellbar, zum anderen Veränderungen der beruflichen Situationen der betrachteten Personen; und beide Arten von Erklärungsfaktoren sind, wie wir in den Kap. 4 und 5 vielfach schon an spezifischen Fällen aufgezeigt haben, in dynamischer Wechselwirkung miteinander: Veränderungen der Reform bewirken – zusammen mit dem persönlichen Umgang mit ihnen – Veränderungen der beruflichen Situation einer Person; und umgekehrt bringt eine veränderte berufliche Situation auch eine veränderte Sichtweise der Reformen mit sich.

Insgesamt ergibt sich also folgendes Modell, mittels dessen im Weiteren neun anhand der genannten Kriterien ausgewählte Trajektorien kurz charakterisiert werden (Abb 6.1). Ausgangspunkte sind die beiden, wie wir vermuten, am häufigsten vorkommenden Typen:

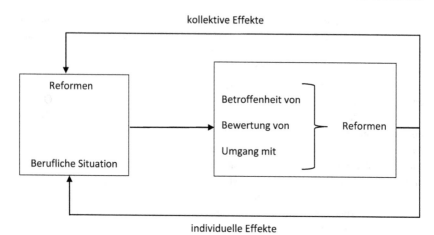

Abb. 6.1 Wechselwirkungen von Reformveränderungen und beruflicher Situation

- Wie kann jemand zur Zuversichtlichen werden? Und was kann aus der Zuversichtlichen werden?
- Wie kann jemand zum Wehrhaften werden? Und was kann aus ihm werden?

Die erste betrachtete Trajektorie *Sympathisant → Zuversichtlicher* beruht darauf, dass ein Professor realisiert, dass er doch von den Leistungsbewertungen betroffen ist – oder sich seine berufliche Situation so verändert, dass dies nun der Fall ist. Letzteres könnte etwa dann der Fall sein, wenn studentische Evaluationen von Lehrveranstaltungen verbindlich gemacht werden oder stärkere Konsequenzen haben; oder der bisherige C-Professor wechselt – womit er seine eigene Betroffenheit selbst herbeiführt – freiwillig oder wegen einer Rufannahme an eine andere Universität in die W-Besoldung. Er bleibt jedoch dabei, die Reformen positiv einzuschätzen. Auch wenn er selbst zunächst keine unmittelbaren eigenen Vorteile von den Reformen hat, rechnet er sich doch solche für die Zukunft aus. Ein Zellbiologe hat diese Trajektorie zwar noch nicht vollzogen, reflektiert seine Zukunftsaussichten jedoch auf dieser Linie:

„Wenn ich wüsste, wenn ich mit einem DFG-Antrag oder einer Forschergruppe die Möglichkeit habe, diese zusätzlichen leistungsorientierten Zulagen zu bekommen, klar wäre das ein Ansporn, natürlich. Ja, auf jeden Fall." (BIO12)

Er stellt diese Überlegungen vor dem Hintergrund ihm intransparent erscheinender Ressourcen- und Gehaltszuweisungen für die Kollegen an. Für diese Trajektorie kommt es also darauf an, dass eine konsequente und transparente Umsetzung der Leistungsbewertungen erfolgt.

Der Zuversichtliche kommt weiterhin in der Variante vor, dass er zunächst noch negativ von Leistungsbewertungen betroffen ist, aber davon ausgeht, dass sich für ihn das Blatt noch wenden wird. Ein Sympathisant kann auch zunächst zu solch einem Zuversichtlichen werden – wenn z. B. an seiner Universität Leistungsbewertungen eingeführt werden, die er prinzipiell für geboten hält, bei denen er aber erst einmal nicht so gut abschneidet. Solange er sich zukünftig bessere Chancen dabei ausrechnet, kann er Zuversichtlicher bleiben.

Die zweite Trajektorie *Wehrhafter → Zuversichtlicher* setzt eine Neubewertung der eigenen Situation voraus. Ein Professor muss erkennen, dass für ihn mehr drin ist, als sich nur gegen die identitätsbedrohenden Folgen bestimmter Reformmaßnahmen zur Wehr setzen zu können. Er muss Gelegenheiten dafür sehen, dass ihm die Reformen umgekehrt auch Identitätschancen bieten können. Dies ist umso wahrscheinlicher, je weniger sich ihm die Reformen als durchgängig und eindeutig negativ darstellen. In der Tat sind die von uns untersuchten Fälle von Wehrhaften solche, die die Reformen nicht in allen Belangen ablehnen, sondern bestimmte Aspekte zumindest als potenziell sinnvoll einstufen – z. B. zwar gegen die eingesetzten Verfahren der Forschungsevaluation sind, aber durchaus den möglichen Nutzen von Lehrevaluationen durch Studierende erkennen. Solche Ambivalenzen können dazu führen, dass durch konkrete positive eigene Erfahrungen das Gewicht dieser Aspekte in der subjektiven Bilanzierung der Reformen zunimmt. Eine genauere Betrachtung würde ohnehin vermutlich zeigen, dass viele als Wehrhafte eingestufte in verschiedenen Hinsichten und Situationen auch Zuversichtlichen entsprechen, also zwischen beiden Typen changieren.[3] In diesem Changieren ist die Trajektorie bereits angebahnt – freilich keineswegs zwingend vorbestimmt. Es kann auch umgekehrt so sein, dass sich die subjektive Bilanz der Reformen immer stärker zum Negativen hin vereindeutigt, womit der Betreffende immer mehr zum Wehrhaften hin gedrängt wird.

Die dritte Trajektorie *Zuversichtliche → Profiteurin* haben wir bereits in Abschn. 5.2.7 bei der Charakterisierung der Zuversichtlichen angesprochen. Sie ergibt sich dann, wenn sich die Erwartungen der Zuversichtlichen, wie sich

---

[3]Das Umgekehrte, dass also ein Zuversichtlicher immer auch partiell als Wehrhafter auftritt, die Richtung des Changierens somit eine beidseitige sein kann, ist ebenfalls vorstellbar.

bestimmte Reformmaßnahmen zukünftig positiv für sie auswirken können, erfüllen – sei es, dass die weitere Umsetzung der Maßnahmen dies ohne eigenes Zutun der Betreffenden herbeiführt, sei es, dass ein entsprechend geänderter eigener Umgang mit den Maßnahmen die erhofften Früchte einbringt. Diese positive Wendung kann sich unter Umständen lange hinziehen, sodass die Person große Geduld aufbringen muss. Bei einem solchen, von Durststrecken geprägten Verlauf der Trajektorie ist wichtig, dass es immer wieder zumindest kleine Hoffnungsschimmer gibt, da sich die Zuversichtliche ansonsten eher in Richtung Opfer, Wehrhafte oder – bestenfalls – Verschonte bewegt.

Diesen drei Trajektorien wenden wir uns nun zu. Sie unterscheiden sich von den bislang betrachteten darin, dass es sich nicht um subjektiv positiv, sondern negativ eingestufte Entwicklungen handelt. Denn während die Übergänge vom Sympathisanten oder vom Wehrhaften zum Zuversichtlichen sowie von der Zuversichtlichen zur Profiteurin als Verbesserungen der persönlichen Lage nicht nur hinsichtlich der eigenen Interessenverfolgung, sondern – was uns hier interessiert – für die eigene Identitätsbehauptung angesehen werden, laufen die folgenden drei möglichen Trajektorien der Zuversichtlichen auf wachsende Identitätsbedrohungen und verschlechterte Möglichkeiten der Identitäts-behauptung hinaus.

Die vierte Trajektorie *Zuversichtliche → Verschonte* ist von den dreien die-jenige, die das geringste Ausmaß an Verschlechterungen mit sich bringt. Eine Professorin gelangt zwar mit der Zeit zu einer Ablehnung der Reformen, was zum einen darauf zurückgehen kann, dass mit deren voranschreitender Umsetzung immer klarer wird, dass sie sich ganz anders als erhofft auswirken. Zum anderen kann es auch sein, dass eigene Versuche, zur Profiteurin der Reformen zu werden, erfolglos im Sande verlaufen. Die so oder so eintretende Desillusionierung bleibt jedoch in der Hinsicht begrenzt, dass man sich nicht selbst von den nunmehr negativ bewerteten Reformfolgen betroffen sieht – etwa, weil man inzwischen den baldigen Ruhestand vor Augen hat.[4]

Die fünfte Trajektorie *Zuversichtliche → Wehrhafte* stellt gegenüber der vierten eine erste Steigerung der Verschlechterungen dar. Die nun Wehrhafte muss konstatieren, dass die Reformfolgen nicht positiv, sondern negativ sind;

---

[4] Dass eine Zuversichtliche demgegenüber zur Sympathisantin wird, erscheint etwas unwahrscheinlicher. Wer sich erfolglos bemüht, von den Reformen zu profitieren, und dabei scheitert, dürfte schnell dazu neigen, seine Bewertung der Reformen zu revidieren, um das eigene Scheitern nicht sich selbst zuschreiben zu müssen, sondern den – wie er nun zu erkennen meint – schlecht konzipierten oder umgesetzten Reformen.

und sie bleibt von ihnen nicht verschont. Die Desillusionierung sitzt insofern noch tiefer: Nicht nur ist man enttäuscht darüber, dass die Reformen, von denen man sowohl für das deutche Hochschulsystem insgesamt als auch für die eigene berufliche Situation Substanzielles erhofft hatte, negativ bewertete Wirkungen zeitigen: Man sieht sich darüber hinaus auch selbst mit diesen Wirkungen konfrontiert und muss sich ihrer erwehren, will man die eigene berufliche Identität behaupten. Eine Politikwissenschaftlerin beispielsweise, die durchaus die von der Hochschulleitung an sie adressierte Herausforderung der Drittmitteleinwerbung aufgenommen und sich davon auch persönlich etwas versprochen hat, muss dann – nach erfolgreicher Einwerbung eines größeren Projektes – feststellen: Sie bekommt keine Lehrreduktion bewilligt, um solch aufwendige Projekte durchführen zu können, ohne dass die Qualität der Lehre oder der Forschung leidet; ihre Leistungszulage steigt nicht mit der Höhe der eingeworbenen Drittmittel; und auch auf andere Weisen sieht die Professorin diesen persönlichen Erfolg nicht gewürdigt. Im Gegenteil fühlt sie sich „so ein bisschen als Cash Cow, ja, die halt so für die Universität ähm, die Drittmittel ran schleppen" (POL7) müsse. Sie betont im Anschluss:

> „[S]o ein großes Projekt, das ist unheimlich schwer, in der Höhe noch mal einzuwerben, ja. Also, ich möchte das eigentlich nicht alle drei Jahre machen müssen."

Hier sieht sie für sich zumindest das zukünftige Risiko, zur Wehrhaften werden zu müssen.

Die sechste Trajektorie *Zuversichtliche → Opfer* schließlich stellt die Zuspitzung der fünften dar. Die Betreffende muss die nunmehr von ihr abgelehnten Reformen über sich ergehen lassen, ohne etwas dagegen tun zu können. Diese Trajektorie verläuft im deutschen Hochschulsystem aufgrund seiner angesprochenen doppelten Trägheit vermutlich – außer in Ausnahmen – nicht auf direktem Weg. Ein solch tiefer Fall wird vielmehr durch Zwischenebenen abgefedert. In der großen Mehrzahl der Fälle wird sich diese Trajektorie daher als Zweischritt vollziehen: Eine Zuversichtliche wird zunächst zur Wehrhaften; und erst wenn sie als solche scheitert, lässt sie das zum mehr oder weniger widerstandslosen Opfer werden. Das kann u. a. dann geschehen, wenn die KollegInnen die eigene Wehrhaftigkeit nicht mehr mittragen oder decken, oder wenn die Umsetzung der Reformen immer weiter ausgreift. So ist einem bislang als Wehrhafter agierenden Literaturwissenschaftler (LIT7) durchaus bewusst, wie abhängig er davon ist, dass die KollegInnen seine Praktiken des Rückzugs tolerieren.

Die bisher betrachteten Trajektorien drehen sich um die Zuversichtliche als den einen der beiden Typen, die wir als am häufigsten vorkommend vermuten. In Richtung welcher anderen Typen könnte sich die Zuversichtliche am wahrscheinlichsten entwickeln, und welche anderen Typen könnten am wahrscheinlichsten zur Zuversichtlichen werden? Nun betrachten wir mit den gleichen beiden Fragerichtungen den Wehrhaften als den anderen der beiden – wie wir denken – am häufigsten vorkommenden Typen.

Drei Übergänge in Richtung Wehrhaftigkeit heben wir hervor: vom Opfer, vom Verschonten und – bereits behandelt – von der Zuversichtlichen. Die siebte Trajektorie *Opfer → Wehrhafter* bedeutet ein Empowerment solcher ProfessorInnen, die sich bis dahin als Ausgelieferte der Reformen gefühlt haben. Sie entdecken, dass sie den von ihnen empfundenen Zumutungen etwas entgegensetzen können. Insbesondere die kollektive Solidarität unter KollegInnen kann hierfür wichtig sein. Aber auch das je individuelle Bewusstsein, was Unkündbarkeit bedeutet, kann schlussfolgern lassen, dass man manchen Zumutungen mit der klassischen Antwort von Herman Melville's (1856) Helden Bartleby begegnen: „I prefer not to." Höflich, aber bestimmt! Das ist die leise Form von Wehrhaftigkeit.[5] Die laute besteht in Meinungskundgebungen in Forschung & Lehre sowie in Klagen beim Bundesverfassungsgericht. Und im tagtäglichen Betrieb demonstriert man ein Spektrum von Praktiken des Nicht-gehört-habens bis hin zum tadelnden „Das kann doch wohl nicht wahr sein!" Wenn all das nichts hilft, begibt man sich durch jahrelange Instanzenzüge hindurch auf den Rechtsweg – wohl wissend, dass einem letztlich nichts passieren, sondern man höchstens, wie unwahrscheinlich auch immer, gewinnen kann.

Die achte Trajektorie *Verschonter → Wehrhafter* besteht darin, dass man nunmehr auch selbst von den negativ bewerteten Reformfolgen betroffen ist, gegen die man daher Widerstand leistet. Während es für das Opfer eine Verbesserung darstellt, wenn es zur Wehrhaftigkeit fähig wird, stellt der Übergang zur Wehrhaftigkeit für den Verschonten eine Verschlechterung dar. Vor allem eine weiterreichende und konsequentere Umsetzung der Reformen kann diese Trajektorie herbeiführen.

Zwei Übergänge vom Wehrhaften sehen wir als beachtenswert an. Der Übergang von der Wehrhaften zur Zuversichtlichen wurde bereits angesprochen, sodass als neunte Trajektorie *Wehrhafter → Verschonter* in den Blick zu nehmen

---

[5] Die Bartleby freilich nicht geholfen hat. Aber er hatte ja auch nicht die Privilegien eines deutschen Professors.

ist. Die als negativ bewerteten Reformfolgen betreffen einen dann nicht mehr selbst. Dies kann sich vor allem auf drei Weisen vollziehen. Erstens kann die eigene Gegenwehr gegen negativ bewertete Reformfolgen einen Professor in eine neue Situation bringen, in der er fortan von diesen verschont wird. Beispielsweise kann man manchmal zulassen oder auch aktiv forcieren, dass die Module, die man zu betreuen hat, nicht mehr zum Pflicht- oder Wahlpflichtbereich der Studiengänge gehören, wodurch man sich viele „Bologna"-Ärgernisse erspart. Oder man wechselt an eine solche ausländische Universität, wo vergleichbare Reformmaßnahmen schwächer als in Deutschland etabliert sind, oder bemüht sich um temporäre Fellowships und Forschungssemester. Zweitens muss man sich, je mehr man sich dem Ruhestand nähert, nicht mehr unbedingt weiter in die Drittmittelkonkurrenz begeben oder um Leistungszulagen bemühen. Drittens schließlich könnte man in dem Maße zum Verschonten werden, wie der Umsetzungselan der Reformpromotoren zumindest an der eigenen Universität erlahmt.

Damit ergibt sich insgesamt ein Geflecht von Trajektorien, auf denen sich derzeit nicht wenige der ProfessorInnen bewegen dürften (Abb. 6.2).

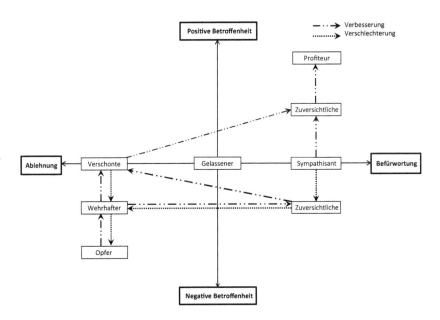

Abb 6.2 Trajektorien zwischen den Typen des Umgangs mit Leistungsbewertungen

Ergeben diese Trajektorien in der Summe in absehbarer Zeit eine Verschiebung der Anteile der verschiedenen Typen an der gesamten Professorenschaft? Vor dem Hintergrund der äußerst vagen Schätzung von zusammen 50 Prozent Zuversichtlichen und Wehrhaften sowie 50 Prozent der übrigen fünf Typen, die wir zur Diskussion gestellt haben, lassen sich hierzu folgende Überlegungen anstellen:

- Die zweite und fünfte Trajektorie ergeben keine Anteilsverschiebungen zwischen den beiden quantitativ vorherrschenden Typen des Wehrhaften und der Zuversichtlichen auf der einen und den weiteren Typen auf der anderen Seite, sondern nur Verschiebungen zwischen den beiden erstgenannten.
- Die dritte, vierte, sechste und neunte Trajektorie ergeben zusammen einen Schwund von Wehrhaften und Zuversichtlichen.
- Dem müssen die erste, siebte und achte Trajektorie gegenübergestellt werden, die auf einen Zuwachs dieser beiden Typen hinauslaufen.
- Je nachdem, welche dieser beiden Tendenzen größer ist, steigt oder fällt der Anteil von Wehrhaften und Zuversichtlichen.

Bei der Betrachtung der verschiedenen Trajektorien sind immer wieder vor allem zwei Faktoren ins Spiel gekommen, die bestimmte Übergänge zwischen den Typen wahrscheinlicher machen: das Alter der ProfessorInnen sowie die weiteren Reformdynamiken. Das Alter wirkt sich auf Karrierestatus und -verlauf ebenso wie auf die Möglichkeit der Nichtbetroffenheit von Reformfolgen aus. Allerdings kann hier das Alter als Wirkgröße ausgeblendet werden, weil in einer konstanten Populationsgröße – was seit etlichen Jahren näherungsweise auf die deutsche Professorenschaft zutrifft – älter Werdende in gleichem Maße von Jüngeren ersetzt werden, sodass die Altersverteilung ebenfalls konstant bleibt. Wie die weiteren Reformdynamiken verlaufen, könnte hingegen einen Unterschied dafür machen, welche Trajektorien häufiger oder seltener werden. Vergleicht man auf der einen Seite erlahmende mit forcierten Reformdynamiken auf der anderen Seite, lässt sich vermuten:

- Erlahmende Reformdynamiken verstärken die erste, dritte, siebte und neunte Trajektorie – also zwei Trajektorien, die die Anteile von Wehrhaften und Zuversichtlichen erhöhen, sowie zwei, die diese Anteile verringern. Solange man nichts Genaueres über die relativen Größen der vier Trajektorien sagen kann, sollte man annehmen, dass anteilserhöhende und anteilsverringernde Trajektorien einander ungefähr ausgleichen, sodass bei erlahmenden Reformdynamiken in der Summe die Anteile der beiden häufigsten Typen in etwa konstant bleiben. Von den beiden zwischen ihnen ablaufenden Trajektorien dürfte die zweite stärker sein als die fünfte, was auf eine Gewichtsverschiebung zugunsten der Zuversichtlichen hinausliefe.

• Forcierte Reformdynamiken verstärken demgegenüber die vierte, sechste und achte Trajektorie, also mit Blick auf Wehrhafte und Zuversichtliche zwei anteilsverringernde und eine anteilserhöhende. Mit aller Vorsicht könnte das in der Summe eine leichte Gesamtverringerung ihres Anteils bedeuten, während der Anteil der Opfer zunähme.[6] Umgekehrt zu erlahmenden Reformdynamiken verschöbe sich die Balance zwischen Zuversichtlichen und Wehrhaften zugunsten letzterer.

Insgesamt lässt sich allerdings schließen, dass es wohl übertrieben wäre, die beiden denkbaren Reformdynamiken entweder als große Stunde der Zuversichtlichen oder der Wehrhaften einzustufen. Zum einen dürften beide Typen zusammengenommen im einen Fall konstant bleiben, im anderen vielleicht etwas schrumpfen; und auch die Verschiebungen zwischen beiden dürften sich jeweils in Grenzen halten. Erst wenn derselbe Typ von Reformdynamik sich über längere Zeit – und hier sprechen wir angesichts der erwähnten Trägheit des deutschen Hochschulsystems wohl nicht von mehreren Jahren, sondern eher von Jahrzehnten – fortsetzt, dürften sich massive Verschiebungen im Gefüge aller Typen einstellen. Dass das wiederum sehr wahrscheinlich ist, kann man bezweifeln.

6.2 Drei Zukunftsszenarien

Aber auch wenn es für die Anteilsverteilung der von uns identifizierten Typen womöglich gar keinen so großen Unterschied macht, wie die Reformdynamiken sich zukünftig weiter entwickeln werden, sind letztere natürlich dennoch aus vielerlei Gründen interessant. Wir unterscheiden hier nicht nur die beiden gerade angesprochenen Möglichkeiten, sondern drei vorstellbare grundsätzliche Richtungen, die die Reformpromotoren einschlagen könnten:

---

[6]Der Anteil der Verschonten könnte gleich bleiben, weil sowohl Zuversichtliche zu ihnen stießen als auch ein Teil von ihnen zu Wehrhaften würde. Nicht in die Betrachtung einbezogen haben wir eine Trajektorie *Profiteur → Zuversichtlicher*, weil wir davon ausgehen, dass dem Status des Profiteurs aufgrund verschiedener Arten von „Matthäus-Effekten" eine selbststabilisierende oder ihn durch forcierte Reformdynamiken sogar noch stärker verfestigende Wirkkraft innewohnt.

- Erlahmende Reformen: Es werden keine weiteren Fortführungen der Reformen unternommen, und auch das auf den Weg Gebrachte bleibt stecken.
- Forcierte Reformen: Die Reformen werden entschlossen weiter vorangetrieben und sowohl in der sachlichen und räumlichen Breite als auch in der Tiefe des Zugriffs ausgeweitet.
- Lernende Reformen: Die Reformen werden reflektiert und, wo nötig, korrigiert – sowohl in den generellen Zielsetzungen als auch in den spezifischen Maßnahmen.

Während die ersten beiden Alternativen bereits in die vorausgegangenen Überlegungen eingegangen sind, stellt die dritte Alternative einen mittleren Weg zwischen beiden dar, den wir nun – auch weil wir ihn für den für alle Seiten vielversprechendsten halten – zusätzlich noch ins Gespräch bringen wollen. Je nachdem, welche dieser Richtungen eingeschlagen wird, ergeben sich sehr unterschiedliche mittel- und längerfristige Szenarien.

Szenario 1: Erlahmende Reformen
In diesem Szenario gibt es wenig zukünftige Veränderungen gegenüber dem jetzigen Status quo. Das bedeutet, dass ein in vielen Hinsichten auf halbem Wege festgefahrener Reformtorso zum Dauerzustand wird, der dann ritualistisch exekutiert wird. Hochschulleitungen arbeiten an Profilbildung, ohne über Machtressourcen zu verfügen, die es ihnen erlaubten, sich über den Widerstand größerer Teile der Professorenschaft hinwegsetzen zu können; Lehrevaluationen durch Studierende werden regelmäßig durchgeführt, ohne dass daraus Konsequenzen gezogen werden; immer neue befristete Projekte zur Qualität der Lehre werden aufgelegt, die keinerlei nachhaltige Wirkung entfalten und angesichts der viel zu hohen Betreuungsrelationen in den meisten Studiengängen ohnehin Oberflächenkosmetik bleiben; Forschungsrankings werden anhand bekanntermaßen unzulänglicher Indikatoren durchgeführt, die Fehlanreize setzen, aber leicht erhebbar sind; das Antragschreiben sowie das Berichtswesen nehmen einen immer größeren Teil der Arbeitszeit zuungunsten von Lehre wie Forschung ein … Zahlreiche weitere problematische Phänomene könnten geschildert werden, die in der Summe zeigten, dass die Reformen, an den ursprünglichen Zielsetzungen der Reformpromotoren gemessen, keine großen positiven Wirkungen zeitigen. Doch die meisten ProfessorInnen müssten für sie spürbare negative Wirkungen erleiden. Aus Sicht der Promotoren hieße das: Man machte sich Ärger, ohne dass es sich lohnte.

Dieses Szenario ist insofern am wahrscheinlichsten, weil es den in einer entscheidenden Hinsicht wenig veränderten Kräfteverhältnissen der hochschulpolitischen und hochschulorganisatorischen Konstellation entspricht. Zwar haben die ProfessorInnen durchaus an individueller und kollektiver Macht und Autonomie eingebüßt. Sie mussten sich Leistungsbewertungen unterwerfen, die in Berufungs- und Ausstattungsverhandlungen gegen sie verwendet werden können; sie sind immer drittmittelabhängiger in der Forschung geworden und müssen ihre Studiengänge akkreditieren lassen; und die Gremien der akademischen Selbstverwaltung, in denen sie traditionell am einflussreichsten waren, haben gegenüber den Hochschulleitungen an Macht verloren. Doch die formelle und faktische Vetomacht der ProfessorInnen ist immer noch groß genug, um wirksam Reformmaßnahmen, die sie nicht überzeugen, auszubremsen – sei es durch offenen, sei es durch verdeckten Widerstand. HochschulpolitikerInnen und Hochschulleitungen mussten lernen, dass ihre Einflusspotenziale nicht ausreichen, um Maßnahmen gegen größere Teile der Professorenschaft so durchsetzen zu können, dass diese die erwarteten positiven Wirkungen zeitigen.[7] Ohne ein – wie es so treffend heißt – „Mitnehmen" der ProfessorInnen können Hochschulleitungen nach wie vor nicht viel ausrichten; wo die ProfessorInnen nicht gewillt sind, sich „mitnehmen" zu lassen, kann die Leitung nicht viel ausrichten (Kleimann 2016a, 2016b).

Politik und Hochschulleitungen befinden sich hier in einem Dilemma. Sie wollen die ihrer Meinung nach teilweise falschen oder zumindest unvollständigen Vorstellungen ‚guter' Lehre und Forschung aufseiten der ProfessorInnen korrigieren, haben sich aber zu wenig klar gemacht, dass sie auf deren berufliches Engagement angewiesen sind – insbesondere angesichts chronisch unterfinanzierter Universitäten, in denen die Funktionsfähigkeit von Lehre und Forschung davon abhängt, dass nicht nur, aber auch die ProfessorInnen durch besondere Anstrengungen die Folgen der Mangelwirtschaft in Grenzen halten. Noch geschieht dies. Die Reformfolgen dürften allerdings schon einiges an gutem Willen gekostet haben; und sollte sich das fortsetzen, weil der Reformtorso bestehen bleibt, könnte irgendwann der Punkt erreicht sein, wo vielerorts Dienst nach Vorschrift um sich greift. Zwar haben inzwischen einige der Reformpromotoren erkannt, dass sie die Abhängigkeit der Leistungsfähigkeit der Universitäten von einer willigen Professorenschaft unterschätzt und umgekehrt die eigene Fähigkeit überschätzt haben, die ProfessorInnen durch Anreize, Überzeugung und Macht auf die Linie der Reformen zu bringen. Doch zu einem neuerlichen großen Kraftakt ist man in diesem Szenario nicht bereit.

---

[7] Ganz abgesehen davon, dass bezüglich mancher Maßnahmen irrige Wirkungsvorstellungen gehegt wurden und noch immer werden.

Wie schon geschildert, dürfte hier die wichtigste Verschiebung zwischen den betrachteten Typen von ProfessorInnen darin bestehen, dass einige Wehrhafte zu Zuversichtlichen werden; SympathisantInnen und Verschonte könnten etwas zunehmen, ReformprofiteurInnen genau wie Opfer nicht. All diese Veränderungen würden sich aber in einem sehr begrenzten, wenngleich wenig erquicklichen Rahmen halten. Die auf die Gegenwart bezogene Einschätzung eines Zellbiologen könnte unter diesen Umständen dann zu einer geteilten Zukunftseinschätzung vieler ProfessorInnen werden:

> „Im Grunde genommen ändert sich nix. Also klar, nach unten ändert sich auch nix, da fällt man weich, ja. Aber alles, was als Möglichkeit der Motivation, als Werkzeuge der Motivation zur Verfügung stehen sollte, hat null gegriffen, meines Erachtens, ja. Und im Gegenteil, also man hat mir zum Beispiel persönlich Leistungsbezüge weggenommen, und dann sage ich mir: ‚Okay, also, tut mir leid‘." (BIO12)

Die in diesem Szenario zu erwartenden Folgen für Lehre und Forschung sind ebenfalls nicht dramatisch, sondern eher schleichend. Ein Sich-Einrichten im wenig Erquicklichen kann negative Auswirkungen auf die Qualität der Forschung nicht völlig verhindern und vor allem die jetzt schon zu beobachtenden Folgen nicht korrigieren. Aber auch weiterhin dürfte aufgrund intrinsischer Motivation, die einen teilweise erfindungsreichen Umgang mit Ressourcenmangel hervorbringt, gute oder auch sehr gute Forschung entstehen. In der Lehre hingegen könnte der Dienst nach Vorschrift stärker um sich greifen. Das muss nicht unbedingt heißen, dass keine AbsolventInnen mehr ‚produziert‘ werden; aber man schaut besser nicht genauer hin, wie das Gros von ihnen ausgebildet ist. Und diejenigen ProfessorInnen, die auch in der Lehre aufgrund einer intrinsischen Motivation keinen Dienst nach Vorschrift ableisten, könnten noch überlasteter und angesichts mangelnder Anerkennung noch frustrierter werden.

Szenario 2: Forcierte Reformen
In diesem Szenario werden „New Public Management" (NPM), „Bologna" und die „Exzellenzinitiative" konsequent weiter umgesetzt und die Stellschrauben insgesamt angezogen. Es werden – um nur einige denkbare Beispiele zu nennen – größere Anteile der Grundausstattung als bisher über die Leistungsorientierte Mittelvergabe (LOM) vergeben; der Anteil der Besoldung eines Professors, der aus Leistungszulagen besteht, wird erhöht, und diese können bei Leistungsrückgang auch wieder gekürzt oder ganz gestrichen werden; wer schlechte Lehrevaluationen erhält, muss Didaktik-Weiterbildungen besuchen; die

Leistungsindikatoren werden auf ein standardisiertes Set für sämtliche Fächer hin weiterentwickelt; die Hochschulleitungen erhalten zusätzliche Machtbefugnisse …

Dieses entschlossene Weiter-voran setzt vor allem voraus, dass die Reformkoalition – Ministerialbürokratien, Think Tanks wie das CHE, das Gros der Hochschulleitungen und Hochschulräte – hält und noch enger zusammenrückt, und dass sie nicht durch Verfassungsgerichtsurteile ‚zurückgepfiffen' wird.[8] Wenn man trotz weiterer Durststrecken – nur zähe Umsetzung von Maßnahmen, ausbleibende oder lediglich geringe Erfolge, negative Nebenwirkungen – und der Notwendigkeit, dass alle Reformpromotoren den größten Teil ihrer knappen Aufmerksamkeit unentwegt dem Reformgeschehen widmen, lange genug durchhält und keinen Zweifel an der eigenen Entschlossenheit erkennen lässt, könnte der Effekt eintreten, dass mehr und mehr ProfessorInnen ihren Widerstand aufgeben und ‚kleinlaut' Fügsamkeit in Bezug auf die Reformen anbieten. Dies kann in der Hoffnung geschehen, zu denen zu gehören, die dann die besten Chancen haben, ReformprofiteurInnen werden zu können – weil man zu den frühen Überläufern gehört, weil das eigene Fach vergleichsweise reformaffin ist oder weil der eigene Karriereverlauf in Richtung Reformaffinität weist. ProfessorInnen können aber auch über die Zeit ‚mürbe' gemacht werden, sodass sie irgendwann nicht noch mehr Energie in Widerstand investieren wollen, der erkennbar die andere Seite nicht zum Einlenken bringen wird, sondern sich endlich wieder mehr ums ‚Kerngeschäft' in Forschung und Lehre kümmern wollen – in der weiteren Hoffnung, dass das eigene Einlenken zumindest gewisse Zugeständnisse evozieren wird.

Es ist schwer abzuschätzen, ob ein solches Kalkül der Reformpromotoren aufgehen könnte; und wie wahrscheinlich es ist, dass sie die erforderliche Entschlossenheit auf breiter Front durchhalten können, kann man ebenso schwer sagen. Für Letzteres müssen ja genügend Reformpromotoren ein hinreichend großes Vertrauen in die Entschlossenheit der anderen Promotoren haben; denn sonst lohnt es sich für den einzelnen Akteur nicht, selbst Entschlossenheit zu praktizieren und dadurch einigen ‚Ärger' zu bekommen. Dieses Vertrauen ist leicht erschütterbar, was schnell zu einem Dominoeffekt werden kann. Anders gesagt, könnte dieses Szenario in einen ‚Nervenkrieg' nach Art

---

[8]Was ja bei einigen Reformkomponenten schon geschehen ist – vor allem bei der W-Besoldung (Bundesverfassungsgericht 2012) und der Akkreditierung von Studiengängen (Bundesverfassungsgericht 2016). Letzteres Beispiel zeigt aber auch, dass solche Urteile weitgehend folgenlos bleiben können, wenn ihre Umsetzung nicht konsequent angemahnt wird. Siehe hierzu grundsätzlicher Lothar Zechlin (2017).

des spieltheoretischen „Chicken Game" zwischen ProfessorInnen und Reform-promotoren münden: Auf welcher Seite knickt man als erster ein?[9]

Vorstellbar ist aber auch, dass der Versuch, den Widerstand der ProfessorInnen durch Entschlossenheit zu brechen, ins Gegenteil umschlägt. Bislang gibt es keinen nennenswerten kollektiven Widerstand der ProfessorInnen gegen die Reformen – überlokal jenseits von wirkungslosen Erklärungen des DHV gar nicht, auf der lokalen Ebene einzelner Universitäten nur in wenigen Extrem-fällen, wenn eine Hochschulleitung oder ein Hochschulrat sich wie ein ‚Elefant im Porzellanladen' benommen haben. Willem Halffman und Hans Radder (2015) rufen in einer Brandschrift gegen die „occupied university" zwar zu kollektivem Widerstand auf, müssen in einer realistischen Sondierung der Möglichkeiten allerdings einräumen, dass keine davon sonderlich wahrscheinlich und Erfolg versprechend ist. Doch vielleicht ist, jenseits kritischer Meinungsäußerungen und individueller klammheimlicher Subversion, der offene Protest bislang des-halb ausgeblieben, weil nach wie vor – sogar in Ländern wie Großbritannien, wo insbesondere NPM deutlich weiter gegangen ist als in Deutschland – die Schwelle noch nicht überschritten wurde, ab der es einer größeren Zahl von ProfessorInnen‚zu weit geht'. Solange das, was an Leistungsbewertungen vor Ort für den einzelnen Professor tagtäglich spürbar umgesetzt wird, noch immer deutlich hinter dem markigen Reden mancher Reformpromotoren zurück-bleibt, könnte der Test noch ausstehen; und ein entschlossenes Weiter-voran der Promotoren würde ihn – das genaue Gegenteil beabsichtigend – herbeiführen.

Die Forcierung der Reformen ist in ihren Konsequenzen also deutlich unsicherer als das erste Szenario; und diese Unsicherheiten mögen die Reformpromotoren nicht ganz so entschlossen in diese Richtung gehen lassen. Was man jedoch vielleicht halbwegs gesichert sagen kann, ist, dass die Reformpromotoren – wenn sie die Option des Weiter-voran wählen – den ProfessorInnen bereits kurz- und mittelfristig das Leben schwerer machen können, während sich die gesellschaft-lichen Folgen eines Dienstes nach Vorschrift der ProfessorInnen erst längerfristig bemerkbar machten. Diese Zeitdifferenz stellt einen Durchsetzungsvorteil der Promotoren dar, wodurch das zweite Szenario, wenn hinreichend entschlossen agiert wird, durchaus wirkungsvoll umgesetzt werden könnte – was immer die Wirkungen dann sein werden.

Hinsichtlich der Anteile der verschiedenen Typen von ProfessorInnen gilt auch hier, dass kurz- und mittelfristig keine größeren Verschiebungen zu erwarten

---

[9] Zum „Chicken Game" siehe nur Hartmut Esser (2000, S. 82–84).

wären. Reformopfer könnten zunehmen, Verschonte und SympathisantInnen geringer werden; und einige Zuversichtliche könnten zu Wehrhaften werden. Ob es mehr ProfiteurInnen gäbe, ist unklar, ebenso wie es die Auswirkungen auf die Kollegialität sind. Je nachdem ist eine stärkere Entsolidarisierung als individuelle Rette-sich-wer-kann-Haltung ebenso vorstellbar wie eine stärkere kollektive Solidarisierung gegen die Reformen.

Der Nexus zwischen Forschung und Lehre wird lockerer, je mehr Konsequenzen die Leistungsbewertungen für beides haben. In der Forschung könnte es eine stärkere Polarisierung in wenige Begünstigte und viele Benachteiligte und einen Diversitätsverlust als Folge einer verstärkten Mainstream-Ausrichtung geben. In der Lehre ist ein Verlust an Engagement erwartbar, weil Lehren-müssen als Bestrafung für Minderleistungen in der Forschung gilt und eingesetzt werden wird. Längerfristig könnte sich aus diesen Folgen – wie ein Befragter es ausdrückte – „eine Sprengkraft, die nicht mehr zu kontrollieren ist", aufstauen, wodurch „der Laden" letztlich „auseinanderkrach[e]" (LIT9).

Szenario 3: Lernende Reformen
Die beiden bislang geschilderten Szenarien sind aus Sicht der ProfessorInnen wenig attraktiv; und auch aus Sicht der Reformpromotoren ist das erste Szenario definitiv nicht attraktiv, und das zweite ist es nur dann, wenn ihre Rechnung – mit vielen Unbekannten – aufgeht. Derzeit sieht es nicht danach aus, dass neuer Schwung in die Reformen kommt. Wenn also das für beide Seiten suboptimale erste Szenario zum Dauerzustand zu werden droht, lohnt es sich, noch einmal zu sondieren, ob es nicht doch eine weitere und vielversprechendere Alternative geben könnte.

Für die bisherigen Reformen gilt ja, wie wir mit unserer Analyse der medialen Diskussion im Kap. 2 gezeigt haben, dass die Reformbefürworter sich über die Bedenken der ReformgegnerInnen – hauptsächlich ProfessorInnen – ziemlich ungerührt hinweggesetzt haben. Diese Bedenken wurden als ‚ewiggestrig' eingestuft und daher nicht in ihrer Stichhaltigkeit geprüft, sondern als weiteres Symptom des Reformbedarfs, also als Bestätigung der Richtigkeit der eigenen Reformpläne gewertet. Ein solcher kommunikativer Duktus erzeugt schnell eine sich selbst erfüllende Prophezeiung, was auch hier geschehen ist. Weil sich die ReformgegnerInnen – zutreffenderweise – mit ihren Sachargumenten nicht ernst genommen vorkamen, wechselten sie schnell zu teils pathetischen Zuspitzungen und Verallgemeinerungen, was sich dann als ‚beinharte' partikularistische Interessenpolitik ohne Rücksicht auf legitime übergeordnete gesellschaftliche Ansprüche an Universitäten abtun ließ. So wurden ReformbefürworterInnen und -gegnerInnen bereits zu Anfang der Reformen „geschiedene Leute" und sind es bis heute geblieben, was sich darin ausdrückt, dass sie: „nicht mehr miteinander, sondern nur noch übereinander reden – und zwar ziemlich schlecht." (Schimank 2001).

Wenn man überhaupt eine Chance haben will, ein drittes Szenario zu entdecken, das für alle Seiten vorteilhafter sein könnte als die beiden bisher betrachteten, muss dieses wechselseitige Einander-schlechtreden, das bisweilen in unverhohlene Verachtung des Gegenübers ausartet, gestoppt und in einen verständigungsorientierten Dialog überführt werden.[10] Dies heißt nicht weniger, als eine seit längerem eingefahrene kommunikative Eigendynamik, die sich immer wieder selbst reproduziert, aufzubrechen.

Wie man dies angehen könnte, wäre eine eigene Betrachtung wert, die wir hier nicht leisten können. Drei generelle Voraussetzungen lassen sich aber andeuten. Man müsste erstens vermutlich auf zwei Ebenen gleichzeitig vorgehen: Zum einen müsste auf der Universitätsebene ein Dialog zwischen Leitung und Professorenschaft auf den Weg gebracht werden, zum anderen auf der hochschulpolitischen Ebene zwischen DHV auf der einen Seite, den zuständigen Ministerien des Bundes und der Länder auf der anderen.[11] Als Vermittler und Arena auf letzterer Ebene könnte der Wissenschaftsrat fungieren. Auf hochschulpolitischer Ebene wäre über Grundsätze und generelle Maßnahmen zu sprechen, auf Universitätsebene über Umsetzungen, wobei die generellen Maßnahmen Spielräume für lokale Variationen und Fächerspezifika lassen sollten.

Damit solche Dialoge auf beiden Ebenen zustande kommen und fruchtbar werden können, müssen zweitens viele auf beiden Seiten über ihre Schatten springen. Sie müssen zumindest in Erwägung ziehen, dass sie sich in manchem oder sogar vielem geirrt oder zu einseitige Sichtweisen gehabt haben könnten. Keiner müsste diese Selbst-Infragestellung offen bekennen; niemand soll gezwungen werden, sein Gesicht zu verlieren. Doch zumindest implizit müsste unmissverständlich zu verstehen gegeben werden, dass dies von nun an die selbst angebotene Gesprächsgrundlage ist, die man aber auch von der anderen Seite erwartet. Bei den von uns befragten ProfessorInnen, im Gegensatz zu den medialen Statements aus dieser Gruppe, haben wir, wie in den Kap 4 und 5 dar-

---

[10]Zu verständigungsorientiertem im Unterschied vor allem zu positionsbezogenem Verhandeln siehe Benz (1994, S. 112–148).

[11]Dass die anderen universitären Statusgruppen an dieser Stelle wie auch sonst in unserer Untersuchung nicht als weitere Akteure der Reformkonstellation zur Sprache kommen, liegt nicht daran, dass wir ihnen keinen Einfluss zusprechen oder ihre Anliegen für weniger wichtig halten, sondern allein am hier gewählten Fokus auf die Professorenschaft.

gestellt, durchaus Zwischentöne und Gesprächsbereitschaft festgestellt. Nachdenklichere Stimmen sind, zumindest hinter vorgehaltener Hand, auch aus den Ministerien zu hören. Die journalistische Berichterstattung ist ebenfalls – siehe Kap. 2 – differenzierter geworden. Und mit seinen „Empfehlungen zur Bewertung und Steuerung von Forschungsleistungen" aus dem Jahr 2011 hat der Wissenschaftsrat (2011), in dem ja RepräsentantInnen der Ministerien auf der einen, der ProfessorInnen auf der anderen Seite zusammenwirken, vorgeführt, wie eine abwägende Reflexion von Reformen vorgenommen werden kann.[12]

Drittens schließlich dürften Empathie und wechselseitiges Lernen voneinander allerdings, selbst bei gutem Willen auf beiden Seiten, ohne Moderatoren kaum gelingen. Neben entsprechend ausgebildeten Organisationsberatern könnte eine der beteiligten Gruppen, an die man zunächst einmal nicht gerade denken würde, diese Rolle übernehmen: die Hochschulleitungen. Positional sind sie dafür prädestiniert, weil sie zwischen den ProfessorInnen auf der einen, den Ministerien auf der anderen Seite stehen. In dieser Position haben viele – wenn auch nicht alle – Leitungspersonen sich allerdings, wie in Kap. 5 deutlich geworden ist, im Zuge der Reformen mehr und mehr auf die Seite der Ministerien begeben und dadurch Vertrauen bei den ProfessorInnen eingebüßt. Das könnten sie jedoch zurückgewinnen, wenn sie in beiden Richtungen auf achtsamen „double talk" (Schimank 2014a) – was erst einmal nach einer ‚contradictio in adiecto' klingt – umschalten würden. Die eine Hälfte dessen praktizieren sie bereits: Sie versuchen, den ProfessorInnen die Anliegen der Ministerien nahe zu bringen – meist mit wenig Erfolg. Die ProfessorInnen würden aber möglicherweise aufhorchen, wenn die Hochschulleitungen auch in der anderen Richtung die Anliegen der ProfessorInnen in die Ministerien tragen würden. Anders gesagt, müssten die Leitungen als unparteiische ‚ehrliche Makler' auftreten, die mit beiden Seiten reden, für die Belange beider Seiten Verständnis zeigen und beide Seiten letztlich auch an einen Tisch bringen wollen.

Am sprichwörtlichen ‚Runden Tisch' könnten dann nicht mehr wie bisher konfrontativ unverrückbare Standpunkte präsentiert und auch nicht bloß Kompromisszonen eruiert werden, wobei Letzteres immerhin schon deutlich mehr als der Status quo wäre. Sondern nun ginge es darum, sich gemeinsam die relative Berechtigung der Anliegen auch der jeweils anderen vor Augen zu führen und vor diesem Hintergrund eine vielschichtige Reformbilanz zu ziehen.

---

[12] Eine neuere Stellungnahme, die diese Linie fortgesetzt hat, sind die „Empfehlungen zur Hochschulgovernance" aus dem Jahr 2018 (Wissenschaftsrat 2018a).

Was an dem, was die Promotoren als Erfolge ansehen, könnte es auch aus Sicht der ReformgegnerInnen sein, und was nicht? Was ist aus Sicht der Promotoren falsch gelaufen und sollte korrigiert werden? Welche Nebenwirkungen an sich wünschenswerter Maßnahmen sind aufgetreten, und wie sieht dabei der Korrekturbedarf aus? Welche anderen Mängel des Status quo sehen die ReformgegnerInnen, und was für Veränderungen schweben ihnen vor? Wo haben Reformmaßnahmen Bedrohungen professoraler Identität zur Folge, die von den Promotoren bisher nicht berücksichtigt wurden? Was insgesamt aus solchen sicher nicht einfachen und ihre Zeit benötigenden Verhandlungen herauskommen könnte, wäre ein Reformpaket, hinter dem auf beiden Seiten viele stehen könnten.

Soweit zur Vorgehensweise! Lässt sich etwas über die generelle Richtung sagen, in die eine solche *Reform der Reformen* streben sollte? Abstrakt formuliert könnte die Devise lauten: vom bisherigen Entweder-oder zu einem Sowohl-als-auch. Um das an zwei Beispielen zu erläutern, die bereits ein Stück weit dieser Devise folgen:

- Auf der Ebene einzelner Universitäten kann eine Maßnahme wie die LOM, der die Universität als Ganze unterliegt, intern entsprechend weitergegeben werden, und zwar nicht nur auf Fakultäten heruntergebrochen, sondern bis zur einzelnen Professur. Hier und da ist aber zu beobachten, dass diese rigorose Leistungsbezogenheit der Zuweisung finanzieller Mittel anhand sehr simplifizierender Indikatoren universitätsintern gar nicht erst eingeführt oder aber wieder zurückgenommen wurde. Die Hochschulleitungen entschieden in diesen Fällen, die Mittel wieder wie zuvor auf die Fakultäten zu verteilen; oder zumindest wurde den Fakultäten gewährt, bei der Verteilung der Mittel an ihre Professuren nicht die LOM anzuwenden. So schildert ein Zellbiologe die Erfahrungen seiner Fakultät: „Das ist ganz klar: LOM war da für uns nicht zielführend. Weil das eher dann dazu geführt hat, dass man weniger zusammenarbeitet, sondern jeder mehr für sich …, und wenn man von der Drittmittelsituation abhängt, dann ist natürlich kooperatives Vorgehen, wenn man größere Kooperationsprojekte plant, kommt man da als Einzelkämpfer natürlich nicht so besonders weit." (BIO4) Die LOM ist in solchen Fällen also nicht zur Gänze zurückgenommen worden, wurde aber nicht bis zur letzten Konsequenz ausgereizt, sondern ein ganzes Stück weit außer Kraft gesetzt – aufgrund von Erfahrungen, die zu einer von breiter Zustimmung getragenen Entscheidung in der Fakultät geführt haben – was dann auch von der Hochschulleitung akzeptiert wurde.

- In der gerade begonnenen Förderphase des Exzellenzwettbewerbs ist durch die Vergabekriterien festgelegt worden, dass die Hochschulleitungen für jedes von ihrer Universität eingeworbene Exzellenzcluster einen finanziellen Overhead beantragen können, um ihn zur strategischen Weiterentwicklung und Profilbildung der Forschung einzusetzen. Die bewilligten „Strategiezuschläge" wurden von den Leitungen durchweg nicht dafür beantragt, die Cluster weiter auszubauen, sondern im Gegenteil zur Vermeidung von „Unwuchten":[13] Andere Forschungsfelder der jeweiligen Universitäten, die teils schon spezifiziert worden sind, teils noch identifiziert werden müssen, erhalten diese Mittel. Damit wird im Exzellenzwettbewerb nicht nur dem ansonsten praktizierten „Matthäus-Prinzip" eine Grenze gesetzt, sondern es wird sogar ein Gegenprinzip dazu installiert: Auch solche Forschungsfelder einer Universität werden in gewissem Maße finanziell unterstützt, die nicht zum Förderformat Cluster passen oder die erst noch zur Clusterfähigkeit entwickelt werden müssen.

Genereller und plakativ zugespitzt formuliert: Nicht entweder Individualforschung oder große Forschungsverbünde, nicht entweder Monografien oder Zeitschriftenartikel, nicht entweder „Employability" oder fachliche Vertiefung, nicht entweder starke Leitungen oder starke Selbstverwaltungsgremien, nicht entweder ProfessorInnenautonomie oder Rechenschaftspflicht – sondern in all diesen und weiteren Fragen anstelle schlechter Gegensätze sowohl das eine als auch das andere!

Die Reformen kritisch überprüfen und, wo nötig, korrigieren oder begrenzen, aber nicht völlig abschaffen, als hätte es ihrer überhaupt nicht bedurft: Das müssten die ProfessorInnen den Ministerien zugestehen. In der umgekehrten Richtung müsste das Zugeständnis lauten: Die Unterfinanzierung des deutschen Hochschulsystems darf nicht länger totgeschwiegen werden – ohne sie zur alleinigen Ursache oder auch nur Hauptursache der Mängel des Systems zu erklären. Die erheblichen Finanzmittel, die insbesondere der Bund in den zurückliegenden zwanzig Jahren über die verschiedenen ‚Pakte' einschließlich „Exzellenzinitiative" in die Hochschulen gegeben hat, haben nicht einmal kompensiert, was die Länder an erforderlichem finanziellem Aufwuchs – entsprechend den gestiegenen Studierendenzahlen – nicht haben leisten können; und schon der Ausgangszustand Anfang des Jahrtausends war einer der starken Unterfinanzierung. Zur Knappheit der Finanzen kommt bislang die Ungewissheit

---

[13] Diese plastische Formulierung stammt – wie die hier wiedergegebenen Informationen – von einer Gewährsperson aus der Geschäftsstelle des Wissenschaftsrats.

hinzu, ob die temporär gewährten Gelder nach Auslaufen der jeweiligen Förder-
perioden weiter fließen werden, und in welcher Höhe – oder ob Schluss mit
der ‚künstlichen Beatmung' ist. Inzwischen zeichnet sich ab, dass einiges ver-
stetigt werden könnte, was auch zum Ausdruck bringt, dass die Politik die
Unterfinanzierung nicht länger leugnet, wenngleich sie sie nicht offen zugibt;
doch an planbare Steigerungen, wie sie den von Bund und Ländern gemeinsam
finanzierten außeruniversitären Forschungseinrichtungen seit längerem gewährt
werden, ist vorerst für die Universitäten nicht zu denken.

Immerhin: Manches auf allen Seiten bewegt sich zumindest ganz langsam in
Richtung dessen, was Szenario 3 skizziert. In dem Maße, in dem das Fahrt auf-
nähme, ergäben sich nicht nur die gerade angesprochenen positiven Effekte
auf Forschung und Lehre – wobei nochmals zu betonen ist, dass es dabei nicht
allein um die Beseitigung von Reformschäden ginge, sondern um solche Verbesserungen der Leistungsfähigkeit in Forschung und Lehre, die Mängel ein
Stück weit beheben, die bereits vor Einsetzen der Reformen bestanden und
Beweggründe für diese waren. Mit diesen Verbesserungen gingen weiterhin auch
positiv zu bewertende Verschiebungen der Anteile der sieben ProfessorInnentypen
einher: ReformprofiteurInnen und Zuversichtliche dürften zunehmen, Reformopfer und Verschonte nähmen ab; Wehrhafte könnten zu Zuversichtlichen
werden, und SympathisantInnen müssten darauf aus sein, ProfiteurInnen zu
werden, anstatt bloß zuzuschauen. Das liefe insgesamt auf eine deutliche
Stärkung der ReformbefürworterInnen hinaus; und die Kollegialität zwischen
den ProfessorInnen könnte ähnlich gestärkt werden, wenn Konkurrenzen und
schlechte Stimmung einer kooperativen Aufbruchsstimmung weichen würden.

Wenn dieses Szenario nicht nur im Vergleich mit den anderen beiden Szenarien,
sondern auch bereits für sich betrachtet als gute Alternative erscheint, könnte es
sich aufseiten aller Beteiligten lohnen, Anstrengungen zu dessen Herbeiführung zu
unternehmen – am besten miteinander abgestimmt. Selbst wenn man es vielleicht
etwas überzogen – und ausgesprochen holprig formuliert – findet, „daß das höhere
Bildungswesen einschließlich des Forschungskomplexes zur wichtigsten einzelnen
Größe in der Entwicklung der Struktur moderner Gesellschaften geworden ist":[14]
Völlig gleichgültig sollte das Funktionieren der Universitäten nicht nur – aufgrund
eigener Betroffenheit – ProfessorInnen, sondern auch HochschulpolitikerInnen
nicht sein.

---

[14] So eine frühe Verkündung der heute in aller Munde befindlichen „Wissensgesellschaft"
durch Talcott Parsons und Gerald Platt (1973, S. 7/8) Anfang der 1970er Jahre.

Literatur

Benz, Arthur. 1994. *Kooperative Verwaltung. Funktionen, Voraussetzungen und Folgen.* Baden-Baden: Nomos.

Benz, Arthur. 2009. *Politik in Mehrebenensystemen.* Wiesbaden: VS.

Bundesverfassungsgericht. 2012. BVerfG, Urteil des Zweiten Senats vom 14. Februar 2012 – 2 BvL 4/10 –, Rn. 1–196. http://www.bverfg.de/e/ls20120214_2bvl000410.html.

Bundesverfassungsgericht. 2016. BVerfG 2016, Beschluss des Ersten Senats vom 17. Februar 2016 - 1 BvL 8/10 –, Rn. 1–88. http://www.bverfg.de/e/ls20160217_1bvl000810.html.

Esser, Hartmut. 2000. *Soziologie – Spezielle Grundlagen. Bd. 4: Opportunitäten und Restriktionen.* Frankfurt a. M.: Campus.

Halffman, Willem, und Hans Radder. 2015. The academic manifesto: From an occupied to a public university. *Minerva* 53: 165–187.

Kleimann, Bernd. 2016a. Alle mitnehmen. *DUZ Deutsche Universitätszeitung* 6: 11–13.

Kleimann, Bernd. 2016b. *Universitätsorganisation und präsidiale Leitung. Führungspraktiken in einer multiplen Hybridorganisation.* Wiesbaden: Springer VS.

Melville, Herman. 1856. Bartleby. In *Billy Budd, Sailor & Other Stories*, Hrsg. Herman Melville, 57–99. Harmondsworth: Penguin.

Parsons, Talcott, und Gerald Platt. 1973. *Die amerikanische Universität.* Frankfurt a. M.: Suhrkamp.

Schimank, Uwe. 2001. Geschiedene Leute. Wenn Professoren und Politiker sich wieder etwas geleistet haben: Zur Pathologie der Kommunikation. *Frankfurter Allgemeine Zeitung* vom 28.5.2001.

Schimank, Uwe. 2014. Reforming the German university system: Mindful change by double talk. In *Mindful change in times of permanent reorganization*, Hrsg. Guido Becke, 209–224. Heidelberg: Springer.

Schimank, Uwe, und Stefan Lange. 2009. Germany: A latecomer to new public management. In *University Governance – Western European comparative perspectives*, Hrsg. Catherine Paradeise, Emanuela Reale, Ivar Bleiklie, und Ewan Ferlie, 51–75. Dordrecht: Springer Science and Business Media B.V.

Wissenschaftsrat. 2011. *Empfehlungen zur Bewertung und Steuerung von Forschungsleistung.* Köln: Wissenschaftsrat.

Wissenschaftsrat. 2018a. *Empfehlungen zur Hochschulgovernance.* Köln: Wissenschaftsrat.

Zechlin, Lothar. 2017. Wissenschaftsfreiheit und Organisation – Die „Hochschullehrermehrheit" im Grundrechtsverständnis der autonomen Universität. *Ordnung Der Wissenschaft* 3: 161–174.

Anhang

Anhang 1 Leitfaden ProfessorInneninterviews, Explorative Phase

1. Einstieg

„Universitäten sind seit Jahren einem Wandlungsprozess unterworfen, der sich für die Öffentlichkeit nicht zuletzt mit dem Begriff ‚Bologna' und der Einführung von Bachelor- und Masterstudiengängen verbinden wird, vielleicht auch noch mit Uni-Rankings und der Exzellenzinitiative als sichtbarem Ausdruck der Idee, dass Universitäten miteinander in Wettbewerb stehen. Für ProfessorInnen als unmittelbar betroffene Berufsgruppe sind sicher weitere oder andere Veränderungen – sei es die W-Besoldung, Evaluationen oder die leistungsorientierte Mittelvergabe – wichtig.

Uns interessieren nun aber *Ihre* persönliche Perspektive, *Ihre* Erfahrungen. Wie sehen Sie die Situation, wenn Sie von Ihrem konkreten Arbeitsalltag ausgehen? Nehmen Sie einen Wandel wahr, von dem Sie unmittelbar betroffen sind?"

Wenn ja: „Was sind aus Ihrer Sicht die wichtigsten Veränderungen?"

2. Berufsbiografische Reflexion; (retrospektive) Deutungen der beruflichen Tätigkeit

Grundsätzliche Motivation, allgemeinerer Blick auf den Beruf

Kurzer Bezug auf die Biografie (Vorwissen über berufsbiografische Eckpunkte deutlich machen) und zu der Frage hinleiten:

„Wie kam es dazu, dass Sie ProfessorIn wurden?"

Nachfragen:

„Wann, wodurch wurde Ihnen klar, dass Sie als HochschullehrerIn tätig sein wollen?"

„Was war für Sie das besonders Reizvolle an einer solchen Position?"

„Gab es berufliche Alternativen, die Sie in Betracht gezogen?" Oder: „Es **wäre für Sie grundsätzlich ja auch möglich gewesen, als (je nach Disziplin anpassen, z. B. Anwältin oder Ingenieur) zu arbeiten. Haben Sie solche Alternative(n) für sich in Betracht gezogen?"**

Nachfragen (im Sinne eines expliziten Abwägens): „Wenn Sie beide Berufe vergleichen, wo liegt für Sie der Vorteil, ProfessorIn zu sein?"/ „Was haben Sie damals gegeneinander abgewogen, was sprach für das jeweilige Berufsfeld?"

3. Lehre: Ansprüche/Ethos, Bedeutung für die eigene berufliche Identität, Bewertungs- und Reformlogik

a) Ansprüche an das eigene berufliche Handeln/Deutungen ‚guter' Lehre

„Ich möchte nun mit Ihnen gerne konkreter über Ihren beruflichen Alltag und zunächst vor allem über die Lehre sprechen. **Können Sie mir zu Beginn ein oder zwei Lehrveranstaltungen beschreiben, nach denen Sie besonders zufrieden waren, die Sie in besonders positiver Erinnerung haben?"**

Nachfragen:

„Was verlief für Sie in diesem Fall besonders gut?"

„Wie haben sich die Studierenden eingebracht?"

„Welches Ziel wollten und konnten Sie in diesen Situationen/Veranstaltungen erreichen?"

„Was meinen Sie, muss man in der Lehre besonders gut können? Was macht Ihres Erachtens einen guten Universitätslehrer in Ihrem Fach/Ihrer Disziplin aus?"

b) Bedingungen für ‚gute' Lehre (individuell, strukturell) und deren Wandel

„Was ist für Sie nötig/wichtig, um ‚gute' Lehre realisieren zu können?"

Evtl. Ergänzung: „Man könnte ja sagen, dass es vor allem auf den eigenen Spaß an dieser Aufgabe ankommt oder aber auf die Haltung der Studierenden, die eigene Wahlfreiheit in Bezug auf die Veranstaltungen aufseiten der ProfessorInnen, die Ausrichtung/das Angebot der Studiengänge…"

„Welche Möglichkeiten haben Sie, darauf Einfluss zu nehmen?"

Nachfrage: „Haben sich diese Bedingungen verändert?"

c) Bedeutung, Bewertung und Folgen von Leistungsbewertungen

„Welche Rolle spielen Aspekte wie Qualitätssicherung in der Lehre und Evaluierungen in Ihrem beruflichen Alltag?"

„Wie denken Sie über Instrumente und die Kriterien, mit denen die Qualität der Lehre gemessen werden soll/gemessen wird?"

Falls keine völlige, dezidierte Ablehnung von Leistungsbewertungen: „Meinen
Sie, dass es bessere/sinnvollere Alternativen gäbe, um die Qualität der Lehre zu
bewerten? Welche wären das Ihrer Meinung nach, wie könnten/müssten diese
aussehen?"

„Wie sehen Sie didaktische Weiterbildungsangebote für ProfessorInnen?
Meinen Sie, dass hier Inhalte vermittelt werden, die ProfessorInnen für ihre
Arbeit brauchen, die zu der universitären Lehre passen?"

d) Besonderheiten universitärer Lehre

**„Meinen Sie, dass die universitäre Lehre Besonderheiten hat, die sie deut-
lich von der an Fachhochschulen unterscheidet?"**

Bei Zustimmung: „Können Sie dieses Besondere näher beschreiben, was ist
das, das universitäre Lehre auszeichnet?"

Bei Verneinung: „Wie finden Sie das? Seit wann ist dies aus Ihrer Sicht nicht
(mehr) der Fall? Können Sie näher beschreiben, was verloren gegangen ist?"

„Einen Bachelor kann man an Universitäten und Fachhochschulen
machen, die Bezeichnung des Abschlusses ist vereinheitlicht, lässt also keine
Unterschiede mehr sichtbar werden. **Wie sehen Sie das mit Blick auf die
Studierenden/AbsolventInnen, sehen Sie da Unterschiede zwischen FH- und
Universitätsstudierenden?"**

**4. Forschung: Ansprüche, Ethos, Bedeutung für die eigene berufliche Identi-
tät, Bewertungs- und Reformlogik**

a) Ansprüche an das eigene berufliche Handeln/Deutungen ‚guter' Forschung

„Kommen wir nun zur Forschung. Ich habe gesehen, dass Sie besonders viel
zu (Thema) geforscht, dass Sie viel über (Thema) publiziert haben. **Können
Sie mir ein oder zwei Forschungsarbeiten beschreiben, nach denen Sie
besonders zufrieden waren, die Ihnen besonders viel Spaß gemacht haben
oder Ihnen besonders viel bedeuten?"**

Nachfragen: „Was ist das Besondere daran gewesen, warum haben Sie die
Arbeit an diesem Thema/dieser Fragestellung in so positiver Erinnerung?"
(Innovation, Weiterführung eines ‚Lieblingsthemas', Teamarbeit/Arbeit mit
wissenschaftlichem Nachwuchs etc.)

**b) Bedingungen für ‚gute' Forschung (individuell, strukturell) und deren
Wandel**

**„Was ist aus Ihrer Sicht wichtig, um in Ihrer Disziplin ‚gute' Forschung
leisten zu können? Was macht Ihres Erachtens einen guten Forscher/ eine
gute Forscherin in Ihrer Disziplin aus?"**

„Haben sich die Bedingungen geändert, um Forschung nach Ihren eigenen Vorstellungen gestalten zu können/um nach Ihren eigenen Vorstellungen forschen zu können?" „Wenn Sie mal versuchen, für sich eine Bilanz zu ziehen: Was hat sich denn für Sie zum Guten geändert und was zum Schlechten?"

Vor allem bei Negativbilanz:

„Wie wirkt sich dies genauer auf Ihre Forschungstätigkeit aus, wie würden Sie die Veränderungen beschreiben?"

„Und, wie gehen Sie mit dieser Situation um? Welche Möglichkeiten haben bzw. nutzen Sie für sich, um diese Verschlechterungen/Probleme abzumildern?

c) Bedeutung, Deutung/Bewertung und Folgen von Leistungsbewertungen

„Eingeworbene Drittmittel oder Publikationen in einschlägigen Fachzeitschriften spielen mittlerweile eine wichtige Rolle, wenn es darum geht, die Qualität der Leistungen in der Forschung zu messen. Wie nehmen Sie diese Form der Bewertung/des Wettbewerbs in Ihrem beruflichen Alltag wahr, was bedeuten diese Formen der Bewertung für Sie persönlich, für Ihr berufliches Handeln?"

„Wie denken Sie über die Maßstäbe/Kriterien, anhand derer die die Forschungsleistungen von ProfessorInnen beurteilt wird?"

Falls keine völlige, dezidierte Ablehnung von solchen Instrumenten/Leistungsbewertungen:

„Meinen Sie, dass es bessere/sinnvollere Alternativen gäbe, um die Qualität von Forschung zu bewerten? Welche wären das Ihrer Meinung nach, wie könnten diese aussehen?"

d) Besonderheiten universitärer Forschung

„Meinen Sie, dass universitäre Forschung nach wie vor Besonderheiten hat oder haben sollte, die sie deutlich von der an anderen Institutionen unterscheidet, in denen ebenfalls geforscht wird?"

Bei Zustimmung: „Können Sie dieses Besondere näher beschreiben?"

Bei Verneinung: „Wie finden Sie das? Seit wann ist dies aus Ihrer Sicht nicht (mehr)/weniger der Fall? Können Sie näher beschreiben, was verloren gegangen ist?"

„Welches Ideal oder Ziel sollte Forschung für Sie persönlich erfüllen?"

„Würden Sie sagen, dass es der Wettbewerbsdruck für Sie und ihre KollegInnen schwerer macht, nach Ihren Interessen zu forschen?"

5. (Meta-)Perspektive/Selbstpositionierung innerhalb des Spannungsverhältnisses von Forschung und Lehre

a) Zeitbudget/Gewichtung Lehre – Forschung

„Mit welchen Dingen verbringen Sie im Semester die meiste Zeit, wie sieht eine typische Arbeitswoche bei Ihnen aus?" „Und wie ist das während der vorlesungsfreien Zeit?"

„Hat sich das zeitliche Gewicht der verschiedenen Arbeitsfelder/Aufgaben verändert? In welcher Weise?"

„Inwieweit entspricht das Ihren Interessen?"/ „Wie würden Sie Ihre Zeit zwischen Lehre und Forschung am liebsten aufteilen?"

„Ich möchte Sie bitten, das für Sie ideale zeitliche Verhältnis von Forschung und Lehre darzustellen. Zu welchen Anteilen sollte Ihre Arbeit idealiter aus Forschungs- und Lehrtätigkeiten bestehen? Bitte markieren Sie die Anteile/Kästchen mit F (Forschung) und L (Lehre)."

Forschung   Lehre

b) Einheit von Forschung und Lehre

„Wenn Sie erneut an die Inhalte Ihrer Lehrveranstaltungen denken, was meinen Sie, wie häufig ist es für Sie möglich, die eigene Forschung einfließen zu lassen?" „In welcher Weise geschieht dies?"

„Und, können Sie im Gegenzug auch Anregungen aus der Lehre für Ihre Forschung nutzen?" „Wann ist dies der Fall, wie würden Sie den Austausch beschreiben?"

6. Offene, resümierende Reflexion: Autonomie und berufliches Selbstverständnis unter den Bedingungen des Wandels

„Welche berufliche Phase/welche Phase Ihrer wissenschaftlichen Laufbahn haben Sie als besonders positiv erlebt, warum war dies der Fall?" (wenn nicht bereits deutlich geworden)

„Haben Sie das Gefühl, einer stärkeren Rechenschaftspflicht ausgesetzt zu sein als früher?" Wenn ja: „Wem gegenüber?" „Wie wird dies kommuniziert?" „Wie sehen Sie das?"

„Gibt es Entscheidungen, die Sie früher autonom treffen konnten, auf die nun aber Instanzen/Personen aus Ihrem Arbeitsumfeld Einfluss nehmen?"

7. Wandel/Zukunft der Universitäten

„Wenn Sie jetzt noch einmal von den Veränderungen/der aktuellen Arbeitssituation von Professoren und Professorinnen ausgehen, meinen Sie, dass man bereits davon sprechen kann, die Freiheit von Lehre und Forschung werde (allmählich, spürbar) eingeschränkt?"

„Was glauben Sie, wie die Universitäten sich mittel- und langfristig entwickeln werden?"

Evtl. nachfragen: „Wie finden Sie das, wie sehen Sie diese Entwicklung?"

8. Abschluss

**„Das Semester hat gerade begonnen (neigt sich dem Ende entgegen), haben
Sie bestimmte Wünsche was die Gestaltung Ihres beruflichen Alltags angeht?
Gibt es vielleicht Dinge, die im kommenden Semester anders werden oder
genauso bleiben sollen?"**

**„Gibt es etwas, das Ihres Erachtens noch wichtig ist, im Laufe des
Gesprächs bislang aber noch nicht erwähnt wurde?"**

Anhang 2 Leitfaden ProfessorInneninterviews, Haupterhebung

1. Einstieg

„Universitäten sind seit Jahren einem Wandlungsprozess unterworfen. Bologna,
W-Besoldung, Evaluationen und neue Governance-Formen im Sinne von Zielvereinbarungen oder leistungsorientierter Mittelvergabe sind in diesem Kontext
einige wichtige Stichworte.

**Uns interessieren im Folgenden aber Ihre persönlichen Erfahrungen.
Daher zunächst die Frage: Wie sehen Sie die Situation, wenn Sie von Ihrem
konkreten Arbeitsalltag ausgehen? Nehmen Sie einen Wandel wahr, von dem
Sie unmittelbar betroffen sind?"**

Wenn ja: **„Was sind aus Ihrer Sicht die wichtigsten Veränderungen?"** „Wie
wirken sich diese auf Ihren Arbeitsalltag, auf Ihre berufliche Praxis aus?"

2. Deutungen in Bezug auf Lehre, Vorstellungen ‚guter' Lehre
„Nun möchte ich mit Ihnen konkreter über ihre Tätigkeiten und Erfahrungen in
Forschung und Lehre sprechen und mit dem Bereich der Lehre beginnen."

a) *Aktuelle berufliche Praxis und eigene Präferenzen, Deutungen ‚guter'
Lehre*

**„Zunächst würde mich interessieren, was Ihnen bei Ihren Vorlesungen
wichtig ist. Können Sie mir beschreiben, worauf es Ihnen bei der Durchführung vor allem ankommt? "**

„Was würden Sie sagen, wann sind Sie mit einer Vorlesung zufrieden?" „In
welchen Fällen macht Ihnen eine Vorlesung Spaß?"

„**Was ist Ihnen bei Ihren Seminaren wichtig, können Sie mir beschreiben, worauf es Ihnen bei der Durchführung Ihrer Seminare vor allem ankommt?**"

„**Wann sind Sie mit einem Seminar zufrieden?**" „**Wann macht Ihnen ein Seminar besonderen Spaß?**" (jeweils nach einem positiven Beispiel für Vorlesung und Seminar fragen, wenn die Antworten eher abstrakt blieben)

Evtl. Nachfragen: „Wie erleben Sie die Studierenden in den Veranstaltungen?"

„Welchen Eindruck haben Sie von den Studierenden, mit welchen Erwartungen kommen diese in Ihre Veranstaltungen?"

„**Und welche Erwartungen stellen Sie wiederum an die Studierenden?**"

„Wie würden Sie das Verhältnis zu Ihren Studierenden beschreiben?"

Merkposten:

Wenn Sie sich an Ihr eigenes Studium und Ihre ProfessorInnen erinnern: Welche Unterschiede sehen Sie in deren Lehre und Ihrer Lehre?

Wie sehen Sie **didaktische Weiterbildungsangebote** für ProfessorInnen? Meinen Sie, dass hier Inhalte vermittelt werden, die ProfessorInnen für ihre Arbeit brauchen?

b) *Bedingungen und mögliche Widersprüche und Lösungsansätze in Bezug auf eigene Handlungsideale/Ziele*

„**Was meinen Sie, welche Bedingungen müssen gegeben sein, um die Lehre nach Ihren Vorstellungen gestalten zu können?**

„**Haben sich die Lehrbedingungen für Sie geändert?**"

Wenn ja: „In welcher Weise? Wie würden Sie diese Veränderungen beschreiben, wie wirken sich diese genauer auf Ihre Lehrtätigkeit aus?"

„Auf welche **Grenzen/Probleme** stoßen Sie konkret?"

Bei negativen Veränderungen mögliche Nachfragen:

„Wie gehen Sie damit um, dass sich die Lehrbedingungen für Sie verschlechtert haben?" „**Können Sie mir eine konkrete Situation schildern, in der Sie für sich eine Lösung, einen Kompromiss finden mussten?**"

„Was meinen Sie, auf **welche Lösungsansätze** können Sie bei den von Ihnen geschilderten Problemen zurückgreifen?"

[Bilanzierungsfrage: „Wenn Sie mal versuchen, für sich eine Bilanz zu ziehen: Was hat sich denn für Sie zum Guten geändert und was zum Schlechten?"].

3. Deutungen in Bezug auf Forschung, Vorstellungen ‚guter' Forschung

a) *Aktuelle berufliche Praxis und eigene Prioritäten/Präferenzen, Deutungen ‚guter' Forschung*

„Kommen wir nun zum Bereich der Forschung. Ich habe mich zwar bereits etwas über Ihre Forschungsschwerpunkte informiert, würde mir aber gerne ein etwas konkreteres Bild von Ihrer Forschungspraxis an Ihrem Institut machen können.

Daher möchte ich Sie zunächst fragen, wie Sie hier derzeit arbeiten, in welcher Weise Sie selbst in die Forschungsarbeit einbezogen sind, wie Sie die Aufgaben zwischen sich und Ihren Mitarbeitenden aufteilen?"

(Nähe – Distanz zum eigentlichen Forschungsprozess; eigene Rolle: Koordinator, Supervisor, Förderer oder aktiv Mitforschender)

„Können Sie mir beschreiben, **was Ihnen bei Ihrer Forschung besonders wichtig ist,** worauf es Ihnen bei der Durchführung von Projekten/bei Publikationen besonders ankommt?"

„**In welchen Fällen sind Sie besonders zufrieden?"** „Was würden Sie sagen, wann macht Ihnen eine Forschungsarbeit/die Forschung besonderen Spaß?" (evtl. wieder nach einem konkreten Beispiel fragen – vielleicht auch auf ein laufendes Projekt Bezug nehmen –, wenn die Antworten abstrakt blieben)

b) *Bedingungen und mögliche Widersprüche und Lösungsansätze in Bezug auf eigene Handlungsideale/Ziele*

„Was meinen Sie, **welche Bedingungen brauchen Sie,** um nach Ihren Vorstellungen forschen zu können? „Können Sie mir die Bedingungen beschreiben, die Sie für ‚gute' Forschung benötigen?"

„**Haben sich die Forschungsbedingungen für Sie geändert?"**

Wenn ja:

„In welcher Weise? Wie würden Sie diese Veränderungen beschreiben, **wie wirken sich diese genauer auf Ihre Forschungstätigkeit aus?"** „Auf welche Grenzen/Probleme stoßen Sie konkret?"

Bei negativen Veränderungen mögliche Nachfragen:

„**Wie gehen Sie damit um,** dass sich die Forschungsbedingungen für Sie verschlechtert haben?" „Können Sie mir eine **konkrete Situation** schildern, in der Sie für sich eine Lösung/einen Kompromiss finden mussten?" „Was meinen Sie, welche Lösungsansätze gibt es, um mit den von Ihnen geschilderten Problemen umzugehen?"

[Bilanzierungsfrage: „Wenn Sie mal versuchen, für sich eine Bilanz zu ziehen: Was hat sich denn für Sie zum Guten geändert und was zum Schlechten?"].

4. Verhältnis/Integration von Forschung und Lehre

Ich möchte mit Ihnen nun auf das Verhältnis von Forschung und Lehre in Ihrem Arbeitsalltag zu sprechen kommen.

a) *Einheit von Forschung und Lehre*

„**Wenn Sie erneut an die Inhalte Ihrer Lehrveranstaltungen denken, was meinen Sie, inwieweit ist es für Sie möglich, die eigene Forschung einfließen zu lassen?"**

Wenn möglich: „Wie sieht diese Integration von Forschung in die Lehre aus?"
Evtl. Nachfragen: „Bieten Sie selber Veranstaltungen wie Lehrforschungs-
projekte an, die explizit einen Forschungsbezug vorsehen? Werden Studierende
von Ihnen in konkrete Forschungsvorhaben involviert?"

„Und, können Sie im Gegenzug auch Anregungen aus der Lehre für Ihre
Forschung nutzen? Wann ist dies der Fall, wie würden Sie den Austausch
beschreiben?"

Nachfragen (insbesondere bei ambivalenten oder eher negativen Antworten):
„Wo sehen Sie Grenzen, um die Verbindung von Forschung und Lehre aktiv
herstellen zu können?" „Gäbe es aus Ihrer Sicht Möglichkeiten, beides zukünftig
stärker miteinander zu verbinden?"

Evtl. Nachfrage:
„Meinen Sie, dass dies wichtig wäre, die Studierenden davon profitieren?"

b) *Zeitbudget, Gewichtung von Forschung und Lehre im beruflichen Alltag*

„Mit welchen Dingen verbringen Sie im Semester die meiste Zeit, wie sieht
eine typische Arbeitswoche bei Ihnen aus?" „Und wie ist das während der vorlesungsfreien Zeit?"

„Hat sich das (zeitliche wie inhaltliche) Gewicht der verschiedenen Arbeits-
felder/Aufgaben (also Forschung, Lehre, Administratives, Sonstiges) verändert?"
Wenn ja: „In welcher Weise?" „Wie gehen Sie konkret damit um?"

**Und, für alle: „Inwieweit entspricht die Aufteilung/Gewichtung Ihren
Wünschen/Interessen?" „Wie würden Sie Ihre Zeit zwischen Lehre und
Forschung am liebsten aufteilen, wenn Sie die Wahl hätten?"**

Abschließend hierzu (gerade wenn die praktische Vereinbarkeit von Forschung
und Lehre problematisch erscheint):

„Man könnte Forschung und Lehre ja auch stärker separieren, indem man
reine Lehr- und Forschungsprofessuren einführte. Was denken Sie zu solchen
Überlegungen?/ Was würden Sie zu solchen Vorschlägen sagen?"

[Wir haben in einem älteren Heft des Deutschen Hochschulverbandes Thesen
zum Berufsbild des Hochschullehrers gefunden. Dort heißt es einerseits, dass
der Rang eines Professors in erster Linie aus seiner Leistung in der Forschung
stamme, andererseits aber auch, dass der Hochschullehrer vor allem Lehrer sei.
Handelt es sich dabei eigentlich um einen Widerspruch? Lassen sich diese Thesen
heute noch so formulieren?]

5. Leistungsbewertungen

Ich möchte mit Ihnen nun noch über die neuen Leistungsbewertungen in
Forschung und Lehre sprechen.

a) *Verfahren und Vermittlung von Leistungsbewertungen, Umgang und Folgen*

Falls zu Beginn noch nicht deutlich geworden:

„**Zunächst würde mich interessieren, welche Rolle solche Leistungsbewertungen (etwa Evaluationen, Forschungsberichte) in Ihrem beruflichen Alltag spielen.**" „**Mit welchen Verfahren** werden Sie **persönlich konfrontiert,** welche Verfahren der Leistungsbewertung erleben Sie konkret?"

„Können Sie mir beschreiben, wie Ihnen diese Leistungsbewertungen **vermittelt** werden?" Nachfragen hier: „Gibt es **persönliche Gespräche** darüber?" „Mit wem finden Gespräche statt?" „Wie erleben Sie solche Gespräche, wie laufen solche Gespräche ab?"

„**Können Sie mir beschreiben, wie Sie selbst mit Leistungsbewertungen/ mit den Nachweispflichten umgehen?**"

Evtl. Nachfragen zur Konkretisierung: „**Welche Handlungsspielräume sehen oder utzen Sie im Umgang mit Nachweispflichten?**"

„**Meinen Sie, dass sich Ihre Forschung, dass sich Ihre Lehre durch die Leistungsbewertungen verändert hat?**"

Wenn ja: „In welcher Weise? (Verbesserung/Verschlechterung; Verhältnis von Gewinn – Verlust durch Anpassung)

Im Falle deutlicher Kritik (sei es hier oder bereits zu Interviewbeginn) nachfragen:

„Sie haben jetzt vor allem den Punkt (…) genannt, den Sie kritisch sehen, der Sie verärgert. Können Sie mir noch etwas näher schildern, was dies für Ihre Arbeit bedeutet, inwiefern Sie sich eingeschränkt sehen, was für Sie dadurch verlorengeht?"

b) *Blick auf die Kriterien und das Verhältnis von Forschung und Lehre*

„**Wie denken Sie über die Kriterien, mit denen die Qualität der Lehre und Forschung gemessen werden soll?**" „**Was meinen Sie, inwieweit sagen die Kriterien etwas über die Qualität der Lehre und Forschung aus?**"

Wenn noch nicht zur Sprache gekommen:

„Wie ist Ihr Eindruck, welche Ihrer Leistungen werden besonders honoriert?" Evtl. Nachfragen: „In welcher Rolle sehen Sie sich an/von der Universität mehr wahrgenommen, als Lehrender oder als Forschender?" „Können Sie mir sagen, ob es durch die Leistungsbewertungen für Sie schwieriger geworden ist, Lehre *und* Forschung nach Ihren Wünschen miteinander zu vereinbaren?"

Wenn ja: „Wie gehen Sie praktisch mit diesen Schwierigkeiten um?" „Welche Möglichkeiten haben/sehen Sie, um mit diesen Widersprüchen umzugehen?"

6. Abschluss

„Was denken Sie, was sich zukünftig noch in Bezug auf Leistungsbewertungen an den Universitäten tun wird? Vor allem: was Sie persönlich
betreffen könnte!"

„Was meinen Sie, wie sich die Möglichkeiten, Forschung und Lehre
gleichermaßen gerecht werden zu können, entwickeln werden? (Lösungen
versus Zunahme der Zielkonflikte für ProfessorInnen)

„Gibt es darüber hinaus noch etwas, was Ihnen wichtig ist, was Sie
abschließend gerne ergänzen würden?"

Literatur

Akerlof, George A. 1970. The market for lemons: Quality uncertainty and the market mechanism. *Quarterly Journal of Economics* 84:488–500.

Alexander von Humboldt-Stiftung. 2009. *Publikationsverhalten in unterschiedlichen wissenschaftlichen Disziplinen. Beiträge zur Beurteilung von Forschungsleistungen. Diskussionspapier Nr. 12.* Bonn: Alexander von Humboldt-Stiftung.

Aljets, Enno. 2015. *Der Aufstieg der Empirischen Bildungsforschung. Ein Beitrag zur institutionalistischen Wissenschaftssoziologie.* Wiesbaden: Springer VS.

Allmendinger, Jutta, Stefan Fuchs, und Janina von Stebut. 1999. Drehtüre oder Pater Noster? Zur Frage der Verzinsung der Integration in wissenschaftliche Organisationen im Verlauf beruflicher Werdegänge von Wissenschaftlerinnen und Wissenschaftlern. In *Grenzenlose Gesellschaft? Verhandlungen des 29. Kongresses der Deutschen Gesellschaft für Soziologie, des 16. Kongresses der Österreichischen Gesellschaft für Soziologie, des 11. Kongresses der Schweizerischen Gesellschaft für Soziologie 1998,* Teil 2, hrsg. Claudia Honegger, Stefan Hradil, und Franz Traxler, 96–107. Opladen: Leske und Budrich.

Anderson, Gina. 2008. Mapping academic resistance in the managerial university. *Organization* 15:251–270.

Angermüller, Johannes, Martin Nonhoff, Eva Herschinger, Felicitas Macgilchrist, Martin Reisigl, Juliette Wedl, Daniel Wrana, und Alexander Ziem, Hrsg. 2014. *Diskursforschung. Ein interdisziplinäres Handbuch,* Bd. 2. Bielefeld: transcript.

Archer, Louise. 2008. The new neoliberal subjects? Young/er academics' constructions of professional identity. *Journal of Education Policy* 23(3):265–285.

Aubert, Vilhelm. 1963. Competition and dissensus: Two types of conflict and of conflict resolution. *Journal of Conflict Resolution* 7(1):26–42.

Barry, Jim, John Chandler, und Heather Clark. 2001. Between the ivory tower and the academic assembly line. *Journal of Management Studies* 38(1):88–101.

Beaufaÿs, Sandra. 2003. *Wie werden Wissenschaftler gemacht? Beobachtungen zur wechselseitigen Konstitution von Geschlecht und Wissenschaft.* Bielefeld: transcript.

Beaufaÿs, Sandra. 2018. Professorinnen in der Exzellenzinitiative – Ungleichheit auf hohem Niveau?. In: *Prekäre Gleichstellung. Geschlechtergerechtigkeit, soziale*

© Der/die Herausgeber bzw. der/die Autor(en) 2021   371
M. Janßen et al., *Hochschulreformen, Leistungsbewertungen und berufliche Identität von Professor*innen,* Organization & Public Management,
https://doi.org/10.1007/978-3-658-33289-1

Ungleichheit und unsichere Arbeitsverhältnisse in der Wissenschaft, hrsg. Mike Laufenberg, Martina Erlemann, Maria Norkus, und Grit Petschick, 129–152. Wiesbaden: Springer VS.

Becher, Tony. 1994. The significance of disciplinary differences. *Studies in Higher Education* 19(2):151–161.

Becher, Tony, und Paul R. Trowler. 2001. *Academic tribes and territories: Intellectual enquiry and the culture of disciplines.* Buckingham: Open University Press.

Benz, Arthur. 1994. *Kooperative Verwaltung. Funktionen, Voraussetzungen und Folgen.* Baden-Baden: Nomos.

Benz, Arthur. 2009. *Politik in Mehrebenensystemen.* Wiesbaden: VS.

Biglan, Anthony. 1973. The characteristics of subject matter in different academic areas. *Journal of Applied Psychology* 57(3):195–203.

Binner, Kristina, Bettina Kubicek, Anja Rozwandowicz, und Lena Weber, Hrsg. 2013. *Die unternehmerische Hochschule aus der Perspektive der Geschlechterforschung.* Münster: Westfälisches Dampfboot.

Binner, Kristina, und Lena Weber. 2019. Zwischen , Exzellenz' und Existenz. Wissenschaftskarriere, Arbeits- und Geschlechterarrangements in Deutschland und Österreich. *GENDER* 11(1):31–46.

Bloch, Roland, Monique Lathan, Alexander Mitterle, Doreen Trümpler, und Carsten Würmann. 2014. *Wer lehrt warum? Strukturen und Akteure der akademischen Lehre an deutschen Hochschulen.* Leipzig: AVA – Akademische Verlagsanstalt.

Bogumil, Jörg, und Rolf G. Heinze. 2009. *Neue Steuerung von Hochschulen: Eine Zwischenbilanz.* Berlin: sigma.

Bogumil, Jörg, Rolf G. Heinze, Stephan Grohs, und Sascha Gerber. 2007. *Hochschulräte als neues Steuerungsinstrument? Eine empirische Analyse der Mitglieder und Aufgabenbereiche. Abschlussbericht der Kurzstudie.* Dortmund: Hans-Böckler-Stiftung.

Bogumil, Jörg, Martin Burgi, Rolf G. Heinze, Sascha Gerber, Ilse-Dore. Gräf, Linda Jochheim, Maren Schickentanz, und Manfred Wannöffel. 2013. *Modernisierung der Universitäten. Umsetzungsstand und Wirkungen neuer Steuerungsinstrumente.* Berlin: sigma.

Bogumil, Jörg, Linda Jochheim, und Sascha Gerber. 2015. Universitäten zwischen Detail- und Kontextsteuerung: Wirkungen von Zielvereinbarungen und Finanzierungsformeln im Zeitvergleich. In *Hochschulgovernance in Deutschland, hrsg. Pia Bungarten, und Marei John-Ohnesorg,* 55–78. Berlin: Friedrich-Ebert-Stiftung.

Böhlke, Nils, Thomas Gerlinger, Kai Mosebach, Rolf Schmucker, und Thorsten Schulten, Hrsg. 2009. *Privatisierung von Krankenhäusern. Erfahrungen und Perspektiven aus Sicht der Beschäftigten.* Hamburg: VSA.

Bologna-Deklaration. 1999. *Der Europäische Hochschulraum. Gemeinsame Erklärung der Europäischen Bildungsminister,* 19. Juni 1999, Bologna. https://www.bmbf.de/files/bologna_deu.pdf.

Bolte, Karl M., und Erhard Treutner (Hrsg.). 1983. *Subjektorientierte Arbeits- und Berufssoziologie.* Frankfurt/M.: Campus.

Braverman, Harry. 1977. *Die Arbeit im modernen Produktionsprozeß.* Frankfurt/M.: Campus.

Bröckling, Ulrich. 2007. *Das unternehmerische Selbst.* Frankfurt a. M.: Suhrkamp.

Bröckling, Ulrich, Susanne Krasmann, und Thomas Lemke, Hrsg. 2004. *Glossar der Gegenwart*. Frankfurt a. M.: Suhrkamp.

Bröckling, Ulrich, und Tobias Peter. 2017. Das Dispositiv der Exzellenz. Zur Gouvernementalität ökonomischer Arrangements an Hochschulen. In *Dispositiv und Ökonomie. Diskurs- und dispositivanalytische Perspektiven auf Märkte und Organisationen*, Hrsg. Rainer Diaz-Bone und Ronald Hartz, 283–303. Wiesbaden: Springer VS.

Bundesbesoldungsgesetz: *Bundesbesoldungsgesetz in der Fassung der Bekanntmachung vom 19. Juni 2009 (BGBl. I S. 1434), das zuletzt durch Artikel 2 des Gesetzes vom 9. Dezember 2019 (BGBl. I S. 2053) geändert worden ist, §35 BBesG Forschungs- und Lehrzulage*. http://www.gesetze-im-internet.de/bbesg/BJNR011740975.html.

Bundesverfassungsgericht. 2012. BVerfG, Urteil des Zweiten Senats vom 14. Februar 2012 – 2 BvL 4/10 -, Rn. 1–196. http://www.bverfg.de/e/ls20120214_2bvl000410.html.

Bundesverfassungsgericht. 2016. BVerfG 2016, Beschluss des Ersten Senats vom 17. Februar 2016 – 1 BvL 8/10 -, Rn. 1–88. http://www.bverfg.de/e/ls20160217_1bvl000810. html.

Burke, Peter J., und Jan E. Stets. 2009. *Identity theory*. Oxford: Oxford University Press.

Cast, Alicia D., und Jan E. Stets. 2016. The self. In *Handbook of contemporary social theory*, Hrsg. Seth Abrutyn, 343–365. Cham: Springer International Publishing.

Clegg, Sue. 2008. Academic identities under threat? *British Educational Research Journal* 34(3):329–345.

Cole, Jonathan. 1979. *Fair science: Women in the scientific community*. New York: Free Press.

Costas, Ilse. 2002. Women in science in germany. *Science in Context* 15(4):557–576.

Courpasson, David, und Steven Vallas, Hrsg. 2016. *The SAGE handbook of resistance*. Los Angeles: SAGE.

Dammayr, Maria. 2019. *Legitime Leistungspolitiken? Leistung, Gerechtigkeit und Kritik in der Altenpflege*. Weinheim: Beltz Juventa.

Defazio, Daniela, Andy Lockett, und Mike Wright. 2009. Funding incentives, collaborative dynamics and scientific productivity: Evidence from the EU framework program. *Research Policy* 38(2):293–305.

Detmer, Hubert, und Ulrike Preißler. 2006. Die W-Besoldung und ihre Anwendung in den Bundesländern. *Beiträge Zur Hochschulforschung* 28(2):50–66.

Deutsche Forschungsgemeinschaft, und Wissenschaftsrat. 2008. Bericht der Gemeinsamen Kommission zur Exzellenzinitiative an die Gemeinsame Wissenschaftskonferenz. https://www.gwk-bonn.de/fileadmin/Redaktion/Dokumente/Papers/GWK-Bericht-Exzellenzinitiative.pdf.

DHV (Deutscher Hochschulverband). 1991. *Das Berufsbild des Universitätslehrers*. Bonn: Deutscher Hochschulverband.

Dohmen, Dieter, und Lena Wrobel. 2018. *Entwicklung der Finanzierung von Hochschulen und Außeruniversitären Forschungseinrichtungen seit 1995*. Berlin: Forschungsinstitut für Bildungs- und Sozialökonomik.

Dörre, Klaus. 2013. Landnahme: Unternehmen in transnationalen Wertschöpfungsketten. *APuZ – Aus Politik und Zeitgeschichte* 64(1–3):28–34.

Draheim, Susanne. 2012. *Das lernende Selbst in der Hochschulreform: »Ich« ist eine Schnittstelle. Subjektdiskurse des Bologna-Prozesses*. Bielefeld: transcript.

374 Literatur

Ebers, Mark, und Wilfried Gotsch. 1998. Institutionenökonomische Theorien der Organisation. In *Organisationstheorien*, Hrsg. Alfred Kieser, 199–251. Stuttgart: Kohlhammer.

Ehrmann, Thomas. 2015. Der gefesselte Professor – Über die Folgen von studentischen Lehrevaluationen. *Forschung Und Lehre* 9:724–725.

Enders, Jürgen, Barbara M. Kehm, und Uwe Schimank. 2015. Turning Universities into actors on quasi-markets: How new public management reforms affect academic research. In *The changing governance of higher education and research – Multilevel perspectives*, Hrsg. Dorothea Jansen und Insa Pruisken, 89–103. Dordrecht: Springer.

Enders, Jürgen, und Ulrich Teichler. 1995. *Der Hochschullehrerberuf im internationalen Vergleich. Ergebnisse einer Befragung über die wissenschaftliche Profession in 13 Ländern*. Bonn: Bundesministerium für Bildung, Wissenschaft, Forschung und Technologie.

Esdar, Wiebke, Julia Gorges, Katharina Kloke, Georg Krücken, und Elke Wild. 2011. Lehre unter den Forschungshut bringen… – Empirische Befunde zu multipler Zielverfolgung und Zielkonflikten aus Sicht von Hochschulleitungen und Nachwuchswissenschaftler(innen). In *Der Bologna-Prozess aus Sicht der Hochschulforschung. Analysen und Impulse für die Praxis Arbeitspapier CHE Centrum für Hochschulentwicklung, 148*, Hrsg. Sigrun Nickel, 192–203. Gütersloh: CHE, Centrum für Hochschulentwicklung.

Espeland, Wendy Nelson, und Michael Sauder. 2007. Rankings and reactivity: How public measures recreate social worlds. *American Journal of Sociology* 113(1):1–40.

Espeland, Wendy Nelson, und Michael Sauder. 2016. *Engines of anxiety: Academic rankings, reputation, and accountability*. New York: Russell Sage Foundation.

Espeland, Wendy Nelson, und Mitchell L. Stevens. 1998. Commensuration as a Social Process. *Annual Review of Sociology* 24(1):313–343.

Esser, Hartmut. 2000. *Soziologie – Spezielle Grundlagen. Bd. 4: Opportunitäten und Restriktionen*. Frankfurt a. M.: Campus.

Estermann, Josef, Julie Page, und Ursula Streckeisen, Hrsg. 2013. *Alte und neue Gesundheitsberufe. Soziologische und gesundheitswissenschaftliche Beiträge zum Kongress „Gesundheitswesen im Wandel", Winterthur 2012*. Luzern: Orlux.

Etzioni, Amitai, Hrsg. 1969a. *The semi-professions and their organizations*. New York: Free Press.

Etzioni, Amitai. 1969b. Preface. In *The semi-professions*, Hrsg. Amitai Etzioni, v–xviii. New York: Free Press.

Etzold, Sabine. 2000. Humboldts letzter Krieger. *DIE ZEIT* 14/2000.

Europäische Kommission. 2006. Council Decision of 19 December 2006 concerning the Specific Programme "Cooperation" implementing the Seventh Framework Programme of the European Community for research, technological development and demonstration activities (2007–2013). *Official Journal of the European Union*. https://eur-lex.europa.eu/LexUriServ/LexUriServ.do?uri=OJ:L:2006:400:0086:0242:en:PDF.

Europäische Kommission. 2007. *Das Siebte Rahmenprogramm (RP7). Europäische Forschung auf dem Vormarsch*. https://ec.europa.eu/research/fp7/pdf/fp7-brochure_de.pdf.

Evetts, Julia. 2013. Professionalism: Value and ideology. *Current Sociology* 61(5–6):778–796.

Fabry, Götz, und Christian Schirlo. 2016. Akademische Freiheit in professionsorientierten Studiengängen. Das Beispiel Humanmedizin. *Die Hochschule: Journal für Wissenschaft und Bildung* 25(2):94–103.

Feil, Michael, Lisa Tillmann, and Ulrich Walwei. 2008. Arbeitsmarkt- und Beschäftigungspolitik nach der Wiedervereinigung. Zeitschrift für Sozialreform 54(2):161–186.

Flecker, Jörg, Franz Schultheis, und Berthold Vogel, Hrsg. 2014. *Im Dienste öffentlicher Güter. Metamorphosen der Arbeit aus der Sicht der Beschäftigten.* Berlin: sigma.

Flink, Tim, und Dagmar Simon. 2014. Erfolg in der Wissenschaft. Von der Ambivalenz klassischer Anerkennung und neuer Leistungsmessung. In *Erfolg. Konstellationen und Paradoxien einer gesellschaftlichen Leitorientierung*, Hrsg. Denis Hänzi, Hildegard Matthies, und Dagmar Simon, 123–144. Baden-Baden: Nomos.

Fochler, Maximilian, Ulrike Felt, und Ruth Müller. 2016. Unsustainable Growth, Hyper-Competition, and Worth in Life Science Research: Narrowing Evaluative Repertoires in Doctoral and Postdoctoral Scientists' Work and Lives. *Minerva* 54:175–200.

Franzmann, Andreas. 2012. *Die Disziplin der Neugierde. Zum professionalisierten Habitus in den Erfahrungswissenschaften.* Bielefeld: transcript.

Friedrich, Hans R. 2006. Ergänzende Anmerkungen zum Beitrag von Uwe Schimank und Stefan Lange , Hochschulpolitik in der Bund-Länder-Konkurrenz'. In *Das Wissensministerium. Ein halbes Jahrhundert Forschungs- und Bildungspolitik in Deutschland*, Hrsg. Peter Weingart und Niels C. Taubert, 481–486. Weilerswist: Velbrück.

Funken, Christiane, Jan-Christoph. Rogge, und Sinje Hörlin. 2015. *Vertrackte Karrieren. Zum Wandel der Arbeitswelten in Wirtschaft und Wissenschaft.* Frankfurt a. M.: Campus.

Gassmann, Freya. 2018. *Wissenschaft als Leidenschaft? Über die Arbeits- und Beschäftigungsbedingungen wissenschaftlicher Mitarbeiter.* Frankfurt a. M.: Campus.

Gergen, Kenneth J. 1971. *The concept of self.* New York: Holt, Rinehart and Winston.

Gläser, Jochen. 2006. *Wissenschaftliche Produktionsgemeinschaften. Die soziale Ordnung der Forschung.* Frankfurt a. M.: Campus.

Gläser, Jochen, und Stefan Lange. 2007. Wissenschaft. In *Handbuch Governance*, Hrsg. Arthur Benz, Susanne Lütz, Uwe Schimank, und Georg Simonis, 437–451. Wiesbaden: VS Verlag.

Gläser, Jochen, Stefan Lange, Grit Laudel, und Uwe Schimank. 2010. The limits of universality: How field-specific epistemic conditions affect authority relations and their consequences. In *Reconfiguring knowledge production. Changing authority relationships in the sciences and their consequences for intellectual innovation*, Hrsg. Richard Whitley, Jochen Gläser, und Lars Engwall, 291–324. Oxford: Oxford University Press.

Gläser, Jochen, und Grit Laudel. 2010. *Experteninterviews und qualitative Inhaltsanalyse.* Wiesbaden: VS Verlag.

Gläser, Jochen, und Grit Laudel. 2016. Governing Science. How Science Policy Shapes Research Content. *European Journal of Sociology* 57(1):117–168.

Gläser, Jochen, und Uwe Schimank. 2014. Autonomie als Resistenz gegen Beeinflussung – Forschungshandeln im organisatorischen und politischen Kontext. *Zeitschrift Für Soziologische Theorie, Sonderbd.* 2:41–61.

Glotz, Peter. 1996. *Im Kern verrottet? Fünf vor zwölf an Deutschlands Universitäten.* Stuttgart: Deutsche Verlags-Anstalt.

Goffman, Erving. 1963. *Stigma.* Harmondsworth: Penguin.

Gold, Andreas. 2015. Im Absurdistan der Leistungsberechnung – ECTS-Punkte im Studium ohne Anwesenheit. *Forschung Und Lehre* 11:920–922.

Groh-Samberg, Olaf, Steffen Mau, und Uwe Schimank. 2014. Investieren in den Status: Der voraussetzungsvolle Lebensführungsmodus der Mittelschichten. *Leviathan* 42:219–248.

Halffman, Willem, und Hans Radder. 2015. The academic manifesto: From an occupied to a public university. *Minerva* 53:165–187.

Hänzi, Denis, und Hildegard Matthies. 2014. Leidenschaft – Pflicht – Not. Antriebsstrukturen und Erfolgskonzeptionen bei Spitzenkräften der Wissenschaft und Wirtschaft. In *Erfolg. Konstellationen und Paradoxien einer gesellschaftlichen Leitorientierung*, Hrsg. Denis Hänzi, Hildegard Matthies, und Dagmar Simon, 246–264. Baden-Baden: Nomos.

Heintz, Bettina. 2008. Governance by numbers. Zum Zusammenhang von Quantifizierung und Globalisierung am Beispiel der Hochschulpolitik. In *Governance von und durch Wissen. Schriften zur Governance-Forschung*, Hrsg. Gunnar Folke Schuppert, und Andreas Voßkuhle, 110–128. Baden Baden: Nomos.

Heintz, Bettina. 2010. Numerische Differenz Überlegungen zu einer Soziologie des (quantitativen) Vergleichs. *Zeitschrift Für Soziologie* 39(3):162–181.

Heintz, Bettina, Martina Merz, und Christina Schumacher. 2004. *Wissenschaft, die Grenzen schafft. Geschlechterkonstellationen im disziplinären Vergleich*. Bielefeld: transcript.

Heintz, Bettina, Martina Merz, und Christina Schumacher. 2007. Die Macht des Offensichtlichen: Bedingungen geschlechtlicher Personalisierung in der Wissenschaft *Zeitschrift für Soziologie* 36(4):261–281.

Henkel, Mary. 2000. *Academic identities and policy change in higher education*. London: Jessica Kingsley.

Henkel, Mary. 2005. Academic identity and autonomy in a changing environment. *Higher Education* 49:155–176.

Henkel, Mary, und Agnete Vabo. 2006. Academic identities. In *Transforming higher education. A comparative study*, Hrsg. Maurice Kogan, Ivar Bleiklie, Marianne Bauer, und Mary Henkel, 127–160. Dordrecht: Springer.

Hilbrich, Romy, Karin Hildebrandt, und Robert Schuster (Hrsg.). 2014. *Aufwertung von Lehre oder Abwertung der Professur? Die Lehrprofessur im Spannungsfeld von Lehre, Forschung und Geschlecht*. Leipzig: Akademische Verlagsanstalt Leipzig.

Hillmer, Marita, und Katharina Al-Shamery (Hrsg.). 2015. *Die Bedeutung von Bildung in einer Dienstleistungs- und Wissensgesellschaft Welchen Bildungsauftrag hat die Universität?* Nova Acta Leopoldina, Neue Folge, Bd. 121. Stuttgart: Wissenschaftliche Verlagsgesellschaft.

Hirschman, Albert O.1994. Wieviel Gemeinsinn braucht die liberale Gesellschaft?. *Leviathan* 22(2):293–304.

Hochschul-Informations-System, H.I.S., Hrsg. 2010. *Perspektive Studienqualität*. Bielefeld: Bertelsmann.

Höhle, Ester Ava, und Ulrich Teichler. 2013. The academic profession in the light of comparative surveys. In *The academic profession in Europe: New tasks and new challenges*, Hrsg. Barbara M. Kehm und Ulrich Teichler, 23–38. Dordrecht: Springer.

Holtgrewe, Ursula, Stefan Voswinkel, und Gabriele Wagner, Hrsg. 2000. *Anerkennung und Arbeit*. Konstanz: UVK.

Honneth, Axel. 1992. *Kampf um Anerkennung. Zur moralischen Grammatik sozialer Konflikte*. Frankfurt a. M.: Suhrkamp.

Honneth, Axel. 2010. *Das Ich im Wir. Studien zur Anerkennungstheorie*. Frankfurt a. M.: Suhrkamp.

Honneth, Axel, Ophelia Lindemann, und Stephan Voswinkel, Hrsg. 2012. *Strukturwandel der Anerkennung. Paradoxien sozialer Integration in der Gegenwart*. New York: Campus.

Huber, Ludwig. 2014. Forschungsbasiertes, Forschungsorientiertes, Forschendes Lernen: Alles dasselbe? Ein Plädoyer für eine Verständigung über Begriffe und Entscheidungen im Feld forschungsnahen Lehrens und Lernens. *Das Hochschulwesen* 62(1–2):32–39.

Humboldt, Wilhelm v. 1809-10, 2010. Über die innere und äussere Organisation der höheren wissenschaftlichen Anstalten in Berlin. In *Gründungstexte Johann Gottlieb Fichte, Friedrich Daniel Ernst Schleiermacher, Wilhelm von Humbold. Festgabe zum 200-jährigen Jubiläum der Humboldt-Universität zu Berlin*, hrsg. Präsident der Humboldt-Universität zu Berlin. Berlin: Humboldt-Universität zu Berlin. https://edoc.hu-berlin.de/bitstream/handle/18452/18543/hu_g-texte.pdf?sequence=1&isAllowed=y.

Hüther, Otto. 2009. Hochschulräte als Steuerungsakteure? *Beiträge zur Hochschulforschung*, 31(2):50–73.

Hüther, Otto. 2010. *Von der Kollegialität zur Hierarchie. Eine Untersuchung des New Managerialism in den Landeshochschulgesetzen*. Wiesbaden: VS.

Hüther, Otto, und Georg Krücken. 2016. *Hochschulen – Fragestellungen, Ergebnisse und Perspektiven der sozialwissenschaftlichen Hochschulforschung*. Wiesbaden: Springer VS.

IfD, Institut für Demoskopie Allensbach. 2016. *Die Lage von Forschung und Lehre an deutschen Universitäten 2016. Ausgewählte Ergebnisse einer Online-Befragung von Hochschullehrern*. Allensbach: unveröffentlicht.

Jacob, Anna Katharina, und Ulrich Teichler. 2011. *Der Wandel des Hochschullehrerberufs im internationalen Vergleich. Ergebnisse einer Befragung in den Jahren 2007/08*. Bielefeld: Bertelsmann.

Jaeger, Michael, Michael Leszczensky, Dominic Orr, und Astrid Schwarzenberger. 2005. *Formelgebundene Mittelvergabe und Zielvereinbarungen als Instrument der Budgetierung an deutschen Universitäten: Ergebnisse einer bundesweiten Befragung*. HIS Kurzinformation A/13/2005, Hannover: HIS.

Jochheim, Linda, Jörg Bogumil, und Rolf G. Heinze. 2016. Hochschulräte als neues Steuerungsinstrument von Universitäten? Eine empirische Analyse ihrer Wirkungsweise. *Der Moderne Staat* 9:203–225.

Kaldewey, David. 2015. Die responsive Struktur der Wissenschaft. Ein Kommentar. In *Die Responsivität der Wissenschaft – Wissenschaftliches Handeln in Zeiten neuer Wissenschaftspolitik*, Hrsg. Hildegard Matthies, Dagmar Simon, und Marc Torka, 209–230. Bielefeld: transcript.

Kamenz, Uwe, und Martin Wehrle. 2007. *Professor Untat. Was faul ist hinter den Hochschulkulissen*. Berlin: Econ.

Kastenhofer, Karen. 2004. Sehen lernen und sichtbar machen: Lehrkultur und Wissenschaftspraxis der Biologie. In *Disziplinierungen. Kulturen der Wissenschaft im Vergleich*, hrsg. Arnold, Markus, und Roland Fischer, 91–126. Wien: Verlag Turia + Kant.

Kaufmann, Benedict. 2012. *Akkreditierung als Mikropolitik. Zur Wirkung neuer Steuerungsinstrumente an deutschen Hochschulen.* Wiesbaden: Springer VS.

Kehm, Barbara, und Ute Lanzendorf. 2006. Germany – 16 Länder Approaches to Reform. In *Reforming university governance – Changing conditions for research in four European countries*, Hrsg. Barbara Kehm und Ute Lanzendorf, 135–186. Bonn: Lemmens.

Kelle, Udo, und Susann Kluge. 2010. *Vom Einzelfall zum Typus – Fallvergleich und Fallkontrastierung in der qualitativen Sozialforschung.* Wiesbaden: VS.

Kern, Horst und Michael Schumann. 1970. *Industriearbeit und Arbeiterbewußtsein.* Frankfurt/M.: Europäische Verlagsanstalt.

Kern, Horst und Michael Schumann. 1984. *Das Ende der Arbeitsteilung? Rationalisierung in der industriellen Produktion.* München: Beck.

Kieser, Alfred. 2020. 20 Jahre „Entfesselung deutscher Hochschulen". *Eine kritische Bilanz. Forschung & Lehre* 07/20:588–589.

Kivistö, Jussi, und Inga Zalyevska. 2015. Agency theory as a framework for higher education governance. In *The Palgrave international handbook of higher education policy and governanc*, Hrsg. Jeroen Huisman, Harry de Boer, David D. Dill, und Manuel Souto-Otero, 132–151. London: Palgrave Macmillan.

Kleemann, Frank, Uwe Krähnke, und Ingo Matuschek. 2013. *Interpretative Sozialforschung. Eine Einführung in die Praxis des Interpretierens.* Wiesbaden: VS.

Kleimann, Bernd. 2016a. Alle mitnehmen. *DUZ Deutsche Universitätszeitung* 6:11–13.

Kleimann, Bernd. 2016b. *Universitätsorganisation und präsidiale Leitung. Führungspraktiken in einer multiplen Hybridorganisation.* Wiesbaden: Springer VS.

Kloke, Katharina. 2014. *Qualitätsentwicklung an deutschen Hochschulen. Professionstheoretische Untersuchung eines neuen Tätigkeitsfeldes.* Wiesbaden: VS.

Kluge, Susann. 1999. *Empirisch begründete Typenbildung. Zur Konstruktion von Typen und Typologien in der qualitativen Sozialforschung.* Wiesbaden: VS.

Knorr-Cetina, Karin. 1999. *Epistemic cultures: How the sciences make knowledge.* Cambridge MA: Harvard University Press.

Koch, Juliane. 2010. *Leistungsorientierte Professorenbesoldung. Rechtliche Anforderungen und Gestaltungsmöglichkeiten für die Gewährung von Leistungsbezügen der W-Besoldung.* Frankfurt a. M.: Lang.

Kräkel, Matthias. 2006. Zur Reform der Professorenbesoldung in Deutschland. *Perspektiven Der Wirtschaftspolitik* 7(1):105–126.

Kühn, Hagen. 2004. Die Ökonomisierungstendenz in der medizinischen Versorgung. In *Markt versus Solidarität. Gesundheitspolitik im deregulierten Kapitalismus*, Hrsg. Gine Elsner, Thomas Gerlinger, und Klaus Stegmüller, 25–41. Hamburg: VSA.

Laing, Ronald D. 1961. *Das Selbst und die Anderen.* Reinbek: Rowohlt.

Lamont, Michèle. 2012. Toward a comparative sociology of valuation and evaluation. *Annual Review of Sociology* 38:201–221.

Lange, Stefan. 2008. Hochschulräte. In *Handbuch Wissenschaftspolitik*, Hrsg. Dagmar Simon, Andreas Knie, und Stefan Hornbostel, 347–362. Wiesbaden: VS.

Lange, Stefan, und Uwe Schimank. 2006. Hochschulpolitik in der Bund-Länder-Konkurrenz. In *Das Wissensministerium – Ein halbes Jahrhundert Forschungs- und Bildungspolitik in Deutschland*, Hrsg. Peter Weingart und Niels C. Taubert, 311–346. Weilerswist: Velbrück.

Lanzendorf, Ute, und Peer Pasternack. 2016. Landeshochschulpolitiken nach der Föderalismusreform. In *Die Politik der Bundesländer. Zwischen Föderalismusreform und Schuldenbremse*, Hrsg. Achim Hildebrandt und Frieder Wolf, 35–59. Wiesbaden: Springer VS.

Laudel, Grit. 2006. The art of getting funded: how scientists adapt to their funding conditions. *Science and Public Policy* 33(7):489–504.

Leibfried, Stephan, Hrsg. 2010. *Die Exzellenzinitiative. Zwischenbilanz und Perspektiven.* Frankfurt a. M.: Campus.

Leibfried, Stephan, Ulrich Schreiterer. 2015. *Die Exzellenzinitiative Ein Fortsetzungsroman.* Wissenschaft im Dialog 13/2015. Berlin: Berlin-Brandenburgische Akademie der Wissenschaften.

Leišytė, Liudvika, Jürgen Enders, und Harry de Boer. 2010. Mediating problem choice: academic researchers' responses to changes in their institutional environment. In *Reconfiguring Knowledge Production: Changing Authority Relationships in the Sciences and their Consequences for Intellectual Innovation*, hrsg. Richard Whitley, Jochen Gläser, und Lars Engwall, 266–290. Oxford: Oxford University Press.

Lepenies, Wolf. 1985. *Die drei Kulturen. Soziologie zwischen Literatur und Wissenschaft.* München: Hanser.

Lepsius, M. Rainer. 1986. Interessen und Ideen. Die Zurechnungsproblematik bei Max Weber. In *Interessen, Ideen und Institutionen,* hrsg. M. Rainer Lepsius, 31–43. Wiesbaden, 2009: VS

Leszczensky, Michael, und Dominic Orr. 2004. Staatliche Hochschulfinanzierung durch indikatorgestützte Mittelverteilung. Dokumentation und Analyse der Verfahren in 11 Bundesländern, HIS-Kurzinformationen A/2/2004. Hannover: HIS.

Liebeskind, Uta. 2011. *Universitäre Lehre – Deutungsmuster von ProfessorInnen im deutsch-französischen Vergleich.* Konstanz: UVK.

Loer, Thomas. 2012. Not macht erfinderisch – aber nicht in der Wissenschaft. *Über die Situation der Privatdozenten und zwei Modelle von Universität. Forschung & Lehre* 4/2012:288–289.

Lohr, Karin, Thorsten Peetz, und Romy Hilbrich. 2013a. *Bildungsarbeit im Umbruch. Zur Ökonomisierung von Arbeit und Organisation in Schulen, Universitäten und in der Weiterbildung.* Berlin: sigma.

Lohr, Karin, Thorsten Peetz, und Romy Hilbrich. 2013b. Verunsicherung und Eigensinn Bildungsarbeit in Reorganisationsprozessen. *Journal Für Psychologie* 21(3):32.

Lojewski, Johanna. 2011. Geschlecht und Studienfachwahl – fachspezifischer Habitus oder geschlechtsspezifische Fachkulturen? In *Der Übergang Schule – Hochschule. Zur Bedeutung sozialer, persönlicher und institutioneller Faktoren am Ende der Sekundarstufe II,* hrsg. Bornkessel, Philipp, und Jupp Asdonk, 279–348 Wiesbaden: VS.

Luhmann, Niklas. 1990. *Die Wissenschaft der Gesellschaft.* Frankfurt/M.: Suhrkamp.

Luhmann, Niklas. 1997. *Die Gesellschaft der Gesellschaft.* Frankfurt a. M.: Suhrkamp.

Lust, Michael, und Tobias Scheytt. 2017. Akademischer Widerstand in universitären Entscheidungsprozessen – Eine Systematisierung. *Betriebswirtschaftliche Forschung Und Praxis* 69(6):653–672.

Maasen, Sabine, und Sacha Dickel. 2016. Partizipation, Responsivität, Nachhaltigkeit Zur Realfiktion eines neuen Gesellschaftsvertrags. In *und Karin Zimmermann*, Hrsg.

Handbuch Wissenschaftspolitik, Dagmar Simon, Andreas Knie, und Stefan Hornbostel, 225–242. Wiesbaden: Springer VS.

Maasen, Sabine, und Peter Weingart. 2008. Unternehmerische Universität und neue Wissenschaftskultur. In *Wissenschaft unter Beobachtung. Effekte und Defekte von Evaluationen*, Hrsg. Hildegard Matthies und Dagmar Simon, 141–160. Wiesbaden: VS.

Massih-Tehrani, Nilgun, Christian Baier, und Vincent Gengnagel. 2015. EU-Forschungsförderung im deutschen Hochschulraum. Soziale Welt 66(1):55–74.

Matthies, Hildegard. 2015. Die Responsivität wissenschaftlicher Karrieren. In *Die Responsivität der Wissenschaft – Wissenschaftliches Handeln in Zeiten neuer Wissenschaftspolitik*, Hrsg. Hildegard Matthies, Dagmar Simon, und Marc Torka, 177–208. Bielefeld: transcript.

Matthies, Hildegard. 2016. Akademischer Hazard und berufliche Identitäten. In *Wissenschaftliche Karriere als Hazard. Eine Sondierun*, Hrsg. Julia Reuter, Oliver Berli, und Manuela Zinnbauer, 29–48. Frankfurt a. M.: Campus.

Mayntz, Renate. 2002. University councils. An institutional innovation in German universities. *European Journal of Education* 37:21–28.

Mayring, Philipp. 2015. Qualitative Inhaltsanalyse. Grundlagen und Techniken. Weinheim: Beltz.

Meier, Frank. 2009. *Die Universität als Akteur. Zum institutionellen Wandel der Hochschulorganisation*. Wiesbaden: VS.

Meier, Frank, Thorsten Peetz, und Désirée Waibel. 2016. Bewertungskonstellationen. Theoretische Überlegungen zur Soziologie der Bewertung. *Berliner Journal für Soziologie* 26:307–328.

Meier, Frank, und Uwe Schimank. 2002. Szenarien der Profilbildung im deutschen Hochschul-System. *Einige Vermutungen. Die Hochschule* 1:82–91.

Meier, Frank, und Uwe Schimank. 2010. Mission now possible: Profile building and leadership in German universities. In *Reconfiguring knowledge production. Changing authority relationships in the sciences and their consequences for intellectual innovation*, Hrsg. Richard Whitley, Jochen Gläser, und Lars Engwall, 211–236. Oxford: Oxford University Press.

Meier, Frank, und Uwe Schimank. 2012. *Organisation und Organisationsgesellschaft.* Studienbrief. Hagen: FernUniversität in Hagen.

Meier, Frank, und Uwe Schimank. 2014. Cluster-Building and the Transformation of the University. *Soziologie* 43:139–166.

Melville, Herman. 1856. Bartleby. In *Billy Budd, sailor & other stories*, Hrsg. Herman Melville, 57–99. Harmondsworth: Penguin.

Merton, Robert K. 1942. The normative structure of science. In *The sociology of science*, Hrsg. Robert K. Merton, 267–278. Chicago: University of Chicago Press.

Meuser, Michael, und Ulrike Nagel. 1991. ExpertInneninterviews – vielfach erprobt, wenig bedacht: ein Beitrag zur qualitativen Methodendiskussion. In *Qualitativ-empirische Sozialforschung: Konzepte, Methoden, Analysen*, Hrsg. Detlef Garz und Klaus Kraimer, 441–471. Opladen: Westdeutscher Verlag.

Minssen, Heiner, Beate Molsich, Uwe Willkesmann, und Uwe Andersen. 2003. *Kontextsteuerung von Hochschulen? Folgen der indikatorisierten Mittelzuweisung.* Berlin: Duncker & Humblot.

Mintzberg, Henry. 1979. *The structuring of organizations: A synthesis of the research.* Englewood Cliffs: Prentice-Hall.

Mittelstraß, Jürgen. 1982. *Wissenschaft als Lebensform: Reden über philosophische Orientierungen in Wissenschaft und Universität.* Frankfurt/M.: Suhrkamp.

Mittelstraß, Jürgen. 2006. Wissenschaft als Lebensform – Eine Erinnerung und eine Einleitung. In *Mikrokosmos Wissenschaft. Transformationen und Perspektiven,* hrsg. Brigitte Liebig, Monique Dupuis, Irene Kriesi, und Martina Peitz, 17–30. Zürich: vdf Hochschulverlag AG an der Universität Zürich.

Moe, Terry M. 1984. The new economics of organization. *American Journal of Political Science* 28:739–777.

Mudge, Stephanie Lee. 2006. What is neo-liberalism? *Socio-Economic Revue* 6:703–731.

Münch, Richard. 2011. *Akademischer Kapitalismus. Zur politischen Ökonomie der Hochschulreform.* Berlin: Suhrkamp.

Neumann, Ruth, Sharon Parry, und Tony Becher. 2002. Teaching and learning in their disciplinary contexts: A conceptual analysis. *Studies in Higher Education* 27(4):405–417.

Nickel, Sigrun. 2007. *Partizipatives Management von Universitäten. Zielvereinbarungen – Leitungsstrukturen – staatliche Steuerung.* München: Hampp.

Nicolae, Stefan, Martin Endreß, Oliver Berli, und Daniel Bischur, Hrsg. 2019. *(Be)Werten. Beiträge zur sozialen Konstruktion von Wertigkeit.* Wiesbaden: Springer VS.

Niedersächsisches Ministerium für Wissenschaft und Kultur. o.J. *Modellbeschreibungen der Leistungsbezogenen Mittelzuweisung der Hochschulen in staatlicher Verantwortung (gültig ab 2016).* https://www.mwk.niedersachsen.de/startseite/hochschulen/hochschulpolitik/hochschulentwicklungsvertrag_und_zielvereinbarungen/hochschulentwicklungsvertrag-und-zielvereinbarungen-als-elemente-der-hochschulsteuerung-in-niedersachsen-131463.html.

Noordegraaf, Mirko. 2007. From „Pure" to „Hybrid" professionalism: Present-day professionalism in ambiguous public domains. *Administration and Society* 39:761–785.

Noordegraaf, Mirko. 2015. New governance and professionalism. In *Restructuring welfare governance. Marketization, managerialism and welfare state professionalism,* Hrsg. Tanja Klenk und Emmanuele Pavolini, 121–144. Cheltenham: Elgar.

OECD. 1995. *Governance in transition: Public management reforms in OECD countries.* Paris: OECD.

Oevermann, Ulrich. 1981. Fallrekonstruktionen und Strukturgeneralisierung als Beitrag der objektiven Hermeneutik zur soziologisch-strukturtheoretischen Analyse. Manuskript. https://d-nb.info/974365483/34.

Oevermann, Ulrich. 2000. Die Methode der Fallkonstruktion in der Grundlagenforschung sowie der klinischen und pädagogischen Praxis. *Die Fallrekonstruktion. Sinnverstehen in der sozialwissenschaftlichen Forschung,* Hrsg. Klaus Kraimer, 58–156. Frankfurt/M.: Suhrkamp.

Osterloh, Margit. 2010. Governance by Numbers. Does It Really Work in Research?. *Analyse und Kritik* 32(2):267–83.

Osterloh, Margit, und Bruno S. Frey. 2015. Ranking Games. *Evaluation Review* 39(1):102–129.

Parsons, Talcott, und Gerald Platt. 1973. *Die amerikanische Universität.* Frankfurt a. M.: Suhrkamp.

Pasternack, Peer, Sebastian Schneider, Peggy Trautwein, und Steffen Zierold. 2017. *Ausleuchtung einer Blackbox. Die organisatorischen Kontexte der Lehrqualität an Hochschulen.* HoF-Arbeitsberichte (103). Wittenberg: Institut für Hochschulforschung an der Martin-Luther-Universität.

Pasternack, Peer, Sebastian Schneider, Peggy Trautwein, und Steffen Zierold. 2018. *Die verwaltete Hochschulwelt. Reformen, Organisation, Digitalisierung und das wissenschaftliche Personal.* Berlin: BVW.

Peter, Lothar. 2010. Der Homo academicus. In *Spekulanten. Sozialfiguren der Gegenwart, Stephan Moebius, und Markus Schroer,* Hrsg. Hacker Diven, 206–218. Berlin: Suhrkamp.

Petersen, Thomas. 2020. Die Forschung ist frei, aber … Eine Umfrage des Instituts für Demoskopie Allensbach zur Freiheit an den Universitäten. *F&L* 3:194–197.

Pollitt, Christopher, und Geerd Bouckaert, 2000, 2017. *Public management reform: A comparative analysis.* Oxford: Oxford University Press.

Power, Michael. 1997. *Audit society – Rituals of verification.* Oxford: Oxford University Press.

Prinz, Wolfgang, und Peter Weingart (Hrsg.).1990. *Die sog. Geisteswissenschaften: Innenansichten.* Frankfurt a. M.: Suhrkamp.

Przyborski, Aglaja, und Monika Wohlrab-Sahr. 2014. *Qualitative Sozialforschung. Ein Arbeitsbuch,* 4., erw. Auflage. München: Oldenbourg.

Ptak, Ralf. 2007. Grundlagen des Neoliberalismus. In *Kritik des Neoliberalismus,* Hrsg. Christoph Butterwegge, Bettina Lösch, und Ralf Ptak, 13–86. Wiesbaden: VS.

Riegraf, Birgit. 2018. Zwischen Exzellenz und Prekarität. Über den Wettbewerb und die bedingte Öffnung der Universitäten für Wissenschaftlerinnen. In *Prekäre Gleichstellung. Geschlechtergerechtigkeit, soziale Ungleichheiten und unsichere Arbeitsverhältnisse in der Wissenschaft,* Hrsg. Mike Laufenberg, Petra Erlemann, Maria Norkus, und Grit Petschick, 241–256. Wiesbaden: VS.

Ringer, Fritz K. 1987. *Die Gelehrten. Der Niedergang der deutschen Mandarine 1890–1933.* München: DTV.

Röbken, Heinke, und Marcel Schütz. 2013. Hochschulräte. Eine empirische Bestandsaufnahme ihrer Zusammensetzung. *Die Hochschule: Journal Für Wissenschaft Und Bildung* 22(2):96–107.

Rogge, Jan-Christoph. 2017. *Wissenschaft zwischen Lebensform und Karrierejob.* Dissertation, Technische Universität Berlin. Berlin: Technische Universität Berlin.

Sauder, Michael, und Wendy Nelson Espeland. 2009. The discipline of rankings: Tight coupling and organizational change. *American Sociological Review* 74(1):63–82.

Schade, Angelika. 2004. Shift of paradigm in quality assurance in Germany: More autonomy but multiple quality assessment? In *Accreditation and evaluation in the European higher education area,* Hrsg. Stefanie Schwarz und Don F. Westerheijden, 175–196. Dordrecht: Kluwer.

Schaeper, Hildegard. 1997. *Lehrkulturen, Lehrhabitus und die Struktur der Universität. Eine empirische Untersuchung fach- und geschlechtsspezifischer Lehrkulturen.* Weinheim: Deutscher Studien Verlag.

Schimank, Uwe. 1981. *Identitätsbehauptung in Arbeitsorganisationen. Individualität in der Formalstruktur.* Frankfurt a. M.: Campus.

Schimank, Uwe. 2000. *Handeln und Strukturen. Einführung in die akteurtheoretische Soziologie.* München: Juventa.

Schimank, Uwe. 2001. Geschiedene Leute. Wenn Professoren und Politiker sich wieder etwas geleistet haben: Zur Pathologie der Kommunikation. In: Frankfurter Allgemeine Zeitung vom 28.5.2001

Schimank, Uwe. 2009. Governance-Reformen nationaler Hochschulsysteme – Deutschland in internationaler Perspektive. In *Neue Steuerung von Hochschulen – Eine Zwischenbilanz,* Hrsg. Jörg. Bogumil und Rolf G. Heinze, 123–137. Berlin: Sigma.

Schimank, Uwe. 2010. Reputation statt Wahrheit: Verdrängt der Nebencode den Code? *Soziale Systeme* 16:233–242.

Schimank, Uwe. 2012a. Krise – Umbau – Umbaukrise? Zur Lage der deutschen Universitäten. In *Die Rolle der Universität in Wirtschaft und Gesellschaft,* Hrsg. Klaus Dicke, Uwe Cantner, und Matthias Ruffert, 41–54. Jena: IKS Garamond, Edition Paideia.

Schimank, Uwe. 2012b. Wissenschaft als gesellschaftliches Teilsystem. In *Handbuch Wissenschaftssoziologie,* Hrsg. Sabine Maasen, Mario Kaiser, Martin Reinhart, und Barbara Sutter, 113–123. Wiesbaden: Springer VS.

Schimank, Uwe. 2014a. Identitätsbedrohungen und Identitätsbehauptung: Professoren in reformbewegten Universitäten. In *Formalität und Informalität in Organisationen,* Hrsg. Victoria von Groddeck und Sylvia M. Wilz, 277–296. Wiesbaden: VS.

Schimank, Uwe. 2014b. Reforming the German university system: Mindful change by double talk. In *Mindful change in times of permanent reorganization,* Hrsg. Guido Becke, 209–224. Heidelberg: Springer.

Schimank, Uwe. 2015. ‚New public management' as de-professionalization – conceptual reflections with some applications to school teachers. In *Restructuring welfare governance – Marketization, managerialism and welfare state professionalism,* Hrsg. Tanja Klenk und Emmanuele Pavolini, 183–199. Cheltenham: Elgar.

Schimank, Uwe. 2018. Leistungsbewertung als Identitätsbedrohung? Wie ProfessorInnen Evaluationen erfahren können. In *Praktiken der Selbstbestimmung. Zwischen subjektivem Anspruch und institutionellem Funktionserfordernis,* Hrsg. Ulf Bohmann, Stefanie Börner, Diana Lindner, Jörg. Oberthür, und André Stiegler, 137–160. Wiesbaden: Springer VS.

Schimank, Uwe, und Melike Janßen. 2020. Reformopfer? Nicht wirklich! „New Public Management, „Bologna", die „Exzellenzinitiative" – und die deutschen ProfessorInnen. In *„Die ganze Hochschule soll es sein" – Wolff-Dietrich Webler zum 80. Geburtstag,* Hrsg. Sabine Behrenbeck, Krista Sager, und Uwe Schmid, 181–196. Bielefeld: UniversitätsVerlag Webler.

Schimank, Uwe, und Stefan Lange. 2009. Germany: A latecomer to new public management. In *University governance – Western European comparative perspectives,* Hrsg. Catherine Paradeise, Emanuela Reale, Ivar Bleiklie, und Ewan Ferlie, 51–75. Dordrecht: Springer Science and Business Media B.V.

Schmidt Uwe, und Manfred Herzer. 2006. Wege in die Naturwissenschaften. In *Übergänge im Bildungssystem. Motivation – Entscheidung – Zufriedenheit,* htsg. Schmidt, Uwe, 157–226. Wiesbaden: VS.

Schomburg, Harald, Choni Flöther, und Vera Wolf. 2012. *Wandel von Lehre und Studium an deutschen Hochschulen – Erfahrungen und Sichtweisen der Lehrenden.*

Projektbericht. Kassel: Internationales Zentrum für Hochschulforschung (INCHER-Kassel), Universität Kassel.

Schütze, Fritz. 1981. Prozeßstrukturen des Lebensablaufs. In *Biographie in handlungswissenschaftlicher Perspektive*, Hrsg. Joachim Matthes, Arno Pfeifenberger, und Manfred Stosberg, 67–156. Nürnberg: Verl. der Nürnberger Forschungsvereinigung e. V.

Schultheis, Franz, Berthold Vogel, und Kristina Mau, Hrsg. 2014. *Im öffentlichen Dienst. Kontrastive Stimmen aus einer Arbeitswelt im Wandel.* Bielefeld: transcript.

Scott, W. Richard. 1966. Konflikte zwischen Spezialisten und bürokratischen Organisationen. In *Bürokratische Organisation*, Hrsg. Renate Mayntz, 201–216. Köln: Kiepenheuer & Witsch.

Serrano-Velarde, Kathia. 2008. *Evaluation, Akkreditierung und Politik. Zur Organisation von Qualitätssicherung im Zuge des Bolognaprozesses.* Wiesbaden: VS.

Shin, Jung Cheol, Akira Arimoto, William K. Cummings, und Ulrich Teichler, Hrsg. 2014. *Teaching and research in contemporary higher education. Systems, activities, and rewards.* Dordrecht: Springer.

Shore, Chris. 2008. Audit culture and illiberal governance: Universities and the politics of accountability. *Anthropological Theory* 8: 278–298.

Simon, Dieter. 1991. Die Universität ist verrottet. *DER SPIEGEL* 50:52–53.

Snow, Charles Pery. 1959. *The two cultures and the scientific revolution.* London: Cambridge University Press.

Sondermann, Ariadne, und Melike Janßen. 2019. Folgen universitärer Leistungsbewertungen für das berufliche Handeln von Hochschulprofessoren: Verschärfter Anpassungsdruck und kollegiale Grenzziehungen? In *(Be)Werten. Beiträge zur sozialen Konstruktion von Wertigkeit. Soziologie des Wertens und Bewertens*, Hrsg. Stefan Nicolae, Martin Endreß, Oliver Berli, und Daniel Bischur, 249–274. Wiesbaden: Springer VS.

Sonnert, Gerhard, und Gerald Holton. 1995. *Gender differences in science career. The project access study.* New Brunswick: Rutgers University Press.

Statistisches Bundesamt. 2017. Fachserie 11 Reihe 4.4, 2016, Bildung und Kultur – Personal an Hochschulen. https://www.statistischebibliothek.de/mir/servlets/MCRFileNodeServlet/DEHeft_derivate_00033169/2110440167004.pdf

Stichweh, Rudolf. 1994. *Wissenschaft, Universität, Professionen. Soziologische Analysen.* Frankfurt/M.: Suhrkamp.

Stock, Manfred, und Andreas Wernet. 2005. Hochschulforschung und Theorie der Professionen. *Die Hochschule* 1:7–14.

Strauss, Anselm. 1959. *Spiegel und Masken. Die Suche nach Identität.* Frankfurt a. M.: Suhrkamp.

Taylor, Frederick W. 1913. *Die Grundsätze wissenschaftlicher Betriebsführung.* Weinheim: Beltz.

Teelken, Christine. 2012. Compliance or pragmatism: How do academics deal with managerialism in higher education? A comparative study in three countries. *Studies in Higher Education* 37:271–290.

Teichler, Ulrich. 2014. Teaching and research in Germany: The Notions of university Professors. In *Teaching and research in contemporary higher education. Systems, activities, and rewards*, Hrsg. Jung Cheol Shin, Akira Arimoto, William K. Cummings, und Ulrich Teichler, 61–87. Dordrecht: Springer.

Thomas, Robyn, und Annette Davies. 2005. Theorizing the micro-politics of resistance: New public management and managerial identities in the UK public services. *Organization Studies* 26:683–706.

Torka, Marc. 2009. *Die Projektförmigkeit der Forschung.* Baden-Baden: Nomos.

Torka, Marc. 2015. Responsivität als Analysekonzept. In *Die Responsivität der Wissenschaft – Wissenschaftliches Handeln in Zeiten neuer Wissenschaftspolitik*, Hrsg. Hildegard Matthies, Dagmar Simon, und Marc Torka, 17–50. Bielefeld: transcript.

Tremp, Peter, Hrsg. 2010. *„Ausgezeichnete Lehre!" Lehrpreise an Universitäten. Erörterungen – Konzepte – Vergabepraxis.* Münster: Waxmann.

Vogel, Berthold, und Andreas Pfeuffer. 2019. Wertschätzungskonflikte statt Jobkultur. Arbeiten und Arbeitshaltung im öffentlichen Sektor. In *Governance und Arbeit im Wandel – Bildung und Pflege zwischen Staat und Markt*, Hrsg. Doris Graß, Herbert Altrichter, und Uwe Schimank, 75–91. Wiesbaden: Springer VS.

Voswinkel, Stephan. 2001. *Anerkennung und Reputation. Die Dramaturgie industrieller Beziehungen. Mit einer Fallstudie zum „Bündnis für Arbeit".* Konstanz: UVK.

Voswinkel, Stephan. 2011. Zum konzeptionellen Verhältnis von „Anerkennung" und „Interesse". *Arbeits- und Industriesoziologische Studien* 4 (2): 45–58.

Voswinkel, Stephan, und Gabriele Wagner. 2012. Die Person als Leistungskraft: Anerkennungspolitiken in Organisationen. *Leviathan* 40(4):591–608.

Weber, Lena. 2017. *Die unternehmerische Universität: Chancen und Risiken für Gleichstellungspolitiken in Deutschland, Großbritannien und Schweden.* Weinheim: Beltz Juventa.

Wetzel, Dietmar J. 2013. *Soziologie des Wettbewerbs. Eine kultur- und wirtschaftssoziologische Analyse der Marktgesellschaft.* Wiesbaden: Springer VS.

Whitley, Richard, und Jochen Gläser, Hrsg. 2007. *The changing governance of the sciences: The advent of research evaluation systems.* Dordrecht: Springer.

Wilkesmann, Uwe. 2013. Effects of transactional and transformational governance on academic teaching: Empirical evidence from two types of higher education institutions. *Tertiary Education and Management* 19(4):281–300.

Wilkesmann, Uwe, und Christian Schmid. 2012. The impacts of new governance on teaching at German universities. Findings from a national survey. *Higher Education* 63:33–52.

Wilkesmann, Uwe, und Christian Schmid. 2014. Intrinsic and internalized modes of teaching motivation. *Evidence-based HRM* 2(1):6–27.

Willke, Gerhard. 2003. *Neoliberalismus.* Frankfurt a. M.: Campus.

Winterhager, Nicolas. 2015. *Drittmittelwettbewerb im universitären Forschungssektor.* Wiesbaden: VS.

Wissenschaftsrat. 2011. *Empfehlungen zur Bewertung und Steuerung von Forschungsleistung.* Köln: Wissenschaftsrat.

Wissenschaftsrat. 2018a. *Empfehlungen zur Hochschulgovernance.* Köln: Wissenschaftsrat.

Wissenschaftsrat. 2018b. *Hochschulbildung im Anschluss an den Hochschulpakt 2020, Positionspapier.* Trier: Wissenschaftsrat.

Witte, Johanna. 2006. *Change of degrees and degrees of change. Comparing adaptations of european higher education systems in the context of the bologna process.* Enschede: University of Twente CHEPS.

Wollin-Giering, Susanne, und Jochen Gläser. 2016. *Entwerfen lernen. Die Integration von Lehre, Forschung und Berufspraxis in entwerfenden Disziplinen.* TU Berlin: Ms.

Ybema, Sierk, Robyn Thomas, und Cynthia Hardy. 2016. Organizational change and resistance: An identity perspective. In *The SAGE handbook of resistance*, Hrsg. David Courpasson und Steven Vallas, 386–404. Los Angeles: SAGE.

Ylijoki, Oili-Helena. 2003. Entangled in academic capitalism? A case study on changing ideals and practices of university research. *Higher Education* 45:307–335.

Ylijoki, Oili-Helena. 2014. University under structural reform: A micro-level perspective. *Minerva* 52:55–75.

Zechlin, Lothar. 2017. Wissenschaftsfreiheit und Organisation – Die „Hochschullehrer-mehrheit" im Grundrechtsverständnis der autonomen Universität. *Ordnung Der Wissenschaft* 3:161–174.

Ziman, John. 2000. *Real science. What it is, and what it means.* Cambridge: Cambridge University Press.

Zimmermann, Karin, Sigrid Metz-Göckel, und Marion Kamphans. 2008. Hochschul- und Geschlechterforschung im Diskurs. In *Perspektiven der Hochschulforschung*, Hrsg. Karin Zimmermann, Marion Kamphans, und Sigrid Metz-Göckel, 11–33. Wiesbaden: VS.

Zuckerman, Harriet, und Robert K. Merton. 1972. Age, Aging, and Age Structure in Science. In *Aging and Society, Volume 3: A Sociology of Age Stratification,* hrsg. White Riley, Matilda, Marilyn Johnson, Anne Foner, John A. Clausen, Richard Cohn, Beth Hess, Robert K. Merton, Edward E. Nelson, Talcott Parsons, Gerald Platt, Norman B. Ryder, Harris Schrank, Bernice C. Starr, und Harriet Zuckerman, 292–356. New York: Russell Sage Foundation.

CPSIA information can be obtained
at www.ICGtesting.com
Printed in the USA
LVHW051652270921
698838LV00015B/2410